개신교
신비신학 정리

박 노 열

고려수도원

개신교(改新敎) 또는 복음주의, **프로테스탄티즘**(Protestantism)은 16세기 서방교회 개혁 찬성파인 교회의 개혁가들의 종교개혁을 통해 생겨난 기독교의 한 전통이다. 11세기 교회 대분열로공교회(보편교회) 중심이었던 지금의 동방교회에서 서방교회가 분리되었고, 이후 16세기 서방교회내에서 종교개혁운동의 '반대파'인 천주교회와 '찬성파'인 개신교가 분리되었다. 이후 기독교의 가장 주된 종파는 동방교회와 서방교회에서 **정교회, 천주교회, 개신교회**로 형성되었다. 개신교 내부적으로 크게 '개선주의'인 개신교 공교회주의의 교단들과 '재건주의'인 개혁주의와 재세례파 등의 교단들이 있다.

개신교 교파
 루터교, 개혁교회, 장로교, 성공회, 침례교, 감리교, 성결운동, 오순절운동, 구세군, 회중교회, 재침례파, 퀘이커

자세히 보기 : 개신교 - 위키백과 (wikipedia.org)
 http://www.koabbey.com/freeboard/425190

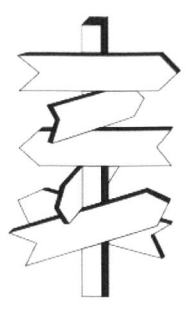

차 례

머리글 ▶······ 7

제1권 신비신학의 배경 ▶······ 11

제2권 고대의 신비주의 ▶······ 51
    제1장 플라톤(Platon) ▶······ 53
    제2장 플로티누스(Plotinus) ▶······ 77

제3권 초기 기독교 신비주의 ▶······ 105
    오리게네스(Origenes) ▶······ 107

제4권 니케아 정통신학 ▶······ 141
    제1장 아타나시우스(Athanasius) ▶··· 147
    제2장 니사(Nyssa)의 그레고리우스(Gregorius) ▶··· 151

제5권 수도자들의 공헌 ▶······ 179
    제1장 에바그리우스(Evagrius) ▶······ 185
    제2장 마카리오스(Makarios) ▶······ 207
    제3장 디아도쿠스(Diadochus) 폰 포티케(Photike) ▶···208

제6권 교부들 ▶⋯⋯ 211
제1장 어거스틴(아우구스티누스): 창시자 ▶⋯ 213
제2장 어거스틴의 삼위일체론(三位一體論) ▶⋯ 274
제3장 어거스틴의 삼위일체 하나님 ▶⋯⋯ 347
제4장 디오니시우스 아레오파기타(Dionysius Areopagita) 352
제5장 디오니시우스의 신비신학 ▶⋯⋯ 392

제7권 중세 신비가 ▶⋯⋯ 407
성 버나드(St Bernard) ▶⋯⋯ 408

제8권 종교개혁과 신비신학 ▶⋯⋯ 497
제1장 마르틴 루터(Martin Luther) ▶⋯⋯ 500
제2장 마르틴 루터의 종교개혁 ▶⋯⋯ 517
제3장 요한 칼빈(John Calvin) ▶⋯⋯ 527
제4장 칼빈과 신비주의 ▶⋯⋯ 540

제9권 십자가의 요한 ▶⋯⋯ 559

제10권 사랑을 통한 지혜 ▶⋯⋯ 581

제11권 성화의 길 ▶⋯⋯ 599
정화, 조명, 일치

제12권 개신교 신비주의와 신지학(神智學) ▶⋯⋯ 707

제13권 현대의 신비주의 ▶⋯⋯ 719

※ 참고서적 ▶⋯⋯ 731

기독교 신비신학, 신비가 연표

예수 그리스도 (기독교)
(BC 4 – 약 AD 29)

동방교회(정교회) – 서방교회(가톨릭)
분리 (AD 1054)

가톨릭 – 개신교 분리 (AD 1517)

디오니시우스(Dionysius, 1C 전후)
오리게네스(Origenes, 185-253)
에바그리우스(Evagrius pontikos, ~399)
어거스틴(Augustinus, 354-430, 아우구스티누스)
위 디오니시우스(Pseudo Dionysius, 500년경)
버나드(Bernard, 1090-1153)
마르틴 루터(Martin Luther, 1483-1546)
요한 칼빈(John Calvin, 1509-1564)
십자가의 요한(John of the Cross, 1542-1591)

머리글

　오래전부터 신비신학(Mystical Theology)에 대한 연구를 해오던 중 어느 날 기도 중에 갑자기 이런 생각이 들었습니다. '어린아이 같은 내가 어른들이나 하는 일을 하려 한다. 즉 목회자인 내가 신학을 연구하고 있다. 그래서 어른 흉내를 내지 말고 어린아이답게 공부하자.'는 생각을 하게 되었습니다. 사실 '**신비신학**(Mystical Theology)'(이 책에서 신비신학은 관상기도를 말하며 명상 혹은 관상이란 표현을 교대적으로 사용하고 있다)이란 어려운 학문을 전문신학을 연구하지 않은 터라 더욱 어려웠습니다. 그래서 신학을 연구하기보단 정리하였습니다. 동방정교회도 가톨릭도 모두 신비신학을 갖고 있는데 개신교에는 신비신학이라는 분야가 없습니다.

　이제 부족하나마 신비신학을 개신교의 신학에 맞도록 보완하여 나의 신학으로 삼자는 생각을 하게 되었습니다. 그리하여 부끄럽지만 이 책의 이름을 『**개신교 신비신학 정리**』라고 하였습니다.
　이렇게 마음을 정하고 보니 모두가 다시 정리해야 했습니다. 먼저 배경(역사적·성경적)을 정리하고, 신비신학의 출발은 철학을 도구로 삼았다는 생각입니다. 그래서 철학적인 기초는 플라톤과 플로티누스를 살펴보고자 했습니다. 그다음에 교부들을 살펴보고자 합니다. 초기 기독교의 오리게네스 그리고 신비신학의 창시자로 보는 어거스틴과 부정의 신학자 디오니시우스를 살펴보고자 합니다. 그리고 중세기 종교개혁자들에게 크게 영향을 끼친 성 버나드의 신비신학을 살피지 않을 수 없습니다. 그리고 종교개혁자들의 신비신학을 살펴보아야겠습니다. 그러기 전에 여기에서 하나 정리하고 넘어가야겠습니다.

처음부터 지금까지 전해오는 신비신학에는 두 전통이 있었습니다. 하나는 동방교회이고 하나는 서방교회였습니다.

동방교회의 신비신학은 또한 이미 잘 정리되어 있습니다. 동방교회의 신비신학은 블라디미르 저, 박노양 그레고리우스 역으로 정교회출판사에서 2019년 12월 개정증보하여 출판(아래 그림 참조)하였습니다.

서방교회인 가톨릭교회의 『신비신학』(사랑학)은 윌리엄 존스턴 저, 이봉우 역, 분도출판사(2007년)에서 사목총서24로 가톨릭 신비신학의 총서가 출판되어(아래 그림 참조) 있습니다. 하나 더 소개하면 아돌프 탕끄레 저, 정대식 역, 가톨릭 크리스챤(2000년)에서 출판하여 수덕·신비신학을 전해오고 있습니다.

위와 같이 소개함으로써 동방정교회 신비신학과 가톨릭교회 신비신학을 대신하고자 합니다. 이 책에는 책의 분량 관계 등으로 말미암아 제외합니다. 필요하신 분은 서점 등에서 책을 찾아보시기 바랍니다.

문제는 우리 개신교입니다. 개신교는 마르틴 루터와 요한 칼빈의 덕분, 아니 그분의 후예들에 의해 신비신학이란 분야가 없어졌습니다. 신비신학이 없을 뿐만 아니라 신비신학을 마치 이단처럼 대하고 있는 형편이 아닙니까. 그래서 종교개혁자들의 신비신학을 정리하여 전통적으로 전해오는 어거스틴과 성 버나드에 이어 마르틴 루터와 요한 칼빈을 통한 신비신학(개인적으로는 구원론 특히 성화론에 포함되어 있다고 봅니다)으로 분류되어 오진 않았지만 그분들의 신학에서 신비신학을 정리하고, 십자가의 성 요한의 주부적 관상기도(신비신학)를 받아 오늘 개신교 신비신학을 연구하는 나와 나의 사랑하는 이들의 신비신학으로 삼고자 합니다.

하나님, 나의 하나님, 신비신학을 바로 깨달을 수 있도록 인도하시고 정리하도록 지혜를 주셔서 감사합니다. 이 책이 세상에 알려질 때 부끄럽지 않게 해 주십시오. 그리고 세상에 더 많이 알려져 개신교 성도님들에게도 신비신학을 가질 수 있게 해주십시오. 성도들이 하나님을 더욱 사모하고 하나님 닮는 삶을 추구할 수 있도록 도와주십시오. 신비신학이 이런 것이라는 것을 깨닫게 해주십시오. 아멘.

신비신학을 정리함에 있어서 한계점이 있음을 먼저 밝혀두고자 합니다. 편저자는 목회자로 신학을 전공하지 않은 터라 영어, 히브리어, 라틴어 등 언어에 제약을 받았습니다. 그러한 이유로 정말 죄송하지만 제1차 자료인 원서를 읽지 못하고 번역서와 국내 저서를 사용한 한계가 있습니다. 그기에 더하여 본인은 아직 신비신학의 달인도 아니요, 신비에 이르지도 못했으니 부끄럽기 그지없습니다. 그럼에도 불구하고 사랑하는 우리 주님의 뜻이라 믿고서 무지하여 용감하게 나섰습니다. 이해하시고 읽어주시고 잘못된 부분은 언제든지 지적해 주시면 연구해 보고 고치겠습니다.

추가하여 말씀드릴 것은 이 책의 주석은 신비신학의 불모지에서 후대들이 신비신학을 연구할 때 도움이 되었으면 하는 의미에서 예의는 아니지만, 원저자와 역자들의 주석을 모두 그대로 가져왔습니다. 거기에 편저자가 조금 더하였을 뿐입니다. 편저자가 주석을 더한 곳엔 주석번호 앞에 *표를 첨가했습니다[예: *333)]. 최선을 다했으나 혹 오탈자가 있을 수 있습니다.

다시 말씀드리지만 이 책은 본인의 저서가 아닙니다. 다만 본인이 편저한 것일 뿐입니다. 원 저자님들과 역자님들께 허락 없이 사용하여 죄송함을 말씀드리며, 아울러 깊이 감사드립니다. 인도하신 성령님께 영광입니다.

비록 부족하고 형편없는 내용이라 할지라도 읽어주신 독자님들께 깊이 감사드리오며, 이 책을 출판하도록 기도와 물질로, 그리고 노력으로 후원하신 한용택 교수님 외 모든 분께 깊은 감사를 드립니다. 이 책을 허락하시고 지혜를 주시며 능하게 하신 하나님께 한없는 감사와 영광을 돌려드립니다.

이 책은 예수님의 책입니다.

예수님께 영광!!!

2021. 2. 27. 고려수도원   박노열

아래 그림은 동방교회와 가톨릭교회의 신비신학을 정리한 책입니다.

제1권
신비신학의 배경

제1장 신비신학의 배경
 신약성경
 오리게네스와 아가
 부정신학
 사막교부들과 수도생활
 서방의 관상

**제2장 교부들은
       기도를 어디서 배웠을까?**
 성경
 헬레니즘
 신약성경에서 말하는 신비
 교부들이 말하는 신비와 신비적
 최초의 신비신학
 첫 번째 위대한 대화

제1장
신비신학의 배경 [1]

신약성경

초기부터 그리스도교 공동체는 기도를 가르치는 것이 필요하다는 사실을 알고 있었다. 세례 요한이 그의 제자들에게 가르쳤던 것처럼, 제자들은 예수께 기도하는 방법을 가르쳐 주시기를 청했다. 이에 답하여 예수께서는 "하늘에 계신 우리 아버지…"(「주님의 기도」)를 외우라고 말씀하셨다.[2] 이 밖에도 예수께서는 친히 모범을 보이시면서 가르치셨다. 특히 누가는 예수께서 산에 오르거나 사막으로 물러가서 밤새도록 기도하시는 모습을 생생하게 묘사한다. 예수께서는 때때로 몹시 바쁘셨다. 사람들이 쫓아다니며 치유 받기를 원했기 때문이다. "그러나 예수님께서는 외딴곳으로 물러가 기도하셨다"(눅 5:16).

그리고 예수님의 신비체험이 있었다. 예수께서 요단강에서 세례를 받으셨을 때[3], 성령이 비둘기처럼 내려왔고 하나님의 목소리가 들려왔다. 산에서 예수님의 변형이 있었을 때[4] 예수님의 옷이 하얗게 번쩍였다(이 장면은 비잔틴 교회의 상상력에 불을 지폈다). 그에게 모세와 엘리야가 나타나서 예수께서 예루살렘에서 이루실 일, 바로 (세상을) 떠나가실 일을 이야기하고 있었다. 최후 만찬 때[5], 예수님이 기도하셨고 그때 예

---

*1) 윌리엄 존스턴. 이봉우 역『신비신학』사목총서 24 (분도출판사, 초판 3쇄, 2012) pp.31-48.
*2) 주기도문: 눅 11:1~4, 마 6:9-13은 우리가 외우는 주기도문이다.
*3) 마 3:13~ ; 막 1:9~ ; 눅 3:21~.
*4) 마 17:1~8; 막 9:2~8; 눅 9:28~36.
*5) 마 26:26~29; 막 14:22~25; 눅 22:14~20.

수님은 그들에게 당신의 몸과 피를 주셨다. 또한 겟세마네에서 고뇌에 찬 어두운 밤이 있었고 그때 예수님은 피땀을 흘리셨다.[6] 십자가에서도 기도를 드리셨다. 그때 예수님은 당신의 적들을 용서하셨고 시편 작가와 함께 큰 소리로 외치셨다. "라마 사박다니"("어찌하여 나를 버리셨나이까", 마 27:46)

신약성경은 기도로 가득 차 있다. 독수리처럼 가장 높은 하늘로 날아오르는 요한복음은 특히 중요하다. 복음서 도처에서 우리는 시공을 넘어 '나는 있다.'라고 선포하는 부활하신 예수를 만난다. 그리고 결정적인 담론이 있다. 세족례[7]에서 일치를 위한 기도[8]까지, 복음서에서 울려 퍼지는 사랑과 신뢰의 메시지는 그리스도교 초기부터 오늘날까지 수백만의 관상적 삶을 조성해 왔다. 왜냐하면 복음을 읽은 사람은 누구나 예수님이 사랑하시는 제자가 되기 때문이다.

다음으로 이방인의 사도가 있었다. 바울은, 누군가는 방언을 하고 또 다른 이들은 예언을 하는 기도 모임 자리에서 어떻게 처신해야 하는지 고린도 사람들에게 가르친다. 그는 감사 모임에 대해 언급하면서 당신의 사랑하시는 사람들에게 경건하게 처신할 것과 주님의 몸이 의미하는 바를 깨달을 것을 강조한다. 바울은 서간들에서 사람들이 지혜롭게 자라고 사랑 안에 뿌리를 내리도록 기도한다. 바울은 자신이 그리스도 안에서 낳은 자식들을 위해 기도를 멈추지 않았다. 이와 더불어 우리가 지금 신비적이라고 부르는 바울의 기도가 더 있었다. 바울은 한 사람을 알았다. 그는 몸째 올라갔는지 몸을 떠나서 올라갔는지 자신은 알지 못하지만 하나님께서는 아시는 사람이었다. 그 사람은 세 번째 하늘로 들어 올려졌고 인간은 듣지 못하는 소리를 들었다.[9] 이는

---

*6) 겟세마네 기도 마 26:36~46; 막 14:32~42; 눅 22:39~46 중 눅 22:44에만 "땀이 땅에 떨어지는 핏방울같이 되더라."고 기록되어 있다.
*7) 요 13:4~11.
*8) 요 17:11, 21.
*9) 바울의 삼층천 체험. 고후 12:1~6.

참으로 신비스런 체험이었다. 바울 자신도 이해할 수 없었다.

베드로도 기도하러 지붕 위로 올라갔다가 황홀경에 빠져들었다.10) 그는 온갖 종류의 동물들이 그려진 거대한 홑이불을 보았다. 그 또한 소리를 들었다. 아나니아도 환시(幻視, vision)를 보고 소리를 들었다. 백부장 고넬료도 그랬다.11) 신비적 기도의 정신은 사도행전 곳곳에 퍼져 있다. 이러한 체험들은 신약성경의 마지막 페이지로 끝나지 않았다. 기도는 번창했고 신비적 기도도 계속됐다. 순교는 큰 은총이었다. 하나님과의 대화(διάλεξις)와 전례의 성찬기도는 그리스도인의 음식이 되었다.

기도가 깊어질 때, 그리고 의식의 새로운 상태로 기도가 들어설 때 사람들에게는 도움과 지도가 필요해진다. 왜냐하면 기도의 길은 가파르고 돌투성이이기 때문이다. 우리는 쉽게 속아 넘어갈 수 있다. "사탄도 자기를 광명의 천사로 가장하나니"(고후 11:14)라고 바울 사도는 말했다. 온갖 종류의 함정도 존재한다. 또한 사람들은 낙담하기도 하고 더 이상 노력하지 않기도 한다. 바로 이것이 기도의 신학을 (신비적 기도의 신학을 포함하여) 정성 들여 만들어야 하는 이유다. 기도의 신학은 하나님의 산에 오르려는 사람들을 안내하고 보호하며 격려한다.

오리게네스와 아가

그리스도교가 그리스 세계로 옮겨 가면서 초대 그리스도인들은 적응과 문화화의 문제에 직면했다. 새로운 사고방식과 기도 방법이 나타났다. 당시에는 기도의 스승과 신학의 스승이 분명히 구별되지는 않았지만 뛰어난 스승과 신학자들이 나타났다.

---

*10) 행 10:9~16. 베드로의 복음 전파와 성령이 임함(행 10:17~48), 그리고 형제들에게 설명함(행 11:4~10).
*11) 행 10: 30~33.

영적 지도자들 중에는 알렉산드리아의 오리게네스(Origen of Alexandria, 185~254)가 탁월했는데 그는 수백 년 동안 그리스도교 세계에 엄청난 영향력을 발휘했다. 오리게네스에게 위대한 종교적 체험이란 다름 아닌 제자들의 순교였다. 예수께서 인류를 위해 당신 생명을 버렸듯이, 제자도 교회와 적들을 위해 생명을 바쳐야 한다는 것이다. 오리게네스는 기도에 관해서도 썼다. 그는 『주님의 기도』에 관해 논평했으며 성경에 관한 다방면의 해설서들도 썼다. 성경에 주석을 다는 일은 그에게 중요한 종교적 체험이었다.

그러나 신비신학에 가장 많은 영향을 미친 오리게네스의 책은 바로 아가(雅歌)에 관한 해설서다. 제롬(히에로니무스, 347- 420)은 이 작품을 명작이라 평했다. 그는 교황 다마소에게, 오리게네스는 어떤 다른 책보다 특히 아가에 관한 책에서 다른 작가들보다 뛰어나다고 써 보낸다. 제롬은 계속해서 "오리게네스의 이 해설은 너무도 웅장하고 분명하다. 내 생각에 '왕이 나를 당신 방으로 초대했다.'[12])는 표현은 그가 하나의 성취를 이루었다는 뜻 같다."고 말했다. 현대 학자들이 이 해설서를 '그리스도교 신비주의의 첫 번째 위대한 작품'[13])으로 평가하는 것도 이상하지 않다.

아가는 항상 논쟁의 초점이 되어 왔다. 혹자는 아가를 단순히 중동의 관능적인 사랑 노래쯤으로 생각하고 어떻게 그것이 성경에 들어왔는지 이상하게 여겼다. 반면 혹자는 아가에 대해 하나님과 이스라엘의 합일을 말하는 완전히 거룩한 책으로 생각했다. 2세기의 랍비 아퀴바(Aquiba)에 관한 아름다운 이야기가 있다. 아가가 성경의 일부라는 사실을 부인하던 유다인 지도자에게 그는 이렇게 말했다. "모든 시대를 통틀어 아가가 이스라엘에게 주어진 날(시대)이야말로 가치가 있다.

---

12) Ongen, Commentary on The Song of Songs, R.P. Lawson ed., Westmmster, MD, 1957, 265. 이하 모든 인용은 이 판본에 따르며 Commentary로 약칭.
13) Commentary, 6.

왜냐하면 모든 작품이 다 거룩하지만 아가는 그중 가장 신선하기 때문이다."14)

더 이상의 논쟁은 불필요하다. 노래는 에로틱하고 동시에 거룩하며, 이는 인류에 대한 하나님의 사랑을 상징한다. 그런 이유로 인간적인 애인들과 신비주의자들이 똑같이 원형적인 리듬에 이끌리는 것이다.

오리게네스가 이룩한 중요한 공헌은 노래의 공동체적 차원을 유지하면서도 이 사랑 노래를 개인과 강생한 말씀의 합일에 적용한 것이다. 해설서 서두에서 그는 아가에 대해 "솔로몬이 극시 형태로 쓴 결혼 노래, 즉 하나님 말씀이신 신랑과 결혼하기 직전에 그를 향한 자신의 거룩한 사랑을 불사르는 신부에 대한 노래"라고 묘사하고 있다. 그는 계속해서 이렇게 말한다. "우리가 그녀를 그의 형상으로 만들어진 영혼으로 여기든, 혹은 교회로 여기든, 그녀는 참으로 그를 깊이 사랑했다."15)

여기서 오리게네스가 이 사랑의 교회적 차원을 유지하고 있다는 사실이 가장 중요하다. 그에게 있어 우리가 지금 신비적 기도라고 부르는 것은 작고 고립되고 분열된 자아의 활동이 아니라, 교회 전체가 노래하는 웅대한 교향악의 일부다. 그를 깊이 사랑하고 또한 그의 사랑을 받고 있는 온 교회가 신랑이신 그리스도를 향해 찬양 노래를 부른다.

오리게네스는 그의 뒤를 이은 수많은 해설자들과 마찬가지로 아가의 사랑과 씨름했다. 사랑의 본성은 무엇인지? 그것을 어떻게 설명해야 하는지?

오리게네스는 아가가 관능적 사랑의 찬사가 아니라는 것을 애써 이야기하고자 한다. 플라톤의 『향연(Symposium)』을 언급하면서 그는 현명하고 박식한 그리스인들 사이에서도 사랑의 진정한 의미를 이해하지 못하고 관능적인 죄에 뛰어든 사람이 있었다는 사실을 이야기한다. "그

---

14) 참조: Brian McNeill, Christ in the Psalms, Dublin: Veritas 1988, 88.
15) Commentary, 21.

러므로 우리 또한 … 간곡하게 이런 이야기를 들은 그들에게 관능적 감각들을 억제하기를 간청한다. 그들은 육체적인 기능에 관하여 언급된 어떤 내용도 따르지 말아야 한다. 오히려 영혼의 거룩한 감각을 이해하기 위해 육체적 기능을 이용해야 한다."16) 그러나 영혼의 이 거룩한 감각들은 무엇인가?

오리게네스의 영적 감각들에 관한 많은 연구가 있었다. 칼 라너(Karl Rahner)는 영적 영역에 있어 오리게네스의 거룩한 영적 감각이란 전혀 새로운 일련의 다섯 감각들이라고 주장한다. 더 나아가 오리게네스가 성경(모세, 예언자들, 요한, 바울)에서 이런 감각들이 존재한다는 증거를 발견했다고 그는 주장한다.17) 어쨌든 내적 감각들이라는 개념은 다른 신비주의자들에 의해서도 채택된다. 그중에서도 눈이 아닌 것으로 보고, 귀가 아닌 것으로 듣고, 코가 아닌 것으로 냄새를 맡는 것 등등에 관하여 언급하는 아빌라의 데레사(Teresa of Avila, 1515~1582)가 대표적이다. 그러한 심리학 없이는 신비체험을 설명하는 것이 불가능해 보인다. 이 분야의 연구는 오늘날에도 계속되고 있다.

오리게네스의 아가에 관한 해설서는 루피누스(Rufinus)의 라틴어 번역으로 중세시대에 널리 읽혔다. 그의 신비적 해석은 결코 사라지지 않는 그리스도교 신비주의에 하나의 전통을 세웠다. 베르나르두스(Bernard of Clairvaux)는 아가에 관한 황홀한 강론을 썼다. 로이스브뢰크(Jan Van Ruysbroeck)는 영적 약혼에 대해 신비적으로 썼다. 『무지의 구름』을 쓴, 감정에 휩쓸리지 않는 저자도 영국인 작가 리처드(Richard Rolle)와 마찬가지로 하나님과 영혼의 결혼에 대해 썼다. 신부와 신랑이라는 주제는 16세기 스페인 가르멜회 가르침의 핵심이기도 했다.
　십자가의 성 요한은 아가를 외우고 있었다. 아가는 그가 가장 좋아

---

16) Commentary, 79.
17) 참조: Karl Rahner, "Experience of the Spirit: Source of Theology", in Theological investigations, trans. David Moreland, New York: Crossroads 1983.

하는 성경이었다. 임종 때 둘러선 수도승들이 참회의 시편을 바치자, 그는 시편 대신 아가를 읽어 달라고 정중하게 청했다고 한다. 성 요한의 시각으로 볼 때, 죽음이란 영적 혼인이 완성되고 영혼이 천국에 들어가는 순간인 셈이었다. 이 점을 깊이 생각한다면 이 이야기는 믿을 만한 것이다.

그러나 **오리게네스의 위대한 업적은** 아가에 관해 해설했다는 것이 아니라 **사랑을 그리스도인이 행해야 할 기도의 핵심이요 중심으로 보았다는 것이다.** 그가 있어 신비신학(당시에는 이 용어가 아직 사용되지 않았다)은 사랑의 신학이 되었다. 그러므로 영원히 남아 있을 것이다.

부정신학

4세기 들어 세 명의 탁월한 그리스 신학자들이 등장했다. 사람들은 그들을 갑바도기아 교부들이라 불렀다. 하나님의 불가해성에 관한 그들의 교리는 그 후에도 모든 신비신학을 통해 널리 퍼졌다. 형제인 체사레아의 바실리우스(Basil of Caesarea)와 니사의 그레고리우스(Gregory of Nyssa), 그리고 그들의 친구 나지안주스의 그레고리우스(Gregory of Nazianzus)는 깊은 기도와 관상적 성경 읽기를 통해 하나님은 접근할 수 없는 빛 또는 끝을 알 수 없는 어둠 속에 살아 계신 신비 중의 신비임을 깨달았다. 이제까지 아무도 하나님을 본 사람은 없었다. 앞으로도 하나님을 보게 될 사람은 없을 것이다. 그분의 장엄한 현존 앞에서 우리는 욥처럼 입을 다물어야 한다.

『모세의 생애』(Life of Moses)에서 니사의 그레고리우스는 산에 올라 어두운 구름 속으로 들어가는 위대한 유다인 입법자의 모습을 부각시킨다. 모세는 무지의 상태로 들어가 하나님을 만나기 위해 모든 것을, 심지어 사고하는 능력까지도 버렸다. 인간이 하나님을 만날 수 있는 다른 길은 없다.

부정신학(apophatic theology)은 갑바도기아에서 발생한 것으로 5세기 말, 위(僞) 디오니시우스(Pseudo-Dionysius)라고도 알려진 디오니시우스의 거룩한 어둠과 함께 그 절정에 이르렀다. 디오니시우스는 『신비신학에 관하여』(Concerning Mystical Theoloey)라는 유명한 책을 통해 신비신학이라는 용어를 그리스도교에 도입한 인물이다. 디오니시우스에게 신학이란 말은 지혜, 천상의 지혜를 의미한다. 그리고 신비적(mystical)이라는 말은 '신비(Mystery)'에서 파생된 표현이다. 그는 비밀스럽고 숨겨져 있으며, 모양이 없는 데다 어둡고 말로 나타낼 수 없다는 의미에서 신비롭다고 할 수 있는 길을 가르친다. 그 신비는 명쾌한 이미지나 개념들로는 표현할 수 없다. 그건 다름 아닌 하나님 산에 있는 모세의 지혜다.

디오니시우스 자신은 항상 물의를 일으키는 인물이었다. 그의 신원은 논쟁의 여지가 있었고 그의 정통성에 대한 의문이 제기되어 왔다. 우리가 알고 있는 사실은 고대 세계의 누군가가 그의 작품에 바울 사도의 제자인 아레오파고스의 디오니시우스 이름을 붙였다는 것이다.[18] 확실한 출처에 대한 의문은 있지만 디오니시우스의 작품들은 동방세계 전체에 대단한 영향을 끼쳤으며 요한네스 스코투스 에리우게나(Johannes Scotus Eriugena, 810~877)에 의해 라틴어로 번역되어 9세기 이후에 서방에서 열렬한 환영을 받았다. 보나벤투라(Bonaventure, 1221-1274)는 아레오파고스의 디오니시우스를 신비주의자들의 왕자라 부른다. 토마스 아퀴나스도 그를 약 1,700번이나 인용하고 단테는 디오니시우스 찬가를 부른다. 디오니시우스의 신비신학은 마이스터 엑카르트(Meister Eckhart, 1260-1327)와 요한네스 타울러(Johannes Tauler)에서부터 십자가의 성 요한을 거쳐 오늘날에 이르기까지 부정적 신비 전통에 상당한 영향을 미쳤다. 『무지의 구름』 저자도 그를 매우 중요하게 생각하

---

[18] "그때에 몇몇 사람이 바울 편에 가담하여 믿게 되었다. 그들 가운데에는 아레오파고스 의회 의원인 디오니시오가 있고, 다마리스라는 여자와 그 밖의 다른 사람들도 있었다"(행 17:34).

고 그의 신비신학에 '디오니시우스의 숨어 계신 하나님(Deonise Hid Divinite)'이라는 제목을 붙여 의역했다(번안이라고 해도 상관없다).

단지 바울 사도와 가까웠기 때문이 아니라, 그의 작품들은 그 본질적 가치로 인해 영향력을 지녔다. 신비주의자들의 왕자는 아닐지 모르지만 그는 신비주의 세계에서 아주 큰 인물이다.

에라스무스와 16세기 개혁론자들이 디오니시우스에 대해 진지하게 의문을 제기했고 오늘날에도 그의 작품들에 대한 연구가 계속되고 있다. 우리가 지금 알 수 있는 것은 그가 5세기 말 또는 6세기 초에 활약했던 프로클루스(Proclus)의 영향을 받은 그리스도인이자 신플라톤주의자인 시리아의 수도자였다는 사실이다. 분명히 그의 작품들은 깊은 종교적 체험을 한 헌신적인 그리스도인의 작품이다.

갑바도기아 교부들과 디오니시우스 이후에 부정신학은 신학의 주류가 되었다. 1215년 11월에 개최된 제4차 라테란 공의회는 "보다 큰 차이에 주목하지 않고는 창조주와 피조물 사이의 유사점에 주목할 수 없다"[19]고 선언했다. 제1차 바티칸공의회(1869-1870)도 "거룩한 신비들은 피조물의 지성을 훨씬 능가하므로, 계시로 주어지고 신앙에 의해 받아들여졌다 할지라도, 그 신비들은 신앙 자체의 베일에 가려진 채로 남아 있게 된다"[20]고 덧붙였다. 더욱이 그리스도교가 아시아에서 불어오는 신비적 미풍에 문을 개방하게 됨에 따라 부정신학은 오늘날 더욱 중요해졌다. 왜냐하면 부정신학은 애초부터 신비주의자들의 살아 있는 경험과 더불어, 우리에게 존재의 장엄한 신비를 상기시키는(눈으로도 보지 못하고 귀로도 듣지 못하는 하나님의 일을 이해하기 위하여 인간의 마음속으로 들어가는) 신비신학 그 자체이기 때문이다.

동시에 신비신학이 독특하고 실천적인 부정의 방법론을 지녔다는 사

---

19) Enchiridion Symbolorum, Definitionum et Declarationum de Rebus Fidei et Morum, compiled by H. Densinger, 806.
20) 같은 책 3016.

실을 기억해야 한다. 디오니시우스에서 유래한 전통은 신비주의자가 되기를 희망하는 사람들에게 생각하는 것을 멈추라고 말한다. 이 방법론에 따르면 하나님이란 이것이 아니며, 이것도 아니고 이것도 아니라는 것이다. 부정의 방법은 사람들에게 하나님의 고요한 신비로 들어가기 위해 망각의 구름 아래 있는 모든 것을 내버리라고 촉구한다. 분명히 이런 방법론은 똑똑한 신비신학자들도 정면으로 부딪혀야 하는 위험을 내포하고 있다.

한 가지 더 중요한 점이 있다. 그리스도교 전통에서 부정신학은 소중하며 필수적인 부분이지만 만일 부정으로 인해 눈이 멀게 되고 얼을 빼앗기면서 긍정신학(Cataphatic Theology)을 간과하게 된다면 비극적인 잘못이 될 것이다. 위대한 갑바도기아 교부들은 그렇게 하지 않았다. 그들은 무엇보다 삼위일체를 연구한 신학자들이었다. 더구나 니사의 그레고리우스에 따르면 어둠 속으로 올라간 모세가 그리스도의 신비 안으로 들어갔다고 한다(왜냐하면 그레고리우스는 특히 그리스도 중심적이기 때문이다). 그리고 하나님은 친구처럼 모세와 얼굴을 마주 대하고 말씀하신다. 그렇다, 하나님은 위대한 미지의 존재이시다. 그러나 우리는 감히 목소리 높여 '우리 아버지'라고 말한다. 갑바도기아 교부들과 그들에게서 흘러나온 신비 전통에 따르면, 부정적인 것과 긍정적인 것이 섞여 단일한 역설적 체험이 되는 셈이다.

모든 신학, 특히 신비신학이 지닌 최대의 역설은 우리가 하나님을 알면서 동시에 하나님을 모른다는 것이다. 신비주의자들이 미지와 무지의 주제에 대해 거침없이 언급하면서도 하나님에 대해서는 아주 친한 친구에 관해 이야기하듯 끊임없이 말한다. 니사의 그레고리우스에서부터 십자가의 성 요한까지의 신비신학에서 **어둠**이라는 주제가 끊임없이 되풀이되는 동안에 갑자기 우리는 어둠이 곧 빛이라는 사실을 깨닫게 된다. 이러한 역설을 어떻게 설명해야 할까? 하나님을 알면서도 동시에 모른다는 것을 어떻게 설명해야 할까?

동방 신학자들, 특히 그레고리우스 팔라마스(Gregory Palamas, 1296~1359)는, 우리가 하나님을 스스로 존재하며 사랑을 주시는 에너지로 알고는 있지만 하나님의 본질은 결코 알 수 없다고 가르쳤다. 그들은 바실리우스(Basil)의 말을 인용한다. "왜냐하면 하나님의 에너지가 우리에게 주어진다 하더라도 그의 본질은 접근하기 어려운 채 남아 있기 때문이다."[21] 이것은 나중에 좀 더 충분히 다룰 것이다.

토마스 아퀴나스에 의해 형성된 라틴 신비 전통의 주장에 따르면, 우리가 논리적으로는 하나님이 어떤 분인지 알 수 없지만 사랑에 의해 그분을 알 수 있다고 한다. 말하자면 사랑의 힘으로 하나님의 본질 자체와 접촉할 수 있다는 의미다.

『무지의 구름』 저자는 이에 대해 잘 설명해 준다. 우리 인간에게는 아는(지적) 능력과 사랑하는 능력이 있다고 그는 말한다. 아는 능력으로는 하나님을 완전히 이해할 수 없으나 신기하게도 사랑하는 능력으로 하나님을 직접 파악할 수 있다는 것이다. 그는 독특하고 매력적인 그만의 방법으로 다음과 같은 실천적인 결론을 내린다. "그러므로 나는, 내가 생각할 수 있는 것을 모두 떠나서 내가 생각할 수 없는 것을 나의 사랑으로 선택할 것이다. 왜냐하면 나는 그분을 족히 사랑할 수는 있지만 그분에 대해 생각할 수는 없기 때문이다. 사랑으로는 그분을 붙들고 차지할 수 있지만 생각으로는 결코 그렇게 되지 않는다."[22] 십자가의 성 요한은 같은 전통 안에 있지만 지력과 의지의 편에 서서 더 스콜라 철학적으로 말한다. 그의 미지를 다룬 가장 난해한 장들조차도 '사랑의 지식'에 대한 이야기로 가득 차 있다.

갑바도기아 교부들과 디오니시우스에서 연유하는 전통에 관해서는 여기서 끝낸다. 신비신학은 여전히 사랑의 신학이지만 아직 신비에 관한 신학이다. 디오니시우스에 관한 이야기는 뒤에서 더 살펴보기로 하

---

21) Patrologia Graeca, ed. J.B. Migne, Paris, 32, 869.
22) The cloud Unknowing, C. 4.

고, 이쯤에서 동서양의 신비신학에 발전을 가져온 또 다른 운동을 잠시 살펴보자.

사막교부들과 수도생활

신비신학은 3-4세기에 기도하기 위해 이집트 사막으로 들어간 거룩한 수도자들과 세상을 버린 사람들에게 헤아릴 수 없는 빚을 지고 있다. 왜냐하면 그들에게서 그리스도교 세계 전반에 걸쳐 거의 2천 년간 기도, 즉 신비기도를 발전시킨 수도원 운동이 생겨났기 때문이다. 사막교부들은 학구적인 사람도 학자도 아니었다. 그들은 신학에 관한 깊이 있는 논문들도 남기지 않았다. 그러나 그들은 신심이 깊은 영웅적인 고행자들로 기도생활을 충실히 했다. 그들의 에피소드와 역설적 금언들과 현명한 권고들은 오늘날에도 생생히 살아 있다. 그들이 남긴 금언들은 20세기와 특별한 관련이 있는 것 같다.

토마스 머튼(Thomas Merton, 1915~1968)은 사막교부들이 마치 선사(禪師)들처럼 이야기한다는 사실을 재빨리 알아차렸다. 그들은 아무 의심 없는 제자들을 깨우칠 만한 어려운 수수께끼 같은 문제들을 제시하여 충격을 주고 제자들을 지혜의 정점으로 인도한다. 사막에서 영적 지도는 생생히 살아 있었다.
그리고 신비신학자라는 명칭을 영원히 간직할 만한 두 현자가 사막에 나타난다.

첫째는 **에바그리우스 폰티쿠스**(Evaghus of Pontus, 345~399)다. 오리게네스에게서 큰 영향을 받은 그리스인 에바그리우스는 사막의 오지로 가기 전에 갑바도기아 교부들과 함께 공부했다. 그리고 그의 작품은 근면한 연구보다는 침묵 기도에서 더 많이 탄생되었다. 신학자는 기도하는 사람이고 기도하는 사람은 신학자라고 말한 사람이 바로 에바그리우스였다. 연구가 아니라 기도가 신학의 열쇠였다. 왜냐하면 우리는 기도 중에 하나님께로부터 하나님에 대한 진실한 지식, 즉 신에 관한 인식(theognosis)을 얻기 때문이다.23)

순수한 기도와 관련된 에바그리우스의 가르침은 신비신학에서 특별한 중요성을 띤다: '순수한 기도(Προσευχὴ καθαρά)'. 이는 사고를 배제한 기도다. 어떤 종류의 이미지나 개념도 없는 기도다. 에바그리우스는 "기도란 모든 개념의 억제다.", "하늘에 계신 하나님의 얼굴을 뵈옵기를 간절히 바라되 기도할 때는 결코 어떤 모양이나 형상을 보려고 하지 마라.", "기도할 때 형상의 완전한 부재를 깨달은 마음은 행복하다."고 말한다.

이 모든 것은 부정신학의 실천적 응용이며 니사의 그레고리우스가 말한 모세를 연상시킨다. 그러나 자신의 갑바도기아 스승들과 마찬가지로 에바그리우스가 매우 긍정적이며 삼위일체를 믿었다는 사실을 잊지 말자. 그의 가르침은 온전히 성경에 기반한다.24)

둘째 현자는 서방 출신으로 사막에 등장했던 **요한 카시아누스**(John Cassian, 365~435)다. 지금의 루마니아에서 태어난 카시아누스는 기도에 관한 한 탁월한 스승이었다.25) 그는 자신만의 전문용어를 창안하면서 에바그리우스를 충실히 따랐다. 에바그리우스가 무정념(apatheia)을 말할 때 카시아누스는 그 이후에도 내내 써 왔던 성서적 용어인 마음의 순수함을 말했다. 그리고 에바그리우스와 마찬가지로, 헤시카즘처럼 동방에서 번성했던 반복기도를 가르쳤다. 그는 생각 없는 침묵과 이미지 없는 기도도 가르쳤다. 하나님과 대면해서는 말이 필요 없다고 주장했

---

23) 참조: George Maloney, God's Exploding Love, New York: Alba House 1987, 17.
24) Evagnus는 일생 동안 교부들과 동등한 명예를 누렸다. 그러나 세상을 떠난 다음, 그의 저작들은 의심을 받게 되었다. 기도에 대한 그의 가르침 때문이 아니라 오리게네스식으로 철학적이고 천문학적 사상을 발전시킨 책 Problemata Gnostika 때문이다. 이 책은 553년 콘스탄티노플 제2차 공의회에서 그를 단죄하는 데 사용되었다.
25) 참조 : John Cassian: Conferences, trans. Colm Luibheid, New York: PaulistPress 1987.

다.

카시아누스는 사막에서 서방으로 돌아와 마르세유에 수도원 둘을 세웠다. 그의 작품은 성 베네딕도(Benedict, 베네딕트)에게도 영향을 미치는데, 베네딕도는 자신의 「규칙서」에서 카시아누스의 「제도집(Institutes)」과 「담화(Conferences)」를 정기적으로 읽을 것을 권고한다. 실제로 카시아누스의 작품들은 정기적으로 읽혔으며, 카시아누스는 서방의 전체 수도원 운동에 자신의 족적을 남긴다.

기도의 작은 씨앗이 유럽 땅에 뿌려진 것은 바로 이 수도원 뜰에서였다. 그 씨앗은 거대한 나무로 자라 신비체험과 신비신학이라는 열매를 맺었다. 수도원이 이룬 위대한 업적은 수도원의 아름다운 금언 - '항상 시편을 입술에, 항상 그리스도를 마음에(Semper in ore psalmus, Semper in corde Chnstus)' - 에 따라 전례와 침묵 기도를 결합시켰다는 것이다. 수도원들에서 행해진 신비적 기도는 결코 전례와 분리될 수 없다. 즉, 신비적 기도는 항상 성경과 성찬식에 의해 커져 간다.

게다가 수도원에서 이루어진 신비신학은 영적 지도에 관한 학문이었다. 어떤 신학자들은 신비적 기도 - 그레고리우스의 어두운 구름, 에바그리우스의 순수한 기도, 요한 카시아누스의 말 없는 기도 -가 일상적인 묵상이나 하나님과 나누는 대화 과정에서 으레 이루어지는 정상적인 발전에 지나지 않는다고 주장했고 아직도 주장하고 있다. 연설한 후에는 침묵하게 된다는 시인의 가르침과 마찬가지로 우리도 말로 시작해서 침묵 안에 머물게 된다. 모든 신학자는 그리스도인의 마음에 이러한 기도를 가져다준 것은 원래가 전례였으며 말 없는 기도를 통해 그리스도의 신비, 삼위일체의 신비로 조용히 들어갈 수 있다고 인정했다.

수도원 제도를 포함한 그 많은 영적 재산이 동방에서 시작되어 서유럽으로 들어왔다는 사실을 주목하는 것은 실로 흥미로운 일이다. 제2차 바티칸공의회는 동방 그리스도교의 거대한 공헌에 경의를 표한다. 동방 전례의 아름다움에 대해 언급한 다음, 공의회는 다음과 같이 말한다.

동방에는 특히 수도생활이 드러내는 저 풍요로운 영성 전통이 있다. 거기에서는 실제로 거룩한 교부들의 빛나는 시대부터 저 수도영성이 꽃피었고, 뒤에 그 영성이 서방으로 흘러들어 이를 원천으로 삼아 라틴계 수도회가 생겨났으며, 그다음에도 동방에서 거듭 새로운 힘을 받아 왔다. 그러므로 하나님을 관상하도록 인간을 온전히 드높여 주는 동방 교부들의 이 풍요로운 영성에 가톨릭 신자들이 더 자주 다가가기를 간곡히 권고한다.26)

거룩한 신비들을 관상할 수 있도록 모든 인간을 고양시키는 것이 항상 신비신학의 이상이었다.
그러나 서방에서는 어떤가?
신비신학은 결코 **어거스틴을** 떠나서 논의될 수 없다.

서방의 관상

20세기 초 『서방 신비주의』라는 제목으로 출판된 탁월한 책에서 커스버트 버틀러는 서방을 대표하는 신비주의의 세 거인을 선정했다.27) **히포의 어거스틴**(어거스틴, Augustine of Hippo, 354-430), **대그레고리우스** (그레고리우스, Gregory the Great, 540-604) 그리고 **클레르보의 버나드**(베르나르두스, Bernard of Clairvaux, 1090-1153)다.

머리말에서 버틀러는 '신비주의적(mystica)'이라는 말이 디오니시우스에서 기원하며 중세 말까지는 서방에서 쓰이는 말이 아니었다고 지적한다. 그에 의하면 '신비주의'란 완전한 현대어다. 그는 "**관상**이라는 표

---

26) 「일치 교령」, 15항.
27) Cuthbert Butler Westem Mysticism, London: Constable 1922/ 1967'.

현은 어거스틴과 그레고리우스 그리고 베르나르두스 시기에 이르러 비로소 만나는 말이며 지금은 '신비체험'[28]을 지칭하는 단어"라고 말한다.

그리스어 theoria의 라틴어 역어 contemplatio(관상)는 오늘날 서방 수도원과 수녀원에서 많이 사용되고 있다. 관상기도는 누구나 할 수 있는 것이 되었다. 이는 무지의 구름 안에서 행하는 정적이고 단순한 기도다. 즉, 논리나 사고가 배제된 기도다. 우리는 하나님 대전에서 침묵을 지키거나 예수기도와 마찬가지로 몇 마디 말을 수없이 되뇌인다. 아빌라의 데레사가 말한 것처럼, 중요한 건 많이 생각하는 것이 아니라 많이 사랑하는 것이다. 이 단순하고 정적인 관상의 시간을 보내다 보면 어느 순간, 깨달음 또는 무아경 혹은 마음의 자각이 일어난다. 혹은 현존을 느끼는 단순한 감각이 점점 커져서 사랑의 불 혹은 어둠의 밤에 이르게 될지도 모른다.

이러한 관상적 혹은 신비체험에 대해 버틀러가 선정한 세 사람의 신비주의자 모두 관심을 가진다. 그러나 여기서는 한 사람을 짧게 고찰하는 것으로 충분하다. 그는 로마가 붕괴되고 야만인의 무리가 무너져 가는 제국을 약탈하던 무렵 서방 문명의 기로에 서 있었던 사람이다. 신비주의자요 예언자였던 어거스틴은 기도와 연구, 그리고 체험에서 나온 깊은 지혜를 도구로 삼아 거의 2천 년 동안 그리스도교계를 교화시켰다.

어거스틴의 다른 사상들은 끊임없이 연구 대상이 되었지만 그의 신비신학은 다소 간과되어왔다. 어떤 신학자들은 그에게 신비체험이 실제로 있었는지조차 의문을 품었다. 그러나 열린 마음으로 『고백록(Confessions)』을 읽은 사람이라면, 원숙한 신비주의자이자 뛰어난 사상가였던 그의 펜에서 나온 다음과 같은 시적인 문장을 그냥 넘겨버릴 수 없다. "전율을 느끼며 흘긋 스치며 보게 된 찰나에 내 마음은 존재

---

[28] 같은 책, 4.

자체에 이르렀다."29) 놀라운 깨달음이 아닌가! 어머니와 아들이 함께 관상의 황홀경에 도달한 일, 오스티아(Ostia)에서의 그 위대한 장면도 있다. 깊은 연민의 정을 자아내는 다음과 같은 외침도 놓칠 수는 없다. "나중에야 나는 당신을 사랑했습니다. … 보시다시피, 당신은 제 안에 계셨으나 저는 밖에 있었습니다. … 당신은 저와 같이 계셨으나 저는 당신과 함께 있지 않았습니다."30)

신비신학에 관한 한, 어거스틴은 은총이라는 영역에서 큰 공헌을 남긴다. 인간성의 근본적인 부족함을 깨달은 후, 그는 이렇게 기도했다. "당신이 말씀하신 것을 주시고 당신이 원하시는 것을 말씀하십시오."31)
이 은총에 대한 가르침은 전반적인 인간생활에서 핵심을 이루며, 신비신학에서도 매우 중요하다. 모든 것은 선물이다. 진정한 신비주의자들은 인간의 노력이 헛되다는 사실을 잘 알고 있다. 그 인간의 노력이 하나님에게서 받은 것이 아니라면 말이다. 우리는 하나님의 사랑이 가장 우선한다는 것을 잊어서는 안 된다. "우리가 사랑함은 그가 먼저 우리를 사랑하셨음이라."(요일 4:19). "너희가 나를 택한 것이 아니요 내가 너희를 택하여 세웠나니"(요 15:16). 부르심은 선물이다. 발전도 선물이다. 우리는 항상 하나님을 기다려야 한다. 때가 되기 전에는 사랑을 강요해서도 안 된다. 펠라기우스(Pelaaius)적 성향이 엿보이는 방법은 늘 위험하다. 이와는 대조적으로 어거스틴이 남긴 은총의 교리는 신비주의적 전통에 흘러들어 영원히 남아 있어야 한다.

이제까지 그리스도교 역사 첫 5백 년 동안 신비신학이 서서히 발전되어 온 모습을 살펴보았다. 오리게네스에게 있어서 신비신학은 사랑

---

29) '이것이 내 창자에 사무쳐서 난 당신의 일들을 곰곰이 생각하며 두려움에 떠는 것이었습니다.'(『고백록』 VII. 23).
*30) Confessions, X. 27. 참조: 『고백록』 박문재 역, (크리스찬 다이제스트, 2020, 1판 4쇄), 제10권 27. 329쪽.
31) "자제를 명하시니 명하시는 바를 주소서. 원하시는 바를 명하소서."(『고백록』 X. 29.40). 참조: 『고백록』 박문재 역, (크리스찬 다이제스트, 2020, 1판 4쇄), 제10권 29(331쪽). 40(341쪽).

의 신학이었고, 갑바도기아 교부들과 디오니시우스에게는 신비의 신학이었다. 사막교부들에게 신비신학은 영적 지도라는 사목(목회)적 목표를 지닌 학문이었다. 수도원 생활과 관련해서는 전례, 즉 말씀 전례와 성찬 전례와 결합되었다. 어거스틴은 신비신학이 지닌 은총의 차원을 강조했다.

이제 출처가 문제다. 이 신비신학은 과연 어떤 출처들에 의거하는가? 단지 그리스도교 계시의 산물인가? 헬레니즘 세계는 초대 그리스도교의 풍요로운 관상적 체험에 어떤 공헌을 했는가?

이 문제들을 살펴보도록 하자.

제2장
교부들은 기도를 어디서 배웠을까?[32]

그리스도교(기독교) 공동체가 훗날 신비신학이라 일컫는 것을 서서히 깊이 있게 구성해 왔다면, 교부들은 기도를 어디서 배웠을까? 우리가 지금 신비주의적 기도라 부르는 것을 어디서 배웠을까?

성 경

앞서 언급한 바에 따르면, 주요 출처가 성경임이 밝혀진다. 교부들의 작품을 언뜻 살펴보기만 해도 얼마나 그들이 성경을 읽고 또 읽었으며 성경에 관해 묵상하고 성경을 생활화했는지 알 수 있다. 그들의 작품들은 당시를 배경으로 한 성경의 해석판에 불과하다.

신비신학에서 특별한 가치가 있는 어떤 원문들은 후렴처럼 되풀이된다. 그중 하나가 「주님의 기도」다. 테르툴리아누스(Tertullian), 치프리아누스(Cyprian), 오리게네스(Origen), 니사의 그레고리우스, 페트루스 크리솔로구스(Peter Chrysologus)는 「주님의 기도」에 관한 해설서를 썼다. 후에 아빌라의 데레사 또한 『완덕의 길(Way of Perfection)』에서 이 전통을 따른다. 마치 '우리 아버지'라는 두 단어에는 모든 신비신학 -하나님의 무한한 사랑과 (그것을) 신뢰하는 인간의 응답- 이 포함되어 있는 것 같다. 「주님의 기도」를 암송하는 사람은 결국 말과 생각을 넘어서 무지

---

32) 윌리엄 존스턴. 이봉우 역 『신비신학』 사목총서 24 (분도출판사, 초판 3쇄, 2012) pp.49-68.

의 구름이라는 신비 중의 신비에 이르게 될 것이다.

그리고 예수님 발치에 앉아 있는 막달라 마리아가 있다. 여기에 관상의 최고 모범이 있다. 그녀의 사랑은 무아지경에 이를 정도로 너무 크기 때문에 그녀는 말과 개념을 넘어서 예수의 신성이라는 무한한 침묵에 도달하게 된다.

사도 바울의 서신에도 중요한 문장이 있다. "이제는 내가 사는 것이 아니요 오직 내 안에 그리스도께서 사시는 것이라."(갈 2:20)라는 말씀에는 하나님을 향해 '아빠, 아버지'라고 부르짖는 소아(little ego)를 잃어버린 사람의 체험이 녹아 있다. 바울이 고린도 신자들에게 보낸 서신에도 "주와 합하는 자는 한 영이니라."(고전 6:17)라는 말씀이 있다.

앞서 언급되었듯이, 교부들은 변형 사건과 산에 오르는 모세에 초점을 맞추어 왔다. 이 장면들은 그리스도교의 신비주의적 전통의 일환이 되어 오늘날까지 남아 있다. 그러나 더 중요한 다른 장면들이 있다.

초대 그리스도인들은 주님을 기억하며 신비스런 말씀을 암송하기 위해 빵을 나누어 주는 주님의 식탁에 함께 모였다: "이것은 너희를 위하는 내 몸이니", "이 잔은 내 피로 세운 새 언약이니 이것을 행하여 마실 때마다 나를 기념하라."(고전 11:24~25). 초대 그리스도교 전례 때 암송되던 이 말씀은 성경 전체에서 가장 중요한 말씀이다. 그리스도인은 신앙의 신비, 즉 예수님의 죽음과 부활을 마음속에 간직했다. 그러므로 그리스도인의 가장 기본적인 종교 체험(모든 신비신학이 지향하는 체험)은 죽었다가 부활하신 예수님과 함께 죽고 함께 부활하는 것이라 할 수 있다. 이는 그리스도를 알고 그분의 고통을 함께 나누기 위해 기도하던 바울의 체험이기도 하다: "내가 그리스도와 그 부활의 권능과 그 고난에 참여함을 알고자 하여 그의 죽으심을 본받아, 어떻게 해서든지 죽은 자 가운데서 부활에 이르려 하노니"(빌 3:10~11). 이 죽음과 부활은 성찬식 안에 생생하게 살아 있다.

성경에 대한 교부들의 접근법은 20세기에 팽배했던 역사비평적 접근법과 전혀 다르다는 사실에 주목해야 한다. 성경을 읽는 것은 교부들에게 종교적 체험이었다. 교부들은 성경을 읽으면서 어거스틴이 내적 스승(Magister internus)이라고 부른 분에 의해 자신들이 안내를 받고 가르침을 받고 있다는 것을, 내적 스승의 안내 없이는 그 누구도 아무것도 이해할 수 없다는 것을 믿었다. 요한복음이 약속했듯이 공동체를 모든 진리로 인도하는 성령이 모든 신학에서 가장 최고의 스승이었다.

성령이 이렇듯 성경을 통해 역사하고 있으나 우리는 그 성령이 다른 방식으로도 역사하는지 알아보아야 한다. 교부들의 신비신학에 담긴 비성서적 출처에 대해서도 알아보아야 한다. 여기서 우리는 논쟁의 격랑 속에 놓여 있는 우리 자신을 발견하게 된다.

헬레니즘

19세기 말과 20세기 초에는 그리스도교의 기원에 관한 광범위한 연구가 있었다. 당시 역사가들 가운데 가장 영향력 있는 사람이 진보적 프로테스탄트 신학자인 하르낙(Adolf von Harnack, 1851~1930)이었는데, 그의 비판적이고 깊이 있는 연구는 수십 년간 학계를 지배했다. 하르낙은 그리스도교가 점차 그리스적인 성격을 지니게 되었다는 인상을 받고 당황했다. 그리스도교 이전의 사상과 비그리스도교 사상까지 한데 섞여 들어간 헬레니즘 문화의 전파는 복음서에서 솟아나는 순수한 샘물을 오염시켰다. 그것은 나사렛 예수의 참모습을 손상시킨 독단적 교의(Dogma)의 탄생을 가져왔다. 그러므로 그리스도교는 복음의 순수한 본질을 되찾기 위해 스스로 정화되어야만 했다. 이 작업은 오직 역사비평적 방법으로만 할 수 있었다. 하르낙은 16세기 종교개혁가들이 했던 일을 계속할 뿐이라고 주장했다. 진정 그는, 생애 마지막 순간에 "나는 여러분에게 그리스도에 관해 순수하고 단순하게, 그리고 불순물 없이 가르쳤다."고 학생들에게 말한 루터(Martin Luther)의 진정한 후계자라 할 만하다.

이런 사고방식은 신비신학을 바라보는 태도에 영향을 미칠 수밖에 없었다. 사람들은 신비신학이 이교도의 부패를 증명하는 것이며 이교도의 부패가 그리스도교를 오염시켰다고 생각했던 것이다. 특히 위(僞) 디오니시우스의 작품들은 매우 유해하다고 보았다. 결국 이 모든 것은 그리스도인을 가장한 신플라톤주의자의 작품이 아니었을까? 그는 진정한 성경 정신과는 상관없는 플로티누스 학파의 무아경을 그리스도교에 끌어들이기 위해 그리스 신비종교들의 언어를 이용한 것이다. 루터도 디오니시우스가 유해하다고 말했다. 그 자신이 그리스도교적으로 발전하기보다 플라톤주의적으로 변질되었기 때문이다. 루터는 또한 "나는 여러분에게 디오니시우스의 신비신학을, 그리고 그러한 잡담을 담고 있는 그와 유사한 책들을 마치 역병인 듯 피하라고 권고합니다."33)라고 말했다. 헬레니즘이 나사렛 예수의 진정한 모습을 이해하기 힘들게 했다는 사실을 참으로 설득력 있게 주장하고 있지 않은가!

가톨릭교회가 헬레니즘에 대해 긍정적인 태도였던 반면, 몇몇 가톨릭 신학자들은 니사의 그레고리우스와 디오니시우스에게서 연유한 부정적 신비신학에 대하여 심상치 않은 제재를 가했다. 예컨대 프랑스의 도미니코 회원이자 플라톤 학파의 뛰어난 학자인 A.J. 페스투기에르(Festuegière)는 자신들의 신비신학에서 교부들이 플라톤화되었다고 강력히 주장했다. 페스투기에르에 따르면, 진정한 그리스도교 정신은 복음사가들과 로욜라의 이그나티우스(St. Ignatius of Loyola, 1491-1556), 이레네우스(Irenaeus), 순교자들, 그리고 수도원 전통 안에 있다는 것이다. 그러나 또 다른 그리스도교 운동도 있었다. 즉, "알렉산더 학파와 클레멘스(Clement)와 오리게네스가 있다. 그 계보를 간단히 열거하면 동방에는 모두가 관상의 지도자라 할 만한 에바그리우스, 니사의 그레고리우

---

33) Karlfried Froehlich, "Pseudo-Dionysius and the Reformation of the Sixteenth Century", in Pseudo-Dionysius: The Comptete Works, trans. Colm Luibheid New York: Paulist Press 1987, 44에서 재인용.

스, 포티케의 디아도쿠스(Diadochus of Photice), 위(僞) 디오니시우스가 있다. 그리고 서방에는 어거스틴과 (어거스틴을 따르는) 대그레고리우스"가 있다.34)

확실히 페스투기에르는 헬레니즘, 즉 그리스 문화를 위험한 종양으로는 보지 않았다(그런 점에서 그는 그리스를 너무 사랑했다). 그에게 헬레니즘은 진정한 그리스도교 정신과는 판이하게 다른, 서로 평행선을 달리는 어떤 것이었다. 물론 그는 혼자가 아니다. 오늘날에도 어떤 가톨릭 신학자들은, 독일 라인강 서쪽 지방의 신비주의자들과 『무지의 구름』과 십자가의 성 요한을 통해 흘러왔고 아직도 머튼의 초기 작품과 엘리엇(T.S. Eliot)의 작품들, 그리고 많은 가르멜회 작가들의 작품들 안에 남아 있는 어두운 디오니시우스의 전통에 불안을 품고 있다. 이 전통은 아직도 정화되어야 한다. 신플라톤 철학의 불순물을 깨끗이 씻어내야 한다. 신플라톤 철학은 진정한 그리스도교 영성이 지닌 아름다운 모습을 훼손했기 때문이다.

하르낙과 페스투기에르와 다른 사람들의 작품은 날카로운 논쟁을 불러일으켰고 연구를 더욱 활성화시켰다. 이쯤에서 고대 세계에서 '신비(Mystery)'와 '신비적(Mystical)'이라는 말을 어떻게 구분해서 사용했는지 알아보자.

신약성경에서 말하는 '신비'

'신비'와 그 복수인 '신비들'이란 말은 신약성경에서 풍부한 의미를 지닌다. 복음서에서 '신비'는 비유와 관련이 있다. "하나님 나라의 비밀을 너희에게는 주었으나 외인에게는 모든 것을 비유로 하나니"(막 4:11). "천국의 비밀을 아는 것이 너희에게는 허락되었으나 그들에게는 아니

---

34) AJ. Festugiere, L'Enfant d'Agngente, Paris 1950, 141. Andrew Louth는 The Origins of the Christian Mystical Tradition, Oxford 1981에서 FestueiSre의 이 명제를 논의한다.

되었나니"(마 13:11). 여기서 비밀(신비)이란 무엇일까? 제자들만이 이해할 수 있는 비밀은 과연 무엇일까?

'신비는 하나님 나라다(μυστήριον τῆς βασιλείας Τοῦ θεοῦ).'

한 주석가는 제자들에게 계시된 신비란 '메시아로서의 예수님 자신'35)이라고 서슴지 않고 말한다.

그러나 신비라는 개념이 가장 잘 드러나는 곳은 바울의 서신들이다. 고린도전서에서 바울은 '하나님의 신비(Tὸ μυσTήρι-ον Τοῦ θεοῦ)'에 대해 말한다.

바울은 이 신비를 고상한 말이나 지혜로 가르치지 않았다. 그래서 "내가 너희 중에서 예수 그리스도와 그가 십자가에 못 박히신 것 외에는 아무것도 알지 아니하기로 작정하였음이라."(고전 2:2)라고 말한다. 바울은 그의 적인 영지주의자의(Gnostic) 전문용어를 빌려 진정한 지혜와 진정한 신비는 십자가라고 주장한다. 이는 유다인에게는 장애물이고 이교도들에게는 어리석음이지만, 부름받은 사람들, 즉 유다인과 그리스인 모두에게는 하나님의 힘이요, 하나님의 지혜다. 짧게 말해서 신비는 십자가에 처형되신 예수님이다.

또한 옥중서신에서도 신비 개념은 바울이 전하려는 메시지의 핵심을 이룬다.36) 여기서 그는 (모든) 시대와 세대를 거치며 숨겨져 왔으나 이제는 성인들에게 드러난 신비에 대해 말한다. "이 비밀(신비)은 너희 안에 계신 그리스도시니 곧 영광의 소망이니라."(골 1:27). 같은 서신에서 그는 하나님의 신비에 대해 말한다. 하나님의 신비(비밀)란 그리스도 자신이며 그리스도 안에 지혜와 지식의 온갖 보화가 숨겨져 있다는 것이다. 또한 에베소인들에게 보낸 서신에서 바울은 하나님 안에 오랫동안 숨겨져 있다가 계시로 알게 된 그리스도의 신비를 말한다.

---

35) G. Bornkamm, "Mysterion", in Theotoeical Dictionary of the New Testament, ect. Gerhard kittel, Eerdmans Publishmg Co. 1967, 819

36) 에베소서와 골로새서가 바울이 쓴 것인지는 확실하지 않으나 여기서 원저자 문제는 중요하지 않다.

그는 에베소인들이 지식을 능가하는 그리스도의 사랑을 알 수 있도록 기도한다. 신비란 위대하다. 신비는 저항할 수 없는 것이며 두려운 것이다. 그것은 그리스도와 교회가 맺는 결합의 신비다: '이는 큰 신비다(Τὸ μυστήριον τοῦτο μέγα ἐστίν)'.

"이 비밀(신비)이 크도다 나는 그리스도와 교회에 대하여 말하노라." (엡 5:32). 바울이 복음의 신비를 알리기 위해 확신을 가지고 입을 열 수 있도록 자신이 사랑하는 사람들에게 기도해 달라고 청하는 것은 조금도 이상하지 않다.

디모데에게 보낸 서신에서도 초대교회의 한 송가 구절을 인용하여 이렇게 선포한다: "크도다 경건의 비밀(신비)이여 그렇지 않다 하는 이 없도다(μέγα ἐστίν τὸ τῆς εὐσεβείας μυστήριον)"(딤전 3:16).

그리고 신비에 대해 상세히 설명한다.

> 그는 육신으로 나타난 바 되시고
> 영으로 의롭다 하심을 받으시고
> 천사들에게 보이시고
> 만국에서 전파되시고
> 세상에서 믿은 바 되시고
> 영광 가운데서 올려지셨느니라(딤전 3:16).

계시록 같은 신약성경의 다른 부분에서 Mysterion(신비)이라는 말을 어떻게 사용했는지 여기서 더 알아볼 필요는 없다. 신약성경에서 말하는 신비는 '신비로운 예식과는 아무런 관련이 없다.'[37]는 지적으로 족하다. 부이에르(Bouyer)는 바울의 신비에 대해 "그것이 의미하는 배경은 그리스의 신비들에서 찾을 것이 아니라 … 유다인의 지혜문학과 묵시문학, 즉 전혀 그리스의 영향을 받지 않은 것에서 찾아야 한다."고 말한다.[38]

---

37) G. Bornkamm, 앞의 책, 824.
38) "Mysterion"에 관해서는 Louis Bouyer, Mystery and Mysticism, New

교부들이 신약성경에서 이해한 신비는 죽었다가 부활하신, 그리고 다시 오실 그리스도의 신비(비밀)였다. 이는 성부를 드러내신 그리스도의 신비(비밀)요, 세상을 구속하신 그리스도의 신비(비밀)를 말한다. 이는 복음의 핵심 질문에 해당하는 신비다.

"또 물으시되 너희는 나를 누구라고 하느냐?"(막 8:29).

베드로는 인간에게서 그 대답을 배웠기 때문이 아니라, 하나님의 계시를 받았기 때문에 대답할 수 있었던 것이다.
신약성경에 담겨 있는 그리스도의 신비는 그런 것이다.

교부들이 말하는 '신비'와 '신비적'

우리는 교부들이 고도로 세련되고 발전된 문화를 지닌 그리스·로마 시대에 태어났다는 것을 기억할 필요가 있다. 그들 대부분은 새로운 유다인의 종교를 받아들일 때 그들의 문화적 기득권을 거부할 수도, 수용할 수도 있는 총명하고 교육받은 사람들이었다. 그리스 문화는 그들이 숨 쉬는 공기와 그들이 마시는 물, 그리고 그들이 사용하는 언어처럼 아주 친숙한 것이었다. 그래서 그들은 주변 세계에서 '신비' 또는 '신비적'과 같은 표현들을 받아들여 신약성경의 가르침을 표현하는 전달 수단으로 사용했다. 그러나 그들은 이 말의 본디 의미를 전적으로 부인할 수는 없었다. 아마도 불가능했을 것이다.

입을 다문다는 의미의 그리스어 muein에 어원을 둔 '신비'라는 말이 신비 종교들의 의식, 비밀을 지켜야 하는 의식과 관련되어 사용되었다는 것은 맞는 말이다. 그러나 부이에르는 교부들이 그들만의 독자적인

York: The Philosophical Library 1956 참조.

방법으로(그리스 문화에 전혀 빚진 것 없이, 모든 것이 유다교 안에 이미 심어져 있던 하나님의 씨앗들을 그리스도와 새로 태어난 교회 안에서 꽃피운 것에 지나지 않는다는 전례적이고 성서적인 맥락에서) '신비'라는 표현을 사용했다는 것을 증명하기 위해 꽤 애쓴다.39)

부이에르는 교부들이 '신비적 혹은 신비하다'라는 형용사를 세 가지 맥락에서 사용했다고 주장한다. 첫째는 성경에 대해 말할 때다. **성경은 신비하다.** 왜냐하면 바울이 체험한 그리스도의 신비가 성경 속에 소중히 담겨 있고 그 신비적 해석으로 인해 신비를 잘 알아볼 수 있기 때문이다. 둘째는 신앙의 신비인 **성찬식과 관련**된다. 그 말은 후에 "그리스도 죽으셨다; 그리스도 부활하셨다; 그리스도 다시 오실 것이다"라는 찬송으로 공식화된 위대한 신비와 관련하여 성례 중에 사용된다. '신비적'이라는 말의 세 번째 사용은 종교적 체험과 관련된다. 육적인 것과 반대되는 **영적 체험**을 신비적이라고 부르는 것이다. 이 의미로 '신비적'이라는 표현을 처음 사용한 사람이 오리게네스다.

부이에르는 교부들이 남긴 텍스트가 어느 정도인지 언급한 다음, 마치 하르낙과 페스투기에르와 마주 앉은 듯이 결론을 내린다.

> 이 모든 본문을 읽은 후 우리는 신플라톤주의로부터 빌려 온 한 가지 요소로 그리스도교 신비주의를 설명하는 것이 불가능하다는 사실을 알게 된다.40)

디오니시우스가 신플라톤주의의 영향을 받았다는 것은 부정할 수 없다. 그러나 그는 분명히 교부들의 전통에 뿌리를 박고 있다. 그의 『신비신학(The Mystical Theology)』은 그의 다른 현존하는 작품들 -『하나님의 명칭들(The Divine Names)』, 『천상의 위계, 교회의 위계(The

---

39) Louis Bouyer, A History of Christian Spirituality vol.I: The Spirituality of the New Testament and the Fathers, Burns & Oates 1968, 525. 좀 더 상세한 논의는 Neoplatonism and Christian Thought, ed. Dominic J. O'Meara Albany: State University of New York Press 1982 참조.
40) "Mysticism: An Essay on the History of a Word", in Mystery and Mysticism, New York: The Philosophical library 1956, 137.

Celestial, Hierarchy, The Ecclesiastical Hierarchy)』, 그리고 『서신들(The Letters)』[41]-과 함께 다루어져야 한다. 그러고 나면 디오니시우스가 전적으로 어둠만을 추종하지는 않았으며, 그의 부정신학이 긍정신학과 조심스럽게 균형을 이루고 있었고, 그의 모든 접근 방법은 성경과 전례, 그리고 교회에 기반했다는 사실을 알게 된다. 겉으로 드러난 체계는 신플라톤주의적이며 그가 프로클루스의 제자였을 가능성도 남아 있다. 하지만 그는 결단코 어떤 이교도의 자료도 인용하지 않았다. (물론 행간을 읽어 보면 플라톤의 『티마이오스(Timaeos)』와 『향연』과 신플라톤주의자들에 대한 언급이 발견되기는 한다.) 그에게 그리스인들은 권위 있는 스승들도 아니었다. 부이에르는 신플라톤주의와 디오니시우스의 관계를 부정할 수는 없지만, "그의 신비신학은, 그 자신도 이해하고 있듯이, 모든 성경에 나오는 빵을 떼어 나누어 주시는 그리스도의 모습을 알아보는 그의 방식"이라는 결론을 내린다.[42]

부이에르의 결론이 옳다면, 비단 교부들의 신비 전통을 이해하기 위해서만이 아니라 오늘날 새로워진 신비신학을 이해하기 위해서도 디오니시우스의 관점은 매우 중요하다.

이 사실을 마음속에 간직한 채 최초에 나온 『신비신학』을 간단히 살펴보기로 한다.

최초의 『신비신학』

최초로 나온 『신비신학』은 영적 지도의 산물이다. 스승 디오니시우스는 제자 디모데(Timothy)에게 어떻게 침묵과 공·무, 그리고 무지로 들어갈 수 있는지를 가르쳤다. 그는, 산에 올라 구름 속으로 들어갔으나 하나님은 보지 못했던(하나님을 본 사람은 아무도 없다). 그러나 하나님께

---

*41) 이 내용들은 우리말로 번역된 책이 있다. 위 디오니시우스 저, 엄성옥 역 『위 디오니우스 전집』(은성, 초판, 2007)에 포함된 전체 내용이다.
42) 같은 곳. Andrew Louth, Denys the Areopagite, Morehouse- Barlow, CT 1968, 21도 참조.

서 머무시는 곳만은 볼 수 있었던 모세를 흉내낸 것이 틀림없다(여기서 니사의 그레고리우스에게서 받은 영향이 보인다).

디오니시우스는 부정신학을 체계화하는 것보다 제자를 지도하는 데 더 관심이 있었다. 이는 결코 변하지 않는 신비신학의 한 특징이다. 오늘날에도 신비신학은 사목(목회)과 밀접한 관계가 있다. **신비신학의 근본 목적은 하나님께 나아가려는 사람들을 하나님께 인도하고 돕는 데 있다.**

디오니시우스는 삼위일체이신 하나님께 대한 기도로 책을 시작한다.

> 존재를 넘어서
> 신성을 넘어서
> 선함을 넘어서
> 계신 삼위일체시여
> 그리스도인들을 하나님의 지혜 안으로 안내하시고
> 우리를 신비의 극치로 인도해 주소서. …43)

이 기도에서 우리는 부정적인 것과 긍정적인 것의 조심스러운 결합을 발견한다. 한편에서 보면 하나님께서는 우리가 알 수 있는 그 모든 것을 초월해 계시는 신비 중의 신비이시다. 그러나 다른 한편으로는 하나님께서 삼위일체시고, 우리 인생의 여정에 은총과 도움을 주신다는 것을 믿음으로 안다.

이런 식으로 앎과 무지가 기도 안에 결합되어 있다.

기도한 다음 스승은 제자에게 실천적인 충고를 한다.

> 사랑하는 디모데,
> 신비적 관상을 신실하게 수련하려면
> 모든 감각과 지적인 활동을,
> 느낄 수 있고 이해할 수 있는 모든 것을,

---

43) The Mystical Theology, C. 1.

모든 존재와 비존재까지도 전부 버리시오.44)

이는 모든 것을 버리라는 메시지다. 디모데는 생각하는 모든 것, 논리적으로 따지는 모든 것, 느끼는 모든 것을 포기해야 한다. 모든 존재를 넘어 무아경의 어둠으로 들어가기 위해서는 그렇게 해야만 한다.

당신 자신과 모든 사람의
완전하고 절대적인 무아경에 의해서,
모든 것에서 해방되고
모든 것에서 자유롭게 된
당신은 존재를 초월하여
거룩한 어둠의 빛으로
순수하게 들어 올려질 것이다.45)

이는 무아경·초월, 최고 지혜인 거룩한 어둠으로 들어가기 위해 모든 생각을 버리는 것을 말한다.

많은 주석가가 이 구절을 신플라톤 철학의 무아경과 비교했다. 예컨대 로스키는, 디오니시우스의 무아경과 플로티누스(Plotinus)의 『엔네아데스』 제6권을 비교해 보면 둘 사이에 많은 유사점이 있음을 알 수 있다고 했다. 그러나 그는 계속해서 두 무아경이 결국에는 전혀 다른 것이라는 사실을 증명한다.46)

한층 더 흥미 있고 중요한 것은 『무지의 구름』 저자가 남긴 말들이다. 이 책의 영역본에서 그는 몇 군데를 크게 수정한다(14세기에 이런 수정은 비윤리적인 일이 아니었다). 즉, 디오니시우스가 디모데에게 한 말 중에 디모데가 '사랑 안에서(in love)' 마음이 위로 들어 올려질 거라고 한 부분, '사랑과 함께(with love)' 어둠 속으로 들어가라고 재촉하는 부분,

---

44) 같은 곳.
45) 같은 곳
46) 참조: Vladimir Lossky, The Mysticat Theotogy of the Eascern Church, New York: St. Vladimir's Seminary Press 1976, 29.

모세는 '특별한 사랑(an extraordinary love)'으로 부름받았다고 말하는 부분 등이 그렇게 수정한 곳들이다.47) 그러면서 이 책의 내용은 많이 달라지게 된다. 왜냐하면 순수 정신의 세계로 들어가기 위해 자기 자신을 물질과 결별시키는 냉정하고 철학적이며 신플라톤주의 특성을 지닌 모세 대신, 『무지의 구름』 저자는 하나님께 대한 불타는 사랑으로 산에 올라 극도의 정신적 가난 속에서 자신을 모든 것과 결별시키는 모세를 제시하고 있기 때문이다.

이렇게 『무지의 구름』 저자는 중세 신비 전통을 따른 셈이다. 그러나 그는 정말 디오니시우스의 사상에 충실했던가? 아마도 그랬던 것 같다. 왜냐하면 그 밖에도 디오니시우스는 『하나님의 명칭들』에서 기쁨으로 가득한 사랑의 무아경이라 할 수 있는 사도 바울의 무아경에 대해 설득력 있게 말하고 있기 때문이다.

> 위대한 바울은 하나님의 사랑으로 환희에 사로잡히고 그 무아경의 힘에 이끌려 영감에 찬 말을 했다. "이제는 내가 사는 것이 아니요 오직 내 안에 그리스도께서 사시는 것이라"(갈 2:20). 진정으로 사랑하는 사람은 자기 자신을 잃고 하나님께 빠져들게 되므로, 그는 자기 자신의 삶이 아니라 그가 갈망하는 삶, 곧 그가 사랑하고 있는 사람의 삶을 살게 되는 것이다.48)

실로 이 감동적인 구절은 신비적 등정에 필요한 사랑의 역할을 디오니시우스가 강렬하게 느꼈음을 보여 준다.

디오니시우스의 **무아경**은 그리스도교 신비 전통의 중심이 되었다. 그리스도교 신비주의자의 작품들에서, 신비 전통은, 모든 것을 **포기함**으로써 자기 자신에게서 벗어나는 것과 같은 의미를 지니게 된다. 여

---

47) 참조: William Johnston, The Mysticism of "The Cloud of Unknowing", Trabuco Canyon, California: Source Books and Wheathampstead, Herts.: AntlionyClarke, Reprinted 1992, 34 이하.
48) The Divine Names, IV, 13.

기서 모든 것의 포기란 예수님을 향한 사랑을 위해 모든 것을 포기하라는 복음 권고와 같은 맥락에서 이해 가능하다. 이는 밭에 숨겨진 보물을 발견하기 위해, 혹은 비싼 진주를 가지기 위해 모든 것을 기쁘게 버리는 사람이 가는 길이다.49) 신비 전통과 관련하여 눈여겨봐야 할 것은 물질적 소유만이 아니라 생각하는 것, 논리적으로 따지는 것, 개념화·형태, 그리고 모든 안전을 버려야 한다는 것이다. 신비 전통이 특히 십자가의 성 요한에게서 발전되면서, 우리는 느낄 수 있는 모든 정신적(영적) 위로, 모든 환시, 모든 음성, 모든 자연적·초자연적 집착을 버리게 된다. 무, 무, 무, 산 위에서 조차도 **무(無)**인 셈이다.

우리는 사랑과 지혜를 위해 모든 것을 버린다. 좀 더 정확하게 말하면 사랑하는 지혜를 위해 모든 것을 버린다. 십자가의 성 요한은 어둠이라는 개념을 초월한 지식을 말하면서 디오니시우스에 대해 언급한다. 그는 "이 지식은 관상적 지식이기 때문에 지적 능력으로 보면 막연하고 어두워 보인다. 관상적 지식은 디오니시우스가 가르쳐 준 것처럼, 지적 능력으로 보면 어두운 광선이 된다."50)라고 쓴다. 그는 또한 애매하거나 어둡거나 막연한 관상적 지식이 순수한 신앙이라고 말한다.

신비 전통이 점차 발전되어 감에 따라 디오니시우스의 **무아경은 아가와 관련**되어 이해되기 시작한다. 신부는 신랑, 즉 강생하신 말씀을 맞이하러 나간다. 이 나감은 영원한 결혼, 곧 하나님과 사람 사이의 영광스런 결혼이 성사되는 영원한 삶으로 들어가는 문이라고 할 수 있는 영적 혼인에서 절정에 이른다.

디오니시우스에 관해 언급할 것이 하나 더 있다. 처음부터 그는 그리스도교 전통을 간과하지 말라고 경고한다. "이는 준비하지 않은 사람의 귀에는 전혀 들리지 않는다는 것을 주의하라."51)고 디모데에게 쓴

---

*49) 마 13:44-46 천국 비유 중 밭에 숨겨진 보화, 진주 비유이다.
50) The Living Flame, 3, 49.
 *) 십자가의 요한. 방효익 역 『사랑의 산 불꽃』 (기쁜소식, 초판, 2007) p.139. 하단부.

다.

수도원의 현명한 스승과 안내자들은 모든 것의 포기라는 이 가혹한 등정이 모두에게 가능한 일이 아님을 잘 알고 있었다. 그것은 부르심을 받은 사람들을 위한 것이다. 때가 되기 전에 모든 것을 버리는 사람에게는 화가 닥칠지 모른다.

> 사랑하는 자가 원하기 전에는,
> 흔들지 말고 깨우지 말지니라(아 3:5).

그래서 설익은 비움(kenosis)의 위험성을 정확하게 잡아낸 현명한 신비 전통은 몇 가지 표지를 만들어 낸다. 그 표지 덕분에 우리는 모세와 신비주의자들과 함께 완전한 포기의 산을 오르자는 신랑의 목소리에 귀를 기울일 때가 온 것을 알 수 있게 되었다. "사랑하는 자가 원하기 전에는, 흔들지 말고 깨우지 말지니라."(공동번역: 우리 사랑을 방해하지도 깨우지도 말아 주오. 그 사랑이 원할 때까지)

신비신학은 세대가 바뀌고 새로운 문화들이 생겨나도 쓰이고 또다시 쓰인다. 디오니시우스의 가르침은 정화되고 수정되고 발전했다. 그러나 인간의 기본 패턴인 신비체험은 매우 유사한 것으로 남아 있다. 디오니시우스, 『무지의 구름』, 엑카르트, 십자가의 성 요한, 리지외의 데레사(Thérèse of Lisieux), 에디트 슈타인을 읽을 때 우리는 똑같은 정신이 모든 작품에 들어 있는 것을 느낀다. 물론 개성과 문화, 교육과 성령의 은사에 따라 편차가 있으나 모든 사람이 사랑에서 나온 최고 지혜를 발견할 수 있는 신비들 중의 신비로 들어가기 위해 모든 것을, 논리적인 지식까지도 버리고 있다.

---

51) The Mystical Theology, C. 2.
   *) 디오니시우스, 엄성옥 『위 디오니시우스 전집』 p.210. 신비신학 제1장 2. "지식이 없는 사람들, 다시 말해서 세상에 속한 것들에게 몰두한 사람들, … 이러한 말을 받아들이지 않습니다."

첫 번째 위대한 대화

신비신학은 유다 그리스도교가 지중해로 흘러 들어가 그리스 문화와 만남으로써 생겨났다. 이는 중요한 만남이었고 그 만남의 중요성은 아직도 그 가치를 인정받고 있다.

그러나 오늘날 우리는 무슨 일이 일어났는지 이해해야 하는 상황에 처해 있다. 왜냐하면 지금의 우리 그리스도인들도 매우 비슷한 상황에 놓여 있기 때문이다. 대단한 수준의 영적 변동을 야기하고 있는 문화 혁명에 직면해서, 그리스도교는 하나의 문화에서 벗어나 다른 문화에 뿌리를 내리는 과정에 있다. 아프리카 그리스도인들은 자신들이 아프리카인임을 알고 있다. 아시아의 그리스도인들은 자신들이 아시아인임을 알고 있다. 포스트 모던적인 서방 그리스도인들은 그들이 포스트 모던적인 사람임을 알고 있다. 모든 사람은 자신들이 부인하지 못하며 또 부인할 수도 없는 문화적 유산을 사랑하고 간직하고 있다. 모든 사람은 문화화(토착화, inculturation)의 문제, 곧 새로운 세계에서 예수 그리스도의 메시지와 예수 그리스도의 인격을 해석해야 하는 문제에 직면해 있다. 이것이 대화를 요구하는 일임을 다들 잘 알고 있다. 대화가 어려운 일이라는 것도 알고 있다.

초대 그리스도인들은 여러 점에서 우리와 닮아 있었다. 그들은 예수 그리스도의 복음을 사랑했고 빵을 나누기 위해 주님의 식탁에 모였을 때 복음을 위해 기꺼이 죽었다. 또 자신들이 살아온 세상을 사랑했고 그 세상에 복음을 선포했다. 그러므로 오늘날 우리가 사용하는 용어를 사용하지는 않았지만 그들도 우리처럼 문화화와 대화의 문제에 직면했다.

문화화의 거대한 임무는 타르수스의 바울과 함께 시작됐다. 디아스포라(흩어져 사는) 유다인이며 그리스어에 능통하고, 위대한 도시 로마의 시민이고 가말리엘의 제자며 신비주의자이고 할례받지 않은 사람들의 사도인 바울은, 이방인은 이방인다워야 한다고 생각한 역량 있는 세계주의자였다. 결과적으로 이방인을 유다인처럼 살게 한 것은 의심의 여지가 없다. 게바(베드로, Cephas)가 안디옥에서 이방인들과 함께하는 식사 자리에서 물러났을 때 바울은 그의 면전에서 이의를 제기했다. 왜냐하면 양심의 가책을 받았기 때문이다. "게바에게 이르되 네가 유대인으로서 이방인을 따르고 유대인답게 살지 아니하면서 어찌하여 억지로 이방인을 유대인답게 살게 하려느냐 하였노라"(갈 2:14).

바울의 사고방식이 승리를 거두었다. 성령이 이방인들 위에도 가득 내렸다. 베드로는 환시를 보았고 불결한 것은 하나도 없다고 말씀하시는 음성을 들었다. 예루살렘 공의회도 기본적인 것 이상의 짐을 이방인들에게 지우지 않도록 결정했다. 그들은 "우상의 더러운 것과 음행과 목매어 죽인 것과 피를 멀리"(행 15:20)해야 했다.

바울은 사람들이 귀 기울이지 않을 때 발의 먼지를 털어 버리고 소아시아와 로마, 그리고 추정하건대 스페인까지 복음을 전했다.

그러나 바울은 부름받을 때 이미 다가올 시련을 잘 알고 있었다. 예수 그리스도의 지혜는 그리스인들에게는 어리석은 일이었지만 그는 그것을 가르쳐야 했다. 가르치지 않으면 그에게 화가 미칠 수 있었다. 그는 예수님 십자가의 적이었던 사람들을 만나고 있었다.

그들의 종말은 파멸이요, 그들의 하나님은 그들의 잇속이었으며 그들의 영광은 그들의 수치였다. 바울은 또한 지중해 연안에 퍼져 있는 기이한 영지주의와 혼합주의 사상을 알고 있었다. 그는 예수 그리스도의 복음과 모순되는 많은 것을 보았다. 그럼에도 불구하고 이방인은 이방인다워야 했다. 그들은 자신이 살고 있는 세계를 사랑하고 감사해야 했다.

바울의 정책으로 초기 교회는 갈가리 찢겨지다시피 했다. 그러나 결국 그것들은 결실을 거두었다. 클레멘스(Clemens), 오리게네스, 에바그리우스, 어거스틴 등은 그리스·로마 세계에서 태어나고 자랐다. 그들은 자신들 세계의 악을 보았을 때에도 감사하고 사랑했다. 그들의 임무는 십자가에 달리신 예수님의 지혜를 그 문화 속으로 전파하는 것이었다.

그래서 그들은 예수님이 다시 오시기 전에 전 세계 안에 역사하시는 성령을 사람들이 깨닫는 데 기여할 신학을 정립했다. 아브라함을 부르시기 전에 전 인류에게 계시가 있었고 그 계시는 아직도 남아 있다. 말씀이 세상에 오시어 모든 사람을 비춘다는 것을 알려 주고 있는 요한복음은 특히 중요하다. 순교자 유스티누스(Justinus)는 이 말씀 안에 모든 비그리스도 종교의 진리가 들어 있다고 여겼다. 이러한 신학은 그리스 세계와 나누는 대화의 길을 열어 주었다.

물론 초대 그리스도인들은 잘못을 저질렀다. 오리게네스, 에바그리우스, 테르툴리아누스는 공동체가 복음서와 화해할 수 없다고 생각했다. 어거스틴도 그렇게 생각했다. 그러나 그들이 전적으로 순수한 마음으로 본질적인 것들을 보존했다는 것을 의심하는 사람은 없다. 예수님은 강생하신 말씀이셨다. 그의 어머니는 하나님의 어머니(theotokos)셨다. 그래서 예수님이 하나님이시자 동시에 인간이심을 참으로 말할 수 있다는 것이다. 십자가를 둘러싼 소문들은 문제되지 않았다. 복음의 어리석음이 선포되었다.

문화화 작업은 완전히 창조적인 일이었다. 니케아(Nicaea, 325)와 에페소(Ephesus, 431), 그리고 칼케돈(Chalcedon, 451) 공의회의 교부들은 유다 그리스도교가 보지 못한 예수님의 다른 측면들을 보았다. 그들은 다른 문화의 내부에서 새로운 창조성의 도움을 받아 복음서의 중요한 물음에 직면했다. "또 물으시되 너희는 나를 누구라고 하느냐?"(막 8: 29).

이는 하르낙과 그의 제자들이 역사비평적 방법에만 몰두함으로써 보지 못하게 된 것이었다. 그들은 '실재하는 예수님', 즉 역사적인 예수님을 찾아가는 과정에서 이 사실을 놓쳐 버렸다: 역사적인 흐름과 성령이 활동하시는 문화화 작업을 거치면서 신자들이 예수님의 모습을 훼손하기는커녕, 오히려 그 본질적인 아름다움을 더 많이 더 깊이 보게 되었다는 것을···.

　신비신학에서 중요한 것이 또 하나 있다: 그리스 사람들은 위대한 삶의 신비에 접근하는 다른 방법을 알고 있었다. 그들은 다른 종교적 체험과 다른 기도법도 알고 있었다. 플라톤이나 플로티누스 혹은 프로클루스를 읽는 사람이라면 당연한 일이었다. 그래서 니사의 그레고리우스와 디오니시우스가 말한 모세는 출애굽기와 신명기의 모세와 달랐던 것이다. 이방인들은 이방인답게, 유다인과는 다르게 기도해야 했다.
　보통 하르낙이나 부이에르가 모두 대화와 문화화의 과정을 이해하지 못했다고 생각하기 쉽다. 둘 다 그리스의 영향에 대해 신중했다. 하르낙은 그리스의 영향이 유해하다고도 생각했다. 부이에르는 그리스의 영향을 최소화하려고 했다. 그리스의 영향이 피상적이었음에도 불구하고 그 초기 시대에 유다인과 이방인 사이에, 유다인과 그리스인 사이에 문화적 결혼이 이루어졌던 것도 사실이다.

　오늘날 그리스도교가 새로운 세계에 직면하고 있듯이, 우리도 또 다른 결혼을 고대하며 그 후손, 즉 새로운 신학을 환영할 수 있을까?

제 2 권

고대의 신비주의

플라톤
플로티누스

제1장
플라톤 52)

신비신학은 더 나은 표현으로 관상(觀想) 교의라 하겠는데, 이는 단순히 플라톤 철학의 한 요소일 뿐만 아니라 오히려 플라톤의 세계관 전체를 통하여 그 특징을 이루는 것이라고 하겠다. 우리는 이를 먼저 플라톤이 소크라테스의 가르침을 터득하는 대목, 즉 초기「대화편」에서 소크라테스가 친구들과 더불어 여러 가지 덕(德)에 관하여 토론하는 장면에서 찾아볼 수 있다.

소크라테스의 방법은 무엇인가를 가르쳐주는 것이 아니라, 친구들이 덕에 관해서 이미 알고 있는 것(그 자신이 말하기를, 어렴풋이 가지고 있는 지식이긴 하지만 그래도 틀림없는 지식)을 이끌어내도록 해주는 것이었다. 그들의 이해력은 다만 **깨우침**을 필요로 할 따름이었다. 이러한 원리를 플라톤은 다음과 같은 우화(寓話)를 통해 신비화하였다. 인간의 영혼은 원래 영원한 진리, 혹은 실상(Reality, '형상[Form]' 또는 '이데아[Idea]')을 관상하고 있으나 세상에 태어나 육신과 결합하는 괴로운 과정을 겪음으로써 망각의 세계에 빠져버리고 말았다. 영혼은 옛날에 지녔던 '참됨(眞)'과 '아름다움(美)'을 보는 시력을 완전히 잃어버리고 변화와 환상의 세계에서 멍하니 헤매고 있다. (참된) 지식은 영혼이 옛날에 알고 있던 것을 회상하는 일이다. 플라톤은 우리가 살고 있는 이 세계(변화와 억측과 주관적 의견의 세계)가 지식을 얻기에는 불가능한 세계라고 보았다. 그에 의하면 지식은 확실한 것이어야 하기에 지식의 대상 또한 불변하고 영원한 것이어야 한다. 그런데 이 세상에는 그러한 요구를 만족시켜

---

*52) 앤드루 라우스, 배성옥 역 『서양 신비사상의 기원』 (분도출판사, 2001) pp.21-42.

줄 만한 것이 아무것도 없다. '참됨'과 '아름다움', 유일한 '실상'에 관한 참된 지식을 회복시켜 주는 것, 이것이 바로 철학의 목적이다. 그러나 완전무결하게 채워진 그러한 지식이란 이승에서는 불가능하기에, 철학이란 그러므로 죽음을 향한 이승과 죽은 상태로 있는 저승에 대한 준비의 학문이라 하겠다(Phaedo 64A).[53]

이 같은 탐구의 대상은 다양하다. 『파이돈』에서는 '실상'이 『국가』에서는 '선'이, 『향연』과 『파이드로스(Phaedrus)』에서는 '미'가, 『필레보스(Philebus)』에서는 '하나(一者)' 혹은 '한계'가 각각 대상이 되어 있다. 그러나 어느 경우에 있어서든 탐구한다는 것은 현세의 변화와 무상함을 초월한 그 무엇을 찾아 나서는 모습을 취하고 있는데, 다시 말하면 감각을 통하여 알게 되는 변하는 세계와 세상 사람들이 품고 있는 갖가지 불확실한 견해를 초월한 그 무엇을 탐구의 목표로 삼는다. 이는 지식을 찾아나서되 단순한 추측이나 주관적 의견이 아니라 확실성 내지 무류성(無謬性) 이상의 특성을 지닌 지식을 탐구하는 일이다. 이는 또한 참으로 존재하는 것, 영원한 것, 변함없는 것을 발견한다는 뜻이다.

플라톤이 말하는 지식(episteme, noesis)은 어떤 무엇에 **대하여** 아는 것 이상의 것이다. 그것은 추구하는 대상과 하나가 되고 대상 속에 한 몫을 차지함을 암시하고 있다.[54] '덕은 곧 지식이다.'라고 말한 소크라테스의 독특한 주장은 바로 그 한 예가 될 수 있다. 그러나 한편, 달리 생각해 보면 분명히 그렇지만은 않다. 용기가 없는 사람이라도 용기가 무엇인지는 충분히 알 수 있는 것이다. 하지만 '그것이 과연 참된

---

[53] 플라톤의 인용은 「OCT 총서」에 의한 것이다. 영문 번역은 여러 번역자의 다양한 판본을 사용했는데 매번 인용한 곳에서 어느 번역본에 의거한 것인지를 밝혔다.
[역자 주: Oxford Classical Texts, (약칭 OCT)는 영미 고전 문헌학자들이 엄밀한 원전 인구와 고증을 거쳐서 서양 고전을 총망라한 그리스·라틴 고전문헌 총서를 말한다. 그리스어 텍스트는 엷은 청색, 라틴어 텍스트는 엷은 녹색으로 표지가 구분되어 있다. Loeb Classical Library가 원본과 영역을 함께 수록한 대 비하여 OCT는 원문만으로 되어 있다.]
[54] W. Jaeger, Paideia II 650이하; A.-J. Festugière, Contemplation ⋯, 5 참조.

지식인가?' 하고 소크라테스는 바로 이 점을 문제로 삼았던 것이다. 플라톤에게 있어서 참된 지식이란 단순한 지적 인식 이상의 것인 바, 한 인격을 송두리째 방향지어 줌으로써 '이데아' 곧 '형상'의 세계에 참가하게 되는 것을 의미한다.

지금까지 얘기된 내용에 의거하여 이제 우리는 영혼과 '형상' 세계와의 관계에 대한 몇 가지 요점을 알아볼 수 있을 것이다. 또한 그 상관관계가 어떻게 전개되느냐 하는 것은 플라톤 사상의 종교적 측면을 깨닫고 나서야 비로소 알 수 있게 된다. 플라톤은 소크라테스 이전의 철학자들이 사물의 본성을 밝히기 위하여 탐구했던 학문을 이어받았을 뿐 아니라, 소크라테스 이전의 철학자들 중에 몇몇이 실제로 탐구했던 바와 같이 인간이 추구해온 종교적 업적들도 이어받았던 것이다.[55] '형상'의 세계는 신의 세계이다. '형상'은 신화에 등장하는 그 어떤 신들보다 더없이 참된 신적 특징, 즉 영원성과 불멸성을 가진다.

플라톤은 『파이드로스』(247C)에서 '형상'의 세계를 '하늘 위의 세계(*topos hyperouranios*)'라 하는데, 이는 분명히 신들이 살고 있는 세계를 말한다. 영혼은 '형상'을 알아보는 능력을 갖추고 있기 때문에, '형상' 세계에 거주하며 하늘 위에 속하는 신적 존재다. '이데아'의 존재와 영혼의 선재성(先在性, 이와 함께 영혼의 불멸성)은 '동일한 필연성'을 기초로 한다 (『파이돈』 76E6). 다시 말해서 영혼과 '이데아' 사이에는 '동족관계(*syngeneia*)'가 있기 때문에, 그들은 같은 유(類)이며 같은 본질을 지니고 있다. 그러므로 영혼이 '이데아'에 관한 지식을 찾아나선다는 것은 어떤 의미에서 고향으로 돌아가는 것이다. 영혼은 본래가 신적인 것이어서 신의 세계로 돌아가려 한다. 그리고 영혼은 이 일을 '실상', '진', '미', '선'에 대한 관상 –**테오리아**(*theoria*)'– 을 통하여 수행한다. 이 '테오리아'는 단순히 숙고하는 것이나 이해하는 것만이 아니고, 참된 지식

---

[55] W. Jaeger, *Theology of the Early Greek Philosophers* (1947)의 여러 곳 참조.

으로 참된 대상 안에 한몫을 차지하는 일이며 그 대상과 하나가 되는 것이다. 그것은 페스튀지에르가 거듭해서 말하는 바와 같이 '직접적인 현존감(un sentiment de présence)'을 말하는 것이다.56) '테오리아'가 무엇이냐 하는 것은 앞으로 점차 밝혀질 것이다.

영혼은 어떻게 하면 이 세상에 오기 전에 누렸던 '이데아'의 관상(觀想)으로 돌아갈 수 있을까? 도대체 어떤 종류의 귀향일까? 이를 가장 쉽게 이해하려면 플라톤의 길 제7권의 긴 이야기 '동굴'의 우화(allegory)를 여기 인용해야겠다.

> 인간의 본성이 어느 정도까지 계몽될 수 있는지를 설명하기 위하여 이제 하나의 비유를 들어보겠다. 지하 동굴 비슷한 방에 살고 있는 사람들의 처지를 상상해 보자. 동굴에는 빛의 세계로 나가는 입구가 있고 그 아래쪽으로 깊숙이 통로가 나 있다. 사람들은 어릴 때부터 여기서 살고 있는데, 다리도 목도 사슬에 묶여 있어 몸을 움직일 수가 없고, 머리를 돌릴 수도 없기 때문에 다만 앞에 있는 사물만을 볼 수 있을 뿐이다. 그들 뒤 약간 멀리 떨어진 높다란 곳에 활활 타고 있는 불이 있다. 그리고 이 갇혀 있는 자들과 불 사이엔 길이 있는데, 그 길에는 죽 담장이 둘려져 있다. 이 담장은 마치 인형극에 쓰이는 칸막이 같은 것이어서 무대 위에서 인형극이 진행되는 동안 연출자의 몸을 감추어주는 구실을 한다.
>
> 이제 이 담장 뒤로 사람들이 왔다갔다하는 장면을 상상해 보자. 그들은 이런 저런 물건들을 가지고 다니는데, 그중에는 나무나 돌 혹은 다른 재료로 된 사람이나 동물의 형체도 있다. 이 물건들을 담장 위로 불쑥 내밀어 보이며 얘기를 나누는 사람도 있고 입을 다물고 있는 사람도 있다. … 희한한 광경이며 기이한 처지에 갇힌 자들이다 ―마치 우리

---

56) 예를 들면, *Contemplation* …, 5 343 참조.

들 자신과 같이. 우선 첫째로, 이렇게 갇힌 자들은 맞은편 동굴 벽에 비친 그림자 외에는 자기 자신이나 남들에 대하여 아무것도 볼 수가 없으며 담장 위로 나타나는 물건들도 그림자만 희미하게 보일 뿐이다. 그런데 만일 그들이 서로 간에 말로 주고받을 수 있다면 그들이 할 수 있는 말이란 오직 눈앞에 보이는 그림자에 대한 얘기뿐이 아니겠는가? 또한, 감옥 안에서 들려오는 소리란 그들이 마주 보고 있는 벽에서 울리는 메아리라는 것을 과연 생각할 수 있을까? 뒤편에서 길을 가던 사람들 중 하나가 말을 했다면, 갇힌 자들은 그 말소리가 자기들 눈앞에 어른거리는 그림자로부터 나온 것이라고만 생각할 것이다. 그렇다면 이렇게 갇힌 자들은 어쨌든 눈앞에 보이는, 이 가공의 물건들이 만들어 내는 여러 그림자만을 실상(實相)의 현실이라고 인식할 따름이다.

이제 갇힌 자들이 사슬에서 풀려나고 무지(無知)부터 벗어나게 된다면 어떤 사태가 벌어질 것인지 한번 생각해 보자. 갇힌 자들 가운데 한 사람이 풀려나 갑자기 일어서서 머리를 돌려 빛을 향해 눈을 치켜뜨고 걷도록 강요당했다고 상상해 보라. 그는 너무나 고통스러워할 것이며 전에는 다만 그림자에만 익숙해 있던 대상들을 직접 대하면서 눈이 부셔 똑바로 분간할 수가 없을 것이다. 만약 누군가가 그를 보고 "이전에 네가 보았던 것은 실제로는 아무것도 아닌 허깨비였다. 그러나 이제는 한 걸음 실상에 더 가까이 오게 되었고 더 참된 대상으로 몸을 돌리게 되었으니까 전보다는 만사를 똑바로 볼 수 있게 되었다."고 말해준다면, 그는 과연 무어라고 대답할까? 더구나 눈앞에 그림자로만 어른거리던 여러 가지 물건들을 그에게 직접 보여주면서 이 하나하나가 실제로 무엇이냐고 답할 것을 추궁했다고 상상해 보자. 그는 어리둥절한 나머지 지금 눈앞에 보이는 물건들보다는 오히려 이전에 보았던 그림자들이 참다운 것이라고 믿지 않을까? 그리고 불빛 자체를 쳐다보라고 강요한다면 그는 눈이 아파 도망을 칠 것이고 전에 똑똑히 보였던 그림자 쪽으로 눈을 돌려 그림자들이야말로 지금 눈앞에 있는 실물들보다 더욱 분명한 것이라고 믿지 않을까? 다음으로 누군가가 그를 가파르고 험한 오르막길로 끌고 가서 햇살이 가득한 곳에 도달할 때까지 놓아주지 않는다면 그는 얼마나 괴롭고 화가 치밀겠는가? 햇살이 가득한 곳에서 그는 빛에 너무도 눈이 부신 나머지 지금 이것이 실제로 참된 것이라고 하는 사물들을 단 하나라도 제대로 볼 수 있겠는가?

그렇다면 그가 차원 높은 바깥세상을 점차 익숙하게 바라볼 수 있도록 이끌어 주어야 할 것이다. 우선은 그림자들이 가장 쉽게 분간될 것이고 다음으로 물에 반사된 사람이나 사물의 영상들을 보게 하고, 맨 나중에 실물 자체를 분간하도록 하는 것이다. 그러고 나서, 대낮에 태양과 태양광선을 쳐다보기보다는 밤에 달빛과 별빛을 봄으로써 천체와 하늘을 관찰하는 것이 더욱 쉬울 것이다.

그리하여 결국에는 태양을 쳐다볼 수 있을 것이고 태양의 본성을 바라볼(觀想) 수 있을 것이다. 물이나 다른 매체에 반영된 그림자로서의 태양이 아니라 태양 그 자체를 직접 바라보게 된다. 이제 그는 이 태양이야말로 계절과 세월의 흐름을 가져다주는 것이요 눈으로 볼 수 있는 세계의 모든 것을 주재하는 것이며, 나아가서 어떤 면에서 볼 때 이 태양은 그와 그의 동료들이 이전에 익숙하게 보아왔던 모든 것의 근원이라는 결론에 이르게 될 것이다 (514A-516C).[57]

---

[57] 이 책에서 플라톤의 『국가』 인용은 모두 F. M. Cornford의 영역본 *Republic* (Oxford 1941)을 사용했다.

플라톤은 위의 비유에 스스로 다음과 같이 주석을 달았다.

> 이러한 비유에 담겨 있는 특성은 모두 앞에서 분석한 것과 일치한다. 감옥 안에서 산다는 것은 시각(視覺)을 통해 우리에게 드러나는 세계에 해당하고, 감옥 안에 있는 불빛은 태양의 힘에 해당하는 것이다. 바깥세상, 즉 차원 높은 세계의 사물을 보기 위하여 올라감(上昇)은 영혼이 지성(知性)의 세계로 올라가는 오르막길 여행이라 생각하면 되겠다. 그대의 요청에 따라 내가 생각하는 바를 이렇게 설명하였으니 이젠 그대도 내 말의 뜻을 알 수 있으리라. 이것이 실제로 그리할지 아닐지는 아무도 알 수 없는 일이지만 어쨌든 나에게는 이런 식으로 생각된다. 지식 세계에서 제일 마지막으로 또한 가장 힘들게 감지되는 것은 '선'의 본질적 '형상(Form)'이다. 이것만 인식하고 나면 이것이 바로 만사에 있어서 올바르고 선한 것의 원인이라는 결론에 어김없이 도달하게 된다. 눈으로 볼 수 있는 감각세계에 있어서 '선'의 '형상'은 빛과 빛의 주인을 낳고, 지식세계에 있어서는 그 스스로가 군주로서 지배하며 지성과 진리의 아버지가 된다. 이 '형상'을 보는 눈이 없으면 아무도 개인생활에 있어서나 국가의 일에 있어서나 지혜롭게 행동할 수가 없는 것이다 (517A-C).

'동굴'이란 우리의 감각을 통해 우리 앞에 나타나는 세계를 말한다. 이는 비실상(unreality)으로 특징지어진 세계이다. 그럼에도 불구하고 이 세계는 우리가 습관적으로 익숙해진 세계이기 때문에 이것을 실상(reality)이라고들 생각하고 있다. 영혼은 본래 '형상', 즉 '이데아'라는 거룩한 세계에 속한 것인데 스스로 그 터전을 감각을 통해 나타나는 비실상의 세계에 자리잡았다. 그러기에 플라톤의 관심은 참된 실상을 찾아서 헤매는 영혼의 탐구에 있다. '동굴'의 비유는 이러한 탐구에 포함된 몇 가지 문제를 제시해 준다. 그 가운데 첫째는 무엇인가 문제가 있다는 것을 깨닫는 것이다. 실상을 찾아나서야 할 필요가 있는데 아직껏 실상과 접촉한 바가 없다는 사실을 깨닫는 것으로서, 그 첫 단계는 말하자면 눈을 뜨는 것이다. 우리가 고향, 즉 영혼의 본고장인 '형상'의 세계로부터 멀리 떨어져 나와 살고 있다는 사실을 깨닫는 일이다. 눈이 뜨여 깨닫고 나면 영혼은 거짓 실상에 매달리는 일을 그만두고 참된 실상과 가까이하도록 힘써야 한다.

플라톤은 이러한 과정을 점진적인 단계로 보고 있다. 비유에서 사용된 표현을 빌린다면 갇힌 자들은 그림자를 보고 반향되는 소리를 듣는 단계에서부터 그림자와 소리울림을 만든 대상을 보는 단계로, 즉 무의식중에 속아왔던 단계로부터 속이는 것의 정체를 보는 단계로 넘어가게 된다. 다음으로 만약 갇힌 자가 더한층 실상의 세계로 나아가려 한다면 그 과정은 마치 가파르고 거친 오르막길로 끌려가서 햇빛으로 나아가는 고통스러운 일이 될 것이고, 햇빛 때문에 그의 허약한 두 눈은 부셔서 아무것도 볼 수 없는 단계가 될 것이다. 그러나 일단 동굴 밖으로 나가기만 하면 실상의 세계에 익숙하게 되는 점진적인 과정을 거쳐 완전한 실상을 파악할 수가 있을 것이다. 우선 그는 그림자 —이 단계에서 보는 그림자는 실물들의 그림자— 를, 그리고 반영(反影)들을 본다. 다음으로 밤하늘을 보고 이어서 별빛과 달빛에 비친 세계를 보게 된다. 마침내 태양빛에 의하여 나타나는 실물을 보게 될 것이고 실제로 태양 자체를 또한 태양의 본성을 직접 바라보면서, 계절의 변화와 세월의 흐름과 삼라만상의 근본이 다름 아닌 이 태양으로부터 비롯된다는 사실을 깨닫게 될 것이다.

오랜 세월 점진적 과정을 거쳐 거짓 실상으로부터 떨어져 나와 참된 실상 속으로 밀착하고 친숙하게 되는 것, 이것이 바로 플라톤이 말하는 영혼의 상승이다.

그러므로 첫째 단계는 **눈을 뜨는 일**이다. 다시 말해서 우리는 실상인 것처럼 보이는 거짓 세계에 깊이 빠져 있다는 것, 우리의 지식이란 그저 한 '주관적 의견(*doxa*)'에 지나지 않는다는 사실을 깨달아야 한다는 것이다. 소크라테스가 실제로 이룩한 업적 가운데 가장 놀라운 일은 사람들로 하여금 자신의 무지를 깨닫게 하여 '당황한 상태(aporia)'에 처하게 하는 대화방법이었다. 이는 초기 「소크라테스와의 대화편」에서 말하는 교육방법이며 크세노폰(Xenophon)이 소크라테스에 관하여 말하는 바로 그 방법이다.

다음 단계는 거짓 실상으로부터 벗어나서 참된 실상으로 다가가는 과정, 다시 말해서 **교육**(*paideia*) **혹은 교정의 과정**이다. 이 교육문제는 『국가』의 나머지 부분과 그외 다른 몇 편의 「대화집」에서 논의되고 있다. 사실 플라톤은 이 문제를 여러 각도에서 다루었다. 『국가』에서 (그리고 『법률』에서도) 그는 특별한 계획에 의한 교육에 관심을 모았다. 그는 다른 작품에서도 영혼을 훈련하는 이 특별한 측면에 중점을 두었다. 어쨌든 그가 어느 작품에서도 잊지 않고 주된 관심을 쏟은 일은 참된 삶을 향하여 영혼을 눈뜨게 하고 그러한 삶으로 영혼의 방향을 잡아주는 것이었다. 그런즉 플라톤은 이렇게 말한다.

> 우리는 다음과 같은 결론을 내려야 한다. 교육이란 몇몇 사람들이 주장하듯이 지식을 가지지 못한 영혼에게 지식을 집어넣어 주는 것이 결코 아니다. 이는 마치 소경의 눈에 시력을 넣어줄 수 있다는 당치도 않은 말이다. 교육에 대한 우리의 견해는 이러하다. 모든 사람의 영혼은 진리를 배워 익힐 능력과 진리를 볼 수 있는 기관(器官)을 지니고 있다. 눈이 어둠을 벗어나 빛을 보려면 온몸의 방향을 눈과 더불어 돌려야만 하듯이 영혼 전체의 방향을 이 변화의 세계로부터 돌려서 마침내 영혼의 눈이 실상을 바라보고, 또 우리가 '선'이라고 칭한 최고의 광명을 바라볼 수 있도록 이끌어 주는 것이 교육이다. 그러므로 영혼의 방향전환이라는 이 중대한 일을 효과 있게 하기 위하여 하나의 기술이 필요하다. 이 기술은 영혼의 눈 속에 영혼이 이미 갖추고 있는 시력을 새삼스레 집어넣어 주는 것이 아니라, 영혼으로 하여

금 그릇된 방향을 보게 하지 말고 마땅히 보아야 할 방향으로 눈을 돌리게 하는 일이다(518B-D).

영혼이 '그릇된 방향'을 향해 있는 것은 영혼이 감각의 세계에 얽매여 있기 때문이다. 따라서 이 세계에서 떨어져나간다는 것은 영혼이 감각과 육신을 벗어난다는 것을 뜻한다. 그러므로 영혼의 상승에 중요한 요소는 영혼이 육신을 벗어나 스스로가 영적 존재임을 깨닫는 일이다. 이는 『파이돈』에서 매우 예리하게 논의되었다. 실상의 인식에 이르기를 진정으로 바라는 사람은 자기 자신을 정화(淨化)하도록 힘써야 한다. 자신을 육신으로부터 정화하여 스스로 순수하게 되도록 해야 한다. 그런 사람은 다음과 같을 것이다.

> 사물에 접근할 때마다 가능한 한 이성만으로 대하고, 추론 및 사고에 있어서 시각이나 기타의 감각을 끌어넣는 일 없이 순수하고 절대적인 이성으로써 사물의 순수하고 절대적인 본질을 파악하려는 사람, 또 육신을 동반하면 영혼이 흐트러져 진리와 지혜에 이를 수 없다는 것을 느끼고 가능한 한 눈과 귀를 멀리하는 사람, 요컨대 육신을 온통 벗어나는 사람이다(65E-66A).

그러므로 **철학이란**, 죽음의 문턱을 넘어서야 가능한 삶을 지금 현재에 살아보려는 하나의 시도요 죽음에 대한 준비과정이다.

> 육신과 함께 있는 동안 순수한 지식에 이르기가 불가능하다면 다음 둘 중 하나에 해당할 것이다. 즉, 지식을 전혀 가질 수 없든지 아니면 죽은 후에 획득하든지 어느 한 가지일 것이다. 죽은 후에는 영혼이 육신을 떠나 홀로 존재하겠지만 죽기 전에는 그렇게 될 수가 없다. 그러니까 우리가 살아 있는 동안에는 절대로 불가피한 경우 이외에는 가능한

한 육신과의 접촉이나 소통을 피하고, 신이 손수 우리를 해방시켜 줄 때까지는 육신의 본성으로 욕망을 채울 것이 아니라 오히려 육신으로부터 우리를 깨끗하게 지키는 것이 순수지식에 도달하는 가장 가까운 길일 것이다. 이렇게 육신의 어리석음으로부터 우리 자신을 해방시키고 그리하여 순수한 상태에 이르게 되는 이 길 안에서 아마도 우리는 순수함과 함께 있게 될 것이며 우리 자신의 순수한 모든 것을 알게 될 것이다. 또한 아마도 이것이 진리일 것이다. 왜냐하면 순수하지 못한 것이 순수한 것에 다다를 수는 없기 때문이다(66E-67A).58)

이러한 정화의 과정에는 두 가지 차원이 있다. 하나는 윤리적 차원이고 다른 하나는 지적 차원이다. 윤리적 정화는 윤리적 덕(정의, 분별, 절제, 용기)의 실천이다. 이는 영혼이 육신과의 결합에서 오는 영향을 벗어나 스스로를 정화시켜 나가는 방법으로 제시되고 있다. 이 네 가지 덕을 하나라도 실천하지 못한다면 그것은 곧 영혼이 부당하게 육신의 영향을 받고 있다는 뜻이다. 특히 절제와 용기는, 영혼 혹은 더 나은 표현으로 영혼의 이성적 부분인 정신, 즉 '누스'가 영혼의 욕망적 부분(모든 욕망의 근원, to epithymetikon)과 영혼의 정념적 부분(충동과 정열, 특히 분노의 근원, to thymikon)을 억제하는 덕이라고 볼 수 있다. 절제와 용기의 덕이 부족하다는 것은 억제하는 힘이 부족하다는 것이며 영혼이 인간구조의 비이성적 부분에 지배당하고 있다는 뜻이다. 이러한 덕을 얻으려는 목적은 덕 그 자체를 소유하는 것이 아니라 덕이 확보해 주는 결과, 즉 영혼이 평정되어 그릇된 길로 빠지는 일이 없도록 하려는 데 있다.

위의 내용이 윤리적 정화라면 그것은 분명히 '죽음에 대한 수련(melete thanatou)'으로서 철학의 한 분야이다. 그것은 영혼이 육신으로

---

58) 『파이돈』 인용문은 *Loeb Classical Library*에 실린 H. N. Fowler의 영문 번역을 사용했다. [* *Loeb Classical Library*에 관해서는 이책 각주 1 참조]

부터 풀려나고 육신으로부터 떨어져 나가기를 추구하는(죽음에 대한 플라톤의 정의 -『파이돈』67D) 하나의 길이다. 『파이돈』에서 플라톤은 정화를 이같이 엄격하게 정의하였다. 다른 작품들, 특히『국가』와『법률』에서 정화는 육신에 대한 적극적 관심과 육신에 대한 훈련을 요구한다는 점을 분명하게 강조하였다. 다시 말하면 철학자의 육신과 생활방식이 온통 관상생활로 인도된다는 것이다.

플라톤은 '음악을 통한 교육 (mousike paideia)'도 언급하는데, 이것은 우리가 보통 음악이라고 하는 말의 의미 이상의 내용을 뜻하는 동시에 율동과 형식에 대한 감수성도 포함한다. 그리하여 '시와 음악 교육의 지대한 중요성'에 대하여 그는 다음과 같이 말한다. "율동과 화음은 영혼의 내면 깊이 자리잡고 영혼을 가장 힘차게 붙들어주면서, 바르게 자란 사람만이 지니게 되는 저 아름다운 몸과 마음을 길러 준다."(『국가』, 401D). 이러한 음악교육(mousike paideia)은 영혼이 미에 대하여 깊은 감수성을 지니고 있다는 사실을 뜻하며, 이 미야말로 참된 실상의 특성을 나타내는 형상인 것이다.59) 그렇다면 윤리적 정화란 육신으로 하여금 영혼의 참된 목표, 즉 참된 실상을 관상하는 일에 조화롭게 맞추도록 해주는 것이라고 볼 수 있겠다.

그러나 영혼이 참된 실상을 향하여 상승할 때 반드시 통과해야 할 또 다른 차원의 더 중요한 정화가 있는데 이것이 바로 지적 정화(知的淨化)이다. 플라톤은 이 지적 정화를 변증법이란 주제 안에 포함시켰는데, 변증법의 목적은 영혼을 관상, 즉 '노에시스'에 익숙하게 하는 데 있다. 플라톤은『국가』에서 변증법에 가장 도움이 되는 학문의 종류를 논의한 다음 두 가지를 택하였다. 그 하나는 수학으로 이는 수와 양에 관한 학문이다. 다른 하나는 엄격한 의미의 변증법 자체이다. 이는 사물의 본질을 탐구하는 학문으로서 사물의 제반 원리이자 만물의 최고 원리인 '선(善)'의 '이데아'를 발견하려는 학문이다. 다른 모든 '이데아'들도 이 '선'의 '이데아'에 좌우되고 있다. 플라톤은 이 두 지적 훈련을 **지성을 깨우치는 일**(egertika tes noeseos)이라 부른다. 왜냐하면 수학과

---

59) Jaeger, *Puideia*, III 228 이하 참조.

변증법은 감각이 우리에게 제시하는 바를 추상화함으로써 지성(nous)을 일깨우고 훈련시키기 때문이다. 수학과 변증법은 정신으로 하여금 감각을 떠난 대상, 즉 순수한 실체(ousia)와 교섭해 나가도록 인도해 주는 학문이다.

위의 내용은 매우 추상적인 것 같고 또 실제로 추상적이기도 하지만 플라톤은 이를 아주 열심히 묘사하였다. 그는 '존재의 추구'(『파이돈』 66C)를 얘기하면서도 사냥을 비유로 들었다. 영혼에 관해서는 '참된 실재에 접근하여 이와 사귀면서 지식과 진리를 낳는 것'이라고 한다(『국가』 490B). 그리고 『파이드로스』에서는 영혼이 사랑하는 사람의 모습에서 참된 미를 발견하게 된다는 것을 열정적으로 표현하였다. '신비로운 경험에서 방금 깨어난 사람, 그래서 환상을 많이 본 사람이 참된 미를 드러내는 신과 같은 얼굴이나 자태를 보게 될 때, 처음에는 환상으로 인해 떨리고 어느 정도 두려움이 엄습하겠지만 그리고 나서는 신을 바라보는 듯한 경외감을 느끼게 된다. …'(251A).[60]

이 두 가지 요소, 즉 엄격할 만큼 추상적이면서도 열정적인 요소는 『향연』에서 디오티마(Diotima)가 말하는 미의 탐구에 관한 이야기 속에 훌륭히 융합되어 있다.

> 올바른 사랑을 열망하는 사람은 어릴 때부터 단 하나의 형상을 사랑의 대상으로 삼고 그 안에 지적 탁월성이 생기도록 해야 합니다. 다음으로 생각해야 할 일은 아름다움이란 그 어떤 형상을 취하고 있더라도 다른 형상 안에 남아있는 미(美)와 형제지간이라는 사실입니다. 또한 형상이 아름다운 것을 추구해야 할 때에 모든 형상에 깃든 아름다움이 하나요 동일하지 않다고 상상한다면, 그리하여 수많은 형상으로부터 사랑의 요구를 느끼고서 하나의 대상으로 향한 열정을 줄이려 한다면 이는 터무니없는 생각입니다. 더욱이 영혼 속에 있는 아름다움이 형상으로 나타나는 아름다

---

[60] 『파이드로스』의 영문 번역은 모두 R. Hackforth의 1952년판에 따랐다.

움보다 훨씬 뛰어나다는 사실도 생각해야 할 것입니다. 그러므로 뛰어난 영혼의 소유자는 비록 형상(육체)의 꽃은 시들었다 할지라도 사랑과 관심의 대상으로 만족할 만한 존재, 함께 탐구하며 젊음을 증진시키는 얘기를 나눌 수 있는 벗이 되어줄 것입니다. 그리하여 의무와 법칙을 지키는 데에 있는 미와 순종을 관찰하기에 이를 것이며 외부로 보이는 형상의 아름다움은 그다지 중히 여기지 않게 될 것입니다. 그래서 사랑하는 자는 그의 제자를 학문으로 인도하여 지혜의 사랑스러움을 우러러볼 수 있도록 해줄 것입니다. 그러고는 우주의 미를 관상함으로써, 하인들끼리 사랑을 주고받듯이 한 형상의 매력, 혹은 학문의 한 가지 주제에만 매달리는 값싸고 초라한 사랑을 하는 것이 아니라, 바다처럼 넓은 지성의 미를 향해 눈을 돌리고 미 안에 담겨 있는 사랑스럽고 훌륭한 형상을 바라봄으로써 철학의 여러 개념을 풍부하게 산출해야 할 것입니다. 마침내 힘과 확신을 얻어 하나의 학문을 한결같이 관상하게 될 것인즉 그러한 학문이 바로 모든 것을 포괄하는 보편적 미에 관한 학문입니다(『향연』 210A-D).[61]

플라톤은 여기에서 사랑이 어떻게 하여 지적 정화의 과정을 겪게 되는가를 설명하고 있다. 그것은 추상화와 단일화 −질적이고 또 양적인 추상작용의 과정이다. 이렇게 하여 영혼은 감각에 의한 지각에서 벗어나 감각에서부터 독립된, 정신만에 의한 지각으로 인도되는 바, 이는 물질적인 차원으로부터 정신적인 차원으로의 움직임인 것이다. 영혼은 또한 다수와 다양한 것들에서 벗어나 하나이고 독자적인 것으로 이끌려간다. 그러면서도 이는 여전히 사랑이다. 추상화로 인하여 메마르고

---

[61] 시인 Shelley의 번역 *The Nonesuch Shelley*, 865 이하.
　　[* "The Nonesuch 시리즈"는 영문학사에 빛나는 시인들의 작품을 골라 엮은 작품 선집이다.]

무관심한 사랑이 아니라 영혼이 '바다처럼 넓은 지성의 미' 속으로 잠겨들면서 강화되고 심화되는 사랑이다.

　영혼이 윤리적 정화와 지적 정화의 과정을 이렇게 모두 거쳤을 때, 가파르고 험한 오르막길로 이끌려 오름으로써 영혼은 과연 무엇을 발견하게 될까? 그것은 바로 앞서 인용된 『향연』에서 디오티마가 다음과 같이 계속 들려주는 내용이다.

　　아름다운 대상들을 한 단계씩 오르며 점진적으로 관상하면서 '사랑'이 무엇인지를 이 점에 이르기까지 배워 익힌 사람은, 이제 '사랑'에 대한 모든 목표의 최종점에 다다랐을 때 별안간 놀라운 본성을 지닌 한 가지 미를 보게 될 것입니다. 소크라테스여, 이것이야말로 여태껏 모든 노력을 감당해 온 마지막 목표입니다. 그것은 영원한 것이어서 나지도 죽지도 않고 불어나지도 줄어들지도 않습니다. 다른 것들처럼 일부는 아름답고 일부는 추한 것도 아니고, 때로는 아름답고 때로는 추한 것도 아니고, 어떤 관계에서는 아름답고 어떤 관계에서는 추한 것도 아니고, 여기서는 아름답고 저기서는 추한 것도 아니고, 어느 한 사람의 평가로는 아름답고 다른 사람의 평가로는 추한 것도 아닙니다. 이 지고한 미는 아름다운 얼굴이나 손이나 육체의 어느 한 곳, 혹은 어떤 이야기나 학문이라고 상상할 수도 없는 것입니다. 다른 것들처럼 땅이나 하늘, 또는 어떤 딴 곳에서 생활하거나 존재하는 것도 아니고 영원히 한결같고 변함없으며 그 자체만으로 단일한 형상을 지니는 것입니다. 다른 모든 것은 이 지극한 미에 한몫을 차지함으로써 아름다움을 얻게 됩니다. 다시 말해서 다른 것들은 나고 죽고 하지만, 이것은 많아지지도 적어지지도 않으며 어떠한 변화도 일어나지 않는 상태에서 아름답다는 것입니다. 어떤 사람이든 바르게 체계 잡힌 '사랑'에서부터 상승하면서 이 지극한 미를 관상

하기 시작하면 그는 벌써 자기 노력의 정상에 다다른 것입니다(『향연』 210D-211B).62)

'놀라운 본성으로서의 미(美)', 이것이 바로 영혼 상승의 목표이며 '미 그 자체', 즉 '미의 형상'을 열광하며 우러러보는 것이다. 그러나 영혼이 관상해야 할 정점은 단순히 최고의 '형상'만을 식별하는 것이 아니라 오히려 영혼이 이전에 인식했던 바를 초월하는 그 어떤 것임에 우리는 주목해야 한다. 계시됨으로써 드러나 보이는 것은 영원한 것이다. 그것은 나지도 죽지도 않고(不生不滅), 불어나지도 줄어들지도 않는다. 그것은 본성이나 지속성이나 이런저런 측면이나 장소에 대하여 일체의 상대성을 초월하고 있다. 그것은 이미지(phantasia)로도 혹은 어떤 말에 의한 정의(logos)로도 대신될 수 없으며, 타(他)에 의해서가 아니라 그 자체로서 독자적인 것이다. 계시로 드러나는 것은 말로는 표현할 도리가 없다. 페스튀지에르가 지적하듯이63) 그것은 최고의 '형상'이라기보다는 오히려 '형상'의 세계를 초월하는 것이다. 이는 언어로 규정됨 - 정의(logos)- 을 허락하지 않는 것으로 보아 아주 분명한 사실이다.

'아름다운 것의 형상(the Form of the Beautiful)'이 '형상들(Forms)'의 세계를 초월한 것이라면, 이는 『국가』에서 말하는 '선의 형상(the Form of the Good)'과 배우 비슷한 것이다. 플라톤은 '이데아'의 세계에 있는 '선의 이데아'를 감각적 현실세계에 있는 태양에 비유하고, 이 유추(類推)를 확대하여 지성세계의 지각, 오성(noesis)과 감각세계의 시각으로 대비시켜 다음과 같이 비교하였다.

> 물체의 색깔이 한낮의 햇빛에 의하지 않고 밤하늘의 희미한 빛으로 비춰지게 되면, 그 물체를 볼 때 눈이 어두침침해져서 거의 소경이 된 것 같고 마치 명료한 시력을 잃

---
62) 앞의 책, *The Nonexuch Shelley*, 866 이하.
63) Festugière, *Contemplation*, 229 이하, 343 이하 참조.

은 듯한 느낌을 받는다. 그러나 태양이 내리비추고 있는 물체를 보면 같은 눈인데도 또렷해지고 시력을 잃지 않고 있다는 사실이 명백해진다. … 그렇다면 이를 영혼에 적용해 보자. 영혼이 진리와 실상이 비추어주는 대상 위에 시선을 고정하고 있을 때, 영혼은 이해력과 지식을 가지게 되고 분명한 지성을 소유하게 된다. 그러나 영혼이 생성소멸하는 희미한 세계의 사물 쪽으로 눈을 돌리게 되면, 영혼의 시력은 흐릿해지고 영혼이 가지는 것은 다만 이리저리 변하는 의견과 소신뿐이어서 결국 아무런 지성도 갖추지 못한 것처럼 보인다. …

그렇다면 지식의 대상에 진리를 제공하고 지식을 갖춘 사람에게 인식하는 능력을 부여하는 것, 이것이 바로 '형상', 즉 '선'의 본질이다. 이는 지식과 진리의 근원이다. 그러므로 이를 지식의 대상으로 생각할 수도 있지만 또한 동시에 진리와 지식을 초월한 것이며, 가치 있고 귀중한 진리와 지식을 초월하는 것이기에 그보다 더욱 값진 것이라고 생각해야 할 것이다. 그리고 빛과 시력을 태양과 비슷한 것이라고 생각할 수 있겠지만 결코 동일한 것으로 간주하지 않듯이, 지식과 진리도 '선'과 비슷하다고 생각할 수는 있지만 '선'과 동일시한다면 이는 잘못이다. '선'은 더욱 귀중하고 높은 자리를 차지해야 한다. …

그런데 나는 이 같은 유추를 더욱 광범위하게 전개해 보고자 한다. 태양은 우리에게 보이는 사물을 볼 수 있게 해줄 뿐 아니라 또한 그 사물을 생존하게 하고 성장시키며 양분을 제공한다. 하지만 그렇다고 해서 태양이 생존 그 자체는 아니라는 사실에는 의심의 여지가 없다. 지식의 대상도 마찬가지이다. 대상을 인식하는 능력뿐 아니라 대상 그 자체의 존재와 실재까지도 '선'에서 유래되는 것이지만, 그래도 '선'은 존재와 동일한 것이 아니고 존재를 초월해 있으며 존엄성과 능력에 있어 존재보다 월등한 것이다(『국가』 508C-509B).

위의 내용은 영혼이 '형상'의 세계에 속하지 않은 것을 이해하려 할 때 왜 인식력이 약해지는가를 설명해 준다. 이는 마치 밤에 이 세상을 관찰하려는 것과 같다는 것이다. '선의 형상'은 지성세계의 '태양'이다. 말하자면 '선의 형상'은 지성세계의 모든 인식 이해력의 원천이란 뜻이다. 그것은 '지식과 진리의 근원'이기도 하다. 그러므로 플라톤은 논하기를, '선의 형상'은 어떤 의미에서 지식과 진리를 초월해 있으며 우리는 '선의 이데아'의 빛을 통하여 비로소 참된 지식을 터득할 수 있다고 한다. 나아가서 그는, '선'이란 '존재를 초월해 있으며 존엄성과 능력에 있어 존재보다 월등한 것'이라고 말한다. '선의 이데아'는 단순히 가장 참된 실상일 뿐만 아니라 모든 참된 실상의 원천 그 자체이다. 이는 지식을 초월하고 있기에 '선'을 관상한다는 것은 '향연'에서 '아름다운 것(the Beautiful)'을 관상하는 것과 마찬가지로 다른 '형상들'을 관상하듯이 단순히 지식(*episteme*)이라고만 부를 수는 없다. '선'은 지식으로 알 수 있는 것이 아니다. 영혼은 다만 '선'에 닿을 수 있거나 선과 하나가 될 수 있을 따름이다.64)

그렇다면 '선(Good)'이나 '아름다운 것(Beautiful)'의 '형상'을 관상한다는 것은 (극히 드문 일이기는 하지만) 기타의 다른 '형상들'을 관상할 때의 통상적인 의미를 초월하고 있다. 이는 우리가 앞서 인용한 『향연』에서 디오티마의 입을 빌려, 물론 소크라테스가 전하는 것이지만 다음과 같이 달리 표현되었다. " '사랑'이 무엇인지를 이 점에 이르기까지 배워 익힌 사람은, 이제 '사랑'에 대한 모든 목표의 최종점에 다다랐을 때에 별안간 놀라운 본성을 지닌 한 가지 미(美)를 보게 될 것입니다." '아름다운 것'이 나타나는 최종 단계는 획득하거나 발견하는 것이 아니라 **별**

---

64) 『국가』, 490B(앞의 인용문) 및 『향연』 212A 참조. 두 작품에서 공히 '접촉'이라는 은유적 표현을 쓰고 있다.

안간에(exaiphnes) 보는 것이다. 이는 영혼에 **들이닥치면서** 영혼에 계시되는 것이다. 영혼의 수용능력 밖에 있으며 영혼에 부여되는 것, 영혼이 받아들이는 그 무엇이다. 이를 두고 열광 또는 황홀이라고 말할 수 있겠다. 열광이나 황홀이라는 어휘는 '별안간'이란 말에 담긴 또 다른 뜻, 즉 최종 단계의 비전(final vision)이란 그저 **갑자기** 나타난다는 의미뿐만 아니라 갑자기 영혼에 **직접적으로 닿아 있다**는 뜻을 드러내주기 때문이다.[65]

모든 실상의 원천인 궁극적 '실상(Real)'은 알 수 없다는 것(不可知性)과, 영혼이 궁극적 '실상'과 맞닿게 될 때 영혼에 들이닥치는 황홀 상태, 이 둘은 확실히 같은 성질의 것이다. '선의 형상'은 알 수 없는 것이고 따라서 만일 영혼이 그것을 알고자 한다면 영혼은 인식의 정상적인 한계를 뚫고 나가야만 한다. 즉, 황홀경을 통하여 비로소 알 수 없는 것을 알게 된다. 이 같은 연관관계는 그저 암시적인 것만은 아니다. 플라톤은 이 문제를 『제7 서한』에서 다루었는데, 철학적 탐구의 최종 목표인 궁극적 지식에 대하여 다음과 같이 말한다. "이는 여느 학문과 달리 말로써는 표현할 도리가 없는 것이다. 궁극적 지식이란 여기에 끊임없이 골몰하여 일심동체를 이룬 결과 별안간(exalphnes), 마치 섬광에 옮겨붙은 불처럼 영혼 속에 태어나는 것이며 그리하여 스스로를 키워나가는 것이다"(『서한』 VII 341CD).

'선' 혹은 '미'에 관한 이러한 궁극적 관상(theoria)이 변증법의 최종목표이지만, 관상은 우리가 변증법을 실천할 수 있는 것과는 달리 생산하거나 실천할 수 있는 것이 아니다. 이 궁극적 데오리아는 밖으로부터 오는 것이다. 따라서 우리는 이에 대비하고 기다릴 수는 있지만 우리가 그것을 이끌어낼 수는 없다. 관상이란 우리의 지식과 이해력이 미치는 한계를 초월한 것이기 때문이다.

> '가장 높은 존재'이고 '하나(一者)'인 '선'은 진정 말로 표현할 도리가 없다. 인간은 관상(theoria)을 통해 이와 접촉하고

---

[65] Festugière, *Contemplation*, 343, 주 1 참조.

일치될 수 있으나 이를 어떠하다고 정의할 수는 없다. 굳이 표현을 하자면 이는 하나의 본질(essence)일 따름이다. 그러나 이는 모든 본질들의 속성을 결정지어주는 원리이며 모든 본질들이 존재하도록 유지해 주는 것이기에 본질 모두를 초월하고 있다. 그러므로 스승이 제자에게 최대한으로 해줄 수 있는 지도는 손잡고 이끌어주는 정도에 그쳐야 한다. 스승은 제자를 인도하고 자신의 방법과 정신으로 제자가 관상수행에 이르도록 준비해 줄 뿐, 제자의 관상행위를 만들어 낼 수도 없고 수행 결과를 함께 나눌 수도 없다. 관상이란 개인 각자가 체험하는 삶이다.66)

우리는 이 장 첫머리에서 플라톤의 관상론(觀想論)에는 종교적인 차원이 있다는 점에 주목하였다. 즉, '형상'의 세계는 신적 영역이요 영원불멸하며 천상 저편에 자리하고 있으며, 영혼은 바로 이 영역에 속하기에 관상을 통하여 자신이 천상계의 거룩한 주민임을, '형상'과 동족관계임을 깨닫게 된다. 그렇다면 영혼은 관상을 통하여 스스로 신적인 것과 동족임을 깨닫고 이 세상을 떠날 때 비로소 **신성하게** 된다고 말할 수 있겠다. 플라톤은 실로 이렇게 말했다: "이 세상으로부터 떠나는 것은 최대한 신과 한 몸이 되는 것이다"(Thcaetetus 176B).

이는 영혼의 상승에 관한 플라톤 사상의 한 중요한 대목이다. 하지만 플라톤의 사상은 대단히 풍부하고 여러 가지 가능성을 담고 있다. 플라톤의 이상은 언제나 이 세상을 초월하는 것이지만, 그렇다고 해서 『테아이테토스』에서의 '세상을 떠난다'는 이미지처럼 어디서나 그렇게 단적으로 표현한 것은 아니다. 『티마이오스(Timaeus)』에서는 우주(cosmos)에 관한 훨씬 긍정적인 견해를 읽을 수 있다. 여기서 그는 우주를 '우리 눈에 보이는 신(visible god)'이라 하고, 영혼은 우주와 조화를 이룸으로써, 특히 천체의 운동과 조화함으로써 상승의 길에 오르게 된다

---

66) 앞의 책. 191.

고 얘기한다.

> 우리는 땅에 속한 것이 아니라 하늘에 속한 피조물이다. 영혼은 하늘나라에서 먼저 태어났고, 우리의 신적인 부분은 식물의 뿌리가 땅속에 박힌 것처럼 우리의 머리를 하늘로 두고 똑바로 선 몸을 하고 있다는 사실에서 드러난다. … 학문과 참된 지혜에 뜻을 두고 정신을 갈고 닦은 사람이 진리에 이른다면 언젠가는 반드시 불멸하는 신적인 사고를 가지게 될 것이며, 인간 본성이 허락하는 한도 내에서 충분히 불멸성에 도달할 것이다. 그는 또한 언제나 자기 안에 있는 신적인 요소를 잘 돌보며 자신을 수호하는 영신(靈神)과 좋은 관계를 유지하고 있기에 확실히 누구보다도 행복한 사람일 것이다. 세상 만물을 돌보는 일은 그저 한 가지 방법을 요하는 바, 각자에게 알맞은 음식과 활동력을 제공하는 것이다. 우리 안에 있는 신성에 가까운 활동력이란 우주에 대한 사유와 우주의 순환운동을 생각하는 것이다. 그러므로 우리는 각자 그 같은 활동을 눈여겨보고 우주의 조화로운 운행을 배워 익힘으로써 육신으로 태어날 때 입은 결손을 우리 머릿속에서 바른 운행으로 고쳐나가야 하며, 그럼으로써 우리가 인식하는 것과 인식된 대상을 제각기 원래대로 회복시켜야 한다(90A-D).[67]

위 인용문은 몇 가지 점에 있어 플라톤의 다른 작품 특히 『국가』(528E-530C)에서 천문학을 거부하는 내용과는 상당한 대조를 보인다. 그러나 이는, 영혼이 신과 동화하는 것은 그저 세상을 거부함으로써가 아니라 우주 자체를 통하여 우주를 초월함으로써 이루어진다는 플라톤의 사상을 보여주는 중요한 내용이다. 이는 또한, 신은 우주를 통해 지각되고 영혼은 우주를 (특히 천체를) 관상함으로써 신에게로 인도된다

---

[67] H.D.P.Lee의 번역 (1965년판).

는 사상에 관한 초기 증언으로서도 중요하다. 이러한 사상의 전통은 『에피노미스』(Epinomis, 플라톤의 저작인지 아닌지는 접어두고) 및 아리스토텔레스의 초기 저작인 『철학에 관하여(De Philosophia)』에서 더욱 발전되었으며, 키케로(Cicero)와 필론(Philon), 그리고 아리스토텔레스의 논문이라고 인정되어 왔던 『세계에 관하여(De Mundo)』에서도 찾아볼 수 있는데, 이 전통은 플라톤 시대와 그리스도교의 태동기 사이에 커다란 영향을 미쳤다.68)

아무튼 플라톤이 우주와의 조율 내지 조화의 단계를 의도했든 그렇지 않았든 간에, 그의 궁극적 목표는 '형상'에 대한 직관(Vision)이며 나아가서 모든 '형상'들을 뛰어넘고 초월한 '선', 즉 '미'의 '지고한 형상'을 직관하는 것이었다. 영혼은 이 단계에 이르면 죽음 후에나 비로소 가능한 단계이지만 신들과 함께 있게 된다. '꾸준히 지혜를 탐구해 온 사람, 완전히 순수한 상태로 세상을 떠난 사람이 아니고는 결코 신들의 모임에 참가할 수 없다. 오직 지식을 사랑하는 자만이 그곳에 들어설 수 있다'(『파이돈』 82B-C). 그곳에서, '저 하늘 높은 곳'에서 영혼은 고향으로 돌아가는 여정을 끝내게 된다.

> 땅 위의 시인 중에서 아직 아무도 저 하늘 높은 곳에 대해서 노래한 적이 없고 앞으로도 누구 한 사람 그곳에 맞갖은 노래를 부르지는 못할 것이다. 그러나 그곳에 이르는 방법은 다음과 같다. … 그곳은 색깔도 형태도 없고 만질 수도 없는 참된 '존재(Being)'가 머무는 곳인데, 영혼의 길잡이인 이성만이 이를 바라볼 수 있으며, 참된 지식은 모두 이 '존재'로부터 비롯된 지식이다. 그런데 여느 신이 이성과 지식으로 정신을 살찌우는 것과 마찬가지로, 자기에게 알맞은 양분을 섭취하기 위하여 노력하는 영혼이라면 모두가 이

---

68) 이에 관해서는 A.-J. Festugière의 *La Révélation d'Hermès Trismégiste* II: *Le Dieu Cosmique* (Paris 1949)의 여기저기를 참조하고. 더욱 일반적인 견해에 관해서는 *Personal Religion among the Greeks* (Berkeley 1954) 7-8장 참조.

성과 지식으로 성장하게 된다. 그리하여 마침내 '존재'를 바라보게 된 영혼은 기쁨에 넘치고, 진리를 관상함으로써 더욱 성장하고 번영하게 된다. … 이것이 다름 아닌 신들의 삶이다(『파이드로스』 247C-248A).

"아름다움을 관상하며 사는 삶이야말로 인간다운 삶입니다."(『향연』 211D) 하고 디오티마는 소크라테스에게 말한다. 이처럼 참된 미를 관상한다는 것은 '살 가치가 있는 삶(bios biotos)'이다. 그러나 삶의 관상에만 머무른다면 우리는 플라톤을 제대로 이해하지 못하는 것이다. 참된 실상의 원천, '선'과 '미'의 관상를 통하여 우리는 모든 참된 실재가 서로 어떻게 조화를 이루는지 깨닫게 되는 것이다. '형상'의 세계는 전체적인 하나로 이해할 수 있는 것이지 무질서한 집합체를 모아놓은 것이라 생각해서는 안 된다. 진리를 이같이 파악한 사람은 동료 시민에게 도움이 될 수 있는 자이며, 동포들이 질서 있는 생활을 꾸려나가도록 해줄 수 있는 자이다. 이는 플라톤의 신념(참다운 형태의 도시국가에 있어서 지도자들은 관상의 경지에 다다른 사람, 또한 그리하여 인간생활을 다스리는 원리를 분간할 수 있는 사람이어야 한다는 것) 가운데 확실히 표현되어 있다. 플라톤은 이 지복직관을 맛본 사람이라면 이를 관상하기를 그만두지 않을 것이라고 했다. 하지만 분명히 볼(관상할) 수 있는 사람이라고 해서 반드시 다른 사람으로부터 참된 지혜를 가진 자로 인정되지는 않는다는 것 또한 그는 모르지 않았다. 그럼에도 불구하고 플라톤은 그의 작품에서 '선'을 관상하는 일이 남을 위하여 어떻게 도움이 될 수 있을 것인지 여러 가지로 모색하였다.

어떻게 이것이 가능할 것인가 하는 문제는 그다지 확실하게 전개되지 못했다. 플라톤은 도시국가의 측면에서 생각했으나 그 도시국가는 바야흐로 역사의 한 장으로 사라지려는 운명이었다. 게다가 플라톤의 사상 중에는 도시국가에 어떠한 기대도 걸 수 없다는 내용이 포함되어 있기도 하다. 그러나 플라톤 사상의 저류는 단순히 흘러가는 역사적 사건보다 훨씬 깊고 심오한 것인 바, 이는 그의 관심이 그저 겉으로 드러나는 현상이 아닌 참된 지혜에 있었고 인간의 행실보다는 인간 영혼의 근본적인 방향 정립에 있었기 때문이다.

그러나 그가 덕의 개념을 아무리 깊게 내면화했다 하더라도, 그의 미완성 작품 『법률』이 보여주듯, 인간이 살고 있는 이 사회에 대한 관심을 끝내 포기할 수는 없었다.

관상하는 자와 정치가 사이의 이 팽팽한 대립관계는 플라톤에 의하여 후세에 이어져 내려왔던 것이다.

제2장
플로티누스[69]

　플로티누스(Plotinus)는 플라톤에서 교부들에 이르는 우리의 탐구과정에서 잠깐 언급하고 지나가도 될 그런 인물이 아니다. 그는 오늘날 '신비철학'이라 할 수 있는 학문의 핵심요소에 대한 최고의 해설자였다. 그는 인간의 타고난 소망, 즉 하늘나라로 되돌아가고 싶어 하는 가장 순수하고 형용할 수 없는 소망을 뚜렷이 설정해 주었다. 헬레니즘 철학의 갖가지 이론들은 플로티누스와 비교하면 잡다한 암시나 제의에 지나지 않는 듯하다. 돗스의 말대로 "8백 년 동안 그리스인들의 사색으로부터 흘러내린 생각의 흐름은 거의 모두 플로티누스 안에 모여들었다. 그로부터 하나의 새로운 물줄기가 흘러나와 어거스틴과 보에티우스,[70] 단테와 마이스터 에크하르트,[71] 코울리지,[72] 베르그송[73]

---

*69) 앤드루 라우스, 배성옥 역 『서양 신비사상의 기원』 (분도출판사, 2001) pp.67-90.
70) Ancius Manlius Severinus Boetius(480년경~524). 로마의 철학자이며 정치가. 그리스도교 명문 가정 출신. 510년. 동(東)고트 왕 테오도리쿠스의 집정관이 되었으나 후에 동로마제국과 내통했다는 죄목으로 오랜 감금생활 끝에 순교했다. 옥중에서 쓴 『철학의 위안(De Consolatione Philosophiae)』을 비롯한 많은 저서를 남겼으며 중세 스콜라 철학의 형성에 큰 영향을 미쳤다. 『철학의 위안』은 9세기에서 16세기에 이르는 동안 유럽의 거의 모든 언어로 번역된 바 있다.
71) Mesister Eckhart(1260년경-1327). 독일의 신비사상가이며 철학자. 도미니코회 수도사였으며 파리 대학에서 신학박사 학위를 받은 후 마이스터(Meister)란 칭호로 불리었다. 그는 독일어로 글을 썼으며 오늘날 독일어 철학용어의 개척자로 간주된다.
72) Samuel Tayor Coleridge(1772-1834). 영문학사에 길이 빛나는 시인이자 비평가. 장시(長詩)「늙은 뱃사람의 노래(The Rime of the Ancient Mariner)」와 환상적인 시「쿠빌라이 칸」이 특히 유명하다.
73) Henri Bergson(1859-1941). 프랑스의 철학자. 1900년에서 1914년까지 꼴레주 드 프랑스(Collège de France)의 교수를 역임했으며 프랑스 학술원(Académie Française) 회원이 되었다. 『물질과 기억(Matière et mémoire)』, 『창조적 진화(L'Evolution créatrice)』를 비롯하여 많은 저서를 남겼으며 2차대전 전까지의 프랑스 지성계에 상당한 영향을 주었다.

엘리엇74)에 이르는 여러 다양한 인물에게 스며들어 그들의 정신을 비옥하게 했던 것이다."75)

플로티누스의 생애에 관해서는 별로 알려진 바가 없다. 플로티누스로부터 저서의 편집을 위임받은 제자 포르피리우스(Porphyrius)가 스승에 관하여 간단한 기록을 남겼으나 이 기록은 플로티누스의 가르침과 삶에 대한 예찬으로서의 가치는 충분하겠지만 그 밖에는 별로 볼만한 자료가 못 된다. 포르피리우스에 의하면 플로티누스는 자기에 관하여 이야기하기를 아주 싫어했고 자기 생일을 축하한다거나 화가가 그의 초상화를 그리는 것 따위를 허락하지 않았다고 한다.

그러나 몇 가지 사실은 밝혀져 있다. 그는 204년경에 태어났고 출생지는 알렉산드리아인 듯하다. 그곳에서 그는 철학을 연구했고 특히 암모니우스 삭카스(Ammonius Saccas)76)의 지도를 받았다. 그 후 그는 동방사상 —페르시아 및 인도 사상— 에 매력을 느껴서 황제 고르디아누스77)가 직접 지휘했던 페르시아 원정군에 참가하였다. 황제가 죽은 후 플로티누스는 로마제국으로 돌아왔고 결국 로마에 정착하여 철학을 가르쳤다. 이때가 그의 나이 마흔 정도였다. 포르피리우스에 의하면 그는 자신이 가르친 내용을 책으로 엮는 것을 거부했으나 결국에는 모두 54편에 달하는 다양한 주제의 논문을 썼다. 포르피리우스는 이것을 편집하여 주제에 따라 9편씩의 논문을 6권으로 정리하였다 – 이렇게 해서 9를 뜻하는 「에네아드(Enneads)」라는 저서가 이루어졌다.78)

---

74) Thomas Stearns E1iot(1888-1965). 미국 태생이나 1927년 영국에 귀화한 시인이자 비평가. 하버드(Harvard), 소르본(Sorbonne), 옥스퍼드(Oxford) 대학에서 수학했다. 1차대전 이후의 황폐한 세계에 대한 환멸감과 인간의 구원을 부르짖는 시 「황무지(The Waste Land)」는 현대시에 큰 영향을 주었다. 또한 그리스도교 정신으로 다시 태어남으로써 영혼이 구원 받는 길을 노래한 「재의 수요일(Ash Wedenesday)」, 「네 개의 사중주(The Four Quartets)」 등의 시를 발표했다.
75) "Tradition and Personsil Achievemunt in the Philosophy of Plotinus", in E. R. Dodds, The Ancient Concept of Progress (Oxford 1973) 126.
76) 알렉산드리아의 철학자(175-242). 알려진 바가 거의 없는 사람이다.
77) 로마 황제 Gordianus 3세 (재위 238-244)를 가리킨다.

플로티누스와 그의 학파를 흔히 신플라톤주의자(neo Platonist)라고 부르는데, 플라톤의 전통에 새로운 출발점을 매김한 혁신자들로 간주하기 때문이다. 그러나 이는 현대적 관점일 뿐, 그들 자신은 이런 명칭을 받아들이지 않으려 할 것이다. 그들은 자신들을 그저 플라톤 학파라고 생각했을 따름이다. "이러한 학설은 전혀 새로운 것도 아니고 오늘날 처음으로 창안된 것도 아니다. 모두가 이미 오래 전에 주장된 것인데 다만 면밀히 다듬어지지 않았을 뿐이다. 지금 우리가 가르치고 있는 것은 다만 첫 학설에 대한 설명일 따름이다. 이러한 의견들이 아주 오래 전부터 있었던 학설이라는 것은 플라톤이 남긴 작품들로 입증할 수 있다"(V 1.8).[79] 실로 플로티누스는 그의 모든 철학을 플라톤 안에서 발견했다. 플라톤은 그의 성서였고 그는 플라톤을 인용함으로써 자기 의견의 진실성과 정통성을 밝혀 나갔다. 더욱이 그의 글은 플라톤을 직접 인용하지 않을 때도 종종 플라톤을 생각나게 하는 표현들로 가득 차 있다. 이는 영혼이 '하나(一者)'를 향하여 상승한다는 그의 주장에서 더욱 뚜렷이 드러난다.

그러나 플로티누스는 참으로 심오하고 독창적인 철학자였다. 그는 플라톤의 학설과, 그 학설이 몇 세기에 이르는 동안 불러일으킨 문제점들을 종합하여 심오하면서 암시와 함축성이 풍부한 체계('체계'란 말에는 오해가 생길지 모르겠으나)를 구축하였다. 플로티누스는 실로 모든 것을 하나로 전체로 어우러지게 하는 종합적인 안목의 소유자였다. 그의 사상체계가 너무 꽉 짜여져 있으며 마치 프로클루스[80]의 『신학원리』로 대표되는 아테네의 후기 네오플라토니즘처럼 기계적이고 기하학적인 구조로 되어 있다는 견해는 옳지 못한 말이다. 『신학원리』야말로 어떤

---

78) 이에 관한 자세한 내용은 『에네아드』의 어느 판본에나 실려 있는 포르피리우스의 「플로티누스의 생애」를 참조. [*그리스어 *ennea*는 '아홉'을 뜻한다. '에네아드'란 아홉 권씩 묶어진 책이란 뜻이다]
79) 여기서의 모든 인용은 『에네아드』에 따름.
80) Proclus(410-485), 콘스탄티노플 태생으로 후기 네오플라토니즘의 대표적 철학자. 아테네에서 철학을 가르쳤으며 평생 동안 플라톤 학원(Academie)의 학장직을 맡았다. 『신학원리』, 『플라톤 신학』을 비롯하여 플라톤에 관한 주해서를 다수 남겼다.

점에서는 스피노자(Spinoja)의 『에티카』처럼 유클리드(Euclid)의 방식에 따라 만들어진 논설이다. 우리는 플로티누스의 철학체계를 두 가지 관점에서 접근할 수 있겠다. 그의 철학은 존재에 대한 하나의 커다란 위계질서적 사슬구조로 인식될 수도 있겠고, 혹은 내면적인 자기성찰의 훈련이라고도 볼 수 있다. 우리의 주된 관심은 후자에 있지만 우선 전자로부터 접근을 시작하고자 한다.

플로티누스의 위계질서는 히포스타시스(*hypostases*), 즉 신들(gods)이라고 표현되는 세 가지 원리로 구성되어 있다. 가장 높은 곳에는 '하나', 일자(一者), 즉 '선'이 있고, 그 아래에 '누스'(*nous*, 이 말은 번역이 불가능하다. 맥케너는 '지적 원리'[81]라고 번역했으나[82] 이는 좀 어색하다), 즉 '지성'이 있으며, 마지막으로 '프쉬케 (*psyche*)' 즉 '영혼'이 있다. '영혼'은 우리가 알고 있는 바와 같이 생명의 단계이다. 이는 감각 −지각의 영역, 논리적 지식과 계획 및 추론의 영역을 뜻한다. 이 위에 더욱 하나로 통일된 '지성'의 영역, 곧 '누스'가 있다. 이는 플라톤이 말하는 '형상'의 세계이다. 여기서는 인식하는 자(knower)와 인식된 것(known)이 하나이고 지식은 직관적인 것이다. 오류의 가능성을 지닌 모색과 발견의 결과가 아니라, 더 이상 오류가 있을 수 없는 붙잡음(possession)인 것이다. 플라톤에 있어서 이 단계는 궁극적인 실재였지만 플로티누스에 있어서는 그렇지가 않다.

플라톤에 있어서는 '형상'들이 아직도 이중성과 다양성을 보인다. 인식하는 자와 인식된 것이 비록 합일된다 하더라도 아직 이중성이 남아 있으며, '형상'들이 비록 조화로운 일체를 이룬다 하더라도 여러 '형상'들이 있다는 사실 자체에 이미 다양성이 있는 것이다. 그러나 플로티

---

81) 이 책의 서론. 16-9 참조.
82) Plotinus : *The Enneads*, S. MacKenna의 번역, B. S. Page의 감수. E. R. Dodds의 머리말에서 P. Henry, SJ의 서문으로 1969년 Faber and Faber 출판사에서 간행된 번역본. 이 책에서의 『에네이드』 인용은 군데군데 수정하기는 했으나 이 번역본을 사용했다. E.R. Dodds는 머리말에서 "우리 시대에 이루어진 가장 뛰어난 극소수의 번역 가운데 하나"라고 맥케너의 번역을 격찬했다. 그리스어 원문은 P. Henry 및 H.R. Schwyzer에 의한 판본(Paris and Brussels 1951-1973)이 사용되었다.

누스에게 있어서는 이 '지성'의 영역을 초월한 곳에 '하나'(一者, the One)가 있다. '하나'는 완전히 단일한 것이고 그 어떤 이중성도 초월해 있기 때문에 어떠한 말로도 규정될 수 없다. 그것은 이중성을 초월해 있으므로 '하나'이고 다른 어떠한 것도 필요로 하지 않기 때문에 '선'이다. 그것은 만물의 근원이며 존재를 초월하여 있는 것이다. '하나'에 대하여 진실로 어떠하다고 확언할 수 있는 것은 아무것도 없다. 플로티누스는 다음과 같이 말한다. "우리는 언어에 대하여 여유를 갖고 글을 읽어야 한다. 설명을 하기 위하여 어쩔 수 없이, 엄밀한 의미에서는 쓸 수 없는 용어들을 '지고한 분'에 대하여 사용할 수밖에 없는 형편이다. 그러므로 언제나 '말하자면'(hoion)이라는 한정어를 반드시 덧붙여 해석해야 한다."(VI 8.13). "'단일성(the Unity)'은 만물을 생성하면서도 전혀 만물에 속하지 않는다. 그것은 사물도 아니고 질(質)도 양(量)도 아니고 지성도 영혼도 아니다. 움직이지도 정지해 있지도 않고, 공간이나 시간 속에 있지도 않다. 그것은 스스로 정의된 것이며 오직 하나뿐인 형상을 지닌 것, 아니 형상이 없다고 표현함이 낫겠다."(VI 9.3).

이 세 가지 히포스타시스, 즉 '하나', '지성(nous)', '영혼'은 플로티누스의 용어로 표현되는 흘러나옴(流出, Proodos)과 되돌아감(歸還, epistrophe)의 과정을 통하여 서로 연결되어 있다. '지성'은 '하나'로부터 흘러나오고, '영혼'은 '지성'으로부터 흘러나온다. 완전한 단일자로부터 다수(多數)가 나오고 여러 다수는 더욱 다양하게 변화하여 추론을 요하는 지식의 단계로 세분된다는 것이다. 이 유출의 과정은 '넘쳐흐르는' 과정으로서 '하나'가 지닌 힘찬 단일성이 '지성'으로 넘쳐흐르고 '지성'은 다시 '영혼'으로 넘쳐흐른다. 유출은 귀환과 만나게 된다. 유출은 '하나'가 그 단일성을 펼치는 것이고, 귀환은 '선'이 만물을 끌어당기는 것이다. 모든 것은 '선'을 추구하고 '선'으로 되돌아가려고 갈망한다. 이것이 다름 아닌 귀환이다. 유출과 귀환의 이러한 형평관계는 균형을 이루고 있다. 플로티누스에게 우주는 영원한 것이기 때문에 이는 우주의 기원에 관한 설명이 아니고 만물이 어떻게 해서 영원히 존재하는지 그 까닮을 이해하려는 하나의 시도이다.

만물이 어떻게 '하나'로부터 유출되어 나오는지에 대하여 플로티누스는 몇 가지 비유로 설명하였다. 그는 열(熱)이 불에서 유출하고 빛이 태양으로부터 흘러나오는 방식에 관해서도 가끔 언급하였다. 그러나 그가 즐겨 사용한 비유는 '하나'를 (하나의 중심으로부터 나올 수 있는 모든 원들을 함유할 가능성을 지닌) 원(圓)의 중심으로 보는 것이다. 이러한 비유에서 '지성'은 '하나'를 중심으로 하는 원이고 '영혼'은 '하나'의 주위를 회전하는 원이다(IV 4.16). 돗스는 이 비유를 다음과 같이 설명하였다.

> '유출'에 대하여 그가 즐겨 쓴 이미지는 퍼져나가는 원의 모습이다. 원의 모든 반지름들은 퍼지지 않고 나누어지지 않는 하나의 점, 순수한 단일성에서 출발하여 밖으로 원 둘레를 향하여 그 힘찬 단일성의 궤적을 펼쳐나가며, 원이 넓게 퍼짐에 따라 점차로 희미해지기는 하지만 결코 완전히 사라지지는 않는다. 잔잔한 물에 돌을 던졌을 때 나타나는 동그라미 물결이 끊임없이 넓게 퍼지면서 그 힘이 차차 약해지는 광경을 상상할 수도 있겠다. 그러나 여기엔 돌을 던지는 이도 없고 물도 없다. 실제로 존재하는 것은 '물결'일 뿐, 다른 아무것도 없다.[83]

'하나'로부터 '누스'가 유출하고 '누스'로부터 '영혼'이 유출한다. '영혼' 또한 유출하는 바, 여기에서 생겨나는 것들이 육신을 입은 생명의 여러 다양한 모습(形態)들이다. 이들은 너무 약하기 때문에 유출이 불가능하다. '하나'의 유출에서 가장 멀리 떨어진 것이 물질이다. 말하자면 물질은 존재와 비존재의 한계점에 있는 것이다.

유출과 상응하는 것은 앞에서 언급했던 바와 같이 귀환이라는 응답

---

[83] Dodds, 앞의 책 130.

운동이다. 만물은 그들이 흘러나온 원천인 존재의 충만함, 즉 '하나'에로 되돌아가기를 열망한다. 따라서 이 귀환은 히포스타시스의 위계를 거슬러 올라가는 운동이다. 육신을 입은 영혼은 육신을 벗어난 '영혼'으로, '영혼'은 '누스', '누스'는 '하나'를 향하여 움직인다. 귀환의 과정은 관상으로 키워지고 관상 안에서 표현되는 열망의 움직임이다. 플로티누스는 『에네아드』(III 8)에서 다음과 같이 주장한다. -그 자신은 심심풀이로 하는 말이라지만 심심풀이치고는 꽤 의미심장한 말이다- "만물은 비전(Vision)을 하나의 목표로 바라보며 관상을 추구하려 애쓴다. … 또한 제각기 방법과 정도에 따라 각각이 '비전'을 획득하고 '목표'에 다다르게 됨으로써 각각의 유형에 맞는 가능성 안에서 목적을 달성하는 것이다." 순수한 관상은 귀환(epistrophe)을 완수하지만 미약한 관상은 무엇인가 관상 밖에서 생긴 것으로 인도한다. 활동은 이를테면 미약한 관상의 한 형태이다.[84] 그러므로 보이는 세계는 '자연'의 미약한 관상이 낳은 것이며, '자연' 또한 '세상-영혼'의 관상이 낳은 생산물이다. 이러한 예를 통하여 우리는 관상을 최상의 것으로 보는 플로티누스의 심오한 감각을 엿볼 수 있으며, 귀환이란 개념 또한 '하나'에게로 되돌아가려는 영혼의 열망에 대하여 그가 느낀 바를 연장, 추론한 것임을 짐작하게 된다. 이러한 플로티누스의 주장은 제대로 받아들여졌다고 보인다.

위의 이 같은 내용은 플로티누스의 철학을 제대로 관찰할 수 있는 또 한 가지 길, 앞에서 언급했던 두 번째 길과 직결되어 있다. 즉, 그의 철학을 내면적인 자기성찰의 훈련으로 보는 방법이다. 우리가 지금까지 논의한 바, 플로티누스의 철학이란 '하나', '정신', '영혼'의 위계질서가 '하나'를 정상에 두고 멀리 떨어져 있는 일종의 사다리 같은 것이라고 생각한다면 이는 잘못 이해된 것이다. 플로티누스에 있어서 더욱 높다는 것은 더욱 멀다는 것이 아니라 더욱 깊은 내면에 있다는 뜻이다. 내면으로 깊이 파고 들어감으로써 높이 올라가는 것이다. 어거스틴

---

84) 여기서 활동(actio)은 관상(contemplatio)과의 대비 개념이다.

이 말했던 바, "tu autem eras interior intimo meo et superior summo meo.(당신께서는 내 마음의 가장 깊은 곳보다 더욱 깊은 곳에 계셨으며 가장 높은 곳보다 더욱 높은 곳에 계셨습니다.)"[85]라는 이 내용은 깊이와 높이를 동일하게 간주한다는 것을 암암리에 드러내면서 실로 플로티누스의 논조를 그대로 들려주고 있다. 영혼은 '하나'에게로 상승함에 따라 점점 더 깊이 자기의 내부로 파고들어간다. '하나'를 발견하는 것은 자기를 발견하는 것이다. 자기인식과 궁극자에 대한 인식이 같은 것이라고는 할 수 없더라도 서로가 굳게 연결되어 있다. '하나'에게로 상승하는 것은 자기 자신 안으로 물러서는 과정이다. 그리하여 플로티누스는 영혼이 '하나'에게로 상승하는 것을 다음과 같이 설명한다.

"자, 이제는 그리운 본향으로 달아나자.": 이는 더할 나위 없이 훌륭한 권고의 말이다. 그러나 달아난다는 것은 무엇일까? 어떻게 하면 넓은 바다로 나가게 될 것인가? 오딧세우스(Odysseus)가 키르케(Circe), 즉 칼립소(Calypso) 요술로부터 달아날 것을 지시한 이야기는 확실히 하나의 비유이다. 그는 온갖 쾌락이 눈앞에 가득하고 만 가지 즐거운 감각에 둘러싸인 세월을 보내고 있었으나 더 이상 여기에 만족할 수가 없었다.

'본향'은 옛날에 우리가 떠났던 '곳', '아버지'가 계신 '곳'이다. 그렇다면 우리가 밟아 나가야 할 길은 무엇이며 달아날 방법은 어떤 것일까? 이 나그넷길은 발로 걸어가는 길이 아니다. 발은 그저 우리를 이 땅에서 저 땅으로 데려다 줄 따름이다. 또한 마차나 배를 마련하여 떠날 생각을 할 필요도 없다. 이런 것들은 죄다 걷어치우고 돌아보지도 말아야 한다. 두 눈을 감고서 마음속에 잠자고 있는 또 하나의 시력을 일깨워야 한다. 이 마음의 눈은 누구나 태어날 때부터 다 지니고 있지만 이를 제대로 활용하기에 이르는

---

85) 어거스틴 『고백록』 (III vi 11)

사람은 얼마 안 된다.

　이 마음의 눈은 무엇을 보는 눈일까?

　방금 잠을 깬 마음의 눈은 힘이 너무 약해서 찬란한 광경을 볼 수가 없다. 그러므로 '영혼'은 주의를 기울여 관찰하는 습관을 쌓아야 한다. 처음엔 고귀한 노력으로 행하는 모든 일들을, 다음으로는 아름다운 작품들을, 그러나 기술의 힘이 아니라 선한 사람들의 공로로 이루어진 아름다운 작품들을, 마지막으로 이 아름다운 작품에 형태를 부여해 준 영혼들을 마음의 눈으로 찾아보아야 한다.

　그러나 어떻게 하면 덕 있는 영혼을 찾아볼 수 있으며 그 아름다움을 알 수 있을 것인가?

　마음 깊은 곳으로 물러서서 자기 자신을 관찰해 보라. 그래도 자신의 아름다움을 아직 발견할 수 없다면, 조각가가 아름다운 석상을 창작해 내는 것처럼 그렇게 해보라. 그는 여기를 잘라내고 저기를 고르고, 이 선(善)은 더 밝게 저 선은 더 깨끗하게 하여, 마침내 자기 작품에 아름다운 얼굴이 나타나도록 한다. 그렇게 조각가처럼 자신의 지나친 부분은 잘라내고 굽은 부분은 바로잡고 어두운 곳은 밝게 해주어 모든 부분이 한결같이 빛나도록 쉬지 않고 자기 자신이라는 조각에 끌질을 가하여 드디어 신처럼 거룩한 미덕의 광채가 빛나고, 마침내 티 없이 순수한 신전에 세워진 완전무결한 선을 보게 될 때까지 끊임없이 노력할 것이다.

　자신이 이처럼 완전무결한 작품이 되었다는 것을 깨닫게 될 때에, 스스로 자신의 순수한 존재 속에 고요히 잠겨들 때에, 이 내적 조화를 깨뜨리려는 것이 이젠 하나도 없고 외부로부터 이 참다운 인간에게 집착하는 것도 전혀 없어진 때에, 자신의 본성에 충실한 참다운 '빛'이 되어 길이로 잴 수도 없고 한계를 그어 좁힐 수도 없고 경계가 없이 산만하지도 않고 오히려 어떠한 기준보다 더 크고 어떠한 수량

보다 더 많은, 그래서 결코 측량할 수 없는 그 어떤 것이라는 사실을 발견하게 될 때에 —이만큼 자기 자신이 성장했다는 사실을 인식할 때 비로소 영혼은 마음의 눈을 가지게 된다. 이제는 확신을 가지고 앞을 향해 걸음을 내디디라.— 이젠 더 이상 길잡이도 필요 없다. 굳건한 자세로 앞을 바라보라(I 6.8-9).

여기에는 플라톤을 생각나게 하는, 우리에게 낯익은 대목들이 많다. 『테아이테토스』에 나오는 비상(飛上)의 이미지, 그리고 『향연』에서 디오티마(Diotima)가 들려주는 이야기 내용과도 흡사하다. 다만 여기서는 인간적 아름다움뿐 아니라 예술을 통하여 형성된 아름다움도 영혼의 사랑을 일깨워준다는 의미심장한 표현이 보인다. 그러나 이같이 비슷한 내용에도 불구하고 우리가 받는 느낌에는 차이가 있다. 플로티누스에 있어서는 자신의 내면 깊숙이로 물러나야 한다는 점이 훨씬 강조되어 있고, 자신의 영혼을 조각가가 작품을 만들 듯이 완성하라는 생생한 이미지가 참신하고도 놀랍다. 또한 맥케너의 번역을 통하여 충실하고도 아름답게 부각된 내용은, 그곳으로부터 떠나왔기에 다시 그곳으로 돌아가기를 바라는 영혼의 열망을 '본향(Fatherland)'이라는 사실적이고도 놀라운 감각으로 표현한 것이다. '그곳' 내지 '그곳으로부터'라는 말들은 플로티누스의 글에서 자주 나타나고 있다.

영혼은 어떻게 하면 되돌아갈 수 있을까? 그 길(方法)은 무엇인가? 방금 인용한 구절이 암시해 주듯이 돌아갈 길이란 플라톤이 말하는 윤리적이고 지성적인 정화의 길이다. 그러나 영혼의 상승에 대한 플로티누스 특유의 생각을 파악하려면 영혼은 왜 반드시 상승해야만 하는가라는 필연성에 대하여 살펴보아야 한다.

영혼은 '본향'으로부터 왔지만 더욱 중요한 사실은 '본향'을 잊어버린 것이다. 지금까지 살펴본 바와 같이 영혼이 유출(流出)하는 과정은 단일성에서 다양성으로, 확실한 파악에서 산만한 사고(思考)로 이르는 하나의 이해과정이다. 따라서 영혼은 이해를 추구하지만 동시에 그 이해과정이 초래하는 오류의 가능성도 지니고 있다. 사실상 대부분의 영혼에 있어 이 오류의 가능성은 현실로 나타난다. 이 같은 사정을 플로티누스는 다음과 같이 설명한다.

> 영혼에 들이닥치는 불행의 근원은 외고집, 무상한 세계로 들어가는 것, 자기 소유욕으로 인한 남과의 근원적 차별의식이다. 영혼은 이 같은 자유를 즐거워하며 멋대로의 만족감을 실컷 맛보고는 마침내 그릇된 길로 줄달음친다. … (이런 영혼들은) 더 이상 신성(神性)도 모르고 자기의 본성(本性)도 분간하지 못한다. 자신의 위치를 모름으로써 스스로의 가치를 저하시키고, 자신보다는 외부의 온갖 사물에 더 경의를 표함으로써 존경의 서열을 뒤바꾼다. 외부의 것이라면 무엇이든 경외하고 감탄하고 거기에 매달려서 마침내 자기가 떠나온 곳으로부터 되도록 멀리 떨어지려 하고 오히려 버리고 온 그곳을 하찮은 것으로 생각하게 된다. …이처럼 외부세계에 연연하는 것은 곧 자기의 열등의식을 드러내는 짓이다.…(V 1.1).

플로티누스는 또한 타락한 영혼에 대하여 이렇게 얘기하고 있다. "타락한 영혼은 신성을 모두 잃어버리고 '같지 않은 곳(Place of Unlikeness)'의 주민이 되어 어둠과 진창 속에서 살고 있다."(I 8.13). '같지 않은 곳'이란 플라톤의 『정치가』(273D)에 나오는 말인즉, 후일 어거스틴에 의하여 '닮지 않은 영역(regio dissimilitudinis)'[86] 이라고 일컬어지면서 중세기로 이어졌던 바, 이는 다름이 아니라 타락한 영혼이 사는 곳이다. '같지 않다'(非類似性, 비유사성)는 이 차이로 말미암아 영혼의 단일성은 산만하게 흩어지고 신적인 것과의 유사성도 흐려진다. 그렇

---

[86] regio dissimilitudinis는 『고백록』(VII 10)에 나온다. 어거스틴은 이 용어로 하나님과 피조물 사이에 넘을 수 없는 존재론적 차이를 표현하고 있다.

다면 영혼이 나아갈 '길'은 단일성을 되찾고 신적인 것과의 동족성을 회복하는 것이다. 이는 곧 정화의 길을 통하여 이루어진다. 영혼이 본래의 아름다움을 되찾는 의미에서, 또한 영혼의 순수성이 더럽혀진 부분을 잘라내 버리는 의미에서의 정화작업인 것이다. 영혼은 마땅히 참다운 자기 자신을 찾아야 한다. 자기를 찾는 일은 곧 신적인 것을 추구하는 일이 된다. 왜냐하면 영혼은 본래 신적인 것에 속하며 신성(神性)과 동족관계를 가졌기 때문이다. 동족관계가 있기에 이러한 추구는 가치 있는 일이며, 마찬가지로 동족관계로 인하여 추구하는 일은 성공을 거둘 수 있는 것이다(V 1.1 참조).

플로티누스는 여러 방법으로 이 같은 이치를 설명하였다. 위의 내용이 제시하는 바, 타락한 영혼은 자기중심이 되어버렸으며 더구나 참된 자기가 아닌 거짓 자기에 중심을 두고 있다(IV 8.4 참조). 그리하여 참다운 것을 차분하게 소유하지 못하고, 열에 들뜬 상태로 잡을 수 있는 것은 무엇이든 붙들어서 매달리고자 하기 때문에 영혼은 본성이 흐트러지고 초점을 잃게 된다. 영혼이 자기 존재의 중심인 줄 알고 매달려 있는 것은 사실 참된 중심이 전혀 아니다. 타락한 영혼 안에는 이른바 일종의 편심(偏心, 중심이탈)이 자리잡고 있다. 이 편심은 영혼 속에 긴장을 낳게 되는데 영혼은 이러한 긴장을 자의식(自意識)이라 느끼는 것이다. 자의식, 즉 자기인식이 영혼의 상승과정에 방해가 될 수도 있다고 생각한 사람은 아마 플로티누스가 최초였던 것 같다. 그는 예를 들어 설명하기를, 우리가 건강한 상태에 있을 때는 건강을 의식하지 않고 지내는 반면, 병이 들었을 때 의식하게 되는 그런 자의식이라고 한다(V 8.11). 또한, 책을 읽으면서 독서하고 있다는 의식을 가진다면 이는 틀림없이 주의력이 흩어져 있다는 증거라는 것이다. 이러한 예를 통하여 플로티누스는 다음과 같이 보편적인 결론을 이끌어내고 있다.

> 의식함으로 인하여 의식이 미치는 활동은 오히려 방해를 받는 것 같다. 의식되지 않으면 않을수록 활동은 그만큼 더

순수하고 효과는 더욱 커지고 훨씬 활기에 넘치게 된다. 따라서 이 같은 상태에 이르게 된 '현인'이라면 더욱 참되고 충만한 삶, 감정에 흐르지 않고 자기 자신 안에 빈틈없이 추슬러진 삶을 영위하게 된다(I 4. 10).

자기를 의식한다는 것은 영혼 안에 이중성(duality)과 비유사성(unlikeness)이 있다는 증거이다. 영혼이 자기 안으로 되돌아와서 더욱 참된 자기 자신이 될 때에 이 자의식은 사라진다. 이는 후에 다시 언급하겠지만 '하나'와의 결합에 있어서 진실로 그러하다. 한편, 자의식의 능력이 곧 단일성의 부족만을 뜻하는 것은 아니다. 자기인식으로서의 그러한 능력은 영혼으로 하여금 자의식을 초월하는 내적 단일성의 수준에 다다르게 할 수 있는 수단을 마련해 주기 때문이다.

자의식과 자기인식을 가지는 모든 것은 2차적인 것이다. 이는 자기 '존재'의 주인이 되기 위해 이 같은 인식활동을 통하여 자신을 관찰하는 것이다. 그러므로 만약 자기 자신을 연구 관찰한다면 이는 다만 자기 안에 아직 모르는 것이 있고 본성 자체에 부족한 것이 있기에 '사고활동(Intellection)'을 통하여 완전해질 수 있다는 사실을 뜻한다(III 9. 9).[87]

나아가는 길의 목표는 단일성에 다다르는 것이며 정화는 그 수단이다. 정화(katharsis)란 플로티누스에게 근본적인 개념인 동시에 또한 플로티누스에 의해 큰 폭으로 발전된 개념이다.[88] 우리가 예상할 수 있는 바, 성화에는 윤리적 미덕을 추구하는 것이 포함된다. 하지만 플로티누스는 윤리를 추구하는 일이 실제로 영혼의 상승에 방해가 될 수

---

87) P. Hadot, *Plotin. ou la simplicité du regard* (Paris 1963) 36 이하 및 J. Trouillard, *La Purification plotinienne* (Paris 1955) 34 이하 참조.
88) J. Trouillard, 앞의 책 참조. 심오하고도 세밀한 저작이다.

있다는 사실을 애써 지적하고 있다. 왜냐하면 윤리란 감각의 영역 안에서 영혼의 활동과 연관되어 있으므로 영혼을 감각세계에다 더욱 굳게 묶어놓기 때문이다(V 9.5).

플로티누스에게 있어서 미덕의 추구는 오직 영혼을 정화해 주는 미덕일 때에 한에서 정당한 것이다. 이를 밝히기 위하여 그는 두 가지 미덕을 구별하였다. 즉, 현실생활의 품행에 관한 세속적 미덕과 영혼으로 하여금 세상과는 동떨어지게 하여 관상에 임하게끔 준비해 주는 정화적 미덕을 말한다(I 2.3 참조). 윤리적 정화의 목적은 영혼의 평정이다. - 그렇게 되면 '영혼에는 갈등이 일어나지 않을 것이다.'(I 2.5)- 다시 말해서 영혼이 내면 깊이 이르게끔 도움을 주는 고요함이다.

그러나 윤리적인 정화보다 더 중요한 것이 지적(知的)인 정화이다. 이는 우리가 예상할 수 있는 바, 변증법적이고 정신적인 훈련을 내포한다. 하지만 그 최상의 특징은 좀 다르게 규정되었다. 플로티누스는 영혼의 상승에 대하여 다음과 같이 말한 바 있다. "이끌어주는 주된 생각은 이러하다. 즉, 물질에서 볼 수 있는 미(美)는 빌려온 것이다."(V 9.2). 물질적 미가 진실인 것은 틀림없으나 - 플로티누스는 우주의 질서를 비방하는 사람들에 대하여 오직 경멸을 표할 뿐이었다 - 그것은 어디까지나 **빌려온**, 말하자면 물질적 존재에 더부살이하는 미일 뿐, 물질에 내재하는 미는 아니다.

우리가 인식하는 미는 빌려온 미라는 사실, 우리는 플로티누스를 읽어나가면서 점차로 이것이 사실임을 깨닫게 된다. 우리가 비록 '정신'의 세계, 즉 '참으로 지적이며 언제나 슬기로운 것이기에 스스로 아름다운 것'인 '이데아'의 세계에까지 다다랐다 하더라도 우리는 더 먼 곳을 바라보아야 한다.

"우리는 '정신(Intellectual)'을 초월하며 언제나 내면으로 눈을 돌려야 한다. 우리의 접근 관점에서 본다면, '정신'은 '제1 원인(Supreme Beginning)' 앞(以前)에 있다. 즉, '정신'은 '제1 원인'의 앞마당에서 '선(善)'에 내포된 모든 것을 스스로 알려준다. '선'은 모두에 앞서서 단일성으로 통일되어 있으며 이 단일성은 이미 다양성에 의하여 접촉된 바 있는 '선'의 표현인 것이다."(앞의 인용). 이처럼 초월하며 나아가게 하는 능력, 낮은 단계에서 쌓은 훈련으로 습득되는 활동, 이것이 곧 지적 정화의 결실이다. 트루야르(Trouillard)는 이를 윤리적 관대함보다 더욱 진귀한 선물인 지적 관대함(générosité intellectuelle)이라 했으며, '정신' 만이 가진 대담하고 유연하고 순수한 자세(disposition d'audace, de souplesse et de depouillement noétique)[89]라고 설명하였다. 윤리적 관대함이 우리를 정념에서 해방시켜 주듯, 지성의 관대함은 우리를 부분적이고 단편적인 것 또는 빌려온 것으로부터 벗어나게 하여 우리를 모든 실상의 근원으로 이끌어준다.

플로티누스는 우리와 지성세계(intellectual realm, 可知界)와의 동일성을 깨닫게 하는 지적 변증법(intellectual dialectic)의 훈련이라고 할 만한 내용을 피력하기도 했다.

 그렇다면 이 우주를 우리 마음속에서 그려보기로 하자. 하나하나의 부분들은 서로 각각 뚜렷이 구분되어 있으면서도 가능한 한 완전한 하나의 통일체를 이룰 것이다. 그리하여 눈에 들어오는 것이면 무엇이든, 이를테면 저 하늘 밖 둥근 물체라도 땅과 바다와 온갖 생물과 함께 태양과 수많은 별들의 광경을 마치 투명한 천구(天球)를 통하여 보여주는 것처럼 곧바로 하나의 평면 위에 펼치게 된다. 이 같은 광경을 실제로 눈앞에 갖다 대어보라. 그러면 우리 마음속에 어렴풋이 빛나는 천구의 표상(表象)이 나타날 것이다. 움직이는 혹은 쉬고 있는 우주만물, 혹은 (실제로 그렇듯이) 쉬는 것도 있고 움직이는 것도 있는 만물의 광경이 그려진 표상이다. 이 천구를 눈앞에 둔 채 이로부터 이와는 다른, 크기와 공간의 차이를 초월한 하나의 천구를 상상해 보라. '물질'에 대한 우리의 감각을 내던져버려라. 감각을 그저 축소하기만 할 것이 아니라 완전히 추방하도록 노력할 것이

---

[89] 앞의 책 138.

다. 그러고는 이제 신(神)을 청하라. 방금 마음속에 상상해 보았던 천구의 창조자이신 신에게 들어와 주십사고 기도하라. '그분'께서 당신의 '우주'와 그 안에 있는 모든 신들을 거느리고 왕림하시기를. '그분'은 하나이신 신이시며 모든 신들이다. 그곳에서는 하나하나가 모두로서 통일체를 이루고 있다. 능력에 있어서는 별도로 구분되지만 다양한 변모를 지닌 하나의 신적 능력이란 의미에 있어서는 모두가 하나인 신이다(V 8.9).

추상과 집중에 관한 이 같은 훈련은 다른 사람들, 이를테면 알렉산드리아의 클레멘스[90)와 후일의 신비주의자들에게서도 비슷한 예를 찾아볼 수 있다. 그들과 마찬가지로 플로티누스에게 있어서도 요점은 영혼이 모든 한계를 벗어나 궁극적으로 참된 실상을 **경험**하도록 고요히 마음 가운데로 물러앉아 집중하는 행위에 있다.

그러나 우리는 여기에서 또 다른 점을 주목해 볼 수 있다. 즉, **정화**란 어떻게 보면 더욱 차원 높은 실재에 좌우된다는 사실이다. 이처럼 정화를 통한 자기탈피와 자기부정은 우리를 '지성'의 세계(可知界) 안으로 들어가게 해주는 것이 아니라, 오히려 영혼이야말로 참으로 '지성'의 세계에 속한다는 사실을 드러내 주는 것이다.

우리의 영혼으로 하여금 그곳에 들어설 수 있게 하는 것은 더욱 차원 높고 더욱 내밀한 실재이므로 정화란 이런 일이 일어나고 있다는 **표시**일 따름이다.[91)

따라서 정화를 통하여 영혼은 자기를 회복하고 자기 안에서 '형상'의

---

90) Clemens A1exandrianus(150년경-215년경). 아테네 태생의 신학자이며 교부. 처음엔 철학 연구에 몰두했으나 후에 그리스도교로 개종했다. 알렉산드리아의 그리스도교 신학교에서 가르쳤으며 교장에 취임했다. 그리스 고전에 정통하여 이교(異敎) 문화도 높이 평가했으나, 그리스도교와 그리스 철학을 종합하여 그리스도교의 진리를 이교세계에 전파하는 일에 크게 공헌했다. 『그리스인에 대한 경고』를 비롯한 저서를 남겼다.
91) Trouillard, 54 이하 참조.

세계, 즉 '누스', '지성'의 세계를 알게 된다. 그리하여 영혼은 추론적이고 산만한 지식을 초월하여 더 직접적이고 직관적인 깨달음에 이르는 것이다. 여기에서 정신은 비로소 '실상을 사고한다.'(V 5.1). 여기에서 인식하는 자와 인식되는 것은 서로 일치하며. 여기에서 지식은 파악된 모습으로 확실하고 오류가 없는 것이다. '추론하는 자가 탐구하는 것을 현자는 이미 파악하고 있다. 지혜란 한마디로 휴식에 다다른 상태이다'(IV 4.12).

> 여기에는 멸하지 않는 모든 것이 담겨 있다. 여기에 있는 것이란 오직 '신적인 정신'뿐이다. 모두가 신이며 각각의 영혼이 살고 있는 장소이다. 여기엔 흐트러지지 않는 휴식이 있다. … 따라서 그 안에 있는 것은 모두가 완전하다. 신적이지 못하거나 지성적이지 못한 것은 하나도 가지고 있지 않기에 스스로 철저히 완전하다는 것이다. 이를 아는 것은 탐구에 의해서가 아니라 별안간에 깨닫는 소유에 의한 것이며, 여기에서 희열은 본래부터 있는 것이지 얻어지는 것이 아니다. … 모두가 '지적 원리', 즉 '누스'이기에 여기 담겨 있는 것 전부가 동시에 '누스'로서 존재한다. 이는 영원한 현실 속에 있는 순수한 존재이다(V 1.4).

하지만 이 지성의 세계가 궁극 목표는 아니다. 영혼의 탐구 또한 여기서 끝나는 것이 아니다. 여기에는 아직도 이중성이 있는데 '하나'는 이를 넘어선 곳에 있다. 이와 같이 전개된다면 이는 합리적인 설명이다. 만물은 분명 단일한 것에서 유래되었기에 '누스'의 세계 또한 비록 우리에게 알려진 다른 어떤 것보다 더욱 합일된 것이긴 하지만 순수한 단일성은 아니라는 것이다.

하지만 플로티누스에게 있어서 이는 단순히 합리적인 가설(假說)이 아니다. '누스'의 세계는 그 자체를 초월한 세계를 가리키고 있으며, 우리는 그것이 가리키는 곳을 따라 나아갈 수 있다. '누스'는 스스로를 초월한 세계를 가리키고 있다. 그 아름다움 또한 비록 소유되는 것이고 본래부터 있는 것이긴 하지만 역시 빌려온 것이다.

이러한 '존재들(Beings)'은 하나하나가 모두 그 자체로 존재하는 것이긴 하지만 '선(善, The Good)'으로부터 투사되는 색깔에 의하여 소망의 대상이 된다. '선'은 매력의 원천이며 동시에 매력이 불러일으키는 사랑의 원천이다. 영혼은 신적인 것의 유출을 받음으로써 감동하여 열정적으로 취하고 고무되어 마침내 '사랑'이 된다. 그 이전에는 비록 온갖 좋은 것을 지닌 '지적 원리(nous)'라 해도 영혼을 움직이지는 못한다. 왜냐하면 지성의 미(美)는 '선'으로부터 빛을 받을 때까지는 죽은 것이나 다름없기 때문이다. 무기력하게 드러누워 만사에 냉담하고 '지적 원리'를 앞에 대하고도 꼼짝하지 않는다. 그러나 신적인 것으로부터 붉게 달아오른 빛이 영혼 속에 들어오면 영혼은 힘을 되찾고 깨어나 참된 날개를 펼치면서 주변에 있는 것이 아무리 다그치더라도 더욱 위대한 것을 기억하면서 위로 향하여 가벼운 발걸음을 재촉한다. 주변에 가까이 있는 것보다 더 높은 어떤 것이 존재하는 한, 그 사랑의 부추김에 위로 이끌린 영혼은 본성적으로 위를 향하여 나아간다. 영혼이 '지적 원리'를 초월해서 나아간다 할지라도 '선'을 넘어설 수는 없다. 아무것도 '선' 위에 있을 수 없기 때문이다. '지적 원리'의 차원에 머무는 동안 영혼은 좋고 훌륭한 것을 볼 수는 있지만 영혼이 추구하는 것 모두를 소유하지는 못한다. 영혼에게 보이는 얼굴은 분명 아름답지만, 미(美)를 꽃피울 수 있는 빛나는 아름다움(은총)이 부족하기 때문에 영혼의 눈길을 붙들고 있을 능력이 없는 것이다(VI 7.22).

'지성(Intelligence)'의 세계는 스스로에서 초월한 곳을 가리킨다. 영혼은 그 가리키는 곳으로 따라갈 수 있다. 어떻게? 이제 영혼이 스스로 할 수 있는 일은 없다. 영혼은 정화를 통하여 온통 투명하고 온통 순수한 '지성' 그 자체가 되어버렸다 – "우리 각자는 지적 영역이다.(III 4.3). 우리는 이제 뛰어넘기만 하면 '하나(一者)'에 다다를 수 있다.…" (V 5.8). 그러나 이 도약은 우리 힘으로 뛰어넘는 것이 아니라, 차라리 우리가 휩쓸려서 떠밀려지는 것이라고 해야 하겠다.

'선(善)'을 알게 되는 것, 즉 '선'과 접촉하는 것은 대단히 중요한 일이다. 이는 – 우리가 읽은 바[92]– 위대한 가르침이다. 이는 곧바로 '선'을 바라봄이 아니라 먼저 '선'에 대한 지식을 얻는 가르침임을 깨닫는 것이다. 우리는 유추와 추상에 의하여, 그리고 '선'의 속성 및 '선'으로부터 흘러나오는 모든 것을 이해하게 됨으로써, '선'을 향하여 위로 올라감으로써 이 가르침에 다다르는 것이다. 정화의 마지막 목적은 '선'이다. 그러므로 모든 미덕은 올바른 질서를 갖추어 '지성'의 세계로 올라가 그곳에 자리잡고서 신들과 잔치를 열게 된다. 이 같은 방법으로 우리는 스스로에게나 다른 모든 이에게 보이는 자인 동시에 보는 자가 된다. '존재', 그리고 '지적 원리'와 같게 되고 완전한 생명체가 되어 '지고한 분'이 더 이상 낯설게 보이지 않는다. 우리는 이제 가까이에 있다. 다음이 바로 '그것'인바, '지성' 위에서 빛을 발하며 손에 닿을 듯 가까이 와 있다.

여기에 이르면 모든 배움을 제쳐두어야 한다. 이러한 절정에 이르도록 훈련되고 아름다움을 갖춘 탐구하는 영혼은 머물러 있는 곳의 지식을 계속 가지고 있다. 그러나 별안간 아래로부터 솟구치는 '지성'의 파도 꼭대기에 휩쓸려 어떻게 된 것인지도 모르게 위로 들어올려지면서 눈이 뜨이게 된다. 눈에는 비전으로 빛이 넘친다. 하지만 어떤 물체를 보

---

[92] 플라톤의 『국가』를 가리킨다.

이게 하는 빛이 아니라 빛 그 자체가 비전이다. 이젠 더 이상 보이는 것도 보이게 해주는 빛도 없으며 '지성(知性)'도 '지력(知力)'의 대상도 없다. 이 빛나는 광채야말로 후일의 필요를 위하여 '지성'과 '지력'을 낳아 탐구하는 자의 정신 속으로 파고들게 하는 것이다. 이리하여 영혼은 이 광채와 스스로 하나가 되고, 이 광채의 '활동'은 '지적 원리'를 낳는 것이다(VI 7.36).

우리는 다시 한 번 '별안간'이라는 말에 주목하게 된다. 영혼은 **별안간** 자기를 벗어나 합일에 휩쓸려 들게 된다. 합일은 영혼이 이루어낼 수 있는 것이 아니라 영혼에게 찾아든다.

하지만 우리가 조심해야 할 점은 '하나(一者)'가 그 어떤 활동으로 탈혼상태에 있는 영혼을 자기에게로 이끌어들인다고 생각해서는 안 된다는 것이다. '하나'는 자기보다 아래에 있는 어떠한 것에 대해서도 인식하거나 의식하지 않는다는 것, 이는 플로티누스의 기본 입장이다(VI 7.37.1 이하). 그는 우리 인간이 인지할 수 있는 그런 방식으로 '하나'가 자기를 의식한다는 것 자체를 부인한다. "'거기'에는 딴 곳에서 찾아볼 수 있는 것은 아무것도 없다. '거기'엔 '존재'조차도 없다. 그러므로 '지력'도 없다. …"(VI 7.41).[93] 영혼은 '하나'와의 합일을 통하며 탈혼상태, 즉 '자기 밖으로 나간다(sortie de soi)'는 의미에서의 진정한 탈혼상태에 이른다는 것을 플로티누스는 누누이 강조한다.

엄격히 말한다면, 이러한 상승으로 영혼이 '누스'가 되는 것도 아니고 '누스'가 '하나'가 되는 것도 아니다. 영혼은 **자기 밖으로 나와** 다른 것이 된다.[94]

플로티누스는 이 같은 탈혼상태 또는 황홀을 직접 경험하였던바, 다

---

[93] J. M. Rist, *Plotinus: The Roaad to Reality* (Cambridge 1967) ch. 4 "The One's Knowledge", 38-52 참조.
[94] R. Arnou, *Le Désir de Dieu dans la philosophie de Plotin* (Rome 1967²) 220 참조.

음과 같이 언급하고 있다.

> 그런 일을 여러 차례 겪었다. 육신을 벗어나와 만사로부터 동떨어져 놀라운 아름다움을 바라보며 위로, 나 자신의 한가운데로 들어갔다. 그러자 나는 지극히 높은 세계와 친교를 이루게 되었음을 그 어느 때보다도 확실히 느꼈다. 가장 고결한 생활을 실천함으로써 신적인 것과 동일하게 되고, 신적 활동을 이룩함으로써 '그것' 안에 머무르며 '지고한 것' 아래 있는 온갖 '지적인 것' 위에 자리 잡았다. 그러나 이내 지력(知力)에서 추론(推論)으로 내려가는 하강의 순간이 찾아온다. …(IV 8.1).

이는 황홀함을 겪는 순간이다. 포르피리우스는 스승의 『생애』에서, 플로티누스가 네 번이나 '하나'에 사로잡혔으며 자기 자신도 그런 상태를 겪었던 적이 한 번 있다고 전한다. 그는 우리에게 이것은 아주 드물고 순간적으로 스쳐 지나가는 현상임을 짐작하게 한다. 그러므로 하나의 경험으로서는 있을 수 있는 현상이겠으나 우리로서는 과연 이것이 그러한 상태를 이해하는 적당한 방법인지 의문을 품을 수 있다.

이미 앞에서 살펴본 바와 같이 자의식이란 영혼 안에 아직 이중성이 있다는 증거이다. '하나'와 일체가 된 영혼에서 자의식을 발견하리라고는 기대할 수 없는 일이다. 우리도 이런 기대는 하지 않는다. 플로티누스 자신도, '하나'와 결합함으로써 자의식을 초월하게 된다는 생각을 받아들일 수 없다는 자들에 대하여 논박하고 있다.

> 아직도 우리는 결코 미(美) 안에 머물 수 없으며 설령 머문다 하더라도 미를 볼 수 없다는 말을 들을 것이다. 이는 전적으로 틀린 말이다. 신적인 것을 외부의 것으로 생각한다면 이는 신적인 세계 바깥에 있다는 뜻이다. 신적인 것이

됨은 참으로 미 안에 있음을 의미한다. 본다는 것은 외부의 대상과 관계되는 일이므로 그 대상과 동일체가 된다는 뜻이 아니고는 비전이란 있을 수 없는 것이다. … 그러므로 우리가 저 건너 다른 세계에 있을 때에는 지력을 통하여 가장 깊은 지식 가운데 머물면서도 아무것도 알지 못하는 것이다. … (V 8.11).

우리는 자의식을 넘어 이를 초월해 나가고 있으므로, **경험**의 순간이 지나가 버렸다고 해서 신적인 것과의 결합상태도 사라져버렸다고 말할 수는 없다. 플로티누스의 글 여기저기를 보건대, 결합의 경험보다는 오히려 '하나'와 결합된 **상태**에 관하여 얘기하는 것이 옳을 것 같다.[95] 예를 들어서 플로티누스는, 원(圓)의 중심인 '하나'를 자기 존재의 중심으로 유지하는 영혼에 대하여 얘기하고 있다.

> 현재의 상태로 – 우리 존재의 일부분은 육신의 무게를 젊어지고 있기에 마치 발은 물에 잠겨 있고 그 밖의 다른 부분은 물 위에 있는 것처럼– 우리는 물에 젖지 않은 부분만을 위로 가누고 있다. 그리고 이런 상태로 우리 자신의 중심을 통하여 만물의 중심과 소통하고 있는 바, 이는 마치 천구(天球)의 여러 거대한 원들의 중심들이 만물을 담고 있는 천구 자체의 중심과 일치하는 것과 같다. 그러므로 우리는 안전한 상태에 있다.
> 만일 이러한 원들이 물질적인 것으로 영적인 것이 아니라면 각 중심들과의 연결은 장소의 문제가 될 뿐이다. 따라서 원들은 어느 정도 떨어진 지점에 위치한 중심의 주위를 맴돌게 되리라. 그러나 영혼은 '지적인 것'에 속해 있으며 '지고한 분'은 이보다 더욱 높은 곳에 있으므로 서로 간의 접촉은 이와는 전혀 다른 방법으로 이루어짐을 알 수 있다.

---

95) Trouillard, 앞의 책. 98 이하 참조.

이때의 접촉은 '지적' 주체와 '지적' 대상을 연결시키는 힘으로 이루어진다. 참으로 영혼과 '지고한 분' 사이의 거리는 '지성'과 그 대상간의 거리보다 훨씬 가까운 것이다. 그러므로 이는 영혼이 가진 ('하나'와의) 유사성이요 동일성이며 확실한 연관성이다. 물체는 다른 물체와 섞일 수 없지만 물질을 입지 아니한 존재들은 이러한 물리적 제한을 받지 않는다. 이들이 서로 분리되는 것은 순전히 서로가 다르기 때문이고 본성이 구별되기 때문이다. 다른 본성이 없고 다른 것과의 구별이 없어질 때에 각 존재는 즉시로 서로가 서로 안에 현존하게 된다.

그런즉 '지고한 분'에게는 이처럼 다른 본성이 없으므로 항상 우리와 함께 현존하고 있다. … (VI 9.8).

황홀, 즉 탈혼상태(Ecstasy)는 영혼이 '하나'와 결합했다는 엄청난 현실에 압도되어 버릴 때 일어나는 현상이다. 이는 하나의 경험으로서 말로는 표현할 수 없는 것이다. '하나'는 지식의 범위를 초월해 있으므로 '하나'와의 접촉 또한 언어의 영역을 초월한다.

플로티누스 자신은 다음과 같이 말한다. "문제를 어렵게 만드는 주된 원인은, 이 '원리'에 대한 깨달음이란 지식에 의한 것도 아니고 '지적인' 존재를 발견하는 '지력'에 의하여 이루어지는 것도 아니며 모든 지식을 초월하는 현존(現存)을 통하여 비로소 자각될 수 있다는 데서 온다."(VI 9.4). 파루시아(parousia) － 현존 － 이는 플로티누스가 말하는 '하나'와의 결합을 깨닫게 하는 한 가지 방법이다. 또 하나 접촉(synaphe)이라는 말이 있다. 그러나 어떠한 말도 만족스러운 표현이 되지 못한다.

영혼이 이렇게 지식을 초월하는 경지로 나아가 모르는 세계에 다다르면서 겪게 되는 고통, 알 수 없기 때문에 괴로워하고 그 결과 두려움마저 느끼게 된다는 것을 플로티누스는 충분히 이해하였다.

영혼(정신)은 형상 없는 세계로 다가감에 따라 끝없이 막막한 속에서 아무것도 붙잡을 수가 없고, 눈에 부딪치는 것은 흩어져 달아나버리는 현실에서 아무런 느낌도 받을 수 없음을 깨닫게 된다. 영혼은 아무것도 파악할 수 없을 것 같은 두려움 때문에 슬그머니 옆길로 빠져든다. 이 같은 상태는 고통스럽다. 영혼은 종종 이 모든 막연한 세계로부터 감각의 영역으로 물러남으로써 탄탄한 땅에서 휴식을 취하듯 안도의 한숨을 쉬려 한다. 마치 잘고 가느다란 것들을 보느라고 지쳐버린 눈이 굵고 뚜렷한 것들을 보면서 즐거이 휴식하는 것과 같다. … 그러나 영혼은 자기 본래의 길을 바라보아야 한다. 이는 합해짐으로써, 즉 결합함으로써 이루어지는 것이다. 하지만 '단일성(Unity)'을 알기 위하여 그처럼 탐구하는 중에 바로 이 결합으로 말미암아 자신이 발견했다는 사실을 알지 못하게 된다. 영혼은 자기 자신과 이 직관의 대상을 구별할 수가 없다. 그럼에도 불구하고 우리가 철학을 통하여 '하나'에 관한 지식을 얻고자 한다면 이 길을 밟아나가는 것이 유일한 방법이다(VI 9.3).

이는 진정 고향으로 돌아가는 길이다. 영혼은 마침내 '조국'에 다다른 것이다. 하지만 영혼은 스스로에게 너무 생소한 존재가 되어버린 나머지 당연히 자연스러워야 할 모든 것이 낯설고 두렵기만 하다. 너무도 낯설어 공포와 절망에 휩싸인 영혼은 '같지 않은 곳(land of Unlikeness)'으로 되돌아가고 싶어 한다. 거기엔 모든 것이 흐리고 산만한 대로 영혼에게 낯익은 곳이기 때문이다. 그러나 황홀(탈혼)한 영혼은 스스로에게서 벗어남에 따라 참된 자기를 발견하게 된다. 그리하여 마침내 자기 자신이 모든 참된 것의 핵심과 하나가 되어 있음을 깨닫는다.

'지고한 분'과 사귀게 된 사람은 그가 기억하기만 한다면 자기에게 새겨진 '지고한 분'의 모습을 분명히 지니고 있다. 그는 '단일성'이 되었으며 자기의 내부에서나 외부에서나 다양성이 끼어들 요소는 전혀 없는 것이다. 일단 이렇게 상승이 이루어지면 이젠 더 이상 움직임도 정념도 없고 외부로의 욕망도 없다. 논리적 사고가 중지되고 모든 '지력'이, 심지어 자기 자신마저 흘린 듯 신으로 충만해져 완벽한 고요 속으로 고립된다. 존재 전체가 평온하고 고요한 가운데 이쪽으로도 저쪽으로도 돌아보지 않고 자신의 내면으로도 향하지 않는다. 그는 전적인 휴식상태로 휴식 그 자체가 되었다. 그는 이제 더 이상 아름다움의 영역에 속하지 않는다. 온갖 미덕의 무리조차 지나쳐버렸다. 그는 마치 지성소 안으로 깊숙이 들어간 나머지 밖에서 보았던 신전의 모습을 잊어버린 사람과 같다. ― 지성소 밖으로 나오게 되면 제일 처음으로 또다시 신전의 모습이 눈에 띄긴 하겠지만. '그곳'에서 그는 모습이나 흔적과 사귄 것이 아니라 바로 '진리' 자체와 만났으며, '진리' 앞에서는 나머지 모든 것들이 그저 부차적인 것일 뿐이다.

정녕 그곳에서는 무엇인가 보았다고 할 것이 아니라, 알지 못하는 어떤 양상이었다고 말함이 옳겠다. 그것은 자기 자신으로부터 벗어나는 것, 단순하게 되고 자기를 포기하는 것, 접촉의 방향으로 도달하는 것과 동시에 휴식하는 것, 적응을 향하여 명상에 잠기는 것이었다. 이는 지성소 안에 있는 것을 볼 수 있는 유일한 방법이다. 다르게 본다는 것은 곧 실패를 뜻한다.

순전한 무(無)와의 접촉은 영혼의 본성상 있을 수 없는 일이다. 영혼이 가장 낮은 곳으로 내려간다는 것은 악에 빠져드는 것인데, 그러니까 비(非)존재(non-being)가 되긴 하더라도 순전히 무가 되는 일은 결코 없다. 영혼이 다시 상승하기 시작할 때면 자기와는 별개의 존재에 다다르는 것이 아니라 바로 자기 자신이 된다. 영혼은 이처럼 자기를 초월함으로써 오직 자기 자신 안에 있는 것이다. 자기 자신 안으로 집중함으로써 영혼은 이제 더 이상 존재의 영역에 머물러 있지 않고 '지고한 분' 안에 있게 된다.

완전한 인간은 이 같은 소통에 의하여 점점 성장하면서 '존재'를 초월하고 '존재의 초월자'와 일체가 된다. 우리 자신이 이같이 높이 올려졌을 때에 우리는 '지고한 분'과 닮게 된다. 그 높은 데서 더욱더 높이 올라간다면 아득한 옛날의 원래 모습으로 우리는 마침내 이 모든 나그넷길의 '목적지'에 다다른 것이다. 다시 뒤로 물러서게 된다면 우리 자신이 다시 한 번 이 모든 질서를 알게 될 때까지 우리는 미덕을 깨쳐 나갈 것이다. 우리는 다시 한 번 무거운 짐을 벗고 홀가분하게 되어 미덕의 힘으로 '지적 원리'를 향하여 나아간다. 이로써 얻는 '지혜'를 통하여 '지고한 분'에게로 다다르게 된다.

이는 신들, 그리고 신과 같은 이들의 삶이요 복된 사람들의 삶이다. 세속에서 우리를 괴롭히는 이질적인 것으로부터의 해방이요, 땅 위 만물을 즐거워하지 않는 삶이요, **홀로 '유일자'에게로 날아오르는 삶**이다(VI 9.11).

"홀로 '유일자'에게로 날아오른다"는 이 구절과 한 사상가가 얼마나 친숙한가 하는 정도는 그대로 플로티누스의 영향이 그에게 어느 정도인가를 가늠할 수 있는 잣대가 된다. 이는 또한 플로티누스의 관점에 입각한 신비적 탐구의 본질을 소중히 간직하여 담아내고 있는 말이다. 그것은 홀로 초연히 가장 높이 있는 '하나(一者)'에게로 이르는 고독한 길이다. '하나'를 찾아 헤매는 영혼에 대하여 '하나'는 전혀 무관심하다. 영혼 또한 함께 탐구의 길에 나선 다른 영혼들에 대하여 그저 지나치는 관심밖에는 가지지 않는다.

길 떠난 영혼에겐 친구가 없다. 오직 고독과 고립만이 있을 뿐이다. 여기에는 은총론이 개입될 수 있는 여지가 근본적으로 없으며 – '하나'를 찾아 헤매는 이들에 대하여 '하나'는 아는 바가 없기 때문에 그들을 향하여 돌아설 수 없는 것이다 – 인간들 사이의 공동성(共同性)에 대한 긍정적인 견해 또한 성립될 가능성이 전혀 없다.

이러한 한계는 우리가 다음에서 곧 살펴보겠지만, 플라톤적 직관(vision)과 그리스도교 신비신학과의 근본적인 차이를 첨예하게 드러내 주는 면이다.

제 3 권
초기 기독교 신비주의

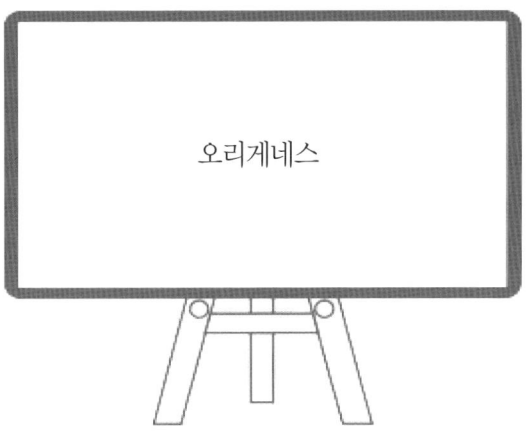

오리게네스

오리게네스(Origenes)

오리게네스('Ὀριγενες, 185년경 – 254년경) 또는 오리게네스(Origen)은 알렉산드리아학파를 대표하는 기독교의 교부이다. 매우 독창적인 신학 체계를 세웠기 때문에 이단과 논쟁하였고 교회와도 마찰을 일으켰다. 그는 금욕주의에 따라 스스로 고환을 자른 것으로 유명하다.

생애 : 로마 치하의 이집트 알렉산드리아에서 185년경에 태어나 10대 후반 아버지가 순교하였고 학업을 계속해 알렉산드리아에서 신도들을 가르치고, 문법학교를 세우기도 했다. 다양한 여행과 신학적 주제의 저술을 폈고, 40대 즈음에 성직자로 활동. 스스로 거세한 것이 문제되어 알렉산드리아 주교는 그에 대한 성직 서품/안수를 거부하였다. 이로 인해 오리게네스는 예루살렘 교회의 팔레스타인 가이사랴 주교에게 서품/안수를 받게 되어 후에 교회 정치적·신학적 정체성에 대한 질타를 얻게 된다. 서신과 연구를 통해 초기 그리스도교와 고대 사상의 조화를 이룬 신학적 바탕을 이룬다.

신학 : 오리게네스는 오늘날의 성경신학, 조직신학, 변증적 그리스도교 사상가로 볼 수 있다. 그는 먼저 성경해석자로서 성경에 대한 문자적 의미의 불충분성을 지적하였다. 그의 성경해석은 문자적·영적인 해석을 주로 다룬다. 오리게네스의 조직신학적 사상은 그의 저서인 『원리에 대하여(de principiis)』를 살펴보면 그의 신학은 교리화를 목적으로 하기보다는 오리게네스가 살았던 당시의 이단들, 즉 말시온주의자들과 가현설주의자들에 대항하여 창조주 하나님의 자비와 예수 그리스도의 인성과 신성을 증언한다. 그런데 그의 이론 중 '만물의 복귀'라는 개념은 자비하신 하나님께서 사람뿐만 아니라 사탄과 마귀까지 구원할 것이라는 입장이어서 교회사에서 문제가 되고 있다. 끝으로 그의 저서 『켈수스를 반대하며(Contra Celsum)』에서 그의 변증적 그리스도교 사상을 살펴보면, 그는 저작에서 하나님의 계시에 대해 구체적으로 성경의 해석에 큰 비중을 두고 있다.

해석학 : 오리게네스는 그리스 문학과 철학, 원어에 대한 학문적인 관찰로써 성경 해석을 시도함으로써 그리스도교의 첫 성경학자가 되었다. 그의 성경 해석 방법에는 신플라톤주의를 통한 필론의 알레고리 방법이 많이 사용되었다. 오리게네스는 그의 책 De Principiis IV.2.4에서 LXX의 잠언 22.20.21의 본문을 자기의 해석 원리로 채택하여 성경을 세 가지 방법(tripliciter, LXX)으로 해석할 것을 말한다. 이 세 가지 방법이란 살전 5:23에 있는 인간의 세 가지 요소인 영과 혼과 몸을 각각 세 의미로 보는데, 몸은 문자적 의미를, 혼은 도덕적 의미를, 영은 알레고리적인 의미를 가리킨다는 것이다. 비록 오리게네스는 문자적 의미를 무시하지 않았지만 영적 의미와 문자적 의미를 균형 있게 해석하지는 못했다. 오리게네스의 3중적 의미의 성경해석 방법은 알레고리 성경 해석 방식인 4중적 의미의 해석 방법으로 변형되었고, 어거스틴과 중세 해석자들에 의해 절대적으로 사용되었다.

오리게네스[96]

오리게네스[97]과 더불어 우리는 비로소 그리스도교 고유의 신비신학을 논의하게 된다. 지금까지는 신비신학의 플라톤 철학적 배경을 살펴본 것이었다. 그 결과 우리는 그리스도교 신비신학이 실제로 플라톤 철학을 배경으로 이루어졌느냐에 대한 예비적인 판단을 내려볼 수 있었다.

그런데 그리스도교 신비신학이란 오직 플라톤 철학일 뿐이라는 견해는 흔히 제기되는 하나의 비판이긴 하지만, 그러한 비판에 대하여 알지 못하고서는 이 문제를 이해해 나가기가 곤란해진다. 교부들에 관한 논의가 아니더라도 이른바 '플라톤 철학적 배경(Platonic background)'이란 간단한 문제가 아니라는 것을 우리는 앞에서 이미 알 수 있었다. '플라톤 철학적 배경'이란 단순히 플라톤만을 뜻하는 것이 아니다. 우리가 필론이나 플로티누스에게서 배운 내용은 플라톤 이외의 다른 철학에도 힘입은 것이었다.

앞에서 살펴본 바와 같이 필론을 대표자라 할 수 있는 '중기 플라토니즘'이 그 하나의 예가 될 수 있으며, 또한 '네오플라토니즘'은 몇 가지 요점에 있어서 아리스토텔레스와 스토아학파의 영향을 받고 있다. 하지만 그들을 '플라토니스트'라고 부르는 것은 결코 우연이 아닌 바, 플라톤은 아무도 부인할 수 없는 그들의 스승이기 때문이다.

---

*96) 앤드루 라우스. 배성옥 역 『서양 신비사상의 기원』 (분도출판사. 초판, 2001) pp.91-119.
*97) 오리게네스(Ὀριγενες, 185년경-254년경) 또는 오리게네스(Origenes)는 알렉산드리아학파를 대표하는 기독교의 교부이다. 매우 독창적인 신학 체계를 세웠기 때문에 이단과 논쟁하였고 교회와도 마찰을 일으켰다. 그는 금욕주의에 따라 스스로 고환을 자른 것으로 유명하다.

중기 플라토니즘은 우리가 언뜻 짐작하기보다는 상당히 큰 영향을 교부들에게 남긴 바 있다. 플라톤과 플로티누스는 그들의 학문 자체만으로도 우리의 관심을 불러일으키는 위대한 철학자들이다. 그러나 필론이나 그 밖에 이른바 '중기 플라톤 학파'는 그러한 철학자들이 아니었다. 이들에게서 우리는 일종의 '배워 받아들인 지혜(accepted wisdom)', 즉 초기 교부시대에 널리 퍼져 있던 사고방식을 찾아볼 수 있을 따름이다. 그런데 바로 이 같은 이유로 중기 플라토니즘은 교부들에게 영향을 미쳤던 것이다. 그러한 영향이 어떻게 작용했느냐에 대해서는 이후에 살펴보기로 하겠다.

그러나 교부시대에 이르기 전에도 이미 이교철학적 지혜의 수준을 초월하는 그 어떤 점이 없지는 않았다. 즉, 필론에게서는 '구약성서'의 '하나님', 인간을 창조하시고 돌보시며 이스라엘을 당신 백성으로 선택하시고 이스라엘 백성들과의 교류를 통하여 스스로 당신을 계시하셨던 하나님의 개념을 읽을 수 있다. 필론의 관심은, 이교철학에는 유대인들이 가지고 있던 계시의 개념이 아직껏 전혀 나타나 있지 않으며, 더욱이 **하나님**의 계시란 단순히 신적인 그 어떤 것만이 아니라는 사실을 밝히는 데 있었다. 이는 그리스도교 교부시대에 이르러 그 중요성이 더욱 강조된 요소였다. 플라톤 철학의 영향이 어떠했든 교부들의 관심은 '하나님(God)'이었지 '신적인 것'은 아니었다. 필론이 품었던 하나님의 개념, 즉 말씀하시고 스스로를 드러내시는 하나님은 교부들에 의하여 나사렛 사람 예수의 삶과 죽음과 부활을 통하여 말씀하시고 스스로를 드러내시는 하나님이 됨으로써 더한층 구체적이고 직접적인 개념으로 변모하였던 것이다. 하나님을 안다는 것은 이 같은 계시를 받아들이는 것이며, 이리하여 알게 된 하나님과의 교제 관계에 참여하는 것이다. 그러므로 대부분의 교부들에게 있어서 (드물게 예외가 있긴 하지만) '신비생활(Mystical life)'이란 세례받은 생명, 즉 물과 성령으로 세례를 받아 그리스도의 죽음과 부활에 동참함으로써 얻게 되는 생명에서 꽃피어나 활짝 열매를 맺게 되는 삶의 결실을 뜻한다.

하나님께로 향한 영혼의 상승에 대하여 오리게네스의 해석이 어떠했는지 살펴보고자 할 때, 이는 제일 먼저 떠오르는 요점이 된다. 영혼의 상승이 시작된다는 것은 하나님께서 그리스도를 통하여 우리에게 베풀어주시고 세례를 통하여 우리가 실제로 받게 되는 은총에 의하여 비로소 가능해진다. 신비생활이란 세례를 통하여 다시 태어난 영혼과 그리스도와의 결합이 이루어지고 실현되는 과정으로서 그리스도와 영혼 사이의 친교이며 대화이다. 이러한 내용이 흔히 플라톤에게서 유래된 언어로 표현되긴 하지만, 이처럼 플라톤의 개념처럼 들리는 표현들이 실제로 사용된 경우에는 (오리게네스에게서와 같이) 그 의미가 플라톤 자신이나 플로티누스가 뜻했던 내용과는 아주 다르다. 오리게네스는 세례받은 크리스천의 삶에 대하여 '교회'의 테두리 안에서 얘기하는 반면, 플라톤과 플로티누스는 엘리트 지성인이 추구하는 궁극적인 진리의 탐구(뜻을 같이하는 다른 영혼들과 함께, 혹은 "홀로 '유일자'에게로" 향한)에 대하여 얘기하고 있다.

오리게네스는 플라톤 철학에 깊이 영향을 입었다. 앞으로 계속 확인하게 되겠지만 그의 신학은 온통 플라톤적 사고방식으로 점철되어 있다. 그러나 철학에 대한 오리게네스의 견해는 결코 단순하지가 않다.[98] 그는 플로티누스의 스승이기도 했던 암모니우스 삭카스 밑에서 공부했지만 어디까지나 한 사람의 크리스천으로서 학문연구를 했던 것이다. 그는 순교자 유스티누스(Justin Martyr)[99]나 알렉산드리아의 클레멘스처럼 철학 탐구를 하다 그리스도교로 개종한 사람이 아니다. 철학에 대하여 이들 두 사람과 같이 열성적인 태도를 가지지도 않았다. 오리게네스는 철학이란 그리스도교 신학자에게 변증법적 사고력을 키워

---

[98] 이에 대하여 다음 두 저술은 서로 정반대의 이론을 펼치고 있다. H. Koch, *Pronoia und Paideusis: Studien über Origenes und sein verhältnis zum Platonismus* (Berlin and Leipzig 1932); H. Crouzel, *Origène et la philosophie* (Paris 1962).
[99] 팔레스티나 태생의 철학자이며 교부(100-165년경). 132년에 그리스도교로 개종. 그리스 철학과 그리스도교와의 조화에 힘쓴 초기 호교론자. 로마제국에 그리스도교의 진리를 옹호했고 로마에서 순교함. 성인(聖人).

주는 훈련으로 유익한 학문이라고 생각했다. 또한 그는 이스라엘 백성이 이집트를 탈출하던 당시에 이집트인들의 귀중품을 약탈해 갔다(출 12:36)는 사실을 예로 들어 철학, 즉 이교 파문의 정당성을 논하기도 했다.100) 그의 제자였던 그레고리우스 타우마투르고스(Gregorius Thaumaturgus)에 의하면 이는 오리게네스가 지닌 비상한 재능이었다. 즉, 그는 오직 한 분이신 주님을 섬기기 위하여 온갖 인간적 지혜를 짜낼 줄 알았던 놀라운 능력의 소유자였던 것이다.

> 그는 이 위대한 재능을 하나님에게서 받았다. 그것은 하나님의 말씀을 사람들에게 해석해 주고 하나님에게 속한 것을 하나님의 말씀으로 이해하여 이를 사람들이 알아들을 수 있도록 설명해 주는 천부의 재능이었다. 그에겐 접근할 수 없는 것이 아무것도 없었기에 우리에게 들려주지 못할 얘기가 없었다. 이방(異邦)의 것이든 그리스의 것이든, 신비로운 것이든 널리 알려진 것이든, 신적인 것이든 인간적인 것이든, 우리는 갖가지 말씀을 배울 특권을 누렸던 바, 한껏 자유롭게 넘나들며 모든 것을 고찰하고 탐구하고 획득하고 영혼의 풍성함을 즐겼다. … 한마디로 이는 하나님의 저 위대한 낙원을 본받아 살아가는 우리의 참된 낙원이었다. 우리는 땅을 갈 필요도 없고 육신을 보살펴 살찌게 할 필요도 없이 오직 우리 영혼의 배움이 날로 불어나게끔 돌볼 따름이었다. 마치 아름다운 나무들이 스스로를 접붙여 나가듯이, 혹은 만유의 '원인'인 조물주에 의하여 우리 안에 접붙여지듯이 날로 불어나는 배움이었다.101)

그러나 정작 오리게네스의 관심은 성서의 해석에 있었다. 성서야말

---

100) 그레고리우스 타우마투르고스(기적자 그레고리우스)에게 보낸 오리게네스의 편지(PG XI 88-92) 및 그의 『여호수아기 강론』(GCS VII 286-463) 참조.
101) Gregorius Thaumaturgus, *Address on Origen* XV (PG X 1096 AB), Metcalfe 역(London 1920) 82 이하.

로 모든 지혜와 진리의 보고였던 바, 성서해석은 오리게네스 신비신학의 중심을 이루고 있다. 그는 평생을 성서해석에 바쳤다고 할 수 있을 만큼 그가 남긴 저술은 대부분이 성서주석이다.

그런 만큼 오리게네스는 성서해석가로서 후세 신학자들에게 가장 많은 영향을 남겼다. 그의 성서해석은 우리가 결코 간과할 수 없는 깊고 풍부한 사색으로 가득할 뿐 아니라 그가 이룬 신비신학의 기반을 제공함으로써 후세에 지대한 영향을 끼쳤다. 그에게 있어서 「아가(雅歌)」는 신비생활의 절정이요 영혼과 하나님의 결합을 노래한 더없이 귀중한 책이었다. 「아가」에 대한 이러한 해석은 후세의 신학이 직접 오리게네스에게서 물려받은 유산이었다. 뿐만 아니라 그가 「아가」를 해석하면서 생각해 내였던 여러 가지 주제들, 그 가운데 특히 신비생활의 세 단계(훗날 '정화(淨化)의 길', '조명(照明)의 길', '결합[연합, 일치]의 길'이라고 불리게 된 세 가지 길), 그리고 영혼의 영성적 감각에 대한 개념은 그대로 후세에 이어져 내려오게 되었다.

먼저 「아가」에 대한 그의 해설을 살펴보자. 오리게네스의 『아가 주해』와 『아가 강론』이 최초의 성서해석서는 아니다.[102] 오늘날 번역본

---

102) 오리게네스는 「아가」에 대하여 한 편의 주해(아가 1,1-2,15)와 두 편의 강론(아가 1,1-12a 및 1,12b-2,14)을 남겼다. 『아가 주해』보다는 『아가 강론』이 대중의 취향에 맞는 어조로 되어 있으며 교회론적 해석이 두드러지는 작품이다. 여기 인용문은 모두 *Ancient Christian Writers* 시리즈의 제26권 (London 1957)으로 간행된 바 있으며, 매우 귀중한 주석이 함께 수록되어 있는 R. P. Lawson의 번역본을 따랐다. O. Rousseau에 의한 『아가 강론』만의 번역판도 있다(*Sources Chrétiennes* XXXVII Pari.s 1966². 『아가 강론』도 『아가 주해』도 그리스어 원전으로는 전해지지 않는다.

『아가 강론』은 성 예로니모(Jerome, Hieronymus)의 라틴어 번역으로 『아가 주해』는 Rufinus의 라틴어 번역으로 남아 있다. 여기 인용문의 쪽수는 *Die Griechischen Christlichen Schriftsteller* 판본에 의한 것이다.

[* *Sources Chrétiennes*(그리스도교에 관한 凉典들)는 프랑스의 신학자 세 사람 – 앙리 드 뤼박(Henri de Lubac), 장 다니엘루(Jean Daniélou), 클로드 몽데제르(Claude Mondésert) – 이 1945년에 시작했으며 지금도 계속 간행되고 있는, 교부들의 원전을 총망라한 텍스트 총서이다. 출판은 세르(Cerf)사가 담당하고 있다. 그리스어 원전은 엷은 황토색, 라틴어 원전은 엷은 청색, 그 밖에 고대 동방교회의 옛 언어들(시리아어, 콥트어, 그루지아어)로 된 원전은 붉은색으로, 각각 표지가 구분되어 있다. 원전에 대한 자세한 해제 및 주석과 함께 원전의 프랑스어 번역이 함께

으로만 전해지는 히폴리투스(Hipploytus)103)의 주석이 있는데, 오리게네스가 먼저 나온 이 주석서를 참고했으리라는 것은 의심의 여지가 없다. 그러나 히폴리투스의 주석은 교회론적 해석이 주류를 이룬다. 즉, '신랑'과 '신부'의 관계를 그리스도와 '교회'의 관계로 해석한 것이다. 여기에는 아마도 「아가」를 하나님과 이스라엘 민족의 관계를 노래한 것으로 보았던 랍비들의 해석이 그 배경이 되었을 것이다. 「아가」를 그리스도와 개별 영혼과의 관계로 본 해석은 히폴리투스의 주석에는 간혹 눈에 뜨일 뿐이다. 오리게네스에게서는 그리스도와 영혼과의 관계가 훨씬 두드러져 보인다. 하지만 이 주제가 그리스도와 교회의 관계라는 주제와 동떨어져 있지는 않다. 말하자면 신비주의적 해석과 교회론적 해석이 동시에 나타나 있다.

오리게네스는 어떠한 근거로 「아가」를 이같이 해석하였을까? 그는 『아가 강론』의 첫머리에서 말하기를, 구약성서에는 일곱 노래가 있는데 「아가」는 그 일곱 번째이자 가장 숭고한 노래라고 했다. 이 마지막 노래는 우리가 여섯 개의 노래를 다 익힌 후에야 비로소 부를 수 있는 노래라는 것이다. 오리게네스는 여섯 노래를 거쳐서 「아가」에 이르는 과정을 다음과 같이 설명하고 있다.

> 여러분은 이집트에서 탈출해야 합니다. 이집트 땅을 뒤로 한 지점에 도착했더라도 홍해를 건너야만 "나는 야훼를 찬양하련다. 그지없이 높으신 분"(모세의 노래: 출애굽기 15장) 하고 첫 번째 노래를 부를 수가 있습니다. 하지만 비록 첫 번째 노래가 여러분 입에서 흘러나왔다 하더라도 「아가」에

수록된 2개 국어 판본이다.]
　[** *Die Griechischen Christlichen Schriftsteller*(GCS)는 독일신학자들이 1897년에 시작한, 그리스 교부들의 원전 시리즈이다. 텍스트는 *Oxford Classical Texts*(OCT)처럼 그리스어 원문만으로 되어 있다.]
103) '로마의 히폴리투스'라고도 불리는 교부(170-235년경). 교황의 태도를 비판하여 분파교회를 만들기도 했으나 후에 로마 교회와 화해하고 사르디니아에서 순교했다. 성인 『철학사상(*Philosophumena*)』을 비롯한 많은 저술을 남겼다.

이르기까지는 아직도 머나먼 길을 가야 합니다. 광야를 지나 영적 여행을 계속하여 마침내 왕들이 파놓은 우물에 다다르게 되면 그곳에서 여러분은 두 번째 노래를 부를 수 있습니다(민 21:17-20). 그런 연후 거룩한 땅의 문턱에 이르면 요르단 강둑에 서서 여러분은 모세가 불렀던 또 하나의 노래를 부를 수 있습니다. "하늘아 귀를 기울여라. 내가 말하리라. 땅아 들어라. 내가 입을 열리라"(신명기 32장). 다시 여러분은 여호수아의 지휘 아래 싸우며 거룩한 땅을 이어받아야 합니다. 그러면 꿀벌이 여러분을 위하여 예언해 주고 여러분을 주관하게 될 것입니다. '드보라'란 이름은 꿀벌이란 뜻입니다. 이렇게 하여 「사사기」에 나오는 노래를 여러분은 소리 높이 부를 수 있을 것입니다(사사기 5장, 드보라의 노래). 여기에서 또 「열왕기」로 올라가면서 '다윗의 노래'에 다다르게 됩니다. 다윗이 원수들과 사울 왕의 손아귀에서 달아났을 때 "야훼는 나의 반석 나의 요새 나를 구원하시는 이" 하고 불렀던 노래입니다(삼하 22:2-51, 다윗의 노래). 다음으로 여러분은 「이사야」에 다다라야 합니다. 그곳에서 이사야와 더불어 "임의 포도밭을 노래한 사람의 노래를 내가 임에게 불러드리리라." 하고 노래하게 될 것입니다(이사야 5장). 이 모든 노래를 다 거치고 나면 여러분은 더한층 높은 곳으로 향해야 합니다. 그곳에 이르러 비로소 신랑과 더불어 아름다운 영혼으로서 이 노래 중의 노래 「아가」를 부를 수 있게 될 것입니다(『아가 강론』 I 1 GCS 27 이하).

오리게네스가 의미하는 상징의 내용을 여기에 일일이 설명할 필요는 없는즉[104] 우리는 다음 세 가지 요점에만 주목하면 되겠다. **첫째로, 하나님께로 향한 영혼의 상승**은 '이집트를 탈출하여 홍해를 건너감'으

---

104) 그러한 설명은 Sources Chrétiennes 시리즈 판본의 『아가 강론』 서문에 상세히 나와 있다.

로써, 다시 말하면 개종하고 세례를 받음으로써 시작되는 것이다. 앞에서 언급한 바와 같이 오리게네스가 뜻하는 신비적 상승은 세례를 받음으로써 비롯되는 것이며 세례의 은총을 깊이 무르익혀 열매를 맺도록 하는 데 있다. **둘째로, 영혼이 나아가야 할 길**은 사막과 싸움으로 이어지는 가운데 영혼은 우물에서 생명의 물을 마시며 힘을 되찾는다. 이 모든 시련을 겪으며 영혼은 하나님의 전능하심과, 하나님의 은총으로 승리를 거두게 된다는 사실을 깨닫는다. 메마름, 정신적 투쟁, 위안, 이 모든 것은 하나님의 은총으로 얻게 되는 인간적인 노력과 동떨어진 것은 아니지만 승리와도 같이 영성생활에 따르는 친밀한 동반자들이다. 이러한 길이 오리게네스가 내다본 영혼의 나아갈 길이다. 그러나 그에 대한 오리게네스 자신의 자세한 해설이 없기 때문에 이 구절만으로 영혼의 상승에 대하여 상세한 설명을 전개한다는 것은 위험한 일로 생각된다(오리게네스는 『아가 주해』의 머리말에서 위 구절에 열거한 노래들과 약간 다른 노래 목록으로 비슷한 내용을 제시한 바 있다). **셋째로는 노래 그 자체에 주목해야 한다.** 크리스천 생활의 어떠한 단계에서나 영혼은 항상 노래를 부른다. 영혼은 기쁨으로 가득 차 있다. 이는 오리게네스 영성의 두드러진 특징이다. 그에게서는 다른 신비사상가들에게서처럼 구름이나 어두운 밤 같은 밝지 못한 면을 전혀 찾아볼 수 없다. 그의 신비주의는 빛의 신비사상이며 은총의 필요성을 깊이 인식하는 점에서 비관주의와 균형을 이루고는 있지만 다분히 낙관적이다. 그러므로 「아가」는 영성생활의 절정을 노래한 기쁨의 노래이다. 오리게네스는 『아가 주해』에서 다음과 같이 설명하고 있다.

> 인간적인 온갖 혼란의 세월이 끝나고 악행의 비바람이 막 사라져 영혼이 다시는 흔들리지 않고 어떠한 독단론에도 휘말리지 않는 그때가 오기까지 영혼은 하나님의 '말씀'과 일체가 될 수도 하나님과 결합할 수도 없다. 그러므로 이 모든 것이 없어지고 욕망의 폭풍이 사라지고 나서야 비로소 영혼은 덕의 꽃망울을 터뜨리게 될 것이다. … 그때에 영혼

은 '비둘기의 노래'도 들을 터인즉, 이는 다름이 아니라 '말씀'을 베푸시는 분께서 완덕을 지닌 자들에게 들려주는 소리, 신비 속에 감춰져 있는 하나님의 오묘한 지혜의 목소리인 것이다(『아가 주해』 III (IV) 14 (GCS 224).

이는 오리게네스가 「아가」를, 영혼이 영성생활의 절정에서 하나님과 친밀한 가운데 나누는 대화로 이해하게 되었던 한 깨달음의 길이라 하겠다. 이 같은 해석은 오리게네스에게서 볼 수 있는 특이한 것이라고 생각된다. 오리게네스는 『아가 주해』에서도 「아가」를 이런 식으로 이해하는 또 하나의 길을 제시하고 있는데, 이는 후세의 신비주의자들에게 영혼이 하나님을 향하여 상승하는 길의 지도를 그려주었다는 점에서, 또한 「아가」에 관한 주석에 있어서 더 구체적인 배경을 마련해 주었다는 점에서도 무척 중요한 의미를 지닌다.

오리게네스는 『아가 주해』의 서론에서 철학자들이 철학을 세 가지 분야, 즉 윤리학(ethics)・자연학(physics)・형이상학(enoptics, enoptics란 말은 대충 metaphysics를 뜻한다. 105))으로 나눈다는 사실을 지적하고 있다. 그는 이 같은 분류를 중기 플라톤 철학자들의 저술에서 보았다고 했지만 이것은 실은 스토아학파에서 유래한 것이다. 그는 다음과 같이 설명하고 있다.

> 품위 있는 생활태도를 일깨우며 덕으로 이끌리게끔 습관의 기반을 닦아주는 학문을 윤리학(*ethike*)이라 한다. 자연학(*physike*)은 물질 하나하나의 본성(자연)을 관찰하는 학문인즉, 생명세계에 있어서 본성에 역행하는 일을 하지 않고 모든 것을 창조주께서 창조하신 뜻에 순응하여 사용하기 위

---

105) 이는 모두 그리스어에서 유래한 용어인데 『아가 주해』의 라틴어 번역본에(GCS 75. 7-9행) 각각의 뜻에 상응하는 라틴어(philosophia moralis, naturalis, inspectiva)로 표기되어 있다. 이들 용어에 관해서는 아직까지 확실한 해석이 없다. H. Crouzel, *Origène et la "connaissance mystique"* (paris 1961) 50 이하. 특히 51 주1,2 및 GCS 판본에서 Baehrens 참조.

함이다. 형이상학(*enoptike*)은 눈에 보이는 세계를 초월하여 거룩하고 하늘에 속한 그 무엇을 관상하는 학문이며, 이들은 육신의 시력을 초월한 대상이기에 정신의 눈으로만 바라보아야 한다(GCS 75).

계속해서 오리게네스는 이 세 가지 분류를 솔로몬이 엮었다고 전해지는 '지혜'의 세 정경(正經)인 「잠언」, 「전도서」, 「아가」에 적용하고 있다.

> 그러므로 솔로몬은 방금 우리가 일반학이라고 이름했던 세 가지 학문 분야, 즉 윤리학·자연학·형이상학을 각각 구별하고 서로 간의 차이를 밝히기 위하여 제각기 알맞은 순서로 배치하여 세 권의 책으로 엮어냈다. 첫째, 「잠언」으로 그는 윤리에 대한 학문을 가르치며 인생을 살아가는 규범을 간결하고 어울리는 격언으로 표현하였다. 둘째로, 그는 자연에 대한 학문을 「전도서」에 담았다. 「전도서」에서는 자연만물에 대하여 소상히 논하면서 헛되고 하찮은 것과 유익하고 필요한 것을 구별함으로써 우리에게 헛된 것을 버리고 유익하고 올바른 것을 갈고 닦도록 충고해 준다. 마찬가지로 형이상학도 지금 우리들이 가지고 있는 이 작은 책, 「아가」 속에 담아주었다. 이 책에서 그는 거룩한 것과 하늘에 속한 것에 대한 사랑이 영혼 속으로 스며들게끔 하되 신랑과 신부의 모습을 빌려서 이를 형상화시켰다. 또한 자비와 사랑의 길을 밟아나감으로써 하나님과 친교를 맺도록 가르치고 있다(GCS 76).

그러므로 윤리학은 「잠언」에, 자연학은 「전도서」에, 형이상학은 「아가」에 각각 그 뜻이 담겨 있다. 여기에 영혼이 차례로 거쳐나가야 할 세 가지 단계가 있는 것이다. 첫째는 덕을 배우는 단계(*ethike*)이고 다음은 자연만물을 바르게 받아들이는 단계(physike)이며 마지막으로 하나님을 관상하며 상승하는 단계(enoptike)이다. 오리게네스가 뜻한 바, 이 같은 단계적 진행은 다음과 같은 구절에도 분명히 나타나 있다.

> 품행을 고치고 계명을 지킴으로써 「잠언」에서 배운 바 첫째 과정을 완수한 사람은 다음으로 세상의 허무함을 보면서 일시적인 만물의 덧없음을 깨달아 세상과, 세상의 모든 것에 대한 집착을 끊고서 '보이지 않는 것'과 '영원한 것'을 관상하고 소망하게 된다. 그러나 이 단계에 이르려면 하나님의 은총이 필요하다. 그리하여 하나님 '말씀'의 아름다움을 바라보고 나면 '그분'을 향한 구원의 사랑으로 불붙게 될 것이다. 하나님께서도 당신을 그리워하는 영혼을 알아보시고 친히 그 영혼을 사랑해 주시리라(GCS 79).

오리게네스는 이처럼 단계적으로 밟아나가는 계승의 개념을 여기저기에서 강조하고 있다. 예를 들면, 예수 그리스도에 대하여 얘기하면서 우리보다 앞서 위의 세 단계를 거쳐 가신 분으로 해석하여 다음과 같이 말한다. "우리는 그분에 관하여 우선 「잠언」에서는 개시자(開始者)로, 다음으로 「전도서」에서는 진행자로, 마지막으로 「아가」에서는 완성자로 얘기해야 할 것이다." 여기에서 우리는 신비생활에 있어서 세 가지 길이라는 개념이 시작되었음을 뚜렷이 볼 수 있으며, 나아가 후세 신학에서 흔히 정화의 길(오리게네스에 있어서 윤리학), 조명(照明)의 길(자연학), 결합(연합, 일치)의 길(형이상학)이라고 일컫는 것과도 거의 상응하는 내용을 읽을 수 있다.

이렇게 영혼의 상승에는 세 가지 구분된 단계가 있는 것이다. 첫째로 윤리학은 덕의 형성에 관한 것인데, 이에 관해서는 얘기할 내용이 그다지 많지 않다. 그 이유는 우선 오리게네스의 윤리학에서는 아주 대단히 플라톤적이어서 우리가 이미 언급한 내용 외에 별다른 설명을 하지도 않거니와, 오리게네스 자신이 이 첫 단계에 대해 그다지 깊게 숙고하지 않기 때문이기도 하다. 아를(Marguerite Harl)의 논평처럼 '오리게네스는 정욕과의 투쟁이란 인간의 내면적 성장에 있어서 하나의 예비과정으로서 빨리 거쳐가 버려야 할 단계라고 여겼던 낙천주의자'였다.106)

자연을 관상하는 단계에 대해서는 좀 더 설명할 필요가 있다. 이미 위에 인용한 몇몇 구절로도 분명히 알 수 있지만 오리게네스에 있어서 자연에 대한 관상이란 하나님께서 창조하신 만물을 바라보며 놀라워하는 것이 아니라, 세상의 무상함을 깨닫고 세상을 초월하려는 소망을 의미한다. 그러나 때로는 자연학을 더욱 적극적으로 이해한 구절도 눈에 띈다.

> 육신 속에 살고 있는 인간이 눈에 보이는 사물의 어떤 형상이나 그와 비슷한 것을 감지하기 전에는 감춰지고 보이지 않는 세계를 알기란 불가능하기에, 지혜 안에서 만물을 만드신 분이 땅 위에 보이는 온갖 것들을 창조하시면서 그 속에다 보이지 않는 것과 하늘에 속한 것에 대한 지식과 가르침도 일일이 심어주셨으리라 생각된다. 그리하여 인간의 정신은 영적 깨달음을 향하여 올라갈 수 있으며 만물의 근본을 하늘에서 구할 수 있을 것이다. 따라서 하나님의 지혜로 가르침을 받은 영혼은 "감추어진 것도 드러난 것도 모두 배웠다."라고 말하게 되리라(『아가 주해』 III 12: GCS 209 이하).

오리게네스는 자연에 대한 관상을 이처럼 적극적으로 이해하였으며 『요한복음 주해』에서는 이를 더욱 소상히 전개하였다. 여기서 그는 피조물의 질서 속에는 여러 원리(*logoi*)가 심어져 있는 바, 이는 인간으로

---

106) *Origène et la fonction révélatrice du Verbe incorné* (Paris 1958) 321.

하여금 하나님의 영원한 지혜를 깨닫게끔 이끌어주는 것이라고 말한다.

> 온갖 생각들로 이루어졌으며 널리 우주의 원리를 둘러싸고 있는 형체 없는 존재, 살아 활동하는 이 존재에 대한 개념을 사유를 통하여 마음 가운데 품을 수 있는 사람이 있다면 그는 모든 피조물 위에 계신 하나님의 '지혜'에까지 다다를 수 있을 것이다. 그리하여 스스로 말하기를, "하나님께서는 당신 사업을 향하여 나아가야 할 길의 개시자로 나를 창조하셨다."라고 할 것이다(『요한복음 주해』 I xxxiv: GCS 43).

이와 같이 오리게네스는 처음 두 단계의 길, 즉 윤리학과 자연에 대한 관상에 있어서는 아주 깊이 플라톤 철학을 따르고 있다. 이 두 길의 목표는 육신을 영혼에 순응하게 한 연후에 육신으로부터 영혼을 해방하는 것이다. 영혼은 육신으로부터 해방되었을 때에 비로소 형이상학의 길, 즉 하나님 '그분'을 관상하는 길로 들어설 수 있게 된다. 이리하여 영혼은 스스로의 힘만으로 성취할 수 있었던 단계를 초월하면서 드높은 곳으로 나아가게 된다. 영혼은 하나님의 자비에 의지하여 사랑으로 충만하게 되어야만 이 길로 나아갈 수 있는 것이다.[107] 이는 오리게네스가 『아가 주해』에서 「아가」의 '한낮(midday)'이 뜻하는 내용을 해석해 놓은 구절에 명백하게 설명되어 있다.

> 하나님을 뵙기 위하여 선견지명을 가지고서 좋은 때를 가릴 줄 아는 사람은 '한낮에 앉아' 기다린다. 이런 이유로 아브라함은 장막 안이 아니라 바깥 문턱에 앉아 있었다고 한다. 인간의 정신도 육신에 관한 생각과 욕망에서 멀리 벗어나면 육신의 문밖에 나와 있는 것이다. 그러므로 하나님은 이 모든 육신세계를 벗어난 사람을 찾아와 주신다(II 4:

---

107) 앞에서 『아가 주해』의 서문 인용 부분 참조(이 책 98 이하).

GCS 140).

이 모두가 형이상학이란 본디 영혼이 죽은 후에야 기대할 수 있는 그 무엇임을 암시하고 있다. 죽음으로 육신에서 해방된 영혼은 이제 순수한 정신이기에 보이지 않는 현실, 즉 플라톤이 말하는 '형상'의 세계를 자유로이 관상할 수 있게 된다. 이에 대하여 오리게네스는 때때로 아주 분명한 설명을 들려준다. 그 한 예로 『원리론』에 있는 다음 한 구절을 읽어보자.

> 그러므로 이성을 지닌 존재는 연속적인 단계를 밟아나가며 성장한다. 이 세상에서 육신과 영혼 가운데 진행되었던 성장이 아니라 정신과 지성이 날로 불어나며 이미 완성된 정신으로서 완전한 지식을 향하여 나아가는 것이다. 더 이상 이전의 육체적 감각에 의하여 방해받지 않고 지적 능력을 펴나가며 언제고 순수한 것에 접근하여, 이를테면 '얼굴과 얼굴을 맞대고' 만물의 원인을 바라보게 된다(II xi.7: GCS 191 이하).

정신(nous)과 영혼(psyche)을 이같이 구별해 놓은 플라톤적인 표현의 이면에는 오리게네스 자신이 영적 존재들의 세계와 그들의 운명을 어떻게 이해하고 있었는지에 대한 전체적인 윤곽이 드러나고 있다. 영적 존재들(logikoi)이란 원래는 서로간에 차이 없이 모두 동등한 정신(mind)들로서 '말씀'을 통하여 '아버지'를 관상하고 있었다. 그런데 대부분의 정신들이 (장차 탄생할 그리스도의 정신을 제외한 모두가) 이 같은 지복(至福)의 상태에 싫증을 내고 타락해 버린 것이다. 타락하는 동안 정신은 열기가 식으면서 영혼으로 변했다('프쉬케' psyche란 말은 '식다'는 뜻의 '프쉬케타이' psychesthai에서 유래된 것으로 추정된다). 정신은 영혼이 되어 육신 안에 거주한다. 육신은 말하자면 영혼의 타락을 정지시키고, 영혼이 육신을 벗어나 다시금 정신('노에스' noes)으로 되돌아가 하나님을 관상할 수 있게

끔 또다시 상승할 기회를 마련해 준다. 영적 존재는 '누스(nous)'로서 '이데아'를 관상할 수 있고 '이데아'의 세계와 동족관계를 맺을 수 있다.108) 이러한 사고방식 전체가 기본적으로 플라톤 철학임은 의심의 여지가 없다. 특히 오리게네스에 있어서 '참된' 세계는 영적 영역이지 물질의 영역이 아니기에 '타락'과 '속죄'의 드라마 또한 본질적으로 영적 영역에 속하는 것이다. 이 같은 전제는 '강생하신 말씀', 즉 육신이며 물질의 세계에 강생하신 '말씀'에 대한 믿음과 잘 들어맞지 않는 것이다. 앞으로 곧 보게 되겠지만 이는 오리게네스에게 있어서 문제점의 근원이다.

비록 같은 플라톤 철학이라 해도 거기엔 어느 정도 구별이 필요하다. '형상'의 세계에 대한 관념은 플라톤 이후로 상당한 변모를 거듭하였다. '중기 플라톤 학파' 가운데 예를 들어 알비누스(Albinus) 109)에게 있어서 '형상', 즉 '이데아'는 신의 **생각**들이며 신적 사유의 대상이다. 말하자면 인간은 신적 사유인 '형상'을 관상함으로써 신적 정신의 영역으로 들어가는 것이다. '형상'은 그 자체로서는 플라톤에게서처럼 궁극적인 존재가 아니라, 영원하고 궁극적인 신의 영원한 생각들이다. 이와 같은 해석은 오리게네스에 이르러 '이데아'의 세계가 '로고스(Logos)' 속으로 흡수되는 뚜렷한 형태를 취하게 되었다. 이를 바탕으로 한스 우르스 폰 발타자르는 다음과 같이 말할 수 있었다. "이데아의 세계는 그리스도의 단일성 안으로 흡수되었다. 여러 이데아의 다양성은 구체적인 '단일성'(그리스도)의 풍요로운 모습으로 변모되었다."110) 그렇다면 관상에 대한 오리게네스의 교의(敎義)는 단순히 플라톤 철학의 이론이라기보다는 오히려 '그리스도 중심', 혹은 적어도 '말씀'이 중심이 된 내용이어야 할 것이다. 이것이 어느 정도까지 맞는 말인지는 앞으로 우리가 살펴보아야 할 과제이다.

---

108) 이 모두에 관해서는 『원리론』(De Principiis). 특히 I v 및 II viii 참조. J. Daniélou, Origène (Paris 1948) 207-218도 참조.
109) 중기 플라톤 학파의 철학자. 생몰 연대는 확실하지 않으나 2세기 중엽에 활약했으며 플로티누스 이전의 플라톤 학파를 대표하는 철학자의 한 사람이다.
110) Parole et Mystère chez Origène (Paris 1957) 122 각주 26.

관상에 관한 오리게네스의 교의가 말씀에 중심을 둔 것임은 쉽게 알 수 있다. 앞에 인용한 『아가 주해』에서 형이상학에 관한 내용 가운데, 영혼이 "하나님 '말씀'의 아름다움을 바라보고 나면 '그분'을 향한 구원의 사랑으로 불붙게 될 것이다."라는 구절은 오리게네스에게서 볼 수 있는 아주 독특한 표현이다. 하지만 이는 **말씀**이 중심이라는 뜻인가, 아니면 그리스도가 중심이라는 뜻인가? 여기서 '말씀'은 단순히 영원한 '말씀'이란 뜻인가, 아니면 **육신이 되신 말씀**이란 뜻인가? '강생'이라는 그리스도교의 고유한 교의가 관상에 대한 오리게네스의 플라톤적 교의에 얼마만큼 영향을 미쳤던 것일까?

「아가」에 관한 오리게네스의 저술에서는 '강생'의 중요성에 대한 증거를 수없이 찾아볼 수 있다. 『아가 강론』 제2편에 있는 다음과 같은 내용을 읽어보자.

> 그다음에 신랑이 말합니다. "나는 들에 핀 꽃이요, 산골짜기에 핀 나리꽃이랍니다."라고. 산골짜기에 있는 나를 위하여 그분은 산골짜기로 내려와 주신 것입니다. 산골짜기로 내려오시면서 그분은 하나님의 낙원에 있던 생명의 나무를 대신하여 골짜기의 나리꽃이 되셨습니다. 그리하여 들판 전체의 꽃이 되시어 온 세상, 모든 땅의 꽃이 되셨습니다. 세상의 꽃이란 진정 그리스도의 이름이 아니고야 달리 무엇이겠습니까? (II 6: GCS 49 이하).

오리게네스는 또한, 같은 『아가 강론』 제2편에서 신랑이 "담 밖에 서서 창틈으로 기웃거리며 살창 틈으로 훔쳐보며"라는 구절을 풀이하는 대목에서 다음과 같이 설명하고 있다.

> 신랑은 창틈으로 모습을 나타냅니다. 예수께서는 여러분을 위하여 길을 열어주셨습니다. 그분께서는 땅 위에 내려오셔서 세상의 그물에다 당신의 몸을 맡겼습니다. 수많은

사람의 무리가 그물의 올가미에 뒤얽혀 있음을 보시고, 당신이 아니면 아무도 그물을 찢어버릴 수 없다는 것을 아시고는 원수의 올가미에 걸린 인간의 육신을 입으시고 몸소 그물로 오셨습니다. 그분께서는 여러분을 위하여 그물을 동강 내어주셨습니다. 그러므로 여러분은 이렇게 말하십시오. "보라, 그분은 우리의 담 뒤에 서서 창틈으로 기웃거리며 살창(그물) 틈으로 당신의 모습을 드러내신다."라고 (II 12. GCS 58).

『아가 주해』에는 위의 해석과 함께 그물은 예수께서 "당신의 '교회'와 결합하시고 인연을 맺으시기 전에"(III 13: GCS 222) 겪었던 유혹을 나타낸다는 설명도 덧붙이고 있다. '강생'에 대한 해석으로 보이는 또 다른 구절은 신부가 신랑에게 "바위 틈에 숨은 나의 비둘기여! 벼랑에 몸을 숨긴 비둘기여, 모습 좀 보여줘요, 목소리 좀 들려줘요." 하고 애원하는 대목이다. 오리게네스는 여기에서 바위는 곧 그리스도를 가리킨다고 생각하며(고전 10:4 참조) 이렇게 설명한다. "바위를 지붕 삼아 안식처를 찾음으로써 영혼은 안전하게 바깥으로 나오게 된다. 즉, 육신이 아닌 영원한 것을 관상하는 단계에 이르는 것이다." 그는 계속해서 다음과 같이 말한다.

> 이와 비슷한 것이 하나님께서 모세에게 하신 말씀이다. "보라 나는 너를 바위의 갈라진 틈에다 넣어두었다. 너는 거기에서 나의 뒷모습을 보게 되리라."[111] 그리스도이신 이 바위는 완전히 막힌 바위가 아니고 틈이 갈라져 있는 바위다. 이 바위틈이란 인간에게 하나님을 계시해 주고 하나님

---

111) 출 33:22-23에서의 인용인데, 여기 번역은 『70인역 성서』에 의한 것이며 우리말 번역 성서와는 약간의 차이가 있다.
　*『개역개정 성경』에는 "내 영광이 지나갈 때에 내가 너를 반석 틈에 두고 내가 지나도록 내 손으로 너를 덮었다가, 손을 거두리니 네가 내 등을 볼 것이요 얼굴은 보지 못하리라."(출 33:22~23).

을 알도록 해주는 그분이시다. 왜냐하면 아들이 아니고서는 아무도 '아버지'를 알지 못하기 때문이다. 그러므로 이 바위 틈으로 들어가지 않고서는, 즉 그리스도께서 직접 보여주시는 가르침을 받지 않고서는 아무도 하나님의 뒷모습을, 즉 마지막 날에 일어날 일을 볼 수 없을 것이다(『아가 주해』 IV 15: GCS 231).

위 인용문들은 제각기 다양하게, 그리스도께서 육신을 입고 내려오심을 예견한 글인 동시에 그리스도의 강생에 응답하는 영혼의 상승을 말해주고 있다. 따라서 **그리스도를 통하여**(per Christum)라는 의미가 강도 높게 새겨져 있다. 하지만 우리는 얼마나 강도가 높으냐고 묻기 전에 다만, '어떻게'라고 물어야 하겠다. 어떻게 하여 영혼은 하나님을 향하여 상승하면서 그리스도를 통하여 하나님께로 갈 수 있는 것일까? 이 물음에 만족스럽게 대답하려면 여러 가지 방향에서의 실명이 필요할 것이다. 이를테면, 인간이 하나님의 모습대로 창조되었다는 개념도 한 가지 설명이 될 수 있음이 분명한데, 오리게네스에 있어서 하나님의 모습이란 '말씀' 그 자체이며 인간은 육신이 되신 '말씀'의 모습을 본받아 창조되었기 때문이다.

그러나 가장 중요한 설명은 바로 위의 인용문에서, 그리스도를 바위 틈으로 보고 인간은 그 틈을 통하여 하나님의 뒷모습을 볼 수 있다는 내용에서 찾아진다. 하나님의 뒷모습이란 말이 여기서는 (아주 이례적으로) 마지막 날에 관한 예언을 뜻하는 것으로 해석되었다. 이는 다만 그리스도께서 계시하는 바를 통하여, 즉 그러한 예언이 담겨 있는 성서를 이해하기 위한 열쇠가 바로 그리스도라는 관점에서만 알아들을 수 있다는 것이다. 이 점은 우리가 필론을 돌이켜 생각해 볼 때, 아마 그다지 놀랄 일도 아닌 것 같다. 필론과 마찬가지로 오리게네스에게 있어서도 성서의 이해야말로 '말씀'과의 결합을 맺어주는 매개가 된다. 그는 아가 2:8 - "사랑하는 이의 소리, 산 너머 언덕 너머 노루같이, 날랜 사슴같이 껑충껑충 뛰어오는 소리(개역개정, 아 2:8~9: "내 사랑하는 자의 목소리로구나 보라 그가 산에서 달리고 작은 산을 빨리 넘어오는구나. 내 사랑하는 자는 노루와도 같고 어린 사슴과도 같아서 우리 벽 뒤에 서서 창으로 들여다보며 창살 틈으로 엿보는구나.")"— 을 설명하면서 다음과 같이 말한다.

하나님의 '말씀'에 대한 사랑에 매인 영혼이 어떤 글귀에 관한 치열한 논쟁에 부딪치게 될 때(누구나 경험으로 알 수 있듯이 이처럼 궁지에 몰리게 되면 여러 까다로운 주장이나 의문의 올가미에 갇혀버리게 마련이다), '율법'이나 '예언자'들의 수수께끼 같은 문구나 모호한 말들로 갈피를 못 잡고 있을 때 마침 그분께서 함께 계심을 깨닫게 되면 먼데서 들려오는 그분의 목소리를 듣고 영혼은 당장에 기운을 차리게 된다. 그리하여 영혼의 감각에 더욱더 가까이 다가오며 모호한 것들을 밝혀 주실 때에 영혼은 '산 너머 언덕 너머 껑충껑충 뛰어' 오시는 그분을 볼 것이다. 말하자면 그분께서는 높고도 높은 뜻을 영혼이 알 수 있도록 풀이해 주실 것이다. 그때에 영혼은 응당 "보라, 그분께서 산 너머 언덕 너머 껑충껑충 뛰어 오신다." 하고 노래하리라(『아가 주해』 III 11: GCS 202).

오리게네스에게 있어서 성서 이해는 그저 학문적인 수련만이 아니라 종교적인 경험을 쌓는 일이다. 성서의 의미는 '말씀'을 통하여 받아들여지고, 성서의 의미를 **발견하는** 체험은 흔히 '신비로운' 말로 표현되어 있다. 그는 영감(靈感)이나 조명(照明)에 관하여 말하면서 **'별안간의 깨달음'**이란 표현을 쓰고 있다. 그의 형이상학은 알레고리(寓意, allegory: 표면적인 이야기나 묘사 뒤에 어떤 정신적·도덕적 의미가 암시되어 있는 비유. 가령, 오웰[G. Orwell]의 「동물 농장」은 독재 정치에 대한 알레고리를 담은 소설임. 풍유[諷諭])를 통하여 성서의 '영성적', '신비적' 의미를 발견하는 내용이 주류를 이루고 있는 것 같다. 오리게네스는 성서에 이같이 깊이 스며듦으로써 날로 하나님과 더욱더 긴밀한 관계를 맺어나가며, 다른 이들을 이 내밀한 길로 이끌어주고 있다(이는 그레고리우스 타우마 투르고스의 「오리게네스에게 보낸 찬사」 Address On Origen에 언급된 내용이다).[112]

그러므로 오리게네스의 신비사상은 분명히 '말씀'에 중심을 두고 있으며, '말씀'은 또한 성서 속에서 깨닫게 되는 것이다. '말씀이 사람이 되심'에 대한 기록과 예언자들의 증언과 사도들의 해석을 담고 있는 책이 성서라는 견지에서, 하나님을 관상함은 오직 **그리스도를 통하여** (단순히 이론으로뿐만 아니라 실제로) 가능하다는 것을 오리게네스는 분명히 주장하고 있다.

그러나 오리게네스는 이 '그리스도를 통하여'라는 입장을 얼마나 강하게 또한 얼마나 철저히 고수할까? 다시 『아가 주해』의 한 구절에서 출발해 보자. 오리게네스는 '능금나무 그늘'(아 2:3)이 의미하는 뜻을 해석하면서 다음과 같이 말한다.

> 우리는 이제 능금나무 그늘로 가야 한다. 다른 그늘에서 휴식을 취할 수 있다 하더라도 이승에 살고 있는 동안 모든 영혼은 어떻게든 반드시 그늘을 취해야 한다. 이유인즉, 깊이 뿌리박지 못한 씨는 태양이 뜨면 이내 시들어 죽는 법이니 그 같은 태양의 열기를 피하기 위함이다. '율법'의 그늘은 이 열기로부터 미미한 보호를 해줄 뿐이었다. 그러나 우리가 그리스도의 그늘 아래 이방인들 가운데서 살고 있는 지금 그리스도의 그늘, 즉 그분의 '강생'에 대한 믿음은 우리를 완전히 보호해 주면서 급기야 열기를 꺼버린다. '율법'의 그늘 아래 걸어가던 사람들을 불살라 버리던 자는 그리스도의 '수난' 때 하늘에서 떨어지는 번개처럼 추락하였기 때문이다. 그러나 이 그늘의 시기도 종말이 오면 완성되어 끝날 것이다. 왜냐하면 앞에서 이미 말한 바와 같이 종말의 시대가 완성되면 우리는 거울에 비추어 보거나 수수께끼를 통하여 보는 것이 아니라 얼굴을 맞대고 볼 것이기

---

112) 오리게네스의 성서 이해에 관해서는 다음 저술을 참조할 것. Henri de Lubac, *Histoire et esprit: l'intelligence de l'écriture d'après Origène* (Paris 1950); C. W. Macleod, "Allegory and Mysticism", *Journal of Theological Studies* XXII (1971) 362-79.

때문이다(『아가 주해』 III 5: GCS 183).

그늘의 시기, 말하자면 '강생'에 대한 믿음으로 살아가는 시기에는 기한이 있다. 그 기한을 넘기고 나면 우리는 얼굴과 얼굴을 맞대고 볼 것이다. 이는 오리게네스의 글에서 흔히 찾아볼 수 있는 내용이다. 그는 『출애굽기 강론』에서 "하나님의 '말씀'을 '말씀이 사람이 되었다'는 뜻에 따라 받아들일 필요 없이, '신비 안에 감추어진 지혜'의 뜻에 따라 받아들이는"(XII 4: GCS 267) 자들에 대하여 얘기하고 있다. 이는 오리게네스에게 아주 전형적인 전개방식이다. 이를테면 그는 앞서 인용되었던 구절, 즉 영혼의 상승에 있어서 절정에 관한 대목에서 "'말씀'이 완덕을 이룬 자들에게 베풀어주시는 지혜, 신비 속에 감추어진 하나님의 오묘하신 지혜"라고 말했던 것이다(『아가 주해』 IV 14). 그러므로 영혼은 하나님께로 상승하면서 '강생'에 대한 믿음의 차원을 초월하여 나아가는 것 같다. '강생'은 다만 하나의 단계일 뿐이다. 그렇다면 이는 오리게네스의 플라톤 철학적인 전제가 여기에서 '강생'이라는 그리스도교의 교의와 충돌하고 있다는 증거로 보일 수도 있겠다. 즉, '강생'은 참된 중심점이 아니라 다만 예비단계에 지나지 않는다는 것이다. 이는 또한 『요한복음 주해』에 다음과 같이 뚜렷이 드러나 있다. "그리스도께서는 자신을 가리켜 문(門)이라고 하셨다. 그렇다면 하나님께서 당신의 사업을 위한 길의 개시자로 창조하신 '지혜', 창조자 '아버지'께서 즐거워하시며 그 다양한 지적 아름다움을 기꺼워하시는 '지혜'는 무엇인가? 정신의 눈을 통해서만 보이고, 신적 아름다움을 감지하는 하늘나라의 사랑을 불러일으키는 '지혜'는 무엇이라고 말해야 할까?"(I ix: GCS 14). 하지만 같은 『요한복음 주해』의 다른 한 구절에서는 '강생'의 단계를 초월해야 한다는 이 같은 주장을 계속 굳게 고수하면서도 그 강도가 어느 정도 조절되어 있다. 「요한계시록」(19:13)에서 '말씀'이 입으신 피에 젖은 옷에 대하여 해석하면서 오리게네스는 다음과 같이 말한다.

요한이 보았던, 흰 말을 타신 '말씀'은 벌거벗은 것이 아니라 피에 젖은 옷을 입고 계셨다. '말씀'이 육신을 입고 사람이 되셨기에, 병사가 옆구리를 찔렀을 때 땅에 쏟아진 피 때문에 죽으시고 수난의 흔적을 지니신 것이다. 우리가 어느 날 '말씀'과 '진리'를 바라보며 더욱 높고 더욱 숭고한 관상의 단계에 오르게 된다면 그때 분명 우리는 그분이 우리의 몸 안으로 오심으로써 우리를 그리로 이끌어주셨음을 완전히 잊지는 않을 것이다(II viii: GCS 62).

여기서 우리는 영원한 '말씀'이 중심이 된 오리게네스의 신비사상이 결국에 가서는 그리스도가 중심이 된 오리게네스의 신비사상을 앞질러 나아갔다고 결론을 내릴 수 있겠다.[113]

우리는 지금까지 플라톤 철학의 전제들이 오리게네스의 형이상학에 대한 이해를 특징짓고 결정지은 예들을 어느 정도 살펴보았다. 그런데 이 형이상학의 본질은 무엇일까? 앞에서 알 수 있었던 바와 같이 영혼은 오직 사랑으로, 또한 하나님의 자비에 의지함으로서만 신비로운 상승의 세 번째이자 가장 높은 단계에 다다르게 되는 것이다. 영혼이 사랑에 의지하고, 또한 자기 자신이 아닌 어떤 외적인 힘에 의지한다는 이 두 가지 생각은 플라톤 철학에서 찾아볼 수 있는 것이다. 따라서 플라톤과 오리게네스 사이에는 기본적인 조화가 이루어져 있다고 하겠다. 하지만 우리는 오리게네스는 이 두 가지 점에 대하여 플라톤을 훨씬 초월한 단계로 전개시켜 나갔다는 것을 앞으로 살펴보게 될 것이다.

플라톤이 『향연』(180E)에서 평범한 사랑(eros pandemos)과 하늘나라의 사랑(eros ouranios)을 구별지었던 것을 이어받아 오리게네스는 『아가 주해』의 서문에서 이와 비슷한 내용을 펼치고 있다. 즉, 하나님의 모습

---

113) 오리게네스의 신학에서 '강생'의 중요성에 관한 더욱 세부적인 논의에 대해서는 Harl, 앞의 책, 191-218 및 Koch, 앞의 책, 62-78 참조

을 본받아서 만들어진 내적이고 영적인 인간과, 진흙으로 만들어진 외적이고 물질적인 인간을 구별해 놓았다.

육체적 사람이라 불리며 시인들에게 큐피드, 즉 에로스(eros)로 알려진 사랑. 사랑하는 이가 육신 속으로 씨를 뿌린다는 사랑이 하나 있는 것과 같이, 또 하나 영적인 사랑이 있는 바, 사랑하는 이는 내적인 사람으로서 영신 속으로 씨를 뿌린다. … 영혼은 하나님의 '말씀'이 지닌 아름다움과 고귀함을 뚜렷이 바라본 연후에는 하늘나라의 사랑에 끌리고 그리움에 몸이 달아 깊은 사랑에 빠지게 되어 '말씀'이 쏘아준 화살을 맞고 사랑의 상처를 입는다. … 따라서 '말씀'으로 창조된 만물의 아름다움과 우아함을 생각의 나래를 펴고서 곰곰이 묵상할 수 있는 사람이라면 바로 그 만물의 매력이 그를 압도하고 그 수려한 광채가 예언자 이사야(49:2)의 말과 같이 가려 뽑은 날카로운 화살처럼 그를 꿰뚫어, 그는 구원의 상처를 입고 괴로워하며 복된 사랑의 불에 타오를 것이다(『아가 주해』 서문: GCS 66 이하).

오리게네스는 나아가 사랑을 뜻하는 두 가지 말, 즉 아가페(*agape*)와 에로스(*eros*)에 관하여 얘기하고 있다. 실제로 이 두 가지 말에 별다른 차이는 없지만 에로스는 (육체적인 뜻으로) 오해받을 수 있기 때문에 성서에서는 안전하다고 생각되는 아가페를 사용함을 원칙으로 한다고 했다. 형이상학이라는 테두리 안에서 오리게네스가 말하는 사랑은 보이지 않는 것에 대한 순수하고도 영적인 그리움이다. 또한 형이상학에 앞서 있는 두 가지 단계, 즉 윤리학, 그리고 자연에 대한 관상은 이 같은 사랑을 정화하는 것이라 할 수 있겠다. 오리게네스는 사랑의 상처를 설명하면서, 하나님의 '말씀'을 뜨겁게 그리워하는 영혼에 대하여 다음과 같이 웅변조로 말하고 있다.

언제 어디서든 하나님의 '말씀'에 대한 충실한 사랑으로 불타본 이가 있다면, 예언자의 말과 같이 날카로운 화살이신 그분에게서 달콤한 상처를 입어본 이가 있다면, 그분을 앎으로써 사랑스런 창에 찔려 밤낮으로 그리워 몸달아하는 이가 있다면, 이자에겐 그분에 관한 것이 아니면 말도 생각도 할 수 없고 소리도 들리지 않는다. 그분이 아니라면 그리움도 소망도 희망도 없다. 참으로 이런 영혼이 있다면 "나는 사랑의 상처를 입었다."라고 말하게 되리라 (『아가 주해』 III 8: GCS 194).

이는 외적인 사람의 육체적 사랑과 대치되는 내적인 사람의 영적 사랑이다. 오리게네스는 나아가 이 둘을 대비시키면서 외적인 사람에게 오감(五感)이 있듯이 내적인 사람에게도 다섯 가지 영적 감각이 있다고 했다. 그러므로 이 영적 오감(five spiritual senses)에 대한 교리는 오리게네스에서 비롯한 것으로 추정되는데, 후세의 신비사상에 커다란 영향을 미치게 되었다. 칼 라너(Karl Rahner)는 한 소논문에서[114] 영적 오감론이 오리게네스에서 비롯함을 논하면서 이에 관련하여 요점이 되는 인용 문구의 목록을 작성하였다.[115] 라너의 결론을 여기에 간단하게 정리하면 다음과 같다. 오리게네스의 영적 오감론은 잠언 2:5 – "그래야 하나님을 느낄 감각을 갖게 되리라."[116] – 에 근거하고 있다. 또 다른 근거로 히브리서 5장 14절에서 "경험을 통해서 옳고 그른 것을 구별하는 훈련된 의식을 가지고" 있는 "성숙한 사람"을 언급하며 오리게네스는 육체적 감각이 옳고 그른 것을 구별할 수 없음을 지적하였다. 모든 사람이 다 이 다섯 가지 영적 감각을 지닌 것은 아니다. 하

---

114) "Le Début d'une doctrine des cinq sens spirituals chez Origène", Revue d'ascétique et de mystique XIII (April 1932) 113-45. 이 논문은 Theological Investigations XVI (London 1979) 81-103에 영역되어 있다.
115) 목록에 추가되어야 할 텍스트인 Conversation with Heraclides, 16 이하는 라너의 논문이 발표된 이후에 발견된 것이다.
116) 여기 잠언 2:5에서의 인용도 앞의 역자 주 14)에서와 같은 표현의 차이가 있다.

나도 가지지 못한 경우도 있고, 한두 가지 감각만 지닌 사람도 있다. 영적 감각의 기능을 훼방하는 것은 악덕이며 이를 회복하기 위해서는 두 가지 요건, 즉 은총과 실천이 필요하다. 영혼의 눈에 빛을 부어주는 '말씀'이야말로 영적 감각을 바르게 사용할 수 있게 해주는 근원이다. 영적 감각은 은총을 받아서 눈을 뜨게 되고, 은총에 의하여 '말씀'이 감각에 쏟아부어지는 것이다. 또한 육체적 감각이 무디어질수록 영적 감각은 이에 반비례하여 더욱 예민해진다. 영적 감각은 영혼에 속한다기보다는 본래 '누스(nous)'에 속한 것인데 (앞에서 확인했던 바, 오리게네스에게 있어서 영혼은 타락한 것이기에) 이 점에 있어서 오리게네스가 쓰는 용어는 좀처럼 일관되어 있지가 않다. 영적 감각은 육체적 감각에 대칭적인 것이 아니라, 오히려 '누스'에 대한 몇 가지 비유적 표현이라는 논지가 성립될 수 있다. 이는 예를 들어 오리게네스가 『원리론』에서 사용한 '영혼의 힘'(powers of the soul. I i.9)이란 용어로 지지될 수 있겠다. [그렇지만 오리게네스의 작품 가운데 영적 감각에 관련된 글 모두가 이렇게까지 진전된 이론을 제시하는 것은 아니라는 사실을 지적해야 하겠다. 영적 감각이란 흔히 성서해석에 사용되었는데, 이를테면 「시편」에 나오는 "너희는 하나님의 어지심을 맛들이고 깨달아라."(시 34:8)라는 구절을 해석하기 위하여 생각해낸 한 가지 방법에 지나지 않는 것이었다. 맛들이고 깨닫는 감각이 신체적 미각이나 시각이 아님은 명백한 이치이므로 **영적** 미각과 시각이 확실히 존재할 것이라는 논리이다].

그러나 이런 영적 감각에 대하여 이야기한다는 것은 무엇을 의미하는가? 라너에 의하면 이는 형이상학에 대한 영혼의 경험, 즉 하나님을 관상하는 영혼의 경험을 자세히 설명해 주는 하나의 방법이라는 것이다. 영적 감각에 대한 논의는 라너의 표현대로 '영성생활의 최고 단계인 신학(theologia)의 가르침에 관한 심리학'이다(그러나 데오로기애[theologia]라는 말은 에바그리우스[Evagrius]가 처음으로 사용했으며 오리게네스의 용어는 아니다). 오리게네스의 영적 감각론에는 두 가지 요소가 있는 것 같다.

라너가 지적하듯이, 또한 영적 감각에 관하여 오리게네스 자신이 여기 저기에서 언급해 놓은 내용으로도 알 수 있듯이 영적 감각은 옳고 그른 것을 구별하게 해주는 것이며, 영혼이 형이상학을 통하여 은총의 영향으로 배우게 되는 일종의 섬세한 영성적 감성의 표현인 것이다. 그리하여 영혼은 그저 소극적으로 하나님의 계명을 어기는 행위를 피하는 데 그치지 않고 적극적으로 나아가 하나님의 뜻을 파악하는 느낌, 일종의 '육감' 내지 통찰력(insight)을 갖게 된다('엔옵티케', enoptike라는 그리스 말의 뜻은 in-sight, '속을 꿰뚫어 본다'는 의미가 되겠다). 하나님의 '말씀'에서 흘러나오는 나드향과 몰약과 삼나무 같은 그윽한 향내를 맡을 수 있고 거룩한 은총의 향기를 들이마실 수 있는 순수하고 정화된 후각을 지닌 영혼만이 성숙하고 완전하다(『아가 주해』 II 11: GCS 172). 영적 감각은 발타자르의 표현처럼 '한없이 섬세하고 정밀한 단계로 발달되고 개선될 수 있기에 어떠한 상황에서라도 하나님의 뜻이 무엇인지를 영혼에게 틀림없이 전해줄 수 있는' 기능이다.117)

영적 감각론의 또 다른 요소는 영혼이 관상하는 가운데 하나님을 경험하면서 느끼게 되는 다양성과 풍부함을 나타내는 방법이라고 생각된다. 하나님에 대한 경험을 단순히 시력 또는 지식이란 말로 표현하는 것은 너무 밋밋한 인상을 주기 때문이다. 다음 구절에는 위 두 가지 요소가 모두 나타나 있다.

> 사도 바울의 말처럼, 옳고 그른 것을 분간할 수 있도록 감각의 훈련을 받은 자들에게는 그리스도께서 영혼의 여러 감각에 맞추어 차례로 하나하나의 대상이 되어주신다. 그분을 이름하여 참된 빛이라 하니 영혼의 눈이 밝게 될 무엇인가를 얻기 위함이다. 그분은 영혼의 귀가 들을 수 있는 '말씀'이시다. 그분은 또, 영혼의 미각이라 맛볼 수 있는

---

117) *Origenes: Geist und Feuer* (Salzburg 195) 307. Lawson의 번역본 『아가 강론』 340, 역자 주 221에 인용됨. 주221 전부가 대단히 흥미로운 내용이다.

'생명'의 '떡'이시다. 마찬가지로 그분을 이름하여 나드, 즉 향유(香油)라 하니, 영혼의 후각이 '말씀'의 향기를 맡고 이를 깨닫게 된다. 같은 이유로 그분은 손으로 만질 수 있고 다룰 수도 있으며 육신이 되신 '말씀'이라 하니, 내적 영혼이 '생명'의 '말씀'에 접하여 손에 잡아보는 그 무엇이다. 그러나 이 모두가 '하나'이고 '동일한 하나님의 말씀'이신 바, 영혼의 여러 가지 모습에 따라 기도하는 사람의 잡다한 기질에 당신을 맞춰주시어 영혼의 기능들 중 어느 하나도 은총으로 채우지 아니한 것이 없게 하심이다(『아가 주해』 II 9: GCS 167 이하).

오리게네스가 영혼의 상승에서 최상의 단계에 오른 경험에 관하여 설명해 놓은 구절에서 뚜렷이 드러나는 또 다른 요점은 하나님의 자비를 강조한 내용이다. 이는 우리가 이미 앞에서 주목했던 대로 플라톤에서 유래하고 있는데, 플라톤에 의하면 신비로운 상승의 정상에 다다른 영혼은 혼자만의 노력으로 성취할 수 있는 한계를 넘어서게 된다. 최종단계의 비전이란 별안간(*exaiphnes*)에 나타나는 것이며, 이 '별안간'이란 말은 앞서 제2권 제1장 (플라톤)에서 살펴본 바와 같이,118) 영혼은 이 마지막 관상(*theoria*)을 이끌어내기 위하여 스스로는 아무것도 할 수 없다는 사실과, 이 최종단계의 비전에 이르러 영혼은 '최상의 미(美)'에 직접적으로 닿아 있음을 암시하고 있다. 이 두 가지 요점은 앞에서 이미 살펴본 바와 같이 오리게네스에 이르러 변모된 플라톤 철학과 어우러지면서 전개되어 나갔다. '이데아'의 세계는 다양한 모습으로 드러나는 거룩한 '말씀'이 되었다. 그리하며 '이데아'와의 동족관계는 '말씀'이신 그리스도와의 일치로 변모하였다. 오리게네스에 있어서는 플라톤에서보다 훨씬 더 인간 대 인간의 만남 같은 점이 엿보인다. 비록 오리게네스가 '말씀'의 '강생'에 대한 결정적 의미를 인정하기에는 너무 지나치게 플라톤주의자로 머물러 있어서 '강생'을 그저 하나의 단계로만

---

*118) 제2권 제1장 플라톤, 72쪽 이하의 내용 참조.

보았다 하더라도, '말씀'을 인간을 만나주시는 '강생하신 하나이신 분'으로 생각했다는 사실은 (오리게네스는 여기에 한계를 두긴 했지만 119)) '말씀'에 대한 오리게네스의 이해를 변모시켰다. '말씀'은 '하나이신 분'과 다수를 중개해 주는 원리에서 하나님과 영적 존재들의 세계를 중개해 주는 인격이 되었다. 오리게네스가 성서 연구에 몰입하면서 만나게 되었던 '말씀'이 어떻게 보면 '강생하신 주님'을 초월하고 있다 하더라도 그와 '말씀'과의 만남은 어디까지나 인간 대 인간의 만남이었다.

영혼이 별안간에 최종단계의 비전을 가지게 된다는 플라톤의 생각은 오리게네스에 의하여 플라톤과는 다른 맥락으로 옮겨지면서 훨씬 풍부한 사상으로 변모되었다. 이는 앞에서 오리게네스가 성서해석 문제에 접하여 전력을 기울여 설명하는 가운데 '말씀'의 갑작스런(별안간의) 계시에 대하여 언급한 내용에서 어느 정도 살펴본 바 있다. 좀 더 종합적으로 말하자면, 비전이란 별안간에 그리고 직접적으로 보이는 것이라는 플라톤의 단순한 견해가 오리게네스에게 와서는, 하나님으로부터 버림받은 영혼이 '말씀'의 강림으로 별안간에 저버림에서 구원된다는 의미로 변모되었다. 『아가 강론』 제1편의 다음 구절은 오리게네스 자신의 버림받았던 경험에 대한 증언으로 특히 흥미로운 대목이다.

> 신랑은 신부에게 모습을 드러내지만 신부가 그를 보자마자 신랑은 이내 떠나버립니다. 「아가」 전체를 통하여 신랑은 이처럼 자주 모습을 감추어버리는데, 이는 직접 겪어보지 못한 사람이면 이해할 수 없는 일입니다. 신랑이 내게 가까이 오시어 오직 나와 함께 계심을 내가 자주 감지했다는 것, 나는 이를 맹세코 단언할 수 있습니다. 하지만 그분은 느닷없이 떠나버려 내가 아무리 찾아 헤매어도 보이지 않습니다. 그리하여 다시 와주시기를 애타게 기다리고 있으

---

119) 각주 16(오리게네스의 신학에서 '강생'의 중요성에 관한 더욱 세부적인 논의에 대해서는 Harl, 앞의 책, 191-218 및 Koch, 앞의 책, 62-78 참조) 참조.

면 신랑은 가끔 나타나 주십니다. 나타나신 그분을 내 손으로 붙들었나 하면 어느새 다시 빠져나가 버립니다. 그리하여 나도 또다시 그분을 찾아 나섭니다. 이렇게 그분과 나는 끊임없이 숨바꼭질을 계속하다가 마침내 나는 진실로 그분을 붙들고 "내 '조카'의 팔에 기대어" 위로 올라가게 될 것입니다(I 7: GCS 39).

이것이 버림받은 이의 '신비로운' 경험인지 아닌지는 분명하지 않다. 성서해석 오리게네스의 경험이 뚜렷이 언급되어 있는 다른 저술에서도 이와 아주 비슷한 내용을 볼 수 있는데, 성서 구절의 의미를 이해할 수 없어서 난감한 상태에 빠지는 경우도 있고, 반대로 의미가 '지금 막 깨우쳐졌다.'(『아가 주해』 III 11: GCS 202. 참조)라는 경우도 있다는 것이다. 이 같은 몇몇 구절을 읽으며 곧바로 이것이 신비로운 경험이라고 할 수는 없을 것 같다. 왜냐하면 하나님에 대한 직접적인 경험이 전혀 아닌 것을 오리게네스가 다만 '신비로운' 용어로 표현했을 뿐이라 짐작되기 때문이다. 다시 말해서 이는, 우리가 일상에서 흔히 얘기하듯 아무런 신비적 은유도 없이 어떤 것의 의미가 갑자기 '깨우쳐졌다'라고 할 때 느끼게 되는 경험인 것이다. 그렇긴 하지만 오리게네스에게 있어서 성서를 연구하고 해석하는 일은 곧 하나님을 섬기고 받드는 일이었기에, 우리가 이를 진지하게 생각한다면 위와 같은 구절에는 비유적인 표현의 수준을 초월하는 그 어떤 의미가 담겨 있다고 하겠다. 여기에는 위에 언급한 평범한 경험에서부터 참으로 하나님에 대한 신비로운 경험에까지 이르는, 갖가지 색다른 의미가 담겨 있는 것 같다. 확실히 오리게네스는 이러한 경험이 신비로운 경험이 아니라고, 또한 자기 자신의 경험이 아니라고 단정하기는 곤란해지는 방향으로 경험의 내용을 얘기하였다. 『아가 주해』 III 13에 있는 다음 구절이 하나의 예가 되겠다: " '말씀'은 언제고 신부와 함께 계셔 주시지는 않는다. 이는 인간의 본성으로 인하여 불가능하기 때문이다. 그분께서 때때로 신부를 찾아주시긴 하지만 그래도 신부 또한 때때로 그에게서 저버림을 당한다. 그리하여 신부는 더욱더 그분을 그리워하게 된다."(GCS 218).

오리게네스는 이 같은 경험을 정신(mind)과 '말씀(Logos)'과의 결합이라 생각하였으며, 하나님을 관상한다는 의미로서는 간접적으로만 이해하였을 뿐이다. 영혼은 관상을 통하여 '말씀'과 결합함으로써 '말씀'과 함께하나님을 바라보는 관상에 동참하게 된다. 관상에 관한 오리게네스의 교의에 독특한 여러 가지 결론은 바로 여기에서 나온다. 영혼이 '말씀'을 관상함은 자연적인 이치이며 '말씀'을 관상함으로써 영혼은 본연의 상태를 되찾는다. 오리게네스는 황홀경(ecstasy)이라든지 하나님의 궁극적인 불가지성이나 하나님 가운데의 어둠에 대해서는 언급하지 않았다. 이는 몬타누스 교파[120)]에서 황홀경이란 개념을 오용한 사실로 미루어 짐작해 보면 아마도 오리게네스가 이에 관하여 언급하기를 싫어했을 가능성도 있다.[121)] 이유야 어떻든 오리게네스는 영혼이 스스로를 초월하지 않는 테두리 안에서 관상에 관한 가르침을 펼쳐나갔다. 그에 의하면 영혼은, 궁극적으로 알 수 없는 하나님과는 아무 관계가 없다는 것이다. 어둠은 영혼이 거쳐 가야 할 하나의 단계일 뿐, 필론이나 니사의 그레고리우스, 혹은 디오니시우스 아레오파기타에서와 같이 궁극적인 것은 아니다. 그는, 어둠은 우리의 노력이 부족한 탓이며 하나님을 알고자 노력만 한다면 어둠은 사라질 것이라고 얘기하는 한편, 때때로 더욱 궁극적인 어둠, 즉 하나님을 둘러싸고 있는 신비에 대하여 언급하기도 했다. 이 같은 어둠에 관해 그는 『요한복음 주해』에서 다음과 같이 말한다.

> 하나님 안에서 관상하고 인식해야 할 풍부한 세계는 그리스도

---

120) Montanus는 2세기에 살았으며 몬타누스 교파(Montanism)를 창립한 광신적이며 이단적인 예언자였다. 프리스카(Prisca) 및 막시밀라(Maximilla), 두 여성 예언자의 협력을 얻어 이들에게 성령이 강림하여 예루살렘 천국이 지상에 강림할 날이 머지않았다는 등의 예언을 했다. 몬타누스 교파는 소아시아의 프리기아(Phrygia) 교회에서 일어나 몬타누스가 죽은 후에도 북아프리카까지 전파되었으며 이후 9세기까지 존속한 바 있다.
121) Daniélou, Origène, 296 참조.

와 '성령'을 제외한 인간의 본성이나 세상 만물로서는 이해할 수 없는 것임을 깊이 생각한다면 하나님이 어떻게 하여 어둠에 둘러싸여 계신지를 알 수 있을 것이다. 하나님을 정당하게 평가할 만큼 풍부한 지식을 품을 수 있는 인간은 아무도 없기 때문이다. 그러므로 하나님께서 당신의 보금자리를 두신 곳은 어둠 속이다. 아무도 무한하신 하나님의 전부를 알 수 없기 때문에 당신께서 이같이 만들어놓으신 것이다(II xxviii: GCS 85).

그러나 오리게네스는 몇 행 아래에서 이렇게 말한다.
> 역설적으로 말하자면 좋은 의미의 어둠이란 서둘러 빛으로 나아가 빛에 다다르면 스스로 빛이 된다. 알려지지 않았기에 어둠이었던 것은 아직 깨닫지 못한 사람을 위하여 가치를 전환하기 때문이다. 그리하여 이렇게 가르침을 받고 깨달은 사람은 전에는 어둠이었던 것이 알고 난 후에는 빛이 되었다고 말하는 것이다.

오리게네스는 하나님의 궁극적 불가지성이란 개념을 마음에 받아들이고 싶지 않았던 사람으로 짐작된다. '하나님은 알 수 없는 분'이라고 했던 필론이나 니사의 그레고리우스와는 달리, 오리게네스는 주저하지 않고 '**하나님을 아는 것**' 또는 '**하나님을 보는 것**'에 대하여 얘기하고 있다. 그가 무한하신 하나님의 개념이 암암리에 포함된 문제를 제기한 경우는 아주 드물었으며 『원리론』(II iv.1: IV iv.8)에서는 그 같은 개념에 대하여 분명히 불만을 나타내기도 하였다.

오리게네스가 말한 하나님을 관상한다는 것, 즉 '하나님을 아는 것'이란 무슨 의미일까? '안다'는 말의 성서적 용법에는 머리로 이해하는 단계를 넘어서는 의미가 있음을 오리게네스가 모르지 않았다는 것은 『요한복음 주해』(XIX iv)에 분명히 나타나 있다. 따라서 그는 '하나님을 아는 것'이란 말의 의미를 설명할 때 이처럼 성서에서의 예를 들어 설명하였다. 하나님을 안다는 것은 하나님에게 알려짐을 뜻하는 바, 하나님은 당신을 아는 이들과 결합하시어 당신의 신성을 나누어주시는 것이다. 그러므로 하나님을 안다는 것은 '신성을 가지게 됨(theopoiesis)'이다. 하나님을 안다는 것은 우리가 지니고 있는 하나님의 모습을 되찾게끔 우리 스스로를 바꾸는 것, 우리가 다시 하나님을 닮아 원래의 모습을 되찾기까지 완전하게 되는 것이다. 여기에서 관상은 완성으로 이르는 길이다. 왜냐하면 오리게네스에 있어서 관상은 '모습을 바꾸어 주는'(변형시키는) 비전이기 때문이다. 성막(聖幕, tabernacle)으로 들어갔을 때 얼굴 모습이 변한 모세에 대하여 언급하며 그는 다음과 같이 기록하였다.

글자 그대로의 의미에 의하면 성막과 신전에서 일어났던 현시(顯示)보다 더욱 신적인 거룩한 빛이 신성을 함께 누렸던 모세의 얼굴에 나타난 것이었다. 영적 의미로는 하나님에 관하여 분명하게 알려진 것들과, 지극히 순수하고 가치 있는 정신의 눈에 보이는 것들은 드러나신 하나님의 영광이라고 하겠다. 그러므로 모든 물질적인 것을 초월하여 순수하게 된 정신은 하나님을 관상하며 완성의 길로 나아가는, 즉 관상의 대상을 통하여, 대상 안에서 스스로 거룩하게 되는 것이다(『요한복음 주해』 XXXII xxvii: GCS 472).

그러나 이처럼 '모습을 바꾸어 주는' 관상이란 개념은 '말씀'에게도 해방되는데, 오리게네스에 의하면 '말씀'은 " '아버지'의 오묘하심을 끊임없이 관상하지 아니한다면"(『요한복음 주해』 II ii: GCS 55) 신성을 계속 유지할 수 없으리라는 것이다. 따라서 이 같은 세계관은 어느 정도 플로티누스의 세계관을 연상시키는 바가 있다. 첫째로 '하나'이시고 '아버지'이시며 궁극이신 하나님(ho theos)이 계시다. 다음으로, 아버지를 관상함으로써 ─아버지를 바라보는 관상과, 그 관상의 결과로 생기는 신성은 이 경우 둘 다 흠 없는 존재이다. ─신성을 받는 '말씀'이 계시다. 그다음으로 영적인 존재들(logikoi), '말씀'을 관상함으로써(그리고 '말씀'을 통하여 하나님을 관상함으로써) 거룩한 신적인 존재로 변모하는 영적 존재들의 영역이 있는 것이다.

오리게네스는 지성적 신비사상의 전통을 설립한 사람이었으며, 이같은 전통은 에바그리우스에 의하여 발전되어 동방교회로 이어져 나갔다. 이 전통에 충실한 신비사상에 의하면, 관상에 의한 합일이란 영혼의 첨단 부분인 '누스'와 하나님과의 합일이며, 둘의 결합은 '모습을 바꾸어주는' 비전을 통하여 일어나는 것이다. 이러한 합일 가운데 '누스'는 자신의 참된 본성을 찾게 된다. 자신을 떠나 다른 존재로 나아가는 것이 아니므로 황홀상태란 있을 수 없다. 또한, 영혼과 합일하는 하나님은 알 수 없는 분이 아니다. 따라서 어둠이란 영혼이 상승하는 과정에서 거쳐나가야 할 단계일 뿐, 하나님 가운데 궁극적 어둠이란 있을 수 없는 것이다. 그러므로 오리게네스의 신비사상은 빛의 신비사상이라 하겠다. 그러나 오리게네스는 이 한 가지 신비주의 전통의 선구자에 그치는 것이 아니라 **그리스도교 신비사상 전체의 선구자였다.** 앞으로 보게 되겠지만 비록 후세의 신비신학이 오리게네스가 강조했던 내용과는 전혀 다른 양상으로 전개되었다 하더라도 이는 오리게네스가 마련해 놓은 골격 안에서 발전된 신학이었던 것이다.

제 4 권
니케아 정통신학

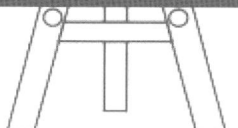

아타나시우스
니사의 그레고리우스

니케아의 정통신학 [122]

아타나시우스
니사의 그레고리우스

325년에 있었던 니케아(Nicaea) 공의회는 그리스도교 신학의 역사에서 한 분수령이 되었다. 정통파와 아리우스파, 즉 한편에는 알렉산더(Alexander)[123]와 아타나시우스(Athanacius)가 있었고 다른 한편에는 아리우스가 있었다. 이들 교의의 구체적인 차이점이 무엇이었느냐 하는 것은 많은 신학논쟁의 주제가 되었다. 차이점은 명백하다. 정통파에게는 '말씀', 즉 '아들'이 '아버지'와 동일한 본성(homoousios)인 데 비하여, 아리우스파에게는 '말씀'은 지극히 숭고한 존재이긴 하지만 피조물이었던 것이다. 하지만 '그리스도교 분열의 원인은 크리스천들 사이에 일어난 의견의 차이에서보다는 오히려 의견의 일치 속에서 찾아야 한다.'[124]는 매스컬의 말처럼, 분열은 우리가 공통된 견해로 받아들이고 있는 바로 그 점에서 생기는 것이다. 이 명철한 통찰을 아리우스 논쟁에 적용해 보자. 즉, 아리우스와 아타나시우스는 어떤 점에서 의견이 일치하였던가?

두 사람 사이에는 창조의 문제에 대하여 뚜렷한 의견의 일치가 있다. 아타나시우스와 아리우스는 두 사람 모두 무(無)로부터의 창조에 대하여 아주 명확히 정립된 교의를 가지고 있었다. '무로부터의 창조'라

---

*122) 앤드루 라우스. 배성옥 역 『서양 신비사상의 기원』 (분도출판사. 초판, 2001년) pp.121-150.
123) 성인. 4세기 알렉산드리아의 총대주교(312-328). 아리우스파를 반박하여 이단으로 규정했다.
124) E. L. Mascall, *The Recovery of Unity* (London 1958) 2.

는 교리가 이교철학에는 없었던 내용이었고, 초기 그리스도교 신학에서조차 아주 천천히 또한 불분명하게 나타나기 시작했다는 사실이 밝혀지기까지는, 이는 그다지 놀라운 일이 아닌 듯하다. 교의가 구체적인 어휘들로 정리되는 시기에 이르러서도 엄밀한 의미에서 '무로부터의 창조'라는 교리를 암암리에 인정하느냐 아니하느냐 하는 논란은 계속 애매한 채로 남아 있을 뿐이었다.125) 아타나시우스와 아리우스가 이 교리에 대립하는 견해를 낱낱이 거론하며 반박하였던 점으로 미루어 그들이 이를 확신하고 있었음은 의심할 수 없는 사실이다.126) 그들에게 있어서 '무로부터의 창조'란 하나님과 피조물 사이에, 즉 창조되지 않았고 스스로 존재하시는 분과, 하나님의 뜻에 의하여 무에서 창조된 피조물과의 사이에는 완전히 절대적인 차이가 있음을 의미하는 것이다. 하나님과 피조물의 세계 사이에는 중간지대가 있을 수 없다.

하나님과 피조물계와의 관계를 알고자 했던 초기 크리스천들은 그들의 생각을 조직적으로 표현하기 위하여 중간지대를 설정하였으며 이를 하나님의 '말씀'과 동일한 것으로 간주하였다(이는 중기 플라토니즘에서 찾아볼 수 없는 개념이다).127) 그러나 이제 어떠한 중간지대도 인정될 수 없는 시대에 이르러 아리우스 논쟁에서 제기된 문제의 핵심은 하나님과 피조물계와의 관계를 어떻게 다시 생각하여 재정립하느냐 하는 점이었으며, 이처럼 다시 생각한 결론은 참으로 대단한 결과를 가져왔다. 아리우스는 '말씀'을 피조관계에 해당시켰고, 정통파는 '말씀'을 신의 영역에 해당시켰다. 그러므로 릭켄(Friedo Ricken)이 말한 바와 같이 니케아공의

---

125) G. C. Stead, "The Platonism of Arius", Journal of Theolioical Studies(JTS) XV (1964) 25 이하 참조. '무로부터의 창조'에 관한 일반적인 문제에 대해서는 R. M. Grant, *Miracle and Nntural Law in Graeco-Roman and Early Christian Thought* (Amsterdam 1952) 133-52 참조.
126) 아타나시우스에 관해서는 De Incarnatione, 2 참조. 아리우에 관해서는 H.-G. Opitzig Urkunde zur Geschichte des Arianischen Streites [Athanasius Werke III/I (Berlin und Leipzig 1934)], Urkunde 1에 수록되어 있는 Nicomedia의 Eusebius에게 보낸 편지 및 Urkunde 5에 있는 Alexandria의 Alexander에게 보낸 편지 참조.
127) 예를 들면 필론에게서 그러하다. 이 책 제1장 55 참조.

회는 '초기 그리스도교 플라토니즘의 위기'[128]였다고 하겠다. 정통파는 이제 플라톤 철학에 관련된 내용들을 충분히 이해한 시점에 이르러 플라톤 철학의 견지에서 벗어나, 그리스도교에서 말하는 하나님의 계시를 명백하게 이해하기 위하여 새로운 단계로 나아갔던 것이다.

'무로부터의 창조'라는 교리가 교의신학(Dogmatic theology)과 밀접한 연관을 맺게 되었다면 같은 이유로 신비신학에도 깊은 영향을 주었던 것이, 이 같은 창조의 교리는 그리스도교 신비신학에 내재하는 플라토니즘적 사고방식에 대하여 근본적인 의문을 제기하였기 때문이다. 의문의 초점은 관상에 대한 교리였다. 앞에서 살펴본 바와 같이 오리게네스의 세계관에서, 위로는 '아버지'에서부터 가장 아래에 있는 영적 존재들에 이르기까지 관상은 영적 상하 질서를 묶어주는 결합의 원리였다. '말씀'은 '아버지의 오묘하심을 끊임없이 관상함으로써' 신성(神性)을 확고히 유지하듯이 영적 존재들도 '말씀'을 관상함으로써 신성을 지니게 된다. 이러한 관상론은 영혼과 신성과의 동족관계를 주장하는 플라톤 철학을 배경으로 하는 것이었다. 이 같은 동족관계가 있기에 관상이 가능했으며 또한 관상을 통하여 동족관계도 실현되는 것이었다.

그러나 이는 '무로부터의 창조'라는 교리에 의하여 성립 불가능한 것이 되고 말았다. 플라톤이나 오리게네스에게 있어서 영혼은 창조된 것이 아니라 본래부터 존재하고 있으며 불멸하는 것이었다. 이 같은 세계관에 있어서 존재론상의 가장 근본적인 차이는 영적인 것과 물질적인 것에 대한 구별이었다. 영혼은 물질적인 육신과는 반대로 원래 영적 영역에 속하는 것이었다. 즉, 신적이며 영적인 영역에 속했는데 육신과 결합함으로써 물질의 영역에 사로잡혔을 뿐이었다.[129] 그러나 '무로부터의 창조'라는 교리는 존재론상의 가장 근본적인 구별을 하나님과

---

[128] "Nikaia als Krisis des altchristliehen Platunismus", *Theologie und Philosophie* 44 (1969) 321-41.
[129] 이는 플라톤의 『파이돈』 78D-80C에 아주 명백하게 서술되어 있다.

피조물 사이에 두고 있으므로 영혼도 육신도 다 같이 피조물의 세계에 속하는 것이다. 영혼은 하나님과 공통되는 영역을 전혀 지니지 못하였다. 즉, 영혼과 신성 사이에는 동족관계가 있을 수 없다. 동족관계가 있다면 영혼과 하나님 사이에 있다기보다는 오히려 같은 피조물인 육신과의 사이에 있다. 관상은 이제 더 이상 신성과의 동족관계를 실현할 수가 없다. 그 같은 동족관계란 없기 때문이다. 관상에 대한 교리가 이와 같이 재고(再考)된 마당에서 오리게네스 계통의 관상론은 그전제조건 자체가 성립 불가능하게 되었던 것이다.

따라서 '무로부터의 창조'라는 교리의 근본적 의미를 파악했다는 사실은 아리우스 논쟁을 불러일으켰으며 그리하여 니케아공의회를 소집하게 했을 뿐 아니라 분명히 신비신학에도 깊은 영향을 미치게 되었다. 참으로 이 '초기 그리스도교 플라토니즘의 위기'는 신비신학 분야에서 가장 두드러진 반응을 불러일으켰으며, 위기에 대한 가장 근본적인 해결책 또한 신비신학에 있었다.

제1장
아타나시우스

　니케아의 정통신학과 가장 밀접하게 연관된 신학자는 아타나시우스다. 그는 부제(副祭)의 자격으로 알렉산드리아의 대주교 알렉산더와 함께 공의회에 참석하였으며, 후일에는 알렉산더의 후임으로 대주교의 자리를 이어받은(328) 사람이다. 그가 '무로부터의 창조'라는 교리의 근본적 의미를 파악하여 오리게네스의 신학에 혁신을 가한 내용은 2부로 나뉘어진 초기의 논문 『이교도 반박론(Contra Gentes)』 및 『강생론(De Incarnatione)』에 나타나 있다.[130] 『이교도 반박론』에서는 젊은 아타나시우스가 아직은 오리게네스의 신학 전통에 충실한 학자임을 일 수 있다. 영혼은 ─오리게네스의 생각과 조금도 다름없이─ '누스'의 단계에서 아래로 떨어진(타락한) 단계인 프시케이고 이렇게 타락한 영혼은 육신과 관계를 맺고 있으며, 관상을 통하여 다시 하나님과 결합할 수 있다.

　이를 설명하는 아타나시우스는 참으로 오리게네스 자신보다도 더 오리게네스주의를 고수하고 있었다. 왜냐하면 오리게네스는 영혼이 하나님의 자비에 의탁함으로써 하나님께로 되돌아갈 수 있음을 강조하였는데 아타나시우스에게서는 이런 식으로 강조된 내용을 별로 찾아볼 수 없기 때문이다. 그러나 『강생론』에서는 양상이 완전히 달라져 있다. 『강생론』에서 영혼은 '무로부터 창조'되었으며 손상되기 쉬운 미약한

---

130) J. Roldanus, *Le Christ et l'homme dans la théologie d'Athanase d'Alexandrie* (Leiden 1968) 11-123 참조. 또한 나의 논문 "The Concept of the Soul in Athanasius' *Contra Gentes – De incarnatione*", *Texte und Untersuchungen*, 116 227-31 참조.

존재로서 타락하기 이전의 안정된 상태에서도 하나님의 은총에 좌우되고 있다. 타락으로 인하여 영혼은 하나님을 닮은 모습이 너무나 손상되어 버렸기에 인간이 구원을 얻기 위해서는 하나님의 모습, 즉 손상되기 이전의 영혼이 지녔던 모습의 원형('말씀')이 사람이 되시어 내려오시는 일(강생)이 반드시 필요하다는 것이다.

관상은 더 이상 신성을 얻기 위한 수단이 아니라, 이미 거룩하게(신성을 지니게)된 영혼의 여러 활동 가운데 하나일 뿐이다. 오리게네스에게서처럼 영혼은 관상하는 대상을 통하여 거룩하게(신적인 것이) 되는 것이 아니라 아타나시우스의 말을 인용하면, "우리가 거룩하게 되도록 '말씀'이 사람이 되신 것이다. 보이지 않는 하나님이 어떤 분이신지 마음속에 모습을 그려볼 수 있도록 그분께서 육신을 입으시고 스스로를 드러내 보여주셨다"(『강생론』 54).

오리게네스 신학에 입각하여 쓴 『이교도 반박론』에서부터 아타나시우스 고유의 생각을 훨씬 많이 담은 작품 『강생론』으로 바뀐 내용은 이제 확고한 사상으로 자리잡게 되었다. 그리하여 신성을 얻게 해주는 관상이란 아타나시우스의 어느 작품에서도 이후로는 다시 찾아볼 수가 없다. 그가 쓴 『성 안토니오의 생애』에는 관상에 관한 언급이 놀랍게도 거의 없다. 이는 아타나시우스가 반(反) 오리게네스적인 동시에 반신비주의적 반응을 보인 것이라고도 할 수 있겠다.

이 같은 반작용의 근원은 영혼이 결코 하나님과 같은 본성일 수 없으며 하나님과 영원성을 공유할 수도 없다는 점을 인식했다는 사실에 있다. '무로부터의 창조'라는 교리에 대한 투철한 확신은 아타나시우스 이후로는 교부신학에서 공인된 전제조건이 되었는데, 이로 말미암아 하나님과 피조물과의 사이에, 나아가서 하나님과 영혼과의 사이에 존재론적인 깊은 틈이 벌어지게 되었다.

따라서 아타나시우스는, 영혼이 관상을 통하여 거룩하게(신격화) 된다는 신비주의는 무엇이든 의심을 품게 되었다. 이렇게 그는 어느 한 단계에서는 플라토니즘의 전통과 완전히 결별한 것이었다. 플라톤주의자들이 관상에 대한 논리로 내세웠던 전제들이 이제 전면적으로 거부되었다. 결국 영혼은 신성과 같은 본성을 지닐 수는 없는 것이며, 따라서 관상은 영혼을 거룩하게 해주는 활동이 아니다. 영혼이 거룩하게 되는 것은 '강생'의 결과이며 글자 그대로 은총이 베풀어진 행위인 것이다. 또한, 거룩하게 된다는 것은 오리게네스의 관상론에서처럼 영혼과 하나님과의 직접적인 관계에 대한 것이 아니다. 영혼이 거룩하게 되는 것, 더 낮게 표현하여 인간이 거룩하게 되는 것은 하나님의 모습인 '말씀'과 같은 모습을 회복함으로써 이루어지는 것이며, 이는 '말씀'의 '강생', 즉 '말씀'이 육신을 입으시고 사람이 되시어 우리의 타락한 상태로까지 내려오셨기 때문이다.

그러나 『이교도 반박론』에서 아타나시우스는 하나님의 모습을 닮은 영혼에 관하여 은유적인 설명을 해놓은 바 있는데, 이는 오리게네스 계통의 신비신학과 니케아 정통파의 통찰에 입각한 신학 사이에 벌어진 틈을 연결해 줄 수도 있을 법한 내용이다. 아타나시우스는 말하기를 "영혼은 '아버지'의 모습을 볼 수 있는 거울"(『이교도 반박론』 8)이라고 했다. 그리고 같은 책의 후반부에서는 "그러므로 영혼이 죄악에 물든 얼룩을 모두 깨끗이 씻어버리고 거울 속 모습을 오로지 밝게 유지하고서 이 밝은 모습이 빛을 발하게 될 때에 비로소 영혼은 '아버지'의 모습이신 '말씀'을 거울 속에서 보듯이 진실로 관상할 수 있으며, '말씀' 안에서 '구세주'의 모습이신 '아버지'를 묵상하게 된다."(『이교도 반박론』 34)고 하였다.

영혼은 거울과 같아서 거울이 밝을 때에 하나님의 모습을 볼 수 있다는 이러한 은유는 아타나시우스의 독창적인 생각으로 짐작된다(테오필루스[Theophilus] [131])와 플로티누스에게서도 어렴풋한 암시가 있기는 하나 아타나시우

---

[131] 2세기의 교부. 안티오키아의 주교. 그리스 철학자로서 기독교를 반박하려는 목적으로 성서를 읽다가 결국 그리스도인이 되었으며 『호교론』을 남겼다.

스에게서처럼 뚜렷하고 독특하지는 않다).

이 같은 은유를 이해하려면 그리스 사람들이 거울에 비치는 영상을 어떻게 이해하고 있었던가에 대해 우선 알아야 하겠다. 플라톤은 『티마이노스』의 부록에서(46A-C) 이 문제를 논의하였다. 플라톤에 의하면 거울 속 영상이 우리 눈에 보이는 것은, 눈에서 나오는 빛과 거울 표면에 보이는 물체에서 나오는 빛이 서로 마주쳐 두 가지 광선이 섞이면서 거울 속에 비치는 영상을 형성하기 때문이다. 그러므로 거울 속의 영상은 거울의 표면에서 형성되는 실제로 존재하는 물체이지, 우리 현대인이 이해하는 것처럼 거울의 표면에 반사된 광선에 의하여 생기는 현상이 아니다. 이를 잘 알아두어야 한다. 그렇지 않고서는 교부들의 글에서 하나님의 모습을 거울처럼 비춰주는 영혼이라는 구절을 읽을 때, 이는 영혼이 어떻게 하나님의 모습인가를 설명하기 위하여 사용한 유사(類似) 비유임을 이해하기가 곤란하다.

하나님은 당신의 모습이 비춰보이도록 영혼을 만드셨기에 자기를 인식함이란 동시에 하나님을 아는 것을 뜻한다. 영혼이 하나님의 모습을 비춰주는 거울이라는 말은 이처럼 교부들에게는 하나의 은유로서 - 거울의 반사작용을 달리 이해하고 있는 우리 현대인에겐 은유가 될 수 없지만 - 영혼이 하나님의 참된 모습임을 보여주는 동시에, 영혼 속에 있는 하나님의 모습을 자기인식을 통하여 깨닫게 된다는 것을 암시해 주고 있다.

영혼은 하나님의 모습을 비춰주는 거울이라는 아타나시우스의 은유는 영혼과 하나님 사이에 실제로 닮은 점이 있음을 암시하면서, 자기를 인식하는 자체가 하나님을 알게 되는 길이라는 생각을 함께 견지하고 있다. 그러면서도 영혼과 하나님 사이에 본래부터의 동족관계가 있음을 시사하지는 않았다. 거울에 비친 모습과 그 원형 사이에 존재론적인 연속성은 없다는 것이다. 그러므로 하나님의 모습을 비춰주는 영혼이라고 할 때에, 여기에서 말하는 유사점은 오히려 본질에 있어서 훨씬 더 깊은 차이점을 돋보이게 할 뿐이다. 그러므로 이 경우 '신성을 가지게 된다(*theopoiesis*)'는 말은 영혼과 하나님 사이에 동족성을 회복한다는 뜻이 아니라, 영혼이 밝게 정화됨에 따라 더욱 분명하게 하나님의 모습을 반영한다는 것, 즉 하나님의 더욱 참된 모습이 된다는 뜻이다. 그렇다면 이는 플라톤 철학에서 익히 보아온 주제를 적용하면서도, '무로부터의 창조'라는 교리의 근본적 의미에 대한 니케아 정통파의 기본 입장을 조금도 흐려놓지 않은 논리였다. 아타나시우스 자신은 이를 길게 전개하지 않았으나 후계자들로 하여금 하나님을 닮은 영혼에 대하여 묘사할 수 있는 은유의 방법을 남겨주었으며, 후계자들은 이를 이어받아 훌륭히 사용했던 것이다.

제2장
니사의 그레고리우스

　교의신학의 여러 측면에서와 같이 신비신학에 있어서도 아타나시우스의 학문을 이어받아 발전시킨 사람은 니사의 그레고리우스(Gregorius of Nyssa)였다. 그는 '갑바도기아(Cappadocia)의 교부들'로 불리는 3인의 교부 중 한 사람이다(나머지 두 사람은 그의 형들인 대[大]바실리우스[Basilius the Great]와 나지안스의 그레고리우스[Gregorius Nazianzen]이다). 그는 아리우스파의 마지막 후계자들을 반박하면서 니케아 정통파에서 이루어놓은 업적을 견고히 다진 사람이었다. 수사학적 재능에서나 생각을 조리 있게 추스르는 능력에서는 그의 형들에 미치지 못하였지만 사변신학자로서는 셋 중에서 가장 뛰어난 사람이었다.
　그레고리우스의 신학은 철저히 니케아의 정통신학이며 더욱 정확히 말하자면 철저히 아타나시우스의 신학이었다. 아타나시우스와 마찬가지로 그에게도 영혼은 모든 피조물과 함께 무(無)에서 창조된 것이었다. 그는 플라톤의 가지계(可知界, intelligible reality)와 가감계(加減界, sensible reality)의 구별을 적용하여 존재의 위계질서적 구분을 전개하였으나, 가지계와 가감계의 구분이 플라톤 철학에서는 근본이었던 반면에, 그레고리우스는 가지계를 창조되지 않은 창조적 영역과 창조된 피조물의 영역으로 구분하였으며 그에게는 오히려 이것이 근본적인 구분이었다. 따라서 창조되지 않은 지적 영역 – 성삼위(聖三位)를 구성하는 각각의 위(位)만이 이 카테고리에 속한다 – 과 창조된 피조물의 영역 사이의 구분은, 플라톤이 나누었던 지적 영역과 감각적 영역 사이의 구분마저 의미 없는 것이 되게 하였다. 그레고리우스에게 있어서 창조되지 않은 것과 창조된 것 사이에 벌어진 틈은 영혼이 이를 건너갈 수 있는 가능성을 완전히 배제한 정도로 깊은 것이다. 그러므로 영혼이 피조물로서의 본성을 떠나 창조되지 않은 영역으로 넘어가게 되는 탈혼(탈혼상태, ecstasy)이란 있을 수 없는 것이다.

황홀상태의 가능성을 이처럼 거부함으로써 니사의 그레고리우스는 플라토니즘 및 네오플라토니즘의 이교 신비주의와 구별되는 – 오리게네스가 필론과 구별된다는 것은 아니지만 – 명백한 분기점을 찍었다. 그레고리우스의 이 같은 기본 입장에는 엄밀한 의미에서 참다운 신비사상이 깃들 여지가 없다는 견해가 때때로 제기되기도 했다.132) 그러나 이와는 반대로 필자의 견해로는, '무로부터의 창조'라는 근본적인 교리에 연관되어 창조자와 피조물 사이에 벌어진 건너갈 수 없는 틈을 깊이 인식하였기 때문에 그는 아주 색다른 특색을 지닌 신비사상을 이루었으며, 사랑을 통하여 하나님 당신과 직접적으로 친교하는 경험, 즉 신비사상의 핵심을 향하여 더욱 뚜렷이 초점을 맞추게 되었던 것으로 생각된다. 그가 무(無)로부터의 창조라는 교리를 인식하고 있었다는 것은, 영혼과 하나님 사이에는 접촉점이 전혀 없으며 따라서 하나님은 영혼이 결코 알 수 없는 분이시므로 하나님께서 가능성을 허락하여 주시지 않는 한 영혼은 하나님에 관한 어떠한 경험도 할 수 없음을 뜻한다. 알 수 없는 하나님이라는 바로 이 불가지성(不可知性)이야말로 그레고리우스로 하여금, 우리가 하나님을 조금이라도 알 수 있게 된다면 이는 오직 하나님 스스로 당신을 – 또한 당신의 사랑을 – 우리 가운데 드러내셨기 때문, 즉 사람이 되시어 우리 가운데 내려오셨기(강생하셨기) 때문이라는 점을 거듭 강조하게 했던 것이다. 영혼이 하나님의 사랑에 응답하여 알 수 없는 하나님에게로 더 가까이 나아감에 따라 영혼은 더욱더 깊이 어둠 속으로 들어가면서 지식의 경지를 초월한 그 어떤 길을 통하여 하나님을 알게 되는 것이다.

그레고리우스의 신비신학에 대한 논조는 어쩔 수 없이 오리게네스를

---

132) 이에 관해서는 C. W. Macleod의 대단히 흥미로운 다음 두 편의 논문을 참조하기 바람: "Ἀνάλυσις : A Study in Ancient Mysticism", JTS XXI (1970) 43-55; "Allegory and Mysticism", JTS XXII (1971) 362-79 [앞서 제4장 (오리게네스)의 각주 15에 소개된 바 있음].

따른 것이다. 그러므로 오리게네스에게서 논의되었던 주제들은 그레고리우스의 글에서 대거 다시 거론되고 있다. 하지만 이들은 변형되었으며 오리게네스가 윤리학·자연학·형이상학이라고 불렀던 세 가지 길에 관하여 그레고리우스는 사뭇 다르게 논의했다. 오리게네스와 마찬가지로 그도 세 단계의 길을 세 편으로 된 '지혜서', 즉 「잠언」, 「전도서」, 「아가」와 관련시켜서 얘기하였으며, 이 세 단계를 인간의 영적 성장, 즉 유년기(「잠언」)로부터 청년기(「전도서」)를 거쳐 성숙기(「아가」)에 이르는 과정으로 보았다. 하지만 오리게네스에게서는 전적으로 연속적이었던 세 단계의 길이 그레고리우스에 와서는 그다지 분명하지가 않다. 예를 들면, 첫 번째 길을 정화(淨化)의 길이라 하는 동시에 조명(照明)의 길이라고도 불렀는데, 이 조명의 길은 오히려 두 번째 길이기 때문이다. 그러므로 세 단계의 길은 적어도 서로 겹쳐 있는 길이다. 그러나 정작 이 세 가지 길은 세 단계라고 하기보다는 오히려 영혼이 하나님에게로 가까이 다가가면서 만나게 되는 세 가지 시기로 보아야 할 상황인 것 같다.

영혼의 상승에 대한 견해에 있어서 오리게네스와 그레고리우스 사이에 벌어진, 더욱 뚜렷하게 대조적인 차이에 주목해 보면 위의 판단에 수긍할 수 있게 된다. 오리게네스의 경우, 영혼은 첫 번째 길에서 관상을 위한 준비를 갖추고, 두 번째 길에서 관상의 능력을 점차로 키워 나가며, 세 번째 길에서 열매를 맺기에 이른다. 영혼은 관상을 배워나가면서 또한 관상을 통하여 자신의 참된 본성을 찾게 된다(오리게네스의 이 같은 교리는 다음 장에서 살펴보겠지만 에바그리우스가 이어받아 더욱 발전시켰다). 그러나 그레고리우스의 경우, 관상은 영혼의 상승에 있어서 목적지가 아니다. 영혼이 상승하는 각각의 시기에는 활동적 측면과 관상적 측면이 함께 존재한다. 첫 번째 길에서 활동적 측면은 정화의 과정에 있고, 관상적 측면은 오직 하나님만이 참으로 계심을 깨닫는 영혼의 자각에 있다. 정작 관상의 단계가 있다면 두 번째 길이야말로 관상이 주고 이루어지는 곳이다. 세 번째 길에서는 영혼이 관상의 단계를 넘어가 버리기 때문이다. 세 번째 길에서는 「아가」가 '지성소 안에서 깨달음에 대하여 은밀히 가르쳐주고' 우리에게 '결혼, 즉 영혼과 하나님과의 결합이 어떻게 이루어지는가에 대한 이야기'를 들려준다. 하나님은 알 수 없는 분이기에 하나님 당신의 본질에 관련된 세 번째 길에서는 관상이 불가능한 것이다. 즉, 이는 사람을 통하여 결합되는 길이다.[133]

그레고리우스의 『아가 주해』는 영혼이 하나님께로 다가가는 세 가지 시기에 관하여 또 다른 얘기를 들려주고 있다. 즉, 영혼은 연속적으로 빛(phos)·구름(nephele)·어둠(gnophos) 속으로 들어간다는 것이다. 이는 그레고리우스가 세 가지 길을 어떻게 이해하고 있었는지에 관하여 안내 역할을 해주는 은유(metaphor)이다.

> 모세가 하나님의 모습을 본 것은 빛과 더불어 시작되었다. 그 후 하나님은 구름 속에서 모세에게 말씀하셨다. 하지만 모세가 더욱 높은 차원으로 올라가 더욱 훌륭하게 되었을 때에는 어둠 속에서 하나님을 보았다. 그러므로 우리가 이에서 가르침을 받아야 할 내용은 다음과 같다. 첫째로 하나님에 대한 그릇되고 틀린 생각에서 벗어남은 암흑에서 빛으로 옮겨가는 것이다. 다음으로 감춰진 것을 더욱 가까이 깨닫는 일인 바, 영혼은 이렇게 하여 감각적 현상을 거쳐서 보이지 않는 세계로 인도된다. 이러한 깨달음은 마치 구름처럼 만물의 외관을 흐리게 하여 영혼으로 하여금 감춰진 것 쪽으로 눈을 돌리도록 서서히 인도하고 길들여주는 것이다. 그런 다음 영혼은 갖가지 단계로 진보를 거듭하여 더욱 높이 올라가 인간의 본성으로 얻을 수 있는 모든 것을 저 멀리 아래로 떨쳐버리고서 하나님을 알게 되는 은밀

---

[133] 세 번째 길이 결합과 사랑의 영역이라는 문제에 관해서는 특별히, J. Daniélou, *Platonisme et Théologie Mystique* (Paris 1953²) 199-208 참조. 이는 레고리오의 신비신학에 관한 연구서 가운데 가장 중요한 것이다.

한 방 안으로 들어선다. 여기에서 영혼은 거룩한(신적인) 어둠에 싸여 사방이 차단되어 버린다. 이제 영혼은 감각이나 이성에 의하여 파악될 수 있는 모든 것을 벗어나 있기에 유일하게 남은 관상의 대상이란 보이지 않는 것, 이해할 수 없는 것이다. 하나님은 바로 여기에 계시다. '모세가 하나님께서 계시는 먹구름 쪽으로 나아갔다.'(출 20:21)라는 성서 구절이 얘기해주듯이(『아가주해』 XI 1000-1).134)

여기에서 진보란 빛에서 시작하여 점점 더 깊어지는 어둠으로 나아가는 과정이다. 첫 번째 단계는 진리의 빛으로 오류의 암흑(skotos)을 없애는 일이다. 하지만 그다음으로는 영혼이 진보하면 할수록 더욱더 깊은 어둠 속으로 들어가게 되어, 마침내 영혼은 감각과 이성의 빛으로 파악되는 영역으로부터 완전히 차단되어 버린다. 그러므로 오리게네스와는 극명한 대조를 이루고 있다. 오리게네스에게 있어서 영혼은 점점 더 밝아오는 길을 추구하는 반면에(영혼이 앞으로 나아감에 따라 눈앞의 어둠은 사라져 버린다) 그레고리우스에게서는 영혼이 점점 더 깊어지는 어둠으로 나아가는 것이다. 이 점에 있어서 그레고리우스와 필론 사이에 유사성이 드러나는 바, 두 사람 다 오리게네스와는 반대로 하나님의 불가지성에 관하여 근본적인 의견의 일치를 보이고 있기 때문이다. 하

---

134) 위 인용문은 그레고리우스의 다른 작품에서 거의 모든 장문(長文)을 인용한 때와 마찬가지로 J. Daniélou, *From Glory to Glory* (London 1962)에 실려 있는 Musurillo의 탁월한 번역을 사용했다. 이 책에는 그레고리우스의 신비신학을 밝혀줄 만한 연속적인 장문의 인용과 함께 Daniélou의 훌륭한 서문도 담겨 있다. 그레고리우스 작품에 대한 원전(原典) 비평판으로서는 네덜란드 라이든(Leiden)의 Brill 출판사에서 1960년 이후 몇 년에 걸쳐서 간행한 W. Jaeger 판본을 사용했는데 『모세의 일생(Life of Moses)』은 제외했다. 『모세의 일생』은 Sources Chrétiennes 시리즈 제1권(1968)으로 나온 Daniélou 판본을 사용했다. 인용문의 출처를 정확하게 밝히기 위하여 Migne 판본에 해당하는 난(欄)번호 -현대에 간행된 원전 비평판본의 쪽 가장자리에 기재되어 있는 -를 자주 표시했다.
[* "미뉴(Migne) 판본"이란 19세기 프랑스 교구사제 출신의 문헌학자 자크 뽈 미뉴(1800-1875)가 평생의 작업으로 이루어놓은 그리스어, 라틴어 교회문헌 총서를 말한다. 그리스어 작품 총서 시리즈인 *Patrologia Graeca (PG)*는 모두 162권이며, 그리스어 텍스트와 라틴어 번역이 함께 수록된 2개국어 판본이다. *Patrologia Graeca (PG)*는 라틴어 원전만으로 엮었으며 모두 221권으로 되어 있다.]

지만 그레고리우스는 거룩한(신적) 어둠으로 들어간다는 그의 사상에 더욱 풍부한 내용을 담아줄 수 있었던 점으로 보아 필론보다 한 걸음 더 나아갔다고 생각된다.

'빛'·'구름'·'어둠'이란 세 단계는 그레고리우스의 『모세의 일생』에도 나온다. 이 작품에는 세 단계와, 모세의 삶 가운데 일어났던 사건들과의 관련사항이 방금 위에 인용된 『아가 주해』에서보다는 좀 더 명백하게 나타나 있다. 즉, '빛'은 하나님께서 '불타는 떨기' 가운데 당신의 모습을 모세에게 드러내신 순간을 뜻하고(출 3:2-4), '구름'과 '어둠'은 모세가 두 차례 시나이 산에 올라갔던 시기에 해당하는데, 두 번째 때에 모세가 하나님을 뵙고 싶다 하자 하나님께서는 모세를 바위굴에 집어넣으시고 당신이 지나가실 때 다만 뒷모습만을 보도록 하셨던(출 24:15-16; 33:18-23) 것을 뜻한다.

그레고리우스는 『모세의 일생』 제2부의 알레고리(우의, 寓意)에서 불타는 떨기 불빛에 관하여 다음과 같이 설명한다.

> 진리의 광선 안에 들어서기 위하여 어떻게 해야 할 것인가를 우리는 이 빛으로부터 배운다. 발에 신발을 신은 채로는, 즉 언젠가는 죽고 마는 이승의 피부 껍질 – 한 처음에 하나님의 뜻을 어김으로써 우리가 알몸인 것을 알아차렸을 때에 우리의 본성을 덮었던 이 껍질 – 을 벗어버리지 않고서는 진리의 빛이 보이는 저 높은 곳으로 올라가지 못한다. 그러므로 우리가 이를 벗어던지고 나면 진리에 대한 지식이 스스로를 드러내게 된다. 왜냐하면 참으로 존재하는 것을 인식하는 것이야말로 존재하지 않는 것에 대한 판단(opinion)에서 벗어나는 정화의 길이기 때문이다. … 그러므로 위대한 모세는 스스로 당신을 드러내신 하나님을 봄으로써, 인간이 감각으로 지각하거나 지력으로 알게 되는 것이란 참으로 존재하는 것이 아니라, 오직 초월자이시며 세상 만물

이 의존하는 우주의 근원만이 참으로 존재하심을 깨닫게 된 것이라 생각된다(『모세의 일생』 II 22,24).

첫째 길은 '**빛**'의 길로서, 영혼은 이를 통하여 실상이 아닌 거짓 현실(假相)에서부터 홀로 참된 실상이신 하나님에게로 눈을 돌린다. 이 길에 두 가지 측면, 즉 활동적 측면과 관상적 측면이 있음은 확실하다. 활동적 측면은 정화를 통하여 우리 내부에 거룩한 모습을 회복하는 것이다. 다니엘루(Daniélou)는 첫째 길의 목표를 두 개의 그리스어, 아파테이아(apatheia, 평온)와 파레시아(parresia, 대담성)로 종합했는데, 영혼은 이처럼 평정하고 대담한 상태에 이르러 하나님에게 다가갈 준비를 마친다는 것이다. 첫 번째 길에서는 관상적 측면과 활동적 측면이 긴밀하게 연관되어 있다. 왜냐하면 이는 오직 하나님만이 참으로 존재하시고 하나님만이 영혼의 값진 사랑의 대상임을 인식하는 길이기 때문이다. 그레고리우스 역시 오리게네스를 따라 정화와 조명의 길인 이 첫 번째 길을 세례와 연결시키고 있다. 뿐만 아니라 그레고리우스는 그의 신비신학 전체를 통하며 이 길을 성교회의 거룩한(성사[聖事]와 맺어진) 생활과 연관시켜 설명하고자 하였다.

두 번째 길은 '**구름**'의 길이다. 그레고리우스는 오리게네스와 같이 이 두 번째 길을 ─ 솔로몬이 「전도서」에서 얘기했던 대로 ─ 세상만사의 헛됨을 알게 되는 단계로 보았으며, 역시 오리게네스와 같이 이 길을 더욱 적극적으로 해석하였다. 정화된 영혼은 세상만물의 헛됨을 알게 될 뿐만 아니라, 하나님의 영광이 세상만물 가운데 드러나 있다는 것을 깨닫게 된다. 여기에서 그레고리우스는 '참된 실상(true reality)에 대한 관상' 및 '지적 실상(intelligible reality)에 대한 지식'이란 말을 쓰고 있다. 그렇다면 이 두 번째 길은 플라톤이 말한 관상의 세계, 즉 순수한 실상인 '형상'의 세계를 관상함을 뜻한다. 여기서 우선 주목할 점은 플라톤적 의미의 관상은 그레고리우스가 추구하는 길의 목표가 아니라 오히려 중간단계에 속하는 것이다. 앞으로 살펴보겠지만, 그 길은 마지막 단계에 가서는 관상을 초월하게 된다. 이 점에 있어서 그레고리우스는 플라톤과는 물론이고 오리게네스와도 뚜렷한 차이를 보인다(나아가 에바그리우스와는 더욱 두드러진 차이를 보인다). 관상은 다만 도중에 거치는 한 단계일 뿐, 영혼이 나아가는 길의 목적지는 아니다.

그러나 두 번째 길에서의 관상에 대한 그레고리우스의 논점은 전혀 체계적이지 못하지만 그 자체로서 우리의 관심을 끈다. 그는 관상에 관한 문제를 자주 언급하며, 다양한 목적을 이루는 데 도움을 주는 요소로서 관상을 부각시키기도 했다. 때로는 플라토니즘의 주제를 옮겨 놓기만 한 듯한 인상을 주기도 하지만 대부분의 경우, 정화된 영혼은 창조된 만상을 통하여 드러나는 하나님의 영광을 볼 수 있다는 것이 그레고리우스의 가르침이다. 다음은 시나이 산에 처음 오른 모세의 귀에 들려온 나팔 소리에 대하여 그레고리우스가 내린 해석이다.

> 하늘의 나팔 소리는 … 영적인 세계를 향하여 나아가는 우리의 길잡이로 해석될 수 있겠다. 그렇다면 이는, 우주 만상을 통하여 번득이는 지혜를 선포하여 보이는 세계에 비추인 위대하신 하나님의 영광을 말해주는 세상의 찬란한 화음과 같은 것이다. 그리하여 "하늘은 하나님의 영광을 속삭인다."(시 19:1)라고 노래 부르게 되었다. 하나님의 메시지를 맑고 울려 퍼지는 음조로 들려주는 소리, 한 예언자가 "하늘로부터 나팔 소리를 들려 주셨다"[135]고 노래했던 것처럼 크고 우렁찬 나팔 소리가 들려온다. 마음의 귀가 깨끗이 정화된 사람은 이 소리를 듣게 되고 – 이는 우주 만상에 대한 관상을 통하여 하나님의 전능하심을 알아보는 것이다 – 이 소리를 들음으로써 그는 영성을 통하여 하나님이 계시는 세계로 이끌리고 스며들게 된다. 이 같은 세계를 성서에서는 먹구름, 어둠이라고 한다. 어둠이란 말은 볼 수 없는 하나님, 그리고 알 수 없는 하나님을 의미하는 즉, 성막은 다

---

135) 이는 가톨릭성경 집회 46,17과 비슷한 표현이다.

름 아닌 이 어둠 속에서 보이는 것이다. 이 성막은 전에 내가 말했듯이 사람의 손으로 만든 것이 아니며, 훗날에 이 성막의 형상을 본뜬 것을 저 아래에 있는 사람들에게 보여주게 되리라(『모세의 일생』 II 168-9).

위 인용문은 두 번째 길에서의 관상의 본질에 관하여 몇 가지 요점을 보여주고 있다. 어둠에 관한 설명을 읽어보면 우리가 이미 살펴본 바와 같이 그레고리우스에 있어서 세 길은 엄밀한 의미에서 연속적으로 이어지는 것이 아니라 한 단계가 차츰차츰 다른 단계로 변화하여 간다는 점을 다시금 알 수 있다. 즉, 자연현상을 관상한다는 의미는, 관상의 단계를 넘어 하나님이 계시는 어둠 속으로 별안간 들어서서 더 이상 관상이 불가능해졌을 때 비로소 드러나게 된다. 하지만 이 어둠 가운데서, 즉 하나님께로 더욱 가까이 다가감에 따라 우리는, 그레고리우스가 「히브리서」를 인용하여 칭했던 "사람이 세운 것이 아닌 성막"(히 8:2)이 뜻하는 의미를 깨닫기 시작한다. 그리하여 이를 알아봄으로써 자연을 관상함이 무엇인지에 대하여 가장 심오한 의미를 깨닫게 된다. 그레고리우스는 이어서 다음과 같이 말한다.

여기에 담긴 신비를 얼마간 밝혀준 바 있는 바울 사도에게서 약간의 암시를 받아 우리는 이렇게 말할 수 있으리라. 즉, 모세는 이러한 상징을 통하여 지침을 받았으며 우주 전체를 포괄하는 '성막'을 기대하게 되었던 바, 이 '성막'은 다름 아닌 그리스도이시다. 하나님의 '권능'과 '지혜'이시며 사람의 손으로 만든 것이 아닌 당신 스스로의 본성이시지만 우리 가운데 당신의 성막을 세워야 했던 즈음에는 피조물의 존재를 취하셨던 것이다. 그러므로 동일한 성막이 어떤 의미로는 창조된 피조물이기도 하고 창조되지 않은 분이기도 하다. 즉, 세세에 '이미 존재하시는 분'으로서는 창조되지 않았지만, 그 형상을 본뜬 성막으로서 창조된 피조물의 실

체를 취하였기 때문이다. 이 같은 교리는 믿음의 신비를 올
바르게 이어받은 사람들에게는 조금도 어렵지 않다. 세세
이전에 이미 존재하시고 세세의 종말에 오실 그분은 만상
위에 계시는 유일한 분이시다. 그분에게는 시간 안에서의
존재가 필요하지 않았다. 시간이나 세세 이전에 이미 계셨
던 분인데 어떻게 시간 안에서의 출생이 필요하겠는가? 하
지만 그분께서는 오직 우리를 위해 우리 가운데 태어나시기
를 수락하셨다. 자유를 멋대로 남용함으로써 생명을 잃었던
우리를 위하여, 그로부터 길을 잃고 헤매는 모두에게 다시
생명을 되찾아주기 위함이었다. 그러므로 우주를 온통 다
당신 안에 품고 계시며 당신의 성막(聖幕)을 우리 가운데 세
우신 그분이야말로 하나님, 곧 '외아들'이신 그리스도이시다
(『모세의 일생』 II 174-7).

이로써 우리는 하나님이 창조하신 세계 이면(裏面)에 펼쳐져 있는 원리들(logoi)뿐 아니라 '말씀'이야말로 관상의 대상임을 알게 되었으며, 하나님은 '말씀'을 통하여 세계를 창조하셨던 바, 이는 또한 '창조주'로서의 '말씀'일 뿐 아니라 '강생하신 분'임을 깨닫게 된다. 관상의 대상은 '스스로 계시는 분'으로서의 하나님이 아니라 – 하나님은 알 수 없는 분이기에 이는 불가능한 일이다 – 세계를 창조하시고 속죄하시는 거룩한 힘을 통하여 우리에게 스스로를 드러내 주신 하나님이시다. 이러한 관상 속에서 우리는 천사들과 함께 있는 것이다. 이에 대하여 다니엘루는 다음과 같이 설명한다.

이러한 관상은 인간적 현상을 대상으로 하고 있으나 하
늘나라의 관점에서 보이는 인간적 현상이다. 안다는 것은
그리하여 뚜렷한 의미를 가지게 된다. 이는 하나님에 관한
지식, 즉 신학도 아니고 하나님은 알 수 없는 분이기에 인
간사에 관한 일상적인 지식도 아니다. 이는 하나님의 계획

(oikonomia)에 대한, 즉 영성을 지닌 피조물의 역사에 대한 초자연적인 지식이다. 이러한 지식의 영역은 곧 천사들의 세계다.136)

세 번째 길은 어둠 속으로 들어가는 길이다. 다음은 그레고리우스가 '먹구름(Dark Cloud)' 속으로 들어가는 모세에 대하여 묘사한 내용이다.

그런데 이제 모세가 먹구름 속으로 들어가 하나님의 모습을 보고 기뻐했다는 말은 무엇을 의미하는 것일까? 여기에 관한 성서 구절(출 24:15)은 모세가 전에 보았던, 밝게 드러나신 하나님의 모습과는 어쩐지 모순된 듯한 인상을 준다. 전에는 빛 가운데 나타나신 하나님을 보았는데 여기서는 먹구름 속에서 보았다고 한다. 하지만 그렇다고 해서 우리가 지금까지 살펴보았던 연속적인 영적 교훈 전체가 모순된 것이라고 생각해서는 안 된다. 여기에서 성서는 우리에게 영적 깨달음이란 이를 경험한 사람에게 우선 먼저 환하게 조명(照明)으로 나타나는 것임을 가르쳐주고 있다. 그리하여 신앙심에 반대되는 것은 모두 어둠이며, 어둠을 피하는 것은 빛을 함께 나누는 것으로 해석되었다. 그러나 영혼은 진보를 계속함에 따라 더욱 강하고 완전한 집중력으로 진리를 안다는 것이 무엇인가를 깨닫게 되는 바, 영혼이 이러한 깨달음에 가까이 가면 갈수록 하나님의 본질은 보이지 않는 것임을 알게 된다. 그리하여 영혼은 온갖 겉모습의 현상, 즉 감각으로 파악되는 것들뿐 아니라 이성으로 알 수 있는 현상들도 떠나서 계속 내면세계로 더욱 깊이 파고들어가 마침내 보이지 않고 이해할 수 없는 데까지 영성의 힘으로 뚫고 들어가게 되면, 영혼은 그곳에서 비로소 하나님의 모습을 보는 것이다. 우리가 추구하는 것을 참으로 보고

---

136) Daniélou, *Platonisme et Théologie Mystique*, 150.

참으로 안다는 것은 곧 이같이 보이지 않는 것이며, 우리의 목표는 모든 지식을 초월하며, 결코 알 수 없는 어둠으로 우리와는 어디에서나 차단되어 있는 지식임을 깨닫는 것이다. 그러므로 위대한 복음사가이며 이같이 계시적(啓示的) 어둠 속으로 뚫고 들어갔던 요한은 우리에게 말하기를 "일찍이 하나님을 본 사람은 아무도 없다"(요 1:18)고 했다. 그는 이처럼 누구 한 사람도, 정녕 그 어떤 지적 피조물도 하나님을 알 수는 없다는 것을 가르쳐 주었다(『모세의 일생』 II 162-4).

어둠 속으로 들어간다는 것은 하나님의 불가지성을 깨닫게 되는 것이다. 보지 않음으로써 보는 것이 있고 알지 못함으로써 아는 것이 바로 여기에 있다. 이유는 하나님의 절대적 불가지성 때문이다. 하지만 그레고리우스는 단순히, 하나님은 알 수 없는 분이라고 얘기하는 데 그치지 않고 한 걸음 더 나아가 이를 깨닫는 것은 거룩한 어둠 속으로 들어가는 것이라고 -이는 아마 어둠에 관한 필론의 해석인 듯하다- 한다. 다음은 "얼굴을 맞대고 하나님을 뵙고 싶다"(출 33:11.18)는 모세의 간청에 대한 그레고리우스의 해석이다.

모세가 경험하고 있었던 것은 영혼 가득히 품고 있던, '최고선'에 대한 갈망이었으리라 생각된다. 또한 이 갈망은 그가 전에 언뜻 보았던 아름다움으로부터 비롯된 '초월자'에 대한 기대로 끊임없이 강도를 더해 가고 있었다. 또한 이 기대는 그가 하나하나의 단계를 밟아나가면서 이룩한 모든 성취감으로 인하여, 최고의 단계에 아직도 무엇이 감춰져 있는지를 보고자 하는 갈망을 끊임없이 불태우고 있었다. 그러므로 아름다움을 열렬히 사랑하는 사람은 그리워하는 대상의 이미지를 언제나 보면서도 바로 그 이미지의 원형으로 충족되기를 바란다. 갈망의 언덕으로 올라가는 영혼의 대담한 요구는 거울에 비추어 반사된 아름다움이 아니라 '아름다움' 그 자체를 직접 누리고자 하는 것이다.

하나님의 목소리는 모세의 요청을 거절하면서도 몇 마디 말로 끝없이 깊은 관상의 바위굴을 가리켜줌으로써 그의 요청을 들어주신 것이라고 할 수 있다. 한없이 너그러운 하나님이기에 그의 갈망이 채워지도록 해주시겠지만, 갈망 자체가 멈추거나 충족될 것을 약속하지는 않았다. 모세가 처음 보았던 하나님의 모습이 갈망을 그치게 할 그러한 비전이었다면 정녕 하나님은 당신 종에게 당신의 모습을 보이지 않았을 것이다. 하나님의 진정한 모습이란 오히려, 당신을 바라보는 영혼이 당신을 갈망하기를 결코 멈추지 않게 하는 것이리라.

얼마간 사이를 둔 후에 그레고리우스는 이렇게 이어나간다.

따라서 우리는 무한한 본질에는 한계가 있을 수 없으며, 무한한 것은 본질적으로 이해될 수 없음을 알게 된다. 또한 위를 향하여 우리를 이끌어주는 '아름다움'에 대한 갖가지 갈망은 영혼이 상승함에 따라 더욱더 강렬해진다. 이는 곧 하나님을 본다는 의미의 참뜻인즉, 이 갈망은 결코 충족될 수 없다는 것이다. 그러나 우리로 하여금 볼 수 있도록 도움을 주는 것들에게로 눈길을 모으며 우리는 이 보고자 하는 갈망을 더욱더 강하게 지켜야 하겠다. 그러므로 하나님께로 향하여 오르는 우리의 발걸음에 한계가 있을 수 없는 것이다. 첫째로 아름다움에는 한계가 있을 수 없기 때문이며, 둘째로 아름다움을 향한 우리의 갈망은 어떠한 만족감으로도 결코 멈추지 않고 끊임없이 불어나기 때문이다(『모세의 일생』 II 231-3, 238-9).

하나님을 뵙고자 하는 모세의 소망은 끊임없이 충족되면서도 결코 충족되어 버리지 않는다. 그레고리우스는 또한 이렇게 말한다. "모세는 하나님을 뵙고자 애썼다. 이 말은 어떻게 하면 하나님을 보게 되는지에 대하여 지침을 받은 것인즉, 하나님을 본다는 것은 당신께서 인도하시는 곳이면 어디라도 따라감을 뜻한다"(『아가 주해』 VI 888A).

그레고리우스의 이와 같은 교리를 다니엘루는 에펙타시스(epektasis)[137]라고 칭하였다(그러나 이 말이 그레고리우스에게서 신비적 의미로 쓰인 용례는 한 번뿐인데 다니엘루도 물론 이를 인정하였다).[138] 말하자면 영혼은 끊임없이 하나님을 그리워하며 하나님을 알고자 끊임없는 소망을 내뻗고 있지만, 궁극적인 만족도 결정적인 합일도 없고, 영혼이 시간적 추이(推移)에서 벗어나 황홀한 결합을 이루는 탈혼상태도 없다. 다만 어둠 속으로 더욱더 깊이 빠져들어갈 뿐이다. 그레고리우스는 「아가」에서 신부가 신랑을 찾아 헤매는 구절을 설명하면서 이 교리를 더욱 발전시키고 있다.

> 영혼은 사랑하는 님의 발소리를 듣고 밖으로 나가 님을 찾아 헤매지만 끝내 찾지 못한다. 님은 말소리로 닿을 수 있는 분이 아니건만 그래도 영혼은 님을 부르며 찾아다닌다. 그러자 야경꾼이 말해주기를 신부는 닿을 수 없는 분을 사랑하고 있으니 그 사랑은 끝내 이룰 수 없는 사랑이라고 한다. 그리하여 신부는 소망이 꺾이어 상처받고 지쳐버린다. 이젠 그리움이 채워질 수도 만족될 수도 없다고 생각한다. 그러나 소망에 대한 참된 만족이란, 소망하는 곳으로 한 단계씩 오를 때마다 언제나 '초월자'를 향하여 더 높이 오르려는 더욱 강렬한 소망이 새로이 솟아남을 깨달음으로써, 끊임없이 찾기를 계속해 나가며 상승하기를 멈추지 않는 데 있다는 사실을 알게 될 때 신부는 슬픔의 너울을 벗

---

[137] '따라 나아간다'는 뜻으로, 그레고리우스는 사도 바울이 빌립보서 3:13에서 말한 "앞에 있는 것만 바라보면서"라는 구절의 그리스어(*ep-ek-teinomai*, to reach out after)에 착안하여 이 말을 사용했다.
[138] Daniélouou, 앞의 책 298 각주.

어나게 된다.

　이렇게 하여 절망의 너울은 벗어지고 신부는 세세에 영원토록 빛나는 신랑의 아름다움이 이해할 수도 바랄 수도 없는 것임을 언제나 더욱더 깊이 깨닫게 된다. 그러자 신부는 더욱 애타는 그리움으로 가슴이 미어져 예루살렘의 딸들을 통해 '사랑하는 이'에게 자기의 마음을 호소한다(아 5:8). 영혼은 하나님의 예리한 창에 찔렸고 믿음의 뾰족한 칼이 가슴에 꽂혔으며 사랑의 화살로 아물지 않는 상처를 입었기 때문이다. "하나님은 사랑이시다"(『아가주해』 XII 1037).

'따라 나아간다(epektasis)'는 그레고리우스의 이 교리는 분명히, 무(無)부터의 창조라는 기본 교리에 내재하는바, 영혼과 하나님 사이에 건너갈 수 없는 깊은 틈이 있음을 철저히 이해하고 받아들임으로써 생겨난 것이다. 이는 또한 그레고리우스에게 있어서 황홀상태에 관한 교리를 대체한 것이었다. 하지만 그의 초기 작품(예: 『동정성에 관하여』, De Virginitate)에서는 그도 분명히 황홀상태에 관하여 언급한 바 있었다. 그렇다면 그레고리우스가 펼친 사상에는 아타나시우스의 경우에서와 같이 플라톤 철학을 전제로 한 신비주의에서, **무로부터의 창조** 교리에 의거하여 신비주의를 거부하기에 이르는 변천이 있었다는 것일까? 그레고리우스의 '따라 나아간다'는 교리는 그 같은 신비주의를 거부하면서, 그리스도인이 살아가는 중에 끊임없이 추구해야 할 도덕적 진보의 이상을 가리킨 것에 지나지 않는 것일까? 확실히 이는 하나님과의 황홀한 결합을 부인할 뿐 아니라, 하나님에게 닿을 수 있다는 그 어떤 생각조차도 거부하는 교리인 것 같다. '**하나님을 본다는 것은 당신을 따라 나아감을 뜻한다.** …'

　다니엘루에 앞서 한스 우르스 폰 발타자르는 그레고리우스의 '따라 나아간다'는 교리를 '되어감(轉化, 전화)과 바람(所望, becoming and desire)'의 철학이라고 칭하면서 다음과 같이 말한 바 있다. "이상하다! 우리에게 아주 근본적인 것 – 불만족을 절대화하는 이런 형이상학에 우리는 만족할 수가 없다."139) 그는 또한 '되어감과 바람'이란 이 형이상학이 틀린 것이라면 그것은 이 이론이 피조물계 현상의 본질에 대한 분석에만 근거하고 있기 때문이라는 의견을 제시하였다. 그러나 이와 같은 형이상학이 그레고리우스에게는 없다는 사실을 우리는 알아야 한다. '따라 나아간다'는 교리는 그레고리우스의 사상에서 한 가닥의 실이며 전체 직물에서 실 한 가닥만을 풀어낼 수는 없는 노릇이다. 발타자르는 나아가 그레고리우스의 이미지와 사랑의 철학을 논하는 가운데 그가 앞에서 내렸던 결론을 약간 수정하였다. 그러나 정작 그레고리우스의 작품에서 '되어감과 바람'의 철학은 결코 독립적인 것이 아니라, 어디까지나 거룩한(신적인) 어둠에 대한 영혼의 경험을 설명하는 하나의 방법일 따름이다. 이는, 하나님은 알 수 없는 분이시고 하나님에 관한 궁극적인 지식은 얻을 수 없으며 하나님에 대한 그리움은 결코 만족될 수 없음을 뜻한다. 영혼은 하나님을 경험하면서 언제나 더욱 격려받고 그리하여 더욱더 하나님을 갈망하게 되는 것이다. 하지만 그렇다고 해서 하나님은 영혼으로부터 멀리 떨어져 계시고 영혼이 결코 접할 수 없는 분이란 뜻은 아니다. 오히려 하나님은 어둠 속에서 영혼에게 모습을 보이시며 영혼은 하나님과 결합하는 것이다. '따라 나아간다'는 교리는 영혼이 하나님을 경험하는 과정의 한쪽 측면, 즉 끝없는 추구와 만족 불가능성을 표현해 주고 있을 뿐이다. 그레고리우스는 적어도, 영혼의 거울, 영적 감각, 그리고 내재하시는 '말씀', 이 세 주제를 통하여 어둠 속에서 하나님을 보는 영혼의 경험을 표현하였다.

영혼이 스스로의 거울로 하나님을 관상할 수 있다는 것은 '여덟 가지 참된 행복'(眞福八端, 진복팔단)에 관한 그레고리우스의 초기 저서에서 설명된 바 있으며, 성숙기의 저술 『아가 강론』에도 자주 언급되어 있

---

139) *Présence et Pensée* (Paris 1942) 76; 이에 대한 또 다른 관점이나 Balthasar에 대한 비평으로는 J. Gaïth, *La Conception de ta liberté chez Gréeoire de Nysse* (Paris 1953) 203 이하 참조.

다. 그런데 '여섯째 행복'에 관한 산상수훈은 모순점을 품고 있는 바, "마음이 청결한 자는 복이 있나니 그들이 하나님을 볼 것임이요"(마 5:8)라는 성서 구절은 마음이 깨끗이 정화된 사람에게는 하나님의 모습이 보일 것임을 약속하고 있지만, 다른 성서 구절은 분명히 하나님은 우리가 볼 수 없는 분임을 단정하고 있기 때문이다. 이에 대하여 그레고리우스는 먼저, 필론과 그 밖의 교부들의 가르침에 의거하여 하나님의 본질(essence)과 활동(activities)을 구별함으로써 한 가지 해답을 제시하였다. 하나님은 본질적으로는 알 수 없지만 당신의 활동을 통하여 스스로를 알려주시는 분이다(그레고리우스는 여기에서 우시아(ousia, 본질)와 에네르게이아이(energeiai, 활력)란 말을 사용하였으며, 여기 이 내용은 중세 후기에 가서 비잔틴 학자들이 하나님의 알 수 없는 본질과 알 수 있는 활동을 구별하는 팔라마스(Palamas)140)의 견해를 지지하기 위하여 흔히 인용하였다). "하나님은 본질로서는 보이지 않는 분이지만 당신의 활동을 통하여 보이게 되십니다. 하나님은 당신과 연관이 맺어진 만상을 통하여 관상할 수 있기 때문입니다"(『강론』 VI 1269A).141) 이로써 우리는 하나님은 알 수 없기도 하고 알 수 있기도 하다는 역설에 대하여 곧바로 해답을 줄 수 있는 것이다. 그러나 그레고리우스는 여기에 만족하지 않았다. 왜냐하면 하나님의 활동을 통하여 하나님을 안다는 것은 하나님이 행하시는 일로부터 하나님의 존재를 추론하는 것이며, 이는 '현세를 사는 현자(賢者)'라면 도달할 수 있는 단계이기 때문이다. 그러나 "주님은 하나님에 관하여 무엇인가를 아는 사람이 행복한 것이 아니라, 마음 가운데 하나님이 임하여 계시는 사람이 행복하다고 말씀하셨다"(1269C).142) 하나님을 안

---

140) Gregorius Plamas(1296-1359)는 콘스탄티노플 태생이며 그리스 정교회의 신학자로서 1347년에 그리스의 데살로니가(Thessalonica) 주교로 임직했다. 성인. [콘스탄티노플의 원래 그리스 명칭은 비잔티움(Byzantium)이다. 콘스탄티누스 황제에 의하며 4세기에 동로마제국의 수도가 된 이후로는 황제의 이름을 따라 콘스탄티노플로 개칭되었다. 1453년 동로마제국이 멸망하고 터키 제국의 영토가 된 후로는 이스탄불(Istanbul)로 개칭되어 1923년까지 터키의 수도였다.]
141) 위 인용문은 아래 제목으로 출판된 니사의 그레고리우스 작품집에 있는 H. Graef 의 번역이다. *St. Gregory of Nyssa : The Lord's Prayer, The Beatitudes* (Ancient Christian Writers XVIII, London 1954)
142) 앞의 책 148.

다는 것은 하나님에 관한 지식을 얻는 것이 아니라 하나님을 소유함을 뜻하기 때문이다. 그러므로 여섯째 행복이 뜻하는 바는, 사람의 마음이 온갖 피조물과 변덕스런 애착에서 벗어나 깨끗이 정화되면 스스로의 아름다움 가운데 드러나는 '거룩한 본성'의 이미지를 보게 되리라는 것이다. 영혼은 거룩한 이미지를 비춰주는 거울이기에 영혼 속에 현존하는 하나님의 이미지를 관상함으로써 하나님을 관상할 수 있게 된다. 영혼은 자신을 깨끗이 정화해야 한다. 그렇지 않으면 거룩한 모습은 흐려지고 일그러진다. 그러나 이미지 안에 현존한다는 은총, 이는 다름 아닌 하나님의 선물(은총)로서 이는 인간으로 하여금 거룩한 '본성'을 비추게 해주는 것이다. "여러분을 창조하신 분은 창조와 동시에 여러분의 본성에다 이 놀라운 품성을 부어주셨습니다. 마치 밀랍을 이겨 형상을 새겨넣듯이 하나님은 여러분에게 당신의 '본성'과 같은 영광된 모습을 새겨넣어 주신 것입니다"(1271A).

영혼은 알 수 없음(불가지성, 不可知性)의 어둠 속에서 거울에 비친 하나님을 관상한다. 가브리엘 혼(Gabriel Horn)은 그레고리우스에 있어서 하나님을 보는 두 가지 방법인 '거울'과 '구름'을 비교하였다.143) 발타자르 또한 혼의 견해에 따라, 영혼의 거울을 통하여 얻게 되는 하나님에 대한 지식은 알 수 없는 하나님을 볼 수 없는 불가능성에 대한 보상으로서 영혼이 체념하고 받아들이는 것이라고 생각했다.144) 그러나 레이스는 이 두 사람의 의견에 반대하여,145) 영혼이 거울을 통하여 하나님을 알게 된다는 것은 어둠 속에서 영혼의 경험을 설명하는 또 하나의 방법, 즉 경험의 적극적이고 긍정적인 측면을 제시하는 방법으로 보았는데, 레이스의 생각이 옳은 것 같다. 그는 거울 속에는 아무것도

---

143) "Le 'Miroir, la 'Nuée', deux manièrcs de voir Dieu d'après S. Grégoire de Nysse", *Revice d'ascétique et de mystique* VIII (1927) 113-31.
144) *Présence et Pensée*, 99.
145) R. Leys, *L'Image de Dieu chez Saint Grégoire de Nysse* (Brussels and Paris 1951) 41 이하.

보이지 않으며 아무런 이미지도 비치지 않음(ou ... antiprosopon theama)을 지적하였다. 영혼의 거울은 영혼으로 하여금 창조되지 않은 하나님의 모습을 거울 속에서 창조된 모습으로 파악함으로써 하나님을 관상할 수 있게 해주는 것이다. 거울을 통하여 영혼은 참으로 하나님과 함께할 수 있지만 하나님은 언제나 알 수 없는 분으로 머물러 계신다.

거울의 비유는 영혼이 덕을 쌓으며 깨끗이 정화됨으로써 하나님과 같은 모습을 가지게 된다는 사실에 근거하고 있다. 이는 『아가 주해』에 다음과 같이 아주 분명하게 설명되어 있는 바이다.

> 향료는 여러 가지이고 향기도 각각이지만 골고루 기술적으로 잘 섞으면 나드 향유라 하는 아주 독특한 고약이 된다. 나드란 이름은 고약의 성분으로 혼합된 여러 향기나는 풀들 중 하나이다. 이는 여러 가지 향료가 서로 함께 어우러져 단일한 향기를 형성한 것인데, 신랑이 순수하게 정화된 감각으로 받는 감미로운 냄새가 바로 이것이다. 이러한 성서 구절을 읽어보면 '말씀'은 당신의 본성으로 창조된 우주만상의 질서와 구조를 완전히 초월하여 계시며 접근할 수도 만져질 수도 이해할 수도 없는 분이라는 가르침을 받게 된다. 그러나 우리의 덕(德)이 완성에 이르는 과정을 통하여 증류되는 향기가 당신을 대신하여 우리 가운데 머물러 있는 것이다. 이 향기는 순수함으로써 영원토록 부패하지 않는 당신의 본질을 본받고, 선(善)함으로써 당신의 선하심을, 불멸함으로써 당신의 불멸성을, 한결같음으로써 당신의 불변성을 본받는 바, 우리가 지닌 모든 미덕을 통하여 당신의 참된 덕을 나타내며 예언자 하박국의 말과 같이 하늘을 온통 뒤덮고 있는 것이다(합 3:3).
>
> 그리하여 신랑의 벗들에게 "왕이 침상에 앉았을 때에 나의 나도 기름이 향기를 뿜어냈구나"(아 1:12)고 하는 신부의 이 노래는 우리에게 깊은 교훈을 주는 것이라 생각된다. 덕

을 키우는 여러 복장에서 온갖 향료와 그윽한 꽃을 따 모아 자기의 삶을 갖가지 덕으로 향기롭게 하여 완전하게 된 사람일지라도 하나님의 '말씀'을 계속 똑바로 쳐다볼 수 없는 것은 태양을 계속 똑바로 쳐다볼 수 없는 것과 같다. 그러나 이 태양을 거울에 비춰보듯이 자신의 내면세계 안에서는 쳐다볼 수 있는 것이다. 하나님의 완전무결하신 덕이 티 없는 광선을 내뿜어서 마음이 깨끗한 사람들의 삶을 밝게 비추어주시기 때문이다. 이 광선은 보이지 않는 것을 보이게 해주고 우리 영혼의 거울에 태양의 이미지를 새겨 넣음으로써 접근할 수 없는 것을 알 수 있게 해준다. 지금 우리가 해석하는 테두리 안에서는 태양의 광선이든 덕의 영향이든 향기의 발산이든 모두 다 같은 말이다. 우리 논의의 목적을 위하여 어떠한 비유를 사용하든 기본 개념은 하나이자 동일한 것이기 때문이다. 즉, 아름다움의 원형을 그와 같은 모습을 지닌 이미지로부터 더듬어 짐작할 수 있는 것과 같이, 모든 지식을 초월해 있는 '최고선'을 파악하게 되는 것은 우리의 덕을 통해서인 것이다(『아가 주해』 III 824A-C).

영혼은 자신의 덕을 통하여 하나님의 완덕에 참여하게 된다. 영혼이 풍기는 향기는 하나님에게서 발원한다. 그리하여 '신랑'은 영혼의 향기와 아름다움 가운데 즐거워한다.

이는 둘째 주제, 즉 영적 감각으로 연결되는데 여기서 그레고리우스는 '어둠' 속에서 하나님을 보는 영혼의 경험에 대하여 논의하기 시작한다. 『아가 주해』의 다른 구절을 읽어보면, 덕이 영혼으로 하여금 향기를 풍기게 하여 '신랑', 즉 '말씀'을 즐겁게 하는 것이 아니라, 덕이 영혼의 감각을 일깨워주기에 영혼은 스스로 신랑을 감지할 수 있게 된다고 한다. 이 두 가지 견해는 그레고리우스가 영혼을 나리꽃에 비유하고 '말씀'을 능금나무에 비유한 대목에서(아 2:1-6) 함께 설명되어 있다. 즉, 우리는 향기로 '신랑'을 즐겁게 하지만 '말씀'(능금)은 감각을 즐겁게 해줄 뿐 아니라 나아가 양분이 된다는 것이다.

> 그리하여 신부는 자기와 주님의 차이를 올바르게 깨닫게 된다. '빛'이신 주님은 우리의 시각에는 아름다움의 대상이시고 우리의 후각에는 감미로운 향기이시며 당신을 나누어 적는 이들에게는 '생명'이시다. 주님을 먹는 사람은 복음서의 말씀과 같이 영원히 살 것이다(요 6:48-51). 인간의 본성은 덕이 무르익으면 꽃이 되지만 꽃은 '농부'이신 주님에게 양분을 드리지는 못하고 다만 자기 자신을 가꿀 뿐이다. 주님에겐 우리가 만든 물건이 전혀 필요하지 않지만 우리는 주님이 필요한 것이다. …(『아가 주해』 IV 844B).

영적 감각 문제에서 그레고리우스가 오리게네스의 생각을 이어받은 것은 분명하지만 그는 더 심층적으로 다루었다고 생각된다. 오리게네스는 영적 감각들이 존재한다는 점에 치중했을 뿐이지만 그레고리우스는 그러한 영적 감각을 통하여 영혼이 거룩한(신적인) 어둠 속에서 겪게 되는 경험의 본질을 더 깊이 탐구하였던 것이다.

> 신부는 거룩한 밤(어둠)으로 둘러싸여 있다. '신랑'은 이 거룩한 밤에 찾아오지만 당신의 모습을 드러내지는 않는다. 보이지 않는 분이 어떻게 밤에 모습을 드러낼 수 있단 말인가? 이는 당신의 보이지 않는 본성으로 모습을 감추고 계시며 손에 확실하게 잡히지는 않으면서도 영혼으로 하여금 당신께서 현존하여 계시다는 감각을 느끼게 해주시기 때문이다(『아가 주해』 XI 1001B-C).

영혼은 어둔 밤에 '말씀'의 현존(現存)을 볼 수는 없지만 느낄 수는 있다. '말씀'이 '당신께서 현존하여 계시다는 감각을 느끼게 해주시기 때문이다(*aisthesin tina … tes parousias*)'. 또한 그레고리우스가 가장 많은 관심을 기울여 설명한 감각은 바로 이 현존과 관계되는 감각들인 냄새·맛·촉각, 즉 느낌이다. 우리는 느낌과 냄새의 예에 관하여 이미 살펴보았다. 그레고리우스는 영혼이 '어둠' 속에서 겪는 하나님에 대한 경험을 얘기하면서 '감미로움(glukus)'이란 말도 자주 언급하였다. 하나님이 현존하여 계시다는 느낌이 어둠 속에서 영혼에게 주어진다는 것, 그레고리우스는 이 점을 강조한 것 같다. 여기서 말하는 현존은 영혼에게 베풀어지는 것임을 우리는 주목해야 하겠다. 즉, 영혼이 하나님을 발견하는 것이 아니라 하나님에게 발견되는 것이다. 그레고리우스의 이 같은 생각은 하나님께서 사람이 되심(강생하심)으로 우리 가운데에 오셨다는 사실에 기초하고 있다. 영혼이 하나님을 그리워함은 강생하시어 우리와 하나가 되신 하나님의 사랑. 우리를 위한 그 같은 사랑에 대한 응답이다.

이로써 우리는 앞에서 언급했던 바, 영혼이 어둠 속에서 겪는 경험에 관한 그레고리우스의 설명 가운데 세 번째 측면인 영혼 안에 내재하는 '말씀'의 주제에 이르게 되었다. 영혼의 덕이 꽃피면 영혼 속에 하나님의 이미지가 드러나게 된다는 것은 이미 앞에서 살펴본 내용이다. 즉, 영혼은 자기 안에 하나님을 소유함으로써 하나님을 알게 된다. 그레고리우스는 영혼 속에 현존하시는 '말씀'에 관하여 여러 곳에서 더욱 직접적으로 얘기하고 있다. 예를 들어 예수께서 날로 지혜가 늘어나며 자라는 모습이 영혼의 성장을 통하여 보인다는 것이다.

> 우리 가운데 아기로 태어나신 예수께서는 당신을 받아들이는 사람들의 마음속에서 제각기 나름대로 지혜와 나이와 자비로움이 성장하게 된다. 그분은 모든 사람의 마음속에 똑같은 모습으로 계신 것이 아니라 당신께서 내재하시는 사람들의 정도에 따라, 즉 그분을 맞아들이는 사람들 하나하나의 능력에 맞추어서 머물러 계신다. 어떤 이들에게는 아기로서, 다른 이들에게는 한창 자라는 모습으로, 또 어떤

이들에게는 완전히 성숙한 분으로 오신다. …(『아가 주해』 III 828D).

위 글과 이어지는 단락에서 그레고리우스는 '말씀'이 내재하시는 영혼의 부분을 나타내는 말로서 다음과 같은 여러 가지 용어를 사용하였다 마음(kardia), 영혼의 영도자(hegemonikon, 이는 스토아학파의 용어이다), 양심(syneidesis), 정신의 깊이(batheia dianoias) 등등이다. 다니엘루가 지적한 바와 같이 146) 그레고리우스는 영혼의 가장 깊고 가장 내면적인 부분을 나타내 줄 만한 그 어떤 용어를 찾고 있었던 것 같다. 영혼의 이 부분을 타울러147)는 '영혼의 바닥(the Ground of the Soul)'이라 했고, 성 프란치스코 살레시오는 "영혼의 첨단(la fine pointe de l'âme)'이라 했다. 또한 다음 사항도 주목해 볼 만한 점이다. 즉, 그레고리우스는 여러 곳에서(특히 『아가 강론』 XI) 추론적 이성(zetetike dianoia)과 마음을 대조하였는데, 추론적 이성은 하나님의 본질을 알고자 탐구하지만 좌절해 버리는 반면에 마음은 감탄과 흥분으로 '말씀'의 현존하심을 깨닫는다는 것이다.

이는 영혼의 신비적 경험에 대하여 그레고리우스가 말하는, 각기 세 가지 방법(측면)을 통하여 얻게 되는 그 무엇인가의 내용을 더욱 뚜렷이 밝혀주고 있다. 즉, 영혼의 신비적 경험을 정당하게 논의하고자 하는 노력으로 그레고리우스는 오리게네스의 주지주의(主知主義) 및 플라톤 철학을 배경으로 하는 신비사상의 지적 카테고리를 초월하게 되었다. 그는 또, 하나님께 마음으로 응답하는 사람에 대하여 얘기하는 성서의 용어를 사용함으로써 이성적 지식을 초월하여 하나님을 알고자 하는 신비주의, 즉 알 수 없는 어둠 속에서 하나님의 현존하심을 느끼고자 하는 신비주의를 전개하였다. 이 같은 느낌의 신비주의는 우리가 신비사상의 역사에서 살펴보았던 지금까지의 내용을 근본적으로 초월하는

---

146) Daniéou, 앞의 책 255.
147) Johann Tau1er(1300년경-1361). 중세기 라인강 지역에 살았던 도미니코회 신비주의자. 토마스 아퀴나스의 교의에 입각하여 신비사상을 설파한 여러 편의 강론은 후대에 많은 영향을 미쳤으며 종교개혁자 마르틴 루터가 특히 경의를 표했다.

것이다.

신비적 경험의 이 세 가지 측면(영혼의 거울, 영적 감각, 내재하시는 '말씀')은 한마디로, 영혼이 거룩한 어둠 속에서 하나님을 경험하는 데 대한 다양하고도 감각적인 설명인 셈이다. 이 경험은 우리의 감성과 지성을 초월한 것이며, 영혼을 즐겁게 하고 황홀하게 하는 향기를 느끼고 깨닫는 것이다. '따라 나아간다'는 교리는 이러한 관점에서 이해되어야 한다. 이는 결국 신비주의에 대한 대응으로서의 도덕주의가 아니라, 영혼이 더욱더 깊은 체험 속으로 더욱더 이끌려 들어가는 신비적 경험을 알고자 하는 것이다. 하나님을 경험한다는 것은 끝없는 추구일 뿐이다. 하나님은 궁극적으로 알 수도 이해할 수도 없는 분이기 때문이다.

그레고리우스는 영혼이 이처럼 끊임없이 앞으로 이끌려가는 것을 간혹 황홀상태와 비교하기도 했는데, 아마도 이는 그가 영혼이 하나님에게로 흘러드는 순간들이 있다고 생각했기 때문일 것이다. 그러나 황홀상태를 얘기할 때 그는 주로 은유적인 표현을 사용했으며, 그 같은 표현은 영혼이 끊임없이 자기를 벗어나 더욱더 깊이 하나님을 알고자 하는 그리움의 방향으로 이끌려감을 의미하는 것 같다. 그러므로 영혼은 아직도 더욱더 하나님을 그리워하면서도 이미 하나님을 경험하며 깊이 즐거워한다는 역설이 여기에 있다. 이 같은 경험을 표현하기 위하여 그레고리우스는 '깨어 있는 잠', '취하지 않는 술 마심'과 같은 모순어법을 쓰고 있다.

그레고리우스의 가르침에 정녕 황홀적인 요소가 있다면 이는 그가 말하는 사랑의 황홀성에 기인한 것이다. 즉, 사랑은 영혼으로 하여금 끊임없이 자기를 벗어나 스스로 계시는 본질로서의 하나님과 하나가 되도록 이끌어가기 때문이다. 이처럼 오직 사랑하는 이와 하나 되려는 갈망을 뜻하는 사랑, 이 같은 사랑을 표현하기 위하여 그레고리우스는 에로스와 아가페, 두 용어를 함께 사용하였다. 앞에서 살펴본 바와 같이 세 번째 길은 영혼이 하나님과 하나 되는(결합, *anakrasis*) 단계라고 하였다. 또한 영혼이 어둠 속으로 들어가는, 즉 영혼이 신비적 상승에서 가장 높은 단계로 올라가게 되는 원리는 다름 아닌 이 하나 되려는 소망에 의한 것이다. 영혼 속에서 하나님과 하나 되려는 소망은 불가능을 바라는(알 수 없는 하나님과 하나가 되려는) 소망이다. 다니엘루는148) 하나님에 대한 영혼의 사랑을 표현하기 위하여 에로스와 아가페를 함께 사용했던 그레고리우스의 역설을 지적하였다. 영혼으로 하여금 자기를 벗어나와 스스로 계시는 하나님에게로 끝없이 끌려들게 하는 그리움, 이같이 황홀경에 빠지게 하는 그리움이 에로스인 바, 에로스는 아가페의 **황홀한** 측면을 말한다.

> 신부는 눈을 가린 너울을 벗어버리고 순수한 눈으로 형용할 수 없이 아름다운 '신랑'을 바라본다. 그리하여 신부는 에로스의 불같은 영적 화살에 상처를 입게 된다. 이처럼 강렬하게 긴장된 아가페는 에로스라 불리는 것이다. 이 에로스의 화살이 육신을 가진 피조물에게서가 아니라 하나님으로부터 오는 것이면 아무도 이를 부끄러워할 까닭이 없다. 신부는 오히려 자신의 상처를 영광스럽게 여기는 바, 영적 그리움의 화살촉이 마음 깊이 꽂혔기 때문이다. 그러므로 신부는 이 사실을 분명히 밝히는, 즉 다른 아가씨들에게 "내가 사랑하므로 병이 났다고 하려무나."(아 5:8)라고 말하는 것이다(『아가 주해』 XIII 1048 CD).

따라서 황홀상태란 영혼이 시간적 추이에서 벗어나 순간적으로나마 영원한 상태로 빠져들어가는 그러한 경험은 아니다. 영혼에게 최종적 안식의 상태란 있을 수 없다. 영혼은 끊임없이 자신을 벗어나 하나님에 대한 사랑으로 이끌려간다. 이것이 바로 그레고리우스가 의미하는 황홀상태, 즉 그리움과 소망과 사랑이라는 열렬한 경험이며, 하나님을

---

148) 위의 책. 206.

'따라 나아간다'는 것은 이 열렬한 사랑의 결실을 말한다. 하나님에 대한 소망은 끊임없이 만족되면서도 결코 완전히 만족될 수 없으니, 만족된 소망은 더욱더 큰 소망을 부르기 때문이다. 영혼은 끊임없이 하나님을 찾아서 발돋움한다. 최종단계의 비전도 있을 수 없다. 영혼이 어둠 속에서 경험하는 것은 관상(*theoria*)이 아니고, 또 관상일 수도 없기 때문이다. 암흑 속에서는 볼 수 있는 가능성이 없는 것이다. 하나님의 현존하심은 볼 수도 없고 이해할 수도 없으며, 오직 느낄 수 있고 받아들일 수 있을 뿐이다.

그레고리우스는 관상, 즉 테오리아(*theoria*)의 궁극성을 이처럼 부인함으로써 오리게네스와 에바그리우스와 뚜렷이 구별되고 있다. 이로써 플라톤 철학을 배경으로 한 관상의 교리는 뒤로 물러나버렸다. 영혼은 관상을 초월하여 할 수 없는 어둠 속에서 사랑으로 하나님에 대한 깨달음과 현존하심을 찾아 더욱더 깊숙이 뚫고 들어가는 것이다.

제 5 권
수도자들의 공헌

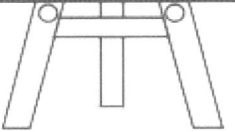

에바그리우스
마카리오스
디아도쿠스 폰 포티케

수도자들의 공헌[149]

신비신학을 논의함에 있어서 그 범위를 신학자들에만 국한한다면 이는 큰 잘못일 것이다. 기도는 생각하는 것이라기보다는 실천하는 것이며, 모든 신학이 기도와 연관되어야 하겠지만 신비신학은 기도의 방식, 어떻게 하면 영혼이 하나님과 결합할 수 있느냐 하는 방식에 대하여 심사숙고하는 학문으로서, 특히 기도와는 직접적으로 관계가 깊다. 이런 이유에서 수도생활(평생을 기도에 바치는 생활)은 교부시대의 신비신학에 특별한 공헌을 했다고 생각된다. 그럼에도 불구하고 수도원 제도에는, 인간이 하나님으로부터 완전히 멀리 떨어져버렸기에 현세에서는 참회와 더불어 악의 세력과 끊임없는 투쟁의 삶을 살아야 한다는, 이처럼 아주 뚜렷이 반(反)신비적인 요소가 뿌리 깊은 전통으로 자리잡고 있다.

4세기에 발생한 수도생활(은수생활)은 전례가 거의 없는 갑작스럽고도 놀라운 현상이었다. 사막으로의 탈출이라는 이 극적인 현상은 그리스도인들의 순교에 대한 소망으로 해석되었다. 콘스탄티누스(Constantinus) 황제가 323년에 리키니우스(Licinius) 황제를 타도한 이후 세상은 순교가 있을 수 없는 시대가 되었다. 그러자 '하얀'(피 없는) 순교가 '붉은'(피의) 순교를 대신함으로써, '교회'가 로마제국이라는 현세에 받아들여져 현세와의 대립관계가 없어진 시대에도 여전히 그리스도와의 연속성이 보존되었던 것이다. 그렇지 않았더라면 그리스도와의 연속성은 지속되지 못했을지도 모른다. 하지만 이 '하얀 순교'란 어떻게 이해되었던 것일까? 순교는 '교회'가 성립되던 초기의 몇 세기 동안 거룩함의 표상이

---

*149) 앤드루 라우스, 배성옥 역 『서양 신비사상의 기원』 (분도출판사. 초판, 2001년) pp.151-194.

었다. 순교자들은 크리스천 생활에서 뽑힌 '선수들'이었으며 장렬한 투쟁(agon)에서 위대한 승리를 거둔 인물들이었다. 이러한 투쟁은 국가 및 국가가 신봉하는 우상숭배의 강요로 대표되었던 악의 세력과의 싸움이었으며 흔히 악마와의 투쟁으로 표현되었다.

이 모든 것이 이제 수도생활로 옮겨갔다. 예를 들어, 화형을 당한 순교자 피오니우스[150]의 모습을 그린 기록과, 아타나시우스의 『성 안토니오의 생애』에 묘사되어 있는 수도자 안토니오[151]의 모습에 관한 기록을 비교해보자. 피오니우스의 몸은 "당당한 운동선수의 한창 때 같은 모습이었다. 두 귀는 일그러지지 않았고 머리털은 두피에 가지런했으며 수염은 마치 털로 된 꽃다발처럼 풍성했다. 그의 얼굴은 또다시 광채로 빛났다. …[152]

안토니오에 관한 기록을 보면, 그가 첫 번째 금욕 수도생활을 끝내고 세상에 나타났을 때, 그를 본 사람들은 '그의 몸이 옛날 그대로인 것을 보고 깜짝 놀랐다. 운동 부족으로 뚱뚱해지지도 않았고 단식으로, 그리고 악마와의 투쟁으로 인하여 쇠약해지지도 않았다. … 영혼 속의 기쁨이 그의 밝은 얼굴 표정에 그대로 드러나고 있었다.' 그러므로 안토니오는 "'믿음'의 싸움터에서 언제고 투쟁하는 … 순교자"[153]라고

---

150) Pionius(?-250). 순교자. 스미르나(Smyrna)의 주교로 있던 당시 로마 황제 데키우스(Decius)의 정책이던 이교신들에 대한 제사를 거부한 이유로 화형을 당하여 순교했다.
151) Antonius(250년경-356). 이집트의 부유한 가정에 태어났으나 성장한 후로는 사막에서 은둔 수도자 생활을 했다. 많은 제자들과 함께 수도생활의 전통을 세워 '수도자의 아버지'로 불린다. 그가 사막에서 온갖 마귀와 투쟁을 벌이며 고행하는 장면은 '성 안토니오의 유혹'이란 제목으로 많은 후세 화가들의 걸작을 낳게 했다. 19세기 프랑의 소설가이며 『보바리 부인』의 작가 플로베르(Flaubert)도 동일한 제목의 문학작품을 남겼다.
152) "Marryrdom of Pionius the Presbyter the Presbyter and His Companions" 22, in: H. Musurillo (ed.), Acts of the Christian Martyrs XXII (Oxford 1972) 165.
153) Ancient Christian writers X (Longmans 19개)에 R. T. Meyer의 번역으로 수록된 Life of St. Antony, 14 47 67.

불린다. 순교자와 마찬가지로 수사(修士)는 악의 세력에 대항하여 싸움터의 최전방에서 싸우는 사람이다. 아타나시우스는 수도생활을 이렇게 이해하였으며, 이 같은 견해는 그가 쓴 『성 안토니오의 생애』에 잘 나타나 있다. 그런데 이는 또한 그의 강생에 관한 견해와 아주 긴밀하게 상응하고 있다. 즉, '말씀'이신 하나님께서 육신을 입으시어 '강생'하신 것은 악의 세력이 활약하는 땅 위에서 직접 악과 맞서 싸워 이기기 위함이었다는 것이다.

하나님께 나아가는 영혼의 길에 대한 그리스도교적인 깨달음에 있어서 아타나시우스는 중대한 한 걸음을 내디딘 인물이었다. 플라톤 철학에서의 영혼과 신 사이에 본래부터 있는 동족관계라는 전제조건에 기초를 두었던 초기의 신비신학에 반(反)하여, 아타나시우스는 하나님과 온갖 만상(영혼을 포함한 모든 피조물) 사이에 존재론적인 커다란 틈을 설정하였다. 이 틈은 하나님만이 넘을 수 있기에 인간은 오직 하나님께서 그에게로 오셔야만, 즉 인간이 살고 있는 타락과 죽음의 세계로 **내려와** 주셔야만 비로소 하나님을 알 수 있다. 이는 바로 '강생'을 통하여 이루어지는 것이다.

'강생'에 대한 이 같은 해석과 수도생활에 대한 아타나시우스의 견해는 서로 연결되어 있다. '강생'의 빛으로 세상에 내려오신 하나님과 하나가 되고자 소망하는 사람은 하나님과 함께 아래로 내려가는 방향을 따라야 한다. 이제부터는, 보이지 않는 하나님과 끊임없이 더욱 비슷한 모습이 됨으로써 거룩함을 향하여 위로 이끌려 올라가는 것이 아니라, 사람이 되신 '말씀'과 함께 물질세계로 이끌려 내려가는 것이다.

그러므로 『성 안토니오의 생애』에는 관상을 통하여 하나님께로 올라가는 영혼의 상승(上昇)에 관한 언급은 전혀 없고 오히려 죄악에 물든 세상으로 내려가 악마의 처소에서 싸우기 위한 하강(下降)에 대한 내용만 읽게 된다. 이로부터 두 세기 후, 성 베네딕도는 후세에 가장 탁월한 수도규칙으로 받아들여진 수도규칙서(The Rule of St. Benedict)를 집필했는데, 여기서도 관상에 대한 언급은 한마디도 찾아볼 수 없다.

그렇긴 하지만 수도원 제도 속에 흐르는 이 같은 반(反)신비주의적인 요소는 다만 우리 이야기의 한 부분일 뿐이다. 관상생활, 즉 하나님과 같이 되고자 하는 소망과 탐구는 끊임없이 인간을 부르고 있었다. 그러므로 신비적인 요소와 반신비적인 요소라 할 이 두 가지 요소는 그리스도교 수도원 제도의 역사에서 직물의 날줄과 씨줄처럼 짜여 들어가 끝없는 긴장을 낳고 있다. 그런데 이러한 역사의 시작 단계에서 두 요소를 완벽하게 발전시켜 나간 인물이 있었으니, 그가 바로 폰투스(Pontus)의 에바그리우스(Evagrius)이다.

제1장
폰투스의 에바그리우스[154]

에바그리우스의 글에 나타난 논조는 오리게네스에게 힘입은 바가 지대한 지성주의적 전통이다. 에바그리우스는 바실리오, 그리고 나지안스의 그레고리우스의 친구였다.

이 두 사람은 오리게네스의 저술에서 발췌문을 모아 『필로칼리아(Philocalia)』[155]란 책을 발간한 바 있었다. 그러나 오리게네스의 신학에 의심스런 측면이 있음을 인정한 사실로 보면 오리게네스에 대한 이들의 존경이 절대적이진 않았던 것 같다. 에바그리우스 자신은 오리게네스 신학의 철저한 신봉자였으며 그의 저술도 오리게네스의 작품에 대한 전개였을 뿐이다. 교의신학적인 면에서도 그는 오리게네스 신학의 애매모호한 점들을 모두 수용하여 더욱 발전시켜 나갔다.

그러므로 553년에 있었던 제2차 콘스탄티노플 공의회에서 이단으로 결정된 오리게네스 신학은 사실상 에바그리우스의 해석에 의한 내용이었으며, 공의회는 이어서 에바그리우스도 이단자로 선언하였다.[156] 에바그리우스가 남긴 저술의 대부분은 이단선고로 인하여 그리스어 원문

---

*154) 앤드루 라우스. 배성옥 역 『서양 신비사상의 기원』(분도, 초판. 2001). pp.151-170
155) 성산(聖山)의 니코데무스(Nicodemus of the Holy Mountain)가 쓴 Philocalia 와 혼동하지 말 것이다.
156) 6) A. Guillaumont, Les "Kephalaaia Gnostica" d'Évagre le Pontique et l'histoire de l'origénisme chez les Grecs et chez les Syriens (Patristica Sorbonensia 5, Paris 1962) 참조.
[* patristica Sorbonensia는 고대 동방의 그리스도교 문헌 연구가로 이름 높은 기요몽, 아를(Harl) 등 소르본 대학교수들이 엮어서 만든 작가 및 작품 주제별 연구서 시리즈이다.

으로는 보존되지 못하고, 칼케돈157) 공의회의 결정에 반대했던 여러 교회에서 사용하던 언어(주로 옛 시리아어) - 물론 이들 교회는 차기 공의회의 권위도 인정하지 않았다 - 로 전해지고 있다. 그러나 몇몇 중요한 작품들, 특히 『기도론』은 성 닐루스(Nilus)158)의 것이라고 잘못 판단되었던 관계로 그리스어 그대로 보존되었다.

에바그리우스의 생애에 관하여 알려진 사실은 팔라디우스159)의 기록에 의한 것이다. 『라우수스 역사(Lausiac History)』의 저자인 팔라디우스는 여러 해 이집트의 수도승들과 함께 생활하는 동안 에바그리우스의 제자가 되었다. 그의 기록에 의하면 에바그리우스는 폰투스(정확한 지명은 헬레노폰투스, Helenopontus)의 이보라(Ibora) 출신이었다. 이는 갑바도기아(갑바도기아) 지방 소도시로서 성 바실리오의 수도원에서 멀지 않은 곳이었다. 여기에서 에바그리우스는 아주 젊었을 적부터 바실리오의 영향을 받았으며 그로부터 독서직(lector)에 임명되었다. 그러나 에바그리우스는 바실리오가 조직했던 방식의 수도생활과 결별하고 수도 콘스탄티노플로 가서 지적생활에 몰입하게 되었다. 그는 당시에 전개되던 많은 치열한 신학논쟁에서 뛰어난 재능을 발휘하였다. 팔라디우스에 의하면, '그는 대도시에서 갖가지 이단을 젊은 활기로 논박하며 눈부시게 활약하였다'(『라우수스 역사』 38.2).

이 시기에 에바그리우스는 하나의 비전이라 할까, 혹은 꿈이었을 어떤 환상 속에서 콘스탄티노플을 떠나 자신을 둘러싼 모든 유혹으로부

---

157) 칼케돈(Chalcedon)은 현재 터키의 영토인 이스탄불 맞은편에 있었던 옛 그리스의 항구도시. 451년 여기에서 제4차 공의회가 열렸으며 당시의 주요 논제는 '그리스도 단성론(單性論) 배격'이었다.
158) 소아시아의 앙퀴라(현재 터키의 수도 앙카라) 출신으로 앙퀴라의 닐루스(Nilus Ancyranus)라고도 불리는 수도승(?-430년경). 앙퀴라 교외에 수도원을 설립했으며 수도생활에 관한 저서를 남겼다.
159) Palladius(365-425, 혹은 368-430). 히에로폴리스의 주교. 수도원의 역사에 대하여 기록한 그의 저서는 동로마 황제 테오도시우스 2세의 시종관 라우수스(Lausus)에게 헌사되었던 관계로 『라우수스(에게 바친) 역사(Lausiac History)』라고 칭한다.

터 벗어나겠다는 맹세를 했다고 한다. 정신이 깨어나자 그는 "비록 환상 속에서 했던 서약일지라도 나는 틀림없이 맹세를 한 것이다." 하고 생각하였고, 이튿날 예루살렘을 향하여 떠났다. 그는 예루살렘에서 훌륭한 여성 수도자 멜라니아160)의 도움을 받아 더 이상 주저하지 않고 수도생활로 들어갔다. 그리하여 383년에 먼저 이집트의 사막 니트리아 (Nitria)로 옮겨갔으며 2년 후에는 더욱더 깊은 사막으로 들어가 켈리아 (Kellia)에 이르러 399년 55세로 죽기까지 그곳에 머물렀다. 에바그리우스는 이집트 수도원 역사의 전성시대에 이집트의 사막에서 16년 동안 은수자의 삶을 살았다. 그의 저술은 다름 아닌 이 사막의 경험으로부터 나온 것이다.

에바그리우스의 명저 중에서 그리스어 원문으로 보존된 것은 『수도승』이라고도 불리는 『프락티코스』(Praktikos, 실천자, 수도자)161)와 『기도론』162)이다(『기도론』은 닐루스의 저술로 기록되어 있다). 옛 시리아어로 전해지는 그의 저술 중 가장 중요한 것은 『케팔라이아 그노스타카』(Kephalaia Gnostica 영지[靈知]에 관한 단장[斷章])163)이다. 이는 밀교(密敎)의 교의에 관한 논문인데, 이 논문이 담긴 필사본에는 553년 이단으로 선고받았던 오리게네스 신학의 교의가 그다지 손질을 가하지 않은 순수한 상태로 실려 있기도 하다.164) 그런데 이 글들은 아주 특이한 형식으로 되어 있다. 때로는 한두 문장밖에 안 되는 짧은 단장들, 이른바 '장

---

160) Melania(342년경-410년경). 로마 귀족 가문에 태어나 막대한 재산을 소유했으나 남편이 갑자기 별세한 후 이집트와 팔레스타인에 가서 금욕생활을 했으며 예루살렘 올리브 산 위에 수도원을 설립했다. 귀족 신분을 버리고 고행, 수도생활에 몰입한 본보기로 이름난 성녀.
161) 인용은 Alain & Claire Guillaumont, eds., *Sources Chrétiennes*, 170-1 (Paris 1971)에 따름(약호 P).
162) 인용은 성산(聖山)의 니코데무스가 쓴 *Philocalia* (Venice 1782) 155-65에 수록된 텍스트에 따름(약호 O). PG 79의 장절 번호와는 다소 차이가 있다. [* PG: *Patrologia Graeca*]
163) 인용은 A. Guillaumont의 본문 비판과 편집 및 번역에 의하여 *Patrologia Orientalis* XXVIII 1 (Paris 1958)로 간행된 판본. 그리고 Guillaumont이 더욱 권위 있는 필사본이라고 판단한 제2 수사본(S2)에 따름(약호 G).
164) Guillaumont, Les "*Kephalaia Gnostica*" 참조.

(chapter)'들이 모여서 제각기 작품을 이루고 있는 것이다.

P(프라티코스, Praktikos)에 100장, O(기도론)에 153장 그리고 G(영지, gnosis에 관한 단장)의 각부에 90장, 이런 식이다. 짤막한 단장의 형식은 예를 들면 일찍이 「잠언」을 본보기로 한 격언적 지혜서라든가, 헤라클레이토스165) 같은 이들의 어록이 생각나게 한다. 그러나 더 뜻깊은 일은 이 같은 단장 형식으로 된 책이 '사막의 교부들'의 어록을 연상시키는 바, 이는 간결하면서도 함축성이 있는 문장들, 때로는 아주 짧은 이야기들을 담은 것이다. 『프락티코스』(실천자)의 마지막 10장은 실제로 이 같은 어록으로 구성되어 있다.

하지만 '사막의 교부들'과 에바그리우스와의 연관성은 이렇듯 표현양식에 있어서만이 아니었다. 신비신학에 관한 그의 전반적인 견해 자체가 '사막의 교부들'의 전통에 속해 있었다. '사막의 교부들'에게 인간의 삶이란 죄악으로 유혹하는 악마와의 끊임없는 싸움이었으며, 에바그리우스가 이해하고 설명하려고 노력한 것도 이러한 삶이었다. 이는 영혼의 영적 진보에 대하여 얘기하는 그의 글을 읽어나가면 명백히 밝혀진다.

오리게네스와 마찬가지로 에바그리우스도 영혼이 나아가는 길을 세 단계로 나누었다. 그러나 윤리학(*ethike*) · 자연학(*physike*) · 형이상학(*enoptike*) 대신에 그는 실천학(*praktike*) · 자연학(*physike*) · 신학(*theologia*)이란 말을 사용하였으며, 이런 말들은 그의 영향으로 보편적인 용어가 되었다. 실천학은 영혼이 덕을 실천하여 나아가는 단계이다. 프라티코스(*praktikos*)란 단어를 이처럼 '실천적'이라는 뜻으로 사용한 것은 새로운 출발이었다. 이 말은 보통 '실무, 활동에 관계된' 의미로 쓰이고 있었으며, 아리스토텔레스는 관상적 생활(*bios theoretikos*)에 대조하여 활

---

165) Herakleitos(B.C. 540-480년경). 소크라테스 전의 그리스 철학자. 만물의 근원을 "영원히 살아 있는 불"이라고 보았다. "만물은 흐르며 변한다(萬物流轉)"라는 말로도 유명하다.

동적 생활(*bios praktikos*)에 관하여 얘기한 바 있었다.166) 에바그리우스의 친구였던 나지안스의 그레고리우스도 '프락티코스'란 말을 이와 같은 뜻으로 사용하여 활동적 생활을 수도자의 생활과 반대되는 것으로 구별하였다.167) 그러나 에바그리우스에 있어서 실천학의 단계는 활동적 생활과는 전혀 거리가 멀고, 오히려 고요함(*hesychia*) 즉 수도승의 고요한(또는 관상적이라고도 할 수 있는) 생활을 전제로 하고 있다. 실천학은 악마들과 싸움하는 생활, 유혹을 극복하고 정념을 억누르는 생활이다. 자연학은 오리게네스와 마찬가지로 자연을 관상하는 단계 – 말하자면 창조된 현실세계를 하나님을 통하여 바라보는 단계이다. 신학은 '성삼위'에 관한 지식(*gnosis*)으로서, 스스로 당신 가운데 계시는 분으로서의 하나님을 관상하는 단계이다. 한편 에바그리우스는 때때로 이와는 달리 영적 생활을 두 가지 수준 실천(*praktike*)과 관상(*theoretike*), 즉 영지(*gnostike*), 다시 말하면 활동이나 노력의 단계, 그리고 관상·지식·기도의 단계로 나누기도 하였다. 하지만 여기에는 두 단계가 서로 겹치는 범주가 있는 바, 영혼이 악마에 대항하여 악전고투하면서도 이미 관상하기 시작하는 단계인 것이다. 이같이 겹치는 단계는 나중에 알게 되겠지만 세 구분의 중간 단계인 자연학에 상응하는 것이다.

실천학에서 영혼은 덕을 쌓는다. 더 정확히 표현하자면 이 단계에서 영혼은 '아파테이아', 즉 글자 그대로 무(無)감정, 정념에서 해방된 상태에 이른다. 부세트는 '사막의 교부들'에 관한 책에서 에바그리우스의 재능은 '실천신앙의 분야'168)에 발휘되어 있음을 지적하였다. 에바그리우스의 실천학에 관한 가르침이 수도승들과 함께 살면서 형성된 사상임은 명백한 사실이며, 그리스어 원문으로 보존된 작품들도 바로 이

---

166) *Nicomachean Ethics*, 1095b 10-15, 1098a 3, 1176a 30-1179a 32.
167) Guillaumont, *Traité Pratique* (SC 170), "Introduction" 38-63의 논의 참조.
168) W. Bousset, *Apophthegmata* (Tübingen 1923) 304. 인용은 P. Sherwood, *Maximus the Confessor: Ascetic Life and Four Centuries on Charity* (London 1955) 235에서.

실천학에 대한 문제를 다룬 것이다. 그러므로 신비생활의 이 초기 단계에 대해서 우리는 지금까지 별로 많은 관심을 두지 않았으나, 에바그리우스의 재능을 옳게 평가한다는 의미에서 실천학에 관하여 어느 정도의 지면을 할애하는 것이 좋겠다.

에바그리우스는 평온(apatheia)이란 말로 무엇을 의미한 것일까? 우선 밝혀두어야 할 점은 예로니모(Hieronymus) [169]가 주장한 바와 같이 평온이란 말이 무감각 상태, 즉 영혼이 돌처럼 되었다는 뜻은 아니라는 것이다. 평온은 오히려 고요한 상태, 영혼이 다시는 정념으로 혼란을 겪지 않는 상태를 뜻한다. 이는 실천학의 목표이며 이른바 '실천학의 꽃'(P 81)이긴 하지만 그 자체로써는 목적일 수 없다. 에바그리우스가 『프락티코스』의 머리말에 쓴 바와 같이 "평온은 사랑을 낳고 사랑은 자연에 관한 지식(자연학)으로 들어가는 문이 되어 이로써 신학과 궁극적 행복으로 연결되는" 것이다. 평온은 사랑(agape)을 위한 필요조건이며 사랑은 참된 '실천학의 목표'(P 84)이다. 에바그리우스에게 있어서 평온은 정념, 가장 자연스럽고 가장 건강한 영혼의 상태를 말한다. 충동이나 정념에 굴종하는 영혼은 혼돈되고 병든 영혼이다. 또한 건강이란 물론 그 자체로 목적이 아니라, 인간으로 하여금 가장 능률적으로 활동할 수 있게 해주는 것이다.

실천학은 그러므로 평온에 이르는 길이다. 이 길은 믿음(pistis)으로 시작된다. 에바그리우스는 『프락티코스』의 머리말에서 믿음이라는 이 근본적 태도는 하나님에 대한 두려움과 절제된 생활에 의하여 보장되고 끈기와 희망에 의하여 확고부동하게 되며 이 같은 덕으로부터 평온함(apatheia)이 생긴다고 하였다.[170] 하지만 에바그리우스는 오직 수도원이나 은둔생활을 통한 실천학의 길에만 관심을 두었을 뿐이다(다른 길

---

[169] Ep. 133; Guillaumont, *Traité Pratique*, 99 참조.
[170] Prologue 8; 이런 내용은 본문(P 81)에도 언급되어 있다. 즉, 믿음은 실천학(praktike)의 근본이며, 믿음은 아직 하나님을 믿지 않는 사람들의 마음 가운데에 본래부터 존재하는 내재적인 선이라고 한다.

을 통한 실천이 가능하다고도 생각했는지는 확실치 않다). 이 길은 믿음으로써 시작될 뿐 아니라 현세에서 물러나와 침묵과 고독, 즉 고요(hesychia) 속으로 몰입함으로써 가능한 것이다. 이는 악마와 싸우는 길인 바, 에바그리우스에 의하면 악마와 내놓고 직접으로 전쟁에 뛰어드는 자는 은수자(隱修者)들뿐이라는 것이다. "악마는 은수자와 직접 맞대고 싸움을 벌이지만, 수도원이나 교회에서 덕 있는 삶을 살아가는 사람들에 대해서는 신앙이 소극적인 교우들을 통하여 간접적으로 싸울 따름이다. 간접적인 투쟁은 직접으로 하는 투쟁에 비하면 훨씬 대수롭지 않은 싸움이다. 악마처럼 짓궂고 나쁜 짓을 그처럼 재빨리 행할 수 있는 자는 세상에 다시 없기 때문이다"(P 5). 그러므로 에바그리우스에 있어서 실천학의 첫 단계는 고독과 침묵 속으로 물러가 그 가운데서 악마와 맞부딪쳐 싸우는 일이다.

이는 실제로 죄악에 맞선 싸움이라기보다는 죄를 짓게 하는 유혹·생각·상상·사념(이 모두가 그리스말 로기스모스[logismos, 생각]에 포함되는 개념)에 대항하는 싸움이다. 이는 훨씬 힘든 싸움이다. "'간음하지 말라' 하였다는 것을 너희가 들었으나 나는 너희에게 이르노니 음욕을 품고 여자를 보는 자마다 마음에 이미 간음하였느니라."(마 5:27-28). 예수께서 하신 이 말씀을 에바그리우스는 확실히 글자 그대로 받아들였다. 마음으로 죄를 짓는 것, 로기스모이(logismoi, 생각들, 잡념) 속에서 범하는 죄, 이는 바로 실천학이 중점적으로 다룬 문제이다. 에바그리우스는 이 점에 있어서 대(大)안토니오의 말씀으로 기록된 다음의 내용과 의견을 같이하고 있다. "사막에서 고독 가운데 살기를 원하는 사람은 듣고 말하고 보는 것과의 투쟁에서는 벗어나 있다. 남은 투쟁은 단 하나뿐, 다름 아닌 마음과의 싸움이다."171) 망상, 즉 잡념(logismoi)을 불러일으킴은 악마가 싸움을 거는 수법이다. 사람의 마음속은 하나님만이 아

---

171) *Alphabetical Series*. *Antony* 11. Pelaeius의 라틴어 번역본에 따름.
[* *Alphabetical Series*는 영국 신학자들이 고대 이집트의 사막에서 수도생활을 했던 이른바 "사막 교부들"의 어록을 교부들의 이름 순으로 정리한 시리즈이다.

실 뿐 악마는 이를 알지 못하기에(O 63 이하) 직접 마음속을 건드리지는 못하고 정념과 욕망이 도사리고 있는 영혼의 아랫부분을 통하여 간접적으로 쳐들어오는 것이다. 악마는 비록 사람의 마음속을 들여다볼 수는 없으나 수도승의 행동에서부터 그가 어떤 상태에 있는지, 기분이 우울한지 아니면 자기만족의 상태인지, 무엇이든 짐작할 수 있으므로 상태에 따라 과녁을 맞추어 공격을 가하는 것이다.

에바그리우스는 잡념을 여덟 유형, 즉 여덟 가지 나쁜 생각으로 나누었다. 그의 이러한 구분은 정작 윤리신학의 논제라기보다는 오히려 악의 진단을 위한 목록에 가까운 것이지만, 아무튼 이는 중세 서양에서 말하는 '일곱 가지 죄'의 선례가 되었다. 이들은 대식 · 간음 · 탐욕 · 비탄 · 분노 · 나태 · 허영 · 오만이다.172) 이처럼 여덟 가지로 구분함으로써 에바그리우스가 말하고자 하는 뜻은 이런 죄명(罪名)들이 마음에 불러일으키는 대죄 자체보다는, 이렇게 지적된 영혼 하나하나의 경향을 부추겨 죄에 빠지게 하는 유혹을 의미한다. 그러므로 대식(*gastrimargia*)은 필요 이상으로 먹고 싶어 하는 유혹이 아니라, 건강을 염려하여 금욕수련을 가볍게 하고 싶어 하는 유혹을 말한다. 마찬가지로 간음도 글자 그대로 간음하고 싶은 유혹이 아니라, 은수자를 괴롭히며 자신의 본성에서 성적(性的)인 측면을 생각나게 만드는, 끊임없이 일어나는 성적 망상에 관련된 것이다. 유혹은 금욕생활을 무의미한 것으로 보고 송두리째 포기하는 것이다. 아직도 그런 잡념에 마음이 끌린다면 금욕생활을 할 필요가 어디 있겠는가? 에바그리우스는 잡념에 관하여 여덟 가지 유형을 일일이 거론하면서 각각 어떻게 대처해야 할 것인가에 대해서도 얘기하였다(P 6-14). 그의 논의는 아주 명민(明敏, 사리에 밝고 민첩[敏捷]하다. 총민[聰敏]하다)할 뿐 아니라 대단한 심리학적 정교함과 통찰력을 보이고 있다.

여기서 우리는 에바그리우스의 투철한 일관성에 잠시 주목해야 하겠

---

172) 그리스어로는 각각 다음과 같다. *gastrimargia, porneia, Philarguria, lupe, orge, akedia, kenodoxia, hyperephania*.

다. 덕에 대한 그의 관심은 덕 그 자체에 있는 것이 아니다. 예를 들면, 그가 사랑에 대하여, 그리고 분노를 피하는 것에 대하여 얘기할 때 그것은 이처럼 덕 있게 행동하는 것이 상대방에게 좋다는 이유에서가 아니다. 그에게 사랑이 중요하고 분노를 피하는 것이 중요한 것은 이러한 미덕이 영혼을 가라앉히고 평온의 상태로 이끌어 기도할 수 있게 해주기 때문인 것이다.

실천학의 첫 단계는 영혼의 욕망적 부분(desiring part), 기도하는 영혼을 산만하게 흩뜨리며 괴롭히는 부분과의 투쟁이다. 영혼이 흩뜨려지지 않고 고요히 기도할 수 있는 단계에 이르게 되면(P 63), 다음 단계로 영혼의 정념적(감정적) 부분(passionate part)과의 밤낮없는 투쟁이 계속된다. 이에 관하여 에바그리우스는 대단히 길게 얘기하고 있다. 욕망적 부분은 기도하는 정신을 산만하게 할 뿐이지만, 감정적 부분은 정신을 어둡게 하여(P 74) 아예 기도를 할 수 없게 만든다는 것이다. 분노는 — 정당한 이유가 있는 것이라 하더라도 — '정신의 눈을 흐리게 하여 기도 상태를 엉망으로 만들어버린다.'(O 27, 20-6 참조)는 내용은 『기도론』에서 끊임없이 되풀이되는 주제이다. 이를 구제하는 길은 인내하며 남을 판단하지 말고 시편을 노래함이다. 『시편』을 노래하면 "감정이 가라앉고 어찌할 수 없는 육신의 격정이 진정되는 것이다"(O 83).

비이성적 부분 — 즉, 욕망적 부분과 정념적 부분 — 이 평온하게 되면 영혼은 산만하지 않고 차분한 기도에 몰입할 수 있으며, 다음 단계로 허영과 오만이란 악마의 공격에 당당히 맞설 수 있게 된다. 여기서 허영이라 함은 자기만족을 뜻하고 오만이라 함은 주로 하나님과의 관계에 있어서 자기만족을 뜻한다. 허영이라는 악마는 영혼에게 환영(幻影)을 일으키고, 영혼으로 하여금 실제로 하나님을 알게 되었다는 감각을 가지게 함으로써 공격해 들어오는 것이다. 그리하여 우리는 다음과 같은 내용을 읽게 된다.

정신이 순수하고 차분하게 기도할 때에 마귀들은 더 이상 왼편에서 공격해 오지 않고 – 왼편이라 함은 영혼의 비(非)이성적 측면인가? – 오른편에서 공격해 온다. 그들은 감각에 즐거움을 주는 어떤 형상으로 하나님의 영광을 나타내 보이기에 정신은 기도의 목표에 완전히 도달했다고 생각하게 된다.

어느 관상하는 사람의 말에 의하면, 이는 허영이라는 정념에서 생기는 것이라고 한다. 또한 악마가 접촉하는 곳은 인간의 두뇌이다(O 73).[173]

여기서 구제되는 길은, 기도에는 이미지(환상 幻像) 같은 것이 자리할 곳이 절대로 없다는 사실, '산만하지 않은 기도야말로 가장 높은 정신활동'(O 35)이며, 영상이나 형상들은 정신활동의 아랫부분에 속한다는 사실을(O 83-5 참조) 똑바로 깨닫는 일이다.

실천학은 '아파테이아(apatheia)'에 이르는 길이다. 영혼이 바야흐로 평온에 거의 이르렀음은, 영혼이 산만해지지 않고 기도할 수 있을 때, 기도하는 동안에 일어나는 세상만사에는 전혀 관심을 가지지 않게 된 때 자명하게 드러나는 것이다. 영혼이 평온상태(apatheia)에 이르렀다는 또 하나의 증거는 '누스(nous 정신)'가 자기 자신의 빛을 보기 시작할 때, 꿈에 무슨 환영을 보듯 조용하고 태연하며 외부세계에서 돌아가는 일들(에바그리우스의 용어로는 '타 프라그마타' ta pragmata)(P 64)을 보고도 전히 아무런 감정의 동요도 없이 고요하다는 사실이다. 에바그리우스가 "'누스'는 자기 자신의 빛을 보기 시작한다."는 말로써 뜻하는 바는, 영혼이 완전한 무(無)감정의 상태에 이르게 되면 정신은 자유롭게 관상하고 기도할 수 있다는 것이다. 정신은 자신이 지닌 관상의 능력과 영

---

[173] 『기도론』 116 참조. 위 마지막 문장은 『기도론』 74의 설명과 연관되어 있다. 즉 악마는 두뇌에서 시각을 통제하는 부분을 '예리한 수법으로' 건드려 환영을 일으킨다는 것이다.

적 감각(G Ⅱ 35), 그리고 자신의 영광과 빛을 알게(인식하게) 되는 바, 이것이 다름 아닌 '그노시스'(*gnosis*, 영적인식, 신비적 직관, 즉 영지靈知)(G Ⅰ 87)이다. 그러므로 영혼이 '아파테이아'에 이르면 '누스'는 스스로를 인식하여 자기의 빛과 자기의 능력을 알게 됨으로써 '테오리아(*theoria*, 관상)'의 영역으로 들어선다. 실제로 정신은 하나님을 향하여 나아가는 길에서 두 번째 단계, 에바그리우스가 자연학이라 부르는, 자연을 관상하는 단계로 들어서는 것이다.

에바그리우스는 『프락티코스』 60에서 [174] 완전한 평온과 불완전한 평온을 구별하였는데, 자연학은 이 둘의 중간에 있는 단계로서, 영혼이 평온을 얻기 시작하였지만 아직은 완전한 평온에 이르지 못한 단계인 것 같다. 이 단계에서 영혼은 마귀들과 싸우고는 있지만, 그러므로 아직은 실천학의 수준에 있지만 이미 관상을 시작한 단계이다. 영혼이 관상하는 대상은 "존재하게 된 사물의 '로고이(*logoi*)'"(O 80), 즉 창조된 만상(피조물)의 배후에 있는 원리들이다. 이는 자연을 관상하는 단계로서 말하자면 만상을 하나님을 통하여 관찰하는 것이다. 왜냐하면 이러한 원리들(*logoi*)은 하나님 안에, 당신의 '말씀' 안에 존재하기 때문이다. 에바그리우스는 자연에 대한 관상이 오직 영혼의 진보를 위하며 중요한 경우에만 어느 정도 얘기할 뿐, 그 밖에는 이에 대하여 길게 설명하지 않았다(여기서도 영혼이 나아가는 길에 대한 그의 투철한 일관성을 엿볼 수 있다). 자연 만상의 관상을 통하여 영혼은 이제 마귀들과 투쟁함으로

---

*174) 본문 60. "완전한 아파테이아는 수행에 반하는 모든 악령과 싸워 승리한 후에야 영혼 안에 깃든다. 반면, 불완전한 아파테이아는 여전히 영혼과 싸우는 악령의 능력과 관련해서 언급된다."
(해설: '수행에 반하는 악령들': 84장에서 제시된 정의에 따라 영혼의 욕정부를 공격하는 악령들을 말한다. 그들은 영지적 활동, 곧 관상에 적대적인 악령들과 구분된다. 영혼을 거슬러 싸우는 악령의 힘이 셀 경우, 아파테이아는 불완전하다. 반면, 완전한 아파테이아는 절대적이고, 그 정도(定度)를 모르며, 차후 어떤 악령도 영혼을 대적할 힘을 소유하지 못한다는 점을 가정한다. 다른 곳에서 에바그리우스는 불완전한 아파테이아를 '작은 아파테이아'라고도 부른다. 그것은 '완전한 건강'에 반대된다. 이 상태에 있는 수도승은 여전히 헛된 영광이라는 악령의 희생물이 될 수 있다(『여러 악한 생각에 관하여』 15 참조).

써뿐 아니라 마귀와 그들의 수법을 알아볼 수 있는 자기 자신의 능력을 통하여 악마와 맞설 수 있다는 것이다. 정신이 이 단계에 이르면 스스로 의사가 되어 관상을 훼방하는 악마의 세력을 다스릴 수 있는 '치료법'(P 82)을 알게 된다. 관상의 성과에 힘입어 정신은 관상에 더욱 정진할 수 있게 된다. 이제 어느 정도 평온에 이르러 더 이상 정념에 사로잡히지 않는 영혼은 마귀와의 전쟁원리를 깨닫고 그들의 전술을 쉽사리 파악하게 된다. 이 같은 단계에 도달한 영혼은 자신을 위한 의사일 뿐 아니라 다른 영혼들도 도와줄 수 있는 것이다.

에바그리우스는 『영지(靈知)의 장(章)』(Gnostic Chapter)에서 자연에 대한 관상을 두 단계로 구분했다. 제2의 자연관상은 낮은 단계로서 존재들(beings)을 관상함이며(G I 74) 그리스도의 온갖 지혜를 보는 단계이다(G I 2). 이 제2의 단계를 넘어선 것이 제1의 자연관상인데, 이는 존재하는 모든 것의 배후에 있는(근본이 되는) 비물체적인 원리에 관계된 것이다.

이 점에 있어서 에바그리우스의 교리는 세부 사항에서는 명백하지 못하지만(짧막한 격언류의 문장으로 이루어진 글은 명백하게 파악되지 않는 법이다) 전체적인 윤곽은 충분히 명료하게 전달되고 있다. 평온에 이른 영혼은 이제 관상할 수 있을 만큼 충분히 세상과는 초연해져 있다. 자연만물의 질서 자체를 관상하는 것으로 시작하여 다음으로는 이를 넘어 자연질서의 배후에 깔린 원리들을 깨닫게 된다.

우주만상은 하나님의 '말씀'에 의하여 창조되었으므로 제1의 관상은 '말씀'의 정신으로 돌아가는 것이다. 그리하여 이같이 자연을 관상함으로써 물질적인 것으로부터 비물질적인 것으로, 육신을 입은 존재의 세계로부터 비물질적인(벗은, gymnos) 세계, 곧 언제나 하나님의 모습을 바라보는 천사의 세계로 서서히 옮겨가는 것이다. 제2의 자연관상에서는 아직 다양한 세계에 머물고 있지만 제1의 관상에 이르러서는 집중성 혹은 단일성이 한층 강해진다. 영혼은 먼저 관상을 배우고 다음으로 관상의 경험을 통하여 자신의 본성이 정신(nous)임을 깨닫게 된다. 제2의 자연관상에서 중요한 것은 관상 그 자체, 즉 관상하는 행위인 것이다. 제1의 관상에서 영혼은 자신이 정신에 속해 있음을, 즉 정신의 결합체의 한 구성원임을 깨닫게 된다. 이 단계마저 초월한 곳이 신학의 영역이다. 그러므로 다음과 같이 세 가지 지극한 행복(至福)이 있는 것이다.

> 제2의 자연관상에 있어서 오직 관상만을 사랑하는 사람은 행복하다.
> 제1의 자연관상에 있어서 죄악을 제외하고 미워하는 것이 아무것도 없는 사람은 행복하다.
> 끝없는 무지(無知)에 다다른 사람은 행복하다(G III 86-8).

'끝없는 무지(ignorance that is inexhaustible)'[175], 이는 바로 '거룩한 삼위일체(聖三位)'를 관상하는 신학의 영역이다. 영혼은 이 단계에 이르러 육신을 입지 않았던 본래의 벗은 상태 – 아마도 죽음 이후에나 가능할 상태 – 로 돌아가는 것이다. 여기에서 관상은 완전히 일관되고 완전히 형상 없는 것이 된다. 정신은 삼위일체를 관상하는 신학을 통하여 스스로 관상하는 대상과 하나가 된다. 이를 에바그리우스는 다음과 같이 설명하고 있다(G IV 77). 정신이 관상하는 대상은 정신의 외부에 있지만 대상을 관상하는 행위는 정신 자체의 내부에서 이루어진다. 그러나 '삼위일체'를 관상함에 있어서는 이와 같은 외부와 내부의 구별을 초월한 단계에 이르러, 본질적 지식(만상의 본질, 근본을 깨달음), 말하자면 자신과 다른 그 어떤 것에 대한 인식이 아니라 깨닫는 자와 깨달음의 대상이 하나가 되는 인식에 도달한다는 것이다. 그는 이렇게도 설명하

---

[175] S₂(제2 수사본)에 의하면 "끝없는 지식"(knowledge that is inexhaustible). I. Hausherr, "Ignorance infinie ou science infinie"(「끝없는 무지 또는 끝없는 지식」), in: *Hesychasme et prière* (Rome 1966) 238-46 참조. 이 논문에서 Hausherr는 두 가지 해석이 모두 에바그리우스의 것으로 받아들여질 수 있다고 주장했다.

는데(G IV 87), 모든 관상에 있어서 관상의 대상은 정신과 동떨어져 맞은편에 있지만 '삼위일체'의 관상은 단 하나 예외라고 한다. 그렇긴 하지만 이는 어디까지나 **앎**(지식, 인식)의 상태이다. 하나님은 알 수 있는 분인즉(예: G I 3) 정신이 육신을 완전히 벗어버린 상태에서 하나님을 알 수 있다는 것이다. 에바그리우스의 신학에는 거룩한(神的) 어둠으로 들어간다거나, 부정신학적인 성격이 없다. 또한, 영혼이 이르는 최종단계가 황홀상태임을 의미하는 어떠한 언급도 찾아볼 수 없다(에바그리우스는 오리게네스와 마찬가지로 황홀상태를 하찮은 것으로 여겼다).

출애굽기 20장 21절에서 말하는 먹구름에 대하여 니사의 그레고리우스와 디오니시우스 아레오파기타(Denys the Areopagite)는 이를 거룩한 어둠으로 해석한 반면, 에바그리우스는 "땅 위 사람들을 다스리고 심판하는 '로고이(*logoi*, 원리)'에 관한 영적 관상"으로 인식하였다. 그의 이같은 해석이 뜻하는 내용은 관상을 통하여 하나님께로 가까이 다가가는 사람에게는 하나님으로부터 멀리 떨어져 있는 만상이 어두컴컴하게 보인다는 의미인 듯하다.[176] 하지만 그의 해석이 어떠하든 이 알 수 있는 어둠(*gnophos*)은 일시적 현상으로 나타나는 것이지, 그레고리우스나 디오니시우스에게서와 같이 하나님께로 가까이 다가가는 경험은 아니다. 신학의 단계에는 참으로 **진전**이 있으며, 하나님의 무한하심에는 언제나 끝없이 더 알아야 할 바가 있는데, 곧 무한한 무지가 있는 것이다.[177] 그러나 이는 오리게네스에게서와 같이 끊임없이 지식을 얻으려는 무지일 뿐, 그레고리우스나 디오니시우스에게서와 같이 근본적인 알 수 없음(無知)과는 다른 것이다. 이 점에 있어서 에바그리우스는 오리게네스를 따랐을 뿐 아니라 그와 동시대인이며 오리게네스의 신봉자였던 나지안스의 그레고리우스 및 대바실리오와도 의견을 같이하고 있었다.[178]

---

176) G의 다음 몇몇 장(章) 참조.
177) G I. 88, 87 참조. Hausherr, *Orientalis Christiana Periodica* II (1936) 351 이하 및 *Hesychasme et priere*, 38-49 참조.
178) 앞에 인용한 Hausherr의 논문 및 나지안스의 그레고리우스, *Oratio* XXXVIII 7

신학은 기도(*proseuche*)하는 세계이다. 에바그리우스에 있어서 기도는 행위(*actinity*)라기보다는 하나의 상태(*katastasis*)인즉, 우리가 행하는 어떤 것이라기보다 우리는 어떤 존재인가에 대한 문제이다.179) 그는 정신에 대하여 말하기를 기도함이야말로 정신의 본성이라고 한다(P 49). 영혼은 기도함으로써 '누스'였던 본래의 상태를 되찾게 된다. '아파테이아', 즉 평온은 이러한 의미의 기도를 위한 필수조건이다. "기도하는 상태는 전혀 아무런 흔들림이 없는 고요한(무감정의) 습관이며, 이는 지혜를 향한 영혼을 최상의 숭고한 사랑으로써 지성(知性)의 높은 단계('누스', nous)로 오르게 해주는 것이다."180) 영혼은 이 같은 상태에 이르기 위하여 스스로 비이성적 부분(영혼의 낮은 부분)을 완전히 다스릴 수 있어야 하며 정념에 연관된 어떠한 생각에서도 까마득히 벗어나 있어야 한다(머릿속에 어떠한 형상도 일어나지 않는 상태 - 에바그리우스가 『기도론』(O 54)에서. 뜻하는 바는 그 이상의 내용이지만- 가 되어야 한다). 말하자면 영혼은 완전

(PG 37. 1434) 참조.
179) 여기서 Evagrius의 작품 형식이 지닌 어느 정도 애매모호한 점에 대하여 설명하는 것이 좋을 듯하다. 각 작품에 들어 있는 장(章)의 숫자(P에 100장, O에 153장, G에 90장씩 6묶음)는 결코 우연한 것이 아니다. Evagrius는 O의 서문에서 153이란 숫자의 의미를 아주 길게 설명했다(설명된 여러 예시 중에서 요한복음 21장에 기록된 고기잡이의 기적에서 잡힌 물고기의 숫자도 153이었다는 것이다). 100이란 숫자는 분명히 완성을 뜻한다. 이는 아마도 작품 형식으로는 에바그리우스가 처음 시도한 숫자인데, 후일에 포티케의 디아도쿠스(Diadochus of Photicē) 및 고백자 막시무스(Maximus the Confessor)가 쓴 『영성생활 100장(章)에 관한 논설』도 같은 맥락을 따른 것이다 [또한 토마스 트라헌(Thomas Traherne, 18세기 영국의 시인)의 *Centuries of Meditations*도 참조해 볼 일이다]. G의 형식은 기묘하다. 이것은 각개 90장씩 들어 있는 6개의 100장(century)으로(90인데도 100이라는 명칭을 썼다) 구성되어 있다. 이는 아마도 7개의 완전한 100장이 불완전하게 구성된 것이라는 해석이 가장 나은 것 같다. 하지만 이 불완전한 구성 또한 우연이 아니라, '테올로기아'(*theologia*, 신학)의 단계에서 말하는 '끝없는 무지'의 무(無)궁극성을 의미하고 있다. '그노시스'(*gnosis*, 영적 인식, 靈知)는 다만 지적될 수 있을 뿐, 설명될 수 없으며 축적된 지식이라기보다는 알게 되는(깨닫는) 상태인 것이다. 이와 같은 해석은 P가 90장만으로 이루어진 논설이며 나머지 10장은 '사막 교부들'의 구전된 말씀으로 채워져 있다는 사실로도 지지될 수 있겠다. 실천학(praktike)의 단계는 행동으로 이루어지는 것인만큼 설명은 가르침을 위한 다만 하나의 방식일 뿐이며 몸소 보이는 본보기가 반드시 있어야 한다는 것이다. 이 문제에 관해서는 Guillaumont, Les '*Kephulaia Gnustica*', 20-2 참조.
180) O 53. 기도는 온유하고 분노하지 않는 마음에서 태어나는 것임을 얘기하는 O 14도 참조. 조용히 드리는 기도에 대해서는 O 82 참조.

한 '아파테이아' 상태에 도달해 있어야 한다는 것이다. 아직 여기에 이르지 못한 영혼이 기도하기를 꾀한다면 이는 스스로를 심각한 위험에 처하게 하는 일이다.

> 한여름 대낮에 가리개도 없이 태양을 마냥 똑바로 쳐다보고 있으면 눈만 상하게 할 따름이다. 마찬가지로, 아직 감정에 얽매어 있는 불순한 영혼이 정신과 진리의 영역에 속해 있는 엄위하고도 초월적인 기도를 흉내낸다면 이는 아무데도 소용없는 짓이며 오히려 거룩함(神性)을 성가시게 할 것이다(O 146, 145 참조).

그러나 완전히 평온상태에 도달한 영혼에게 이러한 기도는 평온을 넘어 더욱 진보하는 것이다. '아파테이아'와 순수한 기도상태는 같은 것이 아니다. 완전히 평온하게 된 영혼이 참된 기도를 알고자 한다면 그저 생각에만 잠기는 일(psila noemata)은 피해야 한다. '삼위일체'를 관상하는 신학의 단계와는 대조적으로 '그저 생각에만 잠기는' 것은 영혼을 하나님에게서 멀리 떨어지게 할 뿐 아니라 영혼을 산만하게 만든다. 이는 또한 영혼을 아직도 다양성의 (일관되지 못한) 영역에다 붙잡아 두는 것이다.[181] 순수한 기도는 이런 수준을 훨씬 초월한 것이며, 하나님께서 베풀어주시고 영혼이 받아들이는 은총이라는 의미에서 또한 초월적인 것이다. "기도를 하고자 소망한다면 기도하는 자에게 기도를 베풀어주시는 하나님이 반드시 계셔야 한다…"(O 59). 그러므로 방금 인용한 이 구절과 아주 가까이에 있는 다음 두 인용문도 친히 영혼 속으로 직접 개입해 들어오시는 하나님에 관하여 얘기하고 있음은 우연한 일이 아니다(이와는 대조적으로 악마 혹은 천사들일지라도 그들이 하는 작업은 우리에게 '로기스모이', 즉 잡념을 불어넣음으로써 행하는 간접적인 것이다).

---

[181] O 56-8, G IV 90 참조. '그노시스'(*gnosis*, 靈知)는 변증법에 능한 영혼이 아니라 볼 수 있는 – 영적 깨달음을 직관할 수 있는 – 영혼을 필요로 한다. 변증법은 순수하지 못한 영혼들에게서 찾아볼 수 있으나 직관(vision)은 순수한 영혼에게만 있는 것이다.

'성령'은 우리의 연약함을 불쌍히 여겨 우리가 순수하지 못할 때에도 찾아와 주신다. 정신이 하나로 일관되고 참으로 진실된 기도를 원하는 사람으로 판단하시면 '성령'은 그에게로 내려와, 정신을 어지럽히는 복잡한 추론과 온갖 생각들을 쫓아버리고 오직 영적 기도를 사랑하게끔 정신의 방향을 바로잡아 주신다(O 63).

다른 것들(즉, 천사와 악마)은 육신의 변화를 통하여, 추론과 잡념과 관상을 수단으로 사람의 정신에까지 침입한다. 그러나 주님께서는 이와 반대로 몸소 정신 가운데 내려오셔서 정신이 원하는 지식을 나누어주신다. 그리고 주님께서는 정신을 통하여 육신의 방종을 가라앉혀 주신다(O 64).

기도는 하나님과의 정신적 소통이며(O 3) 하나님께서 친히 영혼의 수준으로 내려오심으로써 이루어진다. 이런 영혼이라면 '데오로고스(*theologos*)', 즉 신학자, 말하자면 하나님을 알고 하나님에 관하여 말할 수 있는 자가 된다. "신학자는 진실 속에서 기도하는 자다. 진실 속에서 기도하는 자는 신학자이다"(O 61).

기도를 하나의 상태 – 원래대로 순수한 정신(*nous*)의 상태(O 84) – 로 보는, 이 같은 에바그리우스의 견해에는 오리게네스의 형이상학이 그대로 드러나고 있다. 영혼은 타락한 정신이기에 영혼이 정신으로서 그 본연의 활동을 되찾게 되는 것은 기도를 통해서이다(G III 28). 현세를 살면서 영혼이 이런 상태를 경험하는 것은 그저 잠시 동안일 뿐, 육신에서 분리되어 육신을 벗은 정신이라야만 순수하고 비물질적 기도의 상태를 유지할 수 있다(G III 15 참조). 천사들이란, 순수한 실재(實在)를 계속적으로 관상할 수 있고(G III 4) 또한 계속적으로 하나님을 볼 수 있는(마 18:10 "그들의 천사들이 하늘에서 하늘에 계신 내 아버지의 얼굴을 항상 뵈옵느니라." 참조) 순수한 정신들이다. 그러므로 순수한 기도상태에 도달한 정신은 천사들과 동등하게 된다. "하늘에 계시는 '아버지'를 뵙고자 간절히 바라는 수도승은 기도를 통하여 천사들과 동등하게(*isangelos*) 되는 것이다"(O 113). 천사를 순수한 정신으로 보고 인간과 악마를 타락한 정신으로 보는 에바그리우스의 이러한 견해에는 분명히 플라토니즘 혹은 네오플라토니즘의 영향이 드러나고 있다. 그러나 천사에 대한 에바그리우스의 생각이 이것뿐이라고 생각한다면 잘못이다. 영혼을 공격하는 것이 마귀들이라면 천사들은 이들에 대항하여 영혼을 지켜주는 것이다.

> 거룩한 천사들은 우리로 하여금 기도하도록 부추겨주고 곁에서 기쁘게 우리를 지켜주며 우리를 위하여 기도한다(O 81).
> 하나님의 천사가 우리 곁에 있어 우리를 해치려는 세력을 말 한마디로 쫓아버리고 지성의 빛이 어김없이 빛나게 해준다(O 75).[182]

수도승은 천사와 동등하게 됨으로써 기도로 남들을 도울 수 있는 자가 된다. "자기 자신의 정화를 위하여 기도할 뿐 아니라 나아가 모든 백성을 위하여 기도함이 마땅한 일이다. 그리하여 천사들을 본받게 되는 것이다"(O 40, 122도 참조).

『기도론』에서 말하는 두 계열의 지극한 행복(至福)은 바로 이러한 관점에서 이해되는 것이다. 첫째는 기도하는 정신의 행복이고 둘째는 수도승의 행복이다. 첫째 계열은 순수하고 비물질적인 기도에 대하여, 즉 정신이 천사들과 다름없이 오로지 정신이 되어 있는 상태를 얘기한다.

> 기도할 때 완전한 무형(無形)의 경지에 도달한 정신은 행복하다.
> 산만하게 흐트러지지 않은 기도 속에서 하나님을 끊임없이 더욱 그리워하는 소망을 부여받은 정신은 행복하다.

---

[182] G Ⅴ 7 참조. Ⅵ 88에 의하면 천사들뿐 아니라 별들도 인간의 구원을 위하여 일한다고 한다.

기도할 때 비물질적인 상태가 되어 모든 것으로부터 벗어난 정신은 행복하다.

기도할 때 완전한 무(無)감정의 상태를 지닌 정신은 행복하다(O 117-20).

이처럼 기도하는 법을 익혀나가는 사람이 수도승이다. 수도승은 욕망과 정념에서 벗어나[183] 천사와 같은 상태에 이르러, 자신이 **세상과 가까이 있는** 존재임을 깨닫고 세상에 묶여 있는 사람보다 더 효과 있게 세상을 도울 수 있게 된다.

모든 사람을 하나님과 같은 눈길로 보며 하나님을 본받아 그들을 생각하는 수도승은 행복하다.

모든 사람의 구원과 진보를 지켜보며 자기의 일인 듯 마냥 기뻐하는 수도승은 행복하다.

자기 자신을 모든 사람 가운데 가장 아무것도 아닌 허섭스레기라고 생각하는 수도승은 행복하다.

수도승은 모든 이에게서 떨어져 있으면서도 모든 이와 결합되어 있다.

수도승은 자기 자신을 모든 이와 함께 있는 자라고 생각하는바, 한 사람 한 사람 안에 끊임없이 나타나는 자기 자신을 보기 때문이다(O 121-5).

에바그리우스의 업적은 충실한 오리게니즘의 골격 안에서, 수도자들이 행하는 신비적 기도에 대하여 예민하고 통찰 깊은 해석을 이루어낸 것이다. 물론 그는 이 점에 있어서 오리게네스뿐 아니라 알렉산드리아의 클레멘스에게도 힘입은 바가 적지 않다. 이들과 같이 그도 역시 지

---

[183] 특히 화를 내거나 싸우려고 덤비는 태도에서 벗어나야 한다는 얘기인데, 불교에도 이와 비슷한 가르침이 있음을 참작할 것. 예를 들어 E. Conze, *Buddhist Meditation* (London, Unwin Books 1972) 118-25에 나오는 인용문 참조.

성주의자(주지주의자)였다. 그는 지성주의의 전통, 즉 플라톤 철학에 속한 여러 사고의 골격 안에서 생각하였다는 의미로 지성주의자였던 동시에 신비생활의 목표를 정신, 곧 지성('누스')의 최고활동으로 보았던 점에서도 지성주의자였다.

그가 하나님과 하나가 되는 것을 황홀상태로 보는 어떠한 견해도 거부하는 뜻은 바로 여기에 있다. 정신은 신비적 상승의 정상에 이르렀을 때 자기 밖으로 나가는 것이 아니라 오히려 자신의 참된 활동이 무엇인지 깨닫게 되고, 그리하여 오직 정신으로서의 기능을 올곧게 실행하면서 하나님을 관상하고 하나님을 알게 되는 것이며, 정신은 이와 같이 하나님을 알기 위하여 형성되었다는 것이다. 에바그리우스의 이같은 주지주의적 측면은 신비**신학**이라기보다는 신비**철학**으로 느껴졌기에 후세의 '교회'에 의하여 이단 선고를 받았다. 하지만 에바그리우스가 오리게니즘의 학문적 전통에 보태어준바, 그의 신비신학에 있어서 참으로 독창적이었던 내용은 실천생활에 대한 그의 지대한 관심이었다. 이는 분명히 그가 '사막의 교부들'이 실천했던 생활의 전통에 스스로 참여하여 은수사(隱修士)의 삶을 몸소 겪은 데서 비롯한 것이었다. 그의 실천사상은 동방교회의 수도원에 기꺼이 받아들여졌으며 수도생활의 기도에 관한 가장 중요한 두 저서, 『프락티코스』와 『기도론』은 (기도의 방식에 관한 형이상학적 전제조건들에 대한 사변적 이론과는 대조적으로) 그리스어 원문으로 보존되어 '동방정교회'의 영성신학과 신비신학에 지대한 영향을 끼쳤던 것이다.

신비주의자들 184)

신비주의 역사에서 디오니시우스를 거론하려면, 그의 위상에는 이르지 못하지만 반드시 거론해야 하는 세 신비주의자들이 있다. 그들은

---

184) 게르하르트 베어. 조원규 역, 『유럽의 신비주의』(도서출판 자작. 초판, 2001) pp.65-70.

20세기의 활발한 신비주의 연구의 성과로 관심의 대상이 되었고 또 그들만의 진가를 인정하였다. 에바그리우스는 폰티쿠스와 그의 스승이었던 마카리오스는 초기 기독교 시대의 교부들과 바로 동시대인이었다. 이에 비해 에피루스(그리스 북서부산악지대: 역주)의 주교였던 디아도쿠스는 5C 중반의 인물이었다.

에바그리우스 폰티코스(Evagrius Pontikos, ~399)는 이집트 사막 지역에서 가장 창성하고 인상적인 영성 저술가였다. 그는 오늘날 터키 북부에 해당되는, 당시 로마제국의 폰투스 지방 에보라 출신이었다. 그레고어 폰 나치안츠는, 콘스탄티노플에서 그리스도의 신성을 논제로 하여 제2차 공의회가 열리고 있을 때인 381년에, 친교를 맺고 있던 에바그리우스에게 사제직을 부여했다. 에바그리우스는 한때 어떤 관리부인과의 실연으로 이집트 사막으로 은거했다. 그곳에서 그는 마카리오스를 만나 기도의 방법을 배웠다. 마카리오스는 일생 동안 엄격한 금욕을 수행하며 신비적 내면화의 길을 걸었으며, 50편의 영성적 성서 강론을 오랫동안 저술한 것으로 추정된다. 에바그리우스는 마카리오스에게서 어떻게 영혼의 상승을 시도해야 하는지를 배웠는데, 그 방법이란 되돌아보지 않는 개심(改心)과 전적인 헌신으로 성령의 '**말 걸어옴**'에 응한다는 것이었다.

에바그리우스의 저작은 세 종류인데, 이는 그리스도의 생에서 세 단계에 상응하는 것이다. 이러한 구도는 에바그리우스에게 크게 영향을 준 오리게네스에게서도 이미 발견되는 것이다. 첫 단계는 '**정념으로부터의 해방**'이고, 그다음이 '**신의 인식**'이다. 최고의 목표는 신의 인식에 기반한 '**기도**'로서, 이는 신적 삼위일체를 향한 명상적 지향을 뜻한다. 이 같은 과정은 금욕수행의 단계와 목표, 완성상태를 보여주는 것이다.[185]

---

[185] Wladimir Lossky, 『신적관상(*Schau Gottes*)』(Zurich, 1964) p.83.(이하 에바그리우스에 관한 원주 항목들은 모두 블라디미르 로스키의 저서에서 인용되었음)

에바그리우스의 특징적인 면모는 인식의 결여를 자각하고 인식하기를 소망하는 강한 열망이었다. 따라서 그는, 3C로 넘어갈 무렵 유명한 교리교사 양성소를 운영했던 클레멘스 폰 알렉산드리엔에 비교되곤 했다. 이들 두 사람에게 인식을 향한 철저한 노력이란 깊은 윤리적 의미까지 포함한 것이었다. 즉, 모범적으로 계명을 지키며 신과 인식을 사랑하는 삶을 사는 자만이 직관적 인식으로 통하는 감각적 체험에서도 심오한 경지에 도달할 수 있다. 인간 영혼의 거울은 고르게 비어 있어야 한다. 영혼은 정화(purgativa)에서 관상의 경지를 향해 가야한다. 이때 관상이란 언어 넘어에서 전개되는 기도, '**순수한**' 명상을 뜻한다. 이러한 기도를 하는 자만이 '**신을 아는 자**'이며 '**신학자**'라고 할 수 있다. 물론 이때 신학은 우리가 생각하는 학문과는 다른 것이다. 또 기도는 신을 향한 신비로운 날아오름에 다름 아니다.

제2장
마카리오스 186)

이집트의 마카리오스(Makarios der Ägypter, ?~390)는 '위대한 자', '장로'라고 불렸으며, 스케티스 사막에 숨어 살던 초창기 수도자들에게는 대부 격의 인물이었다. 그가 쓴 『성서 강해』를 토대로 그의 영성을 논하자면, 그의 견해는 어떤 면에서는 에바그리우스의 인식지향적 신비주의와 대조적이라고 할 수 있다. 성서 강해의 주석자로서 마카리오스는 신비의 '**체험**' 자체를 결정적으로 중시한다. 그는 다음과 같이 말한다.

> 우리는 신을 맛보았다. 그 체험이 우리에게 주어졌던 것이다.

그는 신비체험을 했다는 사실에서 그 자신이 교사와 사제, 혹은 영적문제의 상담자로서 신에 관해서 말할 수 있는 정당성을 이끌어냈다.187) 그에게 왕도는 역시 '기도'였다. 잠자지 않고 깨어 있거나 단식을 하고 자기비하의 고행을 하거나 송가를 부르거나 그 어떤 금욕수행도 그가 보기엔 의심스러운 구석이 있었다. 결국 그에게 이 모든 수행은, 은총에 의한 신비체험이 주어지지 않아 신비를 맛볼 수 없을 때 인간이 할 수 있는 쓸모없는 선행(善行)에 불과한 것이었다.188)

---

*186) 게르하르트 베어. 조원규 역, 『유럽의 신비주의』(도서출판 자작. 초판, 2001) p.67.
187) Ibid, p.88 ff.
188) 참조: Christofoor Wagenaar, Evagrius, in : 신비주의 사전 Wörterbuch der Mystik, p. 153 ff.

제3장
디아도쿠스 폰 포티케 [189]

디아도쿠스 폰 포티케(Diadochus von Photike, 400~460)는 정신적 금욕주의에 관한 저술을 남긴 이로 알려져 있다. 특히 100개의 장(章)으로 이루어진, 그리스도의 완전성에 관한 저작[190]이 유명하다. 이 책은 동방교회뿐만 아니라 서방 로마제국에까지 영향을 끼쳤다.

그가 자신의 저술을 통해 대답을 구하고자 하는 문제는, 세례를 받은 기독교인이 어떻게 하면 좀 더 깊이 신에게 가까이 갈 수 있는가 하는 것이었다. 그는 두 가지 전제 조건을 말했다. 우선 「창세기」 1장 26절에서 말하듯 신과 인간의 동형성(同型性)이라는 자연적 조건이 그 첫 번째이고, 은총 받음의 과정에서 세례를 받음으로써 부여되는 정화와 개명의 힘이 그 두 번째 조건이다. 인간이 하는 모든 노력에는 이 두 가지 조건이 기반되어야 한다. 왜냐하면 악의 세력 앞에서도 '**깨어 있어야**' 하고, 수행과정 중에 찾아온 것이 참된 비전인지, 다만 마음을 어지럽히는 미망(迷妄)에 불과한지 분별해야 하기 때문이다. 성령과 망령을 구분하는 데는 영혼의 상태가 특히 중요하다.

> 내면의 투쟁을 하는 자는 끊임없이 자신의 사고를 조용하게 한다. 그래야만 이성은 그를 찾아오는 사념들을 분별할 수 있기 때문이다. … 바다가 고요하면 어부의 시선은

---

*189) 게르하르트 베어. 조원규 역, 『유럽의 신비주의』 (도서출판 자작. 초판, 2001) pp.68-70.
190) Diadochus von Photike, 『기독교적 완전성 100장, 신에 대한 감응 *Gespür für Gott. Hundert Kapitel über christliche Vollkonunenheit*』 (Einsiedeln, 1982)

심해저의 움직임까지 꿰뚫어 볼 수 있어 살아 움직이는 그 무엇도 놓치지 않게 된다. 그러나 바람이 불지 않는 날이었다면 볼 수 있었을 것을 바다에 거센 바람이 불면 파도가 시야를 흐려서 못 보게 된다. … 이는 정신 혹은 관상하려는 자에게도 마찬가지이며, 그 영혼의 바닥에 불순한 동요가 있다면 더욱더 그럴 것이다.191)

우리는 이것을 사념의 고요를 얻기 위한 일종의 영적인 위생학이라고 부를 수 있겠다. 사념의 고요는, 다채로운 성서와 기도문으로부터 멀찍이 물러서 '**예수**'라는 이름, 이 단 하나의 어휘에만 집중하는 가운데 얻어진다. 힌두교나 불교에서도 이와 비슷한 수행방법이 발견된다. '**예수**'라는 어휘는 명상하거나 적막한 상태에서 집중할 때 받아들이게 되는 마법의 말처럼 취급된다. '**예수**'라는 단일한 어휘를 반복함으로써 마음 안밖의 모든 어지러운 자극에 관해 정신적으로 방어벽을 세울 수 있다. 영적인 삶을 추구하는 모든 수행자에게 낯설지 않은 위협 가운데 하나는 영적·정신적 해이이다. 나태에서 게으름이 나오고 내면의 약동은 사그라든다. 그럴 때 필요한 일은 존재의 근원(신)을 떠 올리며 다시금 자신을 이겨내는 것이다.

> 우리의 정신의 모든 길목마다 신에 대한 기억을 놓아둔다면, 신은 반드시 우리에게 정신의 욕구를 충족시켜줄 어떤 움직임을 요구한다. 따라서 우리는 정신에게 그 목표에 다름 아닌 '예수'에게만 몰두하도록 해야 한다. … 수도자는 금욕의 방에서, 헛된 환상에 현혹되지 않도록 결연한 자세로 그 이름을 외워야 한다. 이 싱그럽고 거룩한 이름을 마음대로 끊임없이 입에 올리는 자만이 마침내 자기의 정신이 발하는 빛을 바라볼 수 있다.192)

---

191) Ibid. 26장, p.61.
192) Ibid. 59장, p.80 f.

디아도쿠스 폰 포티케는 이와 유사한 일련의 가르침을 형성시킨 동방교회의 신비주의자 그룹에 속했다. 그들은 예수라는 이름에 집중하는 이 심혼의 기도를 명상수행의 중심에 놓았다. 100장으로 이루어진 『필로칼리아』(philokalia, 35명의 신비주의 저술가들의 기도를 모아놓은 책으로 '필로칼리아'라는 말은 '아름다움에 대한 사랑'이란 뜻이다: 역주) 라는 신비주의적 명상서에 그의 글이 대거 수록되어 있다.

영혼의 길과 정신적 가르침을 증언하는 이 모음집에는 동방교회의 영성이 쌓아온 천년 이상의 전통이 녹아 있다. 마카리오스와 에바그리우스의 저술은 디아도쿠스의 것과 함께, 이 모음집[193])에서 가장 오래된 텍스트이다. 특히 비잔틴 신비주의와 러시아 신비주의에서 이 기도 모음집은 매우 높은 가치를 인정받고 있다.

---

193) 모음집 : 『필로칼리아, 기도에 관한 동방교회 교부들의 가르침 (*Kleine Philokalie. Belehrungen der Mönchsväter der Ostkirche über das Gebet*』(Zürich/Einsiedeln/Köln, 1976)

제6권
교부들

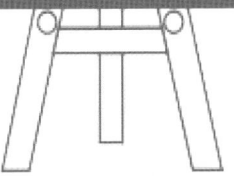

어거스틴 : 창시자
어거스틴의 삼위일체론
어거스틴의 삼위일체 하나님
디오니시우스 아레오파기타
디오니시우스의 신비신학

제1장
어거스틴 : 창시자 [194)

1. 하나님을 봄 (Toto Ictu Cordis)
2. 삼위일체의 형상 :
   어거스틴 신비주의의 삼위일체적 기초
3. 하나님과 인간의 중보자(딤전 2:5):
   그리스도의 역할
4. 신비주의자 어거스틴 :
   몇 가지 이론적 문제

어거스틴은 354년에 북아프리카의 중하층 가정에서 태어났다.[195) 경건한 기독교인이었던 어머니 모니카는 이교도였던 아버지 파트리키우스(Patricius)보다 훨씬 큰 영향을 어거스틴에게 주었다. 영리한 청년이었던 어거스틴은 교육이 보다 넓은 세상으로 진출할 수 있는 열쇠라는 것을 깨달았다. 이러한 교육 덕분에, 그는 19세 때에 지금은 남아있지 않은 키케로의 대화 『호르텐시우스(Hortensius)』를 읽고서 방탕한 사춘기를 벗어나 지혜를 사랑하게 되었다. 383년에 이 젊은 학자는 이탈리아로 갔고 서방의 수도인 밀란에서 수사학 교사가 되었다. 그러나

---

*194) Bernard McGinn(버나드 맥긴), 방성규, 엄성옥 공역. 『서방 기독교 신비주의의 역사』 (은성, 초판. 2000) pp.347-398
195) 가장 훌륭한 어거스틴의 전기는 Peter Brown, Augustine of Hippo: A Biography (Ber.kelpy: University of California Press, 1967)이다. 그 밖에 유익한 전기를 들면 다음과 같다: T. van Bavel and F., van der Zande, Rértoire bibtiosrapnique de Saint Augustin, 1950-60 (The Hague: Nijhoff, 1963); and Carl Andresen, Bibliographia Augustiniana (Darmstadt: Wissenschaftliche Buchgesellschaft, 1973). 최근의 어거스틴 연구 자료는 Augustinus-Lexikon, ed Cornelius Mayer et. al. (Basel: Schwabe, 1986-), and the Thesaurua Augustinianus (Thunhout: CEDOC [Brepols], 1988)이 있다.

그가 『고백록』에서 감동적으로 묘사하듯이, 수도원주의의 이상, '플라톤주의자들의 책들'을 발견한 일, 그리고 암브로시우스의 설교 등 다양한 매개체를 통해서 작용한 거룩한 사랑의 힘으로 말미암아 마침내 그는 정원에서의 유명한 회심을 하게 되었다(『고백록』 8.8-12). 그곳에서 그는 하나님의 은혜로 말미암아 타락한 연약한 의지로는 결코 성취할 수 없는 일을 할 수 있게 되었다. 즉 그리스도를 위한 결정적인 선택을 하여 세례를 받았을 뿐만 아니라 새로운 형태의 전형적인 기독교적 완전의 이상인 독신생활에 헌신했다. 그는 387년 부활절에 암브로시우스에게서 세례를 받았다. 그 해 가을에 로마의 항구 오스티아에서 배를 기다리면서, 어거스틴과 모니카는 하나님의 '어루만지심'을 경험했다. 이것은 『고백록』 9.10에 감동적으로 기록되어 있다.

어거스틴은 391년에 아프리카로 돌아와서 수도 공동체를 세웠으며, 사제로 서품받았다. 그는 바울의 글을 열심히 읽었는데, 그것은 인간의 자유에 대하여 그가 초기에 가지고 있었던 낙관적 견해를 크게 바꾸어 놓았다. 395년에 그는 힙포의 주교로 임명되었다. 그는 생애의 나머지 서른다섯 해를 그곳에서 보내면서 양떼를 보살피고, 도나투스파와의 논쟁, 그리고 (대략 411년 이후에는) 펠라기우스 및 그를 따르는 추종자들과의 신랄한 논쟁에 개입했다. 어거스틴은 아담의 타락과 죄가 인간에게 미친 결과에 대한 그들의 견해는 심각한 결점이 있다고 보았다.

어거스틴은 대단히 많은 글을 썼다. 현재 남아 있는 그의 저술들을 모조리 읽을 수 있는 현대인은 거의 없다고 볼 수 있다. 현재 800여 개의 설교(대부분은 성경의 각 권에 따라서 분류 수집되어 있다)와 거의 400개의 서신들이 남아 있는데, 이것들이 그의 전체 저술들 중 많은 부분을 차지한다. 그러나 다양한 주제들에 관해 저술한 수십 편의 논문은 그의 저술들 중 가장 빈번하게 읽히는 부분이다.[196] 내가(원저자) 어거스

---

196) Agostino Trapé, "VI. Saint Augustine," in Johannes Quasten, Patrohgy, 4 vols. Westminster: Christian Classics, 1983-86) 4:

틴의 글을 모두 다 읽지는 못했으므로, 여기서는 그의 신비주의를 이해하는 데 반드시 필요하다고 생각되는 저서들만 언급하겠다.

어거스틴의 신비 사상을 이해하는 데 있어 391년 이전에 저술된 어거스틴의 초기 논문들 중 일부가 중요하지만(예를 들면 『영혼의 위대함에 대하여』), 그의 논문들 중에서 가장 중요한 자료는 『고백록』이다. 『고백록』은 그가 감독이 된 직후 397년에서 401년 사이에 저술한 책이다. 그의 다섯 권의 주요 저서들 중에서 적어도 세 권이 그의 신비 사상을 연구하는 데 중요하다. 가장 중요한 것은 『**시편 설교집**(Homilies on the Psalms)』으로서, 대략 391년부터 422년 사이에 일부는 설교되고 일부는 구술된 것이다.197) 이 설교집은 어거스틴의 저서 중에서 가장 긴 것으로서 가장 읽히지 않는 책이지만, 그의 신비주의 이해에는 반드시 필요한 책이다. 15권으로 이루어진 『**삼위일체론**』(The Trinity, 대략 404-420)은 어거스틴이 사변 신학에 주요한 공헌을 한 책인데, 그중 특히 8-15권에 있는 내용은 그의 신비 사상의 중요한 지류들을 형성한다.198) 요한복음은 신비가들이 즐겨 사용하는 본문인데, 어거스틴은 대략 406년부터 422년 사이에 이 복음서를 주제로 하여 124번 이상 설교했다.199) (『요한일서 설교집』도 중요하다. 이 열 편의 설교는 413년부터 418년 사이의 어느 부활절에 행한 듯하다.)200)

372-462.
197) St. Augustine on the Psalms, translated and annotated by Dame Scholastica Hebgin and Dame Felicitas Corrigan, ACW 29 (Westminster: Newman), pp. 17-19을 보라. 어거스틴의 기독론에 관해서는 Anne-Marie La Bonnardiére, Recherches de chronologic aueustinienne (Pahs: Etudes Augustiniennes, 1965)을 보라.
198) De Trinitate는 PL 42:819-1098에서 발견할 수 있다. 훌륭한 영역본으로는 St. Augustine: The Trinity, trans. Stephen Mckenna, FC 45 (Washington: Catholic University, 1963)이 있다. Robert J. O'Connell, The Origin of the Soul in Augustine's Later Works (New York: Fordham University), introduction을 보라.
199) In Johannis Evangelium Tractatus CXXIV는 PL 35:131379-1976에 수록되어 있다. 영역본은 NPNE, First series, Vol. 7이다.
200) 요한일서 주석인 In Epistolam Joannis ad Parthos Tractatus Decem은 PL 31977-2062에 수록되어 있다. 번역본으로는 Augustine: Later Works,

역시 어거스틴의 걸작인 『창세기에 대한 문자적 주석』(Literal Commentary onf Genesis, 대략 401-415)과 『신국론』(City of God, 413-425년 사이에 쓰여진 22권의 책)은 그의 신비 사상과는 그다지 관련이 많지 않다.201) 그럼에도 불구하고 『창세기 주석』 제12권에는 환상(vision)의 유형에 대한 중요한 논의가 포함되어 있는데, 중세 신비가들은 이것을 신뢰할 수 있는 본문으로 여겼다. 그리고 『신국론』은 플라톤주의의 한계와 공헌에 대한 어거스틴의 태도 및 천국에서 하나님을 보는 것에 대한 그의 견해를 이해하는 데 있어서 중요한 책이다. 나는 이와 같은 주요한 저술들 외에도, 유익하다고 생각되는 곳에서는 편지나 설교, 또는 논문을 활용하려 한다. 그리고 여기서는 인용되지 않았지만 다음에 검토될 내용들을 보완해주고 풍성하게 해줄 수 있는 중요한 본문들과 구절들이 있다.

어거스틴은 76세 때인 430년에 죽었다. 당시 야만족인 반달족들이 그가 감독으로 있었던 도시를 포위하고 있었고, 그 시대 사람들은 동방 기독교와 서방 기독교의 결별이 불가피하다는 사실을 분명히 인식했다. 서방 기독교 사상의 대가인 힙포의 감독은 서유럽에서의 이어질 천 년의 새로운 종교 세계를 형성함에 있어서 어느 인물보다 더 많은 일을 했다. 오늘날에는 어거스틴의 사상에 대한 논쟁이 16, 17세기처럼 치열하지는 않지만 어쨌든 그러한 논쟁은 오늘날까지도 계속되고 있다. 16, 17세기에는 가톨릭 측과 개신교 측에서 서로 자신이 진정한 어거스틴의 후계자라고 주장했고, 심지어 서방 기독교의 주요 교파들 내의 여러 진영에서는 각기 자신이 어거스틴의 사상에 충실하다고 호소하면서 자신의 적법성을 증명하려 했다. 어거스틴이 의미했던 바가

---

ed. John Bumaby (Philadelphia Westminster, 1957), pp. 251-348을 보라.
201) De Genesi ad litteram은 PL 34:245-486에 수록되어 있다. 훌륭한 영역본으로는 St. Augustine: The Literal Meaning of Genesis, by John Hammond Taylor, ACW 41-72 (New York: Paulist, 1982)를 보라. De civitate Dei는 PL41:13-804에 수록되어 있다.

무엇인가에 대한 이러한 논쟁들은 전통적인 서구 신학의 거의 모든 측면에 배어 있기 때문에, 그러한 논쟁이 그의 신비주의의 문제에까지 확대된다고 해서 그다지 놀라운 일은 아니다.

어거스틴의 신비주의에 관한 문제는 새로운 것이 아니다. 앙드레 망두즈(André Mandouze)는 1954년까지의 논쟁사를 개관하면서, 그 문제가 이미 1863년에 제기되었음을 보여 주었다.202) 이프럼 헨드릭스(Ephraem Hendrikx)는 1936년에 "어거스틴은 대단한 열정주의자였지만, 결코 신비주의자는 아니었다."는 유명한 말을 했는데, 많은 사람들이 이 말에 동의해 왔다.203) 1986년에 제랄드 보너(Gerald Bonner)는 소논문에서 어거스틴의 개인적인 신비주의에 대하여 의심을 표시했다.204) 어거스틴에 관한 한, 새로운 논쟁은 거의 없으며, 논쟁이 되고 있는 분야에서 학자들의 의견이 일치하는 분야는 더욱 적을 것이다.

교부시대의 다른 저자들과 관련하여 주목되는 다른 논쟁들과 마찬가지로 어거스틴의 신비주의에 대한 논쟁은 흔히 '귀머거리들의 대화'205)이다. 즉 그 논쟁에서는 신비주의의 의미에 대한 상이한 이해들과 그 의미의 정당성에 대한 다양한 평가가 본문 분석보다 훨씬 더 중요하다. 일부 개신교 진영의 어거스틴 연구가들의 특징인바 복음과 신비주의를 선험적으로 분리하는 것, 또는 상당수의 로마 가톨릭 연구자들이

---

202) A. Mandouze, "Ou on erst la question de la mystique augustinienne?" Augustinus Magister (3 vols.; Paris: L'Année théologique augustinienne, 1954) 3:103-68.
203) Epraem Hendrikx, Augustinus Verhdltnis zur Mystik (Würzburg: Augustinus Verlag, 1936), p. 176; M. Heim, Der Enthusiasmus in des Konfessionen des hl. Augustinus (Würzburg: Augustinus Verlag, 1941); R. Lorenz, "Fruitio Dei bei Augustin," Zeitschrift für Kircheneeschichte 63 (1950-51): 75-132; Hans Meyer, "War Augustin Intellektualist oder Mystiker?" Augustinus Maeister 3:429-37.
204) G. Bonner, "Augustine's Conception of Deification," Journat of Theological Studies n.s 37(1986), p. 382.
205) Madouze, "Où en est la question?" p.153.

그렇듯이 지적 철학과 정의적인 신비주의를 미리 구분하는 것은 어거스틴이 신비주의자였을 가능성을 부인하거나, 마이어(H. Meyer)처럼 어거스틴은 98퍼센트는 지성주의자이고 2퍼센트만이 신비주의자였다고 주장하기 쉽다.206)

1936년에 어거스틴이 신비주의자였음을 부인했던 이프럼 헨드릭스는, 1975년에 어거스틴과 신비주의와의 관계에 대한 40여 년간의 논쟁을 개관하는 간략한 논평에서 어거스틴이 신비주의자였을 수는 있지만 로마 가톨릭의 신스콜라주의 신학에서 이해되는 전통적인 의미에서의 신비주의자는 아니었다고 말했다.207) 헨드릭스를 비롯한 몇몇 학자들은 상당히 정확하게 하나님과의 개인적인 연합의 개념과 같은, 전통적인 신비주의 이해의 주지(主旨)들 중 많은 것들, 예를 들면 하나님과의 개인적인 연합이라는 개념 등이 어거스틴에게는 두드러지게 나타나지 않는다고 강조했다. 어거스틴은 현세에서의 신적 임재 의식을 묘사하기 위한 도구로서 연합이라는 표현을 의도적으로 배제한 듯하다. 따라서 만일 현세에서의 하나님과의 연합이라는 개념, 그리고 주부적 관상(infused contemplation)과 습득적 관상(acquired contemplation)의 분명한 구분을 기초로 하여 신비주의를 정의해야 한다면, 어거스틴은 분명히 신비가가 아니며, 그의 저술에는 올바른 의미에서의 신비 신학이 포함되어 있지 않다. 그러나 신비주의에 대한 이러한 정의들은 너무나 편협하여 어거스틴의 사상을 공정하게 다루지 못하며, 또 어거스틴이 서방 신비주의 역사에서 발휘한 중요한 역할을 파악하기에도 부족하다.

어거스틴을 지지하는 학자들조차도 어거스틴의 신비주의를 제대로 묘사하지 못했다. 예를 들어, 버틀러(Cuthbert Butler)는 어거스틴에게서는 '하나님과의 연합'이라는 표현이 등장하지 않음을 인정하였다. 그러

---

206) H. Meyer as quoted in Mandouze, "Où on est la question" p. 166.
207) E. Epraem Hendrikx, "Augustinus Verhältnis zur Mystik: Ein Rückblick" in Scientia Augustiniana: Festschrift Adotar Zumkeller (Wiirzburs: Augustinus Verlag, 1975), pp.107-111.

나 그는 "어거스틴이 그것과 동일한 사상을 표현하고 있는 구절들이 있다."고 주장하였다.208) 풀베르 카이레(Fulbert Cayré)는 그의 탁월한 저서 『어거스틴의 관상(*La contemplation augustienne*)』에서 자연적인 영역과 초자연적인 영역을 분명하게 구분한 스콜라주의 방식을 어거스틴의 사상에 도입함으로써 불필요한 혼동을 야기했다.209) 비평가들은 어거스틴을 옹호하려 했던 학자들에게 신중해야 한다는 것, 그리고 우선적으로 통찰력이 있어야 한다는 것을 가르쳐 주었다.

서방 신비주의 역사에서 어거스틴의 중요한 위치를 옹호하기 위하여, 어거스틴이 클레르보의 버나드나 마이스터 에크하르트, 아빌라의 데레사 같은 후대의 인물들과 같은 의미에서 신비주의자였다고 주장할 필요는 없다. 또 어거스틴이 다양하게 신비한 경험을 했음을 증명할 필요도 없다. 왜냐하면 이러한 문제는 신비주의 전통 내에서 어떠한 사상가가 행한 역할과 관련해서는 그다지 중요한 것이 아니기 때문이다. 또한 여기에서 우리가 채택하고 있는 신비주의 개념이 융통성 있는 것이기 때문에, 어거스틴이 신비주의를 주로 하나님과의 연합이라는 형태로 이해했었다고 주장할 필요도 없다.

종교적 천재인 어거스틴은 많은 근본적인 종교적 문제들을 다루었는데, 신비주의는 그러한 문제들 중 하나일 뿐이다. 어거스틴은 교리적이고 사변적인 신학자요, 교육 이론가요, 교회의 지도자요, 수도원의 설

---

208) Cuthbert Butler, Western Mysticism: The Teaching of Saint Augustine, Gregory and Bernard on Contemplation and the Contemplative Life (New York: Dutton, 1923), p. 62. John Burnaby, Amor Dei: A Study of the Religion of St. Augustine (London: Stoddard & Houghton, 1938)을 보라.
209) F. Cayré, La contemplation augustinienne: Principes de spiritualité et de théologie (2nd ed.: Paris: Desclée, 1954); E. I. Watkin, "The Mysticism of St. Augustine," in St. Augustine: His Age. Life and Thought (Cleveland and New York: Meridian, 1957), pp. 105-19; and Gerald Bonner "The Spirituality of St. Augustine and its influence on Westem mysticism," Sobornost 4(19S2'), p. 153.

립자요, 설교자요, 논객이었다. 그러나 그는 기독교 내의 신비적 요소에 상당한 관심을 기울인 저자로서 그 이후의 거의 모든 서방 신비주의자들은 그에게서 도움을 받았다. 이러한 의미에서 우리는 어거스틴을 한 사람의 신비주의자일 뿐만 아니라, (수도원장 버틀러의 말을 빌리면) '신비주의자들의 왕'이며, (존 버나비의 말을 사용하면) '기독교 신비주의의 아버지'라 부를 수 있을 것이다.210)

어거스틴의 신비주의의 주요 주제들은 그의 신학 전체에 그물처럼 얽혀 있기 때문에, 그것들을 분리하려 하면 왜곡이 발생한다. 특히 이 장에서 어쩔 수 없이 해야 하는 것처럼 제한된 범위 내에서 행할 때에 그러하다. 필자는 이러한 위험을 의식하지만, 어거스틴의 신비 사상 및 그가 후대의 서방 신비주의에 대해 기여한 바에 대하여 크게 세 가지로 나누어서 살펴보려 한다.

첫째는, 영혼이 상승하여 하나님의 현존을 관상적이고 몰아적으로 경험하는 것에 대한 설명이다: 둘째는 이러한 경험이 가능한 근거를 삼위 하나님의 형상인 인간의 본성 안에 둔 것이다: 셋째는 이 경험을 획득하는 데 있어서 그리스도와 교회의 역할이 필요하다는 것이다.

그러나 아무리 광범위하게 조사한다고 해도, 그러한 관찰에서는 이 세 가지 주제들을 밀접하게 연결하고 있는 핵심적인 신학적 사상들 중 다수를 등한시할 수밖에 없을 것이다.211) 예를 들면, 나는 이성과 믿

---

210) Butler, Western Mysticism, p. 24; Burnaby, Amor Dei, P. 23; Rowan Williams, Christian Spirituality (Atlanta: Jo Knox 1979), chap.4; and Andrew Louth, The Origins the Christian Mystical Tradition (Oxford Clarendon, 1981), chap.7; David N. Bell, The Image and Likeness: The Augustinian Spirituality of william of St. Thierry (Kalamazoo MI: Cistercian Publications, 1987), chaps. 1 and 2; Bonner, "The Spirituality of St. Augustine"; Eugene Teselle, "Augustine," in an Introduction to the Medieval Mystics of Europe, ed. Paul Szarmach (Albany: SUNY, 1984) pp. 19-35; A. Trape, "Saint Augustine: Spiritual Doctrine," in Patrology 4:453-62; and Vittorino Grossi "La spiritualità agostiniana," Le grandi scuole della spiritualità cristiana (Rome: Teresianum 1987), pp. 179-207.

음과의 관계에 대한 어거스틴의 가르침이나 그가 제시한 중요한 성경 해석 원리에 대해서는 언급하지 않을 것이다. 그러나 어거스틴이 실제로 행한 영적 해석의 많은 예를 살펴 볼 것이다. 어거스틴의 창조론은 하나님의 형상으로서의 인간의 창조에 관한 것만 다룰 것이다. 타락과 원죄에 대한 중요한 가르침에 대해서는 실제로 고찰하기보다는 암시적으로 다룰 것이다. 또 어거스틴의 역사에 대한 신학 및 그 신학이 함축하고 있는 바에 대하여 전혀 취급하지 않을 것이다. 물론 인간의 자유와 은혜에 대한 어거스틴의 가르침에 대해서는 우리가 관심을 가지게 될 세 분야에서 드러나는 경우에만 다루려 한다. 세 번째 주제와 더불어서 다루어질 그의 기독론과 교회론에서조차도 이 주제들에 대하여 어거스틴이 말한 내용을 완전히 다루지는 않을 것이다. 어거스틴의 도덕적인 가르침은 드물게 제시할 것이며, 수도원 설립자로서의 역할에 대해서도 상세히 연구하기보다는 언급하는 정도에 그칠 것이다.[212] 이처럼 많은 것들을 제외해도, 어거스틴은 여전히 그의 가르침의 범위와 풍부함으로 우리를 압도한다.

Toto Ictu Cordis: 하나님을 봄

413년경에 파울리나(Paulina)를 위해서 쓴 『편지』 147, 즉 『하나님을 보는 것에 대하여(*On Seeing God*)』라는 논문의 절정 부분에서, 어거스틴은 "하나님은 영이시다(고후 3:17). 그러므로 누구든지 주와 합하는

---

211) Etienne Gilson, The Christian Philosophy of St. Augustine (New York: Random House,1960); and E. Teselle, Augustine the Theologian (New York: Herder & Herder, 1970).
212) 어거스틴의 수도사적인 면에 대해서 알려면, Adolar Zumkeller Augustine's Ideal of the Religious Life (New York: Fordham University Press,1986); and George Lawless, Augustine of Hippo and His Mounastic Rule (Oxford: Clarendon, 1987)을 보라.

'그와' 한 영이다(고전 6:17). 이런 까닭에 보이지 않게 하나님을 볼 수 있는 사람은 영적으로 하나님과 합할 수 있다."(Ep. 147.15.37 PL 33:613)고 말한다. '보이지 않게 하나님을 본다'는 개념은 어거스틴의 신비주의의 중심적인 관심사 중 일부에 접근할 수 있게 해준다. 물론 어거스틴의 미묘한 사상적 틀 안에서 '하나님을 봄(visio Dei)'이라는 개념과 밀접하게 얽혀 있는 일련의 다른 용어들을 검토하지 않고서는 어거스틴이 '**하나님을 봄**(visio Dei)'이라는 말에 의해서 나타내고자 했던 깊은 의미를 이해할 수 없다. **관상**(contemplatio)과 지혜(sapientia)는 가장 밀접하게 연결되어 있는 단어들이다.213) 그리고 지복(beatutido), 진리(veritas), 선택적 사랑(amor-dilectio) 등도 그다지 뒤지지 않는 단어들이다. 어거스틴은 하나님을 봄에 대해서 자주 논의했을 뿐만 아니라, 드물게 자신의 하나님 체험을 말할 때에도 이 표현을 사용했다. 로버트 오코넬(Robert J. O'Connell)은 이것을 다음과 같이 표현했다: "만약 어거스틴의 사상 전체에 일관되게 흐르는 것이 있다면, 그것은 행복의 문제에 몰두한 것이다. … 그러나 그에 대한 답변은 언제나 동일하다. 즉 사람을 행복하게 해주는 것은 하나님을 소유하는 것, 즉 **하나님을 봄으로써 하나님을 소유하는 것**이다."214)

『고백록』 제7권에서, 어거스틴은 자신이 386년에 밀란에서 '플라톤주의자들의 책들'을 읽은 후에 경험한 것을 기술한다.215) 그 기록은 전반적으로 플로티누스에게서 잘 알려진 모범을 따르고 있으며, 세 개의 유사한 본문들로 기술적으로 제시된다(7.10.16-17: 7.17.23: 7.20.26).216)

---

213) Goulven Madec, "Christus, scientia et sapientia nostra: Le principe de cohérence de la doctrine augustinienne," Reherches augustiniennes 10 (1975): 77-85.
214) Robert J. O'Connell, S.J., St Augustine's Early Theory of man, A.D. 386-391 (Cambridge, MA: Belknap Press, 1968), p. 205.
215) 신플라톤주의와 어거스틴의 관계에 대한 논의에 대해서는 다음의 책을 보라: John J. O'Mera, "Augustine and Neoplatonism," Recherches augustiniennes 1 (1958): 1950년 대 이후로 P. Courcelle, P. Hadot, A. Mandouze, J. O'Mera, R. J. O'Connell 등의 방대한 연구에 의해서 어거스틴이 플로티누스와 포르피리우스에 대해 방대한 지식을 가지고 있었음이 증명되어 왔다.

어거스틴은, 플라톤주의자들의 책들이 요한복음 서문에서 발견되는 성부로부터의 말씀의 영원한 탄생을 분명하게 가르쳤지만, 말씀이 육신을 취한 것이나 우리 죄를 대신하여 죽은 것에 대해서는 알지 못했음에 주목한다. 계속해서 어거스틴은 다음과 같이 말한다:

> 나 자신에게로 돌아가라는 권면을 받은 나는 당신이 인도하심을 받아 나의 내면 가장 깊은 곳으로 들어갔습니다. 그렇게 할 수 있었던 것은 당신이 나를 도우시는 분이 되셨기 때문입니다. 나는 들어가서 내 영혼의 눈으로 내 영혼의 눈 위에 있는, 내 정신 위에 있는 변하지 않는 빛을 보았습니다 … 진리를 아는 사람은 그 빛을 알며, 그것을 아는 사람은 영원을 압니다. 사랑은 그것을 압니다. 오, 영원한 진리요 참 사랑이요 사랑스런 영원이시여! 당신은 나의 하나님입니다. 나는 밤낮으로 당신을 그리워합니다. … 당신께서는 저의 연약한 시선을 물리치시고 내 안에서 강력하게 불을 밝히셨습니다. 그리하여 저는 사랑과 두려움에 떨었습니다. 나는 자신이 당신으로부터 멀리 떨어져 비슷함이라고는 전혀 없는 땅에 있음을 알았습니다…(『고백록』 7.10.16 PL 32:742).

여기에는 세 가지 유형이 묘사되어 있다. 먼저, 감각 세계로부터의 물러남이 있는데, 이것은 종종 우주의 아름다움에 대한 숙고로부터 시작된다(7.17.23). 다음에 영혼의 깊은 곳을 향한 내적인 진행이 뒤따른다(7.10.16; 7.17.23). 마지막으로, 영혼을 넘어서 하나님을 보는 것으로

---

216) Paul Henry, La vision d'Ostie: Sa lpace dans la vie et l'beuvre de Saint Augustine (Pahs: Vrin,1938); Eng. version, The Path to transcendence: From Philosophy to Mysticism in Saint Augustine,Trans. Francis F.Burch (Philadelphia: Pickwick Press, 1981), pp.82-97; Pierre Courcelle, Recherches sur les Confessions de Saint augustin (Paris: Boccard, 1950), pp. 157-67; and O'Connell, Augustine's Early Theory of Man, pp. 43-51,205-23.

의 진행이 있다(7.10.16; 7.17.23). 217)

비록 플라톤주의적 기반이 중요하기는 하지만, 신플라톤주의적 신비주의와의 차이점들도 마찬가지로 중요하다. 그 차이점들은 신플라톤주의가 그리스도 안에 계시된 진리의 충만함에 얼마나 많이, 그리고 궁극적으로는 얼마나 조금 접근했는가에 대한 어거스틴의 성찰 속에서 드러난다.218) 『엔네아즈』 48.1이 시사하고 있듯이, 플로티누스는 그 경험이 지속되는 기간이 짧다는 것 및 영혼이 받는 충격 혹은 '좌절'을 강조한 어거스틴에게 동의했을 것이다.219) 그러나 원죄와 개인적인 죄 – 즉 회심 이전의 어거스틴이 스스로를 유배시킬 수밖에 없었던 다른 자의 영역(regio dissimilitudinis) 때문에 하나님을 보는 것이 불완전하고 잠시에 그친다는 어거스틴의 확신에 플로티누스는 동의하지 않았을 것이다.220) 플로티누스의 견해에 의하면, 타락한 영혼이라도 그 신적 기원 때문에 언제나 스스로를 고양시켜서 하나님을 볼 수 있다. 그러나 어거스틴의 견해에 의하면, 영혼은 원죄와 개인적인 죄에 묶여 있는 타락한 피조물이므로 그러한 고양은 하나님께서 우리 안에서 행동하신 결과이다.

어거스틴은 그처럼 짧은 경험이라도 누리기 위해서는 하나님의 개입이 반드시 필요하다고 강조했는데(7.10.16), 플로티누스가 볼 때 (그 경험을 획득하는 데 있어서 사랑의 역할을 강조한 것은 이상하게 생각되지 않았겠지만)

---

217) Poque, "L'expression de l'anabase plotinienne"; and Vernon J. Burke "Augustine of Hippo: The Approach of the Soul to God," in The Spirituality of Western Christendom, ed. E. Rozanne Elder (Kalamazoo, MI: Cistercian Publications, 1976), 6-9.
218) Mandouze, Saint Augustin: L'aventure, p. 503.
219) Thomas Finan, "A Mystic in Milan. 'Reververasti Revisited" in From Augustine to Eriugena: Essays on Neoplatonism and Christianity in Honor of John O'Meara, ed. F. S. Martin and J. A. Richmond (Washington, DC: Catholic University Press, 1991), pp. 77-91.
220) B. McGinn, The Golden Chain (Washington: Cistercian Publications, 1972), pp. 133-34 n.132.

그러한 어거스틴의 주장은 이상하게 보였을 것이다(7.10.16; 『엔네아즈』 6.7.31; 6.9.45-48참조). 어거스틴이 이교 철학자인 플로티누스와 결정적으로 의견을 달리하는 부분은, 자신이 성육하신 그리스도를 하나님과 인류 사이의 중보자로서 받아들이기 전에는 자신이 하나님을 누리는 데 필요한 힘을 얻을 수 없었다고 강조한 데 있다(7.18-19, 24-25). 어거스틴의 신비주의가 지닌 기독론적인, 본질, 그리고 함축적으로 교회론적 본질은 이미 분명히 드러나 있다.

밀란에서의 경험이 지닌 또 하나의 차원을 주목할 필요가 있는데, 그것은 그 경험의 정식적(noetic) 특성이다. 그 경험은 하나님의 존재하심과 선하심에 대한 분명한 확신을 가져다주었을 뿐만 아니라, 어거스틴이 오랫동안 마음속으로 검토해 왔었던 문제인 악의 본질(7.12.-13. 18-19) 및 다른 모든 사물들의 존재 양식의 본질(7.11.17)에 대한 새로운 이해를 낳았다. 하나님은 만물을 규제하시는 절대 진리로서 세상에 현존하신다(7.15.21). 그러므로 우리가 어떤 진리를 알게 될 때마다, 이미 은연중에 하나님이신 진리를 알고 있는 것이다(7.10.16). 제랄드 보너(Gerald Bonner)가 지적했듯이, 어거스틴에게서는 관상적인 봄에 대한 설명과 인식론을 분리할 수 없다.221)

『고백록』 제7권에 서술되어 있는 것보다도 더욱 유명한 것은 제9권 끝에 있는 오스티아에서 본 것(Ostia vision)에 대한 기술이다. 폴 헨리(Paul Henry)는 9.10.23-26에 들어 있는 세 가지 근본적인 요소 -『엔네아즈』의 가르침, 성경의 영향, 그리고 모니카에게서 발견되는바 기독교적 삶의 구체적인 활력 - 을 훌륭하게 분석했다. 그 뒤를 이어서 여러 연구가들이 한층 더 플로티누스적인 분위기를 지닌 것들을 찾아냈지만,222) 이 환상의 중요성에 대한 평가는 지속적인 문제로 남아 있

---

221) Bonner, "Spirituality of St. Augustine," p. 148. 이 구절에서 환상의 대상들에 대해서는 O'Connell, Augustine's Early Theory of Man, pp. 210-17을 보라.
222) A. Mandouze, "L'exstase d'Ostie," in Augustinus Magister 1:67

다.223)

어거스틴은 그 경험에 대하여 두 개의 이야기를 제공한다. 첫째 이야기는 마치 그 사건 자체를 자세히 열거하는 듯이 직접화법으로 제공된다. 두 번째 이야기는 대화의 요약(또는 독백)인데, 거기에서 어거스틴은 비록 다른 형식이기는 하지만 그 경험의 의미를 표현하려 한다.224) 그 본문은 너무 길어서 여기에서 인용할 수는 없지만, 이 이야기가 우리가 밀란 경험에서 이미 발견하였던 내용에 더해 주는 몇 가지 요소에 대하여 언급하는 것도 중요하다 하겠다.

가장 우선적으로 의미 있는 차이점은 오스티아에서의 환상은 어거스틴과 그의 어머니 모니카가 함께 경험했다는 점이다. 거룩한 과부인 모니카가 철학자인 아들과 동일한 천국의 기쁨을 미리 맛보았다는 부분에서, 모니카는 세상 지혜가 아니라 성령 안에서 배움을 얻은 영혼으로 제시된다. 플로티누스나 다른 이교도 신비가들은 철학 교육을 받지 않은 여인의 영혼이 신비한 환상을 공동으로 볼 수 있다고 묘사하지 않을 것이다. 그렇지만 어거스틴이 그 장면을 묘사하고 있는 '정원' 문맥에 비추어 볼 때225) 어거스틴이 참된 봄(vision)은 그리스도의 교회라는 구원의 공동체 안에서만 성취될 수 있음을 교묘하게 암시하는 것이라고 짐작할 수밖에 없다. (오스티아 정원은 담장이 있거나 사방이 막혀 있었을 것이다. 그리고 어거스틴은 『고백록』을 쓰는 몇 년 동안, 반 도나투스 활동을 펴면서 교회를 아가서 4:12에 나오는 "잠근 동산"과 동일시했다.)226) 그 본문에는

-84).
223) Henry, Path to Transcendence, chaps.2-6; Mandouze, "Où on est la question?" pp. 113-17; Courcelle, Recherches sur les Confessions, pp.222-26; Tesells, "Augustine," pp.20-22; and Louth, Origins, pp. 134-41.
224) Conf 9.10.26 (PL 32:775).
225) Robert J. O'Connell, St. Aueustine's Confessions: The Odyssey og a Sout (Cambridge, MA: Belknap Press,1969), pp. 115-19.
226) 아가서 4:12의 담장으로 둘린 교회에 대해서는 De baptismo 5.27; 6.79; 7.51을 보라.

신비적 진행에 대한 플로티누스가 사용한 것과 동일한 3단계 진행 유형이 분명히 나타나 있지만, 밀란 경험에 대한 기술과 비교해 볼 때, 오스티아 경험은 그 배경은 사회적이고, 수사학적으로는 감정적이며, 변화된 감각 체험에 호소하는 점에서는 복합적으로 표현되어 있다.[227]

첫째 이야기 첫 부분에서 빛나는 육체(*luce corporea*)라는 말을 언급한 것, 그리고 두 번째 이야기의 말미에서 모든 열등한 환상들(*visiones*)을 물리쳐야 한다고 강조한 데서 드러나듯이, 어거스틴이 가시적인 형태로 상징화할 수 있는 경험에 대해 기술하고 있음은 의심의 여지가 없다. 분석이 포함되어 있는 이 가시적인 배경에도 불구하고, 이 두 가지 비슷한 이야기에서 어거스틴은 실제로 발생한 것을 묘사하기 위해서 시각보다는 촉각과 청각에서 취한 비유들을 열거하고 있다. 또한 비록 밀란의 이야기에서는 내친 김에 사랑(*caritas*)은 그 환상을 안다고 쓰고 있지만, 오스티아에서의 이야기는 다음과 같이 감정적인 의도를 지닌 표현이 가득하다: (1) "'항상 동일하신 분' 즉 하나님을 향한 보다 뜨거운 감정에 의해 우리 자신을 들어 올림": (2) "우리는 온 마음으로 그 지혜를 가볍게 만졌다.": (3) "피조물들의 간섭이 없이 피조물 안에서 우리가 사랑하는 그분의 음성을 듣기 위해서"(9.10.24-25).[228] 그러나 오스티아 본문이 묘사하고 있는바, 하나님의 지혜를 잠시 만진 것은 '온 마음으로'[229] 행한 '순간적인 인식'임을 주목해야 한다. 어거스틴의 신비 의식 안에는 사랑과 지식이 뒤얽혀 있다.

386년과 387년에 경험한 이 두 사건은 잘 알려져 있다. 그러나 10년 후에 어거스틴이 자신의 전기를 저술하면서, 제10권에서 발견되는

---

[227] 그러므로 나는 Conf7과 9의 이야기에서 진정한 차이점을 보지 못하는 사람들을 의심하는 경향이 있다. 예를 들면, Mandouze, Saint Aueustine: L'aventure, p.697.
[228] 오스티아 항구 이야기의 정서에 대해서는 Williams, Christian Spirituality, P. 77을 보라.
[229] Mandouze, "L'exstase d'Ostie," p. 73 n. 3; Teselle, "Augustine," p. 332 n. 18을 보라.

기억을 장황하게 분석하면서 그와 같은 짧은 환상의 경험들이 계속 존재했다는 증거를 제공했다는 사실에는 그다지 관심을 기울이지 않는다. "기억의 장, 기억의 넓은 경계 안에서"(10.8.2)의 하나님 추구는 "당신을 만질 수 있는 곳에서 당신을 만지며, 당신에게 매달릴 수 있는 곳에서 당신에게 매달리고픈 갈망 안에서"(10.17.26) 기억 자체를 넘어선다. 참 행복은 진리이신 하나님 안에서 즐거워하는 것이다(10.22-23.32-33). 그 하나님은 진리에 대한 모든 의식은 정신 안에서 발견된다는 점에서는 기억 안에 존재하시지만, 그 기억의 창조주로서 그것을 초월하신다 (10.24-26.35-37).

이러한 분석은 10.27.37에 있는 어거스틴의 글 중에서 가장 주목받아온 구절에서 절정에 이른다. 그 본문은 "그토록 오래 전부터 계셨으면서도 이처럼 새로운 아름다움이신 당신이여! 이제야 제가 당신을 사랑합니다."라는 말로 시작된다. 이 서정적인 표현의 의도는 추구자인 어거스틴과 하나님 사이의 거리를 강조하기 위한 것이지만("당신은 제 안에 계셨지만, 저는 당신과 더불어 있지 못했습니다"), 결론 부분의 표현은 밀란 이야기와 오스티아 이야기에서 발견되는 것과 같이 짧으면서도 공감각적인 신적 임재의 경험을 암시한다. "당신께서는 저를 만지셨습니다. 저는 당신의 평안을 누리기를 간절히 원합니다: (PL 32:795).

이것은 제10권 끝부분에 등장하는 보다 직접적인 구절에서 확인된다. 거기에서 어거스틴은 다시 플로티누스적인 3단계 상승을 요약하면서 다음과 같이 계속해서 일인칭으로 말한다.

> 때때로 당신께서는 내 안으로부터 저를 전혀 익숙하지 않은 감정상태, 이 세상이나 현세의 것이 아닌 달콤함 속으로 이끌어 들이십니다. 그러나 저의 비참한 무게들이 나를 다시금 떨어지게 만들어서 저는 일상적인 흐름에 삼켜져 버립니다. 저는 단단히 잡혀 있습니다. 몹시 울고 있지만 강

하게 붙잡혀 있습니다(『고백록』 10.45.65 PL 32:807).

어거스틴이 그의 많은 저술들 전체에서 하나님을 봄에 대하여 상세히 논의하지만, 그 자신의 경험을 정확하게 전해주는 본문은 소수에 불과하다. 이러한 점은 참된 신비한 경험을 자전적인 기록들에만 제한시키는 견해를 가지고 있는 사람들에게만 문제가 된다. 교부들 중에서 어떠한 형태든 종교적인 경험을 개인적으로 묘사한 사람은 드물다. 그들의 저서의 초점은 그들 자신의 종교생활이 아니라 교회의 가르침과 전통에 있었다. 『고백록』의 소중한 증언에도 불구하고 어거스틴 역시 이 점에서 다르지 않다. 그것은 그의 다른 저서들에서 다루어진 '하나님의 봄(visio Dei)'이라는 주제를 조사해 보면 드러날 것이다.

예를 들어서, 초기의 저작인 『영혼의 위대함에 대하여』(On the Soul's Greatness, 387-388)에서, 영혼이 하나님께로 상승하는 일곱째 단계, 즉 '진리를 보고 관상함(vision and contemplation of Truth)'은 비록 그리스도의 행위에 의존하며 교회에 의해서 육성되지만, 일종의 머무름(mansio)으로서 후일 어거스틴이 허용한 것보다 더 영구적인 상태요 모세와 바울과 요한 같은 '비교할 수 없이 위대한 영혼들'이 도달한 것으로 언급된다.[230] 비록 젊은 어거스틴은 여전히 이 세상에서 진리를 보는 것은 부분적인 것이라고 주장하는 것 같지만[231] 여기서 그는 세상에서 완전함에 이를 수 있는 가능성에 대한 신플라톤주의적 확신을 표현하고 있는데, 이것은 초기의 다른 저서에 나타나 있지만 나중에는 부인되었다.[232] 400년에 이르기까지의 기간에 저술된 본문들은 관상과 봄에 대한 그의 견해를 탐구하는 데는 유용하지만, 우리가 『고백록』에서 살펴보았던 것 이상의 내용을 보여 주지는 않는다.[233]

---

230) De quantitate animae 33.76 (PL 32:1076-77). 이 본문에 대해서는 Cayré, La contemplation augustinienne, pp. 69-74을 보라.
231) De quan. an. 33.76 (PL 32:1077).
232) Cayré La contemplation augustinienne, pp. 48-51, 135-36을 보라. 플라톤 주의자들에 대한 어거스틴의 후대의 견해를 알려면, De civ. Dei 8.4-12; 10.23-32을 보라.

400년 이후에도 어거스틴은 때때로 관상적 경험의 본질에 대한 개인적인 기록을 제공한다. 『설교』 52에 수록된 것으로서 410-412년경의 것으로 추정되는 한 중요한 본문은 『고백록』에 제시되어 있는 신비한 경험들, 그리고 '하나님의 봄'을 '하나님의 형상'인 인간의 본성에 연결 짓는 새로운 사고방식을 반영하는 듯하다. 주로 삼위일체에 대해 다룬 이 설교에서, 어거스틴은 갑자기 피조물들 안에 삼위 하나님과 닮은 것이 있느냐고 묻는다. 『삼위일체론』의 후반부에서 탐구되는 것과는 달리, 여기에서의 어거스틴의 우선적인 관심은 신비 의식 안에서 발견되는 개인적인 하나님 경험에 있다.[234] 표현은 삼인칭으로 시작되지만, 곧 일인칭으로 바뀌는데, 그것은 어거스틴이 인용하고 있는 시편 기자의 음성이기보다는 어거스틴 자신의 음성인 듯하다: "내가 주께 부르짖을 때에 주께서 나의 간구하는 소리를 들으셨나이다." 플로티누스적인 올라감(anabasis), 즉 하나님에게로의 상승의 3단계가 분명하게 등장한다: 육체적 실체로부터의 분리: 영혼 내부에서의 진행: 그리고 신적인 수준을 향한 상승, 또 계속 상승 상태를 유지하지 못한다는 것도 비슷하다. 이처럼 신적인 빛과의 지속적인 접촉을 유지할 수 없기 때문에[235] 어거스틴은 삼위일체에 대한 이해 추구는 인간 정신의 본질 탐구라는 보다 온건한 수준에서부터 시작되어야 한다고 주장했다.[236]

오랫동안 『삼위일체론』 저술에 전념한 덕분에, 어거스틴은 이 설교

---

233) De libero arbitrio 2.16.72 (PL 32:1264); De ordine 2.20.51 (PL 32:1019); De sermone Domini in monte 1.3.10 (PL 34:1233-34); Contra Faustum 12.42; 22.52-58 (PL 42:276-77, 432-37); De consensu evangelistarum 1.5 (PL 34:1046); and Sermo 7.7 (PL 38:66)을 보라.
234) Sermo 52.6.16-17 (PL 38:360-61)을 보라. Mandouze, Saint Augustin: L'aventure pp. 659-61; and Poque, "L'expression de l'anabase" pp. 191-92.
235) Sermo 52.6.16 (PL 98:360).
236) Sermo 52.6.17 (PL 38:361). Bell, Image and Likeness, pp. 44-46을 보라.

에서 그의 신학의 두 가지 주요 주제인 '**하나님을 봄**'과 '**삼위일체의 형상**'을 보다 밀접하게 연결할 수 있었다. 그러나 '하나님을 봄'에 대한 그의 초기 기록들에 비교해 볼 때, 『설교』 52에 있는 본문은 몰아적 경험의 표현 불가능성이 하나님의 불가지성을 어떻게 드러내 주는지를 강조하는데, 이것은 400년경에 분명히 드러나게 될 그의 사상이 지닌 온건하지만 의미심장한 부정의 신학적 요소를 보여 주는 표식이다.[237]

하나님을 봄을 통한 하나님께 대한 직접적인 의식을 다룬 어거스틴의 후기 본문들 중에서 가장 놀라운 것은 특히 『시편 설교집(Homilies on the Psalms)』과 『요한복음 설교』(Homilies on John)』에 나타나는데, 일인칭으로 되어 있지 않고, 신비적 목표에 대한 기독교의 가르침을 제시하기 위해서 시편 기자와 복음서 기자의 음성을 사용한다. 나는 『시편 설교』 중에서 가장 유익한 세 가지 설교 -26.2.8-11(392년경에), 412-10(대략 410-14), 그리고 99.5-6- 에 대해 논의하겠다.[238] 아울러 413년이나 419년에 행한 『요한복음 설교』 20을 살펴보려 한다.[239] 이 설교들은 현세에서 하나님을 볼 수 있는 가능성에 대한 어거스틴의 성숙한 가르침을 담고 있으며, 그렇기 때문에 어거스틴의 신비주의의 핵심적인 부분을 이룬다. 이 설교에서 우리는 전체 기독교 공동체를 위해서, 그리고 그들을 대상으로 말하는 교사요 설교자의 음성을 듣는다.

이 네 가지 본문들을 간단히 분석하기에 앞서서, 그 설교들을 들은 청중들의 성격을 살펴보는 것도 가치가 있을 것이다. 암브로시우스의 설교가 그렇듯이, 어거스틴의 설교도 영적 엘리트가 아니라 일반적인

---

[237] Sermo 52.6.16 (PL 38:360). V, Lossky, "Les élémentis de Théologie négative' dans la pensée de saint Augustin," in Augustinus Maeister 1:575-81을 보라.
[238] 이 셋은 PL 36:202-5,466-71; 37:1274-75에서 찾아볼 수 있다.
[239] Mandouze, Saint Augustin: L'aventure, pp.662-63; and Poque, "L'expression de 1'anabase" pp. 192-95 and 205-9 에서 Tr. in Jo. 20-11-13 (PL 35:1562-64)와 En. in Ps. 41을 연구한다.

그리스도인 회중, 교회에 속한 보통의 신자들을 대상으로 한 것이다. (『고백록』 제9권에 있는 모니카의 예는 어거스틴이 계속 남성형 표현을 사용하고 있지만, 그것이 배타적인 것이 아님을 보여 준다). 관상에 대한 자신의 메시지가 모든 그리스도인들을 위한 것이지, 특정한 소수를 위한 것만이 아니라는 어거스틴의 확신은, 교부 시대의 많은 저자들에게서 살펴본 것과 일치한다.240)

시편 27장 4, 5절에 대한 어거스틴의 묵상은 "여호와의 아름다움을 앙망하며"라는 본문의 의미에 집중된다. 어거스틴은 장차 우리가 세상의 수고로부터 해방될 천국에서만 참되고 완전한 관상을 발견될 수 있음을 강조하기 위해서 이 구절을 사용하지만,241) 이 초기 설교에는 (그의 후기 사상의 특징이 되는) 현세에서의 봄과 내세에서의 봄의 관계에 대한 중요한 어거스틴의 사상들이 포함되어 있다. 그중에서 우선적인 것은 "영원하고 불변하며 언제나 동일하신 선에 대한 관상이 이루어질 하늘의 집(domus Domini)과 그리스도께서 신실한 자들로 구성하시며 자신의 내적 성소로서 그 안에 임재하시는 몸된 교회의 친밀한 관계"이다. '내가 그의 성전이 되고 그는 나를 보호하실 것'이므로, 비록 내가 하나님이신 절대선을 순전하게 묵상하거나 앙망하는 경험을 하지 못한다 할지라도, 머리 되시는 그리스도와의 결속을 통해서 나는 이 세상에서 그 일에 참여한다.

"그리스도는 지금 이 세상에서 우리 안에 계신다고 말씀하신다. 따라서 우리는 하늘에서 그분 안에 거한다. … 믿음과 소망과 사랑에 의해서 지금 우리가 머리 되신 이와 더불어서 영원히 하늘에 있다는 것은 참으로 큰 보증이다. 왜냐하면, 그가 신성과 선하심과 하나 됨에 의해서 세상 끝까지 땅 위에서 우리와 함께 계시기 때문이다"(『시편 설

---

240) Trape, "VI. Saint Augustine," p. 455; and Butler, Westem 208-10을 보라.
241) Cf. Enn. in Pss. 43.4; 48.1.5; Tr. in Jo. 124.5.

교』 26.2.11 [PL35-.205]).

『시편 설교』에 수록되어 있는 이 첫 번째 본문은, 이 세상에서의 하나님의 임재 의식은 모든 그리스도인이 그리스도의 몸 안에서 소유하는 참되지만 무의식적인 연합보다 중요한 것이 아니라고 주장함으로써, 세상에서의 하나님의 임재 의식이 존재하는지 여부에 대한 문제를 해결하지 않은 채 남겨둔다. 두 번째로 이 설교에서 취한 두 개의 본문은 현세에서 신자들이 발견할 수도 있는 하나님의 임재 의식을 탐구하면서도 이 중심되는 진리를 재차 단언한다.

『시편 설교』 42은 어거스틴의 가장 위대한 신비주의적 본문들 중 하나이다.[242] 이전의 글에서 발견되는 많은 주제들이 분명히 드러난다. 예를 들면, 현세에서 하나님께로 나아가는 유일한 길인 '장막(*tabernaculum*)' 혹은 '순례하는 교회(*ecclesia peregrina*)'와 하늘에서 발견되는 완전한 하나님의 기쁨인 '나의 하나님의 집(*domus Deimei*)'의 대조가 분명히 드러난다.[243] 어거스틴은 시편 26편 주석에서 보다 더 강력하게 하나님을 향한 모든 진보는 교회 안에서만 이루어질 수 있다고 주장한다.[244] 여기에서 새로운 것은 『고백록』에서 다루어진 많은 주제들과 어거스틴의 대중 설교의 교회론적인 관심사들의 결합이다.

이러한 사실들을 가장 분명히 보여주는 것은 『고백록』에 스며 있으며, "사슴이 시냇물을 찾아 헤매듯이 내 영혼이 하나님 당신을 찾기에 갈급하나이다."(시 42:1)라는 시편 본문이 제시하고 있는 하나님께 대한 개인적인 갈망, 하나님께 대한 갈급함을 강조한 것이다. 영혼이 겪고 있는 타는 목마름은 근본적으로 내적인 눈을 조명해 줄 것을 바라는 갈망이다. 어거스틴은 이 주제를 도입하면서 사랑과 지식의 언어를 뒤섞어 사용한다.[245] 사슴의 이미지를 알레고리화함으로써, 어거스틴은

---

242) 특히 Butler, Westem Mysticism, pp. 26-36을 보라.
243) En. in Ps. 41.9 (PL 36:469-70). 성전에서의 하나님의 임재를 강조한 것은 Epp. 187.12.35 and 13.38 (PL 33.845-47)에서도 찾을 수 있다.
244) En. in Ps. 41.

내적 조명을 위한 준비에 대한 두 가지 중요한 요점을 지적할 수 있게 되었다. 즉, 그 일은 우리 자신의 악덕의 멸절과 기독교 공동체 내에서의 상호 협력을 요구한다는 것이다(42:3-4). 그러나 우리가 믿음에 의해서 살아야 하는 한, 관상의 기쁨을 원하는 암사슴의 갈망은 좌절될 수밖에 없는 듯이 보인다. 그래서 우리는 "너희 하나님이 어디에 있느냐"(42:5-6을 보라)고 조롱하며 묻는 이교도 대적자에게 아무런 대답도 하지 못한다.

이로 인해 어거스틴은 그 본문 후반부에서(42:7-10) 현세에서는 어떤 식으로 하나님을 볼 수 있는지에 대해 탐구하게 된다: "저는 믿기 위해서만 아니라, 가능하다면 [그분에 대하여] 무엇인가를 보기 위하여 내 하나님을 찾았습니다." 『고백록』에 나오는 플로티누스류의 상승의 세 단계 모델을 따라서, 어거스틴은 이 세상의 것들이 아무리 아름답고 찬란해도 하나님은 그것들 안에서 발견되지 않으며, 또 영혼이 내면적으로 영혼 자신을 보거나 정의(正義)와 같은 비유형적인 실체들을 보는 데서도 발견되지 않는다고 주장한다. 내가 하나님을 '만지기' 위해서는, 시편에서 "내가 이것들을 묵상하며 내 영혼을 내 자신 위에 쏟아내었나이다."라고 말한 것처럼, 나는 자신의 내면에 머물 수 없으며 몰아의 상태에서 자신을 초월해야 한다. 이 몰아의 상태는 지상에 있는 교회라는 장막으로부터 하늘에 있는 '하나님의 집'으로 나아가는 것으로 묘사된다. 상승은 교회라는 중재자를 통해서만 가능하다. 어거스틴은 '장막의 지체들'인 성도들의 덕을 묵상함으로써 몰아적 전이가 이루어진다고 주장한다. 버틀러(Butler)가 지적했듯이[246] 이것은 특이한 생각이지만, 어거스틴의 신비 사상의 절대적인 교회적 성격과 완전히 조화를 이루는 생각이다. 어거스틴의 말을 인용하면 다음과 같다:

장막에 올라가면서, 영혼은 하나님의 집으로 갑니다. 영

---
245) En. in Ps. 41.2 (PL 36:465)
246) Butler, Westem Mysticism, p. 33.

혼은 그 장막의 지체들을 사모합니다. 그리고 어떤 감미로움, 무어라고 표현할 수 없는 감추인 내면의 즐거움을 따라감으로써 하나님의 집으로 인도됩니다. 그것은 마치 하나님의 집에서 어떤 악기 소리가 울려나는 것 같습니다. 영혼은 그 장막 안에서 걷다가 그 내적인 소리를 듣고 그 감미로움에 이끌려 소리를 따라가다가 모든 혈과 육의 시끄러움에서 벗어나 하나님의 집에 도착합니다.(『시편 설교』 41.9 [PL36:470])

여기에서 어거스틴이 주로 청각과 관련된 비유로 묘사하는 바, '하나님 면전에 거하는 것'의 즐거움은 이 세상에서는 짧을 수밖에 없다: "비록 황급하게, 그리고 부분적으로긴 하지만, 우리는 마음의 정점에서 불변하는 그 무엇을 응시할 수 있다"(『시편 설교』 41:10 [PL 36:471]). 그러나 영혼이 현세에 머물고 있는 한, 영혼은 하나님께서 때때로 잠시 미리 맛보게 해주신 큰 상급을 바라며 소망 안에서 살아가야 한다.[247]

『시편 설교』 100에 나오는 간단한 구절에서도 동일한 메시지를 반복하며, 세 가지 영역에서 귀중한 추론을 추가한다. 그 세 영역은 하나님의 불가해성, 하나님의 편재하심, 그리고 하나님을 보는 것을 가능하게 해주는 하나님의 모양을 회복함에 있어서 사랑의 역할 등이다. 어거스틴은 시편 100:2("기쁨으로 여호와를 섬기며")에 함축되어 있는바 말없이 하나님을 찬양하는 것의 의미를 조사하면서,[248] 피조 세계 전체가 어떻게 하나님께 대한 증거를 제공하지만, 우리로 하여금 하나님에 대해 정확하게 말할 수 있게 해주는 지식을 제공하는 것은 아님에 주목한다. 우리가 하나님에 대하여 말하기 위해서 하나님에 대하여 생각할 수 있어야 하며, 하나님에 대하여 생각하기 위해서는 하나님께 가

---

247) 초기의 또 다른 신비한 본문은 395년경에 행한 En. in Ps. 145.5-7 (PL 37:1887-89)이다.
248) En. in. Ps. 32.2.1.8 (.PL 36:283)을 보라.

까이 나아가야 한다. 우리가 보통 물체를 보거나 영적으로 하나님을 보려면 마음을 집중해야 하며, 영적으로 하나님을 보려면 마태복음 5장 8절에서 말한 '청결한 마음'이 필요하다. 그러나 어떻게 해야 죄악된 인류가 하나님을 보는 데 필요한 청결한 마음을 얻을 수 있는가? 어거스틴은 그 대답의 첫 부분에서 도덕적 정화(purification)를 강조한다. 그러나 또한 이것이 지닌 내적인 의미, 즉 '사랑(caritas)', 특히 선한 사람이든 악한 사람이든 모든 사람들을 향한 사랑을 통한 '하나님의 형상에 따라 재창조된 속사람'의 회복을 강조한다. "그대의 사랑이 진보하는 데 비례하여 그 형상에 더 가까이 가게 되며 그에 따라서 하나님을 인식하기 시작할 것이다"(『시편 설교』 99.5 [PL 37:1274]).249)

'**하나님을 인식한다**'는 것은 무슨 뜻인가? 그것은 전에는 부재하였던 하나님이 우리에게 오시는 것이 아니며, 우리가 하나님께로 '가는 것'도 아니다. 하나님은 항상 우리에게 현존해 계시며 만물에 현존해 계시지만, 우리가 장님처럼 눈이 멀어 그분을 보지 못하고 있다 : "그대가 보기를 원하는 대상은 그대에게서 멀리 떨어져 있는 것이 아니다"(99.5).250) 하나님을 파악하려면, 우리는 하나님처럼 선해야 하며, 하나님처럼 사랑스러운 생각을 품어야 한다(99.6). 여기에서 어거스틴이 영적 시각과 관련된 표현을 버리고 다른 영적 감각들을 강조하고 있음에 유의해야 한다. 오직 그와 같은 하나님과의 경험적인 접촉을 통해서만, 우리가 실제로 하나님에 대하여 아무것도 말할 수 없음을 인식하는 보다 고귀한 지식을 얻을 수 있다.

> 그대가 하나님을 닮은 자로서 그분에게 가까이 가며 그
> 분을 충분히 의식하기 시작할 때,251) 그대 안에서 사랑이

---

249) Quantum accedis ad similitudinem, tantum proficis in caritate, et tanto incipise Deum.
250) S. Grabowski, "St. Augustine and the Presenoe of God," Theological Studies 13(1952): 336-58.
251) Persentiscere 라는 단어는 Conf. 10.37.60 (PL 32:875)에서도 발견된다.

자라기 시작할 것이며, 그에 비례하여 그대는 말해야 할 것과 말해서는 안 될 것을 경험할 것이다. 이는 "하나님은 사랑이시기" 때문이다(요일 4:8). 그 경험을 하기 전에, 그대는 자신이 하나님에 대하여 말할 수 있다고 생각해 왔었다. 이제 그대가 그것을 경험하기 시작했으므로, 자신이 경험하는 것을 말로 표현할 수 없다는 것을 경험하게 될 것이다 (『시편 설교』 99.6 [PL 37:1274]).

어거스틴이 자기의 부정의 신학을 요약하고 있는 『기독교 교리에 관하여(On Christian Doctrine)』 1.6.6.의 유명한 구절에서와 마찬가지로, 그는 여기에서 이 신성의 표현 불가능성에 대한 경험이 감사하는 영혼을 침묵으로 인도하는 것이 아니라 시편 기자가 초청하는 것처럼 '기쁨'의 발설로 인도한다고 주장한다.[252]

요한복음 5장 19절에 대해 주석한 『요한복음 설교』 20의 중요한 본문에서, 어거스틴은 신비한 환상(vision)을 기초로 하여 성부와 성자 사이에 전혀 분리가 있을 수 없음을 증명하려 한다. 몇몇 사람들, 특히 복음서 기자 요한에게 주어진 그러한 환상은(20:13을 보라). 태양에서 광채를 분리할 수 없듯이 성부와 말씀을 분리할 수 없음을 증명해준다. 어거스틴은 그것을 증명하기 위해서 몸과 유형적 우주로부터의 이탈, 정신 혹은 영혼 속으로 들어감, 그리고 하나님과 접촉하기 위해서 몰아의 상태에서 자아를 초월하여 나아감 등 플로티누스의 3단계를 여러 번 반복한다(Suzanne Poque에 따르면, 일곱 번 반복된다): "나는 그분을 접하기 위하여 내 자신을 넘어섰습니다"(『요한복음 설교』 20.11, [PL 35:1562]). 이 본문이 가지고 있는 삼위일체적 차원뿐만 아니라, 영혼으로 하여금 잠시 하나님을 본 후에 다시 떨어져 내려오게 만드는 연약함의 경험에 대한 분명한 언급이 부족하다는 점에 주목해야 한다.[253]

---

252) De doc. christ. 1.6.6 (PL 34:21)을 보라.
253) Poque, "L'expression de l'anabase," pp. 206-15을 보라.

하나님의 보는 것에 대한 어거스틴의 설명은 일인칭으로 표현된 것도 있고 주석가나 설교자의 입장에서 다소 중립적으로 표현된 것도 있다. 이것들에 대한 고찰을 토대로 하여, 우리는 신비가요 신비신학자로서의 어거스틴의 위상에 대한 질문에 돌아갈 수 있을 것이다. 흔히 어거스틴은 십자가의 성 요한과 같은 의미에서 신비신학자가 아니었다고 말하는데, 이것은 절반만 맞는 말이다. 분명 어거스틴은 12세기 이후의 저자들과 같은 방식으로 신비생활에 대한 일련의 주해를 저술하지는 않았다. 12세기 작가들의 주해는 어거스틴이나 교부 시대의 저자들에게서는 발견할 수 없는 스콜라주의적인 신학적 경향을 함축하고 있다. 그 당시 분열되지 않은 교회의 동부지역에서 활동한 사람들과 마찬가지로, 이 위대한 아프리카인은 모든 신학은, 신자들을 이끌어 현세에서 교회의 공동생활 속에서 시작되지만 천국의 영광 속에서 완성될 하나님 현존의 체험으로 인도해 주려는 목적을 가진다는 점에서 신비신학이라고 보았다. 후대에 신비신학이라고 불리게 될 것에 관한 어거스틴의 생각에 대한 해설은 전혀 주어져 있지 않지만, 그러한 생각은 그의 저술 전체에서 등장하며, 또 지금까지 검토해온 본문들에서 부상하기 시작하는 일관성 있고 세심하게 고려된 유형에 기초를 두고 있다.

그러한 유형은 우리가 이미 다른 교부 저자들에서 보았던 넓은 의미에서의 신비주의 이론에 잘 부합된다. 어거스틴은 주로 자기의 양떼들이 현세에서 보다 깊고 치밀하고 직접적인 하나님 체험을 하도록 초청하는 데 관심을 가지고, 그것을 주로 성경적인 용어로 표현한다. 몇몇 희랍 교부들과는 달리, 어거스틴은 하나님과의 개인적인 '연합'에 많은 관심을 가지고 있지 않다. (극히 소수의 본문에서만 개인과 관련하여 연합이라는 표현을 사용한다.) 그가 현세에서의 연합에 대하여 언급하면서 염두에 두고 있는 것은 그리스도와 교회의 연합이다.[254] 플로티누스를 잘 알고 있는 사람이 이처럼 연합이라는 표현을 신중하게 피한 것은 의도적인

---

254) E.g.,IN. in Ps. 27.2 (PL 36:211); and En. in Ps..101.2.8 (PL 37:1309).

행동이며 비기독교 신비주의 노력의 한계들에 대한 비판이 함축되어 있는 것이라고 생각하지 않을 수 없다.

어거스틴도 암브로시우스처럼 플로티누스로부터 많은 것을 배웠지만, 어거스틴이 한 순간이라도 순수한 플로티누스주의자였다고 생각하는 것은 잘못일 것이다. 비록 그가 지속적으로 플로티누스적인 '상승(anabasis)'이라는 기본 모델을 사용했지만, 그는 그것을 기독교적인 맥락에서, 즉 성경적이며 기독론적이며 교회론적인 기독교적 의미에서 사용하였다. 플로티누스와 어거스틴 사이의 영향 관계를 증명하기 위해서 서로 비슷한 구절들을 배열하는 것이 중요하지만, 그렇게 한다고 해서 이러한 차이점이 항상 밝혀지는 것은 아니다. 여기에서 제시된 증거는 어거스틴의 변화에 진보가 있었음을 암시해준다(어거스틴의 생각은 항상 움직이고 있었다). 그러나 어거스틴은 초기에도 플로티누스적인 프로그램을 변화시키곤 했었음에 유의해야 한다.

어거스틴은 "내면으로 들어가는 것이 곧 위로 올라가는 것이다."라고 가르쳤다. 즉, 영혼의 근저로 들어가는 내향적 운동(enstatic movement)은 영혼보다 무한히 높으신 하나님을 발견하게 해주며, 따라서 자아를 넘어서 '나가는' 운동(ecstatic movement)으로 인도한다는 것이다. "내면에 계신 하나님은 위에 계신 하나님이다"(『시편 설교』 130.12 [PL 37:1712]).255) 플로티누스도 그의 신비적 여정에서 내향적 순간과 탈아적 순간들(enstatic and ecstatic moments)을 가졌었다. 그러나 영혼과 그 근원 혹은 근저와의 관계에 대한 어거스틴과 플로티누스의 사상은 상이하다. 어거스틴이 이성(Nous)을 하나님의 말씀으로 해석했지만, 어거스틴의 삼위일체는 플로티누스의 일자(一者)가 아니다.(『고백록』 7.9.: 『신국론』 10.29). 또 어거스틴이 플로티누스의 영향을 많이 받은 '영혼의 타락'이라는 견해를 계속 견지했지만(만약 R. J. O'Connell의 견해가 옳다면, 이전에 인정되었던 것보다 훨씬 더 오래 견지하고 있었을 것이다).256) 그가 신비

---

255) Mandouze, Saint Augustin: L/aventure, pp. 689-93을 보라.
256) O'Connell, Origin of the Soul.

적 연합이라는 표현을 거부한 기본 원인은 하나님과 영혼의 근본적인 차이점에 대한 그의 영혼창조설적 이해에 있다. 어거스틴에게 있어서 중요한 것은 육신이 되신 말씀과 우리의 연합이며, 이 점이 이교도인 플라톤주의자들이 잘못된 부분이다. 우리가 교회 공동체 내의 모든 형제들과 더불어 누리는 이 사랑의 연합이 때때로 현세에서 잠시나마 하나님을 보는 경험을 가능하게 해준다.

'하나님을 봄'에 대한 어거스틴의 가르침은 그의 신학의 많은 다른 영역으로 이어진다. 그 영역들을 모두 여기에서 다룰 수는 없지만, 어거스틴 고유의 신비적 가르침을 보다 완전하게 파악하려면, 적어도 위에서 검토한 본문들에 등장하는 두 가지 영역을 다루어야 한다: '하나님의 형상'의 신학의 역할, 그리고 '하나님을 봄'을 획득함에 있어서 그리스도에 대한 묵상의 필요성이다.

삼위일체의 형상 :
어거스틴 신비주의의 삼위일체적 기초

인간이 하나님의 형상과 모양으로 지음을 받았다는 개념(창 1:26)은 교부시대 뿐만 아니라 중세 시대에도 신학적 인간론의 중심 주제였다.257) 여기에서는 그의 '하나님의 형상' 신학이 지닌 신비적 함의들 중 몇 가지만 제시하지만, 어거스틴은 누구 못지않게 이 핵심 개념을 중요하게 다루었다.258)

---

257) "The Human Person as Image of God. 1. Eastern Christianity (Lars Thunberg). II Western Christianity (Bernard McGinn)," in Christian Spirituality: Origins to Twelfth Centuly, ed. Bernard McGinn and John Meyendorff, WS 16 (New York:), pp. 291-330을 보라.

258) 하나님의 형상에 대한 어거스틴의 신학을 다룬 문헌은 다음과 같다: John Edward Sullivan, The Image of God: The Doctrine of St. Augustine and its Influence (Dubuque, IA: Priory Press, 1963); Gerhart B. Ladner, The Ideas of Reform: Its impact on Christian Thought and

우리는 이미 『설교』 52와 『시편 설교』 99에 등장하는 '형상'의 회복에 대하여 살펴보았다. 『삼위일체론』에서 심원하게 발전된 '형상'의 삼위일체적 특성은 『고백록』의 앞부분에서는 명시적으로 등장하지 않지만, 『고백록』 13.11.12에서 처음으로 공표되었다. 『주님의 산상수훈에 대하여』(대략 393-396년)와 같은 초기의 저작들 역시 '진리에 대한 관상'과 '하나님의 모양'의 회복을 연결한다.259) 우리는 "어거스틴적 영성의 근본 과제는 인간 안에 있는 하나님의 형상의 회복이었다."는 트라페(A. Trapé)의 말에 동의할 수 있다.260)

'**하나님의 형상**'이라는 주제에 대한 어거스틴의 사상을 피상적으로라도 파악하려면, 몇 가지 중요한 특성을 염두에 두어야 한다. 첫째는 창세기 1장 26절이 제시하는 '형상'과 '모양'의 차이다. 몇몇 교부들의 견해에 의하면, '형상'은 하나님과 하나님의 지음을 받은 지적 본성 사이의 불변의 유대를 의미하며, '모양'은 원죄로 말미암아 상실되었으나 그리스도의 은혜를 통하여 되찾을 수 있는 닮음이었다.

어거스틴은 이 두 용어를 구분하여 모양이란 두 개의 사물의 닮은 형태를 지칭하며 형상이란 어떤 사물이 그 근원과 관계를 갖고 근원을 표현하는 기준이 되는 특별한 종류의 닮음이라고 생각하지만, 일반적으로는 이 두 용어를 호환적으로 사용했다. "어떤 방식으로든 하나님을 닮은 피조물이라고 해서 모두 하나님의 형상이라고 부를 수는 없으며, 다만 단독으로 단독자이신 하나님을 닮은 것만을 형상이라고 부를 수 있다. 그렇게 되어야만 그것과 하나님 사이에 다른 것이 놓이지 않은 완전한 의미에서 하나님의 표현이 될 수 있기 때문이다"(『삼위일체론』

Action in the Age of Fathers (Cambridge, MA: Harvard University Press, 1959), chap. 5; Cayré, La contemplation augustinienne, chap. 4; Bell, Image and Likeness, chap. 1; J. Heijke, "St. Augustine's Comments on 'Imago Dei.'(An anthology from all his works exclusive of the De Trinitate)," Classical Folia: Supplement III(April, 1960).
259) De sermone Domini in Monte 1.3.10 (PL 37:1234).
260) Trapé, "VI. Saint Augustine," p. 454.

11.5.8 [PL42: 991]).261)

몇몇 교부들은 유일의 참된 '하나님의 형상'이신 '말씀(Verbum)'과, 이 원형적인 모범에 따라서 창조된 영적 본성들을 구분하였다. 제대로 말하자면 이 영적 본성들은 '형상을 따라서'(창 1:26) 지음을 받았다. 어거스틴은 '말씀(Verbum)'이 성부와 완전히 동등한 유일한 '형상'이라는 것, 그리고 피조된 영적 존재들은 삼위일체의 제2위의 형성적이며 재형성적인 활동을 통해서만 형상이 된다는 것을 인정하였다.262) 하지만 어거스틴은 바울의 용례를 따라서 인간들은 그 자체로 '하나님 형상'이라고 말하는 것도 타당하다고 인정하였다. 그의 초기 저서들은 일반적인 의미에서 '하나님의 형상'으로 인식되는 인간 본성에 대하여 언급했지만 『삼위일체론』에서의 관심은 인간이 어떠한 점에서 '삼위일체의 형상(imago trinitatis)', 즉 세 위격들의 내적 삶에 참여하는 형상인지를 탐구하는 데 있다.263)

교부들의 '하나님의 형상' 인간론은 세 가지 형태로 표현된다고 할 수 있을 것이다. 첫째는 형상이 그 주체의 지적 본성 안에서 발견된다는 사실을 강조한다. 둘째는 인격의 자유를 본질적인 소재지로 강조한다. 셋째는 형상의 상호주관적 성격을 탐구한다. 어거스틴은 형상이 지성적 주체의 보다 높은 차원에 거한다고 주장했다 - "인간의 본성 중에서 짐승들을 능가하는 부분은 하나님의 형상으로 지음 받았다. 물론 이것은 그의 이성(ratio), 정신(mens), 혹은 지성(intelligentia)이라고 말할 수 있으며, 우리가 원하는 말로 지칭할 수 있다"(Lit. Comm. on Gen, 3.20.30 PL 34:292). 그럼에도 불구하고, 『삼위일체론』을 보면 알 수 있듯이, 인간 안에 있는 하나님의 형상을 이해하는 세 가지 방식의 요소 모두가 어거스틴의 이론에 스며들어 있다.

---

261) Cf. De diversis quaestionibus 83, q. 74 (PLG 40:85-86).
262) Vervum을 통한 창조와 재창조에 대해서는 En. in Ps. 142:17 (PL 37:1855)을 보라.
263) Sullivan, Image of God, chaps. 2 and 4.

『삼위일체론』의 논법이 때로 어렵고 복잡하기는 하지만, 이 위대한 저서는 결코 무미건조하고 난해한 철학적 신학 서적이 아니다. 이 책은 영적이고 신비적인 문서이며, 때로 『고백록』만큼이나 개인적인 문서이다. 이 책이 어거스틴의 신비주의에서 중심적인 위치를 차지한다고 강조한 풀베르 카이레(Fulbert Cayré)의 주장은 옳다. (그 저서 중에서 교의신학과 사변신학의 역사에 속하는 측면들을 배제하지 않는) 카이레의 분석은 시사하는 바가 많으며 유용하다.264)

『삼위일체론』 중에서 삼위일체에 대한 교회의 신앙을 개관하고 있는 1-7권은 '형상'의 본질에 대한 중요하고 뛰어난 고찰들이 담겨 있다. 그러나, 유진 테셀(Eugene Teselle)의 표현을 빌리자면 어거스틴이 '신비 체험의 철저히 삼위일체적 특성'265)을 제시한 곳은 *intellectus fidei*를 다룬 뒷부분(8-15권)에서이다. 현세에서 가능한 한 기독교 신앙의 최고의 신비를 이해하고자 한 어거스틴의 목표는, 우리 안에 있는 하나님의 형상을 회복하는 데 도움을 주어 우리로 하여금 현세에서 신적 임재의 경험에 보다 충분히 동참할 수 있게 하려는 목적을 지닌 일종의 영적 치료책이다. 어거스틴은 그 책을 마치면서 다음과 같은 장엄한 기도를 드린다:

> "당신을 찾지 않으면 안 되도록 창조하신 자에게 당신을 발견하는 능력을 주시며, 그에게 당신을 찾는 데 대한 소망을 더욱더 주옵소서. 저로 하여금 당신을 기억하고, 당신을 이해하고, 당신을 사랑할 수 있게 하옵소서. 제 안에서 이 모든 것을 계속 증가시키셔서, 마침내 저를 완전히 변화시켜 주옵소서"(『삼위일체론』 15.28.51 [PL 42:1098]).

---

264) Cayré, La contemplation augustinienne, esp. chap. 다음의 책들도 유익하다: Bell, Image and Likeness, chap. I; Louth, Origins, pp. 146-58; and Oliver O'Donovan, The Problem of Self-Love in St. Augustine (New Haven: Yale University Press, 1980), pp. 75-92.
265) Teselle, "Augustine," p. 31.

잘 알려져 있듯이 『삼위일체론』의 뒷부분에는 삼위 하나님과 인간 안에서 발견되는 형상 사이의 유비들을 전개하는 두 개의 상이한 개정판이 포함되어 있다. 제8권은 대략 404년부터 413년 사이에 저술된 초기의 판에 속하는 것으로서, 근본적으로 삼위일체적 유비인 사랑의 경험 및 자아 안에 있는 형상을 재형성하는 수단에 초점을 두고 있다. 9-15권은 413에서 420년 사이에 저술된 것으로서, 기억·이해·의지·사랑으로서 내적 인간(homo interior)에 대하여 상세하게 고찰한다. 이 책들은 다른 관점을 사용하고 있기는 하지만, 동일한 목적을 염두에 두고 있다.

제8권에서 전개되었으며 제9권의 서두에서도 계속되는 사랑의 유추를 대충 살펴보면 『삼위일체론』의 후반부의 책들이 『고백록』에 기록된 어거스틴의 환상적 경험들에 대한 기록들만큼이나 신비한 본문이라는 것을 알 수 있다. 『시편 설교』 중에서 살펴본 세 구절과 마찬가지로, 제8권은 우리가 이웃 사랑을 통해서만 하나님을 사랑할 수 있다는 것, 따라서 사랑만이 현세와 내세에서 하나님을 볼 수 있게 해준다는 것을 보여 준다.[266]

8.2.3에서 어거스틴은 플로티누스의 하나님께 올라가는 세 단계를 요약함으로써 공식적인 논증을 시작한다. 『고백록』에 기술되어 있는 관상적 경험이 그렇듯이, "하나님은 진리이시다"(지혜서 9:15)라는 성경 말씀을 들을 때 우리는 육신의 눈이 아니라 마음의 눈으로 순간적으로 섬광처럼 하나님을 본다.[267] 심지어 우리가 하나님을 순전한 지고선으로 생각하려고 노력할 때에도, 비록 선은 결코 우리에게서 떠나가지 않지만, 우리는 그 차원에 오래 머물 수는 없다(8.3.4). "만약 다른 모든 선들이 제거된 절대 선(Absolute Goodness)을 인지할 수 있다면, 여러

---

[266] 제8권의 신비적 특성에 대해서는 "Note Complémentaire 5: Mysti-cisme et théologie trinitaire" in Oeuvres de Saint Augustin, 16, La Trinité (Livres CIII-XV), ed. P. Agaësse and J. Moingt (Paris: Desc lée, 1955), pp. 574-75을 보라.

[267] De Trin. 8.2.3 (PL 42:949).

분은 하나님을 인지하게 될 것입니다. 만약 여러분이 사랑으로 그에게 매달린다면, 여러분은 즉시 행복하게 될 것입니다"(8.3.5). 문제는 "우리의 존재의 근원이 그분의 현존을 누리려면, 우리는 그분과의 관계를 견고히 유지하며 그분에게 충실해야 한다는 것이다"(『삼위일체론』 8.4.6 [PL42:951]). 우리가 이 세상에서 살아가는 한, 우리가 하나님과의 관계 안에 절대적으로 견고히 머물러 지내는 것은 어렵거나 불가능한 일이다.

어거스틴은 계속해서 어떻게 하면 우리가 은혜를 통해서 하나님과의 초기 관계를 획득하여 현세에서 부분적으로 하나님을 볼 수 있는지를 묘사한다. 우리가 하나님을 보려면 하나님을 갈망해야 하며, 그분을 갈망하려면 어떤 식으로든지 그분을 알아야 한다. 그리스도인에게 주어진 믿음은 하나님을 봄으로써 주어지는 완전한 지식이 아니지만, 하나님을 보는 데 이르는 상승을 위한 원동력을 제공해 준다(8.4.6). 어거스틴은 우리가 『시편 설교』에서 취한 본문 안에서 살펴본 것을 상술하면서, 우리가 동료 인간들에게 나타내는 사랑을 통해서만, 즉 사도 바울처럼 위대한 그리스도인들의 덕에 대한 사랑과 모든 사람들에게 나타내는 사랑을 통해서만, 우리는 믿음 안에서 하나님을 사랑한다는 것을 안다고 주장한다(8.7.10). 어거스틴은 이웃 사랑이 곧 하나님 사랑이라고 주장한다: "이는 자기 이웃을 사랑하는 사람은 먼저 사랑 자체를 사랑해야 하기 때문이다. 그러나 '하나님은 사랑이시며, 사랑 안에 거하는 자는 하나님 안에 거한다'"(『삼위일체론』, 8.7.10 [42:957]).268)

어거스틴의 후기 저서들에 수록된 다른 많은 구절들도 이웃 사랑이 하나님 사랑이라는 메시지를 반복한다. 그가 호혜적인 사랑과 형상의 재형성을 연결한 것은, 사랑 안에서의 진보와 점진적인 형상의 회복을 결합한 『설교』 90의 한 구절에 분명히 나타난다: "사랑에게 양분을 공급하여 완전하게 하십시오. 그래야만 혼인 예복을 입게 되며, 우리의

---

268) 하나님 사랑과 이웃 사랑의 동일성이라는 주제는 Tr. in. I Jn에 자주 등장한다 (e.g., 7.7-9; 9.10).

진보에 의해서 우리가 지음받을 때에 지녔던 하나님의 형상이 새롭게 새겨집니다"(『설교』 90.10 [PL 38:566).

그러나 이 이웃 사랑, 다름 아닌 하나님의 사랑인 이웃 사랑이 어떤 의미에서 특히 삼위일체에 참여하는 사랑인가 하는 질문은 여전히 남아 있다. 어거스틴은 이 질문에 대해 여러 가지 방법으로 대답하려 하지만, 사변적인 관점에서 볼 때 어느 것도 완전히 만족스럽지 못하다.269) 어거스틴 자신도 그 해답들이 설득력이 있다고 생각하지 않은 듯하다. 왜냐하면 그는 그 책 제2판에서는 이 유비들을 전개하지 않고 영혼이 지닌 세 가지 내적인 작용들 안에 뿌리를 두고 있는 다른 형태의 삼위일체적 유비를 전개하기 때문이다. 그렇지만 성 빅토르의 리처드와 보나벤투어와 같은 인물들이 입증해 주듯이, 어거스틴이 이 결론을 내리지는 못했으나 중요한 제8권에서 개진한 것은 서구 신비주의 역사에서 중요하게 되었다. 이웃사랑/하나님의 사랑과 하나님을 봄/형상의 회복 사이를 등치(等値)시키는 것은 후대에 강력한 주제가 되었다.270)

어거스틴이 사랑이라는 중심 주제에서 벗어나서 영혼 안에 있는 삼위일체에 대한 다양한 내향적 유추를 탐구하는 데 집중하고 있는 『삼위체론』의 9-15권에서도 271) 하나님을 봄과 사랑의 특별한 관계는 그대로 남아 있다. 그의 유추에서의 변천이란 사랑을, '삼위일체의 형상'인 영혼의 본성과 활동에 대한 보다 넓고 상세한 분석 안에 자리매김하는 것이며, 따라서 사랑의 역할을 부인하기보다는 오히려 강조하는 것을 의미한다. 어거스틴이 제8권에서와 그의 생애 전체를 통하여

---

269) M. Nedoncelle, "L'intersubjectivité humaine est-elle pour saint Augustine une image de la Trinité?," in Augustinus Magister 1:595-602을 보라.
270) 어거스틴의 이웃 사랑에 대해서는 O'Donovan, Problem of Self-Love, chap. 5; and Gustave Combes, La charité d'après Saint Augustin (Pahs: Desc 1ée, 1934), Part 4를 보라.
271) Cayré, La contemplation augustinienne, p. 113 n. 1을 보라.

주장했듯이, 우리는 알지 못하는 것을 사랑할 수 없으며, 우리가 지적 능력을 지닌 주체가 아니라면 알 수 없다.272) 우리의 모든 앎, 인간 주체로서의 모든 영적 작용은 성부, 성자, 성령의 내적인 생명에 근거를 두고 있다. 이러한 사실은 주체의 지적 자의식인 '정신(*mens*)' 혹은 '기억(*memoria*)'에 대한 그의 분석에 특히 분명하게 나타난다. 이 지적 자의식은 내적 언어의 생산을 통하여 혹은 선입관적 이해 활동을 통하여,273) 주체가 스스로에 대하여 가지는 참된 지식(*notitia, intelligentia*)을 낳는다. 이러한 자기 인식은 정신의 자기 사랑의 근원이다. "삼위일체의 형상이 있다: 정신, 정신의 소산인 지식, 그리고 거기에서 나오는 말씀, 사랑은 세 번째이다. 이 세 가지는 하나이며 한 본질이다"(『삼위일체론』 9.12.18 [PL 42:972]).

우리가 주의를 기울이든 그렇지 않든 간에, 지식과 사랑의 주체인 우리가 삼위일체의 생명에 참여하는 것은 우리의 지성 내부에 언제나 현존하고 있는 우리 실존의 한 사실이다. 어거스틴이『삼위일체론』을 저술한 목적은, 독자들로 하여금 그들이 삼위일체를 완전하고 충분히 볼 수 있는 것은 그들의 내적 존재가 지닌 불변하는 삼위일체적 본성 때문임을 인식하게 하기 위한 것이었다. 이 길고 어려운 본문은 이미 우리가 내면의 눈을 떠서 우리 내면에 현존하여 활동하고 계신 삼위 하나님을 보며, 삼위일체의 형상을 의식적으로 활용하여 하나님을 보라는 초청이다. 바로 이러한 이유에서, 어거스틴은 우리 자신의 의식 안에 있는 삼위일체에 대한 개인적인 인식 안에 포함되어 있는 내성적 활동은 본질적으로 순수한 정신적 활동이 되도록 의도된 것이 아니라, 영혼을 거룩한 지혜에 참여하게 이끌려는 의도를 지닌 것이라고 주장

---

272) 하나님의 형상으로 지음을 받는 것은 은혜를 받아들이는 것(e.g., Sermo 26.1.4) 및 하나님을 보는 거룩한 상을 받는 데 필요한 조건이 된다(e.g., Deciv. Dei 13.22.32).

273) Bernard J. Lonergan, "Introduction," in Verbum: Word and Idea in Aquinas (Notre Dame: University of Notre Dame Press, 1967), pp. x-xiii.

한다. 이것은 '정신(mens)'이 진정으로 삼위일체의 형상을 지니고 있다는 인식일 뿐만 아니라, 이 형상이 피조된 목적은 그 자체를 보다 직접적으로, 그리고 보다 의식적으로 그 거룩한 원천에 일치시키려는 데 있었다는 확신이기도 하다:

> 정신이 스스로를 기억하고 이해하고 사랑하기 때문이 아니라, 자기를 지어주신 분을 기억하고 이해하고 사랑하기 때문에, 정신의 삼위일체는 하나님의 형상이다. 그렇게 할 때에 정신은 지혜롭게 된다. 만약 그렇게 하지 않는다면, 비록 정신이 스스로를 기억하고 알고 사랑할지라도, 정신은 어리석다(『삼위일체론』, 14.12.15 [PL 42: 1048]).274)

어거스틴은 다른 저서에서와 마찬가지로 우리 속에 활동하고 있는 삼위일체에 대한 우리의 각성을 깊게 함으로써, 그 형상을 재형성시키는 활동이 현세에서는 결코 완성되지 않을 것임을 강조한다: "하나님을 보는 것이 완전해질 때, 그 형상 안에 있는 하나님과의 유사성이 완전해질 것이다"(『삼위일체론』 14.17.23 [PL 42:1055]).275) 그러나 그 과정은 현세에서 시작되어야 한다. 『시편 설교』에서 상기시켜 주듯이, 우리가 지금 이 세상에서 행하려고 노력하는 것은 하나님께서 원래 우리에게 주셨던 동전을 돌려드리려는 것, 즉 창조 때에 우리에게 주어진 형상을 회복하려는 것이다.276)

어거스틴은 영혼의 삼위일체적 구조를 의식적으로 사용한 것을 하나님을 봄, 혹은 하나님 접촉에 이르는 영혼 고양의 세 단계에 대한 플로티누스적 탐구와 명백하게 연결 짓지는 않는다. 하지만 어거스틴의

---

274) Cf. 14.19.26.
275) Cf. De Trin. 15.6.10. J. Heijke, "Augustine's Comments on the 'Imago Dei,'" ##80,95,109,135을 보라.
276) En. in Ps. 102.3 (PL 37:1318); cf Enn. in Pss. 4.8; 115.8 (PL 36:81; 37:1494).

성숙한 사상에서 『삼위일체론』이 지니는 중요성에 비추어 볼 때, 인간의 영혼 안에 있는 '삼위일체 형상'에 대한 탐구는 하나님을 보게 해주는 지식과 사랑의 존재론적 기초를 드러내 준다. 물론 삼위일체 신비주의와 비슷한 것들이 제14, 15권에서 여러 번 암시되지만, 어거스틴은 체계적인 삼위일체 신비주의를 제시하지는 않는다(14.12.15 및 15.28. 51). 어거스틴은 성 티에리의 윌리엄(William of St.Thierry)과 같은 사람에게서 볼 수 있는 후대의 서방 삼위일체 신비주의에 영향을 준 중요한 인물이었다. 비록 어거스틴은 니사의 그레고리우스의 신비주의적 글을 접하지는 못했지만, 삼위일체 하나님이 고결한 영혼의 거울을 통해서 우리에게 보여진다는 이 갑바도기아 교부의 의견에 동의했을 것이다.277)

『삼위일체론』에 상술되어 있는 '하나님의 형상'에 대한 어거스틴의 사상이 그의 신비주의에서 중요한 부분을 이룬다는 것에 대한 간략한 고찰을 끝내면서, 그 진술 전체에서 제15권이 행하는 역할에 관심을 기울일 필요가 있다. 어거스틴의 저술 전체에서 가장 난해한 몇 구절을 열심히 연구한 사람들은 제15권에 이르러서 자신들이 배운 것이 지극히 미미하다는 것을 알고서 실망한다: "삼위일체와 어떤 사물 안에 있는 삼위일체의 형상은 다르다"(『삼위일체론』 15.23.43 [PL 42-1090]). 『삼위일체론』의 뒷부분에 있는 엄청난 사변적인 노력은 실상 어거스틴의 통찰에 있어서, 단지 현세에서 하나님의 실재를 희미하게라도 파악하려는 또 하나의 일시적이고 불완전한 시도에 불과하다는 것을 이해하는 사람들에게 있어서 그것은 전혀 놀라운 일이 아닐 것이다.

---

277) 하나님이 가시적인 존재가 되는 것에 관한 니사의 그레고리우스의 가르침에 대해서는 제5장 수도원적 전환과 신비주의를 보라.

하나님과 인간의 중보자(딤전 2:5): 그리스도의 역할

(『고백록』 7.18.24의 증언을 신뢰한다면) 어거스틴은 386년경에, 인간의 상태를 조사하는 철학자라면 '하나님의 형상'을 수선해야 할 필요성을 인식할 수 있겠지만, 그것은 "하나님과 인간 사이의 중보자이신 인간 예수 그리스도"(딤전 2:5)의 개입 없이 타락한 영혼의 힘으로는 할 수 없는 일임을 깨달았다. 어거스틴은 언제나 "우리는 우리 안에 있는 하나님의 형상을 일그러뜨릴 수는 있으나, 그것을 교정할 수는 없다."고 가르쳤다(『설교』 43.3.4 [PL 38:225]).

굴벤 메이덱(Goulven Madec)이 말하듯이, "어거스틴은 자신이 정성들여 가다듬은 교리가 본질적으로 기독교적이며 철저히 기독론적이라고 간주했다."278) 그리스도는 하나님이요 인간이기 때문에, 우리 인간의 여정의 목적지요 길의 역할을 한다. 어거스틴은 "그의 오심은 그의 인성을 가리키며, 신성 안에 머물러 계심은 … 우리는 그의 인성에 의해서 그의 신성을 향해 나아갑니다"(『요한복음 설교』 42.8 [PL 35:1702]). 중보자이신 그리스도를 강조한 것은. 성육하신 말씀이 유일하게 참된 (내적) 스승이라고 가르치고 있는 『교사론』(on the Teacher, 393)이라는 초기의 논문에서부터 후기 저서들, 특히 그리스도의 중보적 역할에 대한 언급들로 가득 차 있는 『요한복음 설교』에 이르기까지 어거스틴의 모든 글에서 발견된다.279) 어거스틴의 기독론의 신비주의적 차원은 복음서에 묘사되어 있는 구원의 사건들에 관심을 갖는 것이 아니라(물론 그의 가르침에는 인간 그리스도에 대한 헌신이 결여되어 있지는 않다),280) 신인(神

---

278) Madec, "Christus, scientia et sapientia nostra," p. 78.
279) M. Comeau, "Le Christ, chemin et terms de 1'ascension spirituelle, d'apres saint Augustin," Recherches de science religiruses 40 (1952): 80-89을 보라.
280) 어거스틴은 이따금 구속주의 인성에 대한 헌신을 나타낸다(e.g., Tr. in. Jo. 26.4).

시)이 실제로 자기의 몸인 교회 안에서 우리와 연합함을 통해서 구원을 이루는 방법에 관심이 있다.

앞에서 살펴보았던 『시편 설교』와 『요한복음 설교』에서 인용한 네 개의 본문에서는 '**하나님을 봄**(*visio Dei*)'을 향한 진보에 있어서 교회가 행하는 필수불가결한 역할을 강조했었다. 동일한 가르침이 어거스틴의 저술 전체에 등장한다. 예를 들어서, 『설교』 103에서 마리아와 마르다 이야기(눅 10:38-42)에 대하여 주석하면서, 어거스틴은 마리아가 택한 "이 좋은 편"은 천국에서 삼위일체와 연합하려는 목표였다고 해석한다: "만일 우리가 한 마음을 소유하지 않는다면, 삼위일체는 우리를 이 좋은 편에게로 인도하지 않을 것이다"(『설교』 103.4 [PL 38:615]). 타락 이래로, 우리가 이 "좋은 편"을 얻는 데 필요한 한 마음을 발견할 수 있는 지상 유일의 장소는 교회이다.

어거스틴이 좋아한 성경 구절 중 하나인 "마음이 청결한 자는 복이 있나니 저희가 하나님을 볼 것임이요"(마 5:8)라는 말씀이 시사하듯이, 구원을 얻음에 있어서 한 마음의 효과는 그 정화에 달려 있다. 시편 118:80에 대한 어거스틴의 주석에 따르면, 모든 지체들이 지닌 한 마음을 깨끗하게 하시는 분은 교회 안에서 역사하시는 그리스도이다: "그리스도의 몸과 지체들의 마음은 하나님의 은혜에 의해서, 머리이신 분을 통해서, 즉 우리 주 예수 그리스도를 통해서, 중생의 씻음을 통해서 흠이 없게 된다"(『시편 설교』 118.19.7 [PL 37:1556]). 따라서 교회의 구원의 능력은 지상에 있는 그리스도의 몸이라는 신분에서 나온다. 완전한 그리스도, 즉 머리와 지체들의 연합에 대한 어거스틴의 가르침은 그의 신비주의적 가르침에 있어서 세 번째 주요 장애물이다.

어거스틴이 그리스도의 몸의 교리를 강조한 것을 과장하기는 어렵다.[281] 예를 들어서, 그의 시편 해석의 기본 원리는 시편은 '그리스도

---

281) S. Grabowski, "Saint Augustine and the Doctrine of the Mystical

의 전 인격'(*totus Christus*, [역자주 그리스도의 두 본성 모두를 말하는 '*totum Christus*'와는 다름. '*totum Christus*'는 신성과 인성이라는 두 본성을 가리키며 따라서 인성 때문에 편재할 수 없으나 '*totus Christus*'는 신성에 의하는 한 편재함. 여기에서는 그리스도의 몸 된, 전체 위격을 가리킴)의 기도라는 것이다. "머리이신 우리 구주 밑에 모인 많은 지체들은 사랑과 화평의 끈으로 묶인 하나의 단일 인격입니다. 시편에서 그들의 음성은 종종 한 인격의 음성으로 들립니다. 그러므로 모든 지체들이 한 인격 안에서 하나이기 때문에, 한 사람이 마치 전체인 듯 부르짖습니다"(『시편 설교』 69.1 [PL 36:866]).282) 물론 어거스틴은 어떤 구절은 머리에만 적용되며 어떤 구절은 몸에만 적합하다는 점을 인정한다. 그러나 일반적으로, 시편에서 말씀하시는 이는 신인(神人)이신 한 분이기 때문에283) 『각각의 시편은 '그리스도의 몸의 기도'라고 말할 수 있다.(『시편 설교』 118.4.5 [pl 37: 1511]).284)

많은 교부들과 마찬가지로, 어거스틴은 시편이 지닌 예언적인 성격, 즉 시편이 그리스도의 지상 생활을 예고하는 방법에 관심을 가지고 있었다. 그러나 그는 시편이 온전한 그리스도, 즉 그리스도와 한 몸을 형성하는 그리스도인들의 종교적인 경험에 어떻게 적용되는가에 더 많은 관심을 가지고 있었다. 그는 이 사실을 확인해 주는 성경 구절, 그리스도께서 박해하는 사울에게 "사울아, 사울아, 어찌하여 네가 나를 핍박하느냐?"라고 말씀하시는 사도행전 9장 2절을 거듭 언급한다.285)

Body of christ," Theological Studies 7 (1946): 72-125; G. Philips, "L'influence du Christ-Chef sur son corps mystique suivant saint Augustin," Augustinus Magister 2:805-16; Antonio Piolantli, "Il mistero del 'Chsto totale' in s. Agostino," in Augstinus Maeister 3:473-69; and DS 7:1079-53.
282) Cf. Hom. in Jo. 12.9.
283) En. in Ps. 117.3 (PL 37:1496).
284) Cf. En. in Ps. 30.3.1 (PL 36:248).
285) E.g.,Enn. in Pss. 26.2.11; 30.2.3; 32.2.2; 37.6:39.4; 52.1; 54.3; 69.3.

그리스도와 그의 몸의 일치는 우리가 교회의 지체가 됨으로써 *magnalia Christi*, 신인이신 그리스도께서 우리의 구속을 이루시기 위해 사용하신 위대한 신비들에 동참한다는 것을 의미한다. 이것은 단순히 그리스도의 선한 본보기를 도덕적으로 모방하는 것이 아니라 존재론적인 결속, 즉 진정으로 그의 생명에 참여하는 것이다. 시편 119편에 대한 주석에서, 어거스틴은 타락한 인류가 어떻게 삼위일체의 제2위이신 말씀의 단단한 음식을 흡수할 수 있느냐고 묻는다. 바울을 따라서(고전 2:2), 어거스틴은 말씀이 육체를 입음으로써 젖이 되었기 때문에 그것이 가능하다고 말한다. 그는 우리가 성장하여 그분처럼 되기 위해서는 우리를 위해서 젖이 되신 그분을 먹어야 한다고 결론을 내린다(『시편 설교』 119.2 [PL 37:1599]).[286] 하나님의 크신 자비하심이 우리의 소망의 원천이 된다는 이 메시지는 특히 『시편 설교』 83-85에서 강조된다. 거기에서 어거스틴은 다음과 같이 요약한다:

> 하나님께서 만물을 세우실 때 그 기초로 삼으신 그의 말씀을 인류의 머리로 삼으시고 인류로 하여금 그와 연합하여 그의 지체가 되게 하사 말씀으로 하여금 하나님의 아들인 동시에 인간의 아들, 성부와 더불어 한 하나님이면서 사람들과 더불어 한 인간이 되게 하신 것이야말로 하나님께서 인류에게 주신 가장 큰 선물입니다. 우리는 하나님께 기도할 때에 그 아들을 분리시키지 않습니다. 그 아들의 몸이 기도할 때, 자신에게서 머리를 분리하지 않습니다. 따라서 그의 몸의 구주이신 하나님의 아들 우리 주 예수 그리스도께서 우리를 위해서 기도하시며 우리 안에서 기도하시고 우리의 기도를 받으십니다(『시편 설교』 85 [PL37:1081]).

어거스틴은 특히 그리스도가 길이요 진리요 생명이라고 선언하는 요한복음의 말씀(요 14:6)에 매료되어 있었다: "그리스도를 목표로 삼는다

---

286) Cf. Enn. in Pss. 130.13; 131.24 (PL 37:1714,1727).

면, 우리는 잘못되지 않을 것이다. 왜냐하면 그분은 우리가 달려가야 할 길이 되시며, 우리를 촉진해야 할 진리이시기 때문이다"(『시편 설교』 84.1 [PL 37:1069]).287) 그러나 어거스틴은 그리스도에 대한 성경의 묘사, 그리고 자연계에서 취한 상징이나 인간의 활동에서 취한 모든 비유들을 활용하였다. 자연계에서 취한 것으로는 그리스도가 반석이라는 개념을 자주 사용했으며,288) 인간의 활동에서 취한 것으로는 치유하시는 의원을 들 수 있다(종종 그리스도는 건강 자체로 언급된다).289)

이것은 어거스틴의 신비주의적 가르침에 두 가지 기본적인 결과를 초래한다. 첫째는 우리가 하나님의 아들이라는 개념을 크게 강조한 것(따라서 신화의 개념도 강조됨)이며, 두 번째는 교회의 모든 활동은 그리스도의 활동이라고 강조한 것이다. 이레니우스나 아타나시우스 등의 교부들과 마찬가지로, 어거스틴은 성육신의 궁극적인 목적을 인류의 신화라고 규정한다. "유한한 죽을 수밖에 없는 인간이 신성에 참여할 수 있게 하기 위해서 하나님의 아들이 죽을 운명에 동참하는 자가 되셨습니다"(『시편 설교』, 52.6 [PL 36:646]). 이리하여 어거스틴은 음식을 먹는 비유를 사용하여 그리스도께서 "자기의 것들을 자기 자신으로 변화시킨다."고 말할 수 있었다. 이 비유는 신적 음식을 먹음으로써 우리가 하나님으로 변화된다고 말하는 『고백록』 제 7권에서 사용한 이미지를 상기시켜 준다.(여기에 성만찬적인 의미가 함축되어 있을 수 있음을 배제할 수는 없다.)290)

우리가 그리스도와 더불어 아들이 된다는 바울의 개념이 어거스틴의 모든 저서에서 분명하게 드러난다.291) 그러나 어거스틴이 어떻게 그러

---

287) Cf. En. in Ps. 66.5 (PL 36:807); and En. in Ps. 141.9 (PL 37:1838).
288) 반석으로서의 그리스도에 대해서는 Enn. in pass. 96.11; 113.1.11; 117.17; 136.21-22; 140.18을 보라.
289) En. in Ps. 102.5-6 (PL 37:1319-21)을 보라.
290) En. in Ps. 32.2.2 (PL 36:278); cf. Co 7.10.16.
291) Erarrationes의 대표적인 본문으로는 52.6; 84.7; 102.19; 124.10; 139.7

한 성경 본문들에서 독특한 신화의 교리를 이끌어냈는지는 그다지 잘 알려져 있지 않다. 제랄드 보너(Gerald Bonner) 및 여러 학자들은 *deificari, deificatus*와 같은 용어가 어거스틴의 글에서는 비교적 드물게 나타나지만, 그의 신화의 교리의 실체에 대해서는 의문의 여지가 없다는 것을 증명했다.292) 그러나 신플라톤주의자들과는 달리, 어거스틴은 신화의 기초를 영혼의 신적 기원, 즉 영혼의 본성적인 신성에 두지 않는다. 영혼의 본성적 신성을 주장하는 것은 영혼이 깨어나기만 하면 그 참된 자아를 실현할 수 있다는 것이다. 비록 영혼은 그 본질상 삼위일체의 생명에 참여하지만, 어거스틴의 신화는 이와 같은 피조된 참여가 아니라 그것에 토대를 두고서 양자가 되는 것이다. 그리스도만이 우리로 하여금 본래 의도되었던 존재가 될 수 있게 해 주신다. 즉 신인과의 결속을 통해서 삼위일체의 형상을 완전히 실현하게 해주신다. 신화는 이 세상에서 우리가 그리스도의 몸의 지체가 됨으로써 시작되지만, 천국의 기쁨에 들어갈 때에만 완성될 것이다. 『시편 설교』 49에서는 그것을 다음과 같이 표현한다:

> 그가 인간은 신이라고 말씀하셨으므로, 인간이 본질상 신으로 태어나는 것이 아니라 은혜로 신화됨이 분명하다. … 그분은 의롭다 하심으로써 하나님의 아들들을 삼으시므로, 의롭다 하시는 분이 또한 신화시키신다. … 우리가 하나님의 아들이 되었다면, 또한 신이 된 것이다. 그러나 이것은 본성적인 출생에 의해서가 아니라 양자 됨의 은혜에 의한 것이다.(『시편 설교』 49.1.2 [PL 36:565])293)

등이 있다.
292) Victorino Capanaga, "La deificacion en la soteriologia agustiniana," augustinus Magister 2:745-54; and Bonner, "Augustine's Concept of Deification," pp. 369-86.
293) 그 외의 중요한 본문으로는 Sermo. 166.4.4; Sermo 192.1.1; Sermo 344.1; In Ep. ad. Gal. 30.6; Ep. 140.4.10; De civ. Dei 9.23; and Tr. in Jo. 48.9가 있다.

어거스틴은 항상 이러한 신화의 과정에는 현세나 내세에서의 하나님과 인간 사이에 본질의 혼동이 포함되지 않는다고 주장했다.294)

이처럼 어거스틴은, 오리게네스와 암브로시우스와 마찬가지로, 개인적인 신비적 성취, 즉 현세에서 부분적으로 하나님을 보게 되는 것은 교회생활 안에서 이루어진다고 보았다. 어거스틴의 견해에 의하면, 순전히 사적이거나 철저히 개인적으로 하나님을 보는 일은 있을 수 없었다. 현세에서는 우리가 그리스도의 몸 안에 연합함 안에서, 그리고 그것을 통해서만 하나님 현존의 은사가 주어질 수 있다.295) "기뻐하며 감사합시다. 이는 우리가 그리스도인이 되었기 때문만이 아니라 그리스도로 되었기 때문입니다"(『요한복음 설교』 21.8).

신비주의자 어거스틴 : 몇 가지 이론적 문제

지금까지 논의된 세 가지 교리적 주제들(영혼이 상승하여 하나님을 보는 것, 영혼 속에 있는 삼위일체의 형상, 그리고 그 상승의 교회론적이고 기독론적인 맥락)이 어거스틴의 신비주의 가르침 전부를 자세히 구명한다고 할 수는 없다. 그 주제들은 그의 신학 안에 있는 신비주의적 요소들의 내적인 일관성을 보여 주며 동시에 그가 후대의 서방 신비주의 사상에 가장 영향을 많이 끼친 분야들을 보여 주려는 의도를 지닌다. 그 주제들은 또한 어거스틴의 신비주의의 본질에 대한 논쟁을 다시금 불러일으킨다. 어거스틴은 어떤 의미에서 신비주의자인가? 이 마지막 단락에서는 어거스틴을 '신비주의자'라고 명명하는 데 포함되어 있는 모호성을 다루려 한다.

17세기 이전의 모든 서구 사상가들이 그렇듯이, 어거스틴은 '신비주

---

294) E.g., De mor. eec. cath. 1.12.20 (PL 32:1320); de Trin. 6.3.4 (PL 42:976); De nat. et grat. 33.37 (PL44:265).
295) De civ. Dei 11.2을 보라.

의'라는 말의 의미를 알지 못했을 것이다. 그의 사상의 신비주의적 측면들은 하나의 전체의 일부로서 그러한 구분과는 전혀 관계가 없었다. 어거스틴은 구원의 신비와 관련된 것의 내적 의미를 언급하면서 'mysticus'와 'mystice'와 같은 수식어들을 자주 사용했는데,296) 그 수식어들의 헬라어 어근이 가지고 있는 일차적인 뜻인 '감추어진' 혹은 '은밀한'이라는 의미를 고수한다. 그 단어들은 '말씀은 신비하다'(mystice dicta sunt, 7회)라고 말하거나, 혹은 '신비한 지시'(mystica significatio, 13회)라고 말할 때처럼 성경의 보다 깊은 의미를 언급할 때에 자주 사용되었다. 성경 본문에서 지적한 거룩한 역사상의 인물들과 의식(儀式)들과 사건들은 내적인 의미를 가지고 있다: 옛 족장들과 선지자들은 '신비하게 살았다'(Against Faustus 12.48). ; 그리스도의 수난은 신비한 것이며, 그의 십자가를 신비하게 우리 마음속에 세운 것은 우리 죄의 상처를 가리킨다(Against Faustus 33.1: 32.7, 19) : 신약과 구약의 기름부음은 종종 '신비적'이라고 묘사된다. 성찬 봉헌은 '신비한 기도'이며(『삼위일체론』 3.4.10), 물고기의 기적(요 21:9-11)은 '복되고 신비하고 위대한 교회'를 상징한다(『편지』 252.7). 어거스틴은 일반적으로 기독교 신앙이나 관습이라는 의미에서 '신비한 말씀과 일들'(『고백록』 13.20.28)에 대해 말하였다.

기독교에는 신자가 세례 때에 연합을 통해서 그리스도에게 참여하라는 부름을 받는 내적인 차원을 포함된다는 인식이 어거스틴의 신비주의의 함축적인 기반이다. 물론 어거스틴은 기독교 안에 있는 이 요소를 기술하기 위한 언어의 기술적인 발달 면에서 그다지 진보되지 못한 단계를 대변하지만(예를 들어, 디오니시우스와 비교해 볼 때). 그리스도인들이 하나님을 찾고 만지고 보기 위해서는 이 신비의 깊은 곳으로 꿰뚫고 들어가야 한다는 그의 인식은 신학적인 초석이 되었으며, 이것이 후일 라틴 기독교 안에서 형성된 보다 분명한 신비 이론들의 기초가 되었다. 아직 미분화 단계이긴 하지만 어거스틴을 근본적인 서방의 신비주

---

296) Thesaurus Augustinianus에 의하면, 어거스틴은 그 용어를 124회 사용한다.

의자로 보는 이러한 견해 덕분에, 우리는 그의 사상 안에 있는 신비적 요소들의 의미와 적합성에 대해 제기된 특수한 질문들에 새로이 접근할 수 있다.

몇몇 저자들은 신비적 봄에 대한 어거스틴의 서술 및 이론이 부적절하고 애매하다고 보았다. 예를 들어, 와트킨(E. I. Watkin)은 어거스틴이 자주 사용한 분명한 환상(vision)이라는 플라톤적 범주와 불분명한 직관 속에서 발생하며 보는 것이라기보다는 만지는 것에 가까운 하나님과의 모든 접촉이 지니는 실제적 본질은 근본적으로 일치하지 않는다고 본다.297) 그렇지만 하나님 경험에 대한 어거스틴의 설명은 환상(vision)이라는 비유에만 의지하지는 않는다. 그는 그러한 만남이 지닌 모호함을 전달하기 위해서, 환상이라는 표현과 다른 영적 감각에서 취한 은유들을 뒤섞어 사용함으로써 의도적인 혼동이라고 볼 수 있는 것을 만들어 냈다. 우리는 이처럼 여러 가지 감각을 뒤섞어 사용한 몇 가지 예를 살펴보았다(예를 들어『고백록』10.27.37:『시편 설교』41.9). 애용되고 있는 시편 본문인 "하나님께 가까이 함이 내게 복이라."(시 73:28)는 말씀이 제시하고 있듯이, 그의 글에는 접촉뿐만 아니라 매달림, 가까이함, 달라붙음, 포옹 등 촉각과 관련된 표현들이 무척 많다. 하나님의 직접적인 임재의식의 모호성을 강조하는 또 다른 주제는 '영적 취함'의 주제이다.298) 이것을 가장 상세하게 전개하고 있는 예를 시편 35장 9절에 대한 그의 주석에서 발견할 수 있다(『시편 설교』35:14 [PL 36:351-52]).299) 여기에서도 어거스틴은 와트킨의 비판에 대한 직접적인 대답을 한다.

'내 형제들이여, 진리가 우리에게 선포되는 통로인 거룩

---

297) Watkin, "Mysticism of St. Augustine," pp. 114-17.
298) Hans Lewy, SOBRIA EBRIETAS: Untersuchungen zur Geschichte der antiken Mystik. Beihefte zur Zeitschrift für die neutestamentliche Wissenschaft 9 (Giessen: Töpelmann, pp. 1929).
299) Contra Faustum 12.42 (PL 42:276-77); Sermones 34.1.2:225.4 (PL 38:210,1098); and En. in pass. 74.11 등을 보라.

한 말씀과 마음의 움직임이라는 문제에 있어서, 우리는 그것들이 선포하는 바를 말할 수도 없으며 생각할 수도 없습니다'(『시편 설교』 35:19 [PL 36:351]).

어거스틴은 현세에서의 직접적인 하나님 체험을 분명히 표현할 수 있다고 생각하지 않았다. 시각과 관련된 것이거나 다른 영적 감각에 관련된 것이거나, 그가 사용한 이미지들은 모두 표현할 수 없는 것을 암시하되 제한하지 않으려는 전략이었다. 오리게네스 및 여러 동방의 저자들처럼 영혼의 영적인 감각들에 대한 형식적 이론을 거론함이 없이,300) 어거스틴은 공감각(共感覺)의 형태가 하나님 임재에 대한 직접적인 의식의 말로 표현할 수 없는 풍성함을 전달하는 데 도움이 된다고 강조함으로써 서구 신비주의 역사에 중요한 공헌을 하였다.

어거스틴은 직접적인 하나님 의식의 특별한 본질을 묘사하기 위하여 성경에서 발견되는 또 다른 용어인 '몰아경(*ecstasis*)'과 '일탈(*excessus*)'을 자주 사용하였다.301) 이 단어들은 후대의 서방 기독교 신비주의에서 오랜 역사를 가지고 있는데, 특히 어거스틴의 글에서 그 말들이 등장하였기 때문이다.302) 어거스틴은 몇 가지 저서에서 신비한 환상을 나타내는 삼중 예표론을 간단히 요약했는데, 그것을 살펴보지 않고서는 그가 이 용어들을 사용한 의도를 이해할 수 없다. 어거스틴은 393년경에 저술한 『아디만투스 논박』(*Against Adimantus*)에서 환상(vision)에

---

300) P.-L. Landsberg, "Les sens spirituels chez saint Augustin," Dieu vivnat 11(1948): 83-105.
301) Thesaurus Ausustinianus에 의하면, estasis는 어거스틴의 저술에서 87회 사용된다.
302) Excessus (mentis)는 시 30:23; 67:28; 115:11; 행 10:10 등 신비체험을 암시하는 본문에 등장하며 고린도후서 5:13과 연결되어야 한다. 어거스틴의 저술에서는 De Gen. ad lit. 8.25.47; 12.12.26 (PL 37:391,467); Epp. 120.11; 147.13.31 (PL 33:457,610); Sermo 52.6.16 (PL 38:360) 등에서 사용된다. Butler, Western Mysticism, pp. 60-61,71-78; Bell, Image and Likeness, pp. 86-87; and esp. J. Maréchal, "La vision de Dieu au sommet de la contemplation d'après saint Augustin," Nouvelle Revue thèologique 57 (1930): 89-109,191-214.

대한 자신의 이론을 개진했다.303) 그러나 그가 그 주제에 대한 자기의 생각을 충분히 제시한 것은 413년경에 저술한『창세기에 대한 문자적 주석』제12권에서였다. 같은 시대의 것인『편지』147도 환상에 대한 일반 이론을 신비가의 몰아적인 환상에 연결한다는 점에서 중요하다.304)

어거스틴이 자신의 이론을 설명하면서 관심을 둔 것은 인식론적인 것이 아니라 신비주의적인 것이었다.『창세기에 대한 문자적 주석』제12권은 바울이 고린도후서 12장 2~4절(12.1.1-12.5.14)에서 언급한 낙원에 대한 환상을 어떻게 이해해야 하는가 하는 수수께끼로부터 시작한다.『편지』147은 보이지 않는 하나님을 육신의 눈으로 볼 수 있는가에 대한 바울의 물음에 대한 응답이다. 어거스틴이 육체적 봄, 영적(혹은 상상의) 봄, 그리고 지적 봄을 구분했다는 것은 잘 알려져 있다 (12.6.15-12.7.16; 12.24.51). 이 세 종류의 구분은 두 가지 차원에서, 즉 우리가 일상적인 형태의 지식 안에서 볼 때, 그리고 특별한 신적 행위에 의해서 우리가 볼 대상이 제시될 때에 참이다.

『창세기에 대한 문자적 주석』제12권이 서방 신비주의 역사에 영향을 미칠 수 있었던 것은 우선적으로 몰아적 상태에 대한 세심한 기술 및 현세에서 하나님을 직접 이해할 수 있는 가능성에 관한 주장 때문이었다. 자연적인 원인들의 산물일 수도 있고, 은혜의 특별한 개입의 산물일 수도 있는 **몰아의 상태는 "영혼의 의도가 육체의 감각들로부터 완전히 멀어지거나 빠져나갈 때"**(12.12.25) **발생한다**고 정의된다. 이러한 상태에 있는 영혼은 감각에 의해서는 아무것도 보지 않으며, 내면에서 상상적으로나 지적으로 보는 데 열중한다. 제12권에서는 하나님께서 주시는 황홀한 상태에 대하여 논하는데, 그것은 요한이 계시록에서 경험했던 것처럼 상상적인 것일 수도 있고, 지적인 것일 수도 있다

---

303) Contra Adimantum 28.2 (PL 72:171-72)을 보라.
304) De Gen. ad lit. 12 (PL 37:453-86); Ep.147 (PL 33:596-622).

(12.26.53-54). 이 지고의 무오한 유형에 관해서, 어거스틴은 이렇게 말한다: "하나님의 은혜로 말미암아 고양된 인간의 정신이 받아들일 수 있는 한, 상징적이나 유형적 환상을 통하지 않고 … 영적인 환상을 통하지 않고 … 어두운 표상을 통하지 않고, 직접 볼 수 있는 주님의 광채가 있다"(『창세기에 대한 문자적 주석』 12.26.54 [PL 34:476]).

제12권의 후반부에서 동일한 메시지가 두 번 반복된다.
하나는 모세가 하나님을 본 것에 대해 논하며(12.27.55 [PL 34:477]), 다른 하나는 지적인 환상에 어떻게 영혼 내부에 있는 지성적인 실체들과 하나님이신 빛을 보는 일이 포함되는가를 보여 준다(12.31.59 [PL 34:480]).305) 이 두 가지는 어거스틴이 **현세에서도 몰아적인 순간에 직접 하나님을 볼 수 있다**고 주장했음을 보여준다. 동일한 가르침이 『편지』 147에서도 확인된다.306)

어떤 사람들은 어거스틴이 현세에서 하나님을 보는 것이 불가능하다고 말하는 듯한 많은 본문들을 지적함으로써 이 점에 있어서 어거스틴이 일관성이 없다고 비난하려는 듯하다.307) 그러나 그의 사상의 전체적인 맥락에서 보면, 그러한 구절들은 하나님을 보는 일의 완성은 장차 천국에서 이루어진다는 것을 강조하는 것으로 해석되어야 한다. 어거스틴은 항상 안정된 지복은 내세에서만 획득할 수 있다고 주장했다. 천국은 '흠 없이 보며 다함없이 사랑하는' 땅이며, 그곳에서 '우리가 할 일은 오로지 하나님을 기뻐하고 찬양하는 것일 것이다.'308) 우리가 이 세상에서 받는 모든 것은 천국에서 누리는 완전함과 비교할 때에 그

---

305) Cf. Conf. 7.10.16.
306) Basil Studer, Zur Theophanie-Exegese Augustins (Rome: Herder, 1971)을 보라.
307) 현세에서 하나님을 보는 것이 불가능하다고 주장하는 듯한 본문은 다음과 같다. Sermo 255.5.5 (PL 38:1188); De Trin. 4.7.11 (PL 2:895-96); De civ. Dei 22.79-30 (PL 41:796-804); Enn. in Pss. 36.1.12; 37.28; 43.5 (PL 36:362-63,411-12; 487-85).
308) Enn. in Pss. .85.11 and 86.9 (PL 37:1089 and 1107)를 결합한다. Erarrationes에는 천국의 기쁨을 다룬 본문들이 많다.

강렬함에 차이가 있으며, 지속되는 기간도 다르다.

이러한 종류의 환상(vision)을 뒷받침하는 성경적인 증거는 모세와 바울에게서 찾아볼 수 있지만, 어거스틴이 이러한 현현이 그들에게만 나타났다고 믿었다는 뜻은 아니다. 『요한복음 설교』에서는 사도 요한에게도 똑같은 것을 적용한다.309) 그리고 『시편 설교』 전체의 기본 취지 및 기타 다양한 본문들은 어거스틴이 모든 기독교인들은 현세에서 하나님만이 아시는 방법으로 하나님 임재의 경험에 동참하라는 부름을 받았다고 생각했음을 입증한다.310) 물론 어거스틴은 대부분의 신비주의자들과 마찬가지로 하나님 임재의 경험이 지속되는 기간이 짧다는 것을 자주 강조했지만 『시편 설교』 134에서는 현세에서도 '오랫동안' 즉 '얼마 동안' 하나님께 시선을 고정할 수 있는 사람들이 있었다고 생각했었음을 암시해 준다(134.6 [PL 37:1742]).311)

이 주제에 대한 고찰을 마치기 전에 다루어야 할 문제가 한 가지 더 있다. 어거스틴이 말하는 환상, 혹은 경험이 중개에 의한 것인가, 아니면 직접적인 것인가? 이 문제와 관련하여 버틀러(Cuthbert Butler), 조셉 마레칼(Joshep Maréchal), 폴 헨리(Paul Henry)등 최고 형태의 황홀경은 직접적인 성격을 지닌다고 주장하는 학자들과 하나님을 보는 모든 형태는 중개되는 것, 즉 "거울을 통하여 보는 것처럼 희미하게"(고전 13:12) 발생한다고 주장하는 풀베르 카이레(Fulbert Cayre)와 같은 현대 학자들 사이에 논란이 있었다.312) 이것은 양측이 어떤 사물에 대해서 말할 때에 사용하는 용어상의 차이점에 대한 논란일 수도 있을 것이

---

309) Tr. in Jo. 36.5 (PL 35:1666); cf. De cons. ev. 1.7; 4.20 (PL 34:1045,1227-28).
310) Butler, Westem Mysticism, pp. 208-10; and Burnaby, Amor Dei, pp. 64-75.
311) Poque, "L'expression de l'anabase plotmienne" pp.57 -57; Bell, Image and Likeness, pp. 80-81.
312) Marechal, "La vision de Dieu," pp. 191-213; Henry, Path to Transcendence, pp. 78-88; Cayré, La contemplation augustinienne, pp.129-30,171,193-95.

다. 그러나 앞서 인용했던 『창세기에 대한 문자적 주석』 제12권의 구절을 고려해 보면, 지상에서 발견되는 것과는 다르게 하나님과의 직접적이고 즉각적인 접촉이 '정신의 일탈(excessus mentis)'에 주어진다는 것을 어거스틴이 믿지 않았다고 주장하기는 어렵다. 어거스틴은 이러한 직접성(비매개성)을 어떻게 이해해야 하는가에 관련된 난해한 철학적 / 신학적 문제들을 다루지 않았지만, 그는 분명히 현세에서 그러한 하나님 경험이 가능하다고 생각했다.

앞서 살펴본 것처럼, '**하나님을 봄**'은 totus Christus, 즉 온전하신 신인(神人)의 장막 안에서만 획득될 수 있다. 이러한 '봄'에는 '하나님의 형상'이 그 참된 본래의 목표로 회복되는 것이 포함된다. 그러나 그것은 영지주의자들이 주장한 것처럼, 내면에 감추어져 있는 신적 불티를 드러내는 것이 아니다. 우리의 회복이란, 원래 인류를 하나님께로 인도하려는 의도를 지녔으나 아담의 죄 안에서 손상되었던 능력들을 부활시키는 것이다. 이 능력들은 은혜의 선물을 통하여 일시적으로나마 직접적이고 말로 형언할 수 없는 삼위 하나님의 현존을 경험할 수 있다. 비록 정도의 차이가 있지만, 이 경험은 모든 신실한 기독교인들에게 개방되어 있다. 바로 이러한 이유 때문에, 어거스틴은 기독교적 완전으로의 소명에서 비전주의(祕傳主義)를 철저히 배제했다.

요한복음 16장 12~13절에 대해 주석한 세 편의 설교(『요한복음 설교』 96-98. 415년이나 그 이후에 저술됨)는 비전주의의 위험을 다룬 교부들의 글들 가운데서 가장 상세하며 예리한 글일 것이다.313) 그리스도께서 제자들에게 말해야 했으며(16:12) 장차 성령께서 알려 주실(16:13) "많은 것"은 사람들에 의해서 밝혀지는 비밀들이 아니다. 모든 참된 가르침은 인간 교사들에게서 오는 것이 아니라 우리 안에 거하시는 성령으로부

---

313) Tr. in Jo. 96.98 (PL 35:1873-85). Capelle, "Le progrès de la connaissance religiuese d'après a. Augustin," recherches de théologie ancienne et médiévale 2(1930): 410-19.

터 온다(『설교』 96.4). 단순한 가르침의 젖을 먹다가 고등 교리라는 단단한 음식을 먹게 되는 것은(참조. 고전 3:2) 그리스도와 그의 성령의 역사이다(『설교』, 97).

비록 어거스틴은 기독교 메시지를 받아들여 적용하는 데 있어서 수준 차이가 있음을 인정하지만(육적 신자들과 영적 신자들), 그 내용은 항상 동일하다. 어떤 사람들은 십자가에 달리신 그리스도를 젖으로 받아들이며, 어떤 이들은 단단한 음식으로 받아들인다. "왜냐하면, 많이 듣지 않는 사람이 많이 이해하기 때문이다"(『설교』 98.2). 그러므로 어거스틴은 이렇게 결론을 내린다: "어떤 은밀한 가르침을 아직 어린아이 같은 신자들에게는 감추며, 진보된 사람들, 즉 보다 지적인 사람들에게만 개인적으로 말할 필요가 없는 듯하다"(『요한복음 설교』 98.3 [PL 35:1881]). 비록 어거스틴은 영적인 신자들이 청중의 수준에 맞추어 메시지를 전달해야 할 필요성을 인정하지만, 메시지의 내용은 동일하다.314)

어거스틴의 신비적 가르침의 범위를 보다 분명히 파악하려면, 현세에서 직접적인 신적 임재를 의식할 수 있는 가능성에 관한 어거스틴의 견해에 대해서 세 가지 질문을 더 해야 한다. 첫 번째 질문은 이러한 관상적 경험과 적극적인 사랑의 삶의 관계라는 친숙한 주제를 다룬다. 두 번째 질문은, 이 특별한 의식이 우리의 일상적인 이해와 사랑의 활동에 어떻게 관계되는가, 즉 신비적 여정에서 사랑과 지식이 행하는 역할에 대한 질문이다. 세 번째 질문은, 어거스틴이 궁극적인 목표, 즉 천국에서의 상급을 완전히 보는 것을 어떻게 이해하는지에 대한 간단한 개관이다.

우리는 이미 '봄(*theōria*)'과 '실천(*praxis*)'을 구분하는 고대 그리스의 패러다임을 기독교 사상가들이 채택하여 변형하였음을 살펴보았다.

---

314) 어거스틴은 Tr. in Jo. 98.8 (PL 35:1885)을 거짓 계시에 대한 공격으로 마무리한다.

원래 고대 그리스인들에게 있어서 철학적인 삶과 정치적인 삶이라는 두 가지 생활 방식을 이루는 두 가지 활동의 차이점을 의미했던 것이, 알렉산드리아의 클레멘트를 비롯한 기독교 사상가들의 손을 거치면서 하나님에 대한 신비적 관상과 복음서에서 명한 적극적인 사랑의 종교적 차이점을 의미하게 되었다. 'theōria'의 의미를 추론적인 사유(思惟)에서 초이성적인 통찰로 변화시킨다는 점에서 기독교인들은 신플라톤주의자들과 일치하지만, '관상생활(vita contemplativa)'에서 '실천생활(vita activa)'을 배제할 수 없다고 주장하는 점에 있어서는 신플라톤주의자들과 다르다.315)

어거스틴은 교부들 중에서도 이것을 가르친 최고의 인물이었으며, 그 점과 관련해서 후대의 서구 사상의 중요한 원천이다.316)

어거스틴은 『신국론』에서 바로(Varro)에게서 알게 된 세 가지 생활 방식 - 관상생활, 실천생활, 혼합된 생활 - 에 대해서 주석하면서 자기의 견해를 멋지게 요약한다:

> 믿음이 보전되는 한, 사람은 이러한 생활 중 한 가지 생활을 영위하여 영원한 상급에 이를 수 있다. 중요한 것은 진리에 대한 사랑을 얼마나 굳게 붙들며, 사랑의 의무를 과연 얼마나 중요하게 여기느냐 하는 것이다. 사람이 이웃의 궁핍함을 생각하지 않은 채 관상에 몰두해서는 안 된다. 또한 활동에 치중하여 하나님에 대한 관상을 등한시해서도 안 된다(『신국론』 19.19 [PL 41:647]).317)

---

315) Nicholas Lobkowicz, Theory and Practice: History of a Concept from Aristotle to Marx (Notre Dame: University of Notre Dame Press, 1967), chaps.1-5.
316) 관상과 활동에 대한 어거스틴의 가르침을 알려면, 다음을 보라: Butler, Western Mysticism, pp. 195-210; Lobkowicz, Theory and Practice, pp.63-68; and G. O'Daly and L. Verheijen, "Actio-contemplatio," augustinus-Lexikon 1:58-63.
317) Cf. Ep. 48 (PL 33:187-89).

오리게네스와 암브로시우스의 본을 따라서, 어거스틴은 자주 창세기의 라헬과 레아, 사도 요한과 베드로, 특히 마리아와 마르다처럼 성경에 등장하는 한 쌍에 의해서 기독교적 삶의 두 가지 측면의 관계를 제시하였다.318) 그의 가르침은 한결같다: 두 가지 양식의 삶 모두 선하다. 그러나 관상생활이 더 고귀한데, 이는 그 생활이 천상적인 목표에 보다 직접적으로 연결되어 있기 때문이다(참조.『요한복음 설교』 101.5). 그러나 현세에서 우리는 언제나 실천적인 사람의 요구들이 개입될 때에는 관상의 기쁨을 포기하라는 복음의 명령을 받고 있다. 비록 어거스틴이 '실천적 삶'을 국가 안에서의 정치 활동이 아니라 이웃에 대한 사랑의 봉사 생활로 이해하고 있으며, 또 니콜라스 로브코비츠(Nicholas Lobkowicz)가 말한 것처럼 '행동의 모호성들'을 완전히 해결하지는 못했지만, 그의 사상은 "'실천적 삶'이 기독교인으로서 완전한 삶, 즉 이 완전의 맥락에서 정의되어야 하는 인생 행보라는 생각을 낳았다."319)

두 번째 주제는 신비한 경험을 획득함에 있어서 지성과 사랑의 역할에 대한 어거스틴의 견해와 관련된다. 어거스틴의 글을 선별적으로 읽은 사람들은 그를 확실한 지성주의자로 간주해왔다.320) 어거스틴의 영성에 대해 저술한 최근의 학자들은 그의 신비 이론의 특징은 정서성(affectivity)이라고 강조하는데, 이것이 보다 정확한 견해이다.321) 어거

---

318) 라헬과 레아에 대해서는 Contra Fausum 22.53-54; De cons. ev. 1.5.8 을 보고, 요한과 베드로에 대해서는 Tr. in Jo. 124.5-7 마리아와 마르다에 대해서는 Sermones 103.5;104.4; 169.17; 179.4,255; De Trin. 1.10.20을 보라. 마리아와 마르다에 관한 완전한 개관서로는 D. Csányi, "OPTIMA PARS: Die Auslegungsgeschiehte von Lk. 10, 38-42 bei den Kirchchenvätem der ersten vier Jahrhunderte," Studia Monastica 2 (1960) pp.65-74을 보라.
319) Lobkowicz, Theory and Practice, p. 68.
320) E.g., Hans Meyer, "War Augustin Intellektualist oder Mystiker?" in Augustinus Magister 3:429-37.
321) E.g., Bonner, "Spirituality of Augustine," p. 149; Teselle, "Augustine," pp. 28-30. 사랑에 대한 어거스틴의 사상을 알려면, Burnaby, Amor Dai; Combes, La charite d'apres Saint Augustine; and O'Donovan, Problem of Self-Love; and Isabelle Bochet, Saint Augustin et te desir de Dieu (Paris: Études Augustiniennes, 1982). 최

스틴이 하나님을 누리며 하나님을 향해 가는 데 있어서 지성과 의지가 반드시 필요하다고 여겼음은 확실하다. 문제는 이 매우 신비하고도 중요한 여행에서 두 가지 영혼의 활동이 행하는 특별한 역할들을 어떻게 해야 가장 잘 해명할 수 있는가에 있다.

하나님께 도달하는 데 있어서 사랑과 지식 모두가 필요하다고 어거스틴이 주장하는 구절들을 열거하기는 쉬울 것이다. 그러나 보다 중요한 것은 하나님께로 복귀하는 데 있어서 이 두 활동(두 기능이 아님)이 행하는 역할을 확인하는 것이다. 이 문제의 핵심은 어거스틴이 '봄(visio)'이라는 활동을 이해한 방법을 인식하는 것이다.

최근에 마가렛 마일즈(Margaret Miles)는, 플라톤적 모델들에 기초를 두고 있는 어거스틴의 감각 인식 이론, 특히 봄(vision)의 이론은 수동적 수용론이 아니라, 유형적인 대상들을 지적인 것으로 만들기 위해서 빛을 발산함에 있어서 영혼이 주도적인 역할을 취하는 상호작용론이라고 강조하였다.322) 다시 말해서, 영혼은 물체를 보는 데 있어서 적극적인 역할을 하기 때문에 물체를 보는 것이다. 즉 영혼은 표면적 대상을 감싸고 있는 빛을 대하는 눈으로 광선을 발사함으로써 그 대상이 보이게 만든다. 감각 기관들은 도구로서 필요하다. 이 유추를 따르자면, 어거스틴은 모든 종류의 인식(앎)을 일종의 능동적인 '봄'의 형태로 생각하였다. 이 이론은 철학적 인식론의 차원에서 많은 어려움을 지니지만, 그것이 바로 소위 '하나님을 봄'의 신비적 인식론이라고 할 수 있는 것 안에서 사랑과 지식을 연결한 어거스틴의 방법을 이해하는 중요한 열쇠이다.

근에 나온 간단한 개론서로는 D. Dideberg, "Amor," Augustinus-Lexikon 1:294-300을 보라.
322) M. Miles, "Vision: The Eye of the Body and the Eye of the Mind in Saint Augustine's De Trinitate and Confessions," Journal of Religion 63 (1983): 125-42.

어거스틴만큼 자주, 그리고 심원하게 사랑의 본질에 대하여 언급했었던 교부는 거의 없었다. 사랑은 영혼의 무게(『고백록』 13.9.10)이며, 영혼의 발(『시편 설교』 9.15)이며, 영혼이 오르내리는 길(『시편 설교』 85.6)이다. 어거스틴의 견해에 의하면, '사람은 사랑하는 것에 의해서 판단된다'(『요한일서 설교』 2.14). 그러나 어거스틴은 먼저 갈망보다 지식이 선행해야 한다는 것을 인정한다. 본래 알 수 없는 분이신 하나님을 갈망할 경우, 하나님에 대한 지식은 어디에서 오는가? 이에 대한 대답은 믿음과 사랑이 제공한다. 어거스틴은 시편 105장 4절(여호와와 그의 능력을 구할지어다 그의 얼굴을 항상 구할지어다)에 대하여 주석하면서, 이 질문에 대해 보석 감정사와 같은 대답을 제공한다. 항상 그 얼굴을 구한다는 것, 즉 하나님의 현존을 구한다는 것은 그분을 발견하는 것을 배제하는 듯하다. 그러나 이 본문이 진정으로 시사하는 바는 하나님은 믿음 안에서 이미 발견되었으며, 그러면서도 현세에 있는 동안 소망에 의해서 영원히 추구되어야 하는 분이라는 것이다. 이 둘을 연결하여 묶는 힘은 우리 마음속에 부어지는 하나님의 사랑(*caritas*)이다. "사랑은 믿음을 통하여 하나님을 발견하며, 또 현상을 통하여 하나님을 소유하기를 추구한다. 거기에서 하나님을 발견할 때에 우리는 만족하여 더 이상 하나님은 찾으려 하지 않는다"(『시편 설교』 104.3 [PL 37:1391]).

하나님께서 먼저 우리를 사랑하신 그 사랑(요일 4:14)이 우리 마음속에 들어와서, 믿음 안에서 하나님께 대한 비록 희미하지만 새로운 지식과 하나님에 대한 새로운 종류의 '열망'을 준다. 이 열망은 영혼의 새로운 눈의 기능을 하며, 형언할 수 없는 대상을 찾아내는 광선의 근원이다. 이 새로운 방식의 '봄'은 우리 안에 있지만 우리의 것은 아니다. 그것은 우리의 협력을 요구하지만, 그 작용은 하나님으로부터 온다.323) 이것이 『고백록』에서부터 시작하여, 『삼위일체론』의 후반부, 그리고 『시편 설교』에 풍부하게 제시되어 있는 어거스틴의 한결같은 가르침이다.324)

---

323) 하나님의 사랑의 우위를 다룬 것으로는, En. in Ps. 118.2f.6 (PL 77:1582)가 있다.

어거스틴이 시편 17편을 주해하면서 말한 것처럼, 하나님은 "사람이 사랑에 의해서가 아니고는 결코 자신에게 접근할수 없음을 보여 주기 위해서 지식의 충만함을 초월하셨다"(『시편 설교』 17.11 [PL 36:149]).325) 하나님을 보려면, 먼저 마음이 치유되어야 한다.326) 이 치유는 그리스도의 몸 된 교회 안에서 이루어지는 사랑이신 성령의 역사이다.327) 우리가 지닌 사랑의 분량은 우리가 현세에서 하나님을 보는 척도이다. "우리가 하나님을 뜨겁게 사랑할수록, 그만큼 더 확실하고 고요하게 하나님을 보게 된다. 왜냐하면 우리는 하나님 안에서 불변하는 정의, 어떻게 살아가야 하는가를 판단하는 기준이 될 정의를 보기 때문이다"(『삼위일체론』 8.9.13 [PL 42:960]). 하나님께서 이따금 뜨겁게 자신을 갈망하는 사람들에게 선물로 주시는 잠시 동안의 섬광 같은 몰아적 의식을 제외하고는 이 세상에서는 부분적으로만 이것을 경험할 수 있지만, 사랑은 지식의 충만함으로 이어진다.328)

사랑은 우리로 하여금 진실로 갈망하는 것을 굳게 붙들게 하는 '접착제'이며(『삼위일체론』 10.8.11), 하나님의 사랑은 우리를 하나님께 묶어주는 참된 접착제이다(『시편 설교』 62.17 [PL 36:758]). 어거스틴은 개인의 영혼과 하나님의 연합이 아니라 모든 신자를 그리스도의 몸에 결속시켜 주는 유대로서의 연합을 말했다.329) 비록 개인의 영혼이 사랑을 통해서 하나님을 보거나 만지는 방법에 대한 그의 가르침은 신비적 연합을

---

324) 일부 학자들은 사랑의 중심적 역할이 카시아쿰 시대의 초기 저술에서는 분명히 제시되지 않는다고 주장해왔다(e.g., Bu.naby, Amor Dei, pp. 80-82,143).
325) Cf. Contra Faustum 32.18 (PL 42:507).
326) En. in Ps. 39.21(PL 36:447)을 보라.
327) 성령이 우리 안에 임재하시는 표식인 사랑에 대해서는 Tr. in 1 Jo. 6.8-9 (PL 35:2024-25)을 보라.
328) E.g., En. in Ps. 79.2 (PL 36:1022). 어거스틴의 신령한 가르침을 반-펠라기우스주의 입장에서 요약한 중요한 저술인 시편 118편에 관한 32편의 설교에 대해서 알려면 다음을 보라: G. Kannengiesser, "Enarratio in psalmum CXVIII: Science de la révélation et progres spirituel," Recherches augustiniennes 2 (1962): 359-81.
329) Cf. Tr. in Jo. 27.6 (PL 35:1615); and Tr. in Jo. 10.3 (PL 35:2055-56).

이해하는 '영적 연합(unitas spiritus)' 형식에 맞는다고 해석되어 왔으며, 그렇게 해석할 수도 있겠지만,330) 그가 일반적으로 연합이라는 언어를 피한 것은 그의 신비주의와 플로티누스의 신비주의의 관계에 대한 중요한 메시지를 포함하고 있다.

위대한 신플라톤주의자인 플로티누스에 대한 어거스틴의 지식, 특히 『엔네아즈』 6.4-5에 대한 지식에 비추어 볼 때, 어거스틴이 연합이라는 표현을 피한 것은 사려 깊은 비판이라고 볼 수 있다. 아마 이러한 함축적인 비판을 토대로 어거스틴이 우리의 하나님 현존 의식을 묘사하기 위해서 시각과 관련된 표현을 사용한 것도 조명해 볼 수 있을 것이다. 어거스틴이 영적으로 보는 시각적인 표현을 다른 감각과 관련된 표현, 특히 청각·후각·촉각 등과 관련된 표현과 결합하여 사용했는데, 이것은 완전히 수동적이지는 않지만 다소 수동적인 함의를 가진다. 어거스틴의 견해에 의하면, 하나님은 영혼을 하나님에게로 고양시켜 주는 '사랑(caritas)'의 목적을 심으실 뿐만 아니라, 그 여정의 목표 지점에서 값없는 사랑의 선물 안에서 반드시 자신을 나타내신다. 그 만남에 관해서 미리 정해져 있는 것은 아무것도 없다. 플로티누스가 주장하는 것처럼 영혼은 자신이 내적으로 일자와 동등함을 발견하는 것이 아니며, 하나님의 사랑을 통한 신적 계시를 받는다.331)

오리게네스와 암브로시우스에게서 살펴보았듯이, 이처럼 사랑 안에서 값없이 내어주는 형태는 아가서의 에로틱한 표현에 호소할 수도 있을 것이다. 그러나 여기에서 어거스틴은 우리를 놀라게 한다. 어거스틴은 자신의 보다 원숙한 저서에서 일반적인 의미에서 하나님을 동경하는 갈망에 대해서 어떤 신비주의자보다 더 자주 언급했지만, 하나님과

---

330) 하나님과의 연합을 신비적 연합으로 이해하는 것에 대해서는 다음을 보라: B. McGinn, "Love, Knowledge and Unio Mystica in the Western Christian Tradition," in Mystical Union and Monotheistic Faith, ed. M. Idel and B. McGinn (New York: Macmillan, 1989), pp. 59-86.
331) 이 점을 명확히 하는 데 있어서 J. Patout Burns 의 도움이 컸다.

영혼의 만남을 묘사하기 위하여 남녀 간의 사랑을 다룬 성애적 표현의 사용을 피했다.

이것을 육체와 성욕에 대한 어거스틴의 견해 탓으로 돌릴 수도 있을 것이다.332) 어떤 관점에서 볼 때, 어거스틴은 성에 대해서 실제로 어거스틴이나 암브로시우스나 제롬보다 더 적극적인 견해를 취하여 성욕은 타락의 결과가 아니라는 것, 낙원에도 결혼생활이 존재했었다는 것, 그리고 색욕의 근원은 성적 충동에 있는 것이 아니라 왜곡된 의지에 있다고 인정했다. 그러나 다른 관점에서 볼 때, 타락의 저주 아래서 성이 언제나 얼마나 깊이 작용하는가에 대한 인식이 증가함에 따라서, 어거스틴은 이 타락한 성과 관련된 표현을 말씀을 향한 개개인의 사랑을 묘사하기 위한 언어로 사용하는 것이 과연 바람직한 일인지 의심하게 되었다. 피터 브라운(Peter Brown)의 말을 빌리면, 후일 어거스틴은 '성이 교란시키는 영구한 대적'333)으로서, 어떠한 그리스도인도 심지어 순결한 그리스도인이라도 그것에 대해서 안심할 수 없다.

회심하여 성생활을 포기한 젊은 어거스틴은 초기에는 하나님께 대한 에로스적인 관계 비슷한 것을 묘사했었다. 그러나 그는 아가서의 신부와 그리스도를 향한 그녀의 사랑이라는 상징 안에는 표현하지 않고 거룩한 지혜라는 여인(잠 6,7장)과 그의 연인과의 관계라는 상징 안에 표현되어 있는 다소 특별한 은유를 통해서 묘사했었다. 어거스틴은 『독백』(*Soliloquies*, 386년 겨울)에서, 이 헌신적인 연인을 '아름다운 여인에 대한 사랑으로 타오르는' 남자에게 비유하면서, '그녀의 벌거벗은 모습을 지극히 순수하게 응시하며, 방해받지 않고 포옹하기를 갈망하는 그

---

332) 몸과 성에 대한 어거스틴의 견해를 알려면, 다음을 보라: Peter Brown, Body and Society: Men, Women, and Sexual Renunciation in Early Christianity (New York: Columbia University Press, 1988), chap. 19; and, most recently, G. Stroumsa, "Caro satutis cardo: Shaping the Person in Early Chhstian Thought," Histry of Religions 30 (1990): 25-50.
333) Brown, Body and Society, p. 419.

대는 지혜를 사랑하는 어떠한 종류의 연인인가?'(『독백』 1.13.22 [PL 32: 881]) 334) 지혜에 대해 이야기하는 비슷한 구절이 『자유 선택에 대하여』 (*On Free Choice*, 대략 388년)에서 발견된다. 어거스틴은 지혜를 사랑하는 연인이라는 주제를 즉시 포기하지는 않았다. 그것은 초기의 『시편 설교』에서 여러 번 등장한다.335) 이러한 글들을 조사해 보면, 어거스틴이 이러한 유형의 에로틱한 표현에서 아주 유익하다고 여긴 것은, 아름다운 여인을 보고 즐기기를 원하는 연인이 발휘하는 인간적인 사랑과 값없이 자신을 제공하여 질투함이 없이 모든 연인들과의 관계를 유지하는 적나라한 거룩한 지혜의 아름다움의 대조였음을 알 수 있다.

그러나 아주 흥미로운 것은 성숙한 어거스틴이 아가서의 에로틱한 해석을 철저히 무시한 것인데, 그것은 분명 오리게네스와 암브로시우스에게서 알게 된 것이다. 그는 한번도 아가서에 대해서 주석하지 않았다. 『순결에 대하여』(*On Virginity*, 대략 401년)라는 논문에서는 여자 수덕자와 그리스도의 관계에 사랑의 노래를 적용하지 않았다.336) 그리고 간혹 아가서를 사용할 때에는 교회적인 해석을 고수했다 : 즉 신부는 항상 교회이며, 종종 도나투스 분파주의의 위협을 받는 교회이다.337)

서방 신비주의 안에 있는 아가서 전통의 주요한 하나의 주제에 어거스틴이 공헌한 몇 곳 중 하나는 '사랑의 명령'이라는 중요한 주제에 관한 곳이다(아 2:4). 『신국론』 15.22.29에서 어거스틴은 자기의 가르침을 요약하면서, 이 본문을 자주 사용하였다: "그러므로, 내가 보기에는 덕

---

334) De lib. arbit. 2.14.37 (PL 32:1261). 이 등한시되던 본문들을 연구한 것으로 다음을 보라: Nicholas Perella, The Kiss Sacred and Profanes (Berkeley: University of California Press, 1969), pp. 46-48.
335) E.g., En. in Pss., 32.2.7; 33.2.6; 35.5 (PL 37:282-83, 310-11, 344). Homily 32는 392년이나 그 이전, Homily 33은 감독 생활 초기의 것이다. Homily 35는 후기의 것이다(412년경).
336) De virg. 54-55 (PL 40:427-28)은 아가서를 사용하지 않으면서 거룩한 연인에 대한 기독교인 처녀의 사랑을 강조한 유일한 구절이다..
337) A.-M. La Bonnardière는 어거스틴이 대체로 세례와 관련하여 아가서를 74회 사용했음을 보여준다("Le Cantique des Cantiques dans l'oeuvre de Augustin," Revue des études augustiniennes [1955]: 225-37).

에 대한 간단하면서도 좋은 정의는 '사랑의 명령'인 듯하다. 그렇기 때문에 아가서에서 그리스도의 신부인 하나님의 도성은 '내 안에 사랑을 명하라'고 노래한다"(PL 41:467). 어거스틴에게 있어서, 사랑의 명령은 대체로 도덕적 문제이지, 후대의 많은 신비주의자들이 주장하는 것처럼 직접적인 하나님 체험에서 생겨나는 것이 아니다.

이처럼 어거스틴의 사상에서 사랑과 지식의 관계를 살펴보면, 어거스틴의 신비주의에서 근본적인 문제는 몰아적 환상 자체가 아니라 현세에서 그것을 예비해주고 내세에서 그것을 부여해주는 사랑의 정화라는 유진 테셀(Eugene Teselle)의 관찰이 옳다는 것을 알 수 있다. 테셀의 말을 빌리자면, 어거스틴에게 있어서 신비한 삶은 '사랑을 위한 여행(journey for the affections)'이다.338) 그 여행의 특성, 곧 지속적인 전진이 필요하다는 의식이 어거스틴의 영적 가르침에서 가장 전형적인 특징들 중 하나로서, 많은 주석가들이 이 점에 주목해왔다.339) 어거스틴은 『설교』 169에서 "만약 여러분이 '그 정도면 족해.'라고 말한다면, 여러분은 이미 길을 잃었을 수도 있습니다."라고 말했다.340)

어거스틴과 같은 시대에 동방에서 활동한 폰투스의 에바그리우스나 후대의 서방 신비가들과는 달리, 어거스틴은 영혼이 하나님께로 올라가는 단계들을 표시한 여정을 만드는 일에 그다지 관심을 기울이지 않았다. 물론 그는 종종 플로티누스적인 3단계 고양을 일반적으로 사용하였지만, 그의 완숙해진 저서들은 영혼이 일시적인 과정에서 도피하는 것을 도식적으로 묘사한 것보다는 사랑의 힘에 의해서 역사의 격랑을 헤쳐 나가는 영혼의 지속적인 편력을 강조한 것으로 유명하다.341)

---

338) Teselle, "Augustine," pp. 27-28.
339) E.g., ibid.; Cayré, La contemplation augustinienne, p. 75; O'Donovan, Problem of Self-Love, p. 150; Bell, Image and Likeness, p. 77.
340) Sermo. 169.18 (PL 38:926).
341) Miles, "Vision," p.136.

『고백록』 제13권에서, 어거스틴은 우주 안에서의 개인적인 영혼의 흥망성쇠라는 맥락에서, 자기 파괴적인 '욕정(cupiditas)'으로 하여금 성령의 '사랑(caritas)'과 경쟁하게 하는 '사랑의 짐(pondus amoris)'을 제시하였다(참조. 『고백록』 13.7.8-1.10). 어거스틴이 어떤 식으로 여행 혹은 여정으로서의 사랑이라는 이미지를 사용하였는가에 대해 상세히 연구해 보면, 그의 후기의 저술에서 그러한 이미지들을 보다 실질적이고 도덕적으로 사용했음을 발견하게 될 것이다.[342] 사랑의 사회적 성격의 중요성을 그에게 보여준 도나투스파[343] 논쟁 및 의지의 중요성에 대한 바울의 가르침을 연구한 것이 그의 관점의 변화에 일조하였을 것으로 보인다. 후일 어거스틴은 우리가 열망의 발로 역사를 통해 함께 여행한다고 가르쳤다(『신국론』 14.28을 보라). 목표를 향한 우리의 발걸음은 상호적인 사랑(caritas)의 행위이다.

마지막으로 간략히 살펴볼 것은, 이 거룩한 목표에 대한 어거스틴의 생각들은 각각의 구절에서는 감동적이지만, 많은 텍스트들을 함께 볼 때에는 반복적이 된다.[344] 하나님에 대한 참된 지식이 선행해야 이 세상에서 하나님을 향한 순례를 향한 뜨거운 사랑이 가능하듯이(우리가 꿈꾸던 것을 초월하는 지식을 부여해 주듯이), 갈망이 천국에서 목표를 성취할

---

[342] 어거스틴은 여러 곳에서 사랑을 영혼이 여행하는 공간으로 말한다. e.g., De mor. ecc. cath. 1.11.18; De musica 6.13.47; Ep., 155.13; .De Trin. 14.17.23; and Enn. in Pss. 6.9; 85.6; 94.2; 119.2.

*[343] 도나투스주의(Donatism), 또는 도나투스파는 로마의 아프리카 속주 내에서 4~5세기에 번성했던 기독교 교파이다. 이들은 4세기 보편교회에서 이단으로 규정하였고, 급진적 분파주의(schism)로도 유명하다. 보편교회의 신학적 견해나 교리 차이에 대한 문제가 아니라 배교자 문제로 배교자를 용서하지 않는 급진적인 분리주의 입장을 지녔다. 4세기 초 로마제국 전역의 기독교 박해 기간에 발생한 기독교 배교자들을 용서하고 받아들이는 보편교회에 반대하며 배교자를 배격해야 순수한 신앙이라고 강조하였다. 배교에 용서 없는 신앙을 강조하는 급진파로 발전하며 기존 교회에 분리적 행동을 취했다. 배교자를 받아들인 보편교회를 부정하고 자체적인 지역에 교회를 구성하였고, 자체 주교를 이어가며 독자적인 교회의 모습을 유지하였다. 북아프리카의 알렉산드리아 주변에서 발생하여 카르타고에서 번성하였고, 이슬람 세력이 카르타고를 점령한 6세기 이후 흩어져 사라졌다.

[344] Cf. 36.1.12; 66.10; 83.8; 84.7; 85.8,20-22; 86.8-9; 87.13; 117.22; 122.4; 124.3-4; 136.16; 144.2,11; 149.9-10, etc.

때, 완전한 지식이 따라올 것이다. 그러나 그 천상의 지식과 갈망은 동일한 실재, 즉 사랑이신 하나님에게 속한 것이다.345) 어거스틴은 이 세상에서 맛볼 수는 있지만 삼킬 수 없는 참된 '지혜(Sapientia)'를 다음과 같이 정의한다: "항상 계시며 결코 변하지 않으시는 분이신 하나님에 대한 지식과 사랑"(『시편 설교』 135.8 [PL 37:1760]). 다시 말하지만, 천국의 즐거움이 우리의 지식에 대한 갈망과 사랑에 대한 갈망을 완전히 충족시켜 줄 것이라고 말하는 많은 구절들을 열거하는 것은 지루한 일일 것이다.346) 그 메시지는 명확하다.

천국에 대한 그러한 견해는 정적인 것처럼 보이거나, 심지어 지루한 것처럼 보일 수도 있다. 어거스틴의 회중들도 똑같이 느꼈다. 그래서 그는 그들의(아마도 우리들의) 반론에 대답하려고 노력하였다. 앞서 인용한 바 있는 시편 105편에 대한 그의 주석 중 한 구절은 그와 같은 영원한 성취 상태에서 사랑과 지식이 무엇을 해야 할 것인가에 대하여 계속해서 논의한다. 어거스틴은 우리가 영원히 하나님을 사랑할 것이기 때문에 천국에서 하나님을 영원히 찾을 것이냐고 묻는다. 그리고는 현세에서 우리와 함께 있는 친구를 계속 사랑하듯이 천국에서도 하나님을 향한 우리의 사랑이 계속 성장할 것이라고 대답한다: "사람이 자라나듯이, 찾은 그분에 대한 추구 역시 증가할 것입니다"(『시편 설교』 104.3 [PL 37:1392]).347) 어거스틴은 매우 지적인 사람이었으므로 자신의 수사학적 능력을 초월하여 묘사하거나 상상하려 하지 않았지만, 참사랑은 따분한 것일 수 없다고 확신했다.

어거스틴은 주로 서방의 기독교 신비주의에 영향을 미쳤다. 그러나 현세에서 직접적인 하나님 임재 의식을 획득할 수 있다는 견해 및 이러한 신비한 목표를 기독교 공동체에 제시한 그리스도 중심적이고 교

---

345) En. in ps. 149.4 (PL 37:1951)을 보라.
346) E.g.,De virg. rel. 31.58 (PL 34:148).
347) Cf. Sermo 170.9 (PL 38:931). Be11, Image and Likeness, p. 77을 보라.

회적인 방법은, 4세기의 많은 위대한 교부들이 지닌 특징이었다.

하나님을 향한 참된 전진은 개인적인 것이 아니라 공동체적이라고, 즉 교회의 품안에서 모두를 향한 '사랑(caritas)'의 실천에 의해서 발생한다는 그의 주장은, 그 이전에도 있었던 메시지이다. 그리스도와 성령께서 그리스도의 몸 안에서 이루시는 심오한 실재에 대한 우리의 의식적 경험들이 지닌 무상하고 부분적인 특성에 대한 인식은 다른 교부들도 지니고 있었던 인식이다. 물론 그들은 이 동일한 인식을 다양한 방법으로 표현했다.

어거스틴에게는 독특한 것이 많다. 아마도 지난 16세기 동안의 인물들 중에서 어거스틴만큼 우리가 실제로 알고 있다는 느낌을 주는 인물은 없을 것이다. 그러나 어거스틴은 여러 교부들 중 한 '교부'로 생각되는 것에 만족할 것이다.

제 2 장
어거스틴의 삼위일체론 348)

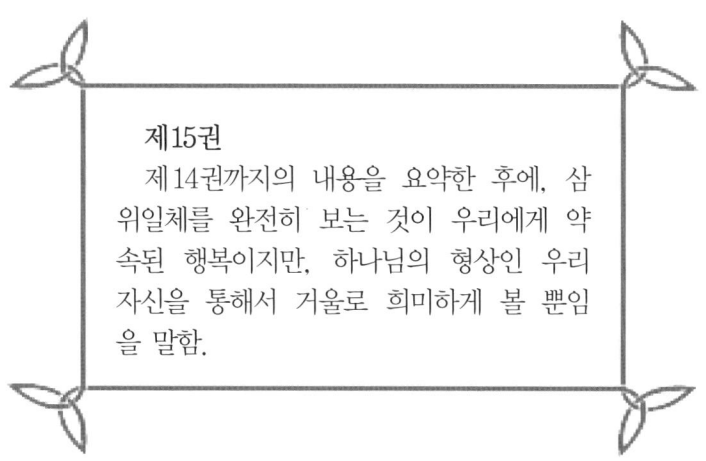

제15권
제14권까지의 내용을 요약한 후에, 삼위일체를 완전히 보는 것이 우리에게 약속된 행복이지만, 하나님의 형상인 우리 자신을 통해서 거울로 희미하게 볼 뿐임을 말함.

개요: 제14권까지의 내용을 요약한 후에 이제는 삼위일체 하나님을 영원하고 비물질적이고 변함없는 사물들에서 탐구하게 되었다고 한다. 이런 사물들을 완전히 정관(靜觀)하는349) 것이 우리에게 약속된 행복이다.

그러나 금생에서 우리는 하나님의 형상이면서도 이 삼위일체를 거울로 보듯이 희미하게 볼 뿐이다. 우리 자신의 마음에 있는 말을 근거로 하나님의 말씀이 나시는 데 대하여 추측과 설명을 할 수 있지만, 두 말씀이 심히 다르기 때문에 큰 곤란이 있다. 성령이 나오시는 문제도 우리의 의지가 성령과 결합하는 사랑을 근거로 설명한다.

---

*348) 성 어거스틴, 김종흡 역. 『삼위일체론』 (크리스찬다이제스트, 중쇄. 2014) pp.405-466.
*349) 정관(靜觀)【명사】【~하다 → 타동사】 ① 조용히 사태의 추이를 관찰함. 사태를 ~하다. ②〔철〕무상한 현상계 속에 있는 불변의 본체적인 것을 심안(心眼)에 비추어 바라봄. (참조: 한컴사전)

1. 하나님이 마음 위에 계시다.

1. 만물을 지으신 분을 독자에게 알게 하기 위해서 나는 지어진 물건들로 독자를 단련하려고 했고, 이제는 하나님의 형상에 도달했다. 하나님의 형상은 곧 사람이다. 사람은 이성 또는 지성을 가진 점에서 다른 동물들보다 우수하기 때문이다. 이것을 마음에 있는 이성적 또는 지성적 영혼이라고 하든지, 그 밖에 무엇이라고 불러도 좋다. 우리 라틴어 저자들은 이 마음 즉 '아니무스(animus)' 또는 '멘스(mens)'라는 이름으로 사람에게만 있는 우수한 것을 의미하고, 동물에게도 있는 영혼, 즉 '아니마(anima)'와 구별한다.

만일 우리가 이 본성(마음) 위에 있는 것을 찾는다면, 또한 참으로 찾는다면, 그것은 하나님이시다. 즉 창조되지 않고, 창조하는 분이시다. 이분이 삼위일체인지를 증명하는 것이 우리가 이제 할 일이다. 성경의 권위로 신자들에게 설명할 뿐 아니라, 이해하는 사람들에게도 할 수만 있으면 이성으로 설명하려 한다. '할 수만 있으면'이라고 말하는 까닭은 우리의 연구와 논의가 시작되면 자연히 알게 될 것이다.

2. 하나님은 비록 이해할 수 없을지라도 항상 찾아야 한다. 삼위일체의 흔적을 피조물에서 찾는 것은 무익하지 않다.

2. 우리가 구하는 하나님 자신이 우리를 도와주셔서 우리의 노력이 무익하지 않고, 우리가 거룩한 시편의 말씀을 이해할 수 있게 하시리라고 나는 기대한다. 시편에 "여호와를 구하는 자들은 마음이 즐거울지로다. 여호와와 그의 능력을 구할지어다. 그의 얼굴을 항상 구할지어다."라고 한다(시 105:3-4). 항상 구하는 것은 결코 발견되지 않는 것같이 생각되므로, 만일 발견할 수 없다면 구하는 자들의 마음이 어떻게 슬프지 않고 즐거울 수 있겠는가? 시편의 말씀은 주를 발견하는 자의 마음이 아니라 주를 구하는 자의 마음이 즐거우리라고 한다. 그러

나 선지자 이사야는 주 하나님은 구하면 발견되시리라고 증언한 "너희는 주를 구하라. 그리고 찾으면 곧 그를 부르라. 주가 가까이 계실 때에 악인은 그 길을, 불길한 자는 그 생각을 버리라"(사 55:6-7, LXX).

그런데 구하면 발견할 수 있다면 무슨 까닭에 항상 구하라고 하는가? 혹은 발견되었을 때에도 구해야 되는 것인가? 이해할 수 없는 것을 탐구할 때에는 그 탐구하는 것이 이해할 수 없다는 것을 알 수 있으면, 아무것도 발견하지 못했다고 생각해서는 안 된다. 그러면 자기가 탐구하는 것이 이해할 수 없다는 것을 아는데, 무슨 까닭에 탐구하는 것인가? 그것은 이해할 수 없는 것을 탐구하는 일에서 전진이 있으며, 발견하기 위해서 구하고 구하기 위해서 발견해야 하는 그런 위대한 선을 탐구하는 동안에 자기가 더욱더 향상되기 때문이 아닌가? 이 탐구 대상은 발견하기 위해서 구하는 동시에, 더욱 열심히 구하기 위해서 발견하는 것이기 때문이다.

집회서에 있는 말씀은 이런 뜻으로 해석할 수 있다: "나를 먹는 사람들은 여전히 주릴 것이요 나를 마시는 사람들은 여전히 갈할 것이다"(집회서 24:21). 그들은 발견하므로 먹고 마시지만, 그래도 주리고 갈하기 때문에 여전히 계속적으로 구한다. 믿음은 구하고 이해력은 발견한다. 그래서 선지자는 "너희가 믿지 아니하면 이해하지 못하리라."고 한다(사 7:9, LXX). 그러나 이해력은 그 발견하는 분을 여전히 찾는다. 시편에 있는 바와 같이, "주께서 하늘에서 인생을 굽어살피사, 지각이 있어 하나님을 찾는 자가 있는가 보려 하시기" 때문이다(시 14:2). 그러므로 사람은 하나님을 구할 수 있기 위해서 지각이, 즉 이해력이 있어야 한다.

3. 그런데 우리는 창조주를 피조물들이 알게 되도록 하기 위해서 피조물 사이에 오래 머물러 있었다. "창세로부터 그의 보이지 아니하는 것들이 그 만드신 만물에 분명히 보여 알게 되나니"라고 하기 때문이다(롬 1:20). 그래서 지혜서에서 깨닫지 못하는 자들을 책망한다: "그들은 선한 것들을 보면서도 그가 계심을 알지 못하며, 업적을 보면서도

그 일을 하신 분을 모르면서 불이나 바람이나 빠르게 움직이는 공기나 돌아가는 별들이나 격동하는 바다나 하늘의 빛들이 우주를 지배하는 신들이라고 상상했다. 그러나 그들은 그것들을 아름답게 만드신 주께서 얼마나 더 훌륭하신가를 알라. 만일 그들이 그 아름다움과 업적을 경탄한다면, 그것들을 있게 하신 분이 그것들보다 훨씬 더 강력하시다는 것을 깨달으라. 피조세계의 위대성과 아름다움을 봄으로써 창조주를 보며 알 수 있기 때문이다"(지혜서 13:1-5).

내가 이 지혜서의 말씀을 인용한 것은, 신자들이 내가 헛되고 무익한 일을 했다고 생각하지 않기를 바랐기 때문이다. 우리가 하나님을 탐구할 때에 최고의 삼위일체를 구하는 것이므로, 나는 우선 피조물에서 그 흔적을 구하고, 다음에 점진적으로 여러 종류의 삼위일체들을 통과하면서 드디어 사람의 마음에 도달한 것이다.

3. 제14권까지를 요약한다.

4. 나는 앞의 열네 권에서 논의와 논증을 할 필요가 있어서 말을 많이 했는데, 내가 독자에게 이해시키고자 한 점을 즉시 파악하도록 모든 것을 일목요연하게 표현할 수는 없었다. 그래서 하나님의 도움을 받아, 각 권에서 이론으로 알린 것을 될 수 있는 대로 이론 없이 요약해서, 마음의 눈으로 일람하게 하고자 한다. 어떻게 확신하게 되었는가를 말하지 않고, 확신하게 된 점만을 열거하겠다. 바라는 것은, 앞으로 생각할 것이 이미 생각한 것과 너무 떨어져 있어서 앞의 것을 잊어버리는 일이 없고, 만일 이미 잊어버렸다면 다시 통독함으로써 속히 회상하게 되는 것이다.

5. 삼위일체론(성 어거스틴 저) 350) 제1권에서는 성경을 근거로 최고

---

*350) 삽입함. 어거스틴, 김종흡 역 『삼위일체』(크리스찬다이제스트, 초판 중쇄, 2014) 세계기독교고전 34. 이 장의 각 권은 모두 『삼위일체론』이다.

삼위일체의 통일성과 동등성을 밝혔다. 제2권과 제3권과 제4권도 같은 내용이다. 그러나 성자와 성령을 파견하시는 문제를 신중히 고찰해서 이 세 권이 되었다. 보냄을 받는 이는 보냄을 받기 때문에 보내는 이보다 작은 것이 아니라는 것을 우리는 증명했다. 삼위일체는 모든 일에서 동등해서, 그 변함없고 보이지 않고 무소부재한 본성도 동등하며 불가분적으로 함께 역사하시기 때문이다.

제5권에서는 성부와 성자의 본질이 다르다고 생각하는 사람들을 논했다. 그들은 하나님에 대해서 하는 말은 본질을 말하는 것이라고 주장하며, 낳는 것과 나는 것, 나는 것과 나지 않는 것이 다르므로, 그 본질이 다른 것이라고 했다. 그래서 우리는 하나님에 대해서 하는 말이 모두 그의 본질에 대한 것은 아니라는 것을 증명했다. 하나님은 선하시다. 또한 위대하시다. 그 밖에 하나님 자신에 대해서 하는 말은 그의 본질에 대한 것이지만, 어떤 것은 관계적으로 말한다. 즉 하나님 자신을 말하지 않고 하나님이 아닌 것과의 관계를 말한다. 예컨대 성자와의 관계에서 하나님을 아버지라고 부르며, 하나님을 섬기는 피조물과의 관계에서 하나님을 주라고 부른다. 또는 하나님 자신이 아닌 것, 예컨대 시간에 관해서도 "주는 우리의 거처가 되셨나이다."라고 한다(시 90:1). 하나님께 어떤 변화가 생겼다는 것이 아니라, 그의 본성이나 본질적 존재에는 여전히 전연 변함이 없다.

제6권에서는 사도가 그리스도를 하나님의 능력과 하나님의 지혜라고 부른 문제를 말하지만, 더 신중히 논하기 위해서 문제를 뒤로 미루었다. 즉 그리스도를 낳으신 분 자신은 지혜가 아니고, 지혜의 아버지이실 뿐인가, 또는 지혜가 지혜를 낳았는가 하는 문제를 논했다. 대답은 어떻든 간에 삼위일체의 동등성이 이 권에서 분명하게 되며, 하나님은 삼중(三重)적 존재가 아니라, 삼위일체시라는 것이 밝혀진다. 성부와 성자는 단독적인 성령과 달라서 이를테면 이중(二重)적이신 것이 아니라는 것과, 삼위일체에서는 셋이 하나보다 많은 것이 아니라는 것을 밝힌다.

우리는 또 힐라리우스 감독의 '성부 안에 영원성, 형상 안에 형태, 은사 안에 효용'이라는 말을 어떻게 이해할 것인가를 고찰했다.

제7권에서는 연기되었던 문제를 설명했다. 성자를 낳으신 성부는 어떻게 자신의 능력과 지혜의 아버지이실 뿐만 아니라 자신도 능력과 지혜이신가; 또 성령도 그러하신가; 그러나 세 분은 세 능력과 세 지혜가 아니라, 한 하나님과 한 본질적 존재이신 것과 같이, 한 능력과 한 지혜이시라는 것을 설명했다. 다음에 어떤 의미에서 세 분을 한 본질적 존재와 세 위격이라고 부르는가, 또는 헬라교회는 한 본질적 존재와 세 휘포스타시스라고 부르는가 하는 것을 검토해서, 이런 용어들은 언어 관습상의 필요로 채택되었고, 그들이 성부와 성자와 성령이라고 세 분을 진심으로 고백하는 그분들은 어떤 셋이냐고 물을 때에 한마디로 대답할 수 있게 하려는 것임을 알았다.

제8권에서는 이해 능력이 있는 사람들에게 이론적으로 밝혔다: 진정한 본질에서 성부가 성자보다 더 위대하신 것이 아닐 뿐 아니라, 성부와 성자가 합하여도 성령 한 분보다 크지 않으시며, 삼위일체의 어느 한 분도 다른 한 분보다, 또는 세 분이 합해서 어느 한 분보다 더 크신 것이 아니라고 했다. 다음에 우리는 이해할 수 있는 범위 내에서 비물질적일 뿐 아니라 변함없는 존재이신 하나님을 이해할 수 있다는 것을 지적했다. 즉 이해력으로 보는 진리와 모든 선의 근원인 최고선과 아직 의롭지 않은 마음이라도 의로운 마음을 사랑하게 하는 그 의에 의해서 하나님을 이해할 수 있다고 했다. 또 성경이 하나님이라고 부르는 그 사랑에 의해서 하나님을 이해할 수 있다. 이 사랑에 의해서 이해력이 있는 사람들은 삼위일체를 희미하게라도 이해하기 시작한다고 했다. 즉 사랑하는 이와 사랑을 받는 대상과 사랑이라는 삼위일체인 것이다.

제9권에서 논의가 하나님의 형상에까지, 즉 사람의 마음에까지 전진

했다. 여기서 우리는 일종의 삼위일체를 발견했다. 마음과 마음이 자체를 아는 그 지식과 마음이 자체와 자체에 대한 지식을 사랑하는 그 사랑, 이 셋이 서로 동등하며 한 본질이라는 것을 밝혔다.

제10권에서는 같은 제목을 더욱 자세하고 깊게 다루어서 기억과 이해력과 의지라는 더욱 명백한 삼위일체를 발견했다. 그러나 마음이 자체를 기억하며 이해하며 사랑하지 않는 때는 없으되, 자체를 항상 생각하는 것은 아니라는 것이 밝혀졌으며, 마음이 자체를 생각할 때에도 자체와 물체들을 구별해서 생각하는 것이 아니므로 마음이 그 형상으로서 본받은 삼위일체의 문제는 뒤로 미루고, 신체 감각으로 볼 수 있는 물체들에서 일종의 삼위일체를 찾음으로써 독자의 주의가 더 분명하게 되도록 단련하려고 했다.

그러므로 우리는 제11권에서 시각을 선택해서, 시각에서 알 수 있는 일은 다른 네 가지 감각들에서도 같다고 암묵간에 전제했다. 그래서 외면적 인간에게서 일종의 삼위일체가 나타났다. 그것은 곧 보이는 물체와 보는 사람의 눈에 인상으로 박히는 그 형태와 이 둘을 결부하는 의지의 목적, 이 셋으로 되는 삼위일체이다. 그러나 이 셋은 서로 동등하거나 본질이 하나가 아니라는 것이 명백하다. 다음에 우리는 마음속에서 다른 삼위일체를 발견했다. 그것은 외부에서 지각한 것들이 마음속에 이를테면 도입한 것이며, 거기서 세 가지가 한 본질인 것처럼 생각되었다. 즉 기억 속에 있는 외부 물체의 형상과 생각하는 사람의 마음의 눈에 박히는 그 형상의 형태와 이 둘을 결부하는 의지의 목적, 이 셋이다. 그러나 이 삼위일체는 외면적 인간에 속한 것임을 우리는 알았다. 그 이유는 외부에서 지각된 물체로부터 마음속에 도입되었기 때문이다.

제12권에서 우리는 지식과 지혜를 구별하는 것이 좋겠다고 생각했고, 둘 중의 낮은 것에서 특히 지식이라고 부를 만한 인종의 특별한 삼위일체를 구했다. 우리는 여기서 내면적 인간에 속한 것에 도달했지만, 아직 하나님의 형상이라고 부르거나 생각할 만한 것은 아니었다.

제13권에서 기독교적 신앙을 추천하면서, 이 하나님의 형상을 논했다.

제14권에서 우리는 사람의 진정한 지혜를 논했다. 즉 하나님 자신에 참여함으로써 하나님의 선물로서 받는 그 지혜이며, 지식과 구별되는 것이다. 우리의 논의가 도달한 점은 하나님의 형상인 사람의 마음에서 한 삼위일체가 발견되며, 이 마음은 사람을 창조하신 분의 형상을 좇아 하나님에 대한 지식에까지 새롭게 된다는 것이다(골 3:10). 하나님 자신의 형상대로(창 1:27) 새롭게 되어 지혜를 얻으며 이 지혜로 영원한 사물을 정관하는 것이다.

4. 우주 전체는 하나님에 대해서 우리에게 무엇을 가르치는가?

6. 그러면 우리는 이제 영원하며 비물질적이며 변함이 없는 사물에서 하나님이신 삼위일체를 찾겠다. 이런 영원하며 비물질적이며 변함이 없는 사물을 정관하는 것이 우리에게 약속된 행복한 생활이며, 그것도 영원하지 않을 수 없다. 성경의 권위가 하나님이 계시다고 선언할 뿐 아니라, 우주의 존재 전체가 - 우리를 둘러싸고 우리가 속해 있는 우주 전체가 - 가장 고귀하신 창조주가 계시다고 드높이 외친다. 그 창조주가 우리에게 마음과 타고난 이성을 주셔서 그것으로 우리는 사물의 우열을 안다. 무생물보다 생물이 나으며, 감각이 없는 물건보다 있는 것, 무력한 물건보다 강력한 것, 불의한 것들보다 의로운 것, 추한 것보다 아름다운 것, 악한 것들보다 선한 것, 썩는 것들보다 썩지 않는 것, 변하는 것들보다 변하지 않는 것, 보이는 것들보다 보이지 않는 것, 물질적인 것들보다 비물질적인 것, 불행한 것들보다 행복한 것이 낫다는 것을 안다. 우리는 피조물보다 조물주를 물론 더 높이 여기므로, 그가 가장 높은 의미에서 살아 계시다는 것을 고백해야 한다. 또한 모든 것을 지각하시며 모든 것을 이해하시며; 죽거나 부패하거나

변하실 수 없으며; 물체가 아니라 가장 강력하며 가장 의로우며 가장 아름다우며 가장 선하며 가장 행복한 영이시라는 것을 우리는 고백해야 한다.

5. 자연적인 이성으로는 삼위일체를 설명하기 어렵다.

7. 그러나 내가 하나님에 대해서 한 말과 그 밖에 사람의 언어로서 하나님에 대한 합당한 말들은, 모두 삼위일체 전체에 적용된다. 즉 한 분 하나님으로서 삼위일체 전체와 그 삼위일체 내의 각 위격에 적용된다. 누가 감히 한 분 하나님이신 삼위일체에 대해서 또는 성부나 성자나 성령에 대해서 살아 계시지 않다거나 지각이나 지성이 없다고 할 수 있는가? 또는 우리가 그분들이 서로 동등하시다고 하는 그 본성에서 어떤 분은 죽거나 썩거나 변하실 수 있다느니, 또는 물질적이라고 말할 수 있는가? 또는 삼위일체 내의 어느 위격은 가장 강력하거나 가장 의롭거나 가장 아름답거나 가장 선하거나 가장 복되신 것이 아니라고 하는 사람이 있는가? 그래서 이 일들과 이런 모든 일들을 삼위일체와 삼위일체 내의 각 위격에 대해서 주장할 수 있다면, 그 삼위일체는 어디서 또 어떻게 자체를 나타내시는가?

우리는 우선 이 많은 서술어들의 수효를 줄일 것이다. 하나님의 생명이라고 부르는 것은 그의 본질이며 본성이다. 하나님 자신이 자기의 생명이시므로 그 생명에 의하지 않고 살아 계신 것이 아니다. 또한 이 생명은 나무에 있는 생명과 다르다. 나무의 생명에는 지각이나 이해력이 없다. 동물의 생명과도 다르다. 동물의 생명에는 다섯 가지 감각은 있지만 이해력이 없다. 그러나 하나님이신 생명은 모든 것을 지각하며 이해하며, 몸으로 지각하는 것이 아니라 마음으로 지각한다. "하나님은 영"이시기 때문이다(요 4:24). 동물은 몸이 있어서 몸으로 지각하지만, 하나님은 영혼과 몸으로 되신 분이 아니기 때문에 몸으로 지각하시는 것이 아니다. 그러므로 하나님의 단일 본성은 이해하는 동시에 지각하며 지각하는 동시에 이해해서, 그 지각과 이해가 같은 한 작용이다. 그러나 하나님은 어느 시점에서 존재하지 않게 되거나 존재하기 시작하시는 것이 아니다. 그는 영원하시기 때문이다. "오직 그에게만 죽지 아니함이 있느니라."고 하는 것은(딤전 6:16) 헛된 말이 아니다. 그 본성이 변화를 용납하지 않는 분의 경우에만 죽지 않음이 참으로 죽지 않음이 되기 때문이다.

하나님은 변하실 수 없으며, 처음도 없고 끝도 없으며, 따라서 썩으실 수 없으므로 그것이 또한 진정한 영원성이다. 그러므로 하나님을 영원하시다, 또는 죽지 않으신다, 또는 썩으실 수 없다, 또는 변하실 수 없다고 하는 것은 모두 같은 뜻이다. 하나님은 살아 계시다, 이해하신다, 즉 참으로 지혜로우시다고 하는 것도 같은 뜻이다. 그는 지혜롭게 될 지혜를 받은 것이 아니라, 자신이 지혜이시기 때문이다. 그리고 이것이 또한 생명이며, 하나님을 강력하며 아름다우시다고 부르게 하는 그 능력이며, 아름다움이다. 지혜보다 더 강력하며 더 아름다운 것은 무엇인가? 지혜는 "끝에서 끝까지 힘차게 펼쳐졌으며 만사를 훌륭히 처리한다"(지혜서 8:1). 하나님의 역사(役事)에서와 같이 본성에서도 선(善)과 의(義)가 두 속성인 듯이 서로 다른가? 물론 그렇지 않고 의인 것이 곧 선이며 선인 것은 또한 곧 행복이다. 그러므로 하나님은 또한 물체가 아니라 영이시라고 믿고 이해하기 위해서 비물질적이시라고 부른다.

8. 그런데 우리가 영원함, 죽지 않음, 썩지 않음, 변함없음, 살아 있음, 지혜로움, 강력함, 아름다움, 의로움, 선함, 복됨, 영이심 등을 말할 때에, 맨 끝의 말만이 본체를 의미하고 나머지는 본체의 속성들을 의미하는 듯이 생각된다. 그러나 형언할 수 없고 단순한 존재에 대해서는 그렇게 생각할 수 없다. 그런 존재의 경우에 속성으로서 하는 말은 곧 본체 또는 본질적 존재에 관한 것으로 해석해야 한다. 우리는 본체에 관해서 영을 말하고 속성에 관해서 선을 말하는 것이 아니며, 양쪽을 다 본체에 대해서 말하는 것이다.351) 우리가 열거한 다른 점들

도 마찬가지이다. 이 점들에 대해서 우리는 앞의 여러 권에서[352] 많이 말했다.

그러면 우리는 여기서 열거한 처음 넷 가운데서 즉 영원함과 죽지 않음과 썩지 않음과 변함없음 가운데서 하나를 택하겠다. 이미 설명한 것과 같이 이 넷은 같은 뜻이며, 제목이 너무 많으면 우리의 주의가 흩어지기 때문이다. 그래서 처음에 있는 영원함을 취하기로 한다. 다음에 있는 넷, 즉 살아 있음과 지혜로움과 강력함과 아름다움도 같은 식으로 처리하겠다. 동물에게도 일종의 생명이 있으나 지혜가 없으며, 지혜와 힘을 비교해서 "지혜로운 사람이 강한 사람보다 낫다."는 성경 말씀이 있으며(지혜서 6:12, 불가타), 아름다움은 물체에 대해서도 말하는 것이므로, 이 넷 가운데 지혜로움을 택하겠다. 하나님에 대해서 말할 때에는 이 넷은 동등하지 않다고 할 수 없고 한 가지 일에 대한 네 가지 이름일 뿐이다. 마지막 넷에서는, 하나님의 경우에는 의로우신 것과 선하신 것이나 복되신 것이 같은 일이며, 영이신 것과 의로움이나 선함이나 복됨이 같은 일이다. 사람의 경우에는 행복하지 못한 영이 있을 수 있으며, 의롭고 선하면서도 행복하지 못한 영도 있을 수 있다. 그러나 행복한 것은 물론 의로우며 선하며 영이다. 그러므로 우리는 사람의 경우에도 반드시 다른 세 가지와 함께 있는 것, 즉 행복함을 택하겠다.

6. 하나님의 단순성에 어떻게 삼위일체가 있는가? 사람들에게서 볼 수 있는 삼위일체들에서 삼위일체 하나님이 나타나시는가? 어떻게 나타나시는가?

---

[351] 무한한 존재의 경우에는 속성과 본질적 존재를 분리할 수 없으나, 유한한 존재의 경우에는 분리할 수 있다. 사람이나 천사가 선하거나 지혜롭거나 의롭지 않게 되더라도, 여전히 사람이며 천사다. 그러나 하나님이 선이나 지혜나 의를 잃어버린다면, 그는 더 이상 하나님이 아닐 것이다. 이런 의미에서 어거스틴은 '선'과 '영'을 하나님에 대해서 말할 때에는 그 '본체에 대해서' 말하는 것이라고 한다. 즉 하나님의 경우에 속성들은 본질적인 속성들이다. 그러므로 속성들은 본질적 존재와 하나가 되어 있어서 분리할 수 없다.

[352] 특히 제5권과 6권.

9. 그러면 우리가 영원함과 지혜로움과 행복함을 말할 때에, 이 셋이 하나님이라고 부르는 삼위일체이신가? 우리는 열두 가지를 세 가지로 줄였으므로, 다시 세 가지를 한 가지로 줄일 수 있을 것이다. 지혜와 힘이나 생명과 지혜는 하나님의 본성에서는 동일한 것일 수 있으므로, 무슨 까닭에 영원성과 지혜나 행복과 지혜는 하나님의 본성에서 동일한 것일 수 없는가? 그러므로 열둘을 셋으로 줄여서 말해도 뜻이 달라지지 않는 것과 같이, 셋 중의 둘도 나머지 하나와 같다고 설명한 대로, 셋을 하나로 줄여서 말하더라도 뜻이 달라지지 않는다.

그러면 어떤 논법으로 어떤 가능한 이해력으로, 어떤 활발한 이성으로, 어떤 예리한 사고로, 다른 일들은 이제 간과하고 이 한 가지 일, 즉 하나님을 지혜라고 하는 이 지혜가 참 삼위일체라는 것을 설명할 것인가? 우리는 지혜를 하나님에게서 받지만, 하나님은 지혜를 아무에게서도 받으시는 것이 아니라 그 자신이 자신의 지혜이시다. 하나님의 경우에는 지혜로우신 것과 존재하시는 것이 동일한 일이므로, 지혜와 본질적 존재가 다르지 않다. 참으로 성경에는 그리스도를 '하나님의 능력이요 하나님의 지혜'라고 했다(고전 1:24). 그러나 우리는 제7권에서 이 말씀의 뜻을 토의해서 성자가 성부를 지혜로우시게 만든다는 뜻이 아니라고 밝혔다. 그리고 성자는 빛에서 온 빛이며 하나님에게서 온 하나님이신 것과 같이, 지혜에서 온 지혜이시라고 설명했다. 성령도 그 자신이 지혜이시며, 모두 합해서 한 하나님과 한 질적 존재이신 것과 같이 완전한 한 지혜이시라고 할 수밖에 없었다. 그러면 하나님이신 이 지혜는 어떻게 한 삼위일체라고 우리는 이해하는가? 우리는 어떻게 이 일을 믿느냐고 묻는 것이 아니다. 신자들 사이에서는 이것을 문제로 삼을 여지가 없다. 그러나 우리가 믿는 것을 또한 이해력으로 알 수 있는 길이 있다고 상정한다면 그것은 어떤 길인가?

10. 어느 권에서 삼위일체가 우리의 이해력 앞에 나타나기 시작했던가를 회상해 본다면 그것은 제8권이었다. 거기서 우리는 전력을 다해

서 가장 고귀하고 변함없는 존재를 이해하도록 우리의 마음을 그리로 향하게 하였다. 우리의 마음은 그런 존재가 아니지만, 그것은 우리에게서 멀지 않으며 우리 위에 있다고 보았다. 공간적으로 위에 있는 것이 아니라, 그 존귀하고 놀라운 우수성 때문에 위에 있다는 것이다. 동시에 그것은 그 빛으로 우리를 둘러싸고 있다. 그러나 삼위일체는 그 속에 나타나지 않았다. 그 광채가 너무도 찬란해서 우리의 마음의 눈으로 응시하며 탐구할 수 없었기 때문이다.353) 다만 우리는 거기에 어떤 물질적인 부피가 없다는 것은, 즉 둘이나 셋이 하나보다 더 크다는 그런 부피가 없다는 것을 겨우 알게 되었다.

그러나 성경이 하나님을 사랑이라고 부르므로, 그 점에서 삼위일체를 깨닫기 시작하는 것 같았다. 즉 사랑하는 이와 사랑을 받는 대상과 사랑, 이 셋이다. 그러나 형언할 수 없는 빛 때문에 우리는 마음의 눈을 돌리며, 우리의 연약한 마음으로는 그 빛과 조절할 수 없다는 사실에 이를테면 설복되어 전진 방향을 돌이켰다. 주의력의 과도한 부담을 덜고 우리 마음에 더 익숙한 사고에 맞는 계획을 세웠다. 사람은, 즉 사람의 마음은 하나님의 형상을 따라 지어졌다고 하기 때문이다(창 1:27). 그런 후에 우리는 제9권부터 제14권까지에서 우리 피조물을 자세히 보면서, 하나님이 지으신 것들을 통해서 하나님의 보이지 않는 일들을 알려고 했다(롬 1:20).

이와 같이 우리는 낮은 일들로 우리의 이해력을 필요한 만큼, 혹은 필요 이상으로 단련했으므로, 우리는 이제 하나님이신 최고의 삼위일체를 보고자 하지만 우리 자신을 일으킬 힘이 없다. 우리는 가장 확실한 삼위일체들을 명백한 논거로 인식하며 지식으로서 간직한다. 예컨대 외부에 있는 물체들에서 만들어지는 삼위일체나; 외부에서 지각된 물체들을 생각할 때나; 신체 감각에 속하지 않고 마음 자체에서 일어나는 것, 즉 믿음이나, 생활방법을 가르치는 덕성들이다. 우리가 참으로 무엇을 알게 하는 우리의 마음은 자체에 알려지며 자체를 생각한다. 또 자체와 다른 영원하고 변함없는 것을 본다. 이 모든 경우에 우

---

353) 제8권 2장 3절.

리가 이런 것들을 회상하며 보며 또는 원할 때에 가장 확실한 삼위일체들이 우리 안에 생기거나 우리 안에 있다. 그러면 그런 모양으로 우리는 하나님이신 삼위일체를 보는 것인가? 우리는 거기서 이를테면 말씀하시는 하나님과 그의 말씀을, 즉 성부와 성자를, 그리고 두 분께 공통된 사랑, 즉 성령이 두 분에게서 나오시는 것도 이해력으로 보기 때문이다.

우리의 감각이나 마음에 속한 이런 삼위일체들을 우리는 믿는 것이 아니라 보는 것이지만, 하나님이 한 삼위일체이시라는 것은 보는 것이 아니라 믿는 것인가? 만일 그렇다면 우리는 물론 지어진 만물을 통해서 하나님의 보이지 아니하는 것들을 전연 보거나 이해하지 못하는 것이다. 또는 만일 조금이라도 본다면, 우리는 거기서 삼위일체 하나님은 보지 못하는 것이다. 그래서 어떤 것은 보고 어떤 것은 보지 못하면서도 믿어야 할 것이다.

제8권에서 우리는 우리와 다른 변함없는 선을 본다는 것을 밝고 제14권에서 이 점을 회상했을 때에, 우리는 사람이 하나님에게서 받는 지혜에 대해서 말했다.
그러면 무슨 까닭에 우리는 여기서 삼위일체 하나님을 인식하지 못하는가? 하나님을 지혜라고 부르는데, 그 지혜는 자체를 알지 못하며 사랑하지 않는가? 누가 이런 말을 할 것인가? 지식이 없는 곳에는 지혜도 있을 수 없다는 것을 누가 모르는가? 또는 하나님이신 지혜는 다른 것들을 알면서 자체는 모르며, 다른 것들을 사랑하면서도 자체는 사랑하지 않는다고 우리는 생각해야 하는가? 그러나 이런 말이나 신념이 어리석고 불경건한 것이라면, 여기에 한 삼위일체가 있는 것이다. 즉 지혜와 지혜 자체에 대한 지혜의 지식과 지혜 자체에 대한 지혜의 사랑, 이 셋이 삼위일체이다. 그래서 우리는 사랑에서도 한 삼위일체를 발견한다. 즉 마음과 마음이 자체를 아는 지식과 마음이 자체를 사랑하는 사랑이다.

7. 우리가 언급한 삼위일체들에서 하나님이신 삼위일체를 발견하는 것은 쉽지 않다.

11. 그러나 이 셋은 사람 안에 있지만, 이 셋 자체가 사람인 것은 아니다. 고대인들은 사람을 죽을 운명인 이성적 동물이라고 정의했다. 그러므로 이 세 가지는 사람 안에 있는 우수한 것이며, 그 자체가 사람은 아니다. 그리고 각 개인은 그 마음 안에 이 셋을 가지고 있다. 그러나 사람을 정의해서, 영혼과 신체로 된 이성적 실체라고 한다면, 물론 사람에게는 신체가 아닌 영혼이 있으며 영혼이 아닌 신체가 있다고 할 수 있다. 그리고 이 셋은 사람이 아니라 사람에게 속한 것 또는 사람 안에 있는 것이다. 만일 신체를 도외시하고 영혼만을 생각한다면 마음은 영혼에 속한 것, 영혼의 머리나 눈이나 얼굴 같은 것이지만 물체는 아니다. 그러므로 마음은 영혼이 아니라 영혼 안에서 으뜸가는 것이다. 그러나 우리는 삼위일체도 이런 식으로 하나님 안에 있다고 할 것인가? 하나님에게 속한 것이지만 그 자체가 하나님인 것은 아니라고 할 것인가?

따라서 각 개인을 하나님의 형상이라고 하지만, 그의 본성에 속한 모든 것이 아니라 그의 마음에 따라서만 하나님의 형상이며, 그의 마음이 삼위일체의 형상인 것이다. 그러나 형상인 사람의 경우와 달라서 삼위일체의 경우에는 그전체가 곧 하나님이시며, 그 전체가 곧 삼위일체시다. 또 하나님의 본성에 속한 것으로서 삼위일체에 속하지 않은 것이 없다. 그리고 세 위격은 한 본질적 존재이시며 세 개인이 각각 한 인격인 것과 다르다.

12. 큰 차이점이 또 하나 있다. 우리는 사람의 마음과 그 자체에 대한 지식과 사랑, 또는 기억과 이해력과 의지를 말하는데, 기억에 의하지 않으면 마음을 전연 기억하지 못하며, 이해력에 의하지 않으면 아무것도 이해하지 못하며, 의지에 의하지 않으면 아무것도 사랑하지 못한다. 그러나 삼위일체 신의 경우에, 누가 감히 성부는 성자에 의하지

않고는 성부 자신이나 성자나 성령을 이해하시지 못한다고 하며, 성부는 자신에 의해서만 자신이나 성자나 성령을 기억하며; 같은 식으로 성자는 성부에 의하지 않고는 자신이나 성부를 기억하지 못하며, 성령에 의하지 않고는 그들을 사랑하시지도 못하고, 자신에 의해서는 성부와 성자와 성령을 이해하실 뿐이며; 또 같은 식으로, 성령은 성부에 의해서 성부와 성자와 성령을 기억하며, 성자에 의해서 성부와 성자와 자신을 이해하지만, 자신에 의해서만 자신뿐 아니라 성부와 성자도 사랑하시는 것이라고 할 것인가? 이것은 마치 성부는 자신의 또는 성자와 성령의 기억력이며, 성자는 자신의 또는 성부와 성령의 이해력이며, 성령은 자신의 또는 성부와 성자의 사랑이시라고 하는 것과 같은 생각이다.

누가 삼위일체에 대해서 감히 이렇게 생각하거나 주장할 것인가? 만일 삼위일체 내에서 성자만이 자신이나 성부와 성령을 위해서 이해하시는 것이라면, 우리는 케케묵은 어리석은 이야기로 돌아가야 한다. 그것은 성부는 자신에 의해서 지혜로우신 것이 아니고 성자에 의해서 지혜로우시다고 했으며, 지혜가 지혜를 낳은 것이 아니라 성부는 그 낳으신 지혜에 의해서 지혜로우시다고 했다. 이해력이 없는 곳에는 지혜가 있을 수 없기 때문이다.

만일 성부가 자신을 위해서 자신을 이해하시는 것이 아니고 성자가 성부를 위해서 이해하시는 것이라면, 물론 성자가 성부를 지혜롭게 만드시는 것이 된다. 그러나 만일 하나님의 경우에 존재하는 것은 곧 지혜로움이며 본질적 존재는 곧 지혜와 동일하다면, 성자가 성부에게서 그 본질을 받는 것이 사실인데, 그런 것이 아니라 성부가 성자에게서 그 본질을 받는 것이 되어, 이것은 가장 어리석고 가장 그릇된 생각이다. 이 가소로운 의견을 우리는 제7권에서[354] 토론하며 논박하며 거부했다.

그러므로 성부 하나님은 자신의 지혜이시며, 그 지혜가 되게 하는 지혜에 의해서 지혜로우시다. 성자는 지혜이신 성부에게서 나셔서, 그

---

354) 제1장과 제3장.

지혜에 의해서 성부의 지혜시다. 따라서 성부는 자신의 이해력이시며, 그 이해력이 되게 하는 것에 의해서 이해하신다는 논리적 결론이 나온다. 성부가 이해하시지 못한다면 지혜로우시지 않겠기 때문이다. 그러나 성자는 성부의 이해력이시며 성부이신 이해력에 의해서 나셨다. 기억에 대해서도 같은 말을 하는 것이 부적당하지 않을 것이다. 아무것도 기억하지 못하거나 자신을 기억하지 못하는 이가 어떻게 지혜로우시겠는가?

따라서 성부가 지혜이시요 성자가 지혜이시므로, 성부가 자신을 기억하시는 것과 같이 성자도 자기를 기억하시며; 성부가 성자의 기억에 의하지 않고 자신의 기억에 의해서 자신과 성자를 기억하시는 것과 같이, 성자도 성부의 기억에 의하지 않고 자신의 기억에 의해서 자신과 성부를 기억하신다. 또 사랑이 없는 것에 지혜가 있다고 누가 말할 것인가? 그러므로 성부는 자신을 이해하며 기억하는 것과 같이 자신을 사랑하신다고 추론해야 한다. 그러므로 이 셋은, 즉 기억과 이해력과 사랑 또는 의지는, 변함없는 최고의 본질적 존재인 하나님의 경우에, 성부와 성자와 성령인 것이 아니라 오직 성부시라는 것을 우리는 알 수 있다.

또한 성자도 지혜에서 난 지혜시기 때문에 성부나 성령이 성자를 위해서 이해하시는 것이 아니라 성자가 자신을 위해서 이해하시는 것과 같이, 성부가 그를 위해서 기억하시거나 성령이 그를 위해서 사랑하시는 것이 아니라 그가 자신을 위해서 기억하며 사랑하신다. 성자도 자신을 기억하며 이해하며 사랑하시기 때문이다. 그러나 그렇게 하시는 것은 그를 낳으시는 성부가 근원이 되시기 때문이다. 그리고 성령도 지혜에서 나오는 지혜이시기 때문에, 성부의 기억력과 성자의 이해력과 자기의 사랑에 의지하시는 것이 아니다. 만일 다른 분이 그를 위해서 기억하며 또 다른 분이 그를 대신해서 이해하며 다만 자신이 사랑할 뿐이라면 그는 지혜롭지 않으실 것이다. 그렇지 않고 그에게도 이 셋이 모두 있으며, 이 셋이 그 자신이다. 그러나 그가 그렇다는 것은 그가 나오시는 그 근원에서 오는 일이다.

13. 모든 일을 아시는 하나님의 그 지혜를 누가 이해할 수 있는가? 하나님이 아시는 과거사는 이미 지나가서 지금은 없는 것이 아니며, 미래사는 기다리고 계셔서 아직 없는 것이 아니라 과거사나 미래사가 현재사와 함께 모두 현재 있다. 하나님은 어떤 일을 하나씩 생각하시거나 생각이 이 일에서 저 일로 옮겨가는 것이 아니라, 모든 일이 일목요연하게 그 앞에 있어 보인다. 우리는 우리 자신의 지혜도 이해하지 못하는데 누가 하나님의 지혜와 선견(先見)과 지식을 이해하는가?

우리는 우리 앞에 있는 것은 그럭저럭 감각으로나 이해력으로 알 수 있지만, 과거에 있었으나 현재 없는 것은 잊어버리지 않았으면 기억으로 안다. 우리는 미래사를 근거로 과거사를 추측하는 것이 아니라, 과거에 대한 불안정한 지식으로 미래를 추측한다. 우리가 생각하는 일들 가운데서 어떤 것은 미래사이면서도, 우리는 아주 가까운 일같이 비교적 분명하고 확실하게 본다. 이것은 우리의 기억력에 의해서 어느 정도까지 할 수 있는 일이다. 다만 기억은 미래에 속하지 않고 과거에 속한 것이다. 이 점은 우리가 기억에 의해서 순서대로 발표하는 말이나 노래로 시험해 볼 수 있다. 우리의 다음에 올 것을 미리 보게 하는 것은 선견이 아니라 기억이다. 말이나 노래의 끝에 이르기까지 미리 내다본 것 이외에 발표되는 것이 없다. 그렇지만 우리는 말을 하거나 노래를 부를 때에 선견으로 한다고 하지 않고 기억으로 한다고 말한다. 보통 이상으로 많은 노래를 이렇게 부르는 사람이 있으면, 우리는 그의 선견을 칭찬하는 것이 아니라 그의 기억력을 칭찬한다.

우리는 이 모든 일이 우리의 마음속에서, 또 우리의 마음에 의해서 이루어진다는 것을 알며 절대로 확신한다. 그러나 어떻게 이루어지는가 하는 것을 자세히 캐려고 하면 할수록, 말로 표현할 수도 없고 말이 아니라 이해력으로만 어느 정도로 분명한 것을 얻으려고 해도 우리는 실패한다. 심히 연약한 마음을 가진 우리가 하나님의 선견이 그의 기억이나 이해력과 같은지를 이해할 수 있다고 믿는가? 하나님은 무엇을 하나씩 생각하시는 것이 아니라, 만사를 한꺼번에 모두 보시며, 영원하고 변함없고 형언할 수 없게 보신다. 우리는 우리의 옹색한 처지에서 "이 지식이 내게 너무 기이하니, 높아서 내가 능히 미치지 못하나이다"라고(시 139:6) 부르짖는 것이 좋을 것이다. 저를 지으신 당신의 지식이 얼마나 기이하며 이해할 수 없는지를 제가 스스로 깨달았나이다. 당신이 지으신 제 자신도 저는 이해할 수 없나이다! 그렇더라도 "제가 묵상할 때에 화가 발하니"(시 39:3), "제가 당신의 얼굴을 항상 구하나이다"(시 105:4).

8. 우리는 지금 하나님을 거울로 본다고 하는 사도의 말씀은 무슨 뜻인가?

14. 나는 지혜가 비물질적인 실체라는 것을 알며, 육적인 눈이 보지 못하는 것을 지혜를 빛으로 삼아서 볼 수 있다는 것을 안다. 그러나 심히 위대하고 영적인 분이 말했다; "우리가 이제는 거울로 보는 것같이 희미하나, 그때에는 얼굴과 얼굴을 대하여 볼 것이라"(고전 13:12). 이 '거울'은 무엇이며 어떤 종류의 것이냐고 묻는다면, 우리는 거울에서는 형상밖에 보이는 것이 없다는 것을 생각하게 된다. 그래서 우리는 형상을 보려고 노력했다. 형상인 우리에 의해서 우리를 지으신 분을 거울에서 보듯이 보려고 여러 가지 방법으로 노력했다. 이 뜻으로 같은 사도가 한 말씀이 있다; "우리가 다 수건을 벗은 얼굴로 거울을 보는 것 같이 주의 영광을 보매 그와 같은 형상으로 변화하여 영광에서 영광에 이르니 곧 주의 영으로 말미암음이니라"(고후 3:18).

'거울을 보는(speculantes)'이라고 말하는 것은 거울을 써서 보며 망대에서 보는 것이 아니라는 뜻이다. 라틴어로 번역된 사도 서간의 원어에서는 이런 애매한 점이 없다. 헬라어에서 물건들의 형상을 보는 거울(speculum)은 망대(specula)와 발음조차 전연 다르다. 망대는 높아서 먼 데까지 바라볼 수 있다. 사도가 주의 영광에 관해서 'speculantes'라는 말을 했을 때에 'specula'가 아니라 'speculum'에서 한 말을 의미했다. "저와 같은 형상으로 변화하여"라고 할 때에 확실히 하나님의 형상을 의미한다. 같다고 하는 것은 거울에서 보는 바로 그 형상이기 때문이다. 같은 그 형상이 또한 하나님의 영광이다. 다른 데서 "남자는 하나님의 형상과 영광이니 그 머리에 마땅히 가리지 않거니와"라고 한다(고전 11:7). 이 말씀은 이미 제12권에서 논했다. 사도가 "우리가 변화하여"라고 하는 것은 우리가 변하며 희미한 상태로부터 빛나는 상태로 변한다는 뜻이다. 희미한 형태도 하나님의 형상이기 때문이다. 형상이라면 또한 '영광'이며, 이런 상태로 우리는 다른 동물들보다 우수하도록 창조되는 것이다.

인간성 그 자체에 대해서 "남자는 하나님의 형상과 영광이니 그 머리에 마땅히 가리지 않는다"고 한다. 그런데 이 본성은 피조물 가운데서 가장 우수한 것이지만, 창조주에 의해서 그 불경건을 용서받고 의롭다 하심을 받을 때에 그 추하게 된 형태가 변해서 아름다운 것이 된다. 불경건할 때에도 그 과오를 비난할수록 그 본성은 더욱 확실히 칭찬을 받는다. 그러므로 사도는 "영광으로 영광에 이르니"라고 첨가해서, 창조된 영광으로부터 의롭다 하심을 받은 영광에 이름을 의미한다. 이 "영광으로 영광에 이르니"라는 말씀은 달라도 해석할 수 있을 것이다. 예컨대 믿는 영광으로부터 보는 영광에 이르며, 우리가 지금 하나님의 자녀가 된 영광으로부터 장차 하나님과 같이 될 영광에 이른다고 할 수 있다. 우리는 그가 계신 그대로 그를 볼 것이기 때문이다(요일 3:2). 그러나 사도는 "주의 영으로 말미암음이니라."고 첨가함으로써, 그렇게 탐스러운 변화의 축복은 하나님의 은혜로 우리에게 주신다고 선언한다.

9. '수수께끼'라는 용어와 비유적 표현들에 대하여

15. 지금까지 말한 것은 "거울로 보는 것같이"라는 사도의 말씀에

관련된 것이었다. 그러나 그가 첨가한 '희미'하다는(직역하면 '수수께끼로') 말은 헬라 사람들이 비유(tropos)라고 부르는 비유적 표현법을 모르는 사람은 그 뜻을 알 수 없다. 라틴어에서도 이 tropos라는 말을(tropus 형태로) 쓴다. 우리가 도식(圖式)을 의미할 때에 라틴어의 figura보다 헬라어의 schema를 더 많이 쓰는 것과 같이 비유를 의미할 때에 라틴어의 modus보다 헬라어에서 온 ropus를 더 많이 쓴다. 라틴어로 여러 가지 비유의 이름을 표현하는 것은 어렵고 또 흔히 하지 않는 일이기 때문에, 하나하나에 적당한 이름을 붙일 수 없다. 그래서 성경을 라틴어로 번역하는 사람들은 '이것은 비유(알레고레인)니'라는 말씀을(갈 4:24) 간접적인 의역으로 "이것은 한 가지 일을 다른 일로 말한 것이라."고 했다. 그러나 '알레고리아'라는 비유법에는 몇 가지가 있으며, 그 하나가 '아이니그마(수수께끼)'이다.

그런데 유(類)개념에는 모든 종(種)개념이 포함되어야 한다. 말(馬)은 모두 동물이지만 모든 동물이 말(馬)인 것은 아닌 것과 같이, '아이니그마(수수께끼)'는 모두 '알레고리아'지만, 모든 '알레고리아'가 '아이니그마'인 것은 아니다. 그런데 '알레고리아'는 한 가지 일로 다른 일을 의미하는 일종의 비유다. 데살로니가서에 "우리는 다른 이들과 같이 자지 말고 오직 깨어 근신할지라. 자는 자들은 밤에 자고 취하는 자들은 밤에 취하되, 우리는 낮에 속하였으니 근신하여 …"(살전 5:6-8)고 하는 말씀이 있다. 그러나 이 비유(알레고리아)는 아주 노둔한 사람도 뜻을 분명히 알 수 있으므로 수수께끼(아이니그마)가 아니다. 수수께끼는, 간단히 설명하면 모호한 알레고리아이다. 예컨대 "거머리에게는 두 딸 있다"고(잠 30:15) 하며, 그 밖에 이와 비슷한 것들이다. 그러나 사도가 비유라고 한 것은 어구에 관한 것이 아니라 사실에 관한 것이었다. 신약과 구약을 아브라함의 두 아들로, 즉 자유한 여인의 아들과 여종의 아들로 해석하는 것이었으니, 이것은 말에 대한 것이 아니고 행실에 대한 것이다. 이 점을 설명하기 전에는 뜻이 모호했으므로 비유(알레고리아)라는 유(類) 개념으로 부른 이 비유는 종(種) 개념으로는 한 수수께끼

(아이니그마)라고 할 수 있을 것이다.

16. 그러나 우리가 지금은 수수께끼로 본다고 하는 사도의 뜻을 묻는 것은 여러 가지 비유에 대한 책들을 모르는 사람들 뿐 아니라, 비유론을 배운 사람들도 우리가 지금 보는 수수께끼가 무엇이냐고 알고 싶어 한다. 우리가 지금은 거울로 보는 것 같다고 하며, 수수께끼같이 본다고 첨가한 이 두 어구에서 어떤 한 가지 뜻을 찾아야 한다. 사도의 "우리가 이제는 거울로 보며 수수께끼로 본다."고 하는 말씀은 한 문장이기 때문이다. 따라서 사도는 거울로 형상을 의미한 것과 같이, 수수께끼로는 어떤 비슷한 모양, 어렴풋해서 알아보기 어려운 어떤 모양을 의미했다고 나는 본다. 그러므로 하나님을 이해할 수 있는 범위 내에서, 그 이해하는 데 적합한 것을 사도가 거울과 수수께끼라는 말로 의미한 것이라면, 이 목적을 위해서 가장 적합한 모양은 하나님의 형상이라고 부를 만한 것이라고 할 것이다.

그러면 우리가 금생에서 허락된 범위 내에서까지, 즉 거울이나 수수께끼로 보면서까지, 보겠다고 애쓰는 것을 아무도 이상히 여겨서는 안 된다. 쉽게 볼 수 있다면 수수께끼 운운하지 않을 것이다. 그러나 우리가 보지 않을 수 없는 것을 보지 못한다는 것이 더 큰 수수께끼이다. 누가 자기의 생각을 보지 못하는가? 그러나 또 누가 자기 생각을 참으로 보는가? 육신의 눈으로 보는 것이 아니라, 내면적인 시각으로 본다는 뜻이다. 누가 자기의 생각을 보지 못하며, 또 누가 그 생각을 참으로 보는가? 생각은 마음의 일종의 시각이다. 육안으로나 다른 감각들로 지각하는 대상들이 현재 눈앞에 있거나, 그렇지 않으면 눈앞에는 없고 생각으로 그 모양을 본다. 또는 물체나 물체의 모양도 아니고 덕성이나 죄과들을 생각한다. 또는 참으로 생각 자체를 생각한다. 또는 과학이나 교양교육의 내용을 생각한다. 또는 이 모든 것의 높은 원인과 근거들이 변함없는 곳에 있다고 생각한다. 혹은 악하고 헛되고 거짓된 것을 생각하면서 찬성하지 않거나 또는 그릇된 생각으로 찬성한다.

10. 마음의 언어에 대하여, 우리는 마음으로 하나님의 말씀을 거울과 수수께끼로 보듯 한다.

17. 이제 우리는 우리가 안다고 생각하는 것들과 생각하지 않더라도 우리가 알고 있는 것들에 대해서 말하겠다. 이러한 것들은 정관(靜觀)적 지식과 행동적 지식의 어느 쪽에 속하는가? 우리는 정관적 지식을 지혜라고 부르며 행동적 지식은 단순히 지식이라고 부르는 것이 옳다고 했다. 그런데 이 두 가지는 다 한 마음에 속했으며 하나님의 한 형상에 속했다. 그러나 그중의 낮은 것을 분리해서 따로 논할 때에는, 그것을 하나님의 형상이라고 불러서는 안 된다. 다만 거기서도 삼위일체의 어떤 모양을 발견할 수 있다는 것을 제13권에서 우리는 밝혔다.

그러므로 우리는 이제 사람의 지식 전반에 대해서 말하겠다. 우리에게 알려진 것은 무엇이든지 알려졌으며, 적어도 참인 것은 알려졌다. 참이 아닌 것은 알려지지 않았을 것이다. 거짓된 것을 아는 사람은 없다. 그것이 거짓되다는 것을 알 때에만 그것을 안다. 이 점을 안다면 그는 참된 것을 아는 것이다. 그것이 거짓되다는 것이 참이기 때문이다. 그러므로 우리는 이제 우리가 안다고 생각하는 것들과 우리가 생각하지 않아도 알고는 있는 것들을 논하겠다. 그런데 우리가 그것들을 말로 발표하려면, 반드시 그것들을 속으로 생각해야 한다. 생각하는 사람들은 입 밖에 내는 말이 없더라도, 적어도 마음속으로 말한다. 그래서 지혜서에 "그들은 바르지 못한 생각을 하면서 속으로 말했다"는(지혜서 2:1) 말씀이 있다.

'속으로 말했다'와 '생각하면서'는 같은 뜻이다. 이와 같은 구절이 복음서에도 있다. 주께서 어떤 중풍병자에게 "소자야, 안심하라, 네 죄 사함을 받았느니라."고 하시는 것을 어떤 서기관들이 듣고 속으로 말하되, "이 사람이 참람하도다"라고 했다. 그들이 '속으로 이르되'라는 것은 그렇게 생각했다는 뜻이 아니고 무엇인가? 그다음에 있는 말씀, "예수께서 그 생각을 아시고(보시고) 가라사대, 너희가 어찌하여 마음에 악한 생각을 하느냐"고 하셨다(마 9:2-4). 이것은 마태복음에 있는 기록이다. 그러나 같은 일을 누가는 다음과 같이 이야기한다. "서기관과 바리새인들이 의논하여(생각하여) 가로되, 이 참람한 말을 하는 자가 누구뇨? 오직 하나님 외에 누가 능히 죄를 사하겠느냐? 예수께서 그 의논을 아시고 대답하여 가라사대, 너희 마음에 무슨 의논을 하느냐?"(눅 5:21-22). 지혜서에서 '생각을 하면서 속으로 말했다'고 한 것이나, 여기서 '그들이 의논하여(생각하여) 가로되'라고 하는 것은 같은 뜻이다. 다른 곳에서나 여기서나 그들이 마음속으로 말했다고 하며, 생각함으로써 말했다고 한다. 그들은 '속으로 말했고', '너희 마음에 무엇을 생각하느냐?'고 물으신다. 또 밭의 소출이 풍성했던 부자에 대해서 주께서 "그가 심중에 생각하여 가로되"라고 하신다(눅 12:17).

18. 어떤 생각은 마음의 언어다. 마음에 입이 있다는 것도 주께서 밝히신 말씀에 나와 있다: "입으로 들어가는 것이 사람을 더럽게 하는 것이 아니라 입에서 나오는 것이 사람을 더럽게 하는 것이니라." 한 문장으로 사람에게 있는 두 가지 입을 즉 몸의 입과 마음의 입을 말씀하신다. 그들이 사람을 더럽게 만든다고 생각한 것은 몸의 입으로 들어가고, 주께서 사람을 더럽힌다고 하신 것은 마음의 입에서 나오는 것임이 확실하다. 그래서 후에 주께서 스스로 그 하신 말씀을 설명하셨다. 잠시 후에 제자들에게도 같은 문제를 말씀하셨기 때문이다. "너희도 아직까지 깨달음이 없느냐? 입으로 들어가는 모든 것은 배로 들어가서 뒤로 내어버려지는 줄을 알지 못하느냐?" 여기서 주께서는 몸의 입을 아주 확실히 지적하신다. 그러나 그다음 말씀은 분명히 마음의 입을 의미한다: "입에서 나오는 것들은 마음에서 나오나니, 이것이야말로 사람을 더럽게 하느니라. 입에서 나오는 것은 악한 생각과" 운운 하신다(마 15:11-19). 무엇이 이 설명보다 더 분명하겠는가? 다만 우

리가 생각을 마음의 언어라고 부른다고 해서 생각이 또한 보는 행동이 아니라는 뜻은 아니다. 참된 생각일 때에는 그 지식을 보기 때문이다.

생각을 몸으로 외부에 나타나게 행할 때에는 보이는 것과 언어가 다르지만, 내면적으로 생각할 때에는 그들이 하나다. 듣는 것과 보는 것은 서로 다르며, 서로 다른 신체 감각에서 오는 것이지만, 마음속에서는 내면적인 언어, 즉 생각을 주께서 보셨다고 하고 들으셨다고 하지 않는다. 그들이 "속으로 말하되, 이 사람이 참람하도다"라고 한다. 그 다음에 있는 말씀은 "예수께서 그 생각을 보시고"라고 한다. 그러므로 주께서는 그들의 말한 것을 보셨다. 즉 그들 자신은 자기들의 생각을 아무도 보지 못한다고 생각했지만, 주께서는 자기의 생각으로 그들의 생각을 보신 것이다.

19. 어떤 한 단어를 생각할 때에, 그 단어를 발음하기 전뿐만 아니라 그 발음의 형상을 생각하기 전의 상태는 어느 나라 언어에도 속하지 않은 것이다. 우리의 라틴어도 그런 언어의 하나다. 한 단어의 이런 상태를 이해할 수 있는 사람이라면, 거울로 보듯 희미하게나마 성경이 말하는 '말씀'의 어떤 모양을 볼 수 있을 것이다.[355] 성경에(요 1:1) "태초에 말씀이 계시니라. 이 말씀이 하나님과 함께 계셨으니, 이 말씀은 곧 하나님이시니라."고 되어 있다.

우리가 어떤 참된 것을 말할 때에는, 즉 우리가 아는 것을 말할 때에는 우리의 기억에 담겨 있는 그 지식 자체에서 반드시 한 단어가 난다. 그것은 그것을 낳는 지식과 전적으로 종류가 같다. 우리가 아는 것(대상)이 형성하는 생각이 곧 우리가 마음속으로 하는 말이기 때문이다. 이 말(언어)은 헬라어나 라틴어가 아니고 다른 어느 언어도 아니다. 그러나 우리와 말하는 상대자에게 이 지식을 전해서 알릴 필요가 있으면, 그런 때에는 그 생각을 의미하는 어떤 부호를 사용한다. 대개는

---

[355] '말'과 '말씀'의 원어가 같은 단어인 것을 염두에 둘 필요가 있다. 마 12:36의 "무익한 말"(단수), 마 12:36의 "네 말로"(복수), 말 13:19의 "천국 말씀"(단수), 그리고 물론 요 1:1의 '말씀'(단수) 등이다. 이 번역에서는 '말'은 '언어'라고도 했다.

소리를 내서 귀에 들리게 하고, 간혹 머리를 끄덕여서 눈으로 보게 한다. 양쪽이 다 몸으로 부호를 나타내어 우리 마음속에 있는 말을 상대편의 신체적 감각에 알린다. 끄덕이는 것은 눈을 상대로 말하는 것이 아니고 무엇인가? 성경도 이 점을 증거한다.

요한복음에 다음과 같은 말씀이 있다 "내가 진실로 진실로 너희에게 이르노니, 너희 중 하나가 나를 팔리라 하시니, 제자들이 서로 보며 뉘게 대하여 말씀하시는지 의심하더라. 예수의 제자 중 하나 곧 그의 사랑하시는 자가 예수의 품에 의지하여 누웠는지라. 시몬 베드로가 머리짓을 하여 말하되 말씀하신 자가 누구인지 말하라"(요 13:21-24). 여기서 베드로는 감히 입으로 소리를 내지 못하는 것을 머리짓으로 말했다. 우리는 곁에 있는 사람에게는 이와 비슷한 몸짓으로 그의 귀나 눈에 말하지만, 곁에 없는 사람들과 통화하기 위해서는 글자를 발명했다. 이런 것들은 말을 알리는 부호이고, 말은 우리가 회화할 때에 우리의 생각을 알리는 부호이다.

11. 하나님의 말씀 그 자체와 같은 것은 우리의 외면적이며 감각적인 말에서 구할 것이 아니라, 내면적이며 심적인 말에서 구해야 한다. 우리의 말이나 지식과 하나님의 말씀이나 지식 사이에는 최대의 차이가 있다.

20. 따라서 외부적으로 소리를 내는 말은 내면적으로 빛나는 말의 부호이며 이 뒤의 것을 말이라고 부르는 것이 더 옳다. 육신의 입으로 발음한 것은 말을 뜻 있는 소리로 낸 것이며, 그 소리도 말이라고 부르는 것은 외부적으로 나타내기 위해서 그 소리를 취했기 때문이다. 우리의 말을 사람들이 감각에 밝히 나타내기 위해서 뜻있는 소리로 발음한다. 그렇게 함으로써 몸이 있는 소리 - 발음된 뜻있는 소리 - 가 된다. 하나님의 말씀이 사람들의 감각에 밝히 나타나기 위해서 육신을 취하신 것과 같다. 즉 육신이 되신 것과 같다. 우리의 말은 뜻있는 소

리가 되지만 소리로 변하는 것이 아니다. 그와 같이 하나님의 말씀은 육신이 되셨지만, 우리는 그 말씀이 육신으로 변하셨다고 말해서는 안 된다. 우리의 말은 뜻있는 소리가 되고 말씀은 육신이 되셨지만, 말씀의 경우에 육신을 취하셨을 뿐이며 자체를 없애버리고 육신으로 변하신 것이 아니다.

그러므로 하나님의 말씀과 같은 것을 얻고자 하는 사람은 그 같은 것이 어떤 종류이든지, 또한 아무리 같지 않은 점이 많을지라도, 귀에 들리는 우리의 말을 생각해서는 안 된다. 우리의 말은 뜻있는 소리로 발음되든, 소리 없이 생각하기만 하든, 여기서는 문제가 되지 않는다. 모든 언어에서 쓰는 말은 소리로 발음되지만 또한 소리 없이 생각하기도 한다. 몸의 입이 소리를 내지 않을 때에도 마음은 말의 음절들을 훑어본다. 음절의 수효뿐 아니라, 노래의 곡조도 물질적인 것이며 청각이라는 신체적 감각에 속한 것이지만, 이런 것들이 모두 적당한 비물질적인 형상으로서 그것을 생각하는 사람들의 마음속에 있으며, 그들은 조용히 이 모든 것을 깊이 생각한다.

우리는 이것을 지나서 하나님의 말씀을 조금이라도 수수께끼처럼 보이는 것 -그 말씀과 비슷한 사람의 말에 도달해야 한다. 이것은 어느 선지자에게 하신 말씀이 아니다. 예컨대 "하나님의 말씀이 점점 왕성하여"라고 하며(롬 10:17) 또 "너희가 우리에게 들은 바 하나님의 말씀을 받을 때에, 사람의 말로 받지 아니하고 하나님의 말씀으로 받음이니 진실로 그러하도다"고 한다(살전 2:13). 성경에는 하나님의 말씀에 관해서 이와 비슷한 말씀이 무수하며, 그 말씀이 각종 언어의 소리가 되어 사람들의 마음과 입을 통하여 보급된다. 그리고 사람의 교훈이 아니라 하나님의 교훈을 전하기 때문에 하나님의 말씀이라고 부른다. 그러나 지금 우리가 이 비슷한 것으로 될 수 있는 대로 보고자 애쓰는 것은 "이 말씀은 곧 하나님이시니라."고(요 1:1) 한 그 하나님의 말씀이며; 또 "만물이 그로 말미암아 지은 바 되었으니"라고(요 1:3)하며, "말씀이 육신이 되어"라고(요 1:14) 하며, "위에 계신 하나님의 말씀은 지혜의 원천이니라."고(집회서 1:5) 하는 그 하나님의 말씀이다.

그러면 우리는 이것을 지나서 사람의 말, 이성적 동물의 말, 하나님의 형상의 말에 가야 한다. 이 형상은 하나님에게서 난 것이 아니라 하나님에게 창조된 것이다. 우리가 도달하려는 이 말은 모든 나라의 말과 달라서, 소리로 발음하거나, 소리의 형상으로 생각할 수 없는 것이다. 그러나 이 말은 그것을 의미하는 모든 부호보다 먼저 있으며, 마음속에 계속적으로 있는 지식에서 난다. 즉 그 지식을 그 진상대로 내면적으로 말할 때에 그 지식에서 난다. 생각의 시각과 지식의 시각은 서로 아주 같기 때문이다. 말이 소리나 신체적 부호로 발표될 때에는 그 진상대로 발표되지 않고 신체가 보거나 들을 수 있게 발표된다. 그러므로 지식 안에 있는 것이 말 안에 있으면 참된 말과 진리가 있으며 이런 것을 사람에게서 요구한다. 즉 지식에 있는 것은 말에도 있으며, 지식에 없는 것은 말에도 없다. 여기서 "옳다 옳다, 아니라 아니라."라고(마 5:37) 하는 뜻을 알 수 있을 것이다. 그래서 창조된 형상과 같은 것이 나신 형상과 같은 것에 더할 나위 없이 접근한다. 이 나신 형상에 의해서 하나님이신 성자를 모든 점에서 성부와 본체가 같으시다고 선언한다.

이 '수수께끼'에는 하나님의 말씀과 같은 것이 하나 더 있다. 그 하나님의 말씀에 대해서 "만물이 그로 말미암아 지은 바 되었느니라."고 한다(요 1:3). 이것은 하나님이 그의 독생하신 말씀을 통해서 우주를 창조하셨다고 하는 주장이다. 사람의 행위에는 우선 마음속에서 말하지 않은 것이 없기 때문에, "모든 행위의 시작은 말이다"라는(집회서 37:16) 말씀이 있다. 그러나 여기서도 말이 참된 말인 때에만 선한 행위가 시작된다. 그리고 선한 행위에 대한 지식에서 난 때에 그 말이 참되다. 여기서도 "옳다 옳다, 아니라 아니라."가 원칙이다. 사람이 살아갈 때에 의지해야 할 지식에 '옳다'라고 하였으면 그것은 말에도 있어야 하며 이 말을 통해서 사람은 행해야 한다. 만일 거기 있는 것이 '아니다'라면, 여기서도 '아니다'가 있어야 한다. 그렇지 않으면 그 말이 거짓말이 되고 참말이 아닐 것이며 거기서 나오는 것은 죄며, 바른 행위가 아닐 것이다.

우리의 인간적인 말과 같은 것에는 하나님의 말씀과 같은 것이 또 하나 있다. 우리말의 경우에는, 먼저 말이 없는 행위가 없는 동시에 말이 있어도 행위가 따르지 않을 수 있다. 마찬가지로, 하나님의 말씀이 계셔도 어떠한 피조물이 없을 수 있었다. 그러나 만물을 지으신 하나님의 말씀을 통하지 않고는 아무 피조물도 있을 수 없었다. 따라서 육신이 된 것은 성부 하나님도 아니요 성령도 아니요, 성자 하나님 즉 하나님의 말씀뿐이었다. 다만 그렇게 된 것은 삼위일체 전체의 행위였다. 우리가 성자를 본받아 우리말로 바르게 살게 하려는 것이 목적이었기 때문이다. 즉 생각할 때나 행동할 때에 우리말에 결코 거짓이 없게 하려는 것이다. 그러나 그것은 형상의 완성이며 앞으로 있을 일이다. 이 완성에 도달할 수 있도록 선한 선생이 우리에게 기독교 신앙과 경건한 교훈을 가르쳤다. 장차 올 일들의 그림자인 율법의 "수건을 벗은 얼굴로 거울을 보는 것같이(즉 거울로 보듯이) 주의 영광을 보매, 그와 같은 형상으로 변화하여 영광에서 영광에 이르니 곧 주의 영으로 말미암음이니라."고 한다(고후 3:18). 이 말씀은 위에서 설명했다.

21. 그러므로 이 변화에 의해서 이 형상이 새롭게 되며 완성되면 우리는 그때에 하나님과 같이 될 것이다. 거울로 보지 않고 하나님이 계신 그대로(요일 3:4) 볼 것이기 때문이다. 사도 바울은 "얼굴과 얼굴을 대하여" 보리라고 한다(고전 13:12). 그러나 지금은 거울로 희미하게만 보이는 이 모양이 얼마나 많이 다른지를 누가 설명할 수 있는가? 그러나 나는 할 수 있는 대로 차이를 알리는 점을 몇 가지 지적하려 한다.

12. 아카데미파의 철학

우리가 아는 것을 말할 때에, 우리의 생각을 참된 것으로 만드는 그 지식은 아무리 재주와 학식이 있는 사람이라도 어떤 종류의 것을 얼마나 많이 얻을 수 있는가? 신체 감각을 통해서 마음에 들어오는 일들은 제거하겠다. 그 가운데는 보기와 다른 것이 너무도 많아서, 참인 듯한 그 유사성에 너무 위압을 당하는 사람들은 스스로는 정신이 바르다고 생각하지만, 사실은 바른 정신이 아니다.

그래서 아카데미파의 철학356)은 모든 것을 의심함으로써 많이 유행할수록 그만큼 더욱더 미치고 가련하게 되었다. 그래서 신체 감각을 통해서 마음속에 들어오는 것들을 도외시한다면, 우리가 살아 있다는 것을 아는 식으로 아는 것들이 얼마나 많이 남는가? 이 살아 있다는 점에 관해서는 우리는 진리와의 유사성 때문에 속을 위험성이 절대로 없다. 속은 사람도 살아 있다는 것은 확실하기 때문이다. 또 이것은 눈으로 외부에서 보는 대상 중의 하나가 아니다. 그래서 눈이 속은 것이 아니다. 물속에 잠긴 노가 구부려져 보이고, 망대 곁을 배로 지날 때에 망대가 움직이는 것 같으며, 그 밖에 사실과 달라 보이는 것이 무수하다. 육안으로는 이 점을 식별하지 못한다.

우리가 살아 있다는 것을 우리에게 알리는 지식은 모든 지식 가운데서 가장 내면적인 것이며, 아카데미파도 이에 대해서는 암시적인 말을 하지 못한다: 아마 너는 잠을 자고 있다, 나는 모른다, 또는 나는 자면서 보는 것이다… 등의 말을 하지 못한다: 사람들이 꿈에서 보는 것은 깨어 있을 때에 보는 것과 정확히 같다는 것을 누가 모르는가? 그러나 자기가 살아 있다는 것을 아는 지식에 대해서 확신을 가진 사람은, '내가 깨어 있다는 것을 나는 안다.'라고 대답하지 않고, '내가 살아 있다는 것을 나는 안다.'라고 대답한다. 그러므로 그는 깨어 있든 또는 자고 있든 간에 살아 있다. 그는 그렇게 알고 있지만 꿈에 속은 것이라고 할 수 없다. 자거나 자면서 보는 것은 다 살아 있는 사람이 하는 일이기 때문이다. 아카데미파는 이런 지식을 논박하기 위해서, '아마

---

356) 이것은 플라톤과 그 제자들의 구(舊) 아카데미파가 아니다. 이 사람들은 회의주의에 반대했다. 회의주의가 된 것은 신 아카데미파였다.

너는 미쳤을 것이다. 그러면서 그런 줄을 모른다.'라고 말할 수도 없다. 정신 나간 사람이 보는 것은 정신이 바른 사람이 보는 것과 정확히 같으며, 그 정신 나간 사람은 살아 있기 때문이다. 그가 아카데미파에게 주는 대답도 '나는 내가 미치지 않았다는 것을 안다.'라는 것이 아니라, '나는 내가 살아 있다는 것을 안다.'라는 것이다. 그러므로 '자기가 살아 있다는 것을 안다.'라고 말하는 사람 앞에 보고 속기 쉬운 물건 천 가지를 제시하더라도 그는 그 어느 것도 두렵지 않을 것이다. 속는 사람도 살아 있는 사람이기 때문이다.

그러나 사람의 지식에는 이런 것들만 속했다고 하더라도, 그 수효가 매우 적다. 한 가지를 몇 가지로만 부르는 것이 아니라 무한히 부른다면, 문제가 다를 것이다. 예컨대, '나는 내가 살아 있다는 것을 안다.'라고 말하는 사람은, 한 가지 일을 안다고 말하는 것이다. 만일 그가 말을 계속해서, '나는 내가 살아 있다는 것을 안다는 것을 안다.'고 한다면, 이제는 두 가지 일이 있고 그 두 가지를 안다는 것을 그가 아는 것은 셋째 일이다. 이와 같이 그는 넷째와 다섯째를 첨가해서 그대로 계속한다면, 다른 것들도 무수히 첨가할 수 있다. 그러나 그는 하나씩 첨가해서 무수한 수가 되는 것을 이해할 수 없거나, 한 가지 일을 무수히 여러 번 말할 수 없으므로, 그는 적어도 이 점을 깨달으며 완전히 확실하게 깨달을 것이다. 즉 이것은 참인 동시에 무수하기 때문에 그 무한한 수효를 참으로 이해하며 말할 수 없노라고 할 것이다.

어떤 확실한 의지의 경우에도 같은 현상을 볼 수 있을 것이다. 예컨대 '나는 행복하게 되고 싶다.'라고 말하는 사람이 있을 때에, '당신은 아마 속았을 것이오.'라고 말하는 것은 무례한 대답일 것이다. 만일 그가 '나는 내가 이것을 원한다는 것을 안다.', 또 '그 안다는 것을 안다.'고 말한다면, 그는 이 둘에 셋째 것을 첨가해서, 이 두 가지를 안다라고 하며, 넷째를 첨가해서, '이 두 가지를 안다는 것을 안다'라고 하며, 이렇게 무한히 계속할 수 있다. 마찬가지로 나는 틀리고 싶지 않다고 말하는 사람이 있을 때에, 그가 틀렸거나 또는 틀리지 않았거나 간에, 그가 틀리고 싶지 않다는 것은 참말이 아니겠는가? '당신은 아마 속았을 것이오.'라고 말한다면 그것은 심히 무례한 짓이 아니겠는가? 그가 속았다고 하더라도, 그가 속지 않고 싶다고 생각하는 점에서는 속지 않은 것이 분명하다. 그리고 만일 그가 이 일을 아노라고 말한다면, 그렇게 안다는 것을 여러 번 첨가해서 무한한 수효가 되리라는 것을 깨닫는다. '나는 속고 싶지 않다, 또 속고 싶지 않다는 것을 안다, 또한 내가 이 일을 안다는 것을 안다.'고 해서, 표현 방법은 어색하더라도 무한한 수효를 향해서 계속할 수 있다. 사람은 아무 것도 알 수 없다고 주장하는 아카데미파에 대해서 효과적인 반박을 가할 수 있는 일은 이 밖에도 여러 가지가 있다.

그러나 우리는 이 이상 더 논하지 않겠다. 특히 이 문제로 이 책을 쓰기 시작한 것이 아니기 때문이다. 내가 믿음에 들어온 초기에 쓴 세 권이 있는데,357) 그것을 읽을 수 있거나 원하거나 이해하는 사람은 그들이 진리는 깨달을 수 없다고 주장하는 논법에 결코 감동을 받지 않을 것이다. 우리가 아는 것에 두 가지가 있다. 하나는 신체 감각을 통해서 마음이 지각한 것들에 대한 지식이요, 또 하나는 마음이 자체를 통해서 지각하는 것들에 대한 지식이다. 철학자들은 신체 감각에 반대하는 말을 많이 했지만 마음이 자체를 통해서 아는 가장 확실한 지식에 대해서는 조금도 의혹을 던질 수 없었다. '나는 내가 살아 있다는 것을 안다.'라고 하는, 우리가 이미 언급한 것도 한 예이다.

그러나 우리가 신체 감각을 통해서 안 것의 진실성을 우리는 의심하지 않는다. 우리는 감각으로 하늘과 땅을 알게 되었고, 우리와 천지를 지으신 창조주가 우리가 알기를 원하시는 범위 내에서 우리는 그 하늘과 땅에 있는 것들을 알게 되었다. 또한 우리는 다른 사람들의 증언으로 알게 된 것을 안다는 것을 결코 부인하지 않는다. 그렇지 않다면 우리는 대해(大海)가 있다는 것이나, 풍부한 보도가 우리에게 추천하는 나라들과 도시들이 있다는 것을 모를 것이다. 우리가 역사에서 알게

---

357) Libri Tres contra Academicos.

된 인물들이나 사건들을 모를 것이며, 사방에서 매일 전해 오며 서로 부합하는 증거가 확인하는 소식들도 모를 것이다. 끝으로 우리가 어디서 또는 누구에게서 났는지도 모를 것이다. 우리는 이 모든 일들에 대해서는 다른 사람들의 증언을 믿기 때문이다. 만일 이렇게 의심하는 것이 가장 어리석은 짓이라면, 우리는 우리 자신의 감각뿐만 아니라 다른 사람들의 감각도 우리의 지식에 첨가하는 바가 심히 많았다고 인정해야한다.

22. 사람의 마음이 자체에 의해서 아는 일들과 신체 감각을 통해서 아는 일들과 다른 사람들의 증언을 받아들여 아는 일들은 모두 기억의 창고에 쌓아 간직하며, 우리가 아는 것을 말할 때에 그 간직한 것에서 진실된 말이 난다. 그 말은 소리가 있기 전에, 소리를 생각하기 전에 있는 것이다. 그때에 말은 그 알려진 것과 가장 같으며, 그것에서 말의 형상도 난다. 지식을 보는 데서 생각을 보게 되기 때문이다. 그때에 그 말은 아무 언어에도 속하지 않고, 진실한 것에 관한 진실한 말이며, 그 자체에 속한 것을 전연 포함하지 않고, 말이 난 근본인 지식에서 전적으로 파생한 것이다. 또 아는 것을 말하는 사람이 언제 그 말을 알았는지도 알리지 않았다. 알자마자 즉시 말하는 때가 있기 때문이다. 다만 그 말이 진실되어야 한다. 즉 알려진 일들에서 솟아난 것이라야 한다.

13. 우리의 마음에 있는 지식 및 언어와 하나님의 지식 및 말씀 사이의 차이를 계속 논한다.

하나님에게서 난 하나님이신 말씀은 성부 하나님에게서 나셨고, 성부 하나님은 자신의 지혜시다. 그러면 성부 하나님은 그 지혜에서 어떤 일들은 신체 감각에 의해서, 또 어떤 일들은 자신에 의해서 아신 것인가? 하나님을 이성적 동물이라고 생각하지 않고 이성적 영혼을 초월한 분으로 생각하는 사람이라면, 누가 이런 말을 할 수 있겠는가? 하나님을 모든 동물과 모든 영혼 위에 두는 사람들이 하나님을 대면해서 볼 수 있다면, 이런 말은 할 수 없을 것이다.

성부 하나님에게는 몸이 없으므로 그 아시는 일들을 몸에 의해서 아신 것이 아니라 자신에 의해서 어떤 다른 분에게서 아신 것인가? 또는 소식이나 증언으로 하나님께 알려 드릴 필요가 있었던 것인가? 물론 그렇지 않다. 하나님은 완전하셔서 그 아시는 것을 모두 아실 수 있다. 소식을 전하는 자들, 즉 천사들이 하나님께 있는 것은 확실하다. 그러나 그들은 하나님이 모르시는 일들을 전해 드리는 것이 아니다. 하나님이 모르시는 일은 없기 때문이다. 천사들이 유용한 것은 그들 자신이 할 일에 대해서 진리를 묻기 때문이다. 그들이 어떤 일에 대해서 하나님에게 말을 가져다가 알려 드리는 것이 아니라, 도리어 그들이 하나님에게서 물체적인 소리가 없는 말씀을 받아서 알게 된다고 하는 것은 이런 뜻이다.

그들은 하나님이 원하시는 자에게 파견되어 하나님이 원하시는 것을 전하며, 하나님의 말씀에서 모든 것을 듣는다. 즉 그들이 해야 할 일을 하나님의 진리에서 발견한다. 무엇을, 누구에게, 언제 전할 것인가를 발견한다. 우리도 하나님께 기도를 드리지만, 우리에게 필요한 것들을 알려 드리는 것이 아니다. 주님 말씀에 "구하기 전에 너희에게 있어야 할 것을 하나님 너희 아버지께서 아시느니라."고 한다(마 6:8). 또 하나님은 그 일들을 어느 일정한 시점에 아시게 된 것이 아니라, 장차 있을 일들을 시작이 없는 과거에 아셨고, 그중에는 우리가 구할 것과 언제 구하리라는 것도 포함되었다. 또 누구의 기도를 들어 주시거나 들어 주시지 않으리라는 것과 그것이 어떤 문제라는 것을 모두 아셨다.

모든 피조물에 대해서도 영적인 것이거나 물질적인 것이거나 간에, 그것들이 있기 때문에 하나님이 아시는 것이 아니라, 하나님이 아시기 때문에 그것들이 있는 것이다. 하나님은 자기가 창조하시려는 것을 모르시지 않는다. 그러므로 아셨기 때문에 창조하셨고, 창조하셨기 때문에 아신 것이 아니다. 창조하려고 하셨을 때에 아시던 것과 다르게 창조하신 것도 아니다. 그 피조물들에서 얻어 하나님의 지혜에 첨가된 것은 없었기 때문이다. 피조물들이 적당한 모양과 적당한 때에 존재하게 되는 동안에, 하나님의 지혜는 변함이 없었다. 그래서 집회서에 "만물은 창조되기 전에 하나님에게 알려졌으며, 완성된 후에도 그러했다"고 되어 있다(집회서 23:20). '그러했다'고 하며 다르지 않았다고 한다. 피조물이 창조되기 전이나 창조가 완성된 후에나, 하나님은 그것들을 모두 아셨다.

그러므로 이 지식은 우리의 지식과는 아주 다르다. 그리고 하나님의 지식은 또한 그의 지혜이며, 그의 지혜는 그 자체가 그의 본질적 존재 또는 본체이다. 하나님의 본성은 놀라울 만큼 단순해서, 지혜로우심과 존재하심이 서로 다른 일이 아니라, 지혜로우심이 곧 존재하심이다. 우리는 이미 앞서의 여러 권에서[358] 이 점을 말했다. 그러나 우리의 지식은 대부분의 문제에서 잃기도 하고 다시 찾기도 할 수 있다. 우리의 경우에는 존재하는 것과 아는 것이나 지혜로운 것이 한 가지 일이 아니기 때문이다. 우리는 다른 데서 배운 것을 알지 못하면서도 또는 그것으로 지혜롭지 못하면서도 존재할 수는 있다.

그러므로 우리의 지식이 하나님의 지식과 다른 것과 같이, 우리의 지식에서 나는 우리의 언어도 성부의 본질적 존재에서 나는 하나님의 말씀과 다르다. 나는 이렇게 성부의 지식, 성부의 지혜에서 난다고 말하지만, 더 정확하게 말한다면 지식이신 성부에게서, 지혜이신 성부에게서 난다고 해야 한다.

14. 성부에게서 나신 하나님의 말씀은 모든 점에서 성부와 동등하시다.

23. 하나님의 말씀, 즉 성부의 독생자는 성부와 모든 점에서 같으며 동등하시다. 하나님에게서 난 하나님이시며 빛에서 난 빛이시며 지혜

---
[358] 예컨대 제6권 7장 8절.

에서 난 지혜시며 본체에서 난 본체이시며 전적으로 성부의 존재 그대로이시다. 그러면서 한 분은 성자요 한 분은 성부이기 때문에, 성자는 성부가 아니시다. 따라서 성자는 성부가 아시는 것을 모두 아시지만, 성부에게서 아는 것과 존재하는 것이 하나이기 때문에, 성자의 지식은 그 존재와 같이 성부에게서 온다. 그러므로 성자에게서 존재가 성부에게로 가지 않는 것과 같이, 지식도 그러하다. 따라서 성부는 생각을 발표하듯이, 모든 점에서 자기와 동등한 성자를 낳으셨다. 성부의 말씀 안에 있는 것보다 성부 안에 무엇이 더 있거나 적게 있다면, 성부는 전적으로 완전히 자기를 발표하신 것이 아닐 것이다. 여기서 "옳다 옳다, 아니다 아니다"(마 5:37)가 최고의 의미에서 인정된다. 또 그러므로 말씀을 낳은 그 지식 안에 있는 것은 무엇이든지 말씀 안에도 있으며, 지식 안에 없는 것은 말씀 안에도 없으므로 이 말씀은 참으로 진리이다. 또한 이 말씀의 근원이신 분이 변함이 없으신 것과 같이 말씀도 변함이 없으므로, 거짓된 것이 이 말씀에 있을 수 없다.

"아들이 아버지의 하시는 일을 보지 않고는 아무 것도 스스로 할 수 없느니라."(요 5:19)고 하시기 때문이다. 권능이 있기 때문에 이렇게 하실 수 없는 것이다. 진리가 거짓이 되지 못하는 것은 약하기 때문이 아니라 강하기 때문이다. 그러므로 성부 하나님은 자신 안에서 모든 것을 아시며 성자 안에서도 모든 것을 아신다. 그러나 자기 안에서는 자신을 아시며, 성자 안에서는 자신의 말씀을 아시는 것이다. 자신 안에 있는 모든 일에 관해서 말씀을 하시기 때문이다. 마찬가지로 성자는 모든 것을 자기 안에서 아시되, 그것은 성부가 자기 안에서 아시는 것들에서 난 것으로 아시며, 또한 성부 안에서 그 모든 것을 아신다. 즉 성자가 자기 안에서 아시는 것들이 난 그 근원들을 아신다. 그러므로 성부와 성자는 서로 아신다. 그러나 성부는 낳으심으로써, 성자는 나심으로써 아신다. 두 분은 다 그 지식과 그 지혜와 그 본질적 존재 안에 있는 것을 모두 동시에 보신다. 일부분씩이나 하나씩 보시는 것이 아니며, 이쪽을 보시다가 저쪽을 보시거나, 한 대상을 보시다가 다른 대상을 보시는 것이 아니다. 그래서 어떤 것들을 보실 때에는 동시에 다른 것들은 보시지 못하는 것이 아니다. 그렇지 않다. 이미 말한 바와 같이, 모든 것을 동시에 보시며, 그중에는 하나님이 항상 보시지 못하는 것이 하나도 없다.

24. 그리고 우리의 말은 – 소리가 없고, 소리를 생각하지도 않는 말, 우리가 보면서 내면적으로 말하는 그것에서 온 말, 따라서 어느 나라 말에도 속하지 않은 우리의 말은– 어떤 점에서는 하나님이신 하나님의 말씀과 희미하게 같다. 우리의 말도 우리의 지식에서 나며, 하나님의 말씀이 성부의 지식에서 나는 것과 같다. 이런 우리의 말은 어떤 점에서 말씀과 같다는 것을 우리는 발견하지만, 우리는 그것이 얼마나 다른가 하는 것도 곧 고찰해서, 할 수 있는 대로 말로 표명해야 하겠다.

15. 우리의 말과 하나님의 말씀은 얼마나 다른가?
우리의 말은 영원하거나 영원하다고 할 수 없다.

그러면 우리의 말은 우리의 지식에서만 나는가? 우리는 모르는 것들도 많이 말하지 않는가? 참말이라고 생각하면서 의심 없이 말하지 않는가?

그럴 때에 우리가 말하는 일들에 관해서는 혹 참일지라도, 우리가 하는 말에 관해서는 아직 참이 아니다. 아는 것에서 나지 않으면 참된 말이 아니기 때문이다. 이런 의미에서 우리의 말은 우리가 거짓말을 할 때가 아니라, 우리가 속았을 때에 거짓이다. 우리가 의심할 때에는, 우리의 말은 아직 그 의심하는 것에서 난 것이 아니고 의심 자체에 관한 말이다. 우리가 의심하는 일이 참인지를 우리는 모르지만, 우리가 의심한다는 것은 알기 때문이다. 따라서 우리가 의심한다고 말할 때에는, 우리가 아는 것을 말하기 때문에 우리는 참된 말을 하는 것이다.

우리가 거짓말을 할 가능성에 대해서 무엇이라고 할 것인가? 우리가 거짓말을 할 때에는 우리는 거짓인 말을 알면서 의식적으로 하는 것이다. 이때에 우리는 우리가 거짓말을 한다는 것을 알고 있으므로 우리가 거짓말을 한다고 하는 말은 참이다. 거짓말을 했노라고 고백한다면, 우리는 참된 말을 한 것이다. 우리가 아는 것을 말했고 거짓말을 했다는 것을 알기 때문이다.

그러나 하나님이시며 우리보다 강하신 말씀은 거짓말을 하실 수 없다. "아버지의 하시는 일을 보지 않고는 아무 것도 스스로 할 수 없기" 때문이다. 그는 스스로 말씀하시는 것이 아니라, 그가 하시는 말씀은 모두 아버지에게서 온다. 아버지만이 말씀을 하시기 때문이다. 거짓말을 하실 수 없다는 것이 말씀의 큰 힘이다. 그의 경우에는 "예 하고 아니라 함이 되지 아니하고"(고후 1:19), "옳다 옳다, 아니라 아니라."가 있을 수 있을 뿐이다. 참되지 않은 것을 참이라고 불러서는 안 된다고 항의하는 사람이 있을는지 모르고 나도 그 말에 찬동한다. 그러나 우리의 말이 참되고 그래서 당연히 말이라고 불러야 할 때에, 우리는 그것을 시상(視像)에서 온 시상이며 지식에서 온 지식이라고 부를 수 있는 것과 같이, 본질적 존재에서 온 본질적 존재라고 부를 수 있는가? 하나님의 말씀은 주로 이렇게 부르며 또 이것이 가장 바른 호칭이다. 그러나 우리의 말은 이렇게 부를 수 없다. 우리의 경우에는 존재하는 것과 아는 것이 동일한 일이 아니다. 우리가 아는 것들 가운데는 우리가 기억하고 있기 때문에 일종의 생명이 있으며, 우리가 잊어버릴 때에 이를테면 죽는 것이 많다. 이와 같이 그런 것들이 우리의 지식 안에 없게 된 때에도 우리는 여전히 존재하며, 우리의 지식이 우리 마음에서 빠져나가 없어진 후에도 우리는 여전히 살아 있다.

25. 우리가 아는 어떤 것은 그 존재가 마음 자체의 본성에 속해 있기 때문에 없어질 수 없다. 예컨대 우리가 살아 있다는 것을 아는 그 지식은 마음이 계속하는 동안에 반드시 계속하며, 즉 영원히 계속한다. 이 지식과 이와 같은 종류의 지식에서 우리는 특히 하나님의 형상을

구할 수 있지만, 이런 지식은 항상 알고는 있어도 항상 생각하는 대상인 것은 아니다. 우리는 생각함으로써 말을 하는 것이므로, 이런 지식에 관한 말을 어떻게 영원하다고 부를 수 있는가를 알기 어렵다.

  마음의 생명과 마음이 살아 있는 것을 아는 마음의 지식은 다 영원하다. 그러나 자체의 생명에 대한 마음의 생각이나 자체의 생명을 아는 그 지식에 대한 생각은 영원하지 않다. 한 생각에서 다른 생각으로 옮겨가는 동안에, 먼저 생각하던 것은 여전히 알고는 있으면서도 생각하지 않게 되기 때문이다. 이와 같이 마음속에 영원한 지식은 있을 수 있어도 그 지식에 대한 영원한 생각은 있을 수 없다면, 그리고 우리가 생각할 때에만 참으로 내면적인 말을 하는 것이라면, 하나님만이 영원한 말씀을 그리고 자신과 같이 영원한 말씀을 가지셨다고 이해할 수 있다는 결론이 된다. 한번 알려진 것은 생각의 대상이 되지 않고 있는 때에도 실지로 생각의 대상이 될 가능성은 항상 있으므로, 이런 지식이 영속하는 것과 같이 말도 영속한다고 할 수 있다고 말할는지 모른다. 그러나 아직 생각의 시상(視像)에서 형태를 얻지 못한 것이 어떻게 말이겠는가? 말은 지식에서 나는 것인데, 어떤 지식의 형태를 받지 않고 형태를 가질 수 있다는 것만으로 어떻게 지식과 같겠는가? 이런 생각은 말이 될 수 있으므로 말이라고 불러야 한다는 것과 같다.

  그러나 말이 될 수 있으므로 벌써 말이라고 부를 만한 가치가 있다고 하는 이것은 대체로 무엇인가? 형태를 가질 수 있으면서도 아직 가지지 못한 이것은 우리의 마음속에 있는 어떤 것이 아니고 무엇인가? 우리는 그것을 이리 뒤적 저리 뒤적 하며, 생각에 떠오르는 대로 한 가지씩 차례차례 생각한다. 그래서 우리가 뒤적이다가 아는 것을 만나면, 그것에 의해서 그와 같은 혜택을 전적으로 받게 된다. 그래서 알려진 모양대로 생각되며 생각의 대상이 말이 된다. 이때의 말은 마음속에서 소리가 없으며, 소리를 생각하지도 않으며, 어느 특수한 언어에 속한 것도 아니다.

  그러므로 이름에 대한 논란을 하지 않기 위해서, 우리의 마음속에 있는 이 무엇은 우리의 지식에서 형태를 얻을 수 있으므로, 그런 형태를 얻기 전에도 이미 말이라고 불러야 한다는 것을 인정하더라도, 누가 그것과 하나님의 말씀 사이의 큰 차이를 보지 못하겠는가? 하나님의 말씀은 하나님의 형태 안에 있으며, 형태를 얻기 전에 얻을 가능성이 있었거나 형태가 없을 수 있었던 때가 없었다. 하나님의 말씀은 단순한 형태여서 그 원인과 본질과 단순히 동등하며, 놀랍게 그와 함께 영원하시다.

16. 우리의 말은 우리가 하나님과 같이 될 때에도 하나님의 말씀과 결코 동등할 수 없을 것이다.

그러므로 하나님의 말씀을 말씀이라고 부른다고 해서 하나님의 생각이라고 부를 수 있는 것은 아니다. 즉 하나님에게 있는 것을 뒤적여서 그것이 한 때는 형태를 얻어 말이 되고, 또 한 때는 형태를 도로 찾으며, 또 한 때는 형태를 잃어버리고 이를테면 형태 없이 뒤적여지는 것으로 믿어서는 안 된다. 참으로 언어의 기재(奇才)는 말의 힘을 잘 알았고, 생각의 본성을 통찰해서 그 시구에서 "그는 전쟁의 파란곡절을 마음속에서 뒤적인다", 즉 생각한다고 했다.359) 그러므로 하나님의 아들은 하나님의 생각이라고 부르지 않는다. 우리의 생각은 우리가 아는 것을 만나서 형태를 얻으면 진정한 말이 된다. 그래서 하나님의 아들은 하나님 편에 아무 생각이 없이 이해되어야 하며, 단순한 형태 자체로 이해되어야 하며, 형태를 얻을 수도 있고 잃을 수도 있는 것을 전연 포함하지 않았다. 성경에 하나님의 생각에 대한 말씀이 있는 것은 사실이지만, 이것은 하나님이 잊어버리신다고 하는 것과 비슷한 어법이며, 엄격히 말하면 하나님은 물론 잊어버리시는 일이 없다.

26. 그러면 현재 상태의 이 '수수께끼'에서 우리는 우리와 하나님과

---

359) Aen. x. 159, 190.

하나님의 말씀 사이에서 어느 정도의 유사점을 발견했지만 이와 같이 큰 차이점도 발견했으므로, 우리는 "그의 계신 그대로 볼 것을 인하여"(요일 3:2) 그와 같아지더라도(이 말씀에는 우리가 현재 다르다는 것을 안다는 뜻이 함축되었다), 우리의 본성까지 하나님 및 하나님의 말씀과 동등하게 되지는 않으리라는 것을 인정해야 한다. 피조물은 영원히 창조주보다 작기 때문이다. 또 그때에는 우리가 거짓말도 하지 않고 속지도 않을 것이므로, 우리의 말은 물론 그릇되지 않을 것이다. 또 아마 우리의 생각들도 한 가지 일에서 다른 일로 움직이며 돌아다니지 않고, 우리는 아는 것을 모두 한꺼번에 볼 수 있을 것이다. 그러나 이런 일이 사실화하며 형태를 얻을 가능성이 있던 것이 형태를 얻어 아무 결함이 없이 된다고 하더라도, 그것은 여전히 단순한 형태와 동등하다고 할 수 없을 것이다. 이 후자에서는 형태를 가질 가능성이 있는 것이 형태를 가졌거나 형태를 회복한 것이 전연 없고 형태만이 있다. 이것은 형태가 없거나 형태를 받는 일이 없으므로 그 자체가 영원하고 변함 없는 실체이다.

17. 성령을 어떻게 사랑이라고 부르며 또 성령만을 사랑이라고 부르는가? 성경에서 성령을 사랑이라고 부르는 것은 합당하다.

27. 우리는 이 거울과 수수께끼를 볼 수 있을 정도로 성부와 성자에 대해서 충분히 말했다. 이제는 하나님의 은사로 보는 것이 허락되는 범위 내에서, 성령에 대해서 논하겠다. 성경에 의하면 성령은 성부만의 영도 아니요 성자만의 영도 아니며 두 분의 영이라고 한다. 그래서 성부와 성자가 서로 사랑하시는 그 사랑을 시사한다. 그러나 성경은 우리를 단련하기 위해서 표면에 있지 않고 깊은 데 있는 것을 더 열심히 찾아서 밖으로 끄집어내도록 한다. 따라서 성경은 성령은 사랑이라고 하지 않는다. 그렇게 말했다면 탐구 노력을 많이 감했을 것이다. 그러나 그렇게 말하지 않고 "하나님은 사랑이시라."고 한다(요일 4:16). 그래

서 성부 하나님이 사랑이신지, 또는 성자 하나님, 또는 성령 하나님, 또는 삼위일체 하나님이 사랑이신지 확실하지 않게 되어 연구가 필요하게 되었다. 사랑 자체가 하나님이라고 부를 만한 실제이기 때문에 하나님을 사랑이라고 부른다고 우리는 말하려는 것이 아니다. 사랑은 하나님의 은사(선물)이기 때문이다. 하나님에 대해서 "주는 나의 인내시라."고(시 71:5, LXX) 하는 것과 같다.

이렇게 말하는 것은 우리의 인내가 하나님의 본질이기 때문이 아니라 하나님이 우리에게 주신 것이기 때문이다. 다른 데서도 "대저 나의 인내가 저로 좇아 나는도다"라고 한다(시 62:5, LXX). 성경의 표현 방법이 이 해석을 충분히 반박한다. "주는 나의 인내시라."고 하는 것은 "주는 나의 소망이시라."(시 91:9, LXX), "주 나의 하나님은 나의 긍휼이시라."(시 59:17, LXX). 이밖에 많은 본문들과 비슷하다. 그러나 '주 나의 사랑이시여'라든지, '주는 나의 사랑이시니이다'라든지 '나의 사랑이신 하나님'이라는 말씀은 없고, "하나님은 사랑이시라."고 한다. 하나님은 영이시라고(요 4:24) 하는 것과 같다. 이 점을 식별할 수 없는 사람은 하나님에게 이해력을 빌리고 우리에게서 설명을 구하지 않는 것이 좋다. 우리는 이 이상 더 분명하게 말할 수 없다.

28. "하나님은 사랑이시다." 다만 문제는 사랑이신 분은 성부신가, 또는 성자신가, 또는 성령이신가, 또는 삼위일체 자체이신가 하는 것이다. 삼위일체는 세 하나님이 아니고 한 하나님이시기 때문이다. 그러나 나는 위에서 삼위일체 하나님을 우리의 마음에 있는 삼위일체와 같이 해석해서는 안 된다고 논했다. 우리 마음에 있는 세 가지에 관련해서 성부는 모든 세 분의 기억력이시요, 성자는 모든 세 분의 이해력이시요, 성령은 모든 세 분의 사랑이시라고 해서는 안 된다. 성부는 자기를 위해서는 이해하거나 사랑하시지 않고, 성자가 성부를 위해서 이해하시며 성령이 성부를 위해서 사랑하시며, 성부는 자기와 다른 두 분을 위해서 기억하실 뿐이라는 것이 아니다. 또 성자는 자기를 위해서 기억하거나 사랑하시지 않고, 성부가 그를 위해서 기억하시고, 성령이

그를 위해서 사랑하시며, 성자 자신은 다른 두 분을 위해서 이해하실 뿐이라는 것도 아니다. 마찬가지로 성령도 자신을 위해서는 기억이나 이해를 하시지 않고 성부가 그를 위해서 기억하시고, 성자가 그를 위해서 이해하시며, 그 자신은 자기와 두 분을 위해서 사랑하실 뿐인 것도 아니다. 그렇지 않고 세 분이 다 각각 그 본성에 세 가지 능력을 가지셨다. 또 그들의 경우에는 우리의 경우와 같이 기억과 이해와 사랑은 서로 다른 것이 아니라, 지혜와 같이 어떤 같은 하나일 것이다. 그래서 그런 하나가 그 본성에 내포되었고, 그것을 가진 분이 곧 그것이며 변함없고 단순한 실재이실 것이다. 만일 우리가 이 모든 점을 이해하고, 이런 위대한 일들에서 추측이 허락되는 범위 내에서, 이 점을 분명히 진실한 것으로 깨닫는다면, 우리는 무슨 까닭에 성부와 성자와 성령을 사랑이라고 하며, 모두 함께한 사랑이라고 부르지 못할 것인지를 나는 알 수 없다. 마치 성부와 성자와 성령을 지혜라고 부르며 모두 합해서 세 지혜가 아니라 한 지혜라고 하는 것과 같다. 또 성부와 성자와 성령은 하나님이시며, 세 분이 함께한 하나님이시다.

29. 그렇더라도 이 삼위일체의 경우에 성자만을 하나님의 말씀이라고 부르며, 성령만을 하나님의 은사라고 부르며, 성부 하나님에게서만 성자가 나시며 성령이 주로 나오신다고 하는 것은 의미 없이 하는 말이 아니다. 주로 나오신다고 한 것은 성령은 성자에게서도 나오시기 때문이다. 그러나 성부께서 이 일도 성자에게 주신 것이다. 이미 없던 것을 주신 것이 아니라, 독생하신 말씀에게 주신 것을 모두 낳으심으로써 주셨다. 그러므로 성부는 공통된 선물이 성자에게서도 나오시도록 성자를 낳으시며, 성령이 두 분의 영이 되게 하셨다. 분할할 수 없는 삼위일체 내의 이 구별은 문제가 된 김에 그저 인정하고 지나갈 것이 아니라 신중히 고려해야 한다. 그래서 성부와 성령도 지혜시지만 하나님의 말씀을 특히 하나님의 지혜라고 불렀다. 만일 세 분 중의 어느 한 분을 특히 사랑이라고 불러야 한다면 누가 성령보다 더 적합하시겠는가? 바꿔 말하면, 단순한 최고 존재에서는 본질과 사랑이 다르

지 않고, 본질이 곧 사랑이며 사랑이 곧 본질이며, 이 점은 성부에게서나 성자에게서나 성령에게서 같되, 특히 성령을 사랑이라고 부르는 것이다.

30. 마치 성경에서는 구약성경에 있는 말씀들을 통틀어 율법이라고 부를 때가 있는 것과 같다. 사도는 이사야 선지자에게서 "내가 다른 방언하는 자와 다른 입술로 이 백성에게 말하리라."는 말씀을 인용하면서, "율법에 기록한 바"라는 말로 소개한다(사 28:11; 고전 14:21). 주께서는 "저희 율법에 기록된 바 저희가 연고 없이 나를 미워하였다 한 말"이라고 하셨지만(요 15:25), 이 말씀은 시편에 있다(시 35:19).

또 어떤 때에는 모세가 전한 것을 특히 율법이라고 부른다. 주께서 "선지자와 및 율법에 예언한 것이 요한까지니라."고 하시며(마 11:13), "이 두 계명이 온 율법과 선지자의 강령이니라."고(마 22:40) 하신 것과 같다. 여기서는 확실히 시내산에서 주신 것을 특히 율법이라고 부른다.

또 선지자라는 이름으로 시편을 의미하기도 한다. 그러나 주께서는 "율법과 선지자의 글과 시편에 나를 가리켜 기록된 모든 것이 이루어져야 하리라."고 하신다(눅 24:44). 여기서는 시편을 선지자라는 말에 포함시키시지 않는다. 그러므로 선지자들과 시편들을 율법과 합해서 총괄적으로 율법이라고 부르며, 모세가 전한 것을 특히 율법이라고 부른다. 마찬가지로 선지자들과 시편들을 함께 선지자들이라고 부르며, 시편을 제외하고 선지자들만을 특히 선지자라고 부른다.

이와 같이 명백한 일을 길게 논해도 좋다면, 통칭으로도 쓰고 특수한 것들에 대한 특칭으로도 쓰는 이름이 많다는 것을 달리도 많이 예시할 수 있다. 내가 이렇게 말을 많이 한 것은, 성부 하나님과 성자 하나님도 사랑이라고 부를 수 있으므로 성령을 사랑이라고 부르는 것은 적당하지 않다고 생각하는 사람이 없기를 바라기 때문이다.

31. 성령과 성부도 모두 지혜시지만, 하나님의 유일한 말씀을 특히 지혜라고 부르는 것과 같이, 성부와 성자도 모두 사랑이시지만 특히

성령을 사랑이라는 이름으로 부른다. 그러나 하나님의 말씀, 즉 하나님의 독생자를 사도는 명백히 하나님의 지혜라고 부른즉 "그리스도는 하나님의 능력이요 하나님의 지혜니라."고 한다(고전 1:24). 그러나 성령을 사랑이라고 부르는 곳은 사도 요한의 말씀을 자세히 조사해야 발견할 수 있다.

요한은 "사랑하는 자들아, 우리가 서로 사랑하자. 사랑은 하나님께 속한 것이라."고(요일 4:7) 말한 다음에, 계속해서 "사랑하는 자마다 하나님께로 나서 하나님을 알고, 사랑하지 아니하는 자는 하나님을 알지 못하나니, 이는 하나님은 사랑이심이라."고 한다(요일 4:7-8). 여기서 그는 하나님께 속했다고(하나님에게서 유래한다고) 말한 그 사랑을 분명히 하나님이라고 부른다. 하나님에게서 난 하나님이 사랑이시다.

그러나 성자도 성부 하나님에게서 나시며, 성령도 성부 하나님에게서 나오시므로, 어느 분을 여기서 하나님이신 사랑이라고 부르느냐고 묻는 것은 당연하다. 성부만은 하나님에게서 난 하나님이 아니시기 때문이다. 따라서 하나님에게서 난 하나님이라고 하는 사랑은 성자거나 그렇지 않으면 성령이다. 그러나 사도는 말씀을 계속해서 하나님의 사랑을 말씀하신 다음에, 그것은 우리가 하나님을 사랑하는 사랑이 아니라, 하나님이 "우리를 사랑하사 우리 죄를 위하여 화목제로 그 아들을 보내셨음이라."고 하며, 이런 우리도 서로 사랑하여 하나님이 우리 안에 거하시게 하라고 권고한다. 즉 하나님을 사랑이라고 불렀기 때문이다. 그는 이 문제를 더 명백히 말하기 위해서 즉시 "그의 성령을 주시므로 우리가 그의 안에 거하고 그가 우리 안에 거하시는 줄을 아느니라."고 한다(요일 4:13). 그러므로 그가 우리에게 주신 성령이 우리를 하나님 안에 거하게 하며, 그를 우리 안에 거하시게 한다. 그리고 이것이 사랑이 하는 일이다. 그러므로 성령 자신이 사랑이신 하나님이시다.

끝으로, 조금 뒤에 사도는 같은 문제를 반복하며, "하나님은 사랑이시라."고 말한 다음에 즉시 첨가해서, "사랑 안에 거하는 자는 하나님 안에 거하고 하나님도 그 안에 거하시느니라."고 한다(요일 4:16). 이것은 그가 앞에서 "그의 성령을 우리에게 주시므로 우리가 그 안에 거하고 그가 우리 안에 거하시는 줄을 아느니라."고 한 것과 부합하는 말씀이다. 그러므로 하나님은 사랑이시라고 할 때에는 성령을 의미한다. 그러므로 성부에게서 나오시는 성령 하나님은 사람에게 주어질 때에 하나님과 이웃에 대한 사랑의 불을 그 속에 일으키며 그 자신이 사랑이시다. 하나님에게서 받지 않으면 사람에게는 하나님을 사랑할 힘이 없다. 그러므로 요한은 조금 뒤에 "우리가 사랑함은 그가 먼저 우리를 사랑하셨음이라."고 한다(요일 4:19). 사도 바울도 "우리에게 주신 성령으로 말미암아 하나님의 사랑이 우리 마음에 부은 바 되느니라."고 한다(롬 5:5).

18. 하나님의 선물 가운데서 사랑이 가장 귀하다.

32. 하나님의 선물 가운데서 이것보다 더 훌륭한 것은 없다. 이것만이 영원한 나라의 자녀들과 영원한 멸망의 자녀들을 구별한다. 다른 선물들도 성령이 주시지만, 사랑이 없으면 그것들은 아무 소용이 없다. 성령이 각 사람에게 오셔서 하나님과 이웃을 사랑하게 만드시지 않는다면, 그 사람은 왼쪽에서 바른쪽으로 옮겨지지 않는다. 사랑 때문이 아니면 성령을 특별히 선물이라고 부르지도 않는다. 이 사랑이 없는 사람은 "사람의 방언과 천사의 말을 할지라도 소리 나는 구리와 울리는 꽹과리가 되고, 예언하는 능이 있어 모든 비밀과 모든 지식을 알고 또 산을 옮길 만한 모든 믿음이 있을지라도 아무 것도 아니요, 자기에게 있는 모든 것으로 구제하고, 또 몸을 불사르게 내어줄지라도 아무 유익이 없다"(고전 13:1–3).

사랑이 없으면 이렇게 위대한 것들도 사람에게 영생을 줄 수 없다고 하므로 이 사랑은 얼마나 위대한가?

만일 어떤 사람이 사랑은 있어도 방언을 하지 못하며 예언하는 능도 없으며 모든 비밀과 지식을 아는 것도 아니며, 아무 재산도 없기 때문이거나 부득이한 까닭이 있어서 자기에게 있는 것을 빈민들에게 주지 못하며, 몸을 내 주어 불사르게 할 경우를 만나지 않기 때문에 그런 일을 하지 않더라도, 이런 사람은 사랑이 있기 때문에 하늘나라로 가게 된다.

사랑이 없는 믿음은 있을 수 있어도 유익을 주지 못하므로 믿음 자체도 사랑이 있어야 유익하게 된다. 그러므로 사도 바울은 "그리스도 예수 안에서는 할례나 무할례가 효력이 없되, 사랑으로써 역사하는 믿음뿐이니라."고 말해서(갈 5:6), "귀신도 믿고 떠는"(약 2:19) 그런 믿음과 이 믿음을 구별한다. 그러므로 하나님에게서 오며 하나님인 그 사랑은 특히 성령이며, 이 성령에 의해서 하나님의 사랑이 우리 마음에 부은 바 되며, 이 사랑에 의해서 삼위일체 전체가 우리 안에 거하시게 된다. 그러므로 성령은 하나님이시지만, 또한 성령을 하나님의 선물이라고(행 8:20) 부르는 것은 가장 합당한 일이다.

사랑은 사람을 하나님께 데려가며, 사랑이 없으면 하나님의 어떤 다른 선물도 사람을 하나님께 데려갈 수 없으므로, 성령을 특히 하나님의 선물이라고 부를 때의 그 선물은 사랑이 아니고 무엇이라고 해석할 것인가?

19. 성경에서는 성령을 하나님의 선물이라고 부른다. 삼위일체 내에서 성령만이 사랑이신 것은 아니지만, 특히 성령을 사랑이라고 부른다.

33. 성경에서 성령을 하나님의 선물이라고 부른다는 것도 증명이 필요한가? 만일 사람들이 그것을 찾는다면, 요한복음에 주님 자신의 말씀이 있다. "누구든지 목마르거든 내게로 와서 마시라. 나를 믿는 자는 성경에 이름과 같이 그 배에서 생수의 강이 흘러나리라."(요 7:37-38). 복음서 기자는 첨가한 "이는 그를 믿는 자의 받을 성령을 가리켜 말씀하신 것이라."(요 7-39). 따라서 사도 바울도 "우리가 다 한 성령을 마

시게 하셨느니라."고 한다(고전 12:13).

그러면 문제는 성령이 하나님의 선물이신데, 이 물을 하나님의 선물이라고 부르느냐고 하는 것이다. 그러나 여기서 이 물을 성령이라고 하는 것을 우리는 보며, 이 복음서의 다른 곳에서도 이 물을 하나님의 선물이라고 부르는 것을 본다.

주께서 우물가에서 사마리아 여인과 말씀하셨을 때에, 물을 좀 달라고 하셨고 여인이 유대인과 사마리아인은 상종치 않는다고 대답했으므로 주님은 "네가 만일 하나님의 선물과 또 네게 물 좀 달라하는 이가 누구인 줄 알았더면, 네가 그에게 구하였을 것이요 그가 네게 생수를 주었으리라."고 하셨다. 여인이 말하되, "주여 물 길을 그릇도 없고 이 우물은 깊은데 어디서 이 생수를 얻겠나이까 했다. 예수께서 대답하시기를, 이 물을 먹는 자마다 다시 목마르려니와 내가 주는 물을 먹는 자는 영원히 목마르지 아니하리니, 나의 주는 물은 그 속에서 영생하도록 솟아나는 샘물이 되리라."고 하셨다(요 4:7-14).

복음서 기자의 설명대로 이 생수는 성령이라면, 성령이 하나님의 선물이심이 확실하다. 주님이 여기서 그 선물에 대해서 말씀하시기 때문이다: "네가 만일 하나님의 선물과 네게 물 좀 달라 하는 이가 누구인 줄 알았다면 네가 그에게 구하였을 것이요 그가 생수를 네게 주었으리라."고 하신다. 앞의 구절에서 "그 배에서 생수의 강이 흘러나리라."고 하신 것을, 이 뒤의 구절에서는 "그 속에서 영생하도록 솟아나는 샘물이 되리라."고 하신다.

34. 사도 바울도 "우리가 각 사람에게 그리스도의 선물의 분량대로 은혜를 주셨다."고 말하고, 그리스도의 선물은 성령을 의미한다는 것을 밝히기 위해서 첨가했다: "그러므로 이르기를 '그가 위로 올라가실 때에 사로잡힌 자를 사로잡고 사람들에게 선물을 주셨다' 하였도다"(엡 4:7-8). 주 예수께서 죽은 자 가운데서 부활하신 후에 승천하셨을 때에 성령을 주셨고, 믿는 자들이 성령이 충만해서 각국 방언을 했다는 것은 모든 사람이 아는 사실이다. 사도가 선물들이라고 해서 복수로 말

하고 단수로 말하지 않았다고 항의할 필요는 없다. 사도는 시편을 인용했기 때문이다.

시편에는 "주께서 높은 곳으로 오르시며 사로잡은 자를 끌고 선물을 (복수) 인간들 사이에서 …받으셨도다"라고 한다(시 68:18). 이것이 여러 사본에, 특히 헬라어 사본에 있는 본문이고, 우리가 가진 것은 히브리어 본문을 번역한 것이다. 그러므로 사도는 선지자와 같이 선물을 복수로 말하고 단수로 말하지 않았다. 그러나 선지자가 "선물을 인간들 사이에서 받으셨나이다."라고 한 것을 사도는 "사람들에게 선물을 주셨다."고 한다. 이것은 선지자의 말과 사도의 말의 양쪽에서 뜻을 완전히 종합하게 하려는 것이다. 양쪽이 다 하나님의 말씀으로서 권위가 있기 때문이다.

사람들에게 주셨다고 하는 것과 사람들 사이에서 받으셨다고 하는 것은 양쪽이 다 사실이다. 그는 자기의 지체들의 머리로서 사람들에게 주셨다. 또 주신 그 자신이 사람들 사이에서 -사람들, 즉 자기의 지체들 안에서- 받으셨다. 그 지체들 때문에 그는 하늘로부터 "사울아 사울아, 네가 어찌하여 나를 핍박하느냐"라고 외치셨다(행 9:4). 또 그들 때문에, 즉 자기의 지체들 때문에 "너희가 여기 내 형제 중에 지극히 작은 자 하나에게 한 것이 곧 내게 한 것이니라."고 하셨다(마 25:40).

그러므로 그리스도께서 친히 하늘에서 주시고 또 땅에서 받으셨다. 그리고 선지자와 사도가 다 선물들이라고 한 것은 선물이 여러 가지이기 때문이다. 대표적 선물이신 성령이 그리스도의 지체들에게 각각 적합한 선물을 주시며 공통적으로 나눠 주신다. 어느 개인이나 모든 선물을 받는 것이 아니라, 사람에 따라 선물이 다르다. 다만 각 사람에게 적합한 선물을 나눠 주시는 대표적 선물, 즉 성령은 모든 사람이 받는다.

사도는 다른 데서도 여러 가지 선물을 말한 후에, "이 모든 일은 같은 한 성령이 행하사 그 뜻대로 각 사람에게 나눠 주시느니라."고 한다(고전 12:11). 이 말씀은 히브리서에서도 발견된다: "하나님도 표적들과 기사들과 여러 가지 능력과 및 자기 뜻을 따라 성령의 나눠 주신 것으로써 저희와 함께 증거하셨느니라."(히 2:4). 그래서 여기서도 사도는 "그가 위로 올라가실 때에 사로잡힌 자를 사로잡고 사람들에게 선물을 주셨다."고 한 다음에, 계속해서 "올라가셨다 하였은즉 땅 아랫 곳으로 내리셨던 것이 아니면 무엇이뇨? 내리셨던 그가 곧 모든 하늘 위에 오르신 자니, 이는 만물을 충만케 하려 하심이니라. 그가 혹은 사도로 혹은 선지자로, 혹은 복음 전하는 자로, 혹은 목사와 교사로 주셨으니"라고 한다(엡 4:9-11). 우리가 보는 바와 같이, 이와 같기 때문에 선물들이라고 말한다. 사도는 다른 곳에서 "다 사도겠느냐? 다 선지자겠느냐?"라고 한다(고전 12:29). 그리고 여기서는 계속해서 "이는 성도를 온전케 하며 봉사의 일을 하게 하며 그리스도의 몸을 세우려 하심이라."고 첨가한다(엡 4:12).

시편에서 노래하듯이(시 126:1), 이것이 포로를 돌리실 때에 일으킬 그 집이다. 그리스도의 교회라고 하는 그리스도의 집은 마귀에게 사로잡혔다가 구출된 사람들로 짓는다. 그러나 마귀를 정복하신 그리스도 자신이 사로잡힌 자를 사로잡고, 거룩한 머리의 지체가 될 사람들을 마귀가 영벌로 끌고 가지 못하도록, 우선 의의 줄로 그를 결박하고 다음에 힘의 줄로 결박하셨다.360) 그러므로 마귀를 사로잡힌 자라고 부르며, 위로 올라가실 때에 그를 사로잡고 사람들에게 선물을 주시거나 또는 사람들 사이에서 선물을 받으셨다.

35. 그리고 성경의 정경인 사도행전의 기록을 보면, 사도 베드로가 그리스도에 대해서 말했을 때에, 그 말을 들은 유대인들이 마음에 찔려 "형제들아, 우리가 어찌할꼬?" 하고 물었다. 베드로는 그들에게 "너희가 회개하여 각각 예수 그리스도의 이름으로 세례를 받고 죄 사함을 얻으라. 그리하면 성령의 선물을361) 받으리라."고 했다(행 2:37-38). 마찬가지로 같은 책에 마술사 시몬이 사도들에게서 안수함으로 성령을 받게 하는 권능을 얻기 위해서 그들에게 돈을 주고자 했을 때에, 베드

---

360) 제13권 13장.
361) 개역성경과 표현이 다르다. 그 이유는 아래에 설명이 있다.

로가 그에게 "네가 하나님의 선물을 돈 주고 살 줄로 생각하였으니, 네 은과 네가 함께 망할지어다."라고 했다(행 8:18-20). 같은 책 다른 곳에는 고넬료와 그와 함께 있는 사람들에게 베드로가 그리스도를 전한 이야기가 기록되어 있다. "베드로가 이 말 할 때에 성령이 말씀 듣는 모든 사람에게 내려오시니, 베드로와 함께 온 할례 받은 신자들이 이방인들에게도 성령의 선물 부어주심을 인하여 놀라니, 이는 방언을 말하매 하나님 높임을 들음이러라."고 한다(행 10:44-46).

그 후에 베드로는 자기의 이 행동을 예루살렘에 있는 형제들에게 설명했다. 할례를 받지 않은 사람들이 세례를 받기 전에, 비상수단으로 성령이 그들 위에 내리셨으므로, 자기는 그들에게 세례를 준 것이라고 했다. 예루살렘 형제들도 이 이야기를 듣고 감동했다. 베드로는 몇 마디 전제한 다음에 말했다: "내가 말을 시작할 때에 성령이 저희에게 임하기를 처음 우리에게 하신 것과 같이 하는지라. 내가 주의 말씀에 요한은 물로 세례 주었으나 너희는 성령으로 세례 받으리라 하신 것이 생각났노라. 그런즉 하나님이 우리가 주 예수 그리스도를 믿을 때에 주신 것과 같은 선물을 저희에게도 주셨으니, 내가 누구관대 하나님이 그들에게 성령 주시는 것을 능히 막겠느냐?"고 했다(행 11:15-17). 그러므로 성령에 의해서 하나님을 사랑하는 사람들에게 성령을 주셨을 때에는, 그 성령을 하나님의 선물이라고 일치되는 증언을 하는 예가 성경에 이 밖에도 많다. 그것을 전부 수집하려면 너무 거창할 것이다. 우리가 열거한 것으로 만족하지 못하는 사람들을 무엇이면 충분히 만족시키겠는가?

36. 그런데 성령을 하나님의 선물이라고 부르는 것을 그들은 이제 알았은즉, "성령의 선물"이라는 말에 대해서 그들에게 경고해야 하겠다. 이 표현 방법은 "육의 몸을 벗는 것"이라는(골 2:11) 표현과 같다. '육의 몸'은 '육'에 불과하다. 그와 같이 성령의 선물은 성령에 불과하다. 그러면 성령을 받은 사람에게 성령을 주셨다는 의미에서 성령은

하나님의 선물이시다. 그러나 아무에게도 주어지시지 않더라도 성령은 자신이 하나님이시다. 어느 누구에게 주어지시기 전에 그는 성부 및 성자와 동등하게 영원하셨기 때문이다. 성부와 성자가 그를 주시고, 그는 주어지신다고 해서 그가 더 작으신 것도 아니다. 그는 하나님의 선물로서 주어지지만, 그것은 동시에 그가 하나님으로서 자신을 주시기 때문이다. "임의로 분다"고 한(요 3:8) 성령이 362) 자신의 권능을 이미 말한 바와 같이, 사도는 "이 모든 일은 같은 한 성령이 행하사 그 뜻대로 각 사람에게 나눠 주시느니라."고 한다(고전 12:11). 여기서는 주어지시는 분이 예속되거나 주시는 분들이 지배하시는 것이 아니라, 주어지시는 분과 주시는 분들 사이에 합의와 일치가 있는 것이다.

37. 그러므로 성경이 하나님은 사랑이시라고 선언하며, 사랑은 하나님에게서 난다고 하며, 사랑이 우리 안에 역사해서 우리가 하나님 안에 거하고 하나님이 우리 안에 거하시게 한다고 하며, 하나님이 그의 성령을 우리에게 주시므로 우리는 이 일을 안다고 선언하므로, 그 성령 자신이 곧 사랑인 하나님이시다. 다음에 하나님의 선물 가운데서 사랑보다 더 큰 것이 없으며, 또 성령보다 더 큰 하나님의 선물이 없다면, 성령 자신이 사랑이라고 하는 것이 가장 자연스러운 결론이 아니겠는가? 그 성령을 하나님이라고도 하고 하나님에게서 오신다고도 한다. 또 성자에 대한 성부의 사랑과 성부에 대한 성자의 사랑은 두 분 사이의 교제를 형언할 수 없이 증명한다면, 두 분에게 공통된 영이신 성령을 특별히 사랑이라고 부르는 것보다 무엇이 더 적합하겠는가?

그러므로 우리가 열거한 이유들을 근거로, 성령은 삼위일체 내에서 단독으로 사랑이신 것이 아니며, 특별히 사랑이시라고 부르는 데도 이유가 없지 않다고 믿으며 해석하는 것이 더 건전한 태도다. 성령만이 삼위일체 내에서 영이시거나 거룩하신 것이 아닌 것과 같다. 성부도 영이시고, 성자도 영이시기 때문이다. 성부도 거룩하시고 성자도 거룩

---

362) 요 3:8의 개역성경은 "바람이 임의로 불매"라고 되어 있는데, '바람'과 '영' 또는 성령은 원어가 같다(pneuma).

하시기 때문이다. 이 점을 경건한 자는 의심하지 않는다. 그렇더라도 그를 특히 성령, 즉 거룩한 영이라고 부르는 데는 뜻이 없지 않다. 그가 두 분에게 공통하시므로, 특히 그 공통한 이름으로 부르기 때문이다. 그렇지 않고, 삼위일체 내에서 성령만이 사랑이시라면, 물론 성자도 성부만의 아들이 아니라 성령의 아들도 되실 것이다.

그러나 성자를 하나님의 독생자라고 부른 곳은 성경에 무수하며, 사도가 성부 하나님에 대해서 하는 말도 진리다. 사도는 "그가 우리를 흑암의 권세에서 건져내사 그의 사랑의 아들의 나라로 옮기셨느니라."고 한다(골 1:13). "그 자신의 아들의"라고 말하지 않는다. 그렇게 말했더라도 그것은 참된 말이었을 것이며, 그는 사실로 자주 그렇게 참된 말을 했다. 그러나 그는 여기서 "그의 사랑의 아들"이라고 한다. 그러므로 만일 삼위일체 안에 성령 이외에는 하나님의 사랑이 없다면, 성자는 또한 성령의 아들이실 것이다. 그리고 이것이 어리석은 말이라면, 성령만이 사랑이란 것이 아니라, 특별히 그렇게 부르는 것이라고 해야 하며, 그 이유들은 내가 충분히 열거했다. 그리고 "그의 사랑의 아들"이라는 말씀은 "그의 사랑하시는 아들"이라는 뜻에 불과하다. 간단히 말하면, 그의 본체의 아들이라는 뜻이다. 사랑은 성부 안에 있으며, 그의 형언할 수 없이 단순한 본성 안에 있으며, 곧 그의 본성과 본체이다. 이 점을 나는 이미 여러 번 말했고, 자주 반복하는 것을 부끄러워하지 않는다. 따라서 "그의 사랑의 아들"은 곧 그의(하나님의) 본체에서 나신 분이라는 뜻이다.

20. 하나님의 아들은 하나님의 본성이 아니라 의지에서 났다고 한 유노미우스(Eunomius)를[363] 반박한다. 이미 말한 것을 끝내는 말

---

[363] 유노미우스(335-394년경)는 감독까지 되었으나, 그의 극단적인 아리우스 이단 사상 때문에, 그 지위에서 쫓겨났다. 그는 성자는 그 의지와 본질이 성부와 다르다고 하며, 성령의 신성을 부인했다.

38. 그러므로 유노미우스 이단설의 장본인인 유노미우스의 논리는 가소로운 것이다. 만물을 지으신 말씀, 곧 하나님의 독생하신 말씀은 그 본성에서 하나님의 아들이시라는 것, 즉 성부의 본질에서 나셨다는 것을 유노미우스는 이해할 수 없었고 또 믿으려 하지 않았기 때문에, 하나님의 말씀은 하나님의 본성이나 숩스탄티아나 에센티아에서 나신 것이 아니라 하나님의 의지의 아들이라고 했다. 이렇게 말함으로써 성자를 낳은 하나님의 의지는 하나님으로서는 어떤 우연한 것이라는 뜻을 주장하려고 했다. 우리가 원하지 않던 일을 후에 원하게 되는 것과 같다는 것이었다. 그러나 그렇기 때문에 우리의 본성은 변할 수 있다는 것이며, 우리는 하나님에 대해서는 이렇게 믿을 수 없다.

"사람의 마음에는 많은 생각이 있어도, 오직 주의 생각이 영원히 있으리라."고 한다(잠 19:21, LXX). 이 말씀의 뜻은, 하나님의 생각은 그가 영원하신 것과 같이 영원하며, 따라서 그와 같이 변함이 없다고, 우리는 이해하며 믿을 수 있다는 것이다. 생각에 대해서 한 말은 의지에(즉 소원에) 대해서도 조금도 잘못이 아니다. "사람의 마음에는 많은 소원이 있어도, 하나님의 소원은 영원히 있으리라."고 말할 수 있다. 독생하신 말씀에 대해서 하나님의 생각의, 또는 의지의 아들이라고 말하는 것을 피하기 위해서, 말씀은 그 자신이 성부의 생각이나 의지라고 말한 사람이 있다. 그러나 내가 보기에는, 말씀은 본체에서 난 본체이며 지혜에서 난 지혜이신 것과 같이, 생각에서 난 생각 또는 의지에서 난 의지라고 부르는 것이 낫다. 이렇게 말함으로써 우리는 우리가 이미 폭로한 어리석은 생각을 피할 수 있다. 즉 그것은 성자가 성부를 지혜롭게 또는 소원을 가지게 만들며, 성부는 자신의 본체 안에 자신의 생각이나 소원이 없다고 하는 어리석은 생각이었다.

우리는 교묘한 질문을 하는 이단자에게 어떤 사람이 준 대답을 회상한다. 하나님은 성자를, '원해서 낳으셨는가, 또는 원치 않으셨는데 낳으셨는가?'라고 이단자는 물었다. 원치 않으셨다고 대답한다면, 하나님에게 말도 되지 않는 곤경을 가하는 것이 될 것이다. 만일 원해서라고 대답한다면, 불가항력적으로 나오는 결론은 의도된 대로 성자는 본성의 아들이 아니라 의지의 아들이라는 것이다. 그래서 신중한 상대자는 이단에 대해서 자기의 질문으로 대답했다. 성부 하나님은 '원해서 하나님이신가, 원치 않으시는데 하나님이신가?'라고 물은 것이다. 만일 원치 않으셨다고 대답하면, 역시 말도 되지 않는 곤란을 하나님께 가하는 것이 되겠고, 또 그런 생각을 인정하는 것은 정신없는 짓일 것이다. 만일 원해서라고 대답한다면, 그때에는 하나님은 의지로 하나님이시고 본성으로 하나님이신 것이 아니라고 대답할 수 있다. 그래서 이단자는 침묵을 지킬 수밖에 없었다. 자신의 질문 때문에 피할 수 없는 궁지에 빠진 것을 알았기 때문이었다. 참으로 삼위일체 내의 어느 위격을 특별히 하나님의 의지라고 부르려고 한다면, 그 이름은 사랑과 같이 성령에 잘 해당할 것이다. 사랑은 의지가 아니고 무엇인가?

39. 나는 이 권에서 성경을 따라 성령에 대해서 논했고, 성령은 하나님이시라는 것과 성부 및 성자와 본질이 다르시지 않으며 작으시지도 않다는 것을 이미 알고 있는 신자들에게는 내가 한 논의가 충분하다고 믿는다.

우리는 앞의 여러 권에서도 성경을 따라 이 점을 밝혔다. 우리는 또 하나님이 지으신 피조물을 근거로, 하나님의 보이지 않는 일들을(롬 1:20) 힘을 다해서 보며 이해하도록 이런 문제에 대한 이론을 요구하는 사람들에게 힘 자라는 대로 논증하며 경고했다. 특히 하나님의 형상대로 창조된 이성적 또는 지성적 피조물에 대해서 논했다. 이런 피조물을, 이를테면 거울로 삼아 할 수 있는 대로 우리의 기억력과 이해력과 의지에서 삼위일체 하나님을 보라고 했다.

이 세 가지 것을 자기의 마음속에 본성으로서 하나님이 정해 주신 것을 총명하게 고찰해서, 기억력으로 회상하며 이해력으로 정관(淨觀)하며 사랑으로 환영하는 사람은, 그리고 자기의 마음속에 있는 것으로 영원불멸하게 존재하는 것까지도 회상하며 보며 친할 수 있다는 것은 얼마나 위대한 일인가 하는 것을 생각하는 사람은, 확실히 최고 삼위일체의 형상을 발견한다. 그는 최고 삼위일체를 회상하며 보며 사랑하는 일에 모든 생명을 바쳐서, 그 삼위일체를 회상하며 정관하며 즐기도록 해야 한다. 그러나 나는 또한 충분할 정도로 그런 사람에게 경고했다.

삼위일체가 지으신 이 형상은 그 자신의 허물로 타락했으므로, 이 형상과 삼위일체를 비교할 때에 모든 점에서 같다고 생각할 것이 아니라, 거기에는 어떤 유사점이 있으면서도, 큰 차이점도 있다는 것을 깨달아야 하기 때문이다.

21. 우리의 기억력과 이해력에 있다고 하는 성부와 성자의 형상에 대하여; 우리의 의지 또는 사랑에 있는 성령의 형상에 대하여

40. 나는 확실히 성부 하나님과 성자 하나님을 알리려고 전력을 다했다. 얼굴을 대해서 보려는 것이 아니라, 우리의 기억력과 이해력에 있는 유사점을 근거로 삼아서 부족하나마 추측으로 희미하게라도 보려고 한 것이다. 즉 성부 하나님은 낳으시는 분이며, 자기와 동등하게 영원하신 말씀을 통해서 자기의 본질 안에 있는 모든 것을 이를테면 말씀하셨다.

그리고 성자 하나님은 성부의 말씀으로서 성부 안에 있는 본질 이상이나 이하의 무엇을 가지신 것이 아니다. 즉 성부는 말씀을 거짓 없이 진실하게 낳으셨다. 그리고 나는 우리가 아는 것은 비록 우리가 생각하지 않을 때에도 모두 기억력 안에 있다고 하며 이해력은 그 독특한 사고방식으로 생각을 형성한다고 했다.

우리가 무엇을 생각해서 그것이 참되다는 것을 발견할 때에, 보통 그것을 이해했다고 하기 때문이다. 그리고 우리는 이 이해한 것을 다시 기억 속에 남겨 둔다. 그러나 우리가 이것을 처음으로 생각했을 때에는 기억의 더 깊이 숨은 곳에서 발견했고, 거기서 어느 나라 말에도 속하지 않은 어떤 내면적인 말이 생겨났다. 이를테면 그것은 지식에서 난 지식, 시상(視像)에서 난 시상, 생각에 나타난 이해력이다. 이 이해력은 이미 기억 안에 잠재한 이해에서 온 것이다. 다만 생각 자체는 그 자체에 대한 어떤 기억이 없으면 돌아올 수 없을 것이다. 즉 다른 일들을 생각할 때에 기억에 남겨 준 것으로 돌아올 수 없을 것이다.

41. 그러나 성령에 관해서는, 이 수수께끼에서 성령과 비슷한 것으로서 우리의 의지나 강한 의지인 사랑밖에 지적한 것이 없다. 우리의 의지는 우리의 본성에 속한 것이며, 우리에게 인접한 것이나, 또는 의지를 꾀거나 물리치는 것을 만날 때에는 여러 가지 감정을 경험한다. 그러면 여기서 어떤 결과가 생기는가? 바른 방향을 취한 의지가 그 구할 것이나 피할 것을 모른다고 말할 수 있는가? 그렇게 말할 수 없다면 의지에는 그 자체의 지식이 있는 것이며, 따라서 기억력과 이해력이 없을 수 없다.

또 우리는 악을 행하지 않는 사랑이(고전 13:5) 그 하는 일을 모른다고 말하는 사람에게 귀를 기울일 것인가? 우리는 생각함으로써 우리가 어떤 것을 이해하며 또 사랑한다는 것을 기억 안에서 발견할 때에, 우리는 이해력과 사랑도 발견하므로, 우리는 원초적 기억 안에 그 두 가지도 준비되며 저장되어 있다는 것을 발견한다. 두 가지는 우리가 생각하지 않을 때에도 거기에 있었다. 그리고 생각으로 이루어지는 이해는 우리가 마음속에서 아는 것을 말할 때에, 어느 나라 말에도 속하지 않은 참다운 말이 된다.

그 이해 안에는 기억과 사랑도 있다. 우리의 생각의 눈은 기억에 없는 것에는 돌아가지 못한다. 또 그것을 사랑하지 않으면 돌아가려고 하지 않는다. 그래서 기억 안에 있는 시상과 생각이 이루어 놓은 시상을 부자(父子)와 같이 결합하는 사랑은 그 원하는 것을 모른다면, 바르게 사랑하는 것도 모를 것이다. 그러나 이런 지식은 기억력과 이해력이 없이는 가질 수 없는 것이다.

22. 우리 자신 안에서 발견되는 삼위일체의 형상과 삼위일체 자체는 얼마나 다른가?

42. 그러나 이것들은 한 사람 안에 있는 것이기 때문에, 우리에게 다음과 같이 말하는 사람이 있을지 모른다. 이 기억력과 이해력과 사랑이라고 하는 셋은 내 것이고, 그것들 자체의 것이 아니다. 그것들 자체를 위해서 작용하는 것이 아니라 나를 위해서 하는 것이며, 더 바르게 말하면 내가 그것들을 써서 하는 일이다. 기억력으로 기억하는 것은 나요, 이해력으로 이해하는 것은 나요, 사랑으로 사랑하는 것은 나다. 내가 나의 마음의 눈을 나의 기억으로 돌리고 내가 아는 것을 마음속으로 말할 때에, 그래서 나의 지식에서 참다운 말이 생겨날 때에, 그 지식은 물론이고 그 말도 다 내 것이다. 아는 것도 나요, 아는 것을 마음속에서 말하는 것도 나다. 또 생각함으로써 이해하며 사랑하는 것을 기억에서 발견할 때에, 그것은 내가 생각하기 전에도 그 기억 안에 있었던 것이며, 내가 내 자신의 기억 안에서 발견하는 것은 나의 이해와 나의 사랑이며, 그것들에 의해서 내가 이해하며 내가 사랑하는 것이다.

이해력이나 사랑이 자체적으로 작용하는 것이 아니다. 기억에 남겨 둔 것을 생각이 회상하며 의지가 그것으로 돌아가서, 거기서 이해한 것을 발견하며 내면적인 말을 할 때에, 이렇게 회상하며 말하는 것은 그것들이 아니고 나의 기억력과 나의 의지이다. 나의 사랑도, 그 원해야 할 것과 피해야 할 것을 회상하며 이해할 때에, 그것은 그 자체의 기억력으로 회상하는 것이 아니라 나의 기억력으로 회상하며, 그 자체의 이해력으로 이해하는 것이 아니라 나의 이해력에 의해서 그 바르게 사랑하는 것을 이해하는 것이다. 요컨대 이 세 가지를 사용해서 기억하며 이해하며 사랑하는 것은 나다. 나는 기억력이나 이해력이나 사랑이 아니라 이 세 가지를 가지고 있다.

그런데 이 세 가지가 아니면서 이것들을 가지고 있는 한 인격이 이런 말을 할 수 있다. 그러나 최고 존재이신 하나님의 단순성의 경우에는, 하나님은 한 분이시지만, 성부와 성자와 성령의 세 위격이 계시다.

23. 사람 안에 있는 삼위일체와 하나님 안에 있는 삼위일체와의 차이를 부연한다. 지금은 믿음의 도움으로 삼위일체를 거울로 보듯 하며, 미래에 약속된 대면 시에 더 분명히 보게 되리라 한다.

43. 그 자체가 삼위일체인 것은 삼위일체의 형상을 내포한 것과 다르다. 그런 형상 때문에, 그 셋을 내포한 것까지 형상이라고 부른다. 마치 화판과 거기에 그린 그림을 함께 동시에 화상이라고 부르는 것과 같다. 그림 때문에, 그림이 그려져 있는 그 화판까지 화상이라고 하는 것이다. 그러나 비교할 나위 없이 만물을 초월한 최고 삼위일체의 경우는, 그 불가분성이 심히 위대하기 때문에, 사람의 경우와 다르다. 세 사람이 한 패일 때에(즉 삼위일체일 때에), 그들을 한 사람이라고 부를 수 없지만 최고의 삼위일체의 경우에는 한 분 하나님이라고 하며 한 분 하나님이시다. 또 삼위일체는 한 하나님 안에 있는 것이 아니라, 곧 한 분 하나님이시다.

사람의 경우에 형상에 세 가지 것이 있었으나 사람은 하나 즉 한 인격이었다. 그러나 최고 삼위일체의 경우는 그렇지 않고, 세 위격 즉 성자의 성부와 성부의 성자와 성부 및 성자의 성령이시다.

사람의 경우에는 동물들과 달라서 신체 감각을 통하지 않고 기억에 들어간 정신적인 사물도 있으며, 삼위일체의 이 형상 안에서 기억은[364] 성부와 비슷한 점이 있다. 물론 그것은 비교할 나위 없이 동등하지 않으며, 그 형상이 작은 것만큼 작은 정도에 그친다.

마찬가지로, 또 사람의 이해력의 경우에, 생각의 집중으로 기억된

---

[364] 어거스틴은 '기억' 또는 '기억력'이라는 말을 보통 용법보다 넓은 의미로 썼다. 잠재적인 것까지를 포함시켰다. 본유 관념(innate ideas)도 '기억' 안에 있으며, 반성에 의해서 상기된다고 했다. 시간과 공간과 신 관념 등도 반성에 의해서 나타나지 않을 때에는 '기억'에 없다고 했다.

것에서 이해가 생기며, 그 알려진 것이 어느 나라 말에도 속하지 않은 내면적인 말로 표현될 때에, 그 이해력은 비록 성자와 심히 다르지만 일종의 유사성이 있다. 또 사람의 경우에 사랑은 지식에서 출발하며, 기억과 이해력을 마치 부자와 같이 연결해서 양쪽에 공통되는 듯하지만, 부자의 어느 쪽도 아니다. 그 사람은 형상 안에서 성령과 비록 심히 다르지만 비슷한 점이 있다. 그러나 삼위일체의 형상의 경우에는 이 넷이 곧 한 사람인 것이 아니라, 한 사람에 속해 있는 것과 같이, 최고 삼위일체 자체에서도 이 셋은 한 하나님에 속하지만 또한 곧 하나님이시며, 이 셋은 세 위격들이시고 한 위격이 아니다.

또한 놀라울 정도로 형언할 수 없으며 형언할 수 없을 정도로 놀라운 것은, 삼위일체의 형상이 한 위격인데도 최고의 삼위일체는 세 위격이시며, 그러나 이 세 위격의 삼위일체가 한 위격의 삼위일체보다 더 불가분적이라는 사실이다. 하나님의 본성에 있는 이 삼위일체는 변함없이 항상 자체와 동등하다. 그것은 없었던 때가 없었고, 다른 때도 없었으며, 없는 때가 앞으로도 없을 것이고, 다를 때도 결코 없을 것이다.

그러나 이 적절하지 못한 형상 안에 있는 세 가지 것은 일체가 아니므로 공간적으로 분리되어 있지 않지만, 금생에서는 서로 대소(大小)의 정도가 다르다. 부피가 있는 것이 아니지만, 우리는 어떤 사람의 기억력은 이해력보다 크며, 어떤 사람은 그와 반대라는 것을 볼 수 있다. 또 어떤 사람은 그들보다 사랑이 더 크다. 둘은 서로 같을 수도 있고, 같지 않을 수도 있다. 그래서 둘이 하나보다, 하나가 둘보다, 혹은 각각 서로 크고 작을 수 있다. 또 모두 그 연약한 점이 치유되며 모두 서로 동등하게 될 미래에도 은혜로 변하지 않게 된 것은 본질상 변함이 없는 것과 동등하게 되지 않을 것이다. 피조물은 조물주와 동등하지 않고, 모든 약점이 치유되는 것 자체가 한 변화이기 때문이다.

44. 그러나 우리가 약속을 받은 대로 얼굴과 얼굴을 대해서 보는 때가 오면, 우리는 이 삼위일체를, 곧 비물질일 뿐 아니라 완전히 불

가분적이며 참으로 변함없는 이 삼위일체를 볼 것이다. 그 형상인 우리 자신을 지금 보는 것보다 훨씬 더 분명하고 훨씬 더 확실하게 볼 것이다. 그러나 금생에서 허락되는 대로 이 거울로 희미하게 보는 사람들은 우리가 설명하며 추천한 것들을 그 마음에서 보는 사람들이 아니다. 그렇지 않고 자기의 마음을 한 형상으로 보며, 그 보는 것을 어떤 방법으로든지 그 형상의 보는 것을 추측으로 볼 수 있는 사람들이다. 사도는 우리는 지금 거울을 본다고 하지 않고, "거울로(거울을 통해서) 본다"고 했기 때문이다.

24. 사람의 마음은 연약하다.

그러므로 지금 자기의 마음을 어떻게든지 보며, 내가 될 수 있는 대로 여러 가지 방법으로 설명한 삼위일체를 보면서도, 그 마음이 하나님의 형상인 것을 믿거나 이해하지 못하는 사람들은, 물론 거울은 보지만 그 거울을 통해서 지금 볼 수 있는 분은 보지 못하는 것이며, 심지어 형상인 줄로 아는 그 거울까지도 알지 못한다. 만일 안다면, 그들은 아마 그 거울의 근본인 분도 탐구해서 우선 잠정적으로 보아야 한다고 느낄 것이다. 그리고 거짓 없는 믿음으로 그들의 마음이 청결하게 되어(딤전 1:5), 지금 거울로 보는 분을 대면해서 볼 수 있게 되어야 한다고 느낄 것이다.

만일 그들이 마음을 청결하게 만드는 이 믿음을 멸시한다면, 인간의 마음의 본성에 대해서 가장 오묘한 토론을 이해한다고 하더라도 무슨 유익을 얻을 것인가? 그들 자신의 이해력도 증인이 되어 그들을 정죄할 것이 아닌가? 벌로, 흑암 속에 빠지며 썩을 육신에 영혼이 눌려 있는 것이(지혜서 9:15) 아니라면, 그들의 이해력이 이렇게까지 무력하며, 아무 확신도 얻지 못하게 되지 않을 것이다. 그들이 이런 곤경에 빠지는 것은 죄의 보응 때문이 아니고 무엇인가? 그러므로 그들은 이렇듯 심대한 재앙에 놀라, 세상 죄를 지고 가는 어린양을 따라가야 마땅하다.

25. 성령은 무슨 까닭에 나시지 않으며,
    어떻게 성부와 성자에게서 나오시는가 하는 문제는
    우리가 천국에 이르렀을 때에만 이해될 것이다.

　　그들보다 지력(知力)이 둔할지라도 어린양을 따르는 사람들은, 금생의 끝에 육신에서 해방되면, 시기하는 세력들이 그들을 잡고 있을 권리가 없어진다. 어떠한 죄의 빚도 없으므로 그들에게 죽으신 어린양이 그들을 정복하셨기 때문이다. 힘으로 정복하시기 전에 의로운 피로 정복하셨다. 따라서 마귀의 권세에서 해방된 그들은 천사들의 지지를 받는다. 하나님과 사람 사이의 유일한 중보이신 인간 그리스도 예수가(딤전 2:5) 모든 재난에서 그들을 해방하셨기 때문이다. 그리스도의 오심을 예고한 구약성경과 그리스도의 오심을 선포한 신약성경은, 천하 인간에 구원을 얻을 만한 다른 이름을 우리에게 주신 일이 없다고(행 4:12) 일치되는 증언을 한다. 썩는 오염을 일체 씻어버린 사람들은 평화로운 거처에 있게 되며, 마침내 다시 몸을 얻게 될 것이다. 그것은 그들 자신의 몸이겠지만, 이제는 썩지 않는 것이며, 짐이 되는 것이 아니라 장식이 될 것이다. 이와 같이 사람의 영이 하나님에게 경건하게 순종할 때에는 그 몸도 기꺼이 순종하게 되며, 이 기쁨은 영원히 계속된다는 것이 가장 선하시고 가장 지혜로우신 창조주의 뜻이기 때문이다.

　　45. 거기서는 우리가 진리를 보는 것이 조금도 어렵지 않을 것이며, 우리는 가장 분명하고 확실하고 완전하게 진리를 즐길 것이다. 우리는 이론을 생각하는 마음으로 무엇을 탐구할 것이 아니며, 정관하는 마음으로 무슨 까닭에 성령이 성부에게서 나오시면서 아들이 아니신가를 식별할 것이다. 빛을 받는 곳에서는 이 일이 문제될 여지가 없을 것이지만, 여기서는 큰 곤란을 경험한다. 이것은 내 자신뿐 아니라, 내가

쓴 것을 자세히 또 이해하면서 읽은 사람들도 같은 느낌일 것은 틀림이 없다. 나는 제2권에서365) 이 문제를 다른 데서 말하겠다고 약속했지만, 그 형상인 우리 피조물에 의해서 설명하려고 하면, 내가 생각하는 뜻이 무엇이든 간에 번번이 합당한 표현을 찾을 수 없었다.

한 사람, 한 인격 안에서 최고 삼위일체의 형상을 발견했고, 그리고 특히 제9권에서366) 세 위격의 관계를 시간적으로 변하는 것으로 설명하려고 했다. 그러나 한 인격(사람)에 속한 세 가지 것은 사람이 원하는 대로 세 위격에 해당하지 않으며, 이 점을 우리는 제15권에서 밝혔다.367)

26. 성령은 그리스도께서 두 번 주셨다. 성부와 성자에게서 성령이 나오시는 것은 시간과 관계없는 일이며, 성령을 두 분의 아들이라고 부를 수도 없다.

그뿐 아니라, 하나님이신 삼위일체의 경우에는 시간적인 간격이 없기 때문에, 성자가 먼저 성부에게서 나시고 그 후에 성령이 두 분에게서 나오셨는가 하는 것을 밝히거나 적어도 탐구해 볼 여지가 없다. 성경이 성령을 두 분의 영이라고 부르기 때문이다. 사도 바울이 "너희가 아들인 고로 하나님이 그 아들의 영을 우리 마음 가운데 보내셨다."(갈 4:6)고 하는 것은 성령을 가리키는 말씀이며, 성자께서 "말하는 이는 너희가 아니라 너희 속에서 말씀하시는 자 곧 너희 아버지의 영이시니라."(마 10:20)고 하시는 것도 성령에 관한 말씀이다. 삼위일체 내에서 특히 거룩한 영이라고 부르는 성령이 성부와 성자에게서 오신다는 것은 이 밖에도 성경의 많은 말씀이 증명한다. 성령에 대해서 성자 자신이 "내가 아버지께로서 너희에게 보내리라."고(요 15:26) 하시며, 또한

---

365) 제3장.
366) 제9권은 잘못인 듯하다. 제11권일 것이다. 제10권의 끝 구절을 참고하라.
367) 제7장 12절.

다른 곳에서 "아버지께서 내 이름으로 보내실 성령"(요 14:26)이라고 하신다. 이와 같이 성자 자신이 성령은 성부에게서 나오신다고 하시므로 우리는 성령이 두 분에게서 나오신다고 배운 것이다. 죽은 자 가운데서 부활하신 성자께서 제자들 앞에 나타나셨을 때에, "저희를 향하사 숨을 내쉬며 가라사대 성령을 받으라."(요 20:22) 하시고 성령이 자기에게서도 나오신다는 것을 보여 주셨다. 그리고 복음서에 "능력이 예수께로 나서 모든 사람을 낫게"(눅 6:19) 했다고 하는 것은 성령을 가리킨다.

46. 그러나 예수께서 부활하신 후에 성령을 우선 지상에서 주시고, 그 후에 하늘에서 보내주신 그 이유에 대해서 나는 다음과 같이 판단한다: 즉, "사랑이 우리 마음에 부은 바 되어"(롬 5:5). 그 선물에 의해서 우리가 두 계명을 따라 – "모든 율법과 선지자의 강령인 두 계명"(마 22:37~40)을 따라 – 하나님과 우리 이웃을 사랑하게 하시려는 것이다. 그리고 예수 그리스도께서는 이 뜻을 알리기 위해서 그들에게 우리 이웃에 대한 사랑 때문에 지상에서 성령을 한번 주시고, 하나님에 대한 사랑 때문에, 하늘에서 두 번째로 주셨다.

이 성령을 두 번 주신 일에 대해서 다른 이유를 생각할 수도 있겠지만, 하여간 예수께서 제자들을 향해서 불으신 성령이나, 얼마 후에 "너희는 가서 모든 족속에게 아버지와 아들과 성령의 이름으로 세례를 주라."고 해서, 특히 이 삼위일체를 추천하신 그 성령은 같은 성령이시라는 것을 우리는 의심해서는 안 된다. 그러므로 승천하신 후 열흘 만인 오순절에도 하늘로부터 성령을 보내신 것이다.

그러므로 성령을 주시는 분이 어떻게 하나님이 아니신가? 참으로 하나님을 주시는 분은 얼마나 위대한 하나님이신가! 제자들 가운데도 성령을 준 사람은 없었다. 그들을 안수하고 성령을 주시옵소서라고 기도했을 뿐이고, 그들 자신이 준 것은 아니다. 교회는 그 지도자들 사이에서 지금도 이 관습을 보존하고 있다. 끝으로 마술사 시몬은 사도들에게 돈을 바치면서 "내게 이 권능을 주어서 나도 성령을 주게 하소서."라고 말하지 않고, "내가 안수하는 사람은 성령을 받게 하여 주소서."라고 했다. 성경에는 사도들이 성령을 주는 것을 시몬이 보았다고 하지 않고, "시몬이 사도들의 안수함으로 성령 받는 것을 보고"라고 한다(행 8:18, 19).

주 예수 그리스도께서는 하나님으로서 성령을 주셨을 뿐 아니라, 또한 사람으로서 성령을 받으셨다. 그래서 은혜가 충만하셨고(요 1:14), 성령이 충만하셨다(눅 2:52, 4:1). 사도행전에는 그리스도에 대해서 더 분명히 "하나님이 예수에게 성령을 기름 붓듯 하셨다."고 기록되었다(행 10:38). 물론 눈에 보이는 기름을 부은 것이 아니라, 그 기름은 교회에서 세례에 쓰는 기름과 같이 은혜 주심을 의미한다.

그리고 예수께서 세례를 받으셨을 때에(마 3:16) 성령이 비둘기 모양으로 그의 위에 내린 것도 성령을 기름 붓듯 받으신 것이 아니다. 그 때에는 자기를 낮추어 그의 몸인 교회를 상징하셨다. 교회에서는 특히 세례를 받는 자가 성령을 받기 때문이다. 그러나 그는 하나님의 말씀이 육신이 되실 때에, 눈에 보이지 않는 신비적인 기름으로 부름을 받으셨다고 해석해야 할 것이다. 아무 선행을 한 공로도 없는 인간성이 그때에 처녀의 태중에서 말씀이신 하나님과 결합되어 한 인격을 이루었기 때문이다.368) 그래서 우리는 그리스도를 성령과 처녀 마리아에게서 나셨다고 고백하는 것이다.

예수께서 30세가 가까워서 성령을 받으셨다고 믿는 것은 지극히 어리석은 생각이다. 그 나이에 요한에게서 세례를 받으셨지만(눅 3:21-23), 그는 아무 죄도 없이 세례를 받으러 오셨고, 따라서 성령이 없지 않으셨다. 그의 종이며 선구자였던 요한 자신에 대해서 "모태로부터 성령의 충만함을 입"으리라고 하였다(눅 1:15). 요한은 그의 아버지가 낳은 사람이었지만, 모태에 생겼을 때에 성령을 받았기 때문이다. 그렇다면 인간 그리스도께서는 육적으로 잉태되신 것이 아니라 영적으로 잉태되었은

---

368) 어거스틴, 믿음과 소망과 사랑(Enchiridion), 36(xi).

즉, 그 그리스도에 대해서는 어떻게 믿어야 할 것인가? 그에 대해서, 그는 성부에게서 성령을 약속 받았고 또 성령을 부어 주셨다고 기록되어서(행 2:33), 인간으로서는 성령을 받으시고 하나님으로서는 성령을 부어 주셨다고 하므로 인간성과 신성의 두 본성이 여기서 밝혀진 것이다. 우리는 그 선물을 우리의 적은 분량에 따라 받는 것이 사실이지만, 다른 사람들에게 줄 수는 없다. 그러나 다른 사람들을 위해서 하나님께 기도하고, 하나님이 그 선물을 주신다.

47. 그러므로 시간이 없는 곳에서 성자가 나셨을 때에 성령이 이미 성부에게서 나오셨는가, 또는 아직 나오시지 않았다가 성자가 나시자 두 분에게서 나오셨는가 하고 물을 수 없다. 시간이 있는 경우에는 물을 수 있었다. 인간의 마음에서 우선 의지가 나와서 무엇을 찾으며 얻으면 자식이라고 부를 수 없고, 그 자식이 이미 난 때에는 의지가 완결되어 그 자식을 한 종국으로 삼아 거기에 안주하기 때문에, 찾을 때의 소원이 이제는 즐기는 사랑이 되었다.[369] 이 사랑은 어버이와 자식이라는 쌍방에서, 즉 마음과 마음에서 난 생각에서 나온 것이다. 그러나 시간 내에서 시작해서 후에 완성되는 것이 없는 이 경우에는, 이런 질문을 절대로 할 수 없다.

그러므로 성자가 성부에게서 시간과 관계없이 나시는 것을 이해하는 사람은, 성령이 두 분에게서 나오시는 것도 시간과 관계가 없다는 것을 이해해야 한다. 또 이해할 수 있는 사람은 성자의 말씀, "아버지께서 자기 속에 생명이 있음같이, 아들에게도 생명을 주신 것으로 생각할 것이 아니라, 성부는 성자를 시간과 관계없이 낳으시고, 성부가 낳으심으로써 성자에게 주신 생명은 성부의 생명과 함께 동등하게 영원한 것임을 이해해야 한다."[370] 즉, 성령이 자기에게서 나가시도록 성

---

[369] 제14권 6장 8절.
[370] "성부는 이미 있는 성자를 낳으시는 것이 아니다. 이런 경우에는 낳으실 필요가 없을 것이다. 또 아직 존재하지 않는 성자를 낳으시는 것도 아니다. 이런 경우에는 성자는 영원하시지 않을 것이다. 성부는 함께 존재하는 성자를 낳으시는 것이다. 성자는

부가 마련해 가지고 계시는 것과 같이, 같은 그 성령이 또한 성자에게서 나가시도록, 그래서 시간과 관계없이 두 분에게서 나가시도록 성부가 성자에게도 마련해 주셨다고 이해해야 한다. 그래서 성령이 성부에게서 나가시는 것과 같이, 성자에게서 나가시는 것도 성자가 성부에게서 받은 한 특색인 것이다. 성자에게 있는 것은 모두 성부에게서 받는 것이라면, 성령이 성자에게서 나가시는 것도 물론 성부에게서 받으시는 일이다. 그러나 어느 누구도 여기에 시간적 전후 관계가 있다고 생각해서는 안 된다. 여기에는 이런 관계가 전연 없기 때문이다.

그러므로 성령을 두 분의 아들이라고 부르는 것은 가장 어리석은 짓이 아니겠는가? 성부에게서 나심으로써 성부의 본성에 아무 변함도 없이 또 시간적 출발점도 없이, 성자가 본질적 존재를 받는 것과 같이, 두 분에게서 나가심으로써 두 분의 본성에 아무 변함도 없이 또 시간적인 시초도 없이 성령은 본질적 존재를 받으신다.

우리는 성령이 나신다고 말하지 않지만, 그가 '나시지 않는다.'고도 감히 말하지 못한다. 이런 말을 쓰면 삼위일체 내에 성부가 두 분이 계신다고, 즉 다른 분에게서 나시지 않으며 따라서 나시지 않는다는 말을 쓴다. 이 말은 성경에 없지만, 이런 중대한 문제에 대한 논쟁에서 사용된다. 성자는 성부에게서 나시며, 성령은 근본적으로 성부에게서 나가신다. 성부가 시간적 간격 없이 나가게 하시지만, 두 분에게서 공통되게 나가게 하신다.[371] 그러나 두 분이 성령을 낳으셨다면, 그를 성부의 아들과 성자의 아들이라고 부를 것이며, 이것은 건전한 정신이 심히 꺼리는 생각이다. 그러므로 두 분의 영은 나시는 것이 아니라 두

영원부터 하나님 안에 있기 때문이다." Turretin, III. xxix. 1. [Francis Turretin (1623-87)은 개신교 신학자]

371) 어거스틴이 "성령은 근본적으로 성부에게서 나가신다."고 하기 때문에, 성령을 내어주심이나 내어보내심이 성부와 성자가 따로따로 하시는 행동같이 생각될 수 있지만, 그런 것이 아니다. 성부와 성자는 한 본질적 존재인 두 위격으로서, 그 행동을 따로따로 하시는 것이 아니라 한 행동으로 하시기 때문이다. Turretin, Institutio III. xxxi. 6. (성령이 성부와 성자에게서 나오신다는 이른바 filioque (또 아들에게서) 문제에 대해서, 어거스틴은 성부와 성자의 모든 행동이 일치한다는 설명과 함께 성부께서 성자를 그렇게 되도록 낳으신다는 설명도 한다. 47절과 제17장 29절을 보라.

분에게서 나가시는 것이다.

27. 무슨 까닭에 성령은 '나신다.'고 하지 않으며, 성부만이 '나시지 않는다.'고 하는가 하는 문제를 해결하는 데 충분한 것은 무엇인가? 이런 문제들을 이해할 수 없는 사람들은 어떻게 할 것인가?

48. 형언할 수 없이 함께 영원하며 동등하며 비물질적이며 변함이 없으며 불가분적인 삼위일체 내에서는 나는 일과 나오는 일을 구별하기가 지극히 어려우므로 이 이상의 일을 생각할 수 없는 사람들을 위해서는 내가 이 문제에 대해서 한 말을 제시하면 우선 충분할 것이다. 그것은 내가 신자들에게 설교로 말하고 후에 글로 쓴 것이다.

나는 성경 말씀들을 논거로 여러 가지 말을 하면서, 성령은 두 분에게서 나오신다고 한 다음에 다음과 같이 계속하였다. "그러면 성령이 성부와 성자 두 분에게서 나오신다면, 무슨 까닭에 성자께서는 '그는 아버지께로서 나오시느니라'고(요 15:26) 하셨는가? 그것은 성자 자신의 것도 성부에게 돌리시는 것이 보통이었기 때문이 아닌가? 성자 자신이 성부에게서 오셨기 때문이다. 그래서 '내 교훈은 내 것이 아니요 나를 보내신 이의 것이라'고(요 7:16) 하셨다. 여기서 그 자신의 교훈이라고 인정되는 것인데도, 그것을 그의 것이 아니라 그를 보내신 이의 것이라고 하시므로 그 구절에서 그는 아버지께로서 나온다고 하시면서 '내게서 나오는 것은 아니라'고 하시지 않으므로, 성령이 그에게서도 나오신다고 해석할 이유가 더욱 뚜렷하지 않는가? 성자는 그 신성을 성부에게서 받았으며 그래서 성자는 하나님에게서 난 하나님이신 것과 같이, 성자는 성령이 성자에게서도 나오시는 것을 성부에게서 받으셨다. 그러므로 성령께서도, 성부에게서 나오시는 것과 같이, 성자에게서도 나오시는 것을 성부 자신에게서 받으셨다.

여기서 우리는 성령이 나신다고 하지 않고 나오신다고 하는 까닭도 우리 식으로 해석할 수 있다.372) 만일 성령도 아들이라고 부른다면, 두 분의 아들이라고 부르게 될 것이며, 이것은 가장 어리석은 말일 것이다. 아버지와 어머니에게서 나지 않고서는 아무도 두 사람의 아들일 수 없다. 그러나 성부 하나님과 성자 하나님 사이에 그런 일이 있다고 상상하는 것은 절대로 안 되는 이야기이다. 사람의 아들도 동시에 아버지와 어머니에게서 나오는 것이 아니다. 아버지로부터 나와서 어머니에게로 들어갈 때에는 어머니에게서 나오는 것이 아니다. 어머니에게서 이 세상에 나올 때에는 아버지에게서 나오는 것이 아니다. 그러나 성령은 성부에게서 나와서 성자에게 들어가는 것이 아니며, 피조물을 성화하기 위해서 성자에게서 나오시며, 동시에 두 분에게서 나오신다. 다만 이 일을 성부가 성자에게 주셔서, 성령이 성부에게서 나오시는 것과 같이, 또한 성자에게서도 나오시게 하셨다. 성부가 생명이시며 성자가 생명이시므로, 우리는 성령을 생명이 아니라고 할 수 없다. 자기 안에 생명을 가지신 성부께서 성자에게 생명을 주어 그 안에 있게 한 것과 같이, 성부는 생명이 자기에게서 나갈 수 있게 하셨다."373) 나는 이러한 설교에서 이 글을 따왔고, 이것은 불신자가 아니라 신자들을 상대로 한 말이다.

49. 그러나 그들이 이 형상을 응시할 수 없으며, 그들의 마음에 있

---

372) 낳으심(발생, generation)과 나오심(발출, procession)은 본질적 존재로부터의 유출(emanation)인데, 유출의 양상 또는 모습이 다르다. 둘이 다 무에서의 창조가 아니다. 중세기 스콜라 신학자들은 두 가지 유출로 설명하려 했다. 지성(intellect)의 모습으로 유출하는 것이 낳으심이며, 따라서 성자는 지혜 또는 말씀(로고스)이라고 부른다. 의지의 모습으로의 유출은 나오심이며, 따라서 성령은 사랑이라고 부른다고 했다. Turretin은 몇 가지 관점에서 구별했다. 1. 근원에 관해서. 낳으심은 성부에게서만 있는 일이며, 나오심은 성부와 성자가 그 근원이시다. 2. 결과에 관해서. 낳으심의 결과는 위격과 유사성이며, 성자는 성부의 '형상'이시다. 그러나 성령은 성부와 성자의 형상이 아니시다. 낳으심에는 본질을 나눠주는 권능이 동반하지만, 나오심은 그렇지 많다. 3. 관계의 순서에 관해서. 낳으심은 둘째요 나오심은 셋째이다. 낳으심과 나오심은 영원하며 따라서 동시적이므로 시간적 순서를 말할 수 없으나, 본성의 순서로 보면, 나오심은 낳으심의 다음이다. Institutio, III. xxxi. 3.
373) 『아우구스티누스의 설교』, Joh. Evang. tract. 99, n.8,9.

는 이 세 가지 것이 어떻게 참으로 그러하면서도, 세 인격에 속한 것이 아니라 셋이 다 한 인격에 속했는가를 알 수 없다면, 그들은 무슨 까닭에 둔하고 약한 인간의 마음이 이해할 수 없는 가장 분명한 이유를 말하라고 고집하는가? 그들은 그럴 것이 아니라 하나님이신 최고의 삼위일체에 대한 성경 말씀들을 믿어야 할 것이 아닌가? 참으로 그들은 성경을 가장 진실한 증인으로 꾸준히 믿은 후에 기도와 탐구와 선한 생활로 그 믿음이 견지한 것을 이해하도록, 즉 마음으로 볼 수 있도록 노력해야 한다. 누가 이 일을 금할 것인가? 아니, 누가 그들에게 이 일을 권고하지 않을 것인가?

그러나 만일 그들이 자기들의 눈이 어두워 이 일들을 식별할 수 없다고 해서 이 일들이 있다는 것을 부정한다면, 나면서 소경인 사람들도 태양이 있다는 것을 부정해야 할 것이다. 빛이 어둠에 비취되 어둠이 깨닫지 못한다면(요 1:5), 그들은 우선 하나님의 선물로 비췸을 받아 믿는 자가 되며, 불신자들과 비교해서 빛이 되기 시작해야 한다.

그래서 이 기초가 놓인 때에 그 위에 그들의 믿는 내용을 일으켜 세워, 때가 오면 볼 수 있게 하라. 어떤 일은 믿어야 할 뿐이고, 전연 볼 수 없다. 그리스도를 두 번째로 십자가 위에서 볼 수는 없다. 그러나 그의 십자가가 있었고 사람들이 보았다는 것을 믿지 않는다면, 그리고 앞으로 다시 볼 수는 없으리라는 것을 믿지 않는다면, 그런 사람은 영원히 보이실 그리스도에게 갈 수도 없다.

그러나 형언할 수 없고 비물질적이고 변함이 없는 최고의 존재를 이해력으로 식별하기 위해서는 사람의 마음을 신앙 규범의 지도하에서 단련해야 하며, 그 단련을 위해서는 사람의 본성에 있는 그 마음보다 나은 것이 없다. 마음은 동물에는 없는 것이며, 사람 자신의 영혼에서도 가장 우수한 부분이다. 그것은 보이지 않는 것들을 볼 능력을 받았으며, 더 높고 더 내면적인 곳에서 주관하듯이 신체 감각들의 모든 보고를 얻어 판단을 내리며, 하나님 이외에는 마음보다 높거나 지배하는 것이 없다.

50. 그런데 나는 지금까지 말을 많이 했으나 최고 삼위일체의 형언할 수 없으심에 합당한 말은 전연 없었다는 것을 공언하며, 그분에 대한 기이한 지식은 너무도 위대해서 나는 능히 미치지 못한다는 것을(시 139:6) 고백한다. 오 내 영혼아, 너는 어디 있으며 어디에 누웠으며 어디에 서 있다고 느끼느냐? 너의 모든 죄악을 사하신 분이 너의 모든 병을 고쳐 주시기를(시 103:3) 너는 기다리고 있다. 너는 확실히 주막에 – 강도들에게 맞아 거의 죽게 된 사람을 사마리아 사람이 데려다 둔 그 주막에 – 지금 누워 있다. 그러나 너는 여러 가지 진리를 보았다. 물체의 빛깔을 보는 눈으로 본 것이 아니라, 시인이 "내 눈이 공평함을 보게 하소서."라고(시 17:2, LXX) 기도한 그런 눈으로 보았다. 너는 참으로 많은 진리를 보았으나, 너에게 가 볼 수 있게 해 주신 그 빛과 혼동하지 않았다. 너의 눈을 들어, 할 수만 있으면 그 빛을 응시하여라. 그래야만 너는 하나님의 말씀이 나시는 것과 하나님의 선물이 나오시는 것의 차이를 깨닫게 될 것이다.

독생자께서도 성령이 아버지께로서 나오신다고 하시고, 아버지에게서 나서 자기의 형제가 되신다고는 말씀하시지 않았다. 성령은 성부와 성자 사이의 서로 본질이 같은 교제이며, 두 분의 영이라고 했지만 두 분의 아들이라는 말씀은 절대로 없고 또 없어야 한다.

그러나 이 일을 명백하고 분명하게 보기 위해서, 너는 네 눈으로 꾸준히 응시할 수 없다. 네가 그렇게 하지 못하는 것을 나는 안다. 나는 자신과 진실을 말하며, 무엇이 내 능력을 초월하는지를 안다. 그러나 그 빛은 네 안에 있는 세 요소를 네게 보여주며, 너는 그 셋에서 최고 삼위일체의 형상을 알아본다. 삼위일체 자신을 너는 아직 똑바로 정관할 힘이 없다. 그러나 그 빛은 너에게 네 안에 참된 말이 있다는 것을 보여 준다. 그것은 너의 지식에서 나는 말이며, 우리가 아는 것을 말할 때와 같은 것이다. 그 말은 어느 나라 말에도 속하지 않고, 뜻 있는 소리로 발음되는 것도 아니지만, 우리의 생각은 우리가 아는 대상에서 한 형태를 얻는 것이다. 생각하는 사람의 눈앞에 기억 속에 있는 지식과 비슷한 어떤 형상이 나타나며, 의지가 또는 사랑이 그 둘을 어버이와 자식 같이 결합한다. 그 의지는 지식에서 나온다. 그 존재나 본성을 전연 모르는 것을 원하는 사람은 없기 때문이다.

그러나 그것은 지식의 형상은 아니다. 그래서 이 정신 상태에서 우리는 나는 것과 나오는 것의 차이를 엿볼 수 있다. 생각으로 보는 것과 의지로 추구하거나 즐기는 것은 같지 않기 때문이다. 이만한 것들을 깨달을 수는 있다. 너도 이것을 깨달을 수 있었다. 다만 진리를 적합한 말로 표현할 수 없었고 지금도 없다. 사람이 생각할 때에 끊임없이 침입하는 물질적인 형태들이 안개와 같이 진리를 가리워 볼 수 없게 만들기 때문이다.

그러나 이 물체들의 비물질적인 형태들과 그것들을 배제할 때에 네가 보는 진리는 서로 다르다는 것을 빛이 네게 알린다. 빛은 이 일들과 그 밖에 다른 확실한 일들을 네게 계시했다. 그 빛을 네가 꾸준히 응시할 수 없는 까닭은 네가 약하기 때문이 아니고 무엇이냐? 그리고 이렇게 만든 것은 너의 죄가 아니고 무엇이냐? 그러므로 너의 모든 죄를 용서하신 분 외에 누가 너의 모든 병을 고치겠느냐? 그렇기 때문에 나는 겨우 이제야 이 글을 끝내려 하는데, 더 말하지 않고 기도를 드리려 한다.

28. 기도로 이 권을 마치며 말이 많았음을 사과한다.

51. 오 주 우리 하나님, 우리는 성부와 성자와 성령이신 당신을 믿나이다. 만일 당신이 삼위일체가 아니시라면, 진리이신 분은 "너희는 가서 모든 족속에게 아버지와 아들과 성령의 이름으로 세례를 주라."고 말씀하시지 않았을 것이옵나이다. 오 주 하나님, 당신은 우리가 주 하나님이 아닌 분의 이름으로 세례를 받으라고 명령하시지 않을 것이옵니다. 또 당신이 하나이신 주 하나님이시며 삼위일체가 아니시라면, 거

룩하신 음성이 "이스라엘아 들으라, 주 너의 하나님은 오직 하나인 하나님이시라."고 하시지 않았을 것이옵니다. 오 하나님, 만일 당신이 성부시며 또 성자 즉 당신의 말씀이신 예수 그리스도시며, 또 당신의 선물인 성령이시라면, 우리는 진리의 책에서 "하나님이 그 아들을 보내시니라."는 말씀을(갈 4:4; 요 3:17) 읽지 않을 것이며; 오 독생자시여, 당신은 성령에 대해서 "아버지께서 내 이름으로 보내시리라."(요 14:26), "내가 아버지께로서 너희에게 보내리라."고(요 15:6) 말씀하시지 않았을 것이옵니다.

저는 이 신앙규범을 따라, 제힘을 다하며 당신이 주신 힘을 다해서 당신을 찾으며, 저의 믿는 것을 이해력으로 보고자 하였나이다. 주 하나님, 나의 유일한 소망이시여, 귀를 기울여 주시옵소서. 기진한 제가 당신을 찾지 않으려 하지 않고, 당신의 얼굴을 항상 열심히 구하게 하시옵소서(시 105:4).

제가 당신을 발견하게 하시고 더욱더 발견하리라는 소망을 주셨사온즉, 저에게 힘을 주어 당신을 구하게 하시옵소서. 저의 힘과 저의 약함을 당신이 보시오니, 힘을 보존하시고 약함을 고쳐 주시옵소서. 저의 지식과 저의 무지를 당신이 보시오니 저에게 열어주신 곳에 받아들여 주시며, 저에게 닫으신 곳을 제가 두드릴 때에 열어주시옵소서. 저는 당신을 기억하며, 이해하며, 사랑하기를 원하나이다. 제 안에 은사를 더하셔서, 저를 완전히 새롭게 만드시옵소서.

"말이 많으면 허물을 면하기 어려우니라."는(잠 10:19) 말씀이 있는 것도 저는 아나이다. 그러나 저는 오직 당신을 전하며 당신을 찬양하기 위하여 말하고자 하나이다. 그렇게 하면 허물을 면할 뿐만 아니라, 아무리 말을 많이 하여도 공로가 될 것이옵니다. 그렇지 않으면 당신의 축복을 받은 사람이 그 믿음의 참 아들에게 '너는 말씀을 전하라. 때를 얻든지 못 얻든지 항상 힘쓰라.'고 명령하지 않았을 것이옵니다. 때를 얻었을 때뿐만 아니라 얻지 못했을 때에도 주여, 주의 말씀에 대해서 잠잠하지 않은 사람을 저희는 말이 많지 않았다고 할 것이오니까? 그러나 필요한 말뿐이었기 때문에 그것은 많지 않았나이다.

　오, 하나님! 저를 많은 말에서 해방하시옵소서. 그 때문에 저의 영혼이 홀로 고통당하며, 당신 앞에서 가련하며, 당신의 자비에서 피난처를 얻으려 하나이다. 저는 말이 없을 때에도 생각은 잠잠하지 않나이다. 만일 당신이 기뻐하시는 것만을 생각했다면, 다변에서 해방해 주시기를 원하지 않을 것이오나, 아시는 바와 같이 그것은 사람의 생각이며 허무한 것일 뿐입니다(시 94:11). 그런 생각들에 제가 찬성하지 않게 하시오며, 제게 기쁨을 주어도 정죄하며, 잠자는 자같이 그 생각들을 가지고 있지 않게 하옵소서. 또는 그런 생각들에 휩쓸려 그대로 행동을 하지 않고, 적어도 저의 의견과 양심을 당신의 보호 하에 안전하게 하시옵소서. 지금 집회서라는 특별한 이름으로 부르는 책에서 현인(賢人)은 "우리는 말을 많이 하나 부족하며, 요컨대 그가 전부시니라."고 하나이다(집회서 43:29).

　그러므로 저희가 당신 앞으로 갈 때에는, 많아도 오히려 부족한 저희의 말들을 그치고, 한 분이신 당신이 "만유의 주로서 만유 안에"(고전 15:28) 계시나이다. 그리고 저희는 끝없이 한 음성으로 당신을 찬양하며, 우리도 당신 안에서 하나가 되겠나이다.

　오 주 한 분 하나님, 삼위일체 하나님, 당신의 것인 이 책에서 제가 한 말을 당신의 백성이 인정하기를 원하나이다. 제 자신의 생각을 말한 것에 대해서 당신과 당신의 백성의 용서를 비나이다. 아멘.

제 3 장
어거스틴의 삼위일체 하나님 [374]

    4세기와 5세기에 하나님에 관하여 숙고한다는 말은 곧 삼위일체에 관하여 숙고한다는 뜻이었다. 성경에서 아버지와 아들과 성령에 대해 말하는 것뿐만 아니라 "아버지에게 영광이 있을지어다 … 라는 기도의 결말형식, 그리고 삼위일체 하나님의 이름으로 세례를 주라는 세례 명령이 모두 삼위일체를 가리킨다. 플로티누스(Plotinus)와 포르피리우스(Porphyrius)의 신플라톤주의 철학은 기독교 사상가들에게 삼위일체에 대한 가르침을 정확하게 표현하도록 강요했다. 만일 우리가 하나님 안에서의 변화(이것은 창조와 성육신을 말한다)를 생각하고자 한다면, 이것은 오직 삼위일체론의 도움으로 가능하다. 신플라톤주의 철학과 기독교 신학(철학과 신학의 분리는 고대에는 낯선 것이다)은 신적인 것을 항상 삼위일체의 관점으로 생각했다. 이런 경우, 유일한 존재가 로고스와 어떤 관계에 있는가에 대한 질문은 다양하게 대답된다. 플로티누스는 로고스의 위치를 종속적인 것으로, 포르피리우스는 동등한 것으로 생각했다.

    이러한 철학적 - 신학적 노력의 첫 번째 큰 단계는 325년 니케아공의회에서 이루어졌다. (아리우스[Arius] 사제에 의해 발단이 되어) 여기서 제기된 질문은 아들이 아버지와 같은 본질인가 하는 것이었다. 아들이 아버지와 동등한 능력을 갖고 있는지, 따라서 계시하고 구원할 수 있는지 구체적으로 질문되었다. 그때까지 기독교 신학은 아들을 아버지에 종속시켜 왔다. 따라서 아리우스는 전통적인 입장을 대표하고 있는 것이다.

---

*374) 빌헬름 게에를링스, 권진호 역『교부 어거스틴』(기독교문서선교회. 초판, 2013년) pp.81-88.

아들의 신성에 대해 새로이 던져진 질문은 구속의 가능성에 관한 불안에서 생겨난 것이었다. 아들이 단지 종속된 신성이라면, 그는 계시하고 구속할 수 있는가? 또는 '모든 피조물보다 가장 먼저 만들어진 존재'일지라도, 그 자신은 '만들어진 신성'으로서 스스로는 구속이 필요하지 않는가?

아들은 아버지와 본질적으로 동일하다는 니케아공의회의 결정은 신학적인 호기심에서 이루어진 것이 아니다. 이 교리적인 새로운 형식의 내적 동기는 인간의 구속의 필요성에 대한 요청이었다. 그렇게 하여 그것은 니케아 교리에 포함되었고, 동시에 이를 통하여 기독교는 창조 및 구속 종교로서 확인되었다. 세례 명령과 교회 기도의 전통에 의해 강화되어, 381년 콘스탄티노플 공의회에서는 성령 또한 다른 신적인 인격과 본질에 있어 동일한 것으로 확정되었다. 이로써 (교리적인 관점에서 보면) 삼위일체론이 종결된 것이다. 그러나 이러한 가르침은 아직 철학적-신학적인 차원에서는 결코 규명되지 않았다. 이 작업을 수행한 것은 그 이후 세대의 신학자들이었고 그들 가운데 서방에서는 어거스틴이 있었다.

라틴 서방에서 수사학자 마리우스 빅토리누스(Marius Victorinus)는 그리스 플라톤주의자들의 번역자로서 위대한 중재자 중 한 사람이었다 그는 삼위일체론을 이해할 때 플로티누스 보다는 오히려 포르피리우스를 의지했는데, 포르피리우스는 삼위일체의 사상에서 서로의 관계가 종속적인 것이 아니라 상호간 동등하다고 생각했다. '밀라노 플라톤주의'와 마리우스 빅토리누스를 통하여 어거스틴은 포르피리우스의 사상에 정통하게 되었다.

그러나 삼위일체에 대한 어거스틴의 해석은 철학자들과는 다르다. 그는 『삼위일체에 관하여(*De trinitate*)』 제8권에서 사람이 한 하나님뿐만 아니라 삼위일체도 사랑할 수 있는지에 대한 문제를 논의한다. 만일 그것을 원한다면, 삼위일체를 이해하고 사랑하고자 시도해야만 한다. 그러나 우리는 이것을 처음에만 창조로부터의 표상들을 통하여 할 수 있을 뿐이다. 내적인 인간, 즉 마음(mens, 정신)이 하나님의 형상에 따라 창조되었기 때문에, 사람들은 삼위일체의 흔적들을 발견하기 위해서 마음에서 찾아야 한다. 마음 안에 있는 여러 관계들에 관한 자세한 서술들에서 어거스틴은 지혜의 형상(imago sapientiae) 이라는 이론을 수립한다. 즉 인간이 하나님을 회상하고(memoria Dei) 하나님을 인식하고(intelligentia Dei) 사랑한다면(amor in Deum) 그는 대부분 삼위일체 하나님의 형상인 것이다.(『삼위일체에 관하여』 14, 12,18).

하나님은 행동하실 때 인간에게 항상 이해할 수 있는 존재로서 행하신다. 신적인 세 인격 모두가 하나의 본질이기 때문에, 한 하나님의 행동에 있어 삼위일체가 동시에 함께 작용한다. 따라서 외부로 드러나는 하나님의 행동은 항상 삼위일체적으로 규정되어 있다. 그러므로 어거스틴은 단지 정신에서만이 아니라 전체 피조물에서도 삼위일체의 흔적을 발견할 수 있다고 생각했다. 피조물로부터 하나님을 인식할 수 있다는 문장(롬 1:19-20)은 적어도 젊은 어거스틴에게는, 심지어 피조물로부터도 삼위일체 하나님을 인식할 수 있음을 의미하는 것이었다.

인간 의식의 이러한 세 부분의 구조를 통해 어거스틴은 인간 안에 기억(memoria)·인식(intelligentia)·의지(voluntas)가 어떻게 채워져 있는지를 명확하게 할 수 있게 되었다. 뿐만 아니라 그는 삼위일체에 대한 믿음의 근거로서 타당한 논증을 제시할 수 있다. 왜냐하면 인간 정신의 분석을 통하여 정신의 다양한 작용들이 "삼위일체의 구조로" 연관되어 있다는 사실을 보여주었기 때문이다. 이를 통해 어거스틴은 두 가지 중요한 진보를 이루었다. 하나는 어거스틴이 '심리학적인 삼위일체론'에서 삼위일체론 이해를 위한 기초를 준비했다는 것이다. 다른 하나는 그가 성부-성자-성령의 관계 이해를 위해 관계(relatio) 범주를 매우 중요한 것으로 부각시켰다는 점이다.

어거스틴은 하나님의 통일성(무엇보다도 삼위성의 전개)에 대한 강조가 또한 다신론에 대한 방어로도 유효하다는 사실을 의심하지 않았다. 여기서 그는 의식적으로 포르피리우스를 반박한다. 만일 삼위일체론을 고대 다신론의 연속으로 이해한다면 이것은 완전히 잘못 이해한 것이다. 인간 안에서, 다시 말해 영혼 안에서 이러한 세 갈래의 구조는 증명 가능한 것이다. 그리고 이런 점에서 이것은 또한 실제적인 것이다. 왜냐하면 인간 외에 인간에게 더 가까운 것은 없으며 '하나님은 인간 자신보다도 인간에게 더 내적으로 계시기'(『고백록』 3,6) 때문에, 인간 마음의 생각에서 참된 구조들과 규정들이 처음으로 순전하게 존재한다.

그러나 어거스틴의 신론 및 삼위일체론은 일반적으로 통일성(단일성) 사상에 의해 규정되어 있다. 그래서 그의 삼위일체론에 대해 심지어 양태론이라는 비난이 가해질 정도이다. 양태론에 따르면 세 위격은 바로 한 하나님의 표현양태들(modi)라는 것이다. 하나님의 통일성 근거 앞에서 두 가지 발출(processiones)이 차이를 뒷받침하고 하나님의 세 위격성의 토대를 마련한다. 성자의 첫 번째 발출은 전통적으로 성부로부터 유래한다고 이해되어왔다. 알렉산드리아 학파의 전통을 따라 어거스틴은 성령이 성자와 성부로부터 유래함을 가르친다.

어거스틴이 전통 외에 주장한 주요한 근거는 성령은 아버지와 아들의 영이라는 성경의 증언이다. 다양한 영들에 관하여 말하는 것이 아니기 때문에, 성령은 성자와 성부로부터 유래해야만 한다는 것이다.

신적인 세 위격 모두가 한 본질이기 때문에, 모든 특성이 세 위격에게 같은 방식으로 귀속되어야만 한다. 만일 하나님이 역사하시는 주체로서 창조의 일을 행하신다면, 그는 그것을 삼위의 형태로가 아니라 유일한 한 하나님으로서 행하는 것이다. 각각의 신적인 위격이 개별적으로, 하지만 삼위로서 창조하신다. 이런 점에서 외적으로 미치는 영향은 삼위일체 형태이다. 그 결과 어거스틴은 구약성경의 하나님 현현(아브라함에게 세 청년의 나타남, 창 18장)을 삼위일체의 현현으로 해석할 수 있게 되었다. 이것은 의지에 따른 현현이고, 본질에 따른 현현은 아니다. 어거스틴은 '본질에 따른 현현'(불타는 가시나무에서 하나님께서 모세 앞에 나타나심, 출 3장)과 '의지에 따른 현현'(그리스도의 인간 되심)을 구분했다. 세 위격의 다양한 현현에 대한 기준을 얻기 위해서였다.

어거스틴의 삼위일체론은 (매우 타당하게) 내재적 삼위일체론이다. 심지어 모든 삼위일체론 가운데 가장 내재적인 것으로 간주될 수 있다.

왜냐하면 어거스틴은 그리스 신학과 다르게 중점을 삼위성이 아니라 하나님의 통일성에 두었기 때문이다.

어거스틴의 사상은 삼위일체론에서 매우 높은 조직적인 정연함에 이른다. 그러나 그는 이러한 삼위일체론을 기도의 삶을 위해 열매를 맺게 하는 데에는 이르지 못했다. 그러므로 기독교 기도전통에서 기도는 성부와 성자에게 향해진다. 손으로 긋는 십자 표시와 "성부에게 영광이 있을지어다…"라는 결말 형식을 제외하고는 기독교 전통에서 기독교 경건의 보편적인 상식에 속하는 삼위일체를 위한 기도는 오늘날까지 결여되어 있다.

이러한 삼위일체론으로부터 어거스틴은 또한 자신의 일반적인 신론을 구상한다. 인간의 영혼 안에 예시되어 있는 삼위일체의 흔적으로 미루어보아 하나님은 단순히 불변하는 비육체적인 존재만이 아니라 인식하고 사랑하는 분이시다. '우리를 위한 하나님'과 '하나님 자신' 사이의 긴장은 어거스틴 신학에서 끝까지 고수된다.

이로써 어거스틴 신론의 근본적인 대립명제는 언급되었다.

한편으로 어거스틴은 심지어 명사의 강화형태를 택할 정도로 하나님의 불변성을 매우 강조했다. 즉 불변성(*immutabilitas*)이란 말 대신에 (어거스틴 이전에는 단지 여덟 곳에서만 발견되는) 절대불변(*incommutabilitas*)이라는 단어를 사용했다. 이것은 하나님의 불변성에 대한 사상을 언어적으로도 강화시키기 위함이었다. 그러나 다른 한편으로 하나님은 인간을 위해 존재하시는 '주이며 아버지(*dominus et pater*)'이다. 전자는 본질의 표시(*nomen essentiae*)이고, 후자는 자비의 표시(*nomen misericordiae*)이다.

본질과 자비 사이의 이러한 긴장에서 (어거스틴에게 매우 소중한) 길과 고향(조국, *via et patria*)이라는 기독론적인 형식이 새롭게 효력을 발휘하게 되었다. 하나님은 우리에게 관심을 기울이시고, 이를 통하여 우리에게 그리스도 안에서 그에게 이르는 길을 열어주어 본향에 도달하게 하신다.

제4장
디오니시우스 아레오파기타 [375]

> **＊ 참조**: 이 장(章)의 '인용문'에는 원역(분도, 초판)과 비교를 위하여 엄성옥 역, 『위 디오니시우스 전집』(은성. 초판. 2007)에 포함된 글들을 '전집'(개신교 역)이란 표시로 삽입하였습니다.
>
> '전집'에는 『신의 이름들』(『신명론』 The Divine Names), 『신비신학(The Mystical Theology)』, 『천상의 위계(The Celestial Hierarchy)』, 『교회의 위계(The Ecclesiastical Hierarch)』, 『편지들(The Letter)』이 포함되어 있습니다.
>
> 표기는: ☞ '전집' 『신비신학』 III. pp.209-221로 하였으며, III, IV 등은 장(章) 표시입니다.

교부시대의 신비신학은 디오니시우스[376]와 더불어 그 발전 과정을 마감한다. 교부들이 이루어놓은 신비신학의 주요 노선이 디오니시우스와 더불어 모두 완성되었기 때문이다. 즉, 오리게네스의 전통은 에바그

---

*375) 앤드루 라우스. 배성옥 역 『서양 신비사상의 기원』 (분도, 초판. 2001) pp.231-258
376) 여기 디오니시우스가 사도행전(17:34)에 언급된 '아레오파고(Areo-pagita) 법정의 판사 디오니시오'와 별개의 인물임을 둘 사이에 무려 400년 이상의 시차가 있다는 사실로 쉽게 알 수 있는 일이다. 그런데도 단지 이름이 같은 까닭에 이 뛰어난 교부의 이름에는 불명예스럽게도 pseudo(似而非, 가짜)라는 접두어가 붙어서 pseudo-Dionysius라고 불리고 있으며 우리말로도 위(僞) 디오니시우스(때로는 사이비 디오니시우스)로 통칭되고 있다. 그러나 이 책의 저자는 접두어를 쓰지 않고 그냥 'Denys'라고만 일관되게 이름했다. 옮긴이도 저자의 뜻을 존중하여 그냥 '디오니시우스'라고 적기로 한다.

리우스의 신비신학적 영역에서 그 고전적 표현이 완성되었고, 어거스틴의 직관(vision)은 서방세계에 계승되었으며, 필론 그리고 니사의 그레고리우스에 뿌리를 둔 부정신학의 전통은 디오니시우스가 쓴 작은 책이지만 엄청난 영향을 끼친 바 있는 『신비신학(Mystical Theology)』에 요약되었던 것이다.

> (어떤 이들이 그러던가) 하나님에겐 깊고도 눈부신 어둠이 있다고
> 세상 사람들은 환히 보이지 않으면 날이 저물어 어둡다 하는데
> 오오 밤이여! 나 그 품에 잠겨들어 어둠에 싸여 은밀히 살고지고

이는 헨리 본[377]의 시 「밤(The Night)」의 한 구절이다. 위에서 '어떤 이들'은 직접으로든 간접으로든 디오니시우스 아레오파기타의 영향을 받은 사람들을 뜻한다.

디오니시우스는 '부정의 길(Negative Way)', 즉 영혼이 모든 피조물로부터 멀리 달아나 어둠 속에서 '알 수 없는 하나님'과 결합하는 길을 제창한 사람으로서 가장 이름이 높기 때문이다. 그의 『신비신학』은 짧지만 내용이 아주 풍부한 작품으로서 후세에 끼친 영향이 막대하였다. 이 책은 14세기에 이르러 『무지의 구름(Cloud of Unknowing)』[378]의 저자에 의하여 『숨은 신성(Hid Divinity)』이란 제목으로 영어로 번역되어 영국 신비사상의 눈부신 시대를 낳게 하였다. 디오니시우스는 단순히

---

[377] Henry Vaughan(1622-1695). 웨일스 출신의 시인. 옥스퍼드와 런던에서 교육을 받은 후 시골 의사로 생활하면서 신비로운 종교시를 남겼다. 그의 시 「밤」은 6행씩 9절로 되어 있는데, 위에 인용된 것은 마지막 절(stanza)이다.
[378] 14세기 영국의 신비사상을 담은 논문인데 육필 이름에 저자의 이름이 기록되어 있지 않아 저자에 대하여 여러 추측이 있어 왔지만 지금껏 작자 미상으로 남아 있는 작품이다.

'부정의 길'에 관한 해설자만이 아니다. 중세기에 와서 그는 천사들의 본질과 계급에 관한 『천상 위계론(Celestial Hierarchy)』의 저자로서도 유명했다. 이 책은 아주 후일에 와서야 서서히 영향을 끼치게 되었지만 - 성 베르나르도(버나드) 379)의 시대(12세기 중엽)에도 디오니시우스의 이 책보다는 성 그레고리우스 대교황 380)의 천사론이 더 흔히 언급되고 있었다 -, 스콜라 철학의 전성기(13세기)에 이르러서 확고부동한 권위를 인정받았다. 그리하여 단테(Dante)는 「천국편(Paradiso)」에서 다음과 같이 노래하였다.

> 디오니시우스는 커다란 소망을 품고 천상 천사들의 등급과 서열을 관상하며
> 하나하나 이름을 붙였던 바, 나 또한 그리하였노라.
> 그러자 그레고리우스는 옆으로 비켜나 버렸더라;
> 하지만 여기 이 하늘에서 눈을 뜨자마자, 제 잘못을 깨닫고는 혼자 웃었노라. 381)

디오니시우스의 저서 『신명론(Divine Names)』은 우리가 하나님에 관하여 무엇을 말할 수 있는가라는 내용인데, 이를 토마스 아퀴나스(Thomas Aquinas)는 (완전히 이해하지는 못했다 하더라도) 무척 높이 평가하였다. 『교회 위계론(Ecclesiastical Hierarchy)』은 '교회'의 제식 및 성직자와

---

379) St. Bernard(1090~1153). 프랑스의 디종(Dijon) 근처에서 귀족 가문의 아들로 태어났으나 일찍부터 수도생활에 몰입하여 시토(Cîteaux) 수도원에 들어갔으며, 후에 그가 창설하여 원장으로 있었던 클레보르(Clairvaux)의 수도원은 전체 수도회(Cistercian Order)의 커다란 중심지로 성장했다. 그는 라틴어 설교자로서 중세 제1의 웅변가로 이름이 높았고 또한 뛰어난 중세 신비사상가이기도 했다.
380) 교황 그레고리우스(Gregorius) 1세(재위 590-604)를 말한다. 504년 로마에서 태어났으며. 게르만 민족이 유럽을 지배하던 격동의 시대에 로마 교회의 권위를 지키고 교황의 정치적 지위를 확립하면서 서유럽 선교에 힘썼다. 신학자로서도 이름이 높으며 많은 저술을 남겼다.
381) Paradiso, XXVIII 130-5행. [* 위 우리말 번역은 이탈리아어 원문의 직접 번역이 아니라, C.H. Sisson의 영역 The Divine Comedy (Carcanet New Preace 1980)와 A. Pézard의 불어역 Œuvres complètes, (Bibliothèque de la Pléiade, Gallimard 1965)를 참고하여 옮긴 것이다.]

평신도의 등급에 관한 것인데, 아마도 비잔틴 동방교회의 전례 양식을 전제로 한 내용 때문인지 서방교회에는 그다지 영향을 미치지 못했다.

그러나 디오니시우스는 어디까지나 『신비신학』의 저자로서 유명한 인물이며 우리의 관심사도 그의 신비신학에 있다. 하지만 그의 다른 저서도 무시할 수는 없다. 우리가 앞에서 알 수 있었던 바, 어떤 한 작가의 신비신학은 그의 배경 관계나 전후 맥락을 파악함으로써 더 잘 이해될 수 있었듯이(매우 대조적인 두 가지 예를 든다면 에바그리우스의 실천학을 통하여, 그리고 영혼을 더욱 폭넓게 이해하고자 어거스틴이 펼친 삼위일체론을 통하여 우리가 알 수 있었던 바와 같다.) 디오니시우스의 경우에 있어서도 우리는 그의 신비신학을 둘러싼 전후 맥락을 살펴봄으로써 그가 이룩한 신비신학의 참된 의미를 이해하게 될 것이다. 왜냐하면 그의 신비신학은 그가 얘기하는 신학 추구의 여러 방법 가운데 한 부분(물론 가장 중요한 부분이지만)을 이루고 있기 때문이다.[382]

중세기 내내 디오니시우스는 아테네 사람으로 사도 바울의 설교를 듣고 개종했다는 '아레오파고 법정의 판사(Arcopagita)인 디오니시오'(행 17:34)로 존경되었다. 하지만 실제로 그의 이름이 최초로 언급된 것은 533년의 일이었다. 그즈음 세베루스[383]파의 그리스도 단성론자(Monophysite) 몇 명이 정통파에 반대되는 자신들의 위치를 사도의 권위로 옹호하려는 목적으로 디오니시우스의 세 번째 편지를 (정확한 인용은 아니었으나) 인용한 적이 있었다. 물론 정통파 측에서는 개종하여 새로이 사도들의 벗이 되었다는 이 디오니시우스라는 인물의 권위를 당연히 인정하지 않았다. 정통파는 아타나시우스도 키릴루스[384]도 다른 어떤 교

---

382) 이는 디오니시우스에 관하여 중요한 내용을 담고 있는 H. U. von Balthasar, Herrlichkeit: Eine theologische Ästhetik (Einsiedein 1962) II/I 147-214 에 특히 강조되어 있다.
383) Severus (465~538). 그리스도 단성론자들 가운데 온건파의 대표자 격인 수도사로서 안티오키아의 주교였으나 536년 콘스탄티노플 공의회에서 이단으로 선고되었다.
384) 알렉산드리아의 키릴루스(Cyril of Alexandria, 376-444). 성인. 신학자로서 알렉산드리아의 주교였으며 특히 네스토리우스파의 논쟁으로 이름이 높다.

부도 디오니시우스를 언급한 적이 없음을 지적하였다. 그럼에도 불구하고 디오니시우스의 저술은 얼마 가지 않아서 곧 단성론자들과 정통파 양측에서 진서(眞書)로 인정되었으며 진위에 대한 의문은 일시적인 것으로 끝났다. 그리하여 아레오파기타 작품 전집에 관한 주해서(scholia)가 여러 권의 총서로 씌어지게 되었다.

이 주해서 총서는 스키토폴리스의 요한385)이 시작하였으나 훗날 고백자 막시무스(Maximus the Confessor)에 의하여 증편되었다. 그러나 전통적으로는 막시무스가 이 총서의 저자로 알려져 왔다.386) 따라서 디오니시우스의 전통은 막시무스의 엄정한 고증을 거치면서 −때로는 수정되기도 했지만− 비잔틴 신학세계로 흘러들어와 비잔틴 신학의 비옥한 밑거름이 되었던 것이다.

디오니시우스의 생존 시기를 추정한다면 분명히 최종 연대(treminus ante quem)는 단성론자들이 그를 인용한 해인 533년이 되겠다. 시작 연대(treminus post quem)를 그의 저서『교회 위계론』에 나오는 그리스도교 전례에 관한 언급에서 추징할 수 있는 이유는 이 책에 신경(信經)을 노래로 부르는 것에 관한 언급이 있기 때문이다. 성찬 예식에서 신경(원래는 세례신경)을 송가로 부르게 된 것은 5세기 말엽에 있었던 하나의 개혁이었던 바, 대략 476년이나 그 이후 마전장이 페트루스387)에 의하여 단성론자들 사이에 도입되었다. 따라서 디오니시우스는 5세기 말엽에 생존했으며 시리아 출신의 단성론자들 가운데 한 사람이었던 것으로 짐작된다(하지만 그 자신의 저술을 단성론자의 신학이라고 명백히 단정짓기는 어렵다. 아무튼 이 모든 내용은 별로 무리 없는 추측이다).

---

385) John of Scythopolice(?−577/8). 스키토폴리스의 주교로서 디오니시우스에 관하여 주해서를 쓴 사람이다.
386) H. U. von Balthasar, "Das Scholienwerk des Johannes von Scythopolis", Scholastik 1.5 (1940) 16−38 참조.
387) Petrus Fullo (?−488). 안티오키아의 그리스도 단성론자. 처음에는 콘스탄티노플에서 모직물의 마전장이로 일하다가 후에 수도사가 되었다고 한다.

여기서 우선 디오니시우스의 철학적 배경에 관하여 약간 얘기해 두는 것이 좋겠다. 앞에서 살펴본 바와 같이 어거스틴은 포르피리우스와 빅토리누스(Victorinus)를 통해서 전해 내려온 네오플라토니즘의 전통 안에 위치하고 있다. 디오니시우스는 그와는 다른 계통의 네오플라토니즘에 속해 있었다. 이는 얌블리쿠스(Iamblichus)를 통해서 전해 내려오면서 4세기 말엽엔 아테네의 아카데메이아(Akademeia, 플라톤이 세운 학교)를 성공적으로 계승한 학파였다.

이 학파의 대표자는 프로클루스(Proclus, 410-485)였는데, 그는 437년 무렵부터 아카데메이아의 학장(diadochus, 플라톤의 후계자) 자리에 있었던 인물이다. 한편, 디오니시우스는 그리스도교의 프로클루스라고 불리었다. 프로클루스와 디오니시우스 사이의 유사점은 전반적이고도 매우 뚜렷하다. 가령 디오니시우스의 『신명론』 제4권과 프로클루스의 논문 「악의 실체에 관하여(*De Malorum Subsistentia*)」를 대조해 보면 표현 용어까지도 비슷한 부분이 상당히 많다.

이 프로클루스의 네오플라토니즘이란 무엇일까?[388] 그것은 본질에 있어서는 플로티누스의 가르침을 체계화한 것이지만 플로티누스에 비하여 훨씬 더 이교의 제례의식(敬神禮, 경신례)에 호감은 보이고 있다. 플로티누스의 세 가지 '히포스타시스(*hypostasis*)', 즉 '하나(一者)', '지성(*nous*)', '영혼'이 이루는 위계질서는 더욱 두드러지게 발전되고 또 과장되었다. 프로클루스는 플로티누스의 기본적 통찰에서부터 하나의 패턴을 이끌어냈다고 말할 수 있겠다. 어떻게 보면 플로티누스보다 더 풍부한 패턴이라고 할 수도 있겠으나 함축성이 빈약하며 금방 어지럽고 답답해지는 패턴이다. 패턴의 주제는 다양한 삼원론(triad)이다. 우선 삼

---

[388] 이에 대하여 손쉽게 영어로 읽을 수 있는 참고서는, A. H. Armstrong (ed.), *Cambridge History of later Greek and early Medieval Neoplatonism* (Cambridge 1970) 302-25에 있는 A.C. Lloyd의 해설. 그리고 R.T. Wallis, *Neoplatonism* (London 1972) 138-59에 설명된 내용이다. E.R. Dodds가 텍스트를 확립하여 편찬한 Proclus, *the Elements of Theology* (Oxford 1933, 1963)는 상세한 입문 설명과 주석이 달린 필독서이다.

위(三位)의 '히포스타시스'가 있다. 이 세 가지 위계질서 사이에 유출과 귀환이 진행되는 과정에도 삼원론이 존재한다는 것이다. 즉, 첫째 항목으로 휴식이 첨가되어, 휴식(*mone*) - 유출(*proodos*) - 귀환(*epistrophe*)의 삼원론이 성립되었다. 또 하나의 삼원론은 존재 양식의 분석으로 나타나는, '존재자(*to on*)' - '생명(*zoe*)' - '정신(*nous*)'이 삼원론이다.

존재의 위계질서는 맨 윗부분(최첨단)과 맨 아랫부분(최말단)이 단일하고 중간 부분이 복합적이라는 사실(이는 플로티누스가 언급한 바이며 디오니시우스 역시 언급하게 된 내용이다)에서부터 많은 이론이 만들어졌다. '하나'와 '순수물질'(둘 다 단일한 것)은 제각기 '존재'와 '생명'과 '정신'의(중간 부분의) 위 그리고 아래에 위치한다. 이는 신비술(*theourgia*), 즉 마술을 이론적으로 정당화시키는 견해였던 바, (마술을 인정하지 않았던 플로티누스와는 뚜렷이 대조적으로) 얌블리쿠스와 그의 후계자들에게는 대단히 중요한 이론이었다. 하위(下位)의 존재들은 중간 부분에 속한 정신적 존재들보다 단일하기 때문에 상위(上位)의 '히포스타시스'와 더욱 가까이 관계하게 됨으로, 가령 풀이나 나무, 묘약 같은 것을 사용하는 마술의식이 그저 이성적이고 이론적인 인간의 행위보다 상위 존재들에 **더 많은** 영향을 미치리라는 생각이다. 따라서 플로티누스에 있어서는 인간이 '하나'에 가까이 갈 수 있는 유일한 활동이 관상(*theoria*)이었던 반면에, 얌블리쿠스와 프로클루스에 있어서는 식물과 동물을 사용하는 마술행위(*theourgia*)가 (가령 동물의 내장을 조사한다든지 초목을 끓여 만든 신묘한 탕약을 마시는 것) 더 효과적이라는 것이다. 프로클루스에 의하면 마술의 능력은 '어떠한 인간의 지혜나 지식보다 나은 것'[389]이다. 또한 얌블리쿠스의 방대한 저서 『신비술론(De Mysteriis)』도 거의 마찬가지 내용이다.

이 모두는 프로클루스가 체계화한 네오플라토니즘의 구성요소가 어떤 것인지를 밝혀준다. 이 구성요소들이 섞여 생겨난 결과는 꽤 복잡

---

[389] *Platonic Theology*, I 25: H.D. Saffrey와 L.G. Westerink 편찬의 현대판본(Paris 1968) 113.

한 반면 구성요소들 자체는 파악하기가 쉽다. 프로클루스의 출발점은 플로티누스의 세 '히포스타시스', 즉 '하나', '지성', '영혼'이다. 각각의 위계에서부터 닮은 형상들이 나온다. '하나'로부터 '헤나드'(henad, 단일자)들, 즉 신들이 생겨나고, '지성'으로부터 '지적 존재들', 즉 정령들(daemons), 혹은 천사들이 생겨나고, '영혼'으로부터 이를테면 인간의 영혼을 위시한 여러 영혼들이 생겨난다. 그리고는 다양한 삼원론의 활동에 의하여 복잡한 상호조직이 짜여지면서 일종의 우주적인 미뉴엣이 형성된다고 하겠다. 휴식에서 첫발을 내밀고 행렬을 지어 나아가다가 뒤로 돌아서 본래의 자리로 되돌아간다. 실상(reality)은 전체가 조직으로 짜여 있으며, 모든 것은 각각이 지닌 실상의 수준과 일치된, 제각기 걸맞은 존재의 단계를 가지고 있다. '모든 것은 모든 것 안에 있다. 그러나 저마다 고유한 본성에 따라 존재한다'(『신학의 요소』 prop. 103).

이제 디오니시우스에게로 눈을 돌리면 위와 유사한 내용이 많이 보인다. 프로클루스가 말했던 실상의 세 수준(단일자들, 지적 존재들, 영혼들)은 디오니시우스의 세 위계(hierarchy)와 같은 것이다. 즉, 신의 위계(thearchia), 천상의 위계, 교회의 위계인데 각각 '성삼위'와 천사와 인간을 뜻한다. 디오니시우스는 프로클루스의 삼원론을 도입하면서 자신의 삼원론을 첨가하였다. 따라서 모든 위계는 삼원론적이다. '신의 위계'는 '성삼위'이다. 천상 존재들의 위계에는 세 등급이 있고 각각의 등급에 또 세 종류가 있다. 교회의 위계도 마찬가지로 세 종류씩 나뉘어져 있다. 여기에 덧붙여진 삼원론은 – 앞에서 살펴본 그리스도교 전통 안의 선례들과 함께 이후로 광범위한 영향을 끼치게 된 – 정화(katharsis)와 조명(photismos)과 완성(theoria), 즉 일치(henosis)의 세 단계 길이다.[390] 디오니시우스는 또한 관상(theoria)과 마술(theourgia)의 구별을 자신의 그리스도교 이론에 적용하였다. 교회의 위계는 '지적 영역에 대한 관상

---

390) 이 세 가지 단계는 간혹 '淨化, 照明, 一致'로 번역되기도 한다. 또한 고 최민순 신부번역본 어거스틴의 『고백록』, 각주 298에는 '씻음(淨化), 비침(照明), 하나 됨(一致)'로 설명되어 있다.

과 다양한 감각적 상징들에 의하여' 기능을 완수하는 것이며 '이들 상징을 통하여 교회는 거룩한 방식으로 신적인 영역에까지 오르게 된다'(EH Ⅴ ⅰ 2 501C).[391] 여기에서 감각적 상징들 – (넓은 의미로서의) 성사(聖事)들– 은 때로는 테오우르기아(theourgia, 마술)라는 단어나 그 파생어를 이용해 표현되기도 하였다. 견진성사에 사용되는 기름을 테오우르기코타토스(theourgikotatos)라 하는데 이를 글자 그대로 풀이하면 '가장 마술적인'이란 뜻이다. 이런 말을 사용한 것은 흥미로운 일이다. 이는 디오니시우스가 성사를 그리스도교의 신비술(그리스도교의 마술이라 해도 좋겠다)로 생각했다는 것, 좀 거북하지 않은 말로 표현한다면 물질적인 것을 이용하여 하나님과 관계를 맺으려는 것으로 생각했다는 점을 말해주고 있다.

이처럼 네오플라토니즘의 용어를 사용하여 그리스도교의 성사에 대한 자신의 견해를 표현했던 디오니시우스, 그가 '그리스도교의 프로클루스'로 불리는 이유는 바로 여기에 있다. 그러나 비록 유사한 용어를 사용할지라도 디오니시우스가 의미하는 내용은 근본적으로 다르다. 네오 플라토니스트에게 있어서 신비술(마술)이 효력을 발휘하는 것은 사용하는 물질적 요소와 신적인 것의 성질 사이에 어떤 은밀한 공감관계가 있기 때문이다. 마술은 네오 플라토니스트에게 있어서 자연스러운 것, 비록 기묘하긴 하지만 자연스러운 것이다. 그러나 성사에서 사용되는 물질적 요소는 (확립된 관례로서) 제도의 문제이지, 물질 하나하나와 성사 사이에 서로 짝이 맞는 은밀한 관계의 문제가 아니다. 물질적 요소는 은총을 전달해 주는 도구인즉, 물질 그 자체로서가 아니라, 특정한 상징적 상황 가운데 사용되기 때문이다.

---

[391] 디오니시우스의 작품 인용은 Migne 판본(PG Ⅲ)에 의거하여, 아래와 같이 단일 작품의 약자를 기재한 후 각각의 단락번호를 붙였다 DN = Divine Names(神名論), CH = Celestila Hierarchy(천상 위계론), EH = Rcclesiastical Hierarchy(교회 위계론), MT = Mystical Theology(신비신학), Ep. = Letter(편지). 영역(원문은 그리스어)은 저자가 직접 했다.

하지만 이 모두는 무엇에 관한 것일까? 한마디로 말해서 **신학**에 관한 것이다. 교부들이 생각했던 바와 같이 고유한 의미로서의 신학, 하나님에 대한 지식이라기보다는 친교와 관상을 통하여 하나님을 알게 되는 학문으로서의 신학에 관한 것이었다. 디오니시우스는 여러 종류의 신학에 관하여 얘기하였다. 상징신학(symbolic theology) · 긍정신학(cataphatic theology) · 부정신학(apophatic theology), 이는 또 하나의 삼원론이다. 그러나 우리는 이 삼원론에 흘리지 않도록 조심해야 하겠고, 아울러 셋 모두를 저마다 연결시킨 프로클루스처럼 삼원론을 가지고 장난을 벌여서도 안 될 일이다. 이는 디오니시우스가 나아간 방향이 아니다. 그는 자신이 생각한 삼원론을 이용하긴 했지만 삼원론 자체에 흘려서 거기에 빠져들지는 않았다. 따라서 디오니시우스의 사상은 체계화하여 간추려 말하기 곤란한 것이며, 그렇게 하려는 유혹에 빠져서도 안 될 일이다.

『신비신학』 제3장에서 디오니시우스는 긍정신학과 부정신학에 관해서 논하고 있다.

> 『신학개론』에서 우리는 긍정신학의 가장 고유한 본질, 곧 거룩하고 선한 '본성'이 어떻게 단일하면서도 셋이라고 할 수 있는가를 찬양하였다. 무엇이 스스로 '아버지'로 불리고 무엇이 '아들'로 불리며 '성령' 신학이 표현하고자 하는 것이 무엇인지를 찬양하였다. 물질이 아니며 나누어지지도 않는 '선 그 자체'의 핵심에서부터 '선하심'의 빛이 흘러나와 '선 그 자체'로부터도 분리될 수 없고 광선들 자체로서도 서로 간에 분리될 수 없이, 영원히 계속되는 재생에 의하여 분리되지 않는 상태를 유지하는 문제에 대하여 찬양하였다. 존재를 초월하신 예수께서 어떻게 참된 인간의 모습으로 존재하시게 되었는가, 그리고 성서에서 유래하는 이와 유사한 문제에 대해서도 『신학개론』에서 찬양하였다. 『신명론』에서는 하나님께서 어떻게 '선' · '존재' · '생명' · '지혜' · '권능'

으로 불리는지에 대하여, 또 하나님을 영적으로 어떻게 이름하느냐에 관한 또 다른 문제에 관해서도 찬양하였다. 『상징신학』에서는 감각의 세계에서 쓰이는 명칭들을 하나님을 섬기는데 쓰이도록 변경함에 있어서 어떠한 전환이 필요한가를 찬양하였다. 즉, 무엇무엇이 신적 형상이고 모습이며 부분과 기관인가, 무엇무엇이 신성한 장소이며 영적인가, 무엇무엇이 신적 열정이고 슬픔이며 분노인가, 무엇이 신성한 명정(酩酊)이고 숙취인가, 무엇이 신성한 맹세이고 저주인가, 무엇이 신성한 꿈이고 신성한 깨어남인가. 그 밖에도 거룩한 말씀(성서)에서 승인된, 하나님을 상징적으로 묘사하는 데 속한 또 다른 유사한 것들은 무엇무엇인가에 대하여 찬양하였다. 그러므로 여러분은 이 마지막 저서가 앞서 두 권보다 훨씬 긴 내용을 담고 있음을 알게 된 것이다. 『신학개론』과 『신명론』은 『상징신학』보다 훨씬 간결할 수밖에 없었다. 높이 올라가면 갈수록 우리 이해의 범위는 더욱더 통일되고 단일하게 되어감에 따라 우리가 할 수 있는 말이 그만큼 더 제한되기 때문이다. 이는 마치 이해력을 초월한 어둠 속으로 들어갈 즈음에는 말이 간결해질 뿐 아니라 아예 말이 완전히 없어지고 이해가 불가능하게 되는 것과 같다. 원래 가장 높은 데에서 가장 낮은 데로 내려온 우리의 이성은 낮게 내려가면 갈수록 그만큼 이해의 폭이 더욱 넓어져 수많은 개념을 포괄할 수 있다. 이제 우리의 이성은 낮은 데서 초월적인 곳으로 상승함에 따라 높이 오르면 오를수록 더욱더 한계가 줄어들게 된다. 그리하여 완전히 상승하였을 때에 이성은 말이 완전히 없어지고 '말로 표현할 수 없는 것'과 완전히 하나가 되는 것이다 (『신비신학』 III 1032D-1033C).

☞ 전집 제3장

제3장 긍정의 신학은 무엇이며, 부정의 신학은 무엇인가?

『신학적 진술(Theological Representations)』[392])에서 긍정의 신학에 적절한 개념들을 다루었습니다. 거룩하고 선한 본성이 하나요 셋이라고 언급되는 의미, 어찌하여 그것의 특징이 아버지의 신분과 아들의 신분이라고 단정되는지, 성령 신학의 의미, 선함에 대한 이와 같은 핵심이 되는 빛들이 실체가 없고 나눌 수 없는 선으로부터 어떻게 자라나 오는지, 그리고 그것들이 이렇게 발아해 나오면서 그 안에, 그리고 그것들 안에 있는 영원한 기초와 분리되지 않을 수 있는지 등을 다루었습니다.[393] 나는 개별적인 존재를 초월하시는 예수께서 어떻게 참된 인성을 가진 존재가 되셨는지에 대해 이야기했습니다. 『신학적 진술』에서는 성경의 다른 계시들도 다루었습니다.

『하나님의 이름들』에서는 어떤 의미에서 하나님이 선·지존자·생명·지혜·능력, 그 밖에 하나님을 나타내는 개념적인 이름들과 관련된 것들로 묘사되는지에 대해 다루었습니다.[394] 『상징신학』에서는 하나님에 대해 우리가 가지고 있는 관념들, 하나님 고유의 형태와 상징과 도구들, 하나님이 거하시는 장소들, 그리고 하나님이 지니신 장신구들에 대해 이야기했습니다. 나는 하나님의 노염·슬픔·분노, 하나님이 취하셨다고 묘사되는 경위, 하나님의 맹세와 저주, 주무심과 걸으심, 그리고 하나님에 대한 상징적 진술들의 작용에 의해 형성된 이미지들을 다루었습니다. 당신은

---

392) 이 가상의, 또는 유실된 논문은 『하나님의 이름들』제장에 언급되고 요약되어 있다 (DN 1 585B l0f. and 589D 38-592B 17).
393) 빛과 발아하는 식물이라는 상징은 DN 2 645B 19-24에서도 성령과 아들을 나타내는 데 사용된다.
394) 하나님을 나타내는 이 다섯 가지의 성경적 이름들이 『하나님의 이름들』에서 우선적으로 논의된다(제4-8장).

전자보다 후자가 훨씬 풍부하게 사용된다는 것을 알아채셨을 것입니다. 왜냐하면 『신학적 진술』과 하나님에게 알맞은 이름들에 대한 논의는 필연적으로 『상징신학』에서 말할 수 있는 것보다 간단하기 때문입니다. 우리가 위로 오를수록, 우리의 단어들은 우리가 형성할 수 있는 개념들로 한정됩니다. 이제 우리는 지성을 초월하는 어둠 속으로 뛰어들면서, 우리 자신에게 단어들만 부족한 것이 아니라 말을 못하고 무지하다는 것을 깨달을 것입니다. 이전에 저술한 책들에서는 가장 존귀한 범주에서부터 가장 비천한 범주로 내려가면서 논증하면서, 각각의 단계를 내려갈 때마다 계속 증가하는 개념들을 받아들였습니다. 그러나 이제는 낮은 것에서 초자연적인 것으로 올라가면서 논증하는데, 논증이 진행됨에 따라 점점 더 말을 더듬게 됩니다. 그리하여 논증이 정점에 달하면 완전히 침묵할 것입니다. 왜냐하면 나의 논증은 마침내 무어라 묘사할 수 없는 분과 하나가 될 것이기 때문입니다('전집'『신비신학』 III pp.215-217).

위 인용문은 긍정신학과 상징신학에 대하여, 그리고 이 두 신학과 부정신학과의 관계에 대한 디오니시우스의 설명인 셈이다. 긍정신학과 상징신학은 하나님에 관하여 우리가 확실하게 긍정하고 있는 내용에 관련된 문제이다. 부정신학은 인간이 하나님 앞에서 말도 생각도 불가능하고 오직 침묵으로 일관할 수밖에 없을 때 어떻게 하나님을 알게 되는가에 관한 문제이다. 디오니시우스가 위에 언급한 저서들 모두가 오늘날 현존하는 것은 아니다.395) 그래도 위에 제시된 내용에 관하여

---

395) 『신비신학』에서 인용된 위의 구절 및 몇몇 다른 구절에 언급된 디오니시우스의 저서 제목들을 보면 (앞의 각주 16에 작성해 놓은) 현존하는 작품 목록은 다만 그의 전(全) 작품(1세기에 사도 바울에 의하여 개종한 아테네 사람이 쓴 것으로 간주되는)의 일부분인 것 같은 인상을 받게 된다. 이 "유실된 저술들"이 과연 진실로 없어진 것인지, 아니면 오늘날 현존하는 저서들은 모두 1세기부터 전해 내려온 것이라는 인상을 주기 위한 디오니시우스의 계획된 의도에서 비롯한 것인지, 여기에 관해 의견이 분분하다. 발타자르는 디오니시우스의 "유실된 저술들"에 대한 언급을 진지하게 받아들였

우리가 의견을 전개해 나갈 수 있는 것이, 위 인용문에서 언급되지 않았더라면 존재도 몰랐을 『신학개론』에 담겨 있다는 내용이 『신명론』의 첫 두 장(章)의 내용과 거의 일치하는 것이며, 역시 위에서 언급되지 않았더라면 존재도 몰랐을 『상징신학』의 주제는 「편지 9」에서, 그리고 천상 위계와 교회 위계에 관한 저서에서 논의되어 있기 때문이다.

이 여러 신학에서 우선 주목할 점은 찬양하는(hymnein) 방법이다. 이들 신학은 하나님이 어떤 분인가에 대하여 서술하는 학문이 아니라, 어떻게 하나님을 찬양할 수 있느냐에 관한 것이다. 디오니시우스에게 있어서 신학은 지적이고 학문적인 내용이 주류를 이루는 것이 아니라, (비록 그의 『신명론』은 중세기 서방세계에서 하나님에 대한 유추적 서술의 교과서로 사용되긴 했지만) 피조물인 인간이 찬양과 숭배로 하나님의 '사랑'에 응답하는 데 주된 관심을 두었다.

만상을 하나님이 창조하셨음은 당신 영광을 드러내기 위함이며, 피조물은 저마다 하나님께서 맡겨주신 역할을 완수함으로써 당신의 영광을 드러내고 당신을 찬양한다. 『신명론』은 당신의 창조물을 통하며 스스로를 드러내시는 하나님에 대하여 얘기함으로써 이 주제를 깊이 탐구하였다. 첫 두 장(章, 유실된 『신학개론』과 내용이 일치하는 부분)은 '삼위일체'의 감춰진 생명 안에 당신을 드러내시는 하나님에 대하여 얘기하고 있다. 디오니시우스는 하나님 안에 있는 '하나인 것들(henoseis)'과 '구별되는 것들(diakriseis)'을 분간하고 있다. '하나인 것들'은 인간이 도저히 이해할 수 없는 것이다. 왜냐하면 인간은 오직 뚜렷이 '구별되는 것들'을 보아야만 무엇인가를 알 수 있기 때문이다. 그렇긴 하지만 구별되는 것들의 배후에는 이들을 드러내어 밝혀주는 하나님, 즉 일체(henosis)가 있다. 이 '구별되는 것들'의 1차적 의미는 '삼위일체'의 위격들

으며(*Herrlichkeit* II/I, 157-67: 151-4 참조), 로크(R. Roques)는 여기에 반론을 제기했다(*Dictionnaire de spiritualité* III, cols. 259-62 참조). [* *Dictionnaire de spiritualité* 는 프랑의 예수회 신학자들에 의하여 편집·감수·간행된 영성에 관한 모든 것을 망라한 대사전이다. 20세기 초엽에 시작되어 1990년대에 완성되었으며, 이 책의 저자 앤드루 라우스를 포함하여 세계 유수의 학자들이 대거 참여하여 집필한 영성신학의 보고이다.]

이다. 이들은 궁극적이며 (그 자체로서) 알 수 없는 일체 안에 있는 구별되는 것들이긴 하지만 그러면서도 일체 안에 머물러 있으며 하나님을 다른 것과 구별하는 데 쓰이지는 않는다. 이처럼 하나님에 관하여 무엇인가를 (확실히) 긍정한다는 사실에서 이를 긍정신학이라고 한다면, 이는 또한 우리가 긍정하는 바의 내용이 우리 이해의 범위를 초월하는 곳으로 우리를 이끌어간다는 점에 있어서 명백히 부정신학이 아닐 수 없다. '삼위일체' 교리는 우리에게 하나님은 알 수 없는 분임을 말해주는 즉, 이는 하나님이 우리의 이해력을 초월한다기보다는, 하나님은 본질적으로 알 수 없는 분이라는 뜻이다. 이에 관하여 로스키(Vladimir Lossky)는 다음과 같이 말한다.

> '거룩한 삼위일체'의 계시는 긍정신학의 절정이지만 부정신학에도 속한다. 왜냐하면 '우리는 성서를 통하여 성부께서는 신성의 원천이시고 예수와 성령은 신성의 소산으로서 그 씨고 꽃이며 존재를 초월하는 빛이심을 배울 뿐, 그것이 무엇인지 우리는 말할 수도 이해할 수도 없기'(『신명론』 II 7) 때문이다.396)

☞ '전집'『신의 이름들』비교
우리는 만물을 지으신 절대적으로 초월하신 분을 닮은 존재, 생명, 신화를 목격하지 못합니다. 또 거룩한 성경에 의하면, 아버지는 신격의 근원이며, 아들과 성령은 말하자면 거룩한 자손들, 개화(開花), 초자연적인 신성의 빛들입니다. 그러나 우리는 그 경위를 설명할 수도 없고 이해할 수도 없습니다('전집'『신의 이름들』 II p.91).

---

396) V. LossKy, "La notion des 'analogies' chez le Pseudo-Denys l'Aréopagite", *Archives d'histoire doctrinale et littéraire du Moyen Âge*, 5 (1930) 279-309, 위 인용은 283.

그러나 더욱 심오하게 진전된 '구별'이 있다. 이 구별에 의하여 하나님은 다른 만상과 구분되며 이 구별로 말미암아 하나님은 당신 밖으로 당신을 드러내신다. 이는 거룩한 하나 됨에서 흘러나오는 유출인즉, 유출은 곧 하나님의 선하심(goodness)에 의하여 불어나고 다양하게 된다. 당신 스스로에서 뜻과 권능을 밖으로 흘려보내심(유출하심)이 바로 무(無)에서 세상을 창조하심이며, 창조의 동인(動因)은 하나님의 선하심이다. "하나님은 '선 그 자체'이시며 오직 선하실 따름이기에 당신의 선하심을 존재하는 만상에게로 펴 주신다"(『신명론』 IV 1 693B). 그러므로 선하심(善性)은 『신명론』에서 논의된 바, 우리가 하나님에 대하여 확실히 그렇다고 긍정할 수 있는 속성 중에서 으뜸인 것이다. 그 밖에 여러 다양한 속성도 『신명론』의 나머지 부분에 논의되어 있다. 속성들의 순서 — 불완전하게 보존된 것인지도 모를 일이나 — 라든가 논술의 성격은 디오니시우스가 네오플라토니즘으로부터 대단한 영향을 받았음을 보여주고 있다.[397] 실제로 프로클루스(Proclus) 이전에는 그리스도교에서도 이교에서도 신의 속성이 논의된 적이 없었다. 신의 속성에 관한 문제는 프로클루스의 저서 『플라톤 신학』 제1권에서 다루어졌으며 디오니시우스는 이를 본떴던 것 같다.[398]

따라서 『신명론』은 긍정신학에 관한 논설로서 우리로 하여금 하나님을 찬양할 수 있게 하는, 하나님에 관한 긍정 사항에 대하여 논의한 책이다. 그러나 계속 되풀이되는 가르침은, 하나님에 관하여 아무리 많은 긍정 사항을 늘어놓을지라도 모두가 하나님 앞에는 도저히 미치지 못할 뿐 아니라, 우리의 어떠한 생각도 알 수 없는 하나님께 다다르지 못한다는 사실이다. 우리가 하나님을 찬양하면서 하나님에 대하여 긍정하는 내용은 순전히 하나님께서 이 세상에 당신을 드러내주셨기에 가능한 것이다. 그러나 하나님은 지식의 대상이 아니다. 하나님은 알

---

397) E, von Ivánka, *Plato Christianus* (Einsiedeln 1964) 228-42 참조.
398) 『플라톤 신학』 제1권에 실려 있는 현대판본의 편집자 Saffrey와 Westerink의 서론에서 CXCI 이하의 내용 참조.

수 없는 분이다. 그러므로 우리는 하나님에 관하여 확실히 그렇다고 긍정함과 동시에, 긍정한 바를 부정해야 하는즉 이 부정이야말로 더 근본적인 것이다.

그러므로 하나님을 안다고 말하는 것은 결코 진실이 아니다. 하나님을 안다는 것은 당신의 본성을 통해서가 아니라 (하나님의 본성은 알 수 없으며 이성이나 이해의 범위를 초월하기 때문에) 당신이 세워놓으신 만상의 질서, 당신의 거룩한 모습과 닮은 이미지를 어느 정도 지닌 만상의 질서를 통하여 알게 된다는 뜻이다. 우리는 모든 것을 부정하고 초월하며 만상의 원인을 탐구함으로써 능력껏 길을 따를 수 있는 한 '초월자'를 향하여 한 걸음 한 걸음 올라가는 것이다. 따라서 하나님은 만상을 통하여 알 수 있고 또한 만상을 벗어나서 알 수 있다. … 이는 우리가 하나님에 관하여 정당하게 말하는 바이며, 하나님께서는 당신이 원천이신 만상으로부터 제각기 주어진 역량에 맞는 찬양을 받고 계시다. 더욱이 하나님은 모름으로써 알 수 있는 분인즉, 이해를 초월한 하나 됨을 좇아서 이해력이 만상에서 물러나 이해를 포기하고 눈부신 빛과 하나가 되어 그 빛 속에서 또한 그 빛으로부터 가없이 심오한 지혜로 밝혀질 때에 우리는 가장 거룩하게 하나님을 알게 될 것이다(『신명론』 VII 3 869C-872B).

☞ 전집 『신의 이름들』에서 비교
하나님은 본질상 알 수 없으며 지성이나 정신의 범주를 초월하시므로, 우리는 하나님을 알 수 없다고 말하는 것이 보다 정확한 말일 것입니다. 그러나 어떤 의미에서 모든 것은 하나님으로부터 나왔기 때문에 우리는 모든 것이 배열된 상태를 통해서 하나님을 알며, 이질서는 하나님의 거룩한 패러다임들과 비슷한 형상과 모양을 소유합니다. 그러므로 우리는 능력이 허락하는 한도 내에서 모든 것을 초월하는 것에 접근하며, 모든 것의 부인과 초월에 의해서, 그리고 모든 것의 원인에 의해서 나아갑니다. 그러므로 하나님은 만물 안에서 만물과는 구분되시는 분으로 알려집니다. … 이것이 하나님에 대해 우리가 사용해야 하는 표현입니다. 그렇기 때문에 하나님은 만물의 원인이 되시는 분량에 따라서 만물로부터 찬양을 받으십니다. 그러나 하나님에 대한 가장 거룩한 지식은 무지를 통해서 오며[399] 정신을 크게 초월하는 연합 안에서, 즉 정신이 만물, 심지어 정신 자체를 떠날 때, 그리고 눈부신 광선들과 하나가 되어 측량할 수 없이 깊은 지혜의 조명을 받을 때에 획득됩니다('전집' 『신의 이름들』 VII 3 p.165).

여기에는 우리가 하나님을 참으로 알게 된다는 것, 하나님에 관하며 우리가 확실히 긍정하는 것들을 통하여 하나님은 진실로 찬양된다는 사실이 분명히 주장되어 있다. 그러나 하나님에 관한 이러한 긍정 사항을 거부하는 것이야말로 하나님을 더욱 깊이 알게 되는 길이라는 사실 또한 여기에 분명히 주장되어 있다.

이것이 긍정신학이다. 우리는 상징신학에서도 이와 다르지 않은 패턴을 찾아볼 수 있다. 상징신학은 '감각의 세계에서 택한 바를 하나님을 섬기는 데 쓰이도록 전환하는 것'(『신비신학』 III 1033A)에 관한 문제이다. 이는 위계질서에 관하여 논의한 두 작품에 소상히 설명되어 있다.[400]

두 위계질서란 천상 위계와 교회 위계이다. 천상 위계는 세 등급으

---

[399] 무지를 통해 얻는 하나님에 대한 지식에 대한 논의는 MT1-5와 CH2의 "부정의 신학"과 더불어 다루어져야 한다. 이 구절은 『무지 의 구름』, 제70장에 인용되었다.
[400] 이에 관해서는 R. Roques *L'Univers dionysien: Structure hierachique du monde selon le Pseudo-Denys* (Paris 1954) 참조.

로 구성되어 있고, 각각의 등급은 다시 세 가지 유형의 천사적 존재들로 이루어져 있다. 첫째 등급은 치품(熾品)천사(Seraphim), 지품(知品)천사(Cherubim), 좌품(座品)천사(Thrones)로, 이 둘째 등급은 권품(權品)천사(Dominations), 능품(能品)천사(Powers), 역품(力品)천사(Authorities)로, 셋째 등급은 주품(主品)천사(Principalities), 대천사(Archangels), 천사(angels)로 구분된다. 교회 위계는 우선 첫눈에 좀 기묘한 성격을 지닌 것처럼 보인다. 왜냐하면 교회 위계 또한 각각 셋으로 구분된 세 등급으로 구성되어 있으나, 첫째 등급은 존재자가 아닌 전례, 즉 성사의식이기 때문이다.401)

그런즉, 첫 등급은 기름바름(塗油, myton)의 신비, 화합된 예배모임(Synaxis)으로서의 성체, 그리고 세례이다. 둘째 등급은 성직자의 계급으로서 주교(episcopus), 사제(sacerdos), 부제(diaconus)이며, 디오니시우스 자신의 용어로는 주교(hierarchs), 사제(hiereis), 복사(leitourgoi)이다. 셋째 등급은 평신도의 등급인데 수도승, 세례받은 자 —디오니시우스가 관상하는 단체라고 부른 사람들— 그리고 성찬예식에서 제외되는 사람들, 즉 예비자·참회자·마귀 들린 자들이다. 앞에서 말한 바와 같이 디오니시우스는 상징신학을 '감각의 세계에서 택한 바를 하나님을 섬기는 데 쓰이도록 전환하는 것'으로 생각하였다. 그러므로 이는 교회 위계의 관점에서 볼 때, 물질세계(감각의 세계)의 것을 택하여 '교회'의 전례와 성사를 통하여 하나님을 찬양하게끔 높이 이끌어줌을 뜻한다. 빵·포도주·물·향유·분향·그림·음악 —이 모두가 감각의 세계에서부터 하나님을 섬기는 데 쓰이도록 '전환되는(converted)' 것이다.

앞에서 이미 얘기했던 바와 같이 디오니시우스는 여기에서 네오플라토니즘의 용어인 마술(theourgia)이란 말을 사용하였다. 어이없는 말이긴 하지만 (이는 마치 성사를 마술이라 하는 것이나 다를 바 없다) 이 말을 사용한 이유의 하나는 —그저 영적으로만 해석하려는 경향에 반대하여— 우

---

401) 교회 위계에 관한 어떠한 해석에도 문제는 남아 있다. 로크(Roques), 앞의 책, 196 이하 참조.

리가 물질세계의 것들을 사용함으로써 거룩한(신성한) 세계에서의 그 어떤 것을 이루게 된다는 사실을 강조하기 위한 의도였으리라 짐작한다. 뭐니뭐니해도 결국 물질이 아닌 천상 위계에 대하여 어떻게 이런 식의 정의가 적용될 수 있는지, 우선은 이해가 가지 않을 것이다. 이는 아마도, 우리는 감각의 세계(물질세계)에서 보이는 개념들과의 유비(analogy)를 통하여 천상 위계를 이해할 수 있다는 뜻일 것이다. 가령, 천사들 중에서 가장 높은 존재인 세라핌(Seraphim)을 우리는 '활활 타는 불'(熾)과의 유비를 통하여 이해하게 된다.

위계질서에 대한 이 모든 내용의 요점은 무엇일까? 이에 대하여 디오니시우스는 『천상 위계론』에서 직접 설명하고 있다.

> 내가 이해하고 있는바 위계란 거룩한(성별된) 질서요 지식이요, 하나님과 될수록 많이 닮은 모습으로 하나님과 하나가 되고자 하는 활동이며, 하나님께서 내려주시는 빛에 응답하여 정도껏 당신을 본받으려 높이 오르는 활동이다. 단일하시고 선하시고 모든 완전함의 원천이시며 닮지 않은 것과 결코 섞이지 않는 하나님께 맞갖은 아름다움이며, 각 구성원으로 하여금 제각기 능력껏 몫을 차지하게 하고 지극히 거룩한 가르침(신비적 전수)으로써 완성에 이르게 하면서 전수받는 자로 하여금 원래의 고유한 모습, 변하지 않는 모습과 조화로이 닮게 만들어주는 아름다움이다.
>
> 따라서 위계의 최종 목표는 하나님과 한 몸이 되는 것, 가능한 한 하나님과 하나가 되는 것이다. 우리를 거룩한 지식과 활동으로 인도하여 주시는 이는 하나님 당신이시다. 전체 위계는 하나님의 거룩하신 자태를 한결같이 바라보면서 당신의 흔적을 될수록 많이 전해받아 각 구성원으로 하여금 당신의 거룩한 이미지가 되도록, 더없이 맑고 티없는 거울이 되도록 하고, 태초에 하나님께서 다스리신 빛의 광선을 받아들이면서 이미 받았던 찬란함으로 가득 채워지게

된다. 그리하여 각 구성원들은 제각기 서로 시기하지 않고 하나님께서 정해주시는 바에 따라 다른 구성원들을 위한 조명(빛)의 원천이 된다. 왜냐하면 신비적 가르침을 이미 전수받은 사람이든 아직 전수받고 있는 사람이든, 그들이 하나님의 밝은 빛을 소망하고 이에 맞갖은 거룩한 자세로 이 빛을 관상하며 거룩한 정신들 하나하나에 맞갖은 몫에 따라 빛의 흔적을 받은 자들이라면, 가르침을 전수받은 신성한 단체의 규범에 어긋나는 일은 할 수 없을 뿐 아니라 이에 상반되는 삶을 영위할 수도 없기 때문이다. 그러므로 위계에 관하며 얘기하는 자는 주로 신성한 질서의 배열에 대하여 얘기하게 되는 바, 이는 거룩히 빛나는 영광의 이미지로서, 질서와 위계에 관계된 여러 지식을 통하여 그 빛나는 신비를 성취하며 허락된 범위 내에서 능력껏 자신의 근원과 하나가 된다. 각 구성원은 전체 위계 속에서 하나의 역할을 받았기에 제각기 능력에 맞갖게 하나님을 본받으며 상승함으로써 역할을 완수하는 것이다. 성서의 말씀과 같이 '하나님과 함께 일하는 일꾼'이 되어 자기 자신 속에 나타나 있는 하나님의 활동력을 능력껏 최대로 드러내는 것보다 더 거룩한 일이 달리 무엇이랴. 그러므로 위계질서란 정화되는 중에 있는 이들도 있고 남을 정화해 주는 이들도 있으며, 가르침(깨달음)을 받고 있는 이들도 있고 남을 깨우쳐주는 이들도 있으며, 완성으로 이르는 도중에 있는 이들도 있고 남을 완성에 이르게끔 가르치는 이들도 있음을 의미하는 고로, 각자는 직분에 맞게 제각기 조화를 이루며 하나님을 본받아 나갈 것이다. '거룩한 축복(the Divine Blessedness)'이란 인간이 쓰는 말로 표현하자면 닮지 않은 상태(같지 않은 상태, unlikeness)에서 완전히 벗어나 영원한 빛으로 가득하여 조금도 부족하지 않고 완전하며, 스스로 정화하고 계몽하고 완성하게 해주는 것, 아니 오히려 정화요 조명이요 완성 그 자체로서, 스스로 완성에 이르는 모든 가르침의 으뜸가는 원천이요 근거이며, 정화와 빛을 초월하여 모든 위계의 원천이면서도 스스로의 초월성에 의하여 모든 거룩한(신성한) 것과 구별되는 것이다(『천상 위계론』 III 1 이하: 164D-165C).

☞ 전집 『천상 위계론』
제3장 위계란 무엇이며, 그것이 주는 유익은 무엇인가?

1. 위계는 거룩한 질서, 신적인 것들에게 가능한 한 가장 근접한 이해와 활동의 상태입니다. 그것은 하나님께서 주신 조명에 비례하여 하나님을 닮습니다. 매우 단순하고 선하며 온전함의 근원인 하나님의 아름다움은 부동(不同)성에 의해 오염되지 않습니다. 그것은 모든 존재에게 그 장점에 따라 빛을 나누어주고, 그 후에는 각각의 완전해진 존재들에게 하나님의 상징을 통해서 조화롭고 평화롭게 그 나름의 형상을 줍니다.

2. 그러므로 위계의 목표는 존재들로 하여금 가능한 한 하나님을 닮으며 하나님과 하나가 될 수 있게 하는 것입니다. 위계는 하나님을 모든 이해와 행위의 지도자로 소유합니다. 그것은 하나님의 아름다움을 직접 영원히 바라봅니다. 위계는 그 자체 안에 하나님의 표식을 지닙니다. 위계는 그 구성원들로 하여금 모든 면에서 하나님의 형상, 하나님 자신과 영원한 빛을 반영하는 티 없이 깨끗한 거울(지혜 7:26)이 되게 합니다. 그것은 구성원들이 이 완전하고 거룩한 광채를 받은 후에는 하나님의 뜻에 따라서 이 빛을 더 낮은 단계에 있는 존재들에게 후히 전달할 수 있게 해줍니다.

거룩한 것들에 입문하는 것을 허락받은 사람들이 온전함

의 근원이신 분의 거룩한 배열을 거스르는 일을 행하거나 그러한 상태로 존재하는 것은 옳지 못한 일일 것입니다. 특히 그들이 하나님의 광채를 원한다면, 그들이 하나님의 거룩한 성품에 맞는 방법으로 이 광채를 영원히 응시하고 있다면, 그리고 각기 자신의 정신에 비례하여 이 광채와 같은 것이 되어야 한다면, 거룩한 질서를 거슬러 행하거나 존재하는 것은 옳지 않을 것입니다.

그때에 우리가 말하는 위계란 일종의 완전한 배열, 위계에 대한 이해의 순서와 수준 안에서 그 자체의 조명의 신비들을 만들어내시는 하나님의 아름다움의 상징을 의미하며, 그것은 허용되는 한도 내에서 그 자체의 근원에 비유됩니다. 위계를 이루는 모든 구성원들의 온전함은 고양되어 가능한 한 하나님을 본받게 되는 것, 그리고 성경에서 "하나님의 동역자들"(고전 3:9; 살전 3:2)이요 하나님의 솜씨의 반영이라고 부른 것이 되는 데 있습니다. 그러므로 위계질서가 어떤 존재는 정화되는 상태, 어떤 사람에게는 정화하는 상태, 또 어떤 사람에게는 조명을 받는 상태, 어떤 사람에게는 조명하는 상태, 어떤 사람에게는 온전해지는 상태, 또 어떤 사람에게는 온전함을 야기하는 상태를 명할 때, 각각의 존재들은 각기 자신이 맡은 역할에 알맞은 방식으로 하나님을 본받을 것입니다.

우리가 하나님의 지복(至福)이라고 부르는 것은 부동(不同)성에 오염되지 않은 것입니다. 그것은 끊이지 않는 빛으로 가득하고 지극히 온전합니다. 그것은 정화하고 조명하고 온전하게 합니다. 그보다는 그 자체가 정화요 조명이요 온전함입니다. 그것은 온전함을 초월하며, 빛을 초월하며, 온전한 것을 능가하는 온전함의 근원입니다. 또한 그것은 모든 위계의 원인이면서, 모든 거룩한 것을 크게 능가합니다.

3. 정화된 사람들은 오염되지 않아야 하며, 부동의 흠이 전혀 없어야 합니다. 거룩한 조명을 받고 있는 사람들은 하나님의 빛을 완전히 받아야 하며, 또 하나님을 완전히 볼 수 있게 되려면 정신의 거룩한 눈이 들려올려져야 한다고 생각됩니다. 온전해지고 있는 사람들은 불완전함에서 빠져나와 완전해진 이해력으로 거룩한 것들을 보는 사람들의 무리와 결합해야 한다고 생각됩니다. 또 정화하는 사람들은 풍성한 자신의 정결함을 다른 사람들에게 주어야 합니다. 또 조명을 주는 사람들 – 다른 사람들보다 더 통찰력 있는 지성을 소유하고 있으며, 거룩한 광휘가 가득하며, 분명히 빛을 받을 수 있고 또 자신이 얻은 것을 전해줄 수 있는 사람들 – 은 도처에 있는 자격이 있는 사람들에게 자신의 충만한 빛을 전파해야 합니다. 마지막으로, 온전함을 이루는 책임을 맡은 사람들은 온전한 사람들에게 거룩한 것들에 대한 이해를 소개함으로써 온전한 상태를 초래해야 합니다. 또 위계의 등급 안에 있는 모든 계층들은 가능한 한 하나님과의 협력을 위해 들려올려집니다. 그것은 은혜와 하나님이 주시는 능력에 의해서 자연적으로, 그리고 초자연적으로 하나님에게 속하는 일들, 하나님께서 초자연적으로 행하시며 하나님을 사랑하는 존재들이 본받도록 하기 위해서 위계 안에 계시된 것들을 행합니다(『천상 위계론』 III. 1-3).[402]

하나님과 같아지고(동화되고) 하나님과 하나로 결합하는 것이 위계질서를 세우는 목적이다. 각 구성원이 전체 위계 속에서 맡은 역할을 완수함으로써 목적은 달성되는 것이다. 이를 완수하는 자는 누구나 '하나님의 일꾼', 즉 테우 쉬네르고스(*theou synergos*)가 되어, 자기 속에 나타나 있는 하나님의 활동력을 가능한 한 최대로 드러내게 된다.
이처럼 하나님과 동화되고 – 신성화(神性化, deification) 되고 – 하나님

---

402) 엄성옥 역, 『위 디오니시우스 전집』 (은성, 2007). pp.236-239.

과 하나가 되는 결과로서 피조물의 질서는 있는 그대로 온통 하나님을 반영하게 된다. 이는 곧 하나님이 피조물을 통하여 온전히 나타나시는 것(신의 현현 theophany)이다. 위계의 각 구성원은 자기에게 주어진 몫에 따라 하나님의 영광을 드러내게 된다. 그러므로 상징신학과 긍정신학은 서로 동떨어진 분야가 아니라, 두 신학이 다 하나님을 찬미하는 우리의 과업을 완성하는 데 관한 것이다.

그런데 위계의 체계는 하나님의 엄위하심과 영광을 상징하는 찬란하고도 질서정연한 배열로서 하나님을 드러내는(현현의) 역할을 완수할 뿐 아니라 이를 구체적으로 실현하는 방도이기도 하다. 이러한 방도로서의 위계질서는 정화·조명·완성의 세 과정을 이루어 나가고 있으며, 삼원론이 계속 이어지는 체계는 이 목적을 완수한다. 각각의 삼원론 중에서 제일 높은 위치의 삼원구조는 스스로 완전하거나 남을 완전하게 해주고, 중간의 삼원구조는 스스로 조명을 받거나 남을 조명해 주며, 제일 아래에 있는 삼원구조는 스스로 정화되거나 남을 정화해 준다. 이로써 제일 높은 등급이 존재자가 아닌 전례의식으로 구성되어 있는 교회 위계의 기묘한 형태가 설명된다. 전례의식, 즉 성사의 신비는 우리를 **완성**시키고, 성직자는 우리가 성사를 받아들일 수 있도록 밝게 비추어(**조명**하여) 주고, 평신도는 **정화되는** 과정에 있음을 뜻한다. 그러므로 위계 전체는 질서정연한 활동체계이며 디오니시우스는 이를 종종 **상승**이라고 부른다.

그러나 우리는 이 상승이란 표현에 매우 주의해야 한다. 상승이란 말이 위계질서에서 **위로 오르는** 움직임을 뜻하는 경우는 아주 드물다. 예비신자의 등급에서 디오니시우스의 용어로 말해서 관상하는 단체의 등급(이를테면 오늘날 '일반 평신도'의 등급)으로 상승하는 것만이 정상적인 뜻으로 사용된 상승이다. 그 밖의 모든 것은 특수한 신분이나 성소에 관한 문제이다. 수도승이나 복사(服事) 403)는 일반 평신도(관상하는 단체)보

---

403) 복종하여 섬김(*therapeutai*) - 이 같은 명칭은 "그들이 하나님께 드리는 순수한

다는 등급이 높지만 모든 평신도가 다 수도승이 되리라고 기대할 수는 없다. 또한 성직자는 수도승보다 등급이 높긴 하지만, 수도승들이 모두 성직자의 자리에 오른다는 것도 기대할 수 없는 일이다. 실제로 동방교회에서는 수도승 쪽에서 성직자로 서품되지 않으려는 전통이 있었다. 하나님과 하나로 결합하기 위하여 상승하는 인간의 경우에 있어서도 그가 천사가 되리라 기대할 수는 없는 일이다.

상승의 진정한 의미는 적어도 부분적으로는 각자를 위계질서 안에 자리잡아 주신 하나님의 활동력 - 혹은 하나님의 뜻 - 과 더욱 완전히 일치하는 것이다. 그러므로 각자는 위계를 오른다기보다는 위계 속으로 들어가는 것이다. 여기서 우리는 "천국에서도 더 높은 곳으로 올라가 하나님을 더 가까이서 뵙고 싶지 않으냐?"라고 묻는 단테에게 다음과 같이 대답하는 피카르다(Piccarda)를 연상하게 된다.

> 형제여, 애덕으로 우리네 마음은
> 고요하고 잠잠하오, 분수에 맞갖게
> 바랄 뿐, 더 이상 목마르지 않다오.
>
> 더 높은 곳으로 오르려 한다면,
> 우리를 여기에 자리잡아 주신
> 거룩한 그 뜻에 어긋나 버리리다: ⋯
> 우리 복된 삶의 근본은 오직
> 거룩하신 그분 뜻 안에 머물러
> 그 뜻과 우리 뜻이 하나로 되는 것:
>
> 하늘나라 문지방 여기저기 자리잡고
> 신하로 불러주신 임금님 향하여

봉사와 공경의 뜻에서 나온 말이다. 또한, 산만하게 나누어진 모든 관심사를 하나님과 같은 모습, 즉 하나로 통일하여 하나님 사랑을 완성하려는 거룩한 응집력 속에서 단일성을 얻고자 노력하며 살아가는 단순하고도 한결같은 삶의 모습에서 유래한 말이다"(『교회 위계론』 VI i 3: 533A).

모두들 화복하여 기꺼워하노니:

그분 뜻 안에서 우리 평화 찾으리. …
(*Paradiso* III 70-5, 79-85)

긍정신학과 상징신학은 양쪽이 모두 하나님의 창조, 즉 하나님이 피조물을 통하여 온전히 나타나심을 완성하는 데 관한 내용이라고 말할 수 있겠다. 두 신학은 하나님의 영광을 가능한 한 완전하게 드러내고 환히 보이도록 한다. 두 신학은 창조된 만상을 통하여 하나님의 활동력이 찬란히 빛나심을 밝힌다. 이 두 신학은 추상적이고 학문적인 것이 아니라, 하나님께서 할당해 주신 소명에 따라 살아감으로써 하나님의 영광을 드러내게 되는 우리 크리스천으로서의 소명과 직접적으로 연관되어 있는 것이다.

만상에 드러나시는 하나님을 확실히 긍정함으로써 더욱 근본적인 부정으로 향하게 된다는 것을 우리는 앞에서 긍정신학에 관하여 살펴보는 가운데 알 수 있었다. 이는 상징신학에 적용해도 마찬가지가 된다. 상징에는 상징의 대상과 닮은(같은) 것도 있고, 닮지 않은(다른) 것도 있다. 디오니시우스는 하나님에 관하여 얘기할 때, 닮지 않은 상징(*anomoia symbola*)을 선호하는 이유를 분명히 밝히고 있다. 즉, 닮지 않은 상징에서는, 상징이 연상시키는 내용과 하나님을 혼동할 위험성이 없기 때문이다. [만약 '하나님은 불이다'라고 (상징적으로) 말한다면 하나님이 정작 불이라는 뜻으로 얘기한 것은 아니라는 것, 또한 하나님이 불이 아니라는 사실도 알고 있다. 그러나 만약 "하나님은 '완전무결한 아름다움'이다."라고 말한다면 (하나님을 상징하는) 말 그대로의 내용과 하나님을 혼동할 수도 있다]. '닮지 않은' 상징들도 영혼으로 하여금 상징의 세계를 초월하여 더 높이 올라가게 된다. '그러므로 하나님에 관한 신성한 영역에 있어서는 부정이 오히려 진실한 것이며 긍정은 말로 표현할 수 없는 세계의 감춰진 뜻에 적당하지 못한 것인즉, 계시되는 내용과 닮지 않은 표상(상징들)을 통한 계시야말로 보이지 않는 세계에 더욱 잘 어울리는 것이다'(『천상 위계론』 II 3: 141 A).

그렇다면 긍정신학과 상징신학은 둘 다 스스로의 영역을 초월하여 부정의 길(부정신학)을 가리키고 있다. 여기에는 근본적이고도 신학적인 이유가 있다. 하나님은 본질적으로 알 수 없는 분으로서 지식의 대상이 아니기 때문이다. 우리는 창조된 만상을 통하여 당신을 드러내시는 하나님(顯示)을 이해할 수는 있으나, 하나님의 현시를 깨닫는 바로 그 순간에도 우리는 이같이 드러나시는 '하나이신 분'께서 당신의 드러나심조차 초월하신다는 것을 알게 된다. 긍정신학과 상징신학의 목표는 둘 다 하나님과 한 마음 한 몸이 되는 것이기에, 영혼이 이같이 만상을 통하여 드러나시는 하나님을 알고 사랑하면 할수록 영혼은 더욱더 당신 본질로서의 하나님을 그리워하기 때문이다. 영혼이 만약 만상 속에 하나님의 드러나심(현시)을 통하여 추적하면서 마침내 하나님 당신에게로 올라가려 한다면, 영혼은 지금까지 하나님을 나타내는 표상이나 상징들을 부정함으로써만 목표에 다다를 수 있을 뿐이다. 그리하여 영혼은 — 앞에서 인용했던 『신비신학』의 한 구절에서와 같이 — 위로 올라갈수록 표현하는 말이 줄어들면서 마침내 "말이 완전히 없어지고 '말로 표현할 수 없는 것'과 완전히 하나가 되기에" 이르는 것이다.

디오니시우스도 영혼의 상승에 대하여 얘기하면서 니사의 그레고리우스와 마찬가지로 거룩한 산(聖山)으로 오르는 모세와 대비하여 설정하고 있다. (따라서 다음 인용문에는 그레고리우스의 『모세의 일생』과 표현까지도 비슷한 점이 더러 보인다.)

> 만물의 선한 원인(조물주)은 수많은 말로 표현되기도 하지만 동시에, 다만 몇 마디로, 혹은 아무 말로도 표현이 불가능하다는 생각은 참으로 감탄할 만한 사상이라고 여겨진다. 하나님 당신에 관해서는 어떠한 설명도 어떠한 이해도 있을 수 없기 때문이다. 당신께서는 존재를 모두 초월하여 계시며, 전례를 통한 축성과 정화를 거쳐서 거룩한 산 최고

봉우리들 위에 두루 올라간 연후에 온갖 신비한 비추임(조명)를 받고 온갖 소리와 천상언어를 듣고 난 다음, 성서 말씀대로 만물을 초월하신 분께서 진실로 계시는 그 어둠 속으로 들어선 사람들, 이들에게만 당신의 모습을 있는 그대로 진실로 나타내주시기 때문이다. 거룩한 모세는 먼저 자신을 정화하도록 지시받았을 뿐 아니라 다음으로 그같이 정화되지 못한 사람들로부터 떨어져 나오라는 지시를 받았던 것이다. 정화의 과정을 모두 끝마치자 그는 우렁찬 나팔소리를 들었고 넓게 퍼지며 순수하게 맑은 광채를 내뿜는 수많은 빛을 보았다. 그러자 무리들로부터 떨어져 나와 오직 간택된 사제들과 함께 거룩한 산을 올라 최고 봉우리에 다다랐다. 그러나 그곳에서도 하나님 당신과 직접 대화를 나누지도 - 보이지 않는 분이기에 - 하나님을 뵙지도 못했다. 그곳은 다만 하나님이 계시는 곳일 뿐이다. 이로써 알 수 있는 뜻은, 우리 눈에 보이거나 마음으로 느껴지는 생각들 중에서도 가장 거룩하고 드높은 것일지언정, 어떠한 개념도 초월하신 분의 본질에 비한다면 이를 간신히 비칠까 말까 할 정도의 암시에 지나지 않는다는 것이다. 그러므로 당신께서 모습을 드러내실 때에는 우리에겐 지극히 거룩한 장소 중에서도 최고로 빼어난 영적 봉우리 위일지언정 당신께선 그 위에다 당신의 발을 놓으실 따름이다. 그리하여 모세는 보이는 사물의 세계와 보는 사람들로부터 떨어져 나와 무지의 어둠, 진실로 감춰진 어둠 속으로 들어갔으며 그곳에서 그는 지식을 전해주는 어떠한 이해력에 대해서도 눈을 감아 버린다. 어떠한 느낌도 이해도 완전히 초월한 영역으로 들어왔기 때문이다. 이제 그는 모든 것을 초월한 세계에만 온전히 속하면서도 전혀 아무것에도 소속되지 않으며 자기도 아니고 남도 아닌 존재로서 자신의 가장 드높은 부분을 통하여 결코 알 수 없는 그분과 힘들이지 않고 수동적으로

(*anenergesia*) 하나가 된다. 그는 지식 이해를 초월하는 의미로 하나님을 모름으로써(무지에 의해서) 알게 되는 것이다(『신비신학』 I 3: 1000B 1001A).

☞ 전집『신비신학』비교
제1장 하나님의 어둠이란 무엇인가?

3. 이것이 복된 바돌로매404)가 가르친 것입니까? 그는 하나님의 말씀은 방대하면서도 아주 작고, 복음의 범위는 넓으면서도 한정되어 있다고 말합니다. 이렇게 말하는 그는 매우 현명한 것처럼 보입니다. 그는 만유의 선한 원인이 능변이시면서도 말이 없으시다는 것을 파악했습니다. 그분은 글이나 이해의 행동의 차원을 초월하시는 분이시므로 말이나 이해의 행동을 소유하지 않습니다. 이것은 좋든 궂든 모든 경우를 통과하는 사람, 모든 거룩한 등정의 정상을 넘어서는 사람, 모든 거룩한 빛과 음성과 천국으로부터 오는 말을 초월한 사람, 성경에서 말하는 것처럼 만물을 초월하시는 한 하나님이 거하시는 어둠 속으로 뛰어드는 사람에게만 분명히 드러납니다.405) 복된 모세가 먼저 자신을 깨끗하게 하고, 그다음에는 정결하지 않은 사람들을 떠나라는 명령을 받은 데에는 이유가 있습니다. 완전히 성결하게 된 모세는 나팔소리를 듣습니다. 그는 깨끗하며 풍성하게 흐르는 광선을 가진 많은 빛을 봅니다. 그 후에 그는 선택된 제사장들과 함께 무리를 떠나서 거룩한 산 정상을 향해 올라갑니다. 그러나 그는 아직 하나님을 만나지 못합니다. 그는 보이지 않는 하나님을 보는 것이 아니라 하나님이 계신 곳을 봅니

---

404) 신약성서의 바돌로매도 후대에 다른 사도들처럼 많은 외경의 저자로 간주되었다(마 10:3; 막 3:18;눅 6:14; 행 1:13).
405) 출 20:21; cf. 출 19.

다. 이것은 육신의 눈이나 정신으로 감지된 가장 거룩한 것들과 가장 고귀한 것들은 초월자이신 하나님(Transcendent One) 아래 있는 모든 것을 전제로 하는 원리라는 것을 의미한다고 생각됩니다. 그러나 그 거룩한 장소들의 정상을 걸으시는 그분의 상상할 수 없는 현존은 그것들을 통해서 보여집니다. 그러나 그때에 모세는 그것들, 보여지는 것과 보는 것들로부터 도망쳐서 무지[406)]의 신비한 어둠 속에 뛰어듭니다. 그는 여기에서 정신이 인식할 수 있는 모든 것을 부인하고 눈에 보이지 않는 것들과 만질 수 없는 것들 안에 둘러싸입니다. 그는 완전히 모든 것을 초월하시는 분의 소유가 됩니다. 여기에서 우리는 지식의 활동을 정지함으로써 완전히 알려지지 않은 것과 연합하며, 아무 것도 알지 않음으로써 정신을 초월하는 것을 압니다('전집' 『신비신학』 I 3. pp. 211-212).[407)]

위 인용문에는 우리에게 이미 낯익은 내용이 많다. 부정신학으로 나

---

406) 14세기에 영국의 익명의 저자가 저술한 책 『무지의 구름(*The Cloud of Unknowing*)』때문에, 이 표현은 '무지의 구름(the cloud of unknowing)'으로 더 잘 알려져 있는 듯하다.
407) 모세가 시내 산으로 올라간 성경 이야기(출 19장과 20:18-21)는 니사의 그레고리우스(Gregory of Nyssa)의 저서인 『모세의 생애(*The Life of Moses*)』, 특히 제2부 #152-170(PG 44372C-380A)의 주제이기도 하다. 그 책에는 위 디오니시우스가 다룬 주제들의 다수가 이미 다루어져 있다. 히에로테우스의 이야기(DN 2648AB 10-20과 DN 3 681C 41-684A 3)와 카르포스(Ep. 8 1097BC 21-26)의 이야기에서처럼, 이 구절에서도 다른 점에서는 종교의식과 결합되는 용어를 사용한다. 여기에서 시내산 사건들은 고위 성직자들의 예전적 경험과 일치한다. 모세는 고위 성직자들의 원형이다(EH 5501C 33f.). 그레고리우스는 보다 분명하게 이것들을 일치시키지만, 디오니시우스는 특별한 용어를 사용함으로써 그것을 암시한다.
  고위 성직자들도 모세처럼 먼저 다른 예배자들과 함께 정화되며(EH 2 397B 14-21, EH 3 428B 16), 자신의 의식적 정화를 행한다(EH 3 440A 11-14). 모세가 무리로부터 떨어져 섰던 것처럼, 예전적으로 해석할 때에 고위 성직자들은 아직 정화되지 못한 사람들과 분리된다(EH 3 436A 3-5). 고위 성직자들도 모세처럼 성경의 적나라한 소리들과 (DN 4 708C 28) 의식의 유형적인 규범들을 초월하는 법을 안다(CH 1 121D 42f.). 고위 성직자들과 '선택된' 보조자들은 제단 앞으로 나아가며, 모세처럼 거룩한 것들을 본다(EH 3 425D 44-46). 『교회의 위계』에서 '관상(contemplation)'은 예전적 해석을 지칭한다.

아가는 길은 자기 자신의 정화를 끝낸 연후에 자연의 만상을 통한 관상, 즉 하나님 안에서 세상을 관상하는 경지에까지 이미 올라와 있는 영혼이라야 들어설 수 있는 길이다. 그러한 영혼은 이제 스스로 아는 바를 부정함으로써 더욱 높이 상승하여 나아간다. 여기서 디오니시우스는 아직 무척이나 플라톤 철학의 입장에 머물러 있다고 하겠다. 이는 앞서 인용한 『신비신학』 제3장에 명백히 드러나 있는즉, 부정신학의 길은 영혼이 이미 감각세계를 벗어나 순수한 지성세계에만 몰두했을 때 다다를 수 있는 수준을 다시 초월한 단계로 표현되었다(수많은 말이 오고가는 상태에서 점차로 말이 적어진 상태로 넘어가다가 마침내 이를 초월하여 아무런 말이 없는 상태에 이르게 되는 단계적 진행이다).

그러나 여기서 우리는 디오니시우스를 (그리고 플라톤마저) 오해하지 않도록 조심해야 하겠다. 디오니시우스는 감각세계의 수준을 넘어서 그 위에 존재하는 일종의 순수한 사유를 드높이 찬양하는 것이 아니라. 우리가 감각세계에 머무는 한 피할 수 없이 물들게 되는 산만하고 단편적인 상태에서 벗어나 더욱 집중되고 통일된 상태로 옮겨가는 상승에 대하여 생각하고 있었던 것 같다. 그의 이와 같은 생각은 앞에서 인용했던 『신비신학』의 다음 내용과 일치하고 있다. 즉, "높이 올라가면 갈수록 우리 이해의 범위는 더욱더 통일되고 단일하게 되어감에 따라 우리가 할 수 있는 말이 그만큼 더 제한되기 때문이다."[408] 부정신학에 이르는 길은 우리가 할 수 있는 말이 완전히 한계에 이르러 마침내 말이 없는 상태가 된 다음에 다시금 도달하게 되는 단계이다.

이러한 '부정'은 우리가 어느 정도 행하고 있는 바이기도 하다. 이에 대하여 디오니시우스는 플로티누스의 글을 떠올리게 하는[409] 다음과 같은 말을 한다.

---

[408] 『신비신학』 III 1033B.
[409] 『애네아드』 I 6.9; Henry와 Schwyzer 판본의 텍스트로는 6 이하의 내용이며. Mac Kenna의 텍스트로는 63쪽에 해당함.

모든 것을 부정하는 길이야말로 진실로 보고 아는 것이며, 만상 드높이 위에 계시는 그분을 초월적인 방법으로 찬미하는 것이다. 이는 마치 손으로 동상을 만든 조각들이 감춰진 형상을 분명히 볼 수 없게 만드는 군더더기 부분을 모조리 깎아내는 일과 같다. 속에 감춰진 아름다움이 환히 드러나게 하는 것은 이처럼 깎아 없애는 과정을 거쳐야 하는 것이다(『신비신학』 II 1025B).

☞ 전집에서 『신비신학』 비교
제2장 만물 위에 계신 만유의 원인과 연합하며 찬양하는 방법

초월적인 방법으로, 즉 만물을 부인함으로써 초월자를 찬양하는 것이 진정으로 보는 것이요 아는 것입니다. 우리는 조각상을 조각하기 시작한 조각가들과 같을 것입니다. 그들은 감추어져 있는 형상을 깨끗이 보기 위해서 장애물들을 모두 제거하는데, 이처럼 깨끗이 제거하는 행위(부인)에 의해서 감추어져 있는 아름다움이 드러납니다('전집'『신비신학』 II p.214).

그러나 우리가 행하는 바 이 같은 부정으로써 우리는 어느 정도의 길에까지는 하나님이 계시는 곳에 다다르게 되지만 직접 하나님 당신에게 도달하는 것은 아니다. 따라서 다음 단계로 영혼은 하나님이 계시는 깊은 어둠 속으로 쏠려 들어가 완전히 수동적으로 (힘들이지 않고 저절로) 알 수 없는 하나님과 알 수 없는 방법으로 하나가 되기에 이른다.

그러므로 디오니시우스는 그의 스승 히에로테우스(Hierotheus)에 관하여 말하기를 "그는 신적인 거룩한 지식을 배웠다기보다는 오히려 겪은 사람이다. 신적인 모든 것과 공감(sympathy)함으로써 – 이런 말을 쓸

수 있다면 - 신적인 것에 대하여 배우지 않고 터득한 감춰진 믿음에까지 다다르게 되었고 신적인 것과 하나가 되어 완성에 이른 사람"(『신명론』 II.9: 648b)이라고 하였다. 영혼은 하나님과 결합할 때 수동적 상태가 되며 하나님(신적인 것)에 대하여 어느 정도 공감(글자 그대로의 뜻은 '함께 겪음')을 체험하고 발견하게 된다. 하나님의 거룩함이란 배워 익히는 것이 아니라 가르칠 수 없는 것(adidaktos)인 바, 로크(Roques)의 말과 같이 '즉시로 결합하는 것, 말로 표현할 수 없는 것, 논리적 사고의 영역을 초월한 것, 황홀상태나 순수한 사랑과 더 이상 구별되지 않는 것에 대한, 순전히 은총에 의한 관상'이다.410)

디오니시우스는 황홀상태에 관해서도 언급했는데, 그것은 영혼이 자기 밖으로 나가(탈혼하여) 하나님과 하나가 되는 것이라 했다. 그는 이 점에 있어서는 니사의 그레고리우스를 넘어선 단계로 발전한 듯하지만 그 밖의 문제에 있어서는 그레고리우스와 매우 유사한 견해를 보인다.411) 디오니시우스가 말하는 황홀경은 순전히 '자기 밖으로 나감'을 뜻하며 영혼은 이 황홀경에 이르러 자기를 깨뜨리고 벗어나게 된다.

> … 자기 자신과 모든 것에서 벗어나 순수하고 절대적인 황홀상태 속에서 온갖 속박을 내던져버리고 나면, 존재를 초월하는 '신적 어둠'의 빛줄기를 향하여 상승하면서 모든 것을 떨쳐버리고 모든 것에서 해방될 것이다(『신비신학』 I.1: 997B-1000A).

---

410) *Dictionnaire de Spiritualité* II에 실린 논문 "Contemplation, extase et ténèbre chez le Pseudo-Denys"에서 인용(col. 1895).
411) W. Vöker는 디오니시우스를 그레고리우스에 훨씬 가깝게 두고 있다. W. Vöker, *Kontemplation und Ekstase bei pseudo-Dionysius Areopagita* (Wiesbaden 1958) 200 이하 참조. 그는 위에 인용한 Roques와는 의견을 달리하고 있으나, 여기서는 Roques의 견해에 따랐다.

☞ 전집에서 『신비신학』 비교
제1장 하나님의 어둠이란 무엇인가?

1. ~
모든 것을 버리고 모든 것에서 해방되어 당신 자신과 모든 것을 절대적으로 완전히 포기함으로써, 당신은 존재하는 모든 것을 초월하는 하나님의 어둠의 광선에게로 들려 올라갈 것입니다('전집' 『신비신학』 I 1. p.210).412)

그러나 디오니시우스는 황홀상태의 소극적 측면을 강조하지는 않았다. 황홀상태는 무엇보다도 사랑의 황홀로서 하나님과 하나 됨(一致, henosis) 내지는 하나님과 같이 되는 것(神化, theosis)이라고 생각했다.413) 디오니시우스는 에로스와 아가페를 구별하지 않고, (에로스가 아가페보다 '더 신적인 것'이라고 말하긴 했지만) 둘 다 '하나로 결합하고 묶는 힘에 의하여 미(美)와 선(善) 속에서 분리될 수 없는 융합을 이루는 것'(『신명론』 IV 12 709C)이라고 정의하였다. 이 신적인 에로스는 황홀한(탈혼상태의) 것이다. 그리하여 '이 같은 황홀한 사랑에 사로잡힌 이들은 더 이상 자기 자신에게 속한 존재가 아니라 그리움의 대상에 속한 존재가 된다'(『신명론』 IV 12 721A). 황홀경에 이른 영혼은 자기를 벗어나 사랑하는 대상에게로 쏠려 들어가는 것이다. 디오니시우스는 성 바울의 예를 들어서 이를 설명하고 있다.

위대한 사도 바울께서도 하나님의(신적인) 사랑에 사로잡힌 몸이 되었기에 황홀경으로 몰고 가는 그 사랑의 힘을 느끼며, "이제는 내가 사는 것이 아니요 오직 내 안에 그리스도께서 사시는 것이라."(갈 2:20)라고 영적 감흥에 넘친 말

---

412) 디모데에게 준 이 충고에서는 모세가 시내 산에 올라간 기사(Vanneste, Le Mystere de Kieu, pp. 48f.)와 인식할 수 있는 것을 초월하는 일반적인 앙양(昻揚)을 소개한다.
413) Roques, 앞의 논문, col. 1897 참조.

씀을 했던 것이다. 자기를 벗어나와 하나님께 사로잡힌 사람은 참된 사랑을 아는 이로서 그는 더 이상 자기의 삶을 사는 것이 아니라 한없는 그리움의 대상, 바로 그분의 삶을 사는 것이다(『신명론』 IV 13: 712A).

☞ 전집『신의 이름들』비교
하나님을 향한 열망에 휩싸이고 그 몰아적 힘에 사로잡힌 사도 바울은 그것을 "그런즉 이제는 내가 사는 것이 아니요 오직 내 안에 그리스도께서 사시는 것이라."414)와 같이 표현했습니다. 바울은 참으로 하나님을 사랑했으며, 하나님을 위해서 미쳤고415) 자신의 생명이 아니라 그가 사모하는 분의 생명을 소유하고 있었습니다('전집'『신의 이름 들』 IV 13. p.118).

그러나 디오니시우스는 우리 영혼의 황홀뿐 아니라 하나님 당신의 황홀에 관해서도 언급하였다(이는 플로티누스를 비롯하여 어떠한 네오 플라토니스트의 사상에도 있을 수 없는 개연이다).

다음의 내용 또한 참된 것이기에 여기 감히 덧붙여 말해야 하겠다. 만상의 '근원'이신 당신께서는 모든 피조물에 대한 놀랍고 선하신 사람과, 당신 사랑의 넘쳐나는 착하심(善性)으로 말미암아 당신 밖으로 나오시어 존재하는 만물을 일일이 당신의 뜻으로 돌보아주시고 선과 사랑과 그리움에 넘치며 황홀해하신다. 그리하여 만상 위로 만상을 초월하신 당신의 자리에서 위치를 옮기시어 황홀하고도 초월적인 힘, 그러면서도 당신과 분리되지 않는 힘에 의하여 만물 안에 계시고자 내려오신다(『신명론』 IV 13: 712AB).

---

*414) 갈 2:20
*415) 고후 5:13

☞ 전집 『신의 이름들』 비교

아름답고 선하고 지극히 풍성한 그의 자비로운 열망 안에 있는 우주의 원인 역시 만물을 향해 그가 품고 있는 사랑의 보살핌 안에서 그에게서 제거됩니다. 말하자면, 그는 선·사랑·열망 등에 도취되며, 그의 훌륭한 거주지에서 꾀어내어져 만물 안에 거하게 됩니다. 그럼에도 불구하고 이것은 그의 안에 남아 있는 초자연적이고 몰아적인 능력에 의해서 이루어집니다. 만물을 향한 선한 열망이 매우 크기 때문에, 그리고 또 그가 사람들로 하여금 열망하는 열심을 일으키기 때문에, 영적 통찰력을 가진 사람들은 그를 '열성적'라고 묘사합니다. 그리하여 열심은 항상 바람직한 것으로 느껴지기 때문에, 그리고 그는 자신이 부양하는 피조물들에 대해 열심을 갖기 때문에, 열성적임이 입증됩니다. 간단히 말해서, 열망 및 열망의 대상은 선(the Good)과 미(the Beautiful)에 속합니다. 그것들은 그 안에 선재하며, 그것 때문에 존재합니다('전집'『신의 이름들』 IV 13. p.119).

영혼은 황홀상태에 이르러, 영혼에 대하여 황홀해하시는 하나님의 사랑과 만나게 된다. 이는 플로티누스가 말하는 '하나(一者)'와의 결합과는 전혀 다른 것이다. 플로티누스의 '하나'는 불변하는 것이며 스스로나 영혼에 대하여 전혀 의식이 없는 것이다.

부정신학의 길은 다른 신학의 길과 어떻게 연결되는 것일까? 특히, 황홀한 사랑을 통한 하나님과의 결합은 위계질서의 개념과 어떻게 연결되는 것일까? 위계는 영혼과 하나님 사이의 중개자를 암시하는 듯한 반면에, 황홀상태는 영혼과 하나님과의 직접적인 결합을 의미한다. 디오니시우스의 위계는 우리가 하나님께로 상승하는 과정에서 얻고 오르는 사다리가 아니라는 것을 우리는 이미 앞에서 확인하였다. 이에 우리가 덧붙여 말할 수 있는 내용은, 디오니스우스의 위계는 네오플라토니즘의 체계에서 볼 수 있는 존재의 위계질서와 매우 비슷할 뿐 아니라 네오플라토니즘에 의존하고 있음에도 불구하고 디오니시우스가 이를 사용한 목적은 다른 곳에 있다는 것이다. 디오니시우스는 크리스천으로서 하나님에 의한 무로부터의 창조를 믿기 때문에. 위계 가운데 각각의 등급 사이에 흘러나옴이 있다고 생각하지는 않는다. 우리는 위계에서 우리보다 높은 창조물로부터 우리의 존재를 부여받은 것이 아니라 하나님에 의하여 직접 창조된 존재이다. 디오니시우스에게 있어서 유출은 궁극적으로 빛, 조명, 계시에 관계된 문제이지 존재에 대한 문제가 아니었다.

위계질서는 다만 하나님을 드러내주고 하나님의 뜻을 전해줄 뿐이다. 디오니시우스의 부정신학은 모든 존재자가 하나님에 의하여 창조되었기에 제각기 하나님과 직접적인 관계에 있다는 신학적 원리를 배경으로 하고 있다. 이 직접적인 관계는 황홀한 사랑을 통하여 하나님과 하나가 됨으로써 이루어지고 체험되는 것이다.[416]

우리는 이를 다음과 같이 말해 볼 수도 있다. 즉, 위계는 (그리고 긍정신학은) 우주 속에서 우주를 통하여 또한 우주를 향하여 스스로를 드러내시는 하나님에 관한 문제인 것이다. 이는 밖으로 향한 하나님의 움직임에 관한 것이다. 부정신학은 영혼과 하나님과의 은밀하고 감춰진 관계에 대한 문제이며, 하나님 안으로 향한 영혼의 움직임에 관한 것이다. 그런데 이 점에 있어서 간혹 디오니시우스는 표현이 분명하지 못한 듯한 인상을 주기도 한다. 왜냐하면 그는 오직 하나님을 향하여 위로 오르는 영혼의 움직임에 대해서만 하나의 이미지, 즉 상승 이미지를 사용하였기 때문이다.

따라서 가장 뚜렷이 보이는 상승은 위계를 하나하나 밟아 올라가는

---

[416] Endre von Ivánka, "Inwieweit ist Pseudo-Dionysius Neuplatoniker?", *in Plato Christianus* (Einsiedeln 1964²) 262-89 참조.

것이라고 잘못 생각하기 쉬운데, 이는 전혀 디오니시우스가 의미하는 바가 아니다. 그의 의도를 더 잘 나타낼 수도 있었을 이미지는 안으로 향한 움직임의 (내향적) 이미지였을 것이다(이는 플로티누스와 어거스틴에게서 흔히 볼 수 있는 개념이다).

영혼은 자기 자신을 통하여 당신을 밖으로 드러내시는 하나님뿐만이 아니라, 하나님 안으로 향하는 자기 자신의 움직임에도 관련되어 있으며 이 두 움직임은 서로 밀접하게 연관되어 있다.

앞에서 살펴본 바와 같이 위계질서 안에서 영혼의 역할은, 영혼을 위계 안에 자리 잡아 주는 하나님의 활동력과 될 수 있는 한 밀접하게 결합하는 것이다. 영혼은 하나님과 부정적·신비적인 결합의 길로 나아감으로써 마침내 이 역할을 완수하게 된다.

부정신학은 긍정신학이나 상징신학에 모순되는 것이 아니다. 안으로 향한 움직임은 하나님께서 영혼을 꿰뚫어 밖으로 나아가시는 움직임에 조금도 거슬리지 않는다. 하나님 안으로 깊이 들어가면 갈수록 (궁극적으로 알 수 없는 결합을 통하여) 영혼은 더욱 분명하게 그리고 더욱 완전하게 하나님의 영광을 드러낼 수 있게 된다.

디오니시우스의 신비주의는 대략 위와 같은 내용이 되겠다. 이는 대단히 뜻깊은 신비신학인즉, 하나님과의 신비로운 결합에 대한 체험을 그리스도교의 근본이 되는 관점 – 하나님은 인간 가운데 있는 최고최상의 부분이 아니라 인간너머에서 인간을 초월하신 분으로서 다른 모든 것들을 무에서 창조하셨으며 우리와는 다른 존재의 질서로 인하여 본질적으로 알 수 없는 분이라는 관점이 그대로 유지되는 맥락 속에서 이루어놓은 신학이다. 그러나 이와 병행하여, 하나님은 당신께서 창조하신 만상 안에 계시다는 (내재[內在]에 대한) 깊은 인식이 있는 것이다.

왜냐하면 모든 피조물은 각각의 존재를 하나님에게 직접 의존하고 있기 때문이다. "모든 것, 어떤 사물의 어떠한 부분이든 모두가 '하나이신 분'과 더불어 있으며, 만상의 존재는 '하나이신 분'의 존재에 의존하고 있다"(『신명론』 XIII 2: 977C). 하나님의 내재하심에 대한 이 확신이 야말로 하나님의 이름에 대한 가르침에 토대가 되는 것이다.

디오니시우스는 또한, 만상이 하나님을 향하여 하나님과의 결합을 나타내고 실현하기 위하여 제각기 맡은 바 역할을 하며 휘황찬란한 연속적 서열을 이루고 있는 위계로서의 코스모스(cosmos) – 즉, 질서와 조화의 체계로서의 우주 – 를 우리에게 제시하고 있다. 이 위계질서에서 낮은 부분에 해당하는 성교회의 위계는 물질적이고 감각의 세계에 속한 것까지도 하나님과 같은 위상으로 끌어올림으로써 성사의 체계를 위한 기초를 다지는 것이다. 디오니시우스의 『교회 위계론』은 지금껏 알려진 바 전례주해서로서는 최초의 것으로 비잔틴 신학의 독특한 성격이 아주 훌륭히 반영되어 있다. 그런 만큼 이 책은 하나님을 숭배함에 있어서 거룩한(신적인) 것과 인간적인 것의 상호침투를 표현해 주는 교회 예식과 상징에 아주 깊은 의미와 가치를 부여하고 있다. 후일에 와서 씌어진 이와 같은 종류의 전례주해서로서는 14세기의 니콜라스 카바실라스[417]와 19세기의 니콜라이 고골리[418]의 저술이 있다.

이제 결론을 말하자면, '거룩한 어둠' 속에 계심으로 표현할 수도 형언할 수도 없는 하나님에 대한 부정신학과, 영적이면서도 물질적인 상징들이 찬란하게 질서정연한 서열을 보이는 하늘나라와 성교회의 위계는 서로 본질적으로 연결되어 있는 것이다. 하나님은 알 수 없는 분이라고 단언하는 것은 디오니시우스에게 있어서 근본적인 의미를 지니고 있다. 하나님에 대해서는 어떠한 상징도 이미지도 거부해야 하며, 아무리 고상하고 영적인 것일지라도 끝내 하나님을 상징한다는 특권을 누릴 수는 없는 것이다. 실제로 이런 영적인 상징들은 특히 그릇된 착오를 일으킬 수 있는 것들이다. 그러므로 디오니시우스는 닮지 않은 상

---

417) Nicholas Cabasilas(?-1371). 데살로니가의 대주교로서 신비주의 작가였다.
418) Nikolai Gogol(1809-1852). 러시아의 소설가로서 러시아 리얼리즘 문학의 개척자였으나 만년에는 신비주의에 몰두했다.

징을 훨씬 선호하였다. 닮지 않았기 때문에 모든 상징과 이미지가 그분에 관하여 확실하게 긍정할 수 있는 것이다. '하나님은 만상을 통하여 알 수 있는 동시에 만상을 떠나서 알 수 있는 분이시다 …'(『신명론』 VII 3: 872A). 그러므로 모든 것이 한 번에 또한 동시에 그분에게로 귀착될 수 있으나, 그러면서도 그분은 이 모든 것 가운데 어느 하나도 아니시다"(『신명론』 V 8: 824B).

부정신학과 상징신학은 또한 성상(聖像)신학(iconic theology)이라고도 할 수 있겠다. 이 두 신학은 한 동전의 양면이다. 그리스도인의 하나님, 즉 무에서 만물을 창조하신 하나님이 지닌 이 근본적인 초월성에 대한 함축적 의미는 다른 어느 곳에서보다 비잔티움(Byzantium)에서 가장 뚜렷이 인식되었다. 그러므로 디오니시우스는 서방세계에 깊고도 다양한 영향을 끼친 인물임에 틀림이 없으나 비잔티움이야말로 그의 참다운 고향이었다.

제5장
디오니시우스의 신비신학[419]

The Mystical Theology[420]

목 차

1장 하나님의 어둠이란 무엇인가?
2장 만물 위에 계신 만유의 원인과 연합하여
    찬양하는 방법
3장 긍정의 신학은 무엇이며 부정의 신학은 무엇인가?
4장 인식할 수 있는 모든 것의 탁월한 원인 자체는
    인식될 수 없다.
5장 모든 개념적인 것의 탁월한 원인이신 분은
    개념적이 아니다.

---

*419) 디오니시우스. 엄성옥 역. 『위 디오니시우스 전집』 (은성. 초판, 2007) pp.209-220.
420) 이 소논문은 디오니시우스의 저술 전체와 방법을 이해하는 데 중요하다. 이것은 후대에 특히 서방의 신학과 신비주의에 큰 영향을 주었다(Vöker, kontemplation, PP. 218-63). J. Vanneste(Le Mystère de Dieu, PP.30-36)는 디오니시우스의 저술들 중에서 이 논문과 『하나님의 이름들』이 구분되어야 하며, 『천상의 위계(The Celestial Hierarchy)』와 『교회의 위계(The Ecclesiastical Hierarchy)』가 구분되어야 한다고 주장했다. 『신비신학』은 먼저 전술한 『하나님의 이름들』을 요약한 후에, 나중에 위계에 관한 두 가지 논문에서 사용될 것인바 성경과 예전의 인지할 수 있는 상징들을 해석하는 방법을 미리 살펴본다.
위 디오니시우스의 글에서 '신학'이라는 단어는 성경에서의 '하나님의 말씀'이라는 의미를 지닌다. R. Roques, "Note sur la notion de THEOLOGIA selon le Pseudo-Denys l'Aréopagite," Revue d'Ascéteque et de Mystique 25 (1949) : 200-12를 보라. 이 논문은 Roques, Structures, PP. 135-45에 다시 인쇄되었다. 성경적인 '하나님의 말씀'으로서의 '신학'의 예는 다음을 보라 : CH 4 180B20, CH 9261C 38, CH 12 293AB 7-15, EH 3 437B 22f. 그 용어는 시몬 베드로의 고백(EH 7 564C 38). 사도 요한의 계시(Ep. 10 1120A 2), 또는 저자 자신의 '신학'(DN 2 640D 41-46, DN 3 681A4f.)을 포함하여 후대의 전승들처럼 하나님에 대한 강론을 의미할 수도 있다.

1장 하나님의 어둠이란 무엇인가?

1. 삼위일체! 어떤 존재, 어떤 신, 어떤 선보다 높으신 분!
기독교인들을 천국의 지혜로 인도하시는 분이시여!
우리를 무지와 빛 너머로,
신비한 성경의 가장 멀고 높은 봉우리로
끌어올려 주십시오.
그곳에는 하나님의 말씀의 비밀들이
은밀한 침묵의 찬란한 어둠 속에
단순하고 절대적이고
변함이 없이 놓여 있습니다.
그것들은 가장 짙은 어둠에 둘러싸여 있으면서
가장 분명한 것에게 압도적인 빛을 부어줍니다.
그것들은 완전히 인식할 수 없고 볼 수 없는 것들에게
에워싸여 있으면서,
우리의 보지 못하는 정신에게
모든 아름다움을 초월하는 보물들을 채워줍니다.

이것이 나의 기도입니다. 친구 디모데여, 신비한 것들을 구하는 당신에게 충고합니다. 감각되고 이해되는 모든 것, 인식할 수 있고 이해할 수 있는 모든 것, 존재하지 않는 모든 것과 존재하는 모든 것을 잊으십시오. 그리고 모든 존재와 지식을 초월하시는 분과의 연합을 위해 힘껏 노력하십시오. 모든 것을 버리고 모든 것에서 해방되어 당신 자신과 모든 것을 절대적으로 완전히 포기함으로써, 당신은 존재하는 모든 것을 초월하는 하나님의 어둠의 광선에게로 들려올라갈 것입니다.[421)]

---

421) 디모데에게 준 이 충고에서는 모세가 시내 산에 올라간 기사(Vanneste, *Le Mystère de Kieu*, pp. 48f.)와 인식할 수 있는 것을 초월하는 일반적인 양상을 소개한다.

2. 그러나 지식이 없는 사람들422) 다시 말해서 세상에 속한 것들에게 몰두한 사람들, 개별적인 존재의 예들을 초월하는 것에 없다고 생각하는 사람들, 자신의 지적 자원에 의해서 어두운 곳을 은신처로 삼으신 분423)에 대해 직접 알 수 있다고 생각하는 사람들은 이러한 말을 받아들이지 않습니다. 만일 그러한 사람들이 하나님에 대한 초보적 지식을 가질 수 없다면, 그보다 더 무식한 사람들, 만물의 초월적 원인이신 분을 존재의 가장 낮은 서열에서 유래된 용어로 묘사하는 사람들, 그리고 자기들이 만들어 낸 경건하지 못하고 많은 형태를 가진 것들보다 그분이 결코 우월하지 않다고 주장하는 사람들은 어떠하겠습니까? 만물의 원인에 대해서는 다음과 같이 말해야 합니다. 그분은 만물의 원인이시므로, 우리는 존재들과 관련하여 표현할 수 있는 모든 긍정의 표현들을 그분에게 적용해야 합니다. 또한 그분은 모든 존재를 초월하시므로, 이러한 긍정의 표현들을 모두 부정해야 합니다. 우리는 단순히 부정이 긍정의 반대라고 추정하기보다는, 만물의 원인이 이것보다 우선하며 모든 박탈과 부인과 단언들을 초월한다고 추정해야 합니다.424)

3. 이것이 복된 바돌로매425)가 가르친 것입니까? 그는 하나님의 말씀은 방대하면서도 아주 작고, 복음의 범위는 넓으면서도 한정되어있다고 말합니다. 이렇게 말하는 그는 매우 현명한 것처럼 보입니다. 그는 만유의 선한 원인이 능변이시면서도 말이 없으시다는 것을 파악했습니다. 그분은 말이나 이해의 행동의 차원을 초월하시는 분이시므로 말에나 이해의 행동을 소유하지 않습니다. 이것은 좋든 궂든 모든 경

---

422) Plato의 *Theatetus*, 155e에 수록된 소크라테스의 유사한 경고를 보라. 문학적인 비밀주의 전반에 대해서는 EH 1, note4을 보라.
423) 시 18:11
424) 이 구절은 아리스토텔레스의 글과 상반된다. 아리스토텔레스는 부정들은 긍정들의 반대라고 주장하기 위해서 동일한 용어를 사용했다(On Interpretation 17a 31-33). 이 논문의 서두와 결론 부분에서는 부정의 표현들이 만물의 초월적 원인을 파악할 수 있다는 인상을 거부한다.
425) 신약성서의 바돌로매도 후대에 다른 사도들처럼 많은 외경의 저자로 간주되었다(마 10:3; 막 3:18; 눅 6:14; 행 1:13).

우를 통과하는 사람, 모든 거룩한 등정의 정상을 넘어서는 사람, 모든 거룩한 빛과 음성과 천국으로부터 오는 말을 초월한 사람, 성경에서 말하는 것처럼 만물을 초월하시는 한 하나님이 거하시는 어둠 속으로 뛰어드는 사람에게만 분명히 드러납니다.[426]

복된 모세가 먼저 자신을 깨끗하게 하고, 그다음에는 정결하지 않은 사람들을 떠나라는 명령을 받은 데에는 이유가 있습니다. 완전히 성결하게 된 모세는 나팔소리를 듣습니다. 그는 깨끗하며 풍성하게 흐르는 광선을 가진 많은 빛을 봅니다. 그 후에 그는 선택된 제사장들과 함께 무리를 떠나서 거룩한 산 정상을 향해 올라갑니다. 그러나 그는 아직 하나님을 만나지 못합니다. 그는 보이지 않는 하나님을 보는 것이 아니라 하나님이 계신 곳을 봅니다. 이것은 육신의 눈이나 정신으로 감지된 가장 거룩한 것들과 가장 고귀한 것들은 초월자이신 하나님(Transcendent One) 아래 있는 모든 것을 전제로 하는 원리라는 것을 의미한다고 생각됩니다.

그러나 그 거룩한 장소들의 정상을 걸으시는 그분의 상상할 수 없는 현존은 그것들을 통해서 보여집니다. 그러나 그때에 모세는 그것들, 보여지는 것과 보는 것들로부터 도망쳐서 무지[427]의 신비한 어둠 속에 뛰어듭니다. 그는 여기에서 정신이 인식할 수 있는 모든 것을 부인하고 눈에 보이지 않는 것들과 만질 수 없는 것들 안에 둘러싸입니다. 그는 완전히 모든 것을 초월하시는 분의 소유가 됩니다. 여기에서 우리는 지식의 활동을 정지함으로써 완전히 알려지지 않은 것과 연합하며, 아무것도 알지 않음으로써 정신을 초월하는 것을 압니다.[428]

---

426) 출 20:21; cf. 출 19.
427) 14세기에 영국의 익명의 저자가 저술한 책 『무지의 구름(The Cloud Unknowing)』 때문에, 이 표현은 '무지의 구름(the cloud of unknowing)'으로 더 잘 알려져 있는 듯하다.
428) 모세가 시내 산으로 올라간 성경 이야기(출 19장과 20:18-21)는 니사의 그레고리우스(Gregory of Nyssa)의 저서인 『모세의 생애(The Life of Moses)』, 특히 제2부 #152-170(PG 44 372C-380A)의 주제이기도 하다. 그 책에는 위 디오니시우스가 다룬 주제들의 다수가 이미 다루어져 있다. 히에로테우스의 이야기(DN 2648AB 10-20과 DN 3 681C 41-684A 3)와 카르포스(Ep. 8 1097BC 21-26)의 이야기에서처럼, 이 구절에서도 다른 점에서는 종교의식과 결합되는 용어를

2장 만물 위에 계신 만유의 원인과 연합하며 찬양하는 방법

우리가 빛보다 아주 높이 있는 이 어둠에 이를 수 있기를 기도합니다. 만일 모든 시력과 지식을 초월하는 것, 맹목(unseeing)과 무지(unknowing)를 보고 알기 위해서 시력과 지식이 부족하다면 얼마나 좋겠습니까! 초월적인 방법으로, 즉 만물을 부인함으로써 초월자를 찬양하는 것이 진정으로 보는 것이요 아는 것입니다.

우리는 조각상을 조각하기 시작한 조각가들과 같을 것입니다. 그들은 감추어져 있는 형상을 깨끗이 보기 위해서 장애물들을 모두 제거하는데, 이처럼 깨끗이 제거하는 행위(부인)에 의해서 감추어져 있는 아름다움이 드러납니다.

긍정을 찬양하는 것과 부정을 찬양하는 것은 아주 달라야 합니다. 긍정의 주장을 할 때에는 우선적인 것들에서부터 시작하여 중간에 위치한 것들을 거쳐서 마지막 것들에게 이릅니다. 그러나 모든 존재들 가운데서 지식을 소유하는 모든 것에게 감추어져 있는 무지를 분명히 알기 위해서, 존재들 가운데서 빛으로부터 완전히 감추어져 있는 어둠을 보기 위해서는 마지막 것들에서부터 시작하여 가장 기본적인 것들을 향해 거슬러 올라가면서 모든 것을 부인합니다.[429]

사용한다. 여기에서 시내 산 사건들은 고위 성직자들의 예전적 경험과 일치한다. 모세는 고위 성직자들의 원형이다(EH 5 501C 33f.). 그레고리우스는 보다 분명하게 이 것들을 일치시키지만, 디오니시우스는 특별한 용어를 사용함으로써 그것을 암시한다.

    고위 성직자들도 모세처럼 먼저 다른 예배자들과 함께 정화되며(EH 2 397B14-21, EH 3 428B 16), 자신의 의식적 정화를 행한다(EH 3 440A 11-14). 모세가 무리로부터 떨어져 섰던 것처럼, 예전적으로 해석할 때에 고위 성직자들은 아직 정화되지 못한 사람들과 분리된다(EH 3 436A 3-5). 고위 성직자들도 모세처럼 성경의 적나라한 소리들과 (DN 4 708C 28) 의식의 유형적인 규범들을 초월하는 법을 안다(CH 1 121D 42f.). 고위 성직자들과 '선택된' 보조자들은 제단 앞으로 나아가며, 모세처럼 거룩한 것들을 본다(EH 3 425D 44-46). 『교회의 위계』에서 "관상"(contemplation)은 예전적 해석을 지칭한다.

[429] 다음 장에서는 하향성의 긍정과 상향성의 부인에 대한 언급이 확대된다.

3장 긍정의 신학은 무엇이며, 부정의 신학은 무엇인가?

나는 『신학적 진술(Theological Representations)』430)에서 긍정의 신학에 적절한 개념들을 다루었습니다. 거룩하고 선한 본성이 하나요 셋이라고 언급되는 의미, 어찌하여 그것의 특징이 아버지의 신분과 아들의 신분이라고 단정되는지, 성령 신학의 의미, 선함에 대한 이와 같은 핵심이 되는 빛들이 실체가 됐고 나눌 수 없는 선으로부터 어떻게 자라나오는지, 그리고 그것들이 이렇게 발아해 나오면서 그 안에, 그리고 그것들 안에 있는 영원한 기초와 분리되지 않을 수 있는지 등을 다루었습니다.431) 나는 개별적인 존재를 초월하시는 예수께서 어떻게 참된 인성을 가진 존재가 되셨는지에 대해 이야기 했습니다. 『신학적 진술』에서는 성경의 다른 계시들도 다루었습니다.

『하나님의 이름들』에서는 어떤 의미에서 하나님이 선·지존자·생명·지혜·능력, 그 밖에 하나님을 나타내는 개념적인 이름들과 관련된 것들로 묘사되는지에 대해 다루었습니다.432) 『상징신학』에서는 하나님에 대해 우리가 가지고 있는 관념들, 하나님 고유의 형태와 상징과 도구들, 하나님이 거하시는 장소들, 그리고 하나님이 지니신 장신구들에 대해 이야기했습니다. 나는 하나님의 노염·슬픔·분노, 하나님이

---

430) 이 가상의, 또는 유실된 논문은 『하나님의 이름들』 제1장에 언급되고 요약되어 있다(DN 1 585B 10f. and 589D 38-592B 17).
431) 빛과 발아하는 식물이라는 상징은 DN 2 645B 19-24에서도 성령과 아들을 나타내는 데 사용된다.
432) 하나님을 나타내는 이 다섯 가지의 성경적 이름들이 『하나님의 이름들』에서 우선적으로 논의된다(제 4-8장). 정리: 제4장에선 '선, 빛, 아름다움, 사랑, 엑스타시, 열심' 등에 대하여, 제5장 : '존재' 또는 '스스로 존재하는 자'(출 3:14; 계 1:14,8)에서 유래된다. 제6장 : '생명'(요 11:25; 14:6)에서 유래된다. 제7장 : '지혜'(잠 8:22~31; 고전 1:30; 욥 9:4; 롬 16:27), '정신, 말씀, 진리, 믿음' 등 초월적 특성이 부여된 이름들이다. 제8장 : '능력'(대하 20:6; 시 24:8; 고전 1:18; 계 19:1). '의'(고전 1:30), '구원'(출 15:2; 마 1:21; 계 19:1), '구속'(고전 1:30)은 거룩한 진리와 초자연적인 지혜를 말한다.

취하셨다고 묘사되는 경위, 하나님의 맹세와 저주, 주무심과 걸으심, 그리고 하나님에 대한 상징적 진술들의 작용에 의해 형성된 이미지들을 다루었습니다. 당신은 전자보다 후자가 훨씬 풍부하게 사용된다는 것을 알아채셨을 것입니다. 왜냐하면 『신학적 진술』과 하나님에게 알맞은 이름들에 대한 논의는 필연적으로 『상징신학』에서 말할 수 있는 것보다 간단하기 때문입니다. 우리가 위로 오를수록, 우리의 단어들은 우리가 형성할 수 있는 개념들로 한정됩니다. 이제 우리는 지성을 초월하는 어둠 속으로 뛰어들면서, 우리 자신에게 단어들만 부족한 것이 아니라 말을 못하고 무지하다는 것을 깨달을 것입니다.

이전에 저술한 책들에서는 가장 존귀한 범주에서부터 가장 비천한 범주로 내려가면서 논증하면서, 각각의 단계를 내려갈 때마다 계속 증가하는 개념들을 받아들였습니다. 그러나 이제는 낮은 것에서 초자연적인 것으로 올라가면서 논증하는데, 논증이 진행됨에 따라 점점 더 말을 더듬게 됩니다. 그리하여 논증이 정점에 달하면 완전히 침묵할 것입니다. 왜냐하면 나의 논증은 마침내 무어라 묘사할 수 있는 분과 하나가 될 것이기 때문입니다.

우리가 긍정적인 주장을 포함하는 방법을 가지고 가장 고귀한 범주에서부터 시작했는데 이제 부정을 포함하는 가장 낮은 범주에서부터 시작하는 이유가 무엇인지 당신은 의아해할 것입니다.
그 이유는 다음과 같습니다. 모든 긍정적인 주장을 초월하는 것을 긍정할 때에는 그것과 매우 비슷한 것에서부터 시작해야 하며, 그렇게 하면 저 모든 것이 의존하는 대상을 긍정해야 합니다. 그러나 모든 부인을 초월하는 것을 부인할 때에는, 우리가 획득하고자 하는 목표와 아주 다른 특성들을 부인하는 것에서부터 시작해야 합니다. 하나님을 공기나 돌이라고 말하는 것보다는 생명과 선이라고 말하는 것이 진실에 더 근접하지 않습니까? 하나님에게 말과 생각에 속한 용어들을 적용할 수 있다는 것을 부인하는 것보다는 술 취함과 진노가 하나님의 속성이라고 간주할 수 있다는 것을 부인하는 것이 더 정확하지 않습니까?

4장 인식할 수 있는 모든 것의 탁월한 원인 자체는 인식될 수 없다.

만물의 원인은 만물 위에 계십니다. 그분은 실존하지 않거나 생명이 없거나 말이 없거나 정신이 없으신 것이 아닙니다. 그분은 유형적인 육신이 아니기 때문에 형태나 모양·특성·분량이나 무게를 갖지 않습니다. 그분은 어떤 장소에 계신 것이 아니며, 눈에 보이거나 만져질 수도 없습니다. 그분은 인식될 수도 없고 인식할 수도 없습니다. 그분은 무질서와 혼란을 내버려 두지 않으며, 세상의 정념에 압도되지 않습니다. 그분은 무력하지 않으며, 감각인식에 의해 야기된 혼란에 종속되지도 않습니다. 그분에게는 빛이 부족하지 않습니다. 그분은 변화·부패·분열·상실·흥망성쇠 등 감각으로 의식할 수 있는 것들을 겪지 않으십니다. 이러한 것들은 그분의 속성으로 간주할 수도 없고 그분과 동일시할 수도 없습니다.

5장 모든 개념적인 것의 탁월한 원인이신 분은 개념적이 아니다.

우리는 보다 높이 올라가면서 다음과 같이 말합니다. 그분은 영혼도 아니고 정신도 아닙니다. 그분은 상상력·확신·말, 또는 이해력을 소유하지도 않습니다. 또 그분은 말 자체, 이해력 자체도 아닙니다. 이해력에 의해서 그분을 이해하거나 그분에 대해서 말할 수 없습니다. 그분은 수(數)나 질서, 광대함이나 작음, 동등함이나 불균형, 유사성이나 부조화도 아닙니다. 그분은 움직일 수 없지도 않고 움직이지도 않고 쉬지도 않습니다. 그분은 아무런 힘도 소유하지 않으며, 힘도 아니고 빛도 아닙니다. 그분은 본질도 아니고 영원이나 시간도 아닙니다.

그분은 지식도 아니고 진리도 아니기 때문에 이해력에 의해 이해되지 않습니다. 그분은 왕권이 아니며, 지혜가 아닙니다. 그분은 하나도 아니고 동일성도 아니며, 신성도 아니고 선도 아닙니다.

그분은 우리가 이해하는 의미에서의 영이 아닙니다. 그분은 아들의 신분도 아니고 아버지의 신분도 아닙니다. 그분은 우리에게나 어떤 존재에게 알려지지 않습니다. 그분은 존재의 단언에 속하지도 않고 무의 단언에 속하지도 않습니다. 실재하는 존재들은 그분의 실재를 알지 못하며, 그분은 실재하는 존재들의 실제를 알지 못합니다. 그분에 대해서는 말할 수도 없고 알 수도 없고 이름을 부를 수도 없습니다.

그분은 어둠과 빛, 오류와 진리 등에 속하지 않습니다. 그분은 긍정과 부정을 초월하십니다. 우리는 그분과 가까이 있는 것들을 긍정하거나 부정하지만 그분은 긍정하거나 부정하지 못합니다.

그분은 만물의 완전하고 독특한 원인이시기 때문에 모든 긍정의 주장을 초월하시며, 그 단순하고 절대적인 본성으로 말미암아 모든 제한에서 벗어나고 초월하십니다. 그분은 모든 부정도 초월하십니다.

제7권
중세 신비가

성 버나드

성 버나드

1. 신비주의 개념
2. 중세 서방교회 신비주의 배경과 역사
3. 버나드의 명상적 신비체험
   1) 점진적 상승
   2) 사랑
   3) 하나님과의 합일
4. 버나드의 실천의식
   1) 질서
   2) 명상과 행동
   3) 행동의 중요성
5. 결론

1. 신비주의 개념[433]

'신비주의'는 현대에 부정적으로 사용되는 용어이다. 비합리적이고 미신적이며 애매모호하고 이상한 체험주의라는 함축적 의미를 가지고 있다. 신비주의는 매우 어려운 개념이다. 그러므로 그것의 설명을 위하여 존 솜머펠트(John Sommerfeldt)는 다음과 같은 예화를 들었다.

장님으로 태어난 사람에게 노을을 설명한다고 하자. 지구의 자전이 지평을 우리와 태양 사이에 놓이게 한다는 말은 과학적으로는 옳은 설명이지만, 그는 왜 노을을 아름답다고 하는지 이해할 수가 없을 것이

---

*433) 원종천 『성 버나드』(대한기독교서회, 5쇄, 2019) pp.17-24.

다. 우리는 색깔을 이야기해 줄 수 있다. 빨간색의 아름다움을 말해 줄 수 있다. 그러나 태어날 때부터 장님인 이 사람은 빨간색이 무엇인지 알 수가 없다. 빨간색을 어떤 주파수를 가진 파장의 에너지라고 말하면 정확한 묘사가 되겠지만 이 사람에게는 전혀 적절한 설법이 되지 않는다. 여기서 문제는 우리가 경험하는 노을이나 빨간색이 단순히 지적인 의식만이 아니라는 데 있다. 그것은 감정적이고 의지적인 반응을 포함하고 있다.

우리는 경험을 통하여 아는 것에 그치는 것이 아니고 그 경험을 통하여 느끼고 선택하는 것이다. 우리의 반응이란 우리가 경험하는 대상에 의하여만 결정되는 것이 아니고 우리의 선입관과 과거의 경험에 의하여도 영향을 받는 것이다. 이 장님은 우리가 경험하는 노을이나 빨간색을 우리와 공유할 수가 없다. 그와 같은 과거의 경험이 없기 때문이다. 그래서 우리는 그에게 이 빨간색을 따뜻한 것이라고 묘사할 수 있다. 빨간색은 녹색에 비하여 물리적으로 전혀 더 따뜻하지 않다. 그러나 빨간색에 대한 우리의 심리적 반응은 따뜻한 것을 느끼는 것과 대체적으로 비슷하다고 하겠다. 그래서 우리는 빨간색을 따뜻한 색깔이라고 묘사한다. 즉 우리는 문자적으로 잘못된 표현을 사용하여 심리적으로 옳은 것을 말하는 것이다.[434]

신비주의자(명상가, mystic)에게 신비주의를 설명하라면 그는 시적이나 은유적으로 표현할 수밖에 없다. 신비주의자는 하나님을 경험하는 자이며, 이 경험은 근본적으로 다른 경험과는 다르다고 신비주의자는 주장한다. 그렇다고 신비주의가 지성과 의지의 작용이 없이 감성적으로만 표출되는 것은 아니다. 이것도 지식·의지, 그리고 감정적 반응을 포함하고 있다. 중세를 대표하는 교회 지도자이며 수도원장이고 신비주의지인 12세기 클레르보의 성 버나드는 성경과 교리에 있어서 지적

---

[434] john R. Sommerfeldt, "Bernard of Clairvaux: The Mystic and Society" in Elder Rozanne, ed. *The Spirituality of Western Christendom* (Kalamazoo, Michigan: Cistercian Publications, 1976), 74-75.

으로 잘 준비되었고, 많은 활동을 통하여 수도원장과 교회 지도자로서 많은 중요한 일을 실천에 옮겼으며, 하나님을 경험하며 신비스러운 진리의 내용을 이해하기 위하여 인간의 감성적인 부분에 예리하게 호소했다. 버나드는 하나님의 경험을 묘사하기 위하여 은유법을 사용했는데 그것은 신랑과 신부 사이의 결합이었다.[435]

신비주의란 무엇인가? 윌리엄 잉게(William R. Inge)는 이렇게 말했다. "신비주의는 최상이고 궁극적 실체로 여겨지는 존재의 하나님과의 교통을 의미한다. 신비주의자들이 말하는 그들의 이러한 경험이 사실이고 만일 그들이 정말로 하나님의 성령과 교제를 나누는 것이 진실이라면, 그것은 대단히 중요한 것이다. 이것은 우리가 하나님, 세상, 그리고 우리 자신을 이해하려 할 때에 중요하게 생각해 보아야만 하는 것이다."[436] 기독교 전통에 의하면 신비주의란 용어는 일반적으로 신비적 체험을 '이성적 이해로는 접근할 수 없는 지식의 직감적 취득'으로 정의했다. 즉 신비주의의 정수는 사색적인 이성에 의존하는 현세적 이해의 범주를 초월하는 직감을 주장하는 것이다. 신비주의 입장은 이성주의가 우리를 사물의 본질로 인도하지 못한다고 생각한다. 신비주의는 표상적 지식에 만족하지 않고 순수한 영적 이해를 통하여 절대자를 보려고 열망하는 것이다.[437]

신비주의가 말하는 하나님과의 합일(연합, union)의 경험은 일반적으로 다음과 같이 묘사된다. "기도와 묵상으로 시작한다. 지식이 아니고 사랑이 목표이다. 더 많은 사랑이 들어올수록 더 많은 비합리적인 요소가 들어온다. 묵상이 지속될수록 추론적인 생각이 직감적인 생각으로 대치된다. 애정적인 기도 가운데 하나님의 은혜로 묵상이 환상이

---

[435] Sommerfeldt, 75.
[436] W. R. Inge, *Mysticism in Religion* (London, N.Y.: Hutchinson's University Library, 1947), 8.
[437] Lasson, quoted by William Ralph Inge, *Christian Mysticism* (New York: Charles Scribner's Sons, 1933), 242.

된다. 그 환상은 영혼의 평강을 생산하고 하나님의 진리를 맛본다. 이제 실질적인 신비적 방법이 시작된다. 영혼은 감수성이 예민해지고 수동적이 되어 하나님이 주신 환상을 가지게 되며 마지막으로 하나님 안으로 들려 올라가서 삼위일체이신 하나님 자신을 깨끗하고 정확하게 본다."[438]

'연합'(합일)이란 용어는 서방 신비주의에 대한 고전적 연구에서 많이 사용되어 왔다. 신비주의자의 목표를 '절대자와의 연합'(합일)이라고 정의하는 에벌린 언더힐(Evelyn Underhill)은 '연합'(합일)이라는 용어를 특별히 많이 사용했다.[439] 만일 '연합'(합일)이란 용어가 교제의 의미로 사용된다면 문제가 없다. 그러나 연합(합일)에 무한한 하나님의 본질과 유한한 인간의 본질이 존재론적으로 용해(fusion)되었다는 내용이 함축되어 있다면 받아들일 수 없다. 그것은 하나님과 연합되어 인간의 존재 또는 인간의 정체성을 부정하는 것이 되기 때문이다. 그 좋은 예가 중세 신비주의자 마이스트 에카르트(Meister Eck-hart)이다. 그는 영혼의 진정한 불꽃 또는 영혼의 중심부에 영혼과 하나님의 진정한 연합(합일)이 발생한다고 주장했다.[440] 여기에는 이미 하나님이 인간의 영혼에 와 계시다는 것을 전제로 하고 있다.

이런 부류의 신비주의는 그리스도의 복음을 찾기가 어렵고, 예수 그리스도는 이 내용의 중심 위치에 전혀 서 있지 않다. 인간의 죄성을

---

438) David G. Schmiel, "Martin Luther's Relationship to the Mystical Tradition." *Concordia Journal 9* (Mar, 1983): 46. Heiko A. Oberman "Simul Gemitus et Raptus: Luther and Mysticism," in *The Reformation in Medieval Perspective*, ed. and intro. by Steven Ozement (Chicago: Quadrangle Books, 1971) 22-23.
439) Evelyn Underhill, *Mysticism : A Study in the Nature and Development of Man's Spiritual Consciousness* (London: Methuen, 1948)을 보시오.
440) Meister Eckhart, *Meister Eckhart: Mystic and Philosopher*, trans. Reiner Schurmann (Bloomington & London: Indiana University Press, 1978), 144-148.

인정하고 주 예수 그리스도를 통한 하나님과의 만남은 전혀 그 가치를 발휘하지 못하고, 인간 내면에 선재하고 있는 신적 요소에 지대한 관심을 가지고 있다. 그러므로 신비주의는 많은 경우 이러한 신적 근거의 존재와 하나님과의 본유적인 친밀성을 주장한다. 존 루이스브록(John Ruysbroeck)은 "이 연합은 우리의 근본적 본질 안에 있으며 이 본질이 하나님으로부터 분리된다면 그것은 허무로 떨어질 것이다."라고 말했다. 이러한 의미의 합일(연합)은 창조주와 피조물이 존재론적으로 혼합되어 하나님의 본질과 인간의 본질이 용해되는 위험한 성격을 가지고 있다. 기독교가 전통적으로 하나님의 무소부재(편재론)를 믿지만, 전통적 기독교 신비주의는 범신론을 거부한다.

잉게(Inge)는 신비주의를 정의할 때에 '연합'(합일, union)보다는 '교제(communion)'를 선호한다. 이것은 상당한 의미가 있다. 연합(합일)이 가지고 있는 부정적인 의미를 떨어버리는 노력이기 때문이다. 교제의 개념은 루퍼스 존스(Rufus Jones)가 신비주의를 "하나님 현존의 직접적이고 긴밀한 의식을 통하여 하나님과의 관계를 직접적으로 자각하는 것"이라고 정의하는 것과 일맥상통한다.[441] 이런 자각을 비정상적인 경험으로 간주할 필요는 없다. 복음을 전제로 한다면, 이런 하나님과의 교제는 합일의 개념으로 말미암아 하나님과 인간의 융해와 비정상적인 체험주의를 경계하는 사람들에게도 얼마든지 받아들여질 수 있는 개념이다. 우리 내면의 삶에 발생하는 하나님과의 이러한 교제는 특별한 문제없이 깊이 보존되고 발전되어야 할 것이다.[442]

신비적 체험으로 말미암아 인간의 정체성을 부정하는 것은 인간의 창조, 심판, 그리스도를 통한 구원, 윤리적 명령, 그리고 책임 있는 자유, 인간 개인의 유일한 정체성 등의 기독교 신학의 모든 기본적 가르침과 충돌하는 것이다. 우리는 영적 신선함, 인도하심, 능력 등으로 나

---

441) Rufus Jones, *Studies in Mystical Religion* (London: MacMillan, 1909), xv.
442) Gerogia E. Harkness, *Mysticism : Its Meaning and Message* (Nashville: Abingdon Press, 1973), 21.

타나는 성령님의 현존을 통한 하나님과의 교제를 믿음으로 확신할 수 있다. 하나님과 합일(연합)이 복음에 입각하여 예수 그리스도를 통한 하나님 현존의 직접적 의식으로 여겨질 때, 그것은 우리가 긍정적으로 받아들이고 적극적으로 발전시켜야 한다. 그러나 인간의 타락과 죄성을 인정하지 않고 말씀과 그리스도를 회피하여 하나님과 합일하는 내용이거나, 하나님 안에서 인간 정체성의 존재론적 상실로 여겨질 때에는 받아들일 수 없다.443)

중세 신비주의는 대체적으로 디오니시안(Dionysian), 라틴(Latin), 게르만(German) 등의 세 가지 유형으로 구분된다.444) 디오니시안 신비주의는 디오니시우스 아레오파기타(Dionysius the Areopagite)라는 5세기 신학자로부터 유래한다. 이 사람이 누구인지는 정확히 알 수 없으나 디오니시안 신비주의는 이성을 초월하는 하나님에 대한 강조가 특징이다. 디오니시우스는 감추어진 하나님에 대하여 누구보다도 많은 강조를 했다. 그는 하나님을 접하는 긍정적인 방법과 부정적인 방법을 구별했다. 하나님의 속성과 본질에 대하여 긍정적인 것은 성경에 근거하여 언급될 수 있으나, 성경에도 헤아릴 수 없는 하나님의 본질과 접근할 수 없는 하나님의 웅장함 등등에 대하여 언급하며, 드러나 있는 하나님보다는 감추어져 있는 하나님이 더 많이 나타난 것으로 보았다. 그러므로 긍정적인 방법은 부정적인 방법으로의 문을 열게 되고 그 부정적인 방법은 곧 신비주의적인 방법이 되는 것이다. 그러므로 하나님의 실체는 당신의 이름을 초월하여 접근할 수 있는 것이므로 하나님의 모든 이름과 묘사를 거부하고 모든 생각과 이성을 초월하여 하나님을 접근하라고 말한다.445) 디오니시안 신비주의는 하나님의 초월성을 강조하

---

443) *Ibid.*, 23-24.
444) Erich Vogelsang, "Luther und die Mystik," *Luther Jahrbuch* (1937): 32.
445) Pseudo-Dionysius the Areopagite, *Pseudo-Dionysius, the Complete Works*, trans. by Colm Luibheid (Mahwah, New Jersey: Paulist Press, 1987), "The Divine Names," 49-67; "The Mystical Theology," 135-141.

는 이유로 중세 말 이성주의와 스콜라주의 반격에 중요한 역할을 하는 것 같았으나, 하나님에 대하여 너무도 많은 것을 말하여 스스로의 모순에 떨어짐과 동시에 형이상학적이고 예수 그리스도를 전혀 다루지 않는 문제를 안고 있었다.[446]

라틴 신비주의는 하나님 중심적인 디오니시안 신비주의와는 달리 그리스도 중심적이고, 사랑·의지·실천적 경건을 강조하며 예수 그리스도를 마음에 깊이 담고 그리스도를 통하여 하나님에게 자기의 의지를 일치시키는 신비적 연합을 그 핵심으로 한다. 이러한 그리스도 중심적이고 의지론적인 라틴 신비주의는 대체적으로 성 어거스틴의 신학을 전수했고 교회의 정통성을 고수한다는 평판을 받았다. 라틴 신비주의는 클레르보의 성 버나드로 대표하는 시스테르시안(Cistercian) 수도원주의와 성 프랜시스, 보나벤추라(Bonaventura)로 대표되는 프랜시스칸(Franciscan) 수도원주의로 구성되며 전통적인 수도원 영성을 유지하고 있었다. 양쪽이 다 그리스도를 연합과 교제의 중심 대상으로 삼으며 그리스도를 명상하고 그를 통하여 하나님을 알려고 노력하지만, 성 버나드가 속한 시스테르시안 수도원 신비주의가 그리스도를 신랑으로 삼고 그와의 연합에 황홀하고 기뻐하는 유형이라면 프랜시스칸 신비주의는 그리스도와 함께 십자가에 못박힘으로 얻어지는 평화가 신비적 실천의 목표로서 그리스도와 함께 죽어 그와 더불어 성부 하나님에게로 나아가는 것을 중심 내용으로 삼았다.[447] 수도원의 성향을 가지고 있었고 신학적으로는 토마스 아퀴나스와 신플라톤주의적 입장을 취했다. 라틴 신비주의와는 달리 의지나 실천적 경건을 강조하기보다는 지성을

---

[446] 특히 루터는 처음에는 디오니시우스 신비주의의 하나님의 초월성과 감추어진 하나님에 대하여 매력을 느꼈으나, 디오니시우스 신비주의가 다른 입장을 비판하는 같은 비판을 받아야 되는 입장이 되는 것을 보았다. 루터는 디오니시우스가 이성의 능력을 초월하고 하나님을 알 수 있는 유일한 통로인 예수 그리스도를 회피하며 하나님의 본질에 대하여 너무 많은 언급을 했다고 비판했다. Heiko Oberman, "Simul Gemitus et Raptus : Luther and Mysticism" in *The Reformation in Medieual Perspective*, ed. Steven Ozment (Chicago: Quadrangle Books, 1971), 219-251.
[447] Steven Ozment, *The Age of Reform*, 121.

강조하고 명상과 하나님의 지적 환상을 강조했다. 신비적 연합에서는 그리스도 보다는 하나님 중심적이고 본질주의적이다. 라틴 신비주의처럼 그리스도와 연합하여 그와 하나 되는 것보다는 인간의 존재를 무한하게 광활한 하나님 안에 빨려 들어가 인간의 본질성(정체성)을 잃어버리는 하나님과의 합일을 중시했다. 이런 신 중심적이고 본질주의적인 신비주의는 교회에 의하여 이단으로 판단되는 경우가 많았다. 대표적인 예가 마이스터 에크하르트(Meister Eckhart)이었다.448)

위의 세 가지 분류는 모든 신비주의자들을 다 적절하게 배치할 수 있는 정교한 분류가 될 수는 없지만, 이런 세 가지 유형을 놓고 보았을 때 우리에게 가장 친근감을 가져다주는 신비주의는 라틴 신비주의이다. 클레르보의 성 버나드는 바로 이 라틴 신비주의의 대표자로 우리가 앞에서 정의한 건전한 신비주의에 가장 근접한 인물로 평가할 수 있다. 특히 성 버나드는 인간의 전적 타락, 오로지 하나님의 은혜, 이신칭의 등 중심 신학의 내용에서 개신교 종교개혁과 거의 일치하는 신학을 가지고 있음으로 루터와 칼빈 같은 종교개혁자들의 흠모를 받았고 그들의 신학적 후원을 위하여 많이 인용되었다. 이제 우리는 성 버나드의 구체적인 가르침에 들어가기 전에 성 버나드에 이르기까지 서방교회를 중심으로 신비주의의 배경과 역사를 간략히 살펴보기로 한다.

2. 중세 서방교회 신비주의 배경과 역사449)

중세 유럽에는 많은 신비주의자들이 있었다. 그들은 당시 넘치는 수도원들의 산물이었다. 신비주의 실행에는 당시에 두 가지 모습이 있었다. 하나는 육신적인 것들의 즐거움의 유혹으로부터 자신을 극복하는

---

448) *Ibid.*, 116.
*449) 원종천 『성 버나드』(대한기독교서회, 5쇄, 2019) pp.24-42.

금욕주의 삶이고, 또 하나는 자신의 마음을 열고 작은 목소리에 심령을 기울이는 기도·묵상, 그리고 명상에 헌신하는 삶이었다. 이것은 세상 일상의 삶과 육신의 필요에 의하여 지배되는 삶을 사는 일반 사람들보다는 수도사들에 의하여 행해졌다. 이러한 수도원주의는 하나님에게 집중하는 삶을 사는 것이기에 그리스도인의 더 높은 형태의 삶이라고 일반적으로 간주되었다.

4세기에 기독교회가 로마제국에 의해 공인되어 박해가 종식된 후, 수도원 삶은 실질적인 순교 다음으로 그리스도인의 가장 완전한 신앙고백으로 믿어졌다. 초대교회는 믿음을 수호하기 위하여 자신의 삶을 바친 순교자를 가장 완전한 그리스도인으로 높였다. 순교는 자신을 부정하는 최선의 방법으로 생각했기 때문이다. 그러나 4세기에 들어서서 그리스도인들에 대한 로마의 박해가 사라지면서, 그리스도인의 수도원 삶이 순교를 대치하기 시작했다. 결과적으로 수도원주의는 기독교 순교를 영적으로 계승하는 것이 되었던 것이다. 믿음의 수호를 위하여 문자 그대로 죽지 않는다면 금욕적 자기 부정을 통하여 자신에 대하며 죽는다는 것이었다. 수도사들에 의하여 행해진 신비주의 명상(관상)은 완전한 자기 망각, 육신의 영적 죽음, 그리고 하나님의 모습을 닮아가는 것을 목표로 삼게 되었다.

중세 영성의 가치는 수도원 문화에서 나온다. 하나님 앞에서 잘사는 것이 하나님에 대하여 잘 알고 잘 가르치는 것보다 더 중요하다고 그들은 생각했다. 중세 스콜라주의는 질문에서 논쟁으로 흘러갔지만, 수도원 영성은 읽고 묵상 기도를 하며 명상(관상)에 잠기는 것이었다. 수도원에서 수도사들과 수녀들은 묵상을 준비하기 위하여 읽었고, 그것은 논쟁으로 진행되지 않았으며 기도의 반영으로 이어졌다. 이것이 그들의 배움에 대한 사랑의 동기였고, 하나님을 향한 욕망을 훈련시키는 방법이었다. 수도원 삶은 명상(관상)과 활동이 조화를 이루도록 추구했고, 학적 헌신은 내적 평강과 영적 체험, 그리고 공동체 내에서 겸손한 윤리적 실천으로 이어지기를 추구했다. 이것이 중세 영적 전통을 감화시켰고, 수도원이 목표로 삼고 추구했던 이상이었다.450)

수도원주의는 매우 단순한 기독교적 금욕주의로부터 시작되었다. 신약시대부터 그리스도인들은 십자가를 지고 자신을 따르라고 말씀하신 그리스도를 따라 자신을 부인하고 징벌하는 모습이 나타났다. 그들은 그리스도께서 고난을 당하신 것같이 자기들도 고난을 통하여 하나님과 관계를 맺는 것으로 생각했다. 심한 금욕주의 광야 생활을 하는 수도사들뿐 만이 아니고 제롬(Jerome)과 같은 고대 기독교 지도자들도 광야로 가서 그리스도처럼 40일 동안 금식하고 묵상해야 할 의무가 있는 것으로 생각했다. 서방 수도원주의를 개혁하고 조직한 베네딕도(Benedic of Nursia, 480-543)도 모든 사람들과의 접촉을 끊고 동굴에서 3년 동안 살았다고 전해진다. 이 모두가 자기를 부인하라는 그리스도의 명령을 따르는 것이었다.451) 그러나 이런 개인적 금욕주의가 공동체 성격으로 발전하며 최초로 형성된 베네딕도 수도원은 이런 극심한 개인적 금욕주의를 적절하게 조정했다. 베네딕도 수도원에서 베네딕도가 수도사들의 훈련을 위하여 작성한 베네딕도 규칙서(Rule of St. Benedict)는 모든 서방 수도원들의 기본 모범으로 여겨졌고 11세기까지 수도원 삶의 유일한 안내서로서 자리 잡았다. 그런데 이 규칙서는 사실상 그 이전의 혹독한 금욕주의 삶을 감소시킨 것이다. 그것은 조직화된 공동체에서 수도사의 삶과 활동을 조정하여 적절한 시간들을 잠, 종교적 의무, 독서와 묵상, 노동, 식사 등에 알맞게 배열시켰다.452)

---

450) Steven Ozement, *The Age of Reform* 1250-1550 : *An intellectual and Religious History of Late Medieual and Reformation Europe* (New Haven and London: Yale University Press, 1980), 82-83.
451) Gregory the Great, *Life and Miracles. of St. Benedict*, trans. O. J. Zimmermann and B. R. Avery (Collegeville, Minn.: Liturgical Press, 1949), 4-5. 성 베네딕도의 삶과 사역에 대한 보충자료를 위해서는 Theodore Maynard, Saint Benedict and His Monks (London: Staples Press, 1956)를 보시오.
452) Owen Chadwick, *Western Mysticism* (London: SCM Press, 1958), 28. 한글로 번역된 베네딕도 수도규칙을 위해서는 『성 베네딕도 수도규칙』 이형우역

수도원주의가 발전하게 된 또 하나의 동기는 제도화된 기독교를 탈피하기 위한 것이었다. 서기 313년 콘스탄틴 대제는 밀란 칙령(Edict of Milan)을 통하여 로마제국 내에 기독교회의 법적 지위를 세워 주었다. 그리고 4세기 중엽 황제 테오도시우스 1세(Theodosius I, 346-395)는 기독교를 제국의 공식 종교로 격상시켰다. 과거 기독교 교회가 박해를 받으며 어려운 가운데 투쟁하며 영적으로 성장하던 시대와는 형편이 완전히 달라진 것이다. 그것은 기독교에 편안함은 제공하였지만 동시에 정신적 긴장감과 신앙적 역동성은 사라지게 하였다. 기독교회의 모든 활동들이 판에 박힌 일상적인 것들이 되면서 광야로 나아가서 금욕주의를 실천하는 것이 원시적 기독교의 정신을 보존하는 방법이 되었던 것이다.

중세 전통은 수도원 삶을 매우 긍정적으로 평가했다. 어거스틴은 성직자인 수도사나 혹은 수도원적 삶을 영위하는 성직자들이 교회 지도자들이 되어야 한다고 생각했다. 그는 모든 그리스도인들이 수도원적 삶을 살아야 되는 것은 아니라고 말했지만, 수도사들과 성직자들로부터는 초대 공동체적인 사도적 삶을 요구했다. 어거스틴은 자신의 재산이나 결혼을 포기하지 않는 사람들은 구원의 소망이 없다고 주장하는 입장을 이단이라고 판단했으나, 수도원주의를 이 땅에서 하나님나라를 실현하는 가장 훌륭한 방법이라고 묘사했다.[453] 교황 그레고리우스 대제는 그리스도인들을 평신도, 성직자, 수도사로 분류했다. 그중 수도사는 다른 두 종류의 그리스도인들과는 달리 모든 육신적 쾌락을 거부하고 일상적인 삶으로부터 자유로워진 자로서 하나님을 전적으로 추구하는 명상의 삶을 사는 사람으로 특별하게 취급되었다.[454] 제롬(Jerome,

---

(경북, 분도출판사, 1991)을 보시오. 베네딕도 수도규칙의 해설을 위해서는 Abbot Emmanuel Heufelder, OSB, *The Way to God according to the Rule of St. Benedict* (Kalamazoo, Michigan : Cistercian Publications, 1983)를 보시오.
453) Gerhart B. Lander, *The Idea of Reform : Its Impact on Christian Thought and Action in the Age of the fathers* (Cambridge, Mass.: Harvard University Press, 1959), 364.

420년 사망)으로부터 중세 12세기 클레르보의 성 버나드까지 수도원 삶은 더 높은 차원의 삶으로 인정받았다. 버나드는 수도사가 되어 인간에게 하나님 형상을 회복시키어 그리스도를 닮도록 하는 것이 그리스도인으로서 최상의 삶을 사는 것이라고 말했다.455) 순종하고 자신을 희생하여 그리스도를 닮아가며 교회의 순교자와 원래 기독교의 이상을 보존하려는 노력은 수도사들에게 일반 성도들과 일반 성직자들에 비하여 종교적 우월감을 주었던 것이다.

서유럽 기독교회 초기부터 거의 800년 기간 동안 신비주의는 수도원적이었고, 금욕주의자들의 영향을 많이 받았다. 서방교회에 신비주의 기초를 세운 사람들 중 대표적인 인물은 존 카시안(John Cassian, 365-435), 어거스틴(Augustine of Hippo, 354-430), 그리고 교황 그레고리우스 1세(Gregory I, 교황 통치 시기 : 590-604) 등을 들 수 있다.

존 카시안(John Cassian)은 스키디스(Scythis: 현 Romania) 사람으로 이집트에서 광야 금욕주의자로 살았다. 그는 사제로 안수받은 후에 415년경 서유럽으로 가서 골(Gaul: 현 France)에 있는 마세일리(Marseille)에 수도사들과 수녀들을 위한 집을 지었다. 공동체에서 살고 있는 수도사들의 외적 실천들을 묘사한 『수도자의 강요(Institutes of the Coenobites)』와 수도사들의 내적 삶을 다루고 있는 『협의(Conferences)』는 이집트 신비주의자들의 금욕주의 이상들과 자신의 영적 가르침을 기록한 글로 오랜 기간 동안 동방과 서방의 수도원주의를 연결시켜 주는 중요한 자료로 인식되었다.456) 그는 모든 형상과 감각을 초월한 하나님을 제시하며 우리 기도는 어떤 형상에 집중해서는 안 된다고 강조했다. 신비

---

454) Leclercq, Jean; Vandenbroucke, Francois; Bouyer, Louis, ed., *History of Christian Spirituality*, vol. 2 : The Spirituality of the Middle Ages (N.Y.: Seabury Press, 1982), 7-10.
455) Ladner, *The Idea of Reform*, 4.
456) Bernard McGinn, *The Presence of God: A History of Western Christian Mysticism*. Vol. 1, The foundations of Mysticism (New York: Crossroad, 1991), 218.

주의 명상의 기도는 소리나 말에 얽매이면 안 되며, 그것은 불같은 돌출로서 형언할 수 없는 흥분과 영혼의 만족할 줄 모르는 돌진이고, 감각에 얽매이지 않고 말로 형언할 수 없어서 한숨과 탄식에 의하여 영혼이 하나님에게로 자신을 부어버리는 것이라고 가르쳤다.[457]

수도원 삶의 목표는 하나님과의 합일이었다. 그것은 영혼이 육신의 즐거움을 추구하는 것으로부터 멀어져서 매일 영의 것들을 향하여 올라가서 모든 삶과 욕망이 끊임없는 기도가 되는 것이었다.[458] 그리스도인의 최상의 선은 명상(관상)을 통하여 영적으로 상승하는 삶을 살면서 궁극적으로 하나님의 도움에 의하여 하나님 자신을 보는 경지에 도달하는 것이라고 가르쳤다.[459]

일반 성도들에게도 많은 영성을 공급한 암브로시우스(Ambrosius)와 어거스틴(Augustine) 같은 서방교회 신비주의에 기초를 형성한 사람들과는 달리[460] 카시안은 오로지 수도원과 수도사들을 대상으로만 가르쳤고 글을 남겼다. 카시안은 교회가 수도원 성격의 기관이 되어야 한다고 생각했고, 예루살렘의 초대교인들을 수도원 공동체로 보았다. 그 후 사람들의 게으름으로 말미암아 공동체가 수도원 공동체와 일반 성도들의 공동체로 나누어지게 되었다고 생각했다. 카시안은 수도원주의를 기독교 사회의 하나의 요소로 보는 정도가 아니고 사회에 대한 기독교의 대안으로 보았다고 해도 과언이 아니다.[461]

존 카시안은 그의 죽음 이후에도 오랜 영향을 미쳤다. 베네딕도

---

457) John Cassian, *Conferences*, trans. Colm Luibheid (N.Y., Mahwah, NJ, Toronto: Paulist Press, 1985), 10.11.
458) *Ibid.*, 3.7.
459) *Ibid.*, 1.8.
460) Jacques Fontaine, "The Practice of Christian Life: The Birth of the Laity," in *Christian Spirituality: Origins to Twelfth Century*; ed. Bernard McGinn and John Meyendorff (N.Y. : Crossroad, 1986), 453-491.
461) Peter Munz, "John Cassian," *Journal of Ecclesiastical History* 1 (1960), 20.12.

(Benedict of Nursia)가 베네딕도 수도규칙(The Rule of St. Benedict)을 작성할 때에 그는 수도사들에게 카시안의 『강요(Institutes)』와 『협의(Conferences)』를 올바른 삶을 위한 덕과 수도사들의 순종의 삶을 위하여 꼭 읽어야 하는 도서로 추천했다.462) 이 추천은 중세시대에 카시안의 신비주의적 금욕주의 삶이 모든 수도원과 영적 지도자들에게 긍정적 평가를 받는 결정적 역할을 했다. 베네딕도 수도규칙은 서유럽 수도원의 기본 형태를 세워 주었고 11세기까지 수도원 삶의 독점적 안내서로 남아 있었다. 그것은 수도사의 삶을 조직화된 공동체 내에서 일관화 시켰다.463)

최초 서유럽의 라틴 신학자인 북 아프리카 출신의 어거스틴(Hippo의 감독, 354-430)도 수도원주의와 신비주의의 주창자였다. 어거스틴이 신비주의자(mystic)인가 아닌가에는 논란이 있다. 사실 어거스틴은 그의 천재성을 발휘하며 수많은 신앙적이고 신학적인 주제들을 당대 최고의 수준으로 다루었으며 교회를 이끌어 나아갔고 수많은 사람들에게 영향을 주었다. 그는 교리적이고 이론적인 사색신학을 다루었고, 교육의 이론을 다루었으며, 교회 지도자로서, 수도원 설립자로서, 설교자와 변증가로서 역할을 훌륭히 했다. 이런 것을 감안할 때 어거스틴을 단순히 신비주의자로 총괄하는 것에는 무리가 있다.

그러나 분명한 것은 어거스틴이 기독교 신비주의에 큰 관심을 기울였고, 후기 신비주의자들이 어거스틴의 이러한 신비주의 요소에 많은 영향을 받았다는 점이다. 신비주의 해석 여부에 따른 어거스틴에 대한 다양한 평가와 의견 차이에도 불구하고, 어거스틴이 신비주의 요소를 충분히 가지고 있음은 부인할 수 없다.464)

---

462) Benedict of Nursia, *St. Benedict's Rule for Monasteries*, trans., Leonard J. Doyle (St. Louis: Herder Book Co, 1935), reprint (Collegeville, MN: Liturgical Press, 1948), 100.
463) Owen Chadwick, *Western Asceticism* (London: SCM Press, 1958), 28.
464) Mary T. Clark, introduction to Augustine of Hippo, Selected Writings, trans. Mary T. Clark (N.Y., Ramsey, Toronto: Paulist

어거스틴의 여러 저서들이 그의 신비주의 사상에 중요성을 가지고 있지만[465] 그의 신비주의를 이해하는 데 가장 중요한 책은 그가 397년과 401년 사이에 저술한 『고백(Confessions)』이다. 위대한 신학자이고 히포(Hippo)의 감독으로 교회 지도자이었던 어거스틴은 내면으로는 수도사이고 금욕주의자이며 신비주의자(mystic)였다. 플라톤의 영향을 받은 어거스틴은 신비적 경험을 환상이라고 하지 않고 '**지적 직감 – 영적 빛의 섬광**'이라고 표현했다.[466] 그는 하나님에 대한 영원한 신비적 견해가 인간의 중심이라고 말했다. 어거스틴의 신비적 경험은 어머니 모니카와 영적 대화를 나누던 중 발생한 것으로 기록되어 있다. 그는 다음과 같이 말했다. "우리 마음은 영원한 존재를 향한 격렬한 애정에 의하여 들어 올려졌다. 단계적으로 우리는 모든 유형적 존재들과 해, 달, 별들이 지구를 비추는 하늘 위로 올라갔다. 우리는 내적 회상(reflection), 대화(dialogue), 하나님이 만드신 피조물의 경이감(wonder)에 의하여 심지어 더 위로 올라갔고, 우리의 마음 안으로 들어갔다. 우리는 그 이상으로 올라가서 하나님께서 이스라엘을 진리의 양식으로 공급하는 무한한 충만의 지역으로 갔다."[467]

또한 어거스틴은 내재적이고 초월적인 하나님의 신비적 역설을 그의 신비주의 체험으로 묘사했다. 그는 이렇게 말했다. "당신을 나의 인도자로 하여 나는 나의 중심에 있는 요새로 들어갔다. 당신께서 나의 도움이 되셨기에 그렇게 할 수 있는 힘이 나에게 주어진 것이다. 나는 들어가서 내 영의 눈으로 나의 마음보다 더 높은 불변의 빛을 보았다. 그것은 누구에게나 명백해 보이는 일상의 빛이 아니었다. 또는 더 밝

Press, 1984), 37; Cuthburt Buder, *Western Mysticism* (N.Y.: E.P. Dutton, 1924), 24.
465) 어거스틴의 신비주의와 관련된 저서들은 *Homillies on the Psalms*, *The Trinity*, *Homilies on the First Epistle of John* 등을 꼽을 수 있다. Bernard McGinn, *foundations of Mysticism*, 229.
466) E. I. Watkin, "The Mysticism of St. Augustine" in *Saint Augustine* (N.Y.: Meridian Books, 1957), 116.
467) Augustine, *St. Augustine, Confessions*, trans. Henry Chadwick (Oxford and N.Y.: Oxford University Press, 1991), 9.10.24, 171.

은 빛을 주고 모든 것을 채우는 일반적인 빛보다 더 큰 정도의 빛이 아니었다. 그것은 완전히 다른 종류의 빛이었다. 우리가 아는 모든 종류의 빛과는 완전히 다른 것이었다. 그것은 내 마음을 초월했다. 그 초월은 기름이 물에 떠 있거나 또는 하늘이 땅 위에 있는 그런 방식이 아니었다. … 당신은 멀리서 부르짖었다. '이제 나는 나이다.' 나는 심령 안에서 듣는 것처럼 들었고 모든 의혹이 나를 떠났다."468)

신비주의자들은 하나님의 경험이 하나님의 선물이지 자기 자신의 노력이나 선의 산물이 아님을 잘 안다. 그런 경험이 주어지는 것이 신비이고, 그 이유는 자기들의 공로와는 상관없이 오직 하나님에게만 알려져 있다고 믿기 때문이다. 어거스틴에게 이 체험은 매우 달콤한 것이었다. "때로 당신은 나를 이상한 달콤함으로 느껴지는 감정의 늪으로 들어가게 하십니다. 이것이 내 안에서 완전하게 이루어진다면, 그것은 이 세상을 초월하는 경험일 것입니다."469) 신비적 체험의 달콤함 이외에도 불과 같은 경험을 어거스틴은 말한다. "당신(하나님)의 선물로 우리는 불이 붙어서 위로 들려 올라간다. 우리는 새빨갛게 달아서 올라간다. … 당신의 불이 붙어서 우리는 빨갛게 되어 올라간다."470) 자신의 경험을 말하면서 어거스틴은 하나님께서 "이해할 수 있으나 형언할 수 없는 현존으로, 비록 가끔이기는 하지만 어둠을 가로지르는 빠른 빛의 섬광으로, 지혜로운 자가 육신에서 풀려났을 때에 그의 마음을 방문하신다."471) 어거스틴에게 지속적으로 나타나는 이와 같은 내용은 그 후의 신비주의자들에게 많은 영향을 준 것으로 보인다.

서방교회에 신비주의 기초를 닦은 또 하나의 인물은 교황 그레고리우스 I세(Gregory I)이다. 그는 590년에서 604년까지 교황으로 통치했

---

468) *Ibid.*, 7.10.16-11. 17-18., 16.23., 123-127.
469) *Ibid.*, 10.40.65, 218.
470) *Ibid.*, 13.9.10, 278.
471) Augustine, *The City of God*, trans. Marcus Dods (N.Y.: Modem Library, 1959), 9.16.

다. 교황으로 임명되어 교회 행정과 외교적 일로 접어들기까지 비록 길지 않은 기간이었지만, 그레고리우스는 젊어서 수도사로 심한 금욕주의, 명상적 기도, 그리고 성경주석에 헌신했었다. 그는 이런 금욕주의와 명상(관상)의 목표가 하나님의 환상을 보는 것으로 아담은 즐겼지만 그의 타락으로 상실된 것이라고 믿었다. 이런 환상은 모든 그리스도인들에게 가능한 것이라고 그레고리우스는 생각했고 명상(관상)의 삶을 살지 않는 사람들에게는 경험하기가 더욱 어려운 것이라고 생각했다. 그는 그의 저서 『대화(Dialogues)』의 두 번째 책에서 그가 존경하던 성 베네딕도의 기적들을 집중적으로 다루었다. 여기서 그는 기도 가운데 있는 성 베네딕도에게 주어진 환상을 묘사했다. "한밤중에 그는 갑자기 태양보다 더 찬란하게 위에서 비추는 빛의 물결을 보았다. 이것으로 모든 어둠이 자취조차 사라져 버렸다. 또 다른 광경이 나타났다. 그 자신의 묘사에 의하면 온 세상이 그의 눈앞에 한 줄기의 빛처럼 모아져서 나타났다."472)

그레고리우스는 신비적 환상을 다음과 같이 묘사했다. "모든 피조물은 창조주를 바라보는 영혼 앞에서 작아 보일 수밖에 없다. 영혼이 창조주의 빛을 조금이라도 보는 순간, 모든 피조물들은 정말 작아 보인다. 거룩한 명상(명상)의 빛이 하나님에 잠겨 있는 마음을 세상 위에 높이 설 때까지 확장시킨다. 실로 하나님을 보는 영혼은 위로 올라간다. 그리고 하나님의 빛을 향하여 위로 올라가면서 모든 내적 능력이 펼쳐진다. 그리고 영혼이 위로부터 내려다볼 때에, 전에 자기 범위 밖에 있던 모든 것들이 얼마나 작아 보이는지 본다."473)

그레고리우스는 교회 일로 바쁘게 되면서 과거 수도원에서의 신비적 체험에 대하여 다음과 같이 말한다. "나는 수도원에서의 과거 생활을 기억한다. 모든 빛없는 것들이 내 밑의 세상에 있고, 나는 인생의 허

---

472) Gregory the Great, *Saint Gregory the Great, Dialogues*, trans. Odo John Zimmerman (N.Y.: Fathers of the Church, 1959), 2.35., 105.
473) *Ibid.*, 106.

무한 것들 훨씬 위로 올라간다. 하늘의 생각들이 내 마음을 채우고, 육신에 갇혀 있지만 나는 명상(관상) 중에 그 좁은 장소를 넘어서 지나간다. 모든 사람이 악으로 여기는 죽음마저도 나는 삶으로의 관문으로, 그리고 노동에 대한 보상으로 소중히 여긴다."474)

그레고리우스는 자신의 경험에 근거하여 그의 신비주의가 달콤하고 즐거우며 말로 표현할 수 없는 본질의 것들로 가득 차 있다고 말했다. 그는 신비주의가 모든 그리스도인들의 목표이고 수도원주의가 하나님의 환상을 얻는데 가장 적합한 그리스도인들의 삶의 형태라고 주장했다. 그는 성 베네딕도와 그의 규칙서를 귀하게 여기며 보급시켰고,475) 베네딕도 규칙서는 카시안의 저작들을 읽도록 추천했다.

그레고리우스는 지적인 인물이거나 조직신학자는 아니었고 영적이고 목회적인 사람이었다. 그의 영적 가르침은 어느 교황보다도 중세에 더 많은 영향을 끼쳤다.476) 비록 그의 신비주의 가르침이 교리와 윤리의 가르침과 구별이 안 되지만, 그레고리우스는 어떤 면으로는 어거스틴보다 더 일관성 있는 신비주의자라고 할 수 있다. 그레고리우스는 그리스도인들이 이 세상에서 사는 동안 명상(관상)을 통하여 하나님의 환상을 볼 수 있다고 가르쳤고, 명상(관상)은 오로지 성경연구를 통하여만 가능하다고 주장했으며, 성경을 명상적으로 읽으라고 가르쳤다.477)

카시안(Cassian), 어거스틴(Augustine), 그리고 그레고리우스 1세(Gregory I) 등과 같은 신비주의자들은 수도원주의·금욕주의·명상(관상), 그리고 신비주의를 진전시키는 중요한 기초를 형성했다. 과거 광야 신비주의자들과 같이 신비주의가 이 세상에서 그리스도인들의 궁극적인

---

474) *Ibid.*, 1, 3-5.
475) Gregory the Great, *Dialogues*, 2.36.
476) Jean Leclercq, Francois Vandenbroucke, Louis Bouyer, ed., *History of Christian Spirituality* vol. 2: The Spirituality of the Middle Ages,(N.Y.: Seabury Press, 1982), 3-30.

477) Bernard McGinn, *The Growth of Mysticism: From Gregory the Great to the Twelfth Century* (London: SCM Press, 1995), 39-41.

목표이고 하늘나라에서 경험할 수 있는 하나님 환상을 미리 맛보는 것이었다. 그레고리우스 1세 후에 베네딕도 수도원주의는 서방 유럽을 장악했다.

그전에도 문제와 어려움은 있었지만 수도원은 교회와 더불어 9세기에 큰 타격을 받게 되었다. 9세기 중반부터 시작된 서방기독교 제국(Carolingian Empire)에 대한 바이킹족들의 공격은 제국과 교회를 황폐케 했고, 그로 말미암아 발생한 봉건제도는 교회를 세속 정부의 시녀 노릇을 하게 만들었다. 교회뿐만이 아니고 수도원도 세속적 문화가 지배하게 되었고 개혁은 필연적인 결과이었다. 910년 클루니(Cluny)에서 새로운 베네딕도 수도원이 시작되면서 거의 3세기 동안 신앙적 삶을 지배하던 서방 수도원주의에 개혁이 시작되었다. 교회 개혁을 부르짖는 소리에 대한 반응으로 시작된 클루니 개혁운동은 9세기 동안 드러난 성직자 교육, 성직자 윤리 확립, 성직자 독신주의 훈련, 평신도(황제) 서임권 해제, 수도사들의 기도와 명상의 회복을 위한 영적 헌신 등의 필요성을 깨달았다. 그리고 이런 문제들을 해결하기 위하여 수도원이 나선 것이었다. 이 운동은 성공적으로 진행되었다. 클루니 개혁운동의 지도자들은 왕과 교황들의 조언자가 되었고, 클루니 개혁운동이 목표로 세웠던 이상들은 그들의 가르침과 모범을 통하여 평신도, 교회 성직자, 그리고 수도사들에게 성공적으로 보급되었다. 클루니 개혁운동은 10세기 말까지 교회와 수도원의 개혁을 주도했다.[478]

---

[478] 클루니 개혁운동의 확장을 위해서는 Noreen Hunt, *Cluny under Saint Hugh* 1049-1109 (Notre Dame, Indiana : University of Notre Dame Press, 1968) 124-185를 보시오. 9세기 말 서양 기독교는 존재 여부가 불확실했다. 멸망한 로마제국의 재현을 꿈꾸었던 9세기 살러메인(Charlemagne) 제국이 멸망하고 수도원의 학문과 경건은 야만인들의 침공으로 풍전등화와 같이 되었다. 9세기 동안 바이킹들(Vikings)은 북쪽에서, 사라센들(Saracens)은 남쪽에서, 헝가리언들(Hungarians)은 동쪽에서 침공했다. 수도원과 성당은 무참히 파괴되고 교황청도 껍데기에 불과한 치욕의 기관이 되었다. 10세기 중엽, 상황이 호전되기 시작했다. 야만인들의 침공이 사라지기 시작했고 그들도 기독교를 받아들였으며 서양 기독교의 회복에 도움을 주는 존재들이 되었다. 색슨(Saxon)족의 오토 1세(Otto I)는 게르만 땅에 질서를 회복했고 제국을 갱신했으며 교황청을 로마 귀족들의 끊임없는 투쟁의 장으로부터 구출했다. 클루니(Cluny) 개혁운동은 빠른 속도로 번져나갔고 서양 유럽에 수도원주의를

그러나 그 이후 시간이 흐르면서 클루니 개혁운동은 힘을 잃어갔다. 베네딕도 형태를 갖춘 수도원들이 신비주의자들을 배출하기는 했지만 시간이 가면서 수도원에 금욕주의는 허물어지기 시작했던 것이다. 수도사들에게 충분한 먹을 것과 마실 것들이 제공되었고, 많은 다른 일들과 합장기도와 집단적 기도에 대한 헌신으로 인해 개인적 명상의 시간은 충분히 허락되지 않았다. 11세기가 되면서 중세 유럽은 인구가 늘고 변화해지며 부유해지기 시작했다.479)

이것은 과거 엄했던 이상적 수도원주의를 강조하는 새로운 수도원운동을 낳게 하였다. 개혁에 개혁이 필요했던 것이다. 수도원 개혁을 주장하는 사람들은 더 엄한 금욕주의를 제창했고 모든 세상적 안락과 편안함을 포기하고 자신을 명상에 헌신할 것을 요구했다. 11세기 말 새로운 금욕주의 수도원운동이 나타났고 그중에 가장 유명한 것이 시스테르시안(Cistercian) 수도원운동이었다.480) 중세 베네딕도 유형 수도원의 마지막 수도원 개혁운동이었던 시스테르시안 수도원 운동에서 가장 유

위한 신뢰와 존경을 회복시켜 나아갔다. Louis I. Lekai The Cistercians: Ideals and Reality (The Kent State University Press, 1977), 1
479) 11세기에 들어서면서 안정과 질서가 자리 잡기 시작했고 그것은 중세 중엽이라는 새로운 문명의 발생을 초래하게 되었다. 11세기에 봉건주의는 크게 성숙했고 중세 도시들과 국제 무역과 상업이 놀라운 정도로 부흥되었다. 과거 수도원 학문 활동이 새로운 성당과 자치 도시의 학교로 옮겨졌고 이것은 앞으로 태어날 대학을 준비하고 있었다. 평신도들은 새로운 기회들을 놓치지 않았고 전문적으로 훈련된 관료들은 정부와 행정기관에서 감독들과 수도원장들을 대치했다. 학자·시인·예술가들은 새로운 학문과 예술을 추구하기 시작했다. Lekai, 1-2.
480) 11세기에 교회-정부 관계에 변화가 나타났다. 황제 헨리 3세(Henry III : 1039-1056)가 분열로 말미암은 세속적 교황들을 퇴각시키고 교회 개혁을 위하여 레오 9세(Leo IX: 1049-1054)를 새로운 교황으로 세웠다. 공식적인 교회 개혁의 시작이었다. 이 개혁은 교회의 과거 전통을 타파하고 새로운 질서를 추구했다. 그레고리우스 개혁(Gregorian Refom)의 시작이었다. 이 개혁은 교회의 자유란 기치하에 교회 일에 세속 정부의 영향을 막고 교회가 세속적 일에 관련하지 않는 운동으로 전개되었다. 서임권 논쟁이 그 첫 번째 양상으로 나타났고 성직 매매와 성직결혼의 금지가 두 번째 양상으로 나타났다. 교황 그레고리우스 7세(Gregory VII: 1073-1085) 때를 정점으로 교회와 정부의 분리 방향으로 개혁은 흘렀다. 이 개혁운동이 성공은 거두지 못했지만 반세기 동안 수도원주의를 비롯한 기독교의 삶의 전반이 비판적인 재평가를 받는 시기였던 것이다. 11세기의 수도원 개혁운동은 이러한 그레고리우스 개혁의 일환으로 보아야 제대로 이해할 수 있다. 수도사들은 그들의 윤리적 퇴보의 이유뿐만이 아니고 급변하는 사회적 양상에 대응해야만 했던 것이다. Lekai, 2-3.

명했던 인물이고, 중세 유럽 기독교회에서 가장 위대한 신비주의자로 평가되는 인물은 클레르보의 성 버나드(Bernard of Clairvaux, 1090-1153)였다.

버나드는 1090년에 디용(Dijon) 근처 폰테인(Fontaines)에 있는 부르건디안(Burgundian) 가문의 귀족 가정에서 태어났다. 깊은 신앙을 가진 가정에서 교육을 받은 후 공식적인 교육을 위하여 성 샤틸론(Chatillon)에 있는 성 볼레(Vorles) 학교에서 교육을 받았다. 집으로 돌아온 후 버나드는 자신의 소명을 확인한 후 이미 주변에 잘 알려져 있는 시토(Citeaux) 수도원에 가기로 결정하고 친구 친척들을 설득하여 1113년에 들어갔다.

버나드는 수도원의 수도생활에 잘 적응했고 수도원의 메시지를 전달하는 데 가장 뛰어난 능력을 발휘했다. 당시 시토 수도원의 수도원장이었던 스데반(Stephen)은 하나님께서 주신 버나드의 천재성을 발견하고 클레르보(Clairvaux)의 설립자와 수도원장으로 임명했다. 그의 나이 25세였다. 어려운 상황에도 불구하고 버나드의 믿음과 결단은 굴하지 않았고 결국 많은 추종자들이 오게 되었으며, 3년 후에는 트로이 - 폰테인(Trois-Fontaines)에 지원(daughter house)을 세우게까지 되었다.[481]

버나드의 거룩함과 지혜는 그의 저술을 통하여 곧 프랑스 전역에 알려졌다. 서부와 중부 유럽의 정치적인 혼란 가운데 필사적으로 능력 있는 리더십을 찾고 있던 시기에 버나드는 조명을 받게 되었다. 성 버나드는 유럽 정치가들로부터 의뢰를 받게 되었다. 그는 그들을 지도했다. 유럽의 정치 세력들은 이 겸손하고 거룩한 수도사에게 순종했다. 버나드의 활동의 절정은 클레르보(Clairvaux)의 전 수도원장이 버나드의 제자였던 에우게니우스 3세(Eugenius III, 1145-1153)가 교황으로 선출되면서 이었다. 이 교황의 명령으로 버나드는 1147년 두 번째 십자군 전쟁을 일으켰다. 그의 설교는 수십만 명을 움직였다. 그의 능력 있는

---

481) Lekai, 34

말씀과 저항할 수 없는 성품은 교회와 수도원 밖의 사람들에게도 큰 영향을 미쳤다. 그는 대중들을 설득하기 위한 경건적 설교뿐만이 아니 아벨라드(Abelard) 같은 사람을 상대로 교리적 탈선과도 격렬하게 투쟁했다. 버나드의 활동으로 말미암아 시스테르시안(Cistercian) 수도원은 유럽 전역으로 재확장되었다.482)

1113년 시토(Citeaux)에 들어가기 전까지 버나드의 공교육은 특별할 것이 없었다. 그러나 시토(Citeaux)에서 수도원장 스데반(Stephen)의 인도하에 1115년 클레르보(Clair-vaux)의 수도원장이 된 후에 버나드는 성 티에리(William of St. Thierry)와 같은 친구들의 영향으로 어거스틴(Augustine)과 같은 라틴 교부 전통과 아울러 라틴어로 번역되어 있는 그레고리우스(Gregory of Nyssa)와 오리게네스(Ohgen) 같은 헬라 교부 전통과도 친숙하게 되었다. 그의 영성과 신학을 위한 또 하나의 중요한 초석은 풍부한 성경 지식이었다. 버나드 글의 스타일·용어·형상들은 성경 구절들로 가득 차 있고, 그의 사상에 대한 적절한 평가는 신구약에 의뢰하지 않고는 불가능하다.483)

버나드의 기본 성향은 보수적이었다. 그는 아벨라드(Aberlard)나 길베르 데 라 포레(Gilbert de la Porree) 등과 같은 새로운 철학파들을 불신했다. 그는 이들이 이성과 믿음을 분리하고, 신학과 실천을 결별시킨다고 주장했으며 강렬하게 대항했다. 버나드는 철학·신학·윤리, 개인적 경건이 잘 융합되어 한 가지의 목표를 향하여 가야 한다고 생각했다. 그것은 예수 그리스도와 그가 십자가에 못 박힌 것을 아는 것이었다.484)

버나드의 저술은 많았다. 그는 저술을 통하여 항상 하나님의 사람인 수도사로서 말했다. 그의 깊이 있는 통찰력은 더 풍성하고 더 위대한

---

482) Lekai, 34-51.
483) Lekai, 229-230.
484) Lekai, 230.

하나님의 사랑을 향한 것이었다. 그의 첫 번째 저서는 1120년대 중반에 저술한 『겸손과 자만의 정도에 관하여(On the Degree of Humility and Pride)』였다. 이것은 성 베네딕도가 완전에 도달하기 위한 12단계의 겸손을 다룬 베네딕도 수도규칙의 일곱 번째 장의 후편이었다. 버나드는 인간의 본질을 깊이 있게 파악하며 수도원적 완전에 큰 장애가 되는 12단계의 자만을 묵상했다. 그의 친구 성 티에리(William of Thierry)의 요청에 의하여 저술한 『수도원장 윌리엄에 대한 변증(Apology to Abbot William)』은 시토(Citeaux)와 클루니(Cluny) 사이에 일어난 논쟁에 대한 글로 시스테르시안(Cistercian) 삶과 이상의 수호를 외치며 클루니(Cluny)의 심한 낭비와 화려함에 대항하여 뛰어난 공격을 하였다. 1128년경에 기록한 『하나님의 사랑에 대하여(On Grace and Free Will)』는 은혜의 필요성 입장에 굳건히 서 있는 어거스틴을 메아리치며 인간의 본질을 예수 그리스도의 구속적 공로를 통하여 죄의 사슬로부터 해방시켜야 할 것을 가르친다. 친구 수도사들에 의하여 권유를 받아 베네딕도 수도규칙(Benedictine Rule)의 해석상의 문제를 다룬 『교훈과 율법에 대하여(On Precept and Dispensation)』가 있고, 그의 마지막 주요 저서로 당시 시스테르시안(Cistercian) 교황 에우게니우스 3세(Eugenius III)에게 보낸 글로 『고찰에 대하여(On Consideration)』가 있다. 이 글은 당시의 중요한 관건들을 다루었는데 그레고리우스안 개혁과 서임권 논쟁으로 휘저어진 문제들에 당면한 교회와 교황의 본질에 대한 버나드 자신의 입장을 다루었다.485)

당시 버나드의 인기는 수도원 청중들에게 설교한 설교들의 수집으로 인했다. 300편 이상의 잘 구성되고 편집된 이 설교들이 남아 있고 이것은 버나드의 흉내 낼 수 없는 예술성과 개인적 체험을 담고 있다. 내용은 대체적으로 초기 교부들의 전통을 따르고 있다. 예외적으로 특이한 것은 1135년에 저술을 시작한 86편으로 되어 있는 아가서 설교이다. 버나드는 이 설교를 통하여 그의 신비적 체험을 드러낸다. 이 설

---

485) Lckai, 230.

교에서 그는 매우 정교한 알레고리를 통하여 중세 신비주의의 대부로 등장하게 된 것이다. 그리고 500편 이상의 잔존하는 버나드의 서신들은 당시에 버나드가 부딪혔고 다루었던 문제들과 관건들을 다루고 있음으로 역사적 가치가 매우 크다고 보겠다. 이 서신들을 통하여 버나드의 성품과 문학적 자질이 잘 드러난다.[486]

12세기 신비주의는 시스테르시안(Cistercian) 수도원 운동으로 말미암았다고 해도 과언이 아니다. 새로운 수도원 운동이 어떻게 나타났는가 보기로 하자. 1098년 수도사들이 그들의 수도원장 로베르트(Robert)와 몰렘(Molesmes) 수도원을 떠났다. 그들은 11-12세기 베네딕도가 수도원의 후계들로 더 진실한 수도자의 삶을 추구했던 사람들이었다. 그들은 디종(Dijon) 남쪽 시토(Citeaux)라는 곳에 새로운 수도원을 건설했다. 그들의 의도는 수도원의 원래 전통으로 돌아가자는 것이었고 베네딕도 수도규칙을 엄격하게 준수할 것을 강조했다. 특히 가난한 삶과 노동을 강조했고 당시 수도원들에게서 발견되는 봉건제도의 의무사항들과 관계를 단절하자는 결의가 있었다. 그들은 당시 베네딕도 수도원의 전통을 따른다고 주장했던 클루니(Cluny) 수도원과 논쟁을 벌이고 있었다. 그들이 보기에 10-11세기에 개혁을 일으켰던 클루니 수도원은 이제 12세기가 되어 그 수명을 다하여 많은 문제를 가지고 있었고, 새로운 수도원이 필요하다고 느꼈던 것이다.[487]

1098년에 로베르트와 그의 추종자 22명의 수도사들에 의하여 시스테르시움(Cistercium)이란 곳에서 시작한 새로운 수도원은 거의 문을 닫을 상태이었다. 교황은 로베르트를 몰렘으로 다시 불렀고 이 공동체는 굶주림과 질병으로 시달려야 했다. 남다른 각오로 시작했던 추종자들은 극심한 시련으로 말미암아 절망 가운데 떠나기 시작했다. 이런 어

---

486) Lekai, 231.
487) Bernard McGinn, *The Growth of Mysticism: From Gregory the Great to the Twelfth Century* (London: SCM Press, 1995), 158-159.

려움에 처해 있던 수도원에 1111년 수도사가 되기로 결단한 버나드가 1112년 30명 이상의 동료들을 데리고 시토에 있는 공동체에 합류했다. 4년 후 버나드는 새로운 수도원의 지도자로 선정되었다. 1115년 그는 12명의 동료 수도사들과 함께 클레르보(Clairvaux)에 수도원을 시작했다. 버나드의 영향으로 1153년 버나드가 죽을 때 시스테르시안 수도원은 유럽에 343개의 지원(house)을 가지고 있게 되었다. 버나드는 이 새로운 수도원 개혁운동의 지도자가 되었을 뿐만 아니고 12세기 전반 기독교회를 이끈 지도자가 되었다.[488]

시스테르시안 수도원 설립자들은 세 가지의 가치관을 가지고 있었다. 그것은 원시적인 단순한 삶으로 돌아가서, 조직과 합리적인 기관의 추구, 적극적인 확장의 정신이었다.[489] 비록 이것이 나중에 중세 사회의 현실과 충돌을 일으키기는 했지만, 분명히 타협하지 않는 수도원의 이상도 이 수도원의 성공의 원인으로 보았다.[490]

12세기 수도원장 성 버나드는 비록 미스틱(명상가)으로 가장 잘 알려져 있지만, 그는 행동의 사람이었고 그 당시의 문제와 관건들에 깊이 관여했고 신랄한 논쟁 속에 들어가 있었다. 그러나 버나드는 거칠고 사랑이 없는 자로 나타나지 않았다. 그의 성품은 매력적이었고 설득력은 대단했다.[491]

버나드는 당시 사회에 막대한 영향을 행사했다. 그는 1130년 에탕프(Etampes) 종교회의에서 교황청의 분열을 해결하는 데 핵심적인 역할을 했고, 제2차십자군전쟁을 일으키는 데 앞장섰다. 신학의 발전에 대한 그의 공헌은 이미 잘 알려져 있고, 그의 많은 서신들은 당시 교황의

---

[488] Sommerfeldt "Bernard of Clairvaux : The Mystic and Society" in Elder, Rozanne. Ed. *The Spirituality of Western Christendom*, 72-73.
[489] R. W. Southern, *Western Society and the Church in the Middle Age* (Baltimore : Penguin, 1970), 250-272.
[490] Louis J. Lckai, *The Cistercians : Ideals and Reality*. 48-50.
[491] Bernard McGinn, *The Growth of Mysticism*, 163.

훈계자로서, 그리고 왕들의 양심으로서의 역할을 잘 보여 주고 있다. 버나드는 12세기 전반 유럽 문화의 지도자였고 그에 대한 이해 없이는 그의 시대를 이해할 수 없을 것이다.492)

어떻게 버나드가 수도사와 신비주의자로서 그러한 역할을 할 수 있었는가? 수도사는 세상으로부터 떠나서 영적으로 헌신하는 사람으로 되어 있는데 어떻게 세상에 그 많은 영향을 줄 수 있었는가? 그것은 12세기 유럽이 그의 영적 가치에 의하여 통일되어 있었기 때문이다. 버나드는 수도사와 신비주의자로서 당시 영적 가치를 구현화하는 존재로서 나타났고, 그는 그의 뛰어난 능력을 통하여 그 이상과 가치를 전개해 나아갈 수 있었기에 당대를 이끌어 나아가는 지도자로서 촉망을 받았던 것이다.493)

3. 버나드의 명상적 신비체험494)

버나드는 인간론 · 기독론, 그리고 구원론의 모든 영역에서 신비주의 성향과 색채를 가지고 있음을 보았다. 버나드의 인간론은 명상(관상)적 신비체험의 근거를 마련하였다. 심각한 타락으로 하나님의 형상이 깨진 인간은 하늘나라에서나 얻을 수 있는 완전한 인간의 모습을 애타게 그린다. 이 염원은 명상(관상)을 통하여 신비주의 체험을 위한 근거를 제공한다. 하나님의 형상을 완전히 회복하여 잠시나마 하늘나라에서의 행복과 즐거움을 이 세상에서 부분적으로나마 누리는 것이다. 버나드의 기독론은 하나님의 완전하신 형상으로 성육신하여 이 땅에 오신 그리스도를 보게 한다. 그리고 그분과의 애정적 교제를 통하여 그리스도처럼 되기 원하는 강렬한 갈망을 불러일으킨다. 이것 역시 신비주의

---

492) Sommerfeldt, 73-74.
493) Sommerfeldt, 74.
*494) 원종천 저 『성 버나드』 (대한기독교서회, 5쇄, 2019) pp.109-146.

명상가(관상가)들로 하여금 그리스도의 형상을 온전히 닮아가기 원하는 근거가 된다. 버나드의 구원론은 인간이 이 세상에서 도달할 수 있는 최종단계인 하나님과 하나 되는 단계를 소개했다. 이것은 하나님 사랑의 네 번째 단계로 자신을 망각하여 하나님 안으로 들어가는 그분과 하나 되는 단계이다. 인간은 더 이상 육신의 것을 생각하지 않고 하나님의 의와 뜻만을 생각하게 된다는 것이다. 그러면 이 신비주의 체험이란 무엇인가? 이제 우리는 앞에서 인간론, 기독론, 그리고 구원론이 목표로 가리키는 신비주의 체험 그 자체에 대하여 살펴보기로 한다.

1) 점진적 상승

버나드 신비주의는 인간의 영혼이 지금 어떤 상태에 놓여 있는가를 명확하게 앎으로 시작된다. 우선 인간의 죄성을 분명히 인식하되, 죄에 떨어져 있는 영혼 진보의 가능성을 긍정적으로 보고 진보의 현상을 매우 역동적으로 다룬다. 버나드에 의하면 죄에 떨어져 비참한 상태의 모습이 비관과 무능만을 말하는 것이 아니고 오히려 바닥으로부터 위를 향하여 올라갈 수 있다는 소망을 가지고 있다.

우리는 모든 영혼이, 비록 죄로 억눌려 있고 악으로 가득 차 있으며 육신의 쾌락으로 사로잡혀 있고 세상일에 빠져 있으며 슬픔에 잠겨 있고 목표 없이 방황하고 있고 의혹과 불안에 잠겨 있고 정죄 아래 있고 소망이 없어 보여도, 돌아설 수 있는 능력을 가지고 있다는 것이다. 물론 인간 스스로의 능력으로가 아니고 하나님의 은혜와 성령님의 역사로 말미암음은 두말할 나위 없다. 모든 영혼이 비록 죄로 말미암아 억누름을 당하고 있어도 용서와 자비의 소망을 가지고 있고 그리스도와의 결혼을 열망할 수 있다는 말이다. 이런 소망을 가진 영혼은 하나님과의 연합으로 들어가는 것을 두려워하지 않는다. 하나님의 은혜로 말미암아 형상과 모양을 따라 만들어진 그분 앞에 자신을 가지고 나아가지 못할 것이 없다는 것이다.[495]

버나드의 신비주의는 또한 상승의 단계성을 매우 중시한다. 신비주의를 그리스도인의 삶적 과정을 통하여 표현하는 버나드는 육신적이며 타락한 죄인이 이 세상에서의 사랑으로부터 천국의 결혼으로 열매 맺는 사랑으로까지 연장되는 일대 장정기를 연상케 한다. 이 과정에서 버나드는 최상으로 올라간 상태보다는 그것에 이르는 단계적 과정에 관심을 갖는다.

버나드는 영적 추구에 있어서 높은 곳에 목표를 세우고 단계적으로 서서히 올라가야 한다고 말한다. 즉각적이고 신속한 상승은 올바른 방법이 아니라는 것이다. 죄로 인하여 더러운 자가 갑자기 거룩한 자의 입술을 만질 수 없으며, 오히려 그분의 손이 그 목표를 향하여 우리가 갈 수 있도록 인도해 주셔야 함을 버나드는 말한다. 그러나 이것은 스스로의 힘이 아니고 하나님의 은혜와 능력으로만 가능하다는 것을 전제로 한다. 하나님께서 죄를 씻어 주시고 은혜를 내리시어 올려 주셔야 한다는 것이다. 이것은 중세시대에 종교개혁 이후처럼 칭의와 성화가 구별되어 있지 않은 상황을 반영하며, 칭의와 성화 과정을 포함하여 말하는 것으로 이해해야 한다. 이 거룩한 모습이 하나님의 은혜로 가능한 것이고, 그는 주님의 손에 입을 맞출 것이며, 자신에게 영광을 돌리지 않고 하나님께 영광을 돌릴 것이다. 인간은 하나님의 죄 사함과 덕을 입혀 주심에 감사하며 그분께 영광을 돌려야 한다는 것이다.496)

버나드가 말하는 점차적 상승의 필연성은 하나님과의 합일에 도달하지 못함으로 말미암은 강력한 사랑의 염원과 긴장 관계에 있다. 인간은 단계를 거쳐 점차적으로 서서히 하나님께 가까이 갈 수밖에 없는 현실에 직면해 있다. 그러나 동시에 그는 하나님과의 합일이라는 최상의 목표에 아직 도달하지 못했음으로 목표를 더욱더 갈망하는 참기 어

---

495) *On the Song of Songs*, 83.1.
496) *Ibid.*, 3.4.

러운 격렬한 사랑을 가지고 있다는 것이다.

버나드는 주님과의 간곡한 애정을 다음과 같이 표현한다. "발의 입맞춤에 감사하고, 손의 입맞춤에 감사하지만 나는 그분께서 그의 입으로 나에게 입맞춤을 하지 않으신다면 쉴 수가 없다. 주님께서 나에게 진정한 관심이 있으시다면 그분은 나에게 그의 입맞춤을 할 것이다. 나는 그분과 사랑에 빠져 있다. 주님으로부터 받은 호의는 나의 분에 넘치지만, 그것은 내가 열망하는 것에 비하면 적은 것이다. 나는 지금 이성보다는 열정으로 가득 차 있다. 내가 이 사랑의 열정에 빠진 것에 대하여 나를 비난하지 말라. 나는 충고나 창피함이나 이성 등의 움직임보다도 나의 사랑과 열정은 더 강하다. 나는 간구한다. 갈망한다. 추구한다. 그분께서 그분의 입으로 나를 키스해 주시기를…."

버나드는 일인칭을 계속 사용하여 얼마나 자신이 거룩하고 절제된 삶을 살았는지를 말한다. 그러나 버나드는 그것이 얼마나 한계가 있는 것인지를 기억시킨다. 영적 훈련을 하고, 악을 추방하고, 기도하며, 유혹을 물리치고, 형제들과 평화롭게 지냈고, 권위자에게 순종했으며, 나의 것이 아닌 것을 탐내지 않았고, 오로지 남을 위하여 봉사했다. 나는 내가 수고함으로 생계를 유지했다. 그러나 버나드는 이 모든 것들 가운데 나의 즐거움은 없었고, 이것들은 오로지 충성의 증거뿐이었다 말한다. 자기에게 주어진 일만을 충성스럽게 잘하는 자는 쓸모없는 종이다. 나는 최선을 다해 계명을 잘 지켰지만, 나의 영혼은 갈라진 마른 땅 같았을 뿐이다. 그러므로 이런 나는 주님의 입술로 키스를 원하는 것이다.[497]

버나드가 영혼 상승의 세 단계를 말할 때에 그것을 세 가지 키스라고 표현한다. 궁극적인 단계를 입으로의 키스라고 하며, 그전에 준비과정으로 두 가지 키스가 있음을 말한다. 이 준비단계의 두 키스는 발과 손에 하는 키스로 회개의 준비 과정을 의미하는 것이며, 하나님과의 직접적인 만남을 의미하는 입으로의 키스를 하기 위한 예비과정인 것

---

497) *Ibid.*, 9.2.

이다. 버나드는 이 세 가지 단계를 『아가서 설교』에서 고백(confession) · 헌신(devotion) · 명상(관상, contemplation)으로 표현하고 있다. "자신의 죄를 참회하려는 마음은 하나님 앞에 자신을 굽히며 하나님의 발에 키스할 것이고, 하나님 안에서 갱신과 새 힘을 얻으려는 예배자의 정성어린 헌신은 하나님의 손에 키스하려 할 것이다. 명상(관상)의 즐거움은 황홀경에 이르는 안식으로 인도되며 그것은 하나님의 입술에 키스하는 것이다."498)

2) 사랑

사랑은 버나드 신비주의의 핵심이다. 그의 신비주의는 사랑으로 이해되며 사랑으로 표현된다. 사랑이란 용어를 인간의 정적인 요소를 드러내는 가장 힘이 있는 적절한 것으로 생각하는 버나드는 그의 신비주의를 하나님을 사랑하는 경외적 사랑과 그리스도를 신랑으로 사랑하는 애정적 사랑, 그리고 이웃을 사랑하는 헌신적 사랑으로 표현한다. 그리고 사랑이 바로 하나님께로 올라가는 유일한 도구가 되는 것이다.

사랑의 여정을 위한 버나드의 근본적 출발은 다름 아닌 "하나님은 사랑이시다"(요일 4:8)는 것이다. 버나드에게 이 구절은 하나님에 대한 가장 중요한 표현이고 하나님 전부를 말하는 것이라고 해도 과언이 아니다. 하나님은 자체가 사랑이시기에 사랑하시며 자신 이외의 어떤 사랑의 근원을 가지고 계시지 않은 것이다. 그러므로 하나님은 그렇게 열정적으로 사랑하시는 것이다. 하나님께서 사랑을 가지고 계신다는 정도가 아니고, 하나님은 사랑 그 자체라는 것이다. 버나드는 하나님의 속성을 네 가지로 설명한다. 그것은 **영원성 · 사랑 · 권능 · 지혜**이다. 이 모든 것들 중에 버나드에게 가장 중요한 것은 사랑이다.

하나님은 사랑이시기에 우리를 사랑하신다. 그리고 우리로부터 원하

---

498) *Ibid.*, 4.4.

시는 것도 하나님을 향한 우리의 사랑이다. 우리가 하나님에게 올라가는 사랑의 단계는 하나님의 사랑에 대한 인간의 반응으로 이루어졌다고 버나드는 생각한다. 사랑은 인간이 가지고 있는 자연적 능력으로 지적 능력과 함께 인간의 본질을 구성하고 있는 동기유발의 힘이다. 버나드는 사랑의 기능이 타락한 인간의 죄성으로 인하여 왜곡되었음에도 불구하고 여전히 존재하며 활동하고 있다고 본다. 그리고 이 사랑은 여전히 하나님을 부를 수 있고 하늘의 기쁨과 사랑을 향한 여정을 시작할 수 있다는 것이다. 버나드는 인간이 하나님 없이는 만족할 수 없는 심령을 가지고 있음을 상기시키며, 그가 가지고 있지 않은 것을 향하여 갈증을 느끼며 몸부림치는 인간의 모습을 그리고 있다. 그가 가지고 있지 않은 것은 곧 하나님이기 때문이다. 이것이 하늘을 향한 여정의 시작인 것이다.499)

타락한 인간의 문제는 하나님을 사랑하는 이유가 무엇인지 모르는 것이라고 버나드는 말한다. 하나님을 사랑하는 유일한 이유는 그분이 바로 하나님이시기 때문이다. 아울러 인간은 어떻게 하나님을 사랑하는 줄도 모른다. 왜냐하면 우리의 필요는 항상 우리의 욕망을 바라보기 때문이다. 타락한 인간은 그의 끝없는 갈망을 채우기 위하여 유한한 대상을 추구한다. 그런데 유한한 대상은 참된 무한한 사랑인 하나님의 사랑을 왜곡시킨 것이다. 버나드는 하나님만이 이러한 인간의 비참한 상황에 대한 해답을 가지고 계시고 고칠 수 있는 능력을 가지고 계시다고 말한다. 하나님이 사랑을 만드셨고 하나님만이 인간의 욕망을 만족시킬 수 있기 때문이다. 하나님을 찾는 영혼에게 하나님은 선하시다. 그런데 놀라운 것은 하나님을 찾는 자만이 하나님을 추구할 수 있다는 것이다. 인간은 하나님을 추구하기 위하여 찾아야 하고 또한 찾기 위하여 추구해야 한다.500) 하나님의 사랑만이 타락한 인간으로 하여금 하나님을 찾게 만들고, 하나님의 사랑만이 그로 하여금 하

---

499) *On Loving God*, 7.19.
500) *Ibid.*, 7.22.

나님을 추구하게 만든다.

타락한 인간에게 먼저 보내시는 하나님의 사랑은 그를 이기적이고 육신적인 사랑의 수준에서 만나야 하는 불가피한 상황 가운데 오시는 것이다. 이것이 성육신의 특성이고 이유이다. 하나님의 사랑이 타락한 인간의 가장 낮은 단계로 오셔서 인간을 만나셨기 때문에, 인간은 사랑의 단계를 통과하여 인간의 이기적이고 육신적인 가장 낮은 사랑에서 성숙한 사랑의 수준으로 올라가야 하는 과정이 절대적으로 필요하다고 버나드는 말한다. 육신적 사랑은 인간이 무엇보다도 자기 자신을 위하여 자신을 사랑하는 것을 말한다. 이 육신적 사랑은 인간의 사랑을 왜곡시킨 타락한 사랑이다. 그리스도께서 보여 주신 겸손하고 비이기적 모습은 능력 있고 달콤한 활동을 통하여 두 가지로 우리의 이기적인 사랑을 재구성하고 확장시켜야 한다. 첫 번째는 그리스도와 그 구속사역의 성육신적 사랑이고, 두 번째는 이웃의 죄악과 일상의 필요를 인식하며 우리 자신의 쾌락을 자제하고 서로를 도우려는 사랑의 마음을 갖는 것이다.[501] 성육신으로 오셔서 하나님의 사랑을 인간 수준으로 낮추어 보여 주신 하나님은 이 땅에서 보이신 그리스도의 행적과 모범을 통하여 인간의 사랑을 이끌어 올리시는 작업을 한다.

사람은 스스로 만족할 수 없다고 생각할 때 하나님을 찾게 되고 사랑하게 된다. 그는 결국 자기 자신을 위하여 믿음으로 하나님을 찾게 되는 것이다. 그런데 이러한 사랑이 자기 자신의 필요에 의하여 하나님을 찾게 되었다가 말씀을 묵상하고 기도하고 순종하며 하나님에게 순수하게 관심을 갖게 되고 하나님을 진정으로 사모하게 되었을 때에, 하나님은 서서히 그러나 점점 깊이 알게 되고 달콤하게 체험되기 시작한다. 이런 식으로 하나님을 달콤하게 경험하면, 영혼은 더 이상 자신의 유익을 위하기보다는 하나님을 위하여 하나님을 사랑하게 되는 것이다.[502] 하나님의 사랑이 성육신하신 그리스도를 통하여 인간에게 전

---

501) *Ibid.*, 8.23-25.
502) *Ibid.*, 15.59.

달되어 인간을 끌어올리고 타락한 인간이 가지고 있는 자기중심적인 이기적 사랑을 점점 하나님을 향한, 그리고 하나님을 위한 사랑으로 인도하는 것이다. 버나드는 인간이 성육신하신 그리스도의 행적과 모습을 보고 육신적 사랑으로 그와 관계를 맺는다고 말한다. 그의 구체적인 행적들을 보면 그 흠모를 통하여 우리의 모습이 변화되어 나아간다는 것이다. 이제 영혼은 의지를 바꿈으로 생명을 얻었고, 가르침으로 건강을 회복했으며, 선행으로 안정을 찾았고, 지혜로 성숙함을 쌓았다고 말한다. 이제 우리에게 남은 과제는 우리 신랑이 되시는 그리스도가 우리에게서 아름다움을 찾는 것이다.

이 아름다움이란 무엇인가? 그것은 인간의 내면적 상태이다. 물론 그리스도의 모습을 보며 우리는 변했다. 그러나 이제는 그 변화를 유발시킨 진정한 내면의 상태를 버나드는 말한다. 외적으로 변한 것들의 뿌리와 주거지는 양심에 있으며, 선한 양심의 증거는 투명성이다. 마음에서 비치는 진리의 빛이 투명하게 드러나는 선함보다 더 깨끗한 것은 없다. 그리고 진리 안에서 자신을 보는 마음보다 더 영광스러운 것은 없다고 버나드는 생각한다. 이러한 마음이란 어떤 것인가? 그것은 겸손하고, 경외적이며, 거룩한 두려움으로 채워져 있는 양심의 영광을 어둡게 할 만한 것들을 경계한다고 말한다. 영혼의 다른 어떤 특징보다 이런 것들이 하나님의 눈을 빛나게 할 영광이라는 것이다.[503] 이러한 아름다움과 빛남이 심령의 내면세계를 채울 때 그것은 외부로 비쳐지게 되고 드러나게 된다. 그리고 그 거룩함과 순수함의 아름다움으로 옷 입혀져 있는 마음은 행복한 것이라고 버나드는 가르친다.[504]

영혼이 이 정도의 단계에 도달하면 영혼은 이제 결혼을 생각한다고 버나드는 말한다. 그녀가 그 정도로 그리스도와 유사하다면 왜 결혼을 생각하지 않겠는가? 유사한 것들끼리 합쳐질 수 있다는 버나드의 유사성 개념이 다시 한 번 드러난다. 그녀는 그와의 유사성 때문에 더 이

---

503) *On the Song of Songs*, 85.10.
504) *Ibid.*, 85.11.

상 그가 공포의 대상일 필요가 없다는 것이다. 그리고 그녀의 사랑의 고백은 곧 결혼을 의미하는 것이다. 사도들이 모든 것을 다 버리고 당신을 따랐다고 한 것처럼, 교회와 그리스도 사이의 영적 결혼도 비슷한 모양을 띠고 있다고 버나드는 가르친다. 남자는 부모를 떠나 그 아내와 연합하여 한 몸을 이룬다. 마찬가지로 우리가 모든 것을 버리고 우리의 모든 의지와 욕망을 그리스도에 부착시키며, 그리스도를 위하여 살고, 그리스도에 따라 그 삶을 지배하고, 그리스도에 의하여 열매를 맺을 때, "나에게는 사는 것이 그리스도요, 죽는 것도 유익하니라."는 말이 나올 수 있다. 그때 우리 영혼은 그리스도의 신부라는 것을 확인할 수 있고, 그리스도는 그의 신부에게 신뢰를 갖는다. 그녀가 모든 것을 버리고 자신을 따랐기에 그녀는 항상 충성스럽게 그와 함께 할 것을 믿는 것이라고 버나드는 가르친다.505)

성육신으로 표현된 하나님의 사랑은 이제 그리스도와 인간의 사랑을 형성시켰다. 그리고 그리스도와 인간의 사랑은 아가서를 은유적으로 해석하는 버나드의 영해에 따라 결혼관계로 비유되어 소개된다. 드디어 신랑과 신부 사이의 결혼은 이루어졌다.

신부의 사랑은 어떠해야 하는가? 버나드는 그리스도를 향한 우리의 사랑이 순수해야 함을 지적한다. 우리의 사랑은 신랑을 향한 신부의 사랑인데 그 신부의 사랑은 무엇보다도 순수해야 함을 말한다. 자식들의 사랑은 꼭 순수하지 않다. 그들은 유산을 물려받을 것을 생각한다. 그러나 부부간의 사랑은 그 어떤 개인적인 유익도 바라지 않는다는 것이다. 순수한 사랑은 무엇을 바라는 소망을 가지고 있지 않다고 버나드는 말한다.

순수한 사랑은 그 힘을 소망으로부터 공급받지 않는다는 것이다. 또는 어떤 불신도 용납할 수 없다. 신랑을 향한 신부의 사랑이 그런 것이다. 신부의 사랑은 오직 사랑 그 자체뿐이다. 신랑은 그 사랑을 보고 만족한다. 그녀는 어떤 다른 것도 가지고 있지 않고, 신랑은 그 어

---

505) *Ibid.*, 85.12.

떤 다른 것도 바라지 않는다.506)

버나드는 이 신부의 사랑을 순수하고 다른 목적이 없는 전폭적인 애정으로 이해한다. 버나드는 이 시점에서 하나님이 사랑을 가지고 계신 분 정도가 아니고 사랑 그 자체이시라는 것을 기억시킨다. 물론 인간이 하나님처럼 사랑 그 자체일 수야 없지만, 그리스도를 향한 신부의 사랑, 즉 자기 자신은 없고 그 무엇도 바라는 것이 없는 완전히 흡입되어 있는 사랑이 하나님의 사랑에 가장 가까이 접근하는 사랑이라고 버나드는 말한다.507)

비록 우리의 사랑은 피조물의 사랑이기에 낮은 수준일 수밖에 없지만, 그럼에도 온 마음과 정성을 다하여 사랑할 때 아무것도 부족하지 않은 것으로 나타난다. 이런 사랑이 그리스도와 맺은 결혼의 사랑이라고 버나드는 말한다. 버나드는 신부의 사랑이 하나님의 사랑과 비교할 수 없음을 말한다. 비록 자신의 모든 것을 쏟아 놓는다 하더라도 인간의 사랑은 한계가 있는 것이고 하나님의 사랑은 사랑의 근원이기 때문이다. 인간(신부)으로부터 흘러나오는 사랑과 그리스도로(신랑)부터 흘러나오는 사랑이 어찌 비교될 수 있겠는가. 그것은 창조주와 피조물의 차이라고 버나드는 지적한다.

그러면 신부의 고백과 맹세가 헛된 것이 아닌가? 그녀의 심령에서 우러나오는 욕망과 불타는 사랑, 사랑의 자신으로 가득 찬 기운이 상대의 완전하고 거대한 사랑에 비할 수 없기에 목적 달성에 실패한 것이 아닌가? 달콤한 꿀과 같은 사랑, 양과 같은 온유함, 백합과 같은 순결함에 비교가 안 되기 때문에 헛되이 사라지고 마는 것인가? 그녀가 태양의 빛과 동일하지 못하고 사랑 자체이신 분의 사랑과 비교할 수 없기 때문에 좌절로 끝날 것인가? 절대 그럴 수 없다. 비록 피조물

---

506) *Ibid.*, 83.5.
507) *Ibid.*, 85.12.

이 더 낮은 존재이기에 적게 사랑할 수밖에 없어도 그가 온 마음과 정성을 다하여 사랑한다면 아무것도 부족하지 않다. 그녀는 모든 것을 다 드렸기 때문이다. 그러한 사랑이 곧 결혼을 말한다고 버나드는 주장한다. 그러한 사랑은 사랑받지 않을 수 없으며 온전한 결혼은 바로 이러한 사랑의 교환이기 때문이다. 인간은 먼저 사랑을 받았다. 그리스도에 의하여 강렬하게 사랑을 받은 것이다. 그리고 그 사랑에 반응을 보이는 것이다. 이러한 사랑과 축복을 받은 영혼은 얼마나 행복한 것인가? 이 달콤하고 상호적이며 진실하고 깊이 있는 아름다운 사랑, 둘이 합하여 하나가 되고, 한 육신과 한 영혼이 되는 이 사랑이야말로 그리스도와 교회 사이의 결혼관계를 말하는 사랑이라고 버나드는 가르친다.508)

버나드는 하나님의 사랑에 대하여 자신을 잃어버리는 수준의 사랑으로 보답을 안 할 수 없다고 말한다. 이런 인간의 사랑은 공로로 여겨진다. 물론 이 공로는 자신 스스로의 공로가 아니고 하나님의 선물로 인한 공로임을 버나드는 분명히 한다. 우리가 보상의 생각과 관심이 없이 하나님을 사랑했지만, 하나님은 공로에 대하여 보상을 한다는 것이다. 신부의 사랑은, 그것이 참된 신부의 사람인 한, 그 사랑 자체가 공로이고 보상이다. 사랑은 그 이상의 원인이나 그 이상의 열매도 없다. 나는 사랑하기 때문에 사랑하고, 사랑하기 위하여 사랑하는 것이라고 버나드는 말한다.

신랑(그리스도)은 사랑스러운 인물 정도가 아니고, 그분 자체가 사랑이시다. 어떤 자는 하나님이 명예라고도 말한다. 그러나 버나드는 하나님이 사랑이라는 것을 읽어 보았어도 하나님이 명예라는 말은 보지 못했다. 하나님께서 명예를 추구하지 않으신다는 것이 아니다. 하나님은 아버지이시기에 당연히 아버지로서의 명예가 있으시다. 만일 하나님이 자신을 '남편'으로 부르신다면 당연히 그의 사랑을 찾으실 것이다. 하

---

508) *Ibid.*, 83.6.

나님이 자신을 '주'라고 말씀하신다면 통치자 주님으로서 두려움의 대상이 되기를 기대하실 것이다. 그러나 이것들 중에서 무엇이 가장 고상하고 높은 위치에 있는 것인가? 그것은 사랑이다. 사랑 없이는 두려움이 고통을 초래한다. 두려움은 사랑으로 자유로워질 때에 노예의 사슬을 벗을 수 있다. 사랑으로 영감을 받지 않은 명예는 위선적이다. 명예와 영광은 하나님에게만 속한다. 그러나 하나님은 사랑의 꿀로 감색되지 않은 명예와 영광은 받지 않으실 것이라고 버나드는 말한다.

   사랑은 그 자체로 충족하다. 그것은 그 자체에게 즐거움이고 그것 자체를 위하여 존재한다. 사랑은 그 자체의 공로이고 상급이다. 사랑은 사랑의 원인도 없고 사랑 밖의 열매도 없다. 나는 사랑하기 때문에 사랑하고 사랑하기 위하여 사랑한다. 사랑은 위대한 실체이다. 사랑은 그 시작으로 돌아가서 그 근원을 찾으면 그것으로부터 다시 새롭게 시작할 수 있고 흘러나올 수 있다. 사랑은 피조물이 창조주 하나님께 감각과 애정을 가지고 반응을 보일 수 있는 영혼의 유일한 움직임이다. 하나님께 반응을 보이는 것에 있어서 사랑만은 다른 모든 것에 비하여 다르다. 다른 모든 것은 하나님께 유사하게 반응을 보일 수가 없다. 그러나 사랑만큼은 비록 동일하지는 않지만 유사하게 하나님에게 반응을 보일 수 있는 것이다.

   버나드는 예를 들어 설명한다. 하나님이 나에게 분노하신다면, 내가 비슷하게 하나님에게 분노하겠는가? 아니다. 나는 하나님 앞에서 두렵고 떨리며 용서를 구할 것이다. 하나님께서 나를 고소하신다면, 내가 하나님을 맞고소하겠는가? 아니다. 나는 하나님께서 나를 향한 미소를 정당화할 것이다. 하나님께서 나를 판단하신다면, 나도 하나님을 판단하겠는가? 아니다. 나는 그를 흠모할 것이다. 하나님께서 나를 구원하신다고, 동시에 하나님께서 나에게 구원을 요구하시는가? 아니다. 하나님께서 나를 자유롭게 하셨다고, 내가 하나님을 자유롭게 해 드리는 것인가? 아니다. 하나님께서 명령하시면, 나는 순종하지 하나님에게 명령하거나 요구하지 않는다. 그러나 사랑은 얼마나 다른가 보라. 하나님이 사랑하시면, 하나님은 다른 어떤 것보다도 사랑받기를 원하신다. 하나님은 어떤 다른 이유로 우리를 사랑하시는 것이 아니다. 오직 우리의 사랑을 받기 원하신다. 하나님을 사랑하는 자는 사랑 때문에 축복을 받는다는 것을 아시기 때문이다.509)

우리 영혼을 하나님에게로 인도하는 사랑의 힘을 중시하는 버나드의 일관된 입장 때문에 많은 사람들은 버나드를 '애정적' 신비주의자로 간주한다. 그러나 모든 다른 신비주의자들도 하나님은 사랑이시라는 것을 토대로 사랑이 인간과 하나님을 연합시키는 것이라 생각한다. 그러나 동시에 버나드와 같은 애정적 신비주의자들도 하나님을 알고 그분께로 인도되어지는 과정에서 지성의 역할이 크다는 것을 인식하고 있음을 간과해서는 안 된다. 전통적인 신비주의자들은 하나님이 사랑인 동시에 진리라는 것도 잘 알고 있다. 하나님께서 사랑인 동시에 진리라는 사실은 버나드가 말하는 신부의 사랑이 달콤하고 격렬함과 동시에 현명하고 신중하며 이성적임을 의미하는 것이다.

여기서 버나드의 기본적 가르침은 어거스틴, 그레고리우스 대제, 그리고 다른 주요 라틴 계통의 신비주의 신학자들과 맥을 같이하고 있다.510) 그는 오직 사랑만이 이 세상에서 하나님을 얻을 수 있다고 생각한다. 지식은 하나님을 얻을 수가 없다고 생각한다. 그러나 지식이 하나님에게로 올라가는 과정에서 중요하고 필요한 역할을 하고 있음에는 틀림이 없다. 이 과정의 시작에서 그리스도는 그의 구원의 신비를 가지고 영혼을 밝히며, 자신의 타락한 상태를 겸손하게 인식시키는 지성을 조명하고, 그리고 마침내는 이 모든 지식이 사랑으로 상승하는 것이다.

신비주의는 하나님과의 합일이 궁극적인 목적이다. 버나드에게도 이

---

509) *Ibid.*, 83.4.
510) Steven Ozement, *The Age of Reform*, 87-89, 115-116.

것은 예외가 아니다. 그러나 버나드의 합일의 성격은 존재론적 합일이 아니고 **의지의 합일**이다. 창조주와 피조물이라는 하나님과 인간의 근본적인 차이는 합일의 경지에 이르러도 근본적으로 피할 수 없다는 것이다. 그럼에도 **버나드는 사랑을 통하여 인간의 의지가 하나님의 의지와 합일하는 목표를 향하여 나아가야 한다고 말한다.** 이것이 버나드의 어거스틴적 신비주의 특성이다.

앞에서 본 대로 버나드에 의하면 인간이 하나님과 합일하는 과정은 하나님에게로 올라가는 상승 개념을 내포하고 있다. 낮은 데 처한 인간이 높은 데 계신 하나님을 만나러 올라간다는 개념이다. 그런데 상승하기 위해서는 합일의 대상인 하나님과 유사하게 되어야 한다. 유사해야만 하나가 될 수 있지 달라서는 하나가 될 수 없다는 것이다. 중세를 장악했던 유사 원칙이다. 이런 상승 과정이 이루어지기 위해서 하나님의 은혜가 근본적 바탕을 이루고 있다. 순수 인간의 노력으로 되는 것이 아니고 하나님께서 이끄시고 인도하셔야 한다는 것이다. 동시에 인간은 이것을 이루기 위하여 나름대로의 노력을 해야 한다. 거룩하고 순수한 사랑을 갖기 위하여 추구해야 한다. 그리스도를 닮아가며 신랑 되시는 그리스도와의 사랑을 나누고 그와 점점 가까워지고 하나가 된다는 것이다. 중세시대에 하나님과 유사하게 되는 것은 오직 사랑을 통해서였다. 사랑만이 유사를 가능하게 하며, 하나님과 합일되는 것도 결국 사랑의 방법을 통해서이다. 사랑은 순수한 사랑이어야 한다. 전혀 다른 불순물이 섞이지 않는 오직 사랑 그 자체를 위한 사랑이어야 한다는 것이다. 중세는 사랑이 가장 중요한 요소였다. 구원도 사람을 통하여 이루어지는 인상을 충분히 남겼다.[511]

종교개혁은 사랑 중심의 원칙을 믿음 중심의 원칙으로 전환했다. 하나님과의 관계도 오랜 기간 성숙해지는 사랑을 통하여 이루어지는 점차적인 과정보다는 믿음을 통하여 즉각적으로 이루어지는 칭의의 관계

---

511) *Ibid.*, 242-243.

를 중시했다. 중세시대 인간의 노력을 통한 공로 사상이 제기되었기 때문이다. 중세 스콜라주의를 통하여 형성된 신인협동설이 종교개혁자들의 주된 공격의 대상이었던 것이다.

루터는 유사 원칙을 거부했다. 그는, 우리가 하나님과 관계를 맺는 과정은 있는 상태에서 하나님을 만나기 위하여 위로 올라가는 상승 개념보다는 그 상태에서 가장 낮은 곳으로 하락해야 한다는 것이다. 이것은 자신이 얼마나 추악한 죄인인지를 깨닫는 것을 의미한다. 그러므로 스스로를 보았을 때에 가장 낮아지고 오직 죄를 회개하고 그리스도를 바라보고 그를 믿음으로 말미암아 올라간다는 것이다. 루터는 사랑보다는 믿음의 원칙을 중시했다. 루터는 사랑을 선행 개념으로 보았던 것이다. 루터는 사랑에서 우러나오는 선행을 물론 중시했던 것은 사실이다. 그러나 그전에 믿음이 앞서야 함을 말했다. 회개하고 믿음으로 그리스도를 통하여 하나님과 하나 되는 관계 형성이 우선이고, 그 후에 사랑이 선행으로 나타나는 것을 말한 것이다.[512]

그러나 버나드의 사랑 개념은 다르다. 사랑을 선행으로 보는 것이 아니다. 버나드는 사랑을 마음의 상태, 또는 심령의 상태를 말하는 것으로 보았다. 그는 자신을 사랑하는 것이 아니고 하나님을 사랑하는 것을 중시했고, 사랑의 동기를 말하며 사랑의 성격을 규명했다. 이기적인 사랑이 아니고 비이기적인 사랑, 나를 위하여 하나님을 사랑하는 사랑이 아니고, 하나님을 위하여 하나님을 사랑하는 사랑, 그리고 나는 없어지는 오직 하나님만 사랑하는 사랑을 말했다.

버나드 신비주의는 이 사랑을 그리스도와의 사랑으로 보았다. 이것은 버나드의 신비주의를 더욱 복음적인 신비주의로 만든다. 죄 사함과 구원을 가리키는 그리스도의 구속 사역이 그 중심에 있고 닮아가야 할 그리스도의 모습이 그 뒤를 따른다. 우리는 그분과 사랑의 관계를 맺고 그분과 결혼하여 하나가 된다.

---

512) *Ibid.*, 243-244.

버나드에게도 유사 원칙이 있다. 오랜 시간 유사의 과정을 거쳐 하나님과 합일을 추구하는 내용이다. 역시 사랑이 이 관계를 형성시키는 유일한 방법이었다. 그러나 버나드의 인간론과 구원론은 중세 스콜라의 인간론과 구원론과는 차이가 있었다. 중세 스콜라주의는 인간의 타락을 최소화시키는 인간론을 정리함으로 바울-어거스틴의 사상을 벗어났다. 그것은 구원을 위한 인간의 공로를 전혀 인정하지 않는 성경적 사상을 배격하고 인간 스스로의 노력을 공로로 인정했다. 앞에서 본 것처럼 버나드는 이러한 중세 스콜라주의와는 달랐다.

버나드의 하나님과 합일을 위한 유사와 사랑의 방법은 칭의를 얻은 자가 성화의 과정에서 겪는 하나님과의 교제 차원으로 해석해야 한다. 그리스도와 결혼관계를 갖는 것도 버나드 신비주의에서는 그리스도와의 교제로 보아야 한다. 비록 신비주의에서 연합 또는 합일이라는 표현을 사용해도 버나드의 내용은 긴밀한 교제로 보는 것이 옳다.

비록 종교개혁 때처럼 칭의와 성화를 분명히 구별하여 보여 주지는 않았지만 이미 앞에서 사랑의 네 단계를 통하여 근본적으로 칭의를 이룬 관계가 있다는 것을 전제로, 그다음 단계들은 성화의 과정으로 보며 성화의 과정은 결국 그리스도를 닮아가는 과정으로 보며 그 성화의 과정은 결국 그리스도를 닮아가는 그리스도와의 교제를 말하는 것이다. 이 과정이 버나드의 신비주의로 표현되었다.

3) 하나님과의 합일

지금까지 우리는 버나드의 신비주의 내용을 보았다. 이제는 버나드의 신비주의 이론이 실천화되는 과정을 보려 한다. 이것은 신비주의 체험이 구체적으로 어떻게 나타나는지를 보려는 것이다. 타락의 영향으로 불완전할 수밖에 없으나, 불완전하기에 완전을 추구하며 하늘의 소망을 주셨기에 명상에 잠기어 그분과 하나 되는 신비체험을 하기 원하며, 구원론에서 나타난 하나님을 사랑하는 네 단계에서 마지막 단계를 말하는, 그 내용이 구체적으로 어떤 것인가를 보려는 것이다. 이것은 버나드가 말하는 명상가들의 신비체험을 말하는 것으로 인간이 잠시나마 하늘나라의 완전을 체험한다는 내용을 말하는 것이다.

버나드는 신비주의 명상(관상, contemplation)이 명상가(미스틱, Mystic)를 지·정·의 모든 면에서 피조물로서의 본질적 겸손을 떠나 하나님 위치로 올려주는 것은 아니라고 생각한다. 제대로 된 명상은 겸손과 밀접한 관계를 맺고 있음을 버나드는 알고 있기 때문이다. 하나님의 명상과 하나님의 환상이 많은 사람을 교만하게 하며 자고하게 하여 탈인간 또는 신격화의 망상을 초래하는 것을 버나드는 절대로 용납하지 않는다.

버나드는 그것을 다음과 같이 설명한다.
"말씀(그리스도)이 이성과 연합될 때 겸손이 탄생한다. 그런 다음에 성령께서 인간의 의지를 방문하신다. 그리고 타락된 의지를 정결케 하시고 애정으로 불타게 하신다. 피부가 기름으로 매끄럽게 되도록 천국 사랑의 기름으로 의지 전체를 덮어서 자비롭게 만든다. 심지어 원수에게까지도 말이다. 성령님이 의지와 연합할 때에 사랑을 만들어내는 것이다. 이렇게 하여 이성과 의지로 영혼이 온전해진다. 이성은 진리의 말씀으로 인도되고, 의지는 진리의 성령으로 불이 붙는다. 겸손으로 뿌려지고, 사랑으로 불이 붙는다. 겸손으로 깨끗해지고, 사랑으로 주름을 편다. 결국 성령님의 역사로 말미암아 이성은 진리로부터 위축되지 않고, 의지는 이성에 대항하여 투쟁하지 않는다. 이렇게 축복받은 영혼을 하나님은 자신에게 묶어서 자신의 영광스러운 신부로 참여한다. 이제 이성은 더 이상 자기 자신에 의하여 장악되지 않고, 의지도 더 이상 다른 사랑에게 관심을 갖지 않는다. 이 축복받은 영혼은 이제 전부 하나의 즐거움에 빠져 있기 때문이다. '왕께서 나를 당신의 안방으로 초대하신 것이다.' 그녀는 이제 이러한 대접을 받을 만한 가치를 가진 것이다. 그리스도로부터 겸손을 배웠기 때문이다."513)

즉 명상를 통하여 그리스도와 연합하고, 그 연합은 신비주의 명상가(mystic)로 하여금 다른 것보다도 그리스도에게 모든 것을 집중하게 함으로 자신의 이성이나 의지가 정리되고 교만으로부터 멀어지는 것이다. 인간의 이성과 의지가 그리스도와의 사랑으로 말미암아 정화되고 자신은 사라지며 오로지 그의 사랑이신 그리스도에게 몰입되는 것이다.

우리는 버나드가 생각하는 명상을 통한 하나님과의 합일이 지적 영역의 내용이 아니고, 형언할 수 없는 지극히 정적 체험의 차원임을 인식해야 한다. 이것은 일반적 신비주의가 주장하는 내용과 일치한다. 버나드 역시 하나님과의 사랑의 합일이 이성적이거나 해설적으로 전달될 수 없다고 가르친다. 영혼 안에 불타고 있는 신적 무기는 설명할 수 있는 것이 아니고 감정의 직접적 발로라고 생각하기 때문이다.514)

이 신적 무기를 어떻게 해석할 것인가? 후대에 이단으로 취급받고 범신론으로 평가받은 마이스터 에크하르트(Meister Eckhart)가 말하고 있는 신적 불꽃과는 다르다.

그러면 버나드의 이 내적 불꽃은 어떻게 이해해야 하는가? 우선 버나드는 체험적인 차원으로 접근한다. 그리고 내용은 모든 것이 감정의 발로임을 보여 주고 있다. 그는 신랑인 그리스도와 합일의 경험을 하는 신부의 체험을 다음과 같이 묘사한다.

"'그는 내 것이고 나는 그의 것이다.'라고 그녀가 말하는 이것은 무엇인가? 우리는 그녀가 말하고 있는 이것을 잘 알 수가 없다. 그녀가 느끼는 것을 알 수 없기 때문이다. 거룩한 영혼이여, 당신의 사랑은 당신에게 무엇인가? 당신은 그에게 무엇인가? 이 긴밀한 관계는 무엇인가? 이 주고받은 약속은 무엇인가? 그는 당신의 것이고 당신은 그의 것이다. 그런데 그가 당신의 것인 것처럼 당신도 그의 것인가? 이해할

---

513) *On the steps of Humulity and Pride*, 7.21.
514) *On the Song of Songs*, 67.3-5.

수 있게 말해 달라. 이것은 감정이다. 지성으로 감지할 수 있는 것이 아니다. 그러면 이 말의 표현은 무엇인가? 아무것도 아니다. 신부가 기뻐서 내는 소리이다. 오랜 기다림 끝에 신랑의 말에 감화를 받은 것이다. 그 말이 끝났을 때 신부는 침묵을 지킬 수도 없고, 그녀가 느끼는 것을 말할 수도 없게 되는 것이다. 그러므로 감정을 참을 수는 없고 단지 침묵을 깨뜨릴 뿐인 것이다. 감정은 스스로의 언어를 가지고 있고 심지어는 지신의 의지에도 맞지 않게 표현을 하게 된다. 공포에는 떠는 것이 있고, 슬픔에는 고통의 신음이 있고, 사랑에는 기쁨의 환호가 있다. 이런 감정의 표현들은 생각의 과정을 거쳐서 나오는 것이 아니라, 즉흥적인 발로인 것이다.

그러므로 하나님의 사랑과 같은 강렬히 타오르는 사랑은 문장의 구조나 문법이나 단어의 적법성 등을 고려할 겨를이 없는 것이다. 자신 안에 담아 놓을 수가 없기 때문이다. 때에 따라서는 말이나 어떤 표현이 필요가 없다. 단순히 열망만으로 만족할 따름이다. 그러므로 신부는 이러한 사람으로 불타버리게 되면 말이나 표현이 상관없다. 무엇이든지 입에서 나오는 대로 표출하는 것이다. 그녀가 이렇게 새로워지고 만족스러워지는데 어떻게 그렇게 되지 않겠는가."515)

그러므로 아가서 2장 16절에서처럼 우리는 문법적으로 맞지 않는 "나의 사랑 나에게, 나는 그에게 …"라는 표현을 보게 된다는 것이다. 이 정적인 과정이 신비적 체험의 과정이고 버나드는 신비주의 명상가(미스틱, Mystic)로서 이것을 배제하지 않는다. 다음을 보면 버나드가 미스틱으로서 얼마나 정적인 체험을 중시하고 있는지 잘 알 수 있다.

"그때에 성실한 사람이 이렇게 되풀이할지 모른다. 선지자들의 발로가 나에게 무슨 유익이 있으리오? 대신 사람들 가운데 가장 빼어난 사람이 나에게 그의 입술로 입맞춤하도록 하라. 나는 더 이상 모세를 듣는 것으로 만족할 수 없다. 그는 말이 느리고 유창하지 않다." 이사야는 더러운 입술을 가진 자다. 예레미야는 말할 줄 모른다. 그는 어린

---

515) *Ibid.*, 67.5-5.

아이다. 어떤 선지자도 말로 나에게 영향을 주지 못한다. 그러니 그들이 말하고 있는 바로 그분이 나에게 말하게 해 달라. 그의 입술로 나에게 키스하게 해 달라. 나는 그가 그들을 통하여 나에게 접근하는 것을 원치 않는다. 그들의 말을 통하여 나에게 오는 것을 달갑게 생각지 않는다. 그들은 어둠과 짙은 구름 속에 있다. 오직 그분 자신을 통하여 그의 입술로 나에게 키스해 달라. 현존하심이 사랑으로 넘치는 그분이, 세련된 가르침이 물줄기처럼 흘러나오는 그분이 내 안의 샘물이 되어 영생으로 넘치기를 바란다. 나는 성부 하나님이 즐거움의 기름으로 안수한 그분으로부터 더 풍성한 은혜를 받을 수 없는가? 그가 나에게 그분의 입술로 키스하는 것을 전제로 말이다. 살아 있는 말씀이 나에게는 키스이다. 단순히 입을 갖다 대는 것이 아니다. 거기에는 넘치는 기쁨의 주입이 있고, 신비가 드러나고, 하나님의 빛과 밝아진 마음이 놀랍고 불가분하게 연합되어 있는 상태이다. 즉 이것은 하나님과 연합하여 영적으로 그분과 하나가 되어 있는 것이다. 나는 분명히 환상과 꿈에 내키는 대로 살기를 원치 않는다. 나는 비유와 은유에 젖어 있기를 원치 않는다. 심지어 천사들의 아름다움도 나를 힘들게 한다. 나의 예수님이 그의 장엄함과 찬란함 가운데 이 모든 것을 능가하시기 때문이다. 그러므로 나는 사람이나 천사에게 요구하지 않는다. 오직 예수 그리스도에게 그의 입술로 내게 키스해 달라고 요청한다."[516]

버나드에게 명상이란 시각적 형태로 상징화되어 나타나는 하나님 현존 체험의 연속을 표현하는 용어이다. 그리고 명상을 통하여 하나님의 환상에 도달한다. 하나님의 환상이란 무엇인가? 그것은 하나님에게로의 사랑의 부착(adherence), 곧 하나님과의 영적 합일이다. 신비주의 명상가는 부착을 통하여 하나님 안에 내재한다는 것이다. 버나드는 이것을 하나님을 보는 것이라고도 말하며, 마음이 순진한 자에게만 특별히 주어진다고 생각한다. 신비주의 명상가(미스틱, Mystic)는 보는 것으로 부착하고, 부착함으로 보는 것이라고 말한다.[517] 버나드는 명상가의 이

---

516) *Ibid*., 2.2.

순수한 심령 상태가 부착을 가능케 하는 열쇠라고 본다. 죄가 우리를 장악하지 않도록 최선을 다하며, 오로지 하나님과의 개인적인 관계에서 순수함을 지키려고 할 때에 하나님과의 긴밀한 관계는 형성된다는 것이다. 이것은 버나드에게 개인적 성화와 윤리적 거룩함이 하나님과의 합일에 필연적 준비 조건임을 엿볼 수 있게 된다.

버나드는 죄가 우리를 통치하지 않도록 하자면 절제가 얼마나 필요한 것인가 역설한다. 그럼에도 만일 우리가 사람들의 칭찬을 위하여 그것을 자랑한다면 하나님 앞에서는 아무런 인정을 받지 못한다. 결과적으로 우리의 의도가 무엇인지가 매우 중요한 것이다. 오직 하나님만을 위하여 최선을 다하고 하나님에게 부착하려는 힘을 찾으려는 것이 그 의도가 되어야 한다. 이런 하나님에게의 부착이야말로 하나님의 환상이라고 버나드는 말한다. 이 환상은 마음이 순결(청결)한 자에게만 부여되는 것이다(마 5:8). '내 영혼이 당신에게 가까이 다가갑니다.', '나의 기쁨은 하나님에게 가까이 있는 것입니다.' 하나님의 환상은 그를 하나님께 가까이 다가오게 하고 하나님의 가까움은 환상을 확인시켜 주는 것이라고 버나드는 말한다.518)

아울러 버나드는 명상을 위한 준비로 하나님을 갈망하는 마음이 필요함을 강조한다. 버나드는 명상의 종류나 구체적인 단계들에 대하여는 별로 관심이 없다. 그는 오히려 성경과 개인적 체험을 비교하며 이 체험의 인격적 역동성을 묘사하려 했다. 그는 야곱, 모세, 이사야, 다윗과 같은 성경에 나타난 위대한 구약 명상가들의 본보기를 지속적으로 인용한다. 그리고 이것을 통하여 명상을 갈망하는 마음의 중요성을 강조한다. 이를 표현하기 위하여 버나드는 신랑 그리스도를 향한 애절한 사랑을 고백하고 있는 신부를 소개한다. 신부는 강한 밝음과 평화, 그리고 충만이 있는 장소를 말해 달라고 간구한다. "야곱이 이 세상에

---

517) *Ibid.*, 7.7.
518) *Ibid.*, 7.7

있을 때에 주님과 얼굴과 얼굴을 대하고 그의 영혼이 구원받은 것처럼, 또는 모세가 다른 선지자들처럼 형상이나 이해하기 어려운 언어나 꿈과 같은 것을 통하지 않고 이 모든 다른 체험들을 초월한 방법으로 하나님을 만난 것처럼, 마치 이사야가 그의 마음의 눈이 열려서 하나님께서 높은 보좌에 앉은 것을 본 것처럼, 혹은 바울이 낙원으로 이끌려 가서 설명할 수 없는 말씀을 듣고 주 예수 그리스도를 본 것처럼, 나 역시 당신의 빛과 아름다움 가운데 당신을 명상하는 황홀의 은혜를 얻을 수 없는가."라고 그녀는 말한다.[519]

명상(관상)을 위한 거룩과 열정의 준비가 중요하기는 하지만, 그것은 결코 명상이 인간 스스로의 힘과 노력으로 이루어지는 것은 아니라고 버나드는 거듭 강조한다. 명상은 근본적으로 하나님의 선물이라는 것이다. 버나드는 바울의 예를 들고 있다. 바울이 삼층천에 간 것이 바울 자신의 힘이 아님을 분명히 하자는 것이다. 첫 번째 하늘과 두 번째 하늘은 도움에 의하여 그가 올라갈 수 있음을 말한다. 거기에는 스스로의 힘과 노력도 포함이 되어 있다고 본다. 첫 번째 하늘은 그리스도의 도움에 의하여, 두 번째 하늘은 성령님의 도움에 의하여 올라간다. 그러나 세 번째 하늘은 그냥 끌어올려졌다고 버나드는 주장한다. 인도된 것이 아니고 끌어올려진 것이다. 물론 성부 하나님은 성자와 성령님과 함께 일하시면서 이 모든 일을 하신다고 본다. 성부께서 성자를 보내셨고, 성부께서 성자의 이름으로 성령님을 보내셨다. 그리고 성부 하나님은 모든 곳에 다 계신다. 그러나 성부께서는 항상 하늘에 계신 것으로 버나드는 알고 있다. 성부께서 내려오셔서 바울을 세 번째 하늘로 올라가도록 도움 주신 것이 아니라고 그는 주장한다.[520]

버나드의 결론은 성부께서 내려오시지 않으셨기 때문에 바울이 세 번째 하늘로 올라갈 때에 조금도 스스로의 힘이 작용할 수 없었다는

---

519) *Ibid.*, 33.6.
520) *On tsteps of Humility and Pride*, 8.22.

것이다. 엘리야, 에녹, 그리고 바울은 스스로의 힘과는 관계없이 세 번째 하늘로 끌어올려진 것이다. 세 번째 하늘을 스스로의 힘으로 올라갈 수 있는 분은 오로지 예수 그리스도이시다. 그리스도께서 승천하실 때에 제자들이 광경을 목격했다. 어느 시점에서 구름이 그를 에워싸고 감추어 구름 안으로 올라가시며 사라지기 시작했다. 더 이상 제자들의 눈에 보이지 않았다. 그것은 구름의 힘으로 올라가신 것이 아니다. 그리스도께서는 스스로의 힘으로 올라가신 것이다. 그리고 제자들은 더 이상 그들의 육신의 눈으로는 그리스도를 볼 수도 없고, 알 수도 없게 된 것이다. 버나드는 이 흥미로운 내용을 가지고 성삼위께서 인간을 각각 세 하늘로 인도하시는 방법과 내용을 체계화한다. 성자께서는 비하를 통하여 사람을 첫 번째 하늘로 유인하셨고, 성령님께서는 그들을 사랑으로 두 번째 하늘로 데려가셨고, 드디어 성부께서는 그들의 명상(관상)을 통하여 세 번째 하늘로 끌어 올리신다는 것이다.[521]

버나드는 하나님이 무엇보다도 관대하신 사랑의 하나님임을 잘 알고 있다. 하나님은 사랑의 길을 추구하려고 애쓰는 영혼으로부터 자비를 거두어가시지 않는다는 것이다. 수도원의 삶을 영위하는 수도사들에게 하나님은 사랑과 명상(관상)의 높은 단계를 항상 유보하시는 것만은 아니다. 때에 따라 이 영적 체험이 공로에 대한 보상으로 여기는 것처럼 들릴 때가 있다. 수도사들을 권면하고 훈련시키는 상황에서는 이와 같은 동기 부여가 필요하다고 생각된다. 그럼에도 버나드는 이 체험의 짧음과 사랑하는 주님께서 당신의 마음 내키는 대로 오셨다가 가시는 것을 강조하며 이 과정에서 하나님의 주도권을 잊지 않도록 한다.[522]
버나드는 그의 『아가서 설교』에서 신랑의 입술에 입을 맞춘다는 것을 합일의 정점으로 보았다. 이것은 결국 깊은 명상을 통하여 미스틱이 하나님의 환상을 체험하는 것을 말한다. 버나드는 신랑의 입술에

---

521) *Ibid.*, 8.23.
522) *On the Song of Songs* 74.5-7; 54.6, 57.4-5. 성령님의 오고 가심에 대하여는 *On the Song of Songs*, 17.2를 보시오.

입맞춤을 환상의 형태로 묘사한다. 버나드는 그것을 '하늘의 빛과 밝아진 마음의 놀라운 불가분의 연합'이라고 보며, '하나님에게 부착된다는 것은 한 영이 되는 것'으로 생각한다.523) 이것은 명상을 통한 그리스도와의 직접적인 교제를 말하는 것으로 중간의 어떤 매개체나 제삼자의 설명을 통한 이해가 아니다. 결혼 관계로 들어가는 신랑과의 직접적 교통을 통하여 정적이고 체험적인 확신을 갖는 것이다. 이것이 신랑의 입술에 입 맞춘다는 것이고 또한 이것이 하나님의 환상을 체험한다는 내용이 되는 것이다. 버나드에게 하나님의 환상을 본다는 것은 하나님과 합일한다는 것이고 그것은 영적으로 하나님과 하나가 됨을 의미한다.

또 다른 의미에서 영적으로 하나 되는 것이 무엇인가? 그것은 존재론적으로 하나 되는 것이 아니고, 인간의 의지가 하나님의 의지와 하나 된다는 것을 말하고 있다. 존재론적으로 하나 된다는 것은 하나님과 인간의 본질적인 존재 자체가 융합하여 구별되지 않는다는 말이다. 버나드는 이것을 용납하지 않는다. 하나님의 의지와 인간의 의지가 하나 된다는 것이다. 그러므로 에크하르트(Meister Eckhart)와 같이 인간의 존재가 신격화되고 인간의 근본적인 존재가 하나님의 존재와 혼합되는 그러한 내용을 버나드는 허락하지 않는다. "주와 합하는 자는 한 영이니라"(고전 6:17). 이 구절은 과거에 많은 미스틱에 의하여 사용되었다. 버나드에게도 이 구절이 사랑을 통한 합일의 방법을 묘사하기 위한 그의 중심 성경구절이 되었다. 이 구절은 하나님과의 합일이 의지의 온전한 사랑의 연합이지, 추호도 하나님과 본질적 존재의 합일이 절대로 아님을 보여 주는 도구가 되었다.

아무리 하나님과 본질이 연합되는 것은 아니라 하더라도 어떻게 의지의 연합이 가능한가? 상대는 하나님이시다. 우리는 인간이다. 이것은 쉽게 되지 않는다. 하나님과 의지가 하나 되는 결과에 도달하기 위

---

523) *Ibid.*, 2.2.

해서는 상당히 황홀한 영적 체험의 과정이 있어야 한다고 버나드는 말한다. 이 과정을 통하여 인간의 의지가 하나님의 의지와 하나가 된다는 것이다. 이 황홀한 영적 체험이 곧 사랑을 통해서 이루어진다. 버나드는 네 번째 단계의 사랑을 취급할 때에 이 사랑을 설명한다. 버나드는 이러한 사랑의 움직임이 경험되어질 때 지적 영혼이 사랑에 취하여 그 자신을 망각하고 빈 그릇이 된다고 한다. 그리고 하나님께로 돌진하여 그분에게 부착하며 그와 함께한 영이 된다. 누구든지 이것을 경험한 사람은 축복이 넘치고 거룩한 사람이다. 평생에 한 번이라도 이것을 체험하면 대단한 것이고, 잠시 동안만이라도 체험하면 축복이라고 버나드는 말한다.524) 버나드는 이 체험을 다음과 같이 묘사한다.

"이러한 방법으로 이끌리는 것이 결국 신화되는 것이다. 작은 한 방울의 물이 많은 분량의 포도주에 섞여서 그 자신을 잃어버려서 포도주의 맛과 색깔을 취하는 것처럼, 불에 타며 빨갛게 달아 오른 철이 원래의 적절한 형태를 상실하고 불같이 되는 것처럼, 햇빛이 가득히 퍼져 들어간 공기가 빛과 같은 밝기로 변화하여 더 이상 빛에 의하여 조명되는 것이 아니고 빛 그 자체로 보이는 것처럼, 성도에게도 모든 인간의 애정이 놀라운 방법으로 그 자체로부터 흘러나와서 하나님의 의지로 완전히 변화한다. 만일 그렇지 않고 인간적인 어떤 것이라도 인간 안에 남아 있다면, 어떻게 하나님이 '만유 안에 계실(all in all)' 수 있는가?(고전 15:28) 본질은 남으나, 다른 형태로 다른 영광으로 그리고 다른 능력으로 남는 것이다."525)

버나드는 『아가서 설교』, 71번에서 이 합일에 대한 풍부한 내용을 또 다른 방식으로 기술하고 있다. 그는 예수께서 마리아와 마르다의 집에서 잡수실 때 손님들을 내면적으로 어떻게 먹이셨는지를 말한다. 예수께서 잡수시는 것은 곧 다른 자를 먹이시는 것이고, 예수님을 잡수시도록 하는 것은 스스로가 먹는 것이라고 말한다.526) 이 애매한 내

---

524) *On Loving God*, 10.27.
525) *Ibid.*, 10.28.

용은 버나드가 먹는 것을 영적으로 해석하여 다른 사람과 연합하는 것을 은유적으로 표현한 것이다. 그는 다음과 같이 말한다. "나의 고해가 그의 음식이며, 나의 구원이 그의 음식이고, 나 자신이 그의 음식이다. … 내가 나 자신을 고소할 때에 나는 먹힌 것이다. 내가 가르침을 받을 때에 나는 삼키운 것이다. 내가 변했을 때에 나는 요리가 된 것이다. 내가 변화했을 때에 나는 소화된 것이다. 내가 온전히 닮아갔을 때, 나는 연합된 것이다. 이것으로 놀라지 말라. 우리가 그와 더 가까이 묶여질 때에, 그는 우리를 먹고 우리는 그에 의하여 먹혀진다. 그렇지 않다면 우리는 온전히 그에게 연합된 것이 아니다. 만일 내가 먹고 먹히지 않는다면, 그는 내 안에 계신 것 같으나 사실은 내가 아직 그 안에 있지 않은 것이다. 만일 내가 먹혔으나 먹지 않는다면, 그는 그 안에 나를 가지고 계시나, 나는 내 안에 동시에 계시지 않은 것이다. 서로 간에 온전한 연합이 이루어지지 않은 것이다."527)

성부와 성자는 서로 간에 완전한 상호성을 누리고 계신다. 인간의 영도 하나님께 부착되어 그가 하나님 안에 있고 하나님이 그 안에 계신 것을 느껴야 한다. 그런데 우리는 여기서 버나드를 오해하지 말아야 한다. 버나드는 성부와 성자 사이에 존재하는 연합(마 10:38)과 고린도전서 6장 17절("주와 합하는 자는 한 영이니라.")이 말하는 그리스도와 인간의 영혼 간의 연합에 분명한 차이가 있음을 말한다.528) 성부와 성자 사이의 연합은 신적 본질이 합쳐짐으로 생기는 연합을 말하는 것으로, 인간의 영이 그리스도와 연합하는 것과는 근본적으로 다르다는 것이다. 버나드는 연합의 종류에 대하여 좀 더 깊이 있게 설명한다. 인간은 사랑을 통하여 하나님 안에 있는 것이지(요일 4: 16), 동일 본질적 차원으로 있는 것이 아니다.529) "인간과 하나님은 동일한 본질이 아니기 때문에 하나의 같은 것이라고 말할 수 없다. 그러나 인간의 영혼과 하나

---

526) *On the Song of Songs*, 71.4
527) *Ibid.*, 71.5
528) *Ibid.*, 71.6.
529) *Ibid.*, 71.7-10

님이 사랑의 끈으로 서로 안에 존재한다면, 그들은 확실하고 완전한 힘으로 한 영이라고 말할 수 있다. 이 연합은 본질의 결합으로 이루어진 것이 아니고, 의지의 동의로 이루어진 것이다."530)

또한 성부와 성자가 하나 되는 것과 인간이 하나님에게 부착하여 하나 되는 것에는 근본적인 차이가 있다. 버나드는 다음과 같이 말한다. "우리는 하나님과 인간이 서로 간에 매우 다른 방법으로 거하고 있는 것으로 생각한다. 그들의 의지와 그들의 본질이 다르기 때문이다. 그들의 본질은 혼합되지 않았으나, 그들의 의지는 동의하고 있다. 이런 연합은 의지들의 연합이 사랑의 동의다. 이것을 경험한 자는 행복한 자이나, 성부와 성자 사이의 연합과 비교해 본다면 이것은 연합도 아니다. 이것을 경험한 자가 이렇게 말했다. '하나님께 부착되는 것은 나에게 매우 좋더라.' 정말 좋을 것이다. 만일 정말로 제대로 부착되었다면 말이다. 하나님에게 완전히 부착되는 사람이 누구인가? 하나님 안에 거하면서 하나님에 의하여 사랑받고 사랑을 되돌려드리며 자신 안에 하나님을 이끌어오는 자가 바로 그런 사람이다. 그러므로 하나님과 인간이 온전히 서로에게 부착되었다면 – 그것은 상호간의 사랑으로 서로를 서로 안에 집어넣는 것이며 – 조금의 의혹도 없이 하나님 안에 있는 사람 안에 하나님은 계신 것이다. 그러나 인간은 영원 전부터 하나님 안에 거한다. 그는 영원 전부터 하나님의 사랑을 받았기 때문이다. 하나님은 창세전부터 그가 사랑하시는 그리스도 안에서 우리를 사랑하시고 받으셨다. 하나님은 인간이 진정으로 사랑할 때에 그 사랑 안에 거하신다. 만일 그렇다면, 심지어 하나님이 인간 안에 계시지 않을 때에도, 인간은 하나님 안에 있다. 그러나 하나님은 자기 안에 있지 않은 사람에게는 계시지 않는다. 하나님은 잠시 우리를 사랑하실 수는 있어도, 우리가 그를 사랑하지 않는다면 하나님은 그 사랑 안에 거하실 수 없다. 비록 사랑을 받았어도, 아직 사랑할 수 없다. 그렇지 않다면, '하나님이 우리를 먼저 사랑하셨다.'는 말은 무엇을 의미하는

---

530) *Ibid*., 71.7.

가? 그러나 사랑받은 사람이 하나님을 사랑하기 시작할 때, 사람이 하나님 안에 하나님이 사람 안에 있는 것이다. 그러나 하나님을 사랑하지 않는 사람은 분명히 하나님 사랑을 받아보지 못한 사람이다. 그 사람은 하나님 안에 있지 않고, 하나님도 그 사람 안에 계시지 않는다. 이 내용은 성부와 성자 사이에 존재하는 연합과 인간이 하나님께 부착하여 하나의 영이 되는 것과의 차이점을 보여 주기 위하여 설명되었다."531)

버나드가 생각하는 하나님과의 합일은 구체적 합일의 대상이 그리스도이시다. 그리고 그리스도께서는 다양한 모습으로 우리에게 교제를 위하여 다가오신다. 버나드는 그리스도가 그의 오심을 위하여 준비된 영혼에게 다양한 방법으로 내적 방문을 하신다고 가르친다. 그는 여기서 구체적으로 네 가지 역할 또는 방법을 소개한다. 모두가 아가서에 근거한 것으로 그것은 신랑 · 의사 · 대화자, 그리고 가장 또는 통치자이다.532)

합일을 통한 내적 환상에서, 버나드는 아무리 강렬한 사랑을 가진 자에게라도 그리스도의 현존하심이 지속적으로 체험되는 것이 아님을 말한다. 영의 다양한 욕망에 따라 하나님 현존의 맛도 다양하게 나타나며, 신적 즐거움으로 주입된 맛이 하나님을 찾고 있는 영의 미각을 다양한 방법으로 자극한다는 것이다. 아가를 부르는 동안에 신랑 그리스도께서 얼마나 많이 그의 얼굴을 바꾸었는지 알 수 없다. 신랑 그리스도가 사랑하는 신부 앞에서, 하나의 아름다운 모양에서, 또 다른 모양으로 자신을 변신하며 즐거워하는 것을 본다는 것이다. 한 순간에는 아내와 축복의 키스를 나누려고 사랑하는 자를 포옹하기 위하여 서서히 움직이는 부끄러운 남편처럼, 다음 순간에는 기름과 연고를 가지고 오는 의사처럼, 다양한 모습을 그린다. 신부는 연약하고 부드러운 자이

---

531) *Ibid.*, 71.10.
1. 532) *Ibid.*, 31.7-8; 32.2-20.

기에 때로 이런 종류의 치료와 약이 필요하기 때문이라는 것이다. 우리 신부들은 병든 자요, 건강한 자가 의사가 필요한 것이 아니고 병든 자가 필요하기 때문이라는 것이다. 또는 갑자기 여행길에 나선 신부를 위하여 그를 시중드는 하인의 여행 동반자로 나타나셔서 힘든 여정에 흥미로운 대화로 위로해 주신다. 그래서 그가 떠날 때에 그들은 말한다. "그가 우리와 여행 중 대화할 때에 우리의 가슴이 뜨겁지 않던가?" 그는 은구슬 같은 혀를 가지고 그의 말과 매너로 듣는 우리를 설득시킨다. 때로는 가장 충분하고도 남을 먹을 것을 가진 부잣집 가장으로 나타나기도 하시고 혹은 능력과 힘이 넘치시는 왕으로도 나타나신다고 말한다. 심약하고 가난에 찌든 자들에게 용기를 주시며 당신의 영광스러운 보석과 넘치는 포도주와 물건이 쌓여 있는 창고, 그리고 정원과 논밭의 산물을 보여주며 마침내 그녀를 자기의 내실로 인도한다는 것이다. 그녀의 남편은 그녀에게 확신을 가지고 있기 때문이다. 그는 가난으로부터 구속한 그녀로부터 숨길 것이 아무것도 없다. 그는 그녀의 충성을 확인했고 그녀의 아름다움은 그의 포옹을 이미 얻었기 때문이다. 그러므로 그는 그를 찾는 사람들의 내면적 눈에 어떤 방법을 사용해서라도 자신을 드러내신다는 것이다. 그러므로 "내가 너와 영원까지 함께 있으리라."고 말씀하신 그의 약속을 실천에 옮기신다.533)

위의 모든 방법들이 그 나름대로의 중요성을 가지고 있지만, 이 중에서 가장 최상의 방법은 신랑으로 찾아오시는 것이라고 버나드는 말한다. 우리 영혼은 신랑으로 찾아오시는 그리스도로 말미암아 가장 큰 영향을 받는다. 그리스도께서 신랑이 되어 환상으로 잠시 방문함으로 말미암아 영혼은 죽어서 그리스도와 함께하기를 원하되 진정으로 강력히 타오르는 갈증과 함께 자주 묵상을 통하여 그리스도와 함께하기를 원하게 만든다고 버나드는 말한다.

만일 우리가 거룩한 선지자처럼 하나님에게 부착되기를 원한다면 그를 만날 것이라고 버나드는 말한다. 중요한 것은 얼마나 진정으로 애

---

533) *Ibid.*, 31.7.

타게 만나기를 원하는가 하는 것이다. 떠나서 그리스도와 함께하기를 원하되 진정으로 강렬히 타오르는 갈증처럼 원한다면, 우리는 그가 오실 때에 말씀이 신장이 되어 오시는 그분을 만날 것이라고 강조한다. 비록 이 세상에서 순례자로서 짧은 시간이나마 우리의 마음을 그분에게 드릴 것이지만, 그 시간에 우리는 지혜의 팔 안에 잠겨 있는 자신을 발견할 것이며, 우리 심령으로 흘러들어오는 하나님의 사랑이 얼마나 달콤한 것인가를 경험하게 된다는 것이다. 그리고 버나드는 이 체험이 지속적이 아님을 애처롭게 지적한다. 철야와 기도를 통하여 눈물로 찾은 그분이, 우리가 잡았다고 생각할 때에 갑자기 떠나신다는 것이다. 그러다가 그분은 새롭게 다시 눈물을 흘리고 있는 우리에게 자신을 나타내신다고 한다. 그분은 붙잡히지만 계속 잡혀 계신 분은 아니라는 말이다. 또다시 우리의 손에서 떠나시기 때문이다. 만일 눈물과 기도로 열심히 그분을 찾고 추구하면 무시하지 아니하시고 다시 나타나신다. 그러다가 온 마음과 정성을 다하여 찾지 아니하면 다시 사라지신다. 우리가 육신으로 있을 때에 우리 신랑의 현존을 체험하는 기쁨이 있는 동시에, 그 기쁨은 완전할 수 없는 기쁨이 되고 만다는 것을 버나드는 상기시킨다. 기쁨 뒤에 있는 떠나심의 고통 때문이다. 그녀는 육신을 이 땅에 내어놓을 때까지 이런 상황을 견디어 내야 한다. 육신을 이 땅에 내려놓고 욕망의 날개를 펼치어 마음대로 명상(관상)의 초원을 가로질러 갈 수 있도록 자유로워질 때까지 이런 어려운 상황을 견디어 낼 수밖에는 다른 선택의 여지가 없는 것이다. 그리하여 우리는 사랑하는 자가 어디로 가든 제한 없이 영적으로 따라가는 것이라고 버나드는 말한다.534)

버나드는 하나님을 이 세상에서 볼 수 있는 세 가지의 기본적인 방법에 대하여 말한다. 첫째는 모든 피조물에 나타나 있다. 하나님께서 만드신 모든 창조물들이 하나님의 영광을 드러내기 때문이다. 둘째는 족장들 시대처럼 외적 형상과 언어를 통하여 알려지는 것이다. 셋째는

---

534) *Ibid*., 32.2

이것들과는 다르게 하나님의 은혜로 하나님을 찾는 영혼을 하나님께서 내적으로 방문하는 것이다.535) 이것이 관상을 통하여 이루어지는 미스틱의 신비주의 체험을 말하는 것이다. 버나드는 다음과 같이 설명한다. "또 다른 환상은 과거에 선조들에게 하나님과의 달콤한 교제가 은혜롭게 허락된 것이다. 비록 그들이 하나님을 그대로는 보지는 못했고 단지 적절한 어떤 형태로 밖에는 보지 못했지만 하나님께서 그런 방법으로 함께하신 것이다. 사도가 말하듯이 하나님은 여러 가지 형태로 나타나셨다. 그러나 하나님은 같은 하나님이시고 근본적으로 변함이 없으신 분이다. 이런 종류의 나타나심 비록 모두에게 동등하게 분명하지는 않았지만 외적 형상이나 언어를 통하여 이루어졌다. 그러나 그것과는 다른 또 하나의 환상이 있다. 그것은 관상의 방법을 통해서 하나님께서 인간의 내면에 나타나는 것이다. 이것은 하나님 자신이 그를 찾는 영혼을 방문하시기를 원하신 경우이다. 물론 이것은 그가 모든 욕망과 사랑을 다 바쳐 하나님을 찾을 경우에 한한다. 이것은 경험한 사랑만이 말할 수 있다. '불길이 그의 앞을 지나가고, 그 주변의 모든 대적들은 다 태워버린다.' 이 사건이 있기 전에 그가 방문할 모든 영혼에는 거룩한 욕망의 불길이 일어나야 하고, 그 불길이 악습을 제거하여 주님을 맞이할 준비가 되어 있어야 한다. 영혼은 이 불길이 타 오를 때에 주님께서 가까이 계신 것을 알 것이다. 그리고 선지자가 말한 것처럼 말한다. '하나님께서 위에서부터 나의 골수에 불을 보내어 이기게 하셨다'(애 1:13). '나의 심령이 내 안에서 뜨거워지고 나의 명상 가운데 불길이 터져 나온다.'"536)

버나드는 과거에 하나님이 주셨던 외적 환상들을 무시하지는 않는다. 그러나 현재 구속사의 단계에서는 명상을 통하여 내면적으로 하나님을 만나는 미스틱의 방법이 최상의 방법이라고 생각한다. 이 방법은 영혼이 그가 욕망하는 그분을 육신적 형태가 아니고 은혜가 주입된 형

---

535) *Ibid.*, 31-32.
536) *Ibid.*, 31.4.

태로 만나는 것을 의미한다. 단순한 외적 모양이 아니고 내적으로 강렬하게 끌리는 형태로 이루어지는 것을 말한다. 그 시대에 외적이 아닌 내적인 방법을 선호해야 함을 버나드는 말하고 있는 것이다. 버나드는 이 합일의 방법과 내용이 전적으로 영적인 것임을 상기시킨다. 버나드는 매우 조심스럽게 다음과 같이 언급한다.

"나는 말씀(그리스도)과 영혼 사이의 연합에서 어떤 유형적이고 감각적으로 느낄 수 있는 것을 볼 수 있다고 결론을 내리지 않도록 조심하고 있다. 나의 의견은 사도가 말한 것같이 '주님과 연합한 자는 그와 한 영이 된다.'(고전 6:17)는 것을 말하는 것이다. 순결한 영혼이 하나님께로 올라가는 황홀한 상승, 우리의 영혼으로 하나님의 사랑스러운 하강, 그리고 영적 진리를 영적 사람들에게 알려주시는 것을 가장 적절한 단어로 표현하려고 한다. 그러므로 우리는 이 합일을 영적으로 보아야 한다. 하나님은 영이시며, 하나님의 영은 육신의 방법을 따라가려는 어떤 욕망에도 이끌리지 않고 성령님으로 인도되어지는 그 영혼의 아름다움에 의하여 끌리신다. 특히 하나님은 이 영혼이 하나님을 향한 사랑으로 불타오르는 것을 볼 때에 더욱 찾아오시는 것이다."537)

버나드는, 하나님이 이 땅에서 있는 그대로는 보일 수가 없기 때문에, 심지어 최상의 내면적인 환상에서도 우리 영혼의 수용 능력과 필요에 따라 자신을 조정하신다고 말한다. 하나님을 있는 그대로 만나고 보는 방법은 저 세상의 것으로 놓아두시고, 하나님은 오직 타락한 이 세상에서 현세적으로 가능한 방법을 사용하신다. 그것도 영적으로 준비되지 않은 아무에게나 가능한 것이 아니다. 인간의 죄로 말미암은 한계 때문에 인간이 그러한 환상을 가질 수 있도록 영적으로 준비된 만큼만 하나님께서는 이러한 내면적 환상을 허락하신다고 가르친다. 버나드는 하나님과의 합일을 통한 환상의 체험도 현세에서는 지극히 한계가 주어진 매우 부분적인 것임을 분명히 한다. 여기서 우리는 수도사들이 이 땅에서 하나님과의 합일을 위하여 영적으로 자신을 준비

---

537) *Ibid.*, 31.6.

해야 하는 당위성을 발견하는 것이다. 버나드의 말이다.

"이러한 완벽한 환상은 이 세상에서는 불가능하다. 그것은 다음 세상을 위하여 남겨져 있다. '우리는 그분께서 나타나실 때에 우리도 그와 같이 될 것이다. 왜냐하면 우리는 그를 있는 그대로 볼 것이기 때문이다.' 그러나 지금은 그가 나타나시기를 원하시는 사람에게만 나타나시고 나타나시기를 원하시는 방법대로만 나타나신다. 절대로 그분 그대로 나타나시지 않는다. 어떤 현인이나 성인 또는 선지자도 육신에 남아 있는 한 그를 있는 그대로 볼 수는 없었다. 그러나 누구든지 그럴 자격이 있는 사람이라면 육신이 불멸의 상태로 될 때에 가능한 것이다. 그러므로 그가 이 세상에서 보인다 하더라도 그것은 그분 그대로가 아니고 그분이 나타나시기를 원하신 대로 보이는 것이다. 예를 들어, 빛의 근원인 매일같이 보는 태양을 생각해 보자. 우리는 태양을 있는 그대로 보지 못한다. 오직 태양이 공기와 산과 벽을 비추는 대로 보는 것이다. 또는 우리 몸의 빛인 눈이 하늘의 빛과 어떤 유사성을 가지고 있는 한 볼 수 있는 것이다. 몸의 다른 부분들은 이 유사성을 가지고 있지 않기 때문에 빛을 볼 수 없는 것이다. 심지어 눈도 문제가 생기면 그 유사성을 잃어버리기 때문에 빛을 볼 수 없는 것이다. 문제 있는 눈은 유사성의 부족으로 태양을 볼 수 없는 것처럼, 정상적인 눈도 그 유사성으로 말미암아 어느 정도 효과적으로 태양을 볼 수 있는 것이다. 만일 눈이 순결함에 있어서 완전한 시력을 가지고 있다면 그 완전한 유사성 때문에 그분을 있는 그대로 완전하게 볼 수 있을 것이다. 마찬가지로 우리의 눈이 밝아졌을 때, 우리는 이제 그분처럼 되었고, 그가 빛을 밝혀 주는 만큼 모든 사람을 밝혀주는 정의의 태양을 볼 수 있을 것이다. 그러나 그래도 그를 완전히 있는 대로 볼 수 없다. 우리는 아직도 완전히 그분과 같이 되지 못했기 때문이다. 그래서 시편 기자는 '나에게 오라 그리고 밝아져라. 그러면 너의 얼굴이 결코 부끄러움을 당하지 않으리라.'고 말한다. 우리가 필요한 만큼 밝아지면 베일이 벗겨지지 않은 하나님과 영광을 명상하는 우리 얼굴은 주님의 영으로 말미암아 같은 형상으로 변하면서 더 밝아질 것이다."538)

버나드는 얼굴과 얼굴을 대하는 그런 환상은 이 세상에서 없다고 말한다. 비록 잠시이고 불완전하기는 하지만, 신랑의 모습을 포함한 이 모든 내면적 환상들은 천국을 미리 맛보는 것이라고 버나드는 가르친다. 명상에 잠겨서 병든 영혼은 하나님을 꿈꾼다. 얼굴과 얼굴을 대하는 것은 아니지만 그는 거울과 신비를 통하여 주님을 바라본다. 그러면 거의 닿지 않을 정도로 접촉이 이루어지면서 영혼은 빨려 들어가며 영혼 내에 지나가는 작은 불꽃이 튀면서 사랑으로 불타게 된다. 그는 이 체험을 다음과 같이 설명한다.

 "병든 자는 물과 음식을 섭취했다. 그리고 조용한 명상에 잠기는 동안 쉬며 그의 노동의 땀을 식히는 것 외에는 무엇이 있겠는가? 그의 기도 가운데 잠이 들어 하나님을 꿈꾼다. 그가 보는 것은 얼굴과 얼굴을 대하는 것 같은 것이 아니고 거울에 나타나는 흐릿한 반사이다. 그러나 그것을 명확하게 이해하지 못하고 그것이 실질적인 환상은 아니며 반짝이는 영광이 잠시 지나가는 섬광 같은 것이지만, 그것은 세밀한 충격적 영향을 남기게 되며, 결과로 그는 사랑으로 불타오른다. 그리고 말한다. '밤에 나의 영은 당신을 갈망합니다. 그리고 나의 영은 당신을 찾습니다.' 이와 같은 사랑은 열심으로 가득 차 있다. 신랑의 친구가 되는 사랑이다. 주님이 당신의 집에 임명하시는 충성되고 신중한 종들을 감동시키는 사랑이다. 그것은 영혼의 용량을 채우며, 데워지고 차고 넘쳐서, 작은 시내를 흐른다. 이 사랑은 울부짖는다. '누가 연약한 자인가, 나는 연약하지 않은가? 누가 문제가 있는가, 나는 불이 붙지 않지 않았는가?' 그런 사람은 설교하고, 열매를 맺으며, 새로운 징표를 보이고, 신선한 이적을 행하도록 하라. 사랑에 완전히 사로잡힌 사람에게는 허무가 자리 잡을 수 없기 때문이다. 완전한 사람은 그 자체로 충분한 율법이며 그 자체로 심령을 온전히 채운다. 하나님은 사랑이시다. 이 세상의 어떤 피조물도 하나님의 형상으로 만들어진 사람을 만족시킬 수 없다. 사랑이신 하나님만이 그것을 할 수 있으시다. 하나님만이 모든 피조물 위에 계시기 때문이다. 다른 모든 것을 가지

---

538) *Ibid.*, 31.2.

고 있고 남을 돕고 남을 위하여 몸을 불살라 주는 등 다른 어떤 선을 행한다 하더라도 사랑이 없으면 모든 것이 가치가 없는 것이다. 무엇보다도 은혜로 먼저 주입되는 것이 얼마나 중요한가. 그래야만 우리가 남에게 줄 때에도 빈곤한 영에서 주는 것이 아니고 가득 찬 영에서 주게 된다. 우리는 먼저 양심의 가책이 필요하다. 그리고 둘째로는 영의 열심이, 셋째로는 고해의 노력이, 넷째는 사랑의 선행이, 다섯째는 기도의 열심이, 여섯째 명상의 여가가, 일곱째는 모든 것에 충만한 사랑이 필요하다. 이 모든 것들은 같은 한 성령님의 역사이시다. 성령님의 주입으로 이 모든 것들이 이루어진다. 그리고 이것이 이루어졌을 때에 '방출(effusion)'이라고 불리는 사역이 그리스도의 영광을 위하여 제대로 이루어지는 것이다."539)

버나드는 이 세상에서의 신비적 연합이 이 땅에서 상상할 수 있는 그 어떤 것보다도 더 하나님을 직접적으로 체험할 수 있는 것이라 생각한다. 그러나 이것도 어떤 중재는 필요하고 궁극적 만족에는 부족한 것이다. 우리가 이 세상에 있는 한, 영이 하나가 되는 잠시의 흡입이 얼마나 황홀하든지 하나님과의 연합은 만족과 동시에 그만큼의 갈망을 내포하고 있다. 이 세상에서 우리의 삶은 항상 계속하여 전진해 간다. 늘 앞에 놓여 있는 것을 잡으려고 가는 것이다. 이 삶에서의 우리의 진보는 이미 잡았다고 결코 생각지 않고, 우리 앞에 놓여 있는 것을 항상 잡으려고 나아가야 한다. 쉬지 않고 더 나은 것을 향하여 추구하며 우리의 불완전을 하나님의 자비의 시선 앞에 드러내는 것이다. 이 세상에서 즐길 수 있는 하나님의 경험은 우리를 포도주로 만족케 하면서도 더 많은 포도주를 위하여 목마르게 한다.540)

버나드는 미스틱의 이러한 명상과 환상이 인간에게 변화를 가져다준다고 생각한다. 이것은 합일을 통한 환상 체험이 우리를 새롭게 해주

---

539) *Ibid.*, 18.6.
540) *Ibid.*, 51.1.

고 변화시켜 준다는 것을 의미한다. 이미 본 대로 버나드는 신비적 환상 체험이 나중에 천국에서 온전히 누린 축복의 일시적 맛을 보는 것이라 했다. 그 일시적 맛을 보는 것만도 우리에게는 대단한 충격을 주는 것으로 우리의 영혼에 큰 변화를 가져다준다는 것이다. 버나드는 우리가 우리의 형편없는 상태를 바라보다가 놀라운 하나님의 환상으로 우리 시야를 옮길 때 우리에게 변화가 나타난다고 말한다. 환상 가운데 하나님의 은혜와 자비, 그리고 심지어는 하나님 자신이 점점 우리에게 나타나시며, 그 하나님과 교제하는 것이다. 버나드는 다음과 같이 묘사한다.

"네가 나 자신을 보는 동안에 내 눈은 괴로움으로 잠겨 있다. 그러나 내가 눈을 들어 나의 눈을 하나님의 자비의 도우심에 초점을 맞추면, 하나님의 즐거운 환상이 곧 내 괴로운 눈을 진정시킨다. 나는 그에게 말한다. '나는 내면적으로 매우 어지럽혀져 있습니다. 그래서 요단 땅으로부터 나를 보호해 달라고 당신을 부른 것입니다.' 이 환상은 하나님을 우리에게 드러낸다. 우리 기도를 애정을 가지고 들으시며, 당신의 진노에 탐닉하지 아니하시고 친절하고 자비롭게 나타내신다. 하나님의 근본은 선하시며 항상 자비로우시고 공명정대하시다. 인간이 어려움에 처했을 때는 하나님을 찾으며 도움을 요청한다. 하나님은 그를 들으시며 말씀하신다. '내가 너를 구해 줄 것이고, 너는 나를 영화롭게 할 것이다.' 이런 식으로 자신에 대한 지식은 하나님에 대한 지식으로 올라가는 계단의 역할을 한다. 하나님 형상이 우리 안에서 새로워지는 만큼 하나님은 우리에게 자신을 드러내신다. 그리고 우리가 베일이 벗겨진 주님의 영광을 자신 있게 바라볼 때에 하나님의 영으로 말미암아 우리는 그와 같은 형상으로 점점 더 밝게 변화할 것이다."541)

버나드의 신비주의 체험을 **요약**해 본다. 버나드 신비주의 핵심은 **하나님과의 합일**이다. 이것은 본질적 합일이 아니고 **의지적 합일**로서 하

---

541) *Ibid.*, 36.6

나님과 영적으로 하나 되어 자신의 의지가 하나님의 의지와 일치하는 순수한 상태로 들어가는 것을 말한다. 의지적 합일은 신비주의의 문제점인 인간의 신격화를 허락하지 않는다. 인간은 피조물의 입장을 전혀 떠나지 않고 창조주와의 구별을 온전히 지키는 것이다. 이것은 교만을 배제하며 신비주의 체험을 거쳐도 항상 겸손을 귀중한 덕으로 유지한다.

하나님과 **합일의 구체적 체험**은 명상(관상)을 통한 신비체험으로 영이 **하나님에게 부착**하는 것으로 인간이 잠시나마 죄와 타락으로 말미암은 육신을 벗고 완전한 하나님의 형상을 회복하여 하늘나라의 맛을 보는 상태이다. 이것은 천국을 미리 맛보는 것이라 할 수 있으며 인간이 이것을 이 세상에서 거의 경험하기 어려우나 극소수의 경우 평생에 몇 차례 경험할 수 있는 정도이다. 수도사들은 수도원에서 이것을 경험하기 위하여 수도를 하는 것이다. 이것을 체험하면 인간은 이 세상의 삶에서 큰 변화를 맛보게 된다. 이것은 대단한 사건으로 인간에게 영적으로 변화를 가져다주어 그의 삶의 모습과 구조가 변한다.

하나님과 합일의 체험은 **사랑을 통하여** 이루어진다. 사랑이야말로 인간의 영이 하나님에게 부착할 수 있는 유일한 방법이다. 하나님은 사랑이시고 하나님은 인간에게 시정을 요구하시기 때문이다. 이 합일은 수도원에서 수도를 하는 것과 같은 인간의 노력이 필요하다. 그러나 이것은 단순히 인간의 노력으로 되는 것이 아니고 하나님의 은혜로 이루어지는 것이다. 하나님의 은혜 안에서 은혜로 말미암은 인간의 노력이라고 해야 할 것이다.

이 합일은 그리스도와의 연합을 중심으로 하고 있다. 하나님의 형상이신 그리스도의 완전하신 모습을 바라보며 그들과 하나 되고 그분과 영적 교제를 나누는 것이다. 하나님께서 성육신하셔서 우리를 그분에게로 이끌기 위하여 우리에게 오셨기 때문에 그 가능성을 보고 우리는 그분의 모습으로 되기를 원하는 강렬한 열망을 가지고 있다. 아가서에 나타난 신랑 신부의 입맞춤과 결합이 이것을 말하는 것으로 그리스도와 성도가 결혼하는 관계에 들어가는 것은, 곧 그리스도와의 합일의 경지로 들어가는 것이다.

4. 버나드의 실천의식[542]

중세 신비주의가 개신교에 의하여 비판을 받는 것 중 하나가 수도원 은둔생활의 전통에서 우러나온 세상과의 소극적이고 부정적 관계이다. 내면의 삶에 치우친 나머지, 세상과 현실을 등한시하고 자신의 내면적 영적 상태에만 집중하여 내세에 대한 관심으로만 지나치게 치우친다는 비판인 것이다. 버나드는 명상가들이 이 세상을 등지고 사는 것에 대하여 부정적인 견해를 가지고 있다. 그는 명상가(관상가)들도 세상에 참여해야 하고 자신의 행실과 삶을 이 세상 가운데 나타내고 구체적인 영향을 미쳐야 한다고 생각한다. 다른 사람들보다 오히려 더욱 본을 보여야 하고 그리스도를 마음에 품고 깊이 체험하고 있음으로 더욱 그 삶이 그리스도의 모습으로 나타나야 한다는 것이다.

그러면 명상가(관상가)들은 이 죄에 떨어진 세상에서 어떻게 살아야 하는가? 홀로 명상에 잠겨서 세상과는 거리를 두고 살아야 하는 것이 아니고 이 세상에 참여하는 것이라면, 어떤 원칙으로 그렇게 해야 하는가? 그리스도와 영적 결혼을 이루게 한 사랑은 이러한 질문에 답한다. 버나드는 명상(관상)과 행동 사이의 관계에 대하여 답을 주려 한다. 그는 명상과 내면적 감정이 그 자체만으로는 가치를 발휘할 수 없다고 생각한다. 삶 가운데 행동으로 나타나야 하고 실천으로 열매를 맺어야 한다는 것이다. 사실 명상가가 추구하는 내면적이고 신비적인 사랑은

---

*542) 원종천 『성 버나드』(대한기독교서회, 5쇄, 2019) pp.147-162.

행동과 필수불가결한 관계를 맺고 있다. 사람은 행동의 동기를 유발하고 그 행동의 원천이 되기 때문이다. 버나드는 이것을 잘 이해했다. 명상가에게 사랑은 감정적 차원으로만 남아 있는 것이 아니고 오히려 이 세상에서의 삶을 정리해 주는 역할을 하기 때문이다.

1) 질서

신비적 명상(관상)이 정적이며 그리스도를 향한 사랑의 감정이 중심을 차지하고 있다면, 그것이 행동화하는 과정에서는 어떤 원칙이 필요하다. 버나드는 명상(관상)과 행동과의 관계에 대한 원칙을 질서 개념에서 찾는다. 명상의 중심 내용인 사랑은 영을 충만하게 할 뿐 아니고 인간의 삶을 구체적으로 정리해 주어야 한다는 것이다. 사랑이 삶을 정리해 준다는 것은 모든 피조물이 질서 가운데 존재한다는 원칙을 전제로 한다. 피조물은 이미 어떤 질서를 갖추고 있다. 자연적 현상을 보거나 사회적 동향을 살펴보면 이것은 자명하다. 질서가 부실한 부분이나 파괴된 질서로 말미암아 나타나는 결과를 보면 피조물은 질서의 필요를 가지고 있는 존재들이라고 확신할 수 있다.

왜 피조물에 질서가 절대적으로 필요한 것인가? 근본적으로 하나님은 질서의 하나님이시기 때문이다. 그러므로 하나님께서는 피조물을 만드실 때에 질서를 중요한 원칙으로 사용하셨고, 창조 시에 이미 다 이루어 놓으신 질서가 있다. 이 질서에 따라 우주는 운행이 되었다. 그러나 인간의 타락으로 이 질서가 무너지고 자연 세계도 인간 세상도 무질서로 허망해졌으며 인간의 내면도 질서를 잃은 채 병들게 되었다. 구원을 통하여 인간의 내면에 질서가 회복되고 명상(관상)을 통하여 그 질서가 힘을 얻어 나아가야 하며, 그것이 외적 실천과 행동으로 나타나야 하는 것이다. 구원받은 인간은 하나님이 세워놓으신 질서를 찾으려고 노력하며 그 질서를 세우려고 안간힘을 쓰고 있는 것이다. 이것을 위하여 인간의 의지는 부단한 노력을 하는 것이다.

인간의 의지가 하나님께서 세우신 질서를 찾아 나아가며 그것을 이루어 나아간다는 것은 매우 중요한 개념이다. 『은혜와 자유 선택에 관하여』에서 인간 의지와 관련된 세 가지 종류의 선을 버나드는 이렇게 묘사한다. 인간의 의지는 먼저 그 자체에 두 가지의 선을 가지고 있다. 첫째는 일반적 선으로 하나님이 창조하셨기 때문에 가지고 있는 선이다. 선하신 하나님은 모든 것은 다 선하게 만드셨기 때문에 인간의 의지도 선하게 만들어졌다는 것이다. 두 번째는 특별한 선으로 선택의 자유로부터 나오는 것이다. 이것은 인간이 하나님의 형상으로 만들어졌기 때문에 가능한 것이다. 하나님의 창조질서에서 찾는 이 두 가지 선은 인간의 의지가 가지고 있는 타락 전의 상태를 말한다. 근본적으로 선하게 만들어진 인간 의지와 동시에 첨부되어 있는 자유의지이다. 그러나 이 타락 전 인간 의지는 죄로 말미암아 원래의 선을 상실했고 창조로부터 떠났다. 그러므로 이 두 가지에 우리는 하나를 더 첨가할 수 있다고 버나드는 말한다. 그것은 창조주로의 회심이다. 이것은 인간의 의지가 하나님의 의지에 온전히 하나 되는 것으로 전심에서 우러나오며 자발적이고 헌신적인 순종을 말하는 것이다.[543]

이 세 번째 선이 버나드에게는 가장 중요한 것으로 인간의 의지가 내면세계로부터 시작하여 하나님의 질서를 회복시키는 데 얼마나 중요한 역할을 하는가를 엿볼 수 있게 한다. 회심된 인간의 의지는 내면으로부터 시작하여 다음에는 인간 세상과 자연 세계를 바라보며 하나님의 질서를 찾고 회복해야 할 필요성을 느끼는 것이다. 자신의 내면뿐만이 아니고 인간 세상과 자연 세계도 인간의 죄와 타락으로 말미암아 창조적 질서에 큰 훼손이 왔기 때문이다. 버나드는 인간 의지의 전적 회심이 의를 가져다주고 의는 영광을 넘치게 한다고 말한다. 의와 영광은 불가분의 관계라는 것이다. 회심으로 말미암아 전적으로 하나님

---

[543] *On Grace and Free Choice*, 6.19.

을 향하게 된 의지는 인간의 모든 영역에 하나님의 의를 드러나게 하며, 그것은 곧 하나님의 영광을 드러나게 하는 것이라는 해석이 가능한 것이다.544)

의지를 통하여 하나님의 뜻에 하나가 되어가는 영혼은 변화를 통하여 하나님의 질서를 찾아간다. 인간은 여러 가지 종류의 감정을 가지고 있다. 이 감정들은 죄와 타락의 영향으로 말미암아 상호간의 적절한 역할과 긴밀한 긍정적 관계를 위한 질서가 무너졌다. 감각들은 종합하여 인격을 형성하고 덕을 세운다. 그러나 인간은 감정들의 질서가 무너졌기 때문에 인격이 망가지고 덕을 세우는 일에 실패한다. 여러 종류의 감정들이 질서를 찾아 나아가는 것은 인간이 덕을 세우는 데에 결정적인 역할을 한다. 이것은 그리스도인의 삶 전체에 영향을 미치는 것으로 회심의 삶이 질서의 삶으로 나타나야만 하는 필연성을 명확히 인식하는 것이다. 질서가 잘 잡혀 있는 감정들에 의하여 아름답게 정돈된 삶이 나타나는 모범이 있다. 예수 그리스도의 삶이다. 그리스도를 닮아간다는 것은 바로 이러한 질서의 삶을 살아가는 것이라고 볼 수 있겠다. 인간은 회심을 통하여 감정들이 질서 있게 정리되고 그 질서에 의하여 삶이 정리되는 삶을 살아야 한다. 그렇다면 회심한 인간에게 감정의 질서를 세우는 것이 우선적인 과제라 하겠다.

질서 개념은 영혼이 하나님에게로 변화하여 다가가는 버나드 가르침의 모든 부분에 관련이 된다. 특히 감정(affections)의 질서가 덕을 세우는 방법과 밀접한 관계를 맺고 있다. 여러 감정들이 순위에 따라 질서가 잘 잡혀져 있을 때에 삶 가운데 덕이 제대로 열매를 맺는다는 것이다. 그리스도인의 삶 전체가 회심을 통하여 삶의 질서를 세워 나가자면 감정의 질서에 따른 덕의 열매들이 맺어져야 한다. 이와 같은 질서가 가장 잘 세워져 있는 삶의 모범이 그리스도에게 있다. 그를 닮아가는 것은 그의 질서 있는 삶의 모습을 따라가는 것이라는 해석이 나온

---

544) *Ibid*

다.

　『다양한 주제들에 대한 설교(On Diverse Sermons)』의 '감정의 올바른 질서'라는 제목을 가진 50번째 설교에서 버나드는 바르게 질서 잡힌 사람의 정의를 내리고 있다. "만일 우리가 사랑받아야 할 것을 사랑한다면, 만일 우리가 더 사랑받아야 할 것을 더 사랑한다면, 그리고 우리가 사랑받지 말아야 할 것을 사랑하지 않는다면, 사랑은 깨끗해질 것이다. 다른 모든 감정들도 마찬가지다. 그것들은 이렇게 질서가 세워져야 한다. 처음에는 두려움, 다음에는 기쁨, 그 이후에는 슬픔, 그리고 사랑이 완성된 것이다."545) 즉 사랑하는 것에도 질서가 있다는 것이다. 사랑받아야 할 것, 더 사랑받아야 할 것, 사랑받아서는 안 될 것 등이다. 이런 것들이 하나님이 세워놓으신 질서에 따라 적절한 분량으로 사랑해야 한다는 것이다. 사랑의 감정을 대표적인 것으로 말하고 있는 버나드는 이것은 사랑뿐만이 아니고 모든 감정들에게도 다 적용된다고 말한다. 물론 버나드에게 사랑이 가장 중요한 것이다. 버나드는 사랑을 가지고 하나님과 인간의 관계를 설명하고 있기 때문이다.546)

　앞에서 본 버나드의 네 단계 사랑은 자기를 위하여 자기만을 사랑하는, 질서가 무너져 있는 사랑이 처음에는 자신을 위하여 하나님을 사랑하는 사랑으로 변하고, 그다음에는 하나님을 위하여 하나님을 사랑하는 사랑으로 변하며 마지막에는 자신은 없어지고 하나님만을 사랑하는 완전한 질서가 잡혀있는 사랑을 향하여 나아가는 과정을 그린 것이다. 이것은 질서가 무너져 타락하고 불결한 사랑이 어떻게 개혁되고, 순결해지며, 타락한 후에 질서가 잡히는가를 다루는 것이다.

　사랑에 질서 개념은 매우 중요하다고 버나드는 생각한다. 우리의 사랑은 순결한 사랑이 되어야 한다. 그리고 사랑을 순결한 사랑이 되게

---

545) *On Diverse Sermons*, 50.2.
546) 사랑의 질서에 관한 두 가지 중요한 저서가 이 내용을 보충한다. 첫째는 『하나님을 사랑하는 것에 대하여(*On Loving God*)』이고, 두 번째는 『아가서 설교(*Sermons on the Song of Songs*)』 49, 50번이다.

하기 위해서는 질서가 있어야 한다. 이웃을 순수하게 사랑하기 위해서는 그를 하나님 안에서 사랑해야 한다. 즉 하나님을 사랑하기 전의 이웃 사랑은 그 순결성이 없는 사랑이며 하나님을 먼저 사랑해야 이웃 사랑이 그 진정한 사랑의 의미를 가질 수 있다. 나아가서 모든 피조물이 하나님으로부터 나왔고 하나님에게 그 존재를 의존하기 때문에 우선 하나님을 알아야 그 피조물을 알 수 있고, 하나님을 사랑해야 하나님께서 만드신 그 피조물을 제대로 사랑할 수 있다. 자신도 하나님을 사랑할 때에 진정한 선을 행할 수 있으며, 하나님 밖에서는 아무런 선을 행할 수 없다는 것을 안다고 버나드는 말한다.547)

버나드는 또한 이웃을 사랑하는 데에도 질서가 있다고 말한다. 하나님을 사랑해야 하는 것 다음에, 이웃을 사랑하되 우리 몸과 같이 사랑하라는 계명이다. 이것은 이웃 사랑이 자신에 대한 사랑을 포기한다는 의미가 아니라는 것이고, 이웃을 자신보다 더 사랑하는 것도 적절한 질서가 아니라는 것이다.548)

사랑의 감정과는 다른 두려움이나 이기심 같은 감정들은 어떠한가? 두려움과 이기심 같은 감정들은 그 위치가 점점 낮아져서 사라져야 하며 그것들이 사랑의 법으로 변형되어야 한다고 버나드는 말한다. 두려움과 이기심에 사랑이 와서 헌신을 불러일으키고 질서를 세우면, 선이 이루어지고 덕스러운 삶이 나타난다는 것이다. 악한 것들을 거부하게 되면, 좋은 것과 더 좋은 것을 분별할 줄 알게 되어 좋은 것보다 더 좋은 것에 그만큼 더 많은 관심을 갖게 된다. 사랑이 인간의 죄로 말미암은 이기심에 작용하여 제대로 질서를 세운 것이다.

하나님의 은혜에 이러한 질서가 잘 세워지면 육신은 영혼을 위하여 사랑받고 영혼은 하나님을 위하여 사랑받고 하나님은 오직 하나님 자신만을 위하여 사랑받는 질서정연한 모습이 이루어지는 것이라고 버나

---

547) *On Loving God*, 8.25.
548) *On Diverse Sermons*, 18.4.

드는 말한다.549) 성 티어리의 윌리엄에게 쓴 편지에서 버나드는 '사랑의 가치가 있는 것만을 알고 사랑하며, 사랑의 가치가 있는 분량만큼만 사랑하고, 사랑의 가치가 있기 때문에 사랑하는, 그러한 질서 있는 사랑'에 대하여 언급한다.550)

중세 시대는 이원론이 큰 힘을 발휘하던 시대이다. 더욱이 고대로부터 전해온 전통적 신비주의는 이원론 사상에 뿌리를 내리고 있거나 최소한 상당히 밀접한 관계를 맺고 있다. 버나드의 질서 개념은 이원론적 사상이 아니다. 그가 말하는 질서 있는 사랑이란 이원론적인 사랑을 의미하지 않는다. 버나드에게 질서 있는 사랑은 하나님과 피조물 사이에 선택해야만 하는 것을 의미하지 않고, 육신과 물질적 세상을 거부하지도 않는다. 오히려 그는 우리의 모든 감정과 욕망을 적절한 관계에 배치할 필요가 있다는 것을 의미한다. 12세기 당시 헬라철학의 영향이 이미 존재하는 상황에서 물질과 육신에 대하여 부정적인 입장을 취하고 있는 이원론적 사상에 동조하지 않는 인상을 풍기는 이런 내용은 시대를 뛰어넘는 발상이라고 하겠다. 사랑의 질서 개념을 가지고 창조주와 피조물, 영의 세계와 물질의 세계를 하나로 통합하에 정리하려는 이상을 가지고 노력하는 버나드의 모습을 보면 그 가치를 인정하지 않을 수 없다.

버나드는 질서를 위하여 '신중(discretion)'이라는 도구를 매우 중요하게 여긴다. 사랑은 신중이라는 중요한 방법을 통하여 감정들을 통제하고 정리한다는 것이다. 인간의 한 감정이 다른 감정을 소홀히 하거나 무시할 때 이것이 필요하다. 버나드는 사랑의 질서를 위한 기본원칙을 말한다. "지식이 없는 열심은 참을 수 없다. 그러므로 맹렬한 투쟁이 있는 곳에 신중(discretion)이 가장 필요하다. 이것이 사랑의 질서다."551)

---

549) *On Loving God*, 14.38.
550) Bernard of Clairvaux, *The Letters of St. Bernard of Clairvaux*, translated by Bruno Scott James (London: Bums Oates, 1953), Epistles 87.3.

지식을 포섭하고 변형시킨 사랑의 내용 중 가장 중요한 면은 우리 삶 가운데 모든 사랑의 질서를 어떻게 세울 것인가 하는 것이다. 버나드는 여기서 신중의 중요성을 다시 한 번 지적한다. "신중은 덕이 아니고 덕들의 조정자이고 안내자이며 감정들의 운영자이며 올바른 삶의 교훈자이다. 신중을 없애면 덕이 악덕이 되고 자연적 감정이 자연을 혼란시키며 파괴하는 힘이 된다."552) 나아가서 신중이 없으면 그리스도의 몸인 교회에도 어떤 조화가 있을 수 없다고 버나드는 말한다. "한 사랑이 이 모든 것들(교회 직분들)을 하나로 묶고 그것들을 그리스도의 몸과 연합으로 조화시키는 것은 필수적이다. 만일 사람이 질서가 잡혀 있지 않다면 이것은 완전히 불가능할 것이다."553) 신중이 사랑을 통제하여 질서를 갖추게 하는 것이다. 그리고 버나드는 실천적 적용을 위한 교훈까지도 준다. 그것은 수도원장으로서 자신의 임무에 관련된 것뿐만이 아니라 다른 사람들의 성취, 덕 그리고 임무들에 대하여 시기하지 않도록 하기 위한 조언자로서 교훈을 주는 것이다.554)

어떻게 이러한 사랑의 질서를 인간의 심령 깊이 가질 수 있는가? 신중은 어떻게 얻을 수 있는 것인가? 여기에 버나드 신비주의의 핵심이 드러난다. 수도원 영성을 보급하고 있는 버나드의 훈련 내용이 드러나는 것이다. 버나드는 명상가의 명상을 통하여 이것이 가능함을 말한다. 진정으로 질서 잡힌 사랑은 짧막한 순간들의 하나님과 하나 된 영의 도취된 체험으로부터 흘러나오는 열매라는 것이다.555) 이것은 명상(관상)을 통하여 하나님을 체험할 때, 우리의 심령이 뜨거워지고 거룩한 명상이 인간의 여러 가지 감정과 요소에 영향을 준다. 이 체험은 인간의 지·정·의에 총체적인 영향을 주며 사랑과 거룩한 욕망으로 가득 차고 다양한 감정들은 이것에 입각하여 질서가 잡히고 제자리를 찾게

---

551) *On the Song of Songs*, 49.5.
552) *Ibid*.
553) *Ibid*.
554) *Ibid*., 49.6-8.
555) *Ibid*., 49.4.

된다. 이와 같은 체험이 없이는 사랑이 질서가 잡히지 않는다고 버나드는 강조한다. 질서가 잡히지 않은 사랑은 열정만 남아서 다른 질서를 파괴하는 것이다.

2) 명상(관상)과 행동

거룩한 명상(관상)이 적절한 행동으로 이어지자면 명상에서 우러나오는 사랑의 감정과 행동은 구체적으로 어떠한 관계가 형성되어야 하는가? 버나드는 여기서 사랑이 행동으로 어떻게 나타나며 감정이 삶 가운데 어떤 역할을 하는지를 다룬다.[556] 버나드는 여기서 명상적이면서도 동시에 능동적인 삶에 대한 토론을 전개하고 있다. 명상과 행동의 적절한 관계는 질서 있는 사랑의 가장 중요한 열매라고 그는 말한다. 그리고 이것은 우리 삶 가운데서 하나님 형상의 회복과 그리스도 몸의 조화로운 기능을 가능케 하는 원칙이다. 구체적으로 살펴보자.

버나드는, 사랑은 행동(action)과 감정(feeling)으로 존재한다고 말한다. 행동으로 나타나는 사랑에 관하여는 율법, 또는 명시된 계명이 주어졌다. 그러나 사랑의 계명을 지키는 것에는 감정 부분이 더 어려움을 가지고 있음을 버나드는 시사한다. 버나드는 감정으로 나타나는 사랑이 이 세상에서 시작되고 발전할 수 있으나 그것의 완성은 저 세상에서 이루어지는 것으로 본다. 어느 누구도 이 세상에서 이웃을 내 몸과 같이 사랑하고 원수까지 사랑하라는 계명을 외적 행동뿐만이 아니고 내면적 감정(affection)까지도 온전히 지킬 수 없다고 보는 것이다. 하나님은 불가능한 것을 지키라고 명령하셨다. 그 이유는 무엇인가? 인간을 겸손하게 만들고 모든 입을 닫으며 온 세상이 하나님 앞에 무릎을 꿇도록 하기 위함이다. 누구도 율법을 지킴으로 의로워지는 것이 아니라는 것을 가르치시기 위함이다. 계명을 받으며 우리의 부족함을 알고

---

556) 버나드는 그의 아가서 설교 50번에서 이 내용을 다룬다. *Ibid*., 50.

하나님을 향해 자비를 베풀기를 부르짖는 것이다. 그때에 우리가 행한 선행을 통하여 구원받는 것이 아니고 하나님께서 우리를 구원하는 것을 알 것이라고 말한다. 물론 사랑에는 계명이 요구하는 행동이 있어야 함을 말한다. 그러나 버나드는 그 행동을 유발시키는 내면적 감정의 상태에 더 많은 관심을 가지고 있다.[557]

하나님의 계명을 내면적 감정 없이 지키는 것이 큰 죄악이라고 버나드는 강조한다. 그러면서 인간의 내면 감정을 깊이 있게 분석한다. 버나드는 행동적이고 명상적인 사람의 상호작용의 이론적 기초를 세 종류의 감정에 두고 있다. 그것은 '육신이 낳은 감정, 이성이 지배하는 감정, 그리고 지혜로 길들여진 감정'이다. 육신의 감정은 죄의 산물이고, 이성이 지배하는 감정은 행동적 사랑의 영역을 창조한다. 비록 그것이 '사랑 그 자체와 강렬한 사랑에 빠졌지만', 그것은 아직 주님의 달콤한 사랑을 경험하지 못한 사랑으로 하나님 명령의 어려운 임무를 이행하는 것에 대한 집착으로 사는 것이다.

그러나 지혜로 길들여진 감정은 위의 두 가지 감정과 다르다. 그것은 "주님이 달콤하시다는 것을 맛보고 경험한다. 이것은 첫 번째 감정을 추방하고 두 번째 감정을 격려한다. 첫 번째는 호감이 갈지 모르나 수치스럽고 두 번째는 감정이 없으나 강하다. 그러나 마지막은 풍성하고 즐겁다."[558] '지혜로 길들여진 감정'이 바로 신비적 명상을 체험한 자가 갖출 수 있는 감정이라는 것이다.

버나드는 이성적 감정이 현실적으로 우리에게 많이 나타남을 지적한다. 이성적 감정은 달콤한 사랑의 감정보다는 진리의 강력한 추구에 의한 선을 행한다. 버나드는 이 둘을 대조하여 이성적 감정의 소유자가 두 가지의 내용을 놓고 교묘하게 중간의 길을 가고 있다고 말한다. 마음에는 분명히 하나님을 사랑하는 사랑이 인간을 사랑하는 사랑보다

---

557) *Ibid.*, 50.2-4.
558) *Ibid.*, 50.4

더 가치 있다는 것을 잘 안다. 인간 사이에도 더 완전한 것이 약한 것보다 더 귀하게 여겨진다는 것을 안다. 그리고 하늘이 땅보다, 영혼이 육신보다 더 소중하다는 것을 잘 안다. 그러나 이성적 감정에 의하여 통제된 행동은 사실상 그 반대의 순서가 지배한다는 것이다. 하늘의 영광보다는 땅의 평화에 더 집중한다. 현세적인 것들에 대한 걱정 때문에 영원한 것을 생각하지 못한다. 육신의 형편을 돌보느라고 영혼을 돌보는 일을 소홀히 한다. 도움이 필요한 사람을 돌보고 사무적인 일처리를 위하여 기도의 시간이 부족하다. 세상일을 처리하기 위하여 예배드리는 시간도 적어진다. 결국 이성적 감정에서 나오는 행동적 사랑(love in action)은 인간의 필요에 의하여 자체적인 질서를 세워버리는 문제가 있다고 버나드는 말한다.559)

반면에 지혜로 길들여진 감정에서 나오는 사랑은 모든 것을 하나님과의 관계 가운데 순서적으로 정리한다.560) 이 방식의 사랑에서 우리는 하나님을 체험하거나 또는 맛을 보기 시작한다. 물론 하나님 그대로가 아니고 우리가 이 경험을 할 수 있는 범위 내에서이다.561) 이 '하나님을 맛보는 것'에서 우리가 진정으로 누구인지 알게 된다. 곧 하나님을 떠나서는 아무것도 없고 아무것도 아닌 존재임을 깨닫는 것이다. 또한 이웃을 내 자신으로 알게 된다. 즉 하나님과의 관계 가운데서만 사랑의 가치가 있는 존재로서 이웃을 알게 된다.

이런 하나님의 관점에서 우리는 다른 사람들을 두 가지 방법으로 알고 사랑할 수 있다. 첫째는 우리가 하나님을 사랑하는 것처럼 하나님을 사랑하는 모든 자들을 우리 자신처럼 사랑하는 것이다. 우리의 형제를 사랑하는 것은 결국 하나님을 사랑하기 때문에 가능하고 우리 모두가 같은 하나님을 같은 내용으로 사랑하기 때문에 우리 형제를 우리

---

559) *Ibid.*, 50.5.
560) *Ibid.*, 50.6.
561) *Ibid.*

자신처럼 사랑할 수 있다는 것이다. 둘째는 하나님을 사랑하지 않는 자들, 곧 우리의 원수들을 사랑하는 것이다. 이것은 그 종류가 다르다. 그들은 하나님을 사랑하지 않기 때문에 우리 자신을 사랑하는 것처럼 사랑할 수는 없다. 그러나 우리가 그들을 사랑하는 것은 그들이 하나님을 사랑하도록 하기 위해서이다. 그들이 하나님을 사랑하기 때문에 그들을 사랑하는 것과 그들이 하나님을 사랑하도록 하기 위하여 그들을 사랑하는 것과는 근본적으로 다르다. 하나님을 사랑하지 않는 자들을 진정으로 사랑할 수는 없다. 그러나 하나님을 사랑하지 않는 자들을 사랑하는 것을 버나드는 미래지향적으로 생각한다. 현재의 모습으로는 불가능하지만 앞으로 그들이 하나님을 사랑할 것을 기대하며 그들을 사랑한다는 것이다.562)

버나드는 감정적 사랑과 행동적 사랑의 관계에서 이루어져야 하는 질서를 세우기 위하여 노력한다. 감정과 행동 사이의 조화를 추구하며 현세와 영원 사이의 균형을 찾으려고 애쓰는 것이다. 이론적이거나 학문적인 관점에서가 아니고 현실적인 삶 가운데서 명상가의 모습이 그리스도의 모습을 닮아가기 원하는 것이다. 버나드는 감정적 사랑과 행동적 사랑의 모범이 되시는 그리스도에게 다음과 같이 기도한다. "현세적 필요가 요구하는 대로 우리의 행동을 이끌어 주시고, 당신의 영원한 진리가 요구하는 대로 우리의 감정을 배치시켜 주시옵소서. 그리하여 우리 각자가 당신 안에서 안전하게 자랑하며 '그가 내 안에 사랑의 질서를 잡았다.'라고 말하게 하여 주시옵소서."563)

버나드는 사랑의 이 두 질서가 이 세상에서 공존해야 한다고 가르친다. 이 가르침은 명상가가 행동적으로 사랑하는 사람이 되는 근거를 제공하고 있다. 버나드에 의하면 명상은 감정뿐만이 아니고 지성과 의지에 다 영향을 미친다. 명상을 통한 하나님의 신비적 체험은 하나님

---

562) *Ibid.*, 50.7.
563) *On the Song of Songs*, 50.8

을 진리로 이해하며 그것은 또한 사랑이신 그분을 사랑하는 것이다. 명상은 총체적 인격에 영향을 미친다. 버나드는 아가서 설교를 통하여 이것을 신랑이 신부의 두 입술인 이해와 의지에 입 맞추는 것으로 표현한다.564) 명상과 행동이 공존한다는 것을 이론적으로 설명하기는 쉬워도 실천에 옮기는 것은 그리 쉽지 않다. 이런 설명을 하고 있는 버나드 자신도 한편으로는 수도원의 폐쇄된 삶과 다른 한편으로는 교회의 덕을 위하여 사랑 안에서 행해야 하는 것들 때문에 생기는 긴장으로 말미암은 어려움을 표명한다. 다른 사람들처럼 버나드도 그의 이론을 삶의 혼란 속에 적용하는 것이 쉽지 않았다. 그러나 그가 명상과 행동 사이의 관계를 이해하기 위하여 펼친 이론적 근거는 놀라움을 금할 수 없다.565)

3) 행동의 중요성

사랑의 계명을 이해하는 데 버나드는 또 다른 질서의 원칙을 말한다. 그것은 주입과 방출의 원칙이다. 주입은 하나님의 활동을 말하고 방출은 인간의 활동을 말한다. 즉 주입은 하나님께서 성령님을 통하여 우리 안에 역사하시는 것이고, 방출은 인간이 행동하는 것을 말한다. 『아가서 설교』 18번에서 버나드는 성령님의 일곱 가지 사역을 언급한 후에 결론을 내린다. '하나의 동일한 성령께서 주입이라고 일컫는 작업에 의하여 이 모든 것들을 이루신다. 그러므로 방출이라고 일컫는 작업이 순결하고 이러한 이유로 안전하게 우리 주 예수 그리스도의 영광을 위하여 완성되도록 하기 위함이다.'566) 사랑의 계명이 제대로 이루

---

564) *Ibid.*, 8.6. 참고로 다음을 보시오. John R. Sommerfeldt, "Bernard of Clairvaux: The Mystic and Society," in t*he Spirituality of Western Christendom*, ed. E. Rozanne Elder (Kalamazoo : Cistercian Publications, 1976) 72-84.
565) *Epistles*, 250.4.
566) *On the Song of Songs*, 18.3.

어지기 위해서는 주입과 방출의 질서가 세워져야 한다. 즉 방출이 유익하자면 주입이 먼저 있어야만 한다. 받지 않은 것을 주려고 하는 모든 시도들이 그런 것처럼 주입을 무시하는 경솔한 행동은 가치가 없다는 것이다.567)

반면에 다른 사람이 필요할 때 하나님의 은혜로 얻은 것을 주지 않는 것도 사랑의 명령에 대항하는 죄가 된다. 버나드는 이것에 상당한 강조를 두고 있다. 즉 우리는 사랑의 행동으로 사역의 부름을 받을 때 아무리 달콤하더라도 사랑의 연합의 즐거움을 포기해야 된다는 것이다. 『아가서 설교』 8장 8-9절은 설교로 흘러넘치는 신부의 젖가슴(유방)이 명상적 사랑의 키스보다 낫다고 말한다. 개인의 심령을 즐겁게 해 주는 것보다 많은 사람에게 유익을 주는 것이 더 중요하다.568) 신부는 항상 명상의 침대 방을 즐거워할 것이다. 그러나 엄마로서의 직분을 가지고 있는 자의 임무를 거절할 수는 없다. 이 역할을 수행하는 선행들은 명상에서 더 큰 유익을 얻는다. 안정감과 만족을 체험한다. 자신이 선행에 게으르지 않았다는 자각은 더 안정된 마음으로 명상을 즐기며 만족을 체험한다.569) 그러기에 그리스도 자신은 신부를 명상의 잠에서 깨워 더 유익한 것으로 불러내기를 주저하지 않는다. 그가 그녀 안에 '선행을 위한 욕망, 신랑을 위하여 열매를 맺기 원하는 욕망'을 심어 넣었던 것이라고 버나드는 말한다.570)

서로가 다른 성격과 기질을 가지고 있는 명상과 행동이 조화를 이루며 지속되기 위하여 이 둘 사이에 특별한 관계가 유지되어야 한다. 명상과 행동에는 어떤 관계가 지속되어야 하는가? 명상과 행동의 관계를 중시하는 버나드는 명상과 행동의 조이고 푸는 심장박동과 같은 상호적 유기성을 강조한다. 어떤 영혼도 이 세상에서 명상을 오랜 기간 즐

---

567) *Ibid.*
568) *Ibid.*, 9.8-9.
569) *Ibid.*, 47.4.
570) *Ibid.*, 58.1.

길 수 없다는 것은 버나드 가르침의 골자 중의 하나이다. 그러므로 필요에 따라서 명상적 사랑이 행동적 사랑에게 필연적으로 양보해야 한다는 것이다. 버나드는 다음과 같이 말한다. "명상의 삶에서 벗어나는 만큼 그녀는 행동의 삶으로 들어간다. 그리고 더 친밀하게 그녀의 이전 상태로 돌아갈 것이다. 이 두 가지 방법의 삶은 긴밀하게 관련이 되어 있고 함께 살기 때문이다. 마르다는 마리아의 자매이다. 비록 그녀가 명상의 빛을 잃었다 하더라도 죄나 게으름의 암흑으로 떨어지지 않고 선행의 빛으로 자신을 지키게 되는 것이다."571)

버나드는 이 상호유연성의 관계가 상호입증의 성격을 포함하고 있음을 암시한다. 어머니가 사랑의 임무를 이행하기 위하여 신랑의 방문을 즐기는 체험을 포기할 때가 있다. 문제는 시점이다. 언제 포기할 것인가를 결정하는 것은 매우 중요한 것이고, 그것은 명상을 하는 영혼에 달려 있는 것이다. 진정한 명상과 사랑의 임무 이행은 상충되는 것이 아니고 상호보충적 성격을 가지고 있다.

버나드는 이것을 매우 중요하게 여기며 강조한다.572) 모든 참된 명상가들이 사랑의 임무를 위한 부름에 민첩하게 순종함으로 하나님과의 체험의 진실성을 증거할 수 있다는 것이 버나드의 신념이다. 공동체에 의하여 그에게 부과되는 요구에 의하여 버나드는 개인적으로 이렇게 말한다. "나는 내가 할 수 있는 만큼 그들을 돌볼 것이며, 내가 사는 동안 그들 안에서 위장되지 않은 사랑으로 나의 하나님을 섬길 것이다. 나는 내 것을 찾지 않을 것이며, 나에게 유용하다고 판단되는 것은 나에게 유익한 것이 아니고 많은 사람들에게 유익한 것이다."573)

버나드의 신비주의는 은둔과 명상에만 사로잡혀 있는 신비주의가 아

---

571) *Ibid.*, 51.2.
572) *Ibid.*, 52.6.
573) *Ibid.*, 52.7.

니다. 수도원의 폐쇄성과 극심한 수동성을 잘 알고 있는 버나드는 명상과 행동에 균형적 양면성을 호소하고 있다. 명상은 행동으로 이어져야 하고, 행동으로 잘 이어지기 위해서는 질서가 있어야 한다는 것이다. 그런데 그 행동의 질서가 바로 서기 위해서는 행동을 유발하는 사랑의 질서가 먼저 잡혀야 하는 것이다. 즉 버나드는 적절한 행동을 위한 내면적 원칙을 질서의 개념으로 잘 정리했다. 행동이 사랑에서 우러나온다면 명상을 통하여 진정한 사랑이 우러나오도록 해야 할 것이고 사랑도 질서 있는 사랑을 해야 한다는 것이다. 즉 사랑의 가치가 있는 분량만큼만 사랑하고, 사랑의 가치가 있기 때문에 사랑하는, 그러한 질서 있는 사랑을 말한다. 잘 정리되고 표현된 개념이다.

더욱이 버나드에게 질서 있는 사랑은 양자택일을 해야 하는 편협적인 사랑이 아니다. 이 사랑은 하나님과 피조물 사이에 선택해야만 하는 것을 의미하지 않고, 육신과 물질적 세상을 거부하지도 않는다. 버나드는 우리의 모든 감정과 욕망을 적절한 관계에 배치할 필요가 있다는 것을 의미한다. 우리의 행동은 이러한 질서 있는 사랑의 원칙에 의하여 또한 질서 있게 나타나야 함을 말하는 것이다.

5. 결론[574]

클레르보의 성 버나드(St. Bernard of Clairvaux)는 교회사적으로 매우 중요한 위치에 있다. 인간론과 구원론에서 성경적 복음 진리를 떠나 있던 중세 시대에 고대로부터 종교개혁 사이에 진리의 맥을 연결시켜 주는 역할을 했기 때문이다. 13세기 중세 스콜라주의가 판을 치며 중세 교리를 장악하기 전인 12세기에 버나드는 9-11세기 중세 암흑시기에 놓였던 어거스틴적 유형의 성경적 진리를 부활시키고, 당시 아벨라드(Abelard)로 대표되는 이성주의와 투쟁하며 진리를 수호한 인물이다.

---

*574) 원종천 『성 버나드』 (대한기독교서회, 5쇄, 2019) pp.236-247.

마르틴 루터나 요한 칼빈과 같은 개신교 종교개혁의 핵심 지도자들이 버나드를 흠모한 것은 교회사적 흐름으로 보았을 때에 충분히 이해가 된다.

버나드는 종교개혁 때처럼 그의 가르침에서 칭의와 성화를 명확하게 구별하고 있지 않다. 당시 그것이 신학적 관건이 아니었기 때문이다. 그럼에도 그에게 이신칭의 개념은 분명히 있다. 그리고 그의 신비주의는 우리가 말하는 성화 영역에 속하는 활동이라 하겠다. 성경에 충실하게 근거하고 있고 어거스틴의 전통을 따르고 있는 인간의 전적 타락, 하나님의 은혜와 그리스도의 십자가 공로로 인한 믿음을 통한 구원, 구원을 위한 인간 공로의 배제, 명상(관상)을 통하여 이루어지는 신랑되시는 그리스도와의 신비스러운 영적 교제, 명상과 아울러 적절한 행동화와 실천화 중요성의 강조 등과 같은 버나드의 가르침은 암흑기를 지나고 있는 12세기 중세시대에 진리의 등불을 밝혀 주는 귀중한 역할을 하고 있었던 것이다.

버나드의 인간론, 기독론, 그리고 구원론 등의 중심신학은 성경을 바탕으로 어거스틴적 전통과 유형을 따르고 있으며 루터와 칼빈이 찬동하며 많은 부분을 인용했다. 그러나 버나드의 신학은 전체적으로 신비주의와 깊은 연관을 맺고 있다. 버나드의 인간론은 신비주의 명상 체험의 신학적 발판을 마련했다. 타락은 인간에게 회복을 추구하게 했으며, 완전 회복은 하늘나라에서만 가능하다는 개념은 이 세상에서 잠시만이라도 그 완전 회복의 즐거움을 누리기 원하는 염원을 유발했다고 버나드는 말한다. 바울의 삼층천 체험, 이사야의 하나님 환상 체험, 요한의 하늘나라 환상 체험 등의 신비적 현상들이 이 세상에서도 이런 신비주의 명상의 체험이 가능하다는 근거를 제공한 것으로 버나드는 보았다.

기독론도 그의 신비주의를 위한 근거를 제공했다. 버나드는 인간이 그리스도의 형상을 닮기 원한다고 전제한다. 그리스도가 하나님의 형상이요, 인간은 하나님의 형상으로 만들어졌기 때문이다. 그리스도와 인간 사이의 차이점에도 불구하고 공통점은 인간으로 하여금 그리스도처럼 될 수 있다는 가능성을 비치며, 그렇게 되기 원하는 마음을 일으킨다. 아울러 차이점은 인간으로 하여금 그 차이를 줄이기 위한 강렬한 열망을 불러일으킨다. 더욱이 믿는 자들은 그리스도를 그리는 마음이 더욱 강렬할 수밖에 없다. 그리스도와 성도 간에 영적 결혼 관계를 맺고 있는 사이이기 때문이다. 이것 역시 신비주의 명상가들로 하여금 명상(관상) 체험을 통하여 그리스도의 형상을 온전히 닮아가기 원하는 근거를 제공한다.

성육신으로 오신 예수 그리스도를 통한 하늘의 소망은 그의 인간론 배경과 아울러 버나드에게 또 하나의 신비적 명상의 근거를 안겨준다. 하나님께서 인간의 육신을 취하여 인간에게 다가오신 것은 이들을 하나님에게 이끌기 위한 것이기 때문이다. 그리스도께서 오셨기 때문에 잃어버린 하나님의 형상과 멀어진 하늘의 축복을 회복할 수 있다는 가능성은 인간에게 커다란 소망을 안겨 준 것이다. 우리에게 오신 예수 그리스도와 하나 되고 그분과의 교제를 통하여 점점 온전한 회복의 길을 가는 것이 당시 수도원 명상가들의 길을 인도한 버나드의 신비주의 특성이다. 그리스도의 인성을 중시하는 버나드의 기독론은 이러한 실천적인 배경하에서 발전되었다.

버나드는 그리스도의 아름다운 인성을 보여주면서 죄인 된 우리에게 가능성과 소망을 불러일으킨다. 예수 그리스도께서 인성을 취하시고 그의 삶을 통하여 보여주신 은혜와 자비는 우리 모든 죄인들의 소망이 되는 것이다. 죄인인 우리들에게 그리스도의 성육신과 그의 스스로 택하신 고난 때문에 단절된 하나님과의 관계가 회복될 수 있는 가능성이 열렸기 때문이다. 하나님의 사랑이 그리스도의 비하를 통하여 드러났기 때문이다. 이제 우리는 그리스도를 보내신 그런 하나님을 알게 되었다. 하나님의 사랑의 심정을 알게 된 것이다. 그리고 우리에게는 하나님께 다가갈 수 있는 길이 주어졌는데, 그 길은 예수 그리스도이신 것이다. 이제 우리의 길이 되신 예수 그리스도와 연합하고 그분과의 지속적인 교제를 통하여 하나님에게 더욱 가까이 나아가는 것이다. 버나드의 인간론이 그의 신학의 중심인 기독론과 자연스럽게 연결된 것이다.

버나드의 신비주의는 그리스도와의 연합을 중심으로 하고 있다. 하나님의 형상이신 그리스도의 완전하신 모습을 바라보며 그분과 하나되고 그분과 영적 교제를 나누는 것이다. 하나님께서 성육신하셔서 우리를 그분에게로 이끌기 위하여 우리에게 오셨기 때문에 그 가능성을 보고 우리는 그분의 모습으로 되기를 원하는 강렬한 열망을 가지고 있다. 아가서에 나타난 신랑 신부의 입맞춤과 결합이 이것을 말하는 것으로 그리스도와 성도가 결혼관계에 들어가는 것은, 곧 그리스도와의 합일의 경지로 들어가는 것이다.

하나님을 사랑하는 내용의 시각으로 본 버나드의 구원론은 결국 수도사로서의 훈련과 관상을 통하여 얻어지는 신비체험을 목표로 하고 있다. 자연인으로부터 은혜를 체험하여 하나님을 알게 되면, 하나님을 사랑하게 되며, 하나님과 온전히 하나 되는 최종의 과정을 본 것이다. 버나드의 구원론은 육신적 사랑에서 영적 사랑으로 가는 과정으로 묘사되었다. 이것은 특히 네 단계의 사랑으로 표현되었다. 그리스도를 전혀 알지 못하는 회심 전의 상태에서, 성령의 감동으로 그리스도를 향한 육신적 사랑으로부터 시작하여, 그리스도의 구속을 깨닫는 진정한 믿음의 길로 들어서며, 영적 사랑의 완성에 도달하는 것이다. 버나드는 구원을 사랑이라는 단어로 묘사했다. 사랑의 성격과 대상, 그리고 사랑의 강도를 가지고 했다. 자기 자신을 사랑하는지, 하나님을 사랑하는지, 하나님을 사랑하되 무슨 목적으로 사랑하는지, 또는 하나님을 어느 정도 사랑하는지 등의 방법으로 하나님과 나와의 관계를 묘사했다. 버나드의 구원론은 그리스도가 전체적으로 연관되어 있다. 물론 하나님을 사랑하고, 하나님과의 관계로 구원론이 묘사되었지만, 동시에 구원의 과정에 있어서 그리스도가 중심 역할을 하고 있다.

버나드 신비주의는 은둔과 명상에만 사로잡혀 있는 신비주의가 아니다. 수도원의 폐쇄성과 극심한 수동성을 잘 알고 있는 버나드는 명상과 행동에 균형적 양면성을 호소하고 있다. 명상은 행동으로 이어져야 하고, 행동으로 잘 이어지기 위하여 질서가 있어야 한다는 것이다. 그런데 그 행동의 질서는 행동을 유발하는 사람이 먼저 질서가 잡혀야 하는 것이다. 즉 버나드는 적절한 행동을 위한 내면적 원칙을 질서 개념으로 정리했다. 행동이 사랑에서 우러나온다면 명상을 통하여 진정한 사랑이 우러나오도록 해야 할 것이고, 사랑도 질서 있는 사랑을 해야 한다는 것이다. 즉 사랑의 가치가 있는 것만을 알고 사랑하며, 사랑의 가치가 있는 분량만큼만 사랑하고 사랑의 가치가 있기 때문에 사랑하는, 그러한 질서 있는 사랑을 말한다. 더욱이 버나드에게 질서 있는 사랑은 양자택일을 해야 하는 편협적인 사랑이 아니다. 이 사랑은 하나님과 피조물 사이에 선택해야만 하는 것을 의미하지 않고, 육신과 물질의 세상을 거부하지도 않는다. 버나드는 우리의 모든 감정과 욕망을 적절한 관계에 배치할 필요가 있다는 것을 의미한다. 우리의 행동은 이러한 질서 있는 사랑의 원칙에 의하여 또한 질서 있게 나타나야 함을 말하는 것이다.

버나드의 신비주의는 그의 신학과 신앙의 한 부분이 아니다. 그의 신비주의는 그의 신학사상과 신앙의 내용 전체를 장악하고 있다. 인간의 전적 타락을 논하는 인간론, 그리스도의 성육신을 강조하는 기독론, 신비체험을 목표로 하는 구원론, 질서를 중시하는 행동화론 모두가 그의 신비주의와 긴밀한 연관을 맺고 있다.

종교개혁에 신학적 뿌리를 두고 있는 개신교 입장에서 볼 때에 버나드 신비주의의 논란의 대상은 명상의 궁극적 목표이다. 버나드의 가르침에 의하면 타락한 인간에게 신비적 명상을 통하여 궁극적으로 인간의 타락을 벗고 하늘나라를 체험하는 순간적 완전 회복의 체험이 가능하다는 것이다. 교리적 부분에서 버나드를 흠모했던 루터나 칼빈도 이 부분은 회피했고, 종교개혁 이후 개신교의 전통은 이런 내용을 보편적 신학의 범주에 포함시키지 않았다. 버나드는 이것을 평생에 몇 번 정도 그것도 잠시나마 누려 보는 체험이라고 했다. 물론 이것이 하나님을 있는 그대로 다 직면하는 순수한 완전의 상태는 아니다. 버나드는 이런 완전은 이 세상에 없다고 했다. 비록 잠시이고 불완전하기는 하지만, 신랑의 모습을 포함한 내면적 환상들은 천국을 미리 맛보는 것이라고 버나드는 가르쳤다. 명상(관상)에 잠겨서 병든 영혼은 하나님을 꿈꾸며, 얼굴과 얼굴을 대하는 것은 아니지만 거울과 신비를 통하여 주님을 바라본다는 것이다. 그러면 거의 닿지 않을 정도로 접촉이 이루어지면서 영혼이 빨려 들어가며 영혼 내에 지나가는 작은 불꽃이 튀면서 사랑으로 불타게 된다는 것이다.

하나님과 합일의 구체적 체험은 명상을 통한 신비체험으로 영이 하나님에게 부착하는 것으로, 인간이 잠시나마 죄와 타락으로 말미암은 육신을 벗고 완전한 하나님의 형상을 회복하여 하늘나라의 맛을 보는 상태라고 버나드는 말했다. 이것은 천국을 미리 맛보는 것이라고 할 수 있으며 인간이 이것을 이 세상에서 거의 경험하기 어려우나 극소수의 경우 평생에 몇 차례 정도 경험할 수 있는 정도이다. 수도사들은 수도원에서 이것을 경험하기 위하여 수도를 하는 것이다. 즉 이러한 신비체험은 그리스도인들에게 보편적인 것은 아니라는 말이다. 그리고 이 체험은 가능성으로 열려 있는 것이지 그리스도인으로서의 당위성을 말하는 것도 아니다.

그러나 가능성이 열려 있기에 버나드 신비주의는 이런 체험에 도달하기 위한 의미 있는 노력과 추구를 불러일으킨다. 이것을 체험하면 인간은 이 세상의 삶에서 큰 변화를 맛보게 된다고 버나드는 강조한다. 이것은 대단한 사건으로 인간에게 영적으로 큰 변화를 가져다주어 그의 삶의 모습과 구조가 변한다는 것이다.

버나드는 하나님과 합일의 체험은 사랑을 통하여 이루어짐을 강조했다. 사랑이 인간의 영을 하나님에게 부착할 수 있는 유일한 방법이라는 것이다. 하나님은 사랑이시고 하나님은 인간에게 사랑을 요구하시기 때문이다. 버나드는 사랑에 대하여 구체적인 정의를 내리지는 않으나 인간의 가장 강렬한 감정적 힘을 의미하며 그의 신비주의에서 가장 중요한 체험의 도구로 사용되었다.

하나님과 합일을 위한 사랑을 얻기 위해서는 수도원에서 수도를 하는 것과 같은 인간의 노력이 필요하다. 그러나 이것은 단순히 인간의 노력으로 되는 것이 아니고 하나님의 은혜로 이루어지는 것이라고 버나드는 잊지 않고 말한다. 이것은 하나님의 은혜 안에서 그 은혜로 말미암은 인간의 노력이라고 해야 할 것이다.

버나드 신비주의의 핵심은 하나님과의 합일이다. 그러나 이 합일은 하나님과 인간이 본질적으로 융합되어 인간의 정체성을 잃어버리는 그러한 불건전한 신비주의 내용은 아니다. 서론에서 말했듯이 이 합일의 성격이 융합이라기보다는 강렬한 교제라고 보는 것이 타당하다. 이것은 본질적 합일이 아니고 의지적 합일로서 하나님과 영적으로 하나 되어 자신의 의지가 하나님의 의지와 일치하는 순수한 상태로 들어가는 것을 말하기 때문이다. 의지적 합일이란 하나님과 인간 사이의 본질적 혼합을 배제하고 오직 의지의 합일을 말하는 것으로 신비주의의 문제점인 인간의 신격화를 허락하지 않는 것이다.

인간은 피조물의 입장을 전혀 떠나지 않고 창조주와의 구별과 분리를 온전히 지키며 고수하는 것이다. 이것은 교만을 배제하고 신비주의 체험을 거쳐도 항상 겸손을 귀중한 덕으로 유지하는 것이다. 그럼에도 불구하고 여전히 문제는 남는다. 루터와 칼빈 같은 종교개혁자들이나 그 이후 주류 개신교 전통은 이와 같은 하나님과의 의지적 합일을 감정적으로 받아들여 정리하지 않았다.

　종교개혁자 마르틴 루터와 요한 칼빈은 버나드의 인간론·기독론·구원론 등의 정통신학을 흠모하며 인용했으나, 인생에 몇 번 그것도 불완전한 상태 잠시나마 죄를 벗어버리고 완전한 인간의 모습으로 천국을 맛보는 그의 명상적 신비체험에는 침묵했다. 루터는 그의 과거 수도원 생활을 돌아보며 반펠라기우스적 요소를 가지고 있는 수도원 신비주의의 오류를 지적하며 비판했다. 그러나 성경적이고 어거스틴의 신학적 전통을 이어오는 버나드의 신비주의에 대하여는 동일한 비판을 하지 않았다. 비록 버나드의 신비체험에 대하여는 침묵했지만 말씀을 중시하고 그리스도를 명상의 대상으로 삼는 버나드의 신비주의의 일반적 성향은 루터의 호감을 샀다. 수도원 신비주의 배경과 체험이 없는 칼빈은 비록 당시 그릇된 수도원 제도와 그것을 뒷받침하고 있는 중세 수도원주의의 사상적 체계의 오류를 비판했고, 버나드의 신비체험뿐만이 아니라 그의 신비주의 전반에 대하여 언급을 회피했다.

　그러나 칼빈은 그의 신학에서 버나드가 중심 주제로 삼고 있는 그리스도와의 연합을 그의 구원론의 핵심 내용으로 삼았다. 물론 버나드의 수도원 영성을 추구하는 그리스도와의 합일 체험은 아니지만, 칼빈의 내용에도 그리스도와 연합하여 이루어지는 구원의 신비스러운 내용과 성만찬을 통하여 경험하는 그리스도와의 교제를 통한 신비체험은 버나드 신비주의의 신비성을 방불케 한다.

　개신교는 중세 신비주의에 별 관심을 두지 않았다. 그릇된 수도원주의를 비판했던 종교개혁자들의 영향이다. 그 결과 종교개혁자의 후예들은 루터나 칼빈과 같은 종교개혁 선조들의 내용 가운데 발견할 수 없는 내용에 대하여는 큰 관심을 두지 않았고 선조들의 부분적 비판은 전반적 비판으로 확대되었다. 그러나 종교개혁자들 자신은 우리보다 중세 신비주의를 잘 알고 있었다. 시기적으로 근접해 있었고 그들 연구의 대상이 아닐 수 없었다. 이들은 비록 중세 신비주의 오류를 비판했지만 사실상 스콜라주의와 투쟁하며 신비주의의 긍정적인 면에 영향을 많이 받았다. 신비주의가 스콜라주의의 부정적인 면에 대한 비판 세력이었기 때문이다. 현대 개신교는 영성을 찾으며 헤매는 경우가 많다. 루터나 칼빈과 같은 16세기 종교개혁자들은 그런 문제를 가지고 있지 않았던 것으로 보인다. 그들이 중세 신비주의의 오류를 비판했지만, 동시에 중세 전통에서 흘러나오는 건전한 신비주의를 가지고 있었다는 것이 하나의 이유가 될 수 있는 가능성은 매우 높다.

17세기 영국 청교도 영성의 대표주자 역할을 한 리처드 십스에게 나타난 버나드 유형의 개신교적 신비주의는 시사하는 바가 크다. 요한 칼빈의 침묵으로 말미암아 종교개혁을 지나 신학적으로 정리가 된 후 지나쳐 버리고 묻혀 버릴 수 있는 버나드 신비주의가 당시 영국의 시대 상황으로 인한 청교도에 대한 17세기 극심한 탄압으로 말미암아 다시 나타난 것이다. 영국 국교회와 정부의 박해로 말미암아 하늘의 위로가 필요한 영국 청교도들은 그 위로를 신랑 되시는 예수 그리스도로부터 찾은 것이다. 물론 칭의와 성화가 분병히 구별되고, 극소수의 경우에 인생에서 몇 번 그것도 잠시나마 불완전하게 완전에 도달해 보는 버나드의 명상적 신비체험은 사라졌다.

그러나 그리스도와의 교제에서 나타나는 신비성은 풍부하다. 신랑 되시는 예수 그리스도는 신부를 향하여 애정을 쏟아부으신다. 신부 안에 자신의 영인 성령께서 계시기 때문이다. 신부는 하늘을 그리며, 그곳에 계시며 자신에게 사랑을 부어 주시는 예수 그리스도로부터 위로를 받으며 그를 사모하고 애정을 쏟아붓는다. 신부는 신랑을 향하여 사랑의 열병을 앓고 사랑의 입맞춤을 고대하며 그에게 마음과 심령을 헌신적으로 바친다. 이런 감성적이고 애정적인 내용은 버나드의 신비체험을 방불케 한다.

17세기 청교도 영성을 대표하는 리처드 십스가 묘사하고 있는 그리스도와 성도 간의 연합으로 말미암은 신비스러운 애정적 교제 관계는 개신교적 버나드 신비주의라고 해도 과언이 아니다.

비록 모든 것을 다 받아들일 수는 없어도 성 버나드 신비주의의 많은 내용은 우리의 영성을 함양시킬 수 있는 좋은 예라고 생각된다. 그는 그 당시 성경에 근거하여 정통신학을 수호하며 수도원 신비주의 영성을 발전시키어 지·정·의를 풍부하게 갖춘 전인적인 그리스도인을 배출하려고 노력했다.

타락한 인간이지만 성령님의 역사로 말미암아 이제 그리스도를 믿고 구원받아 하나님과 올바른 관계에 서 있는 우리들은, 우리와 이미 하나 된 그리스도를 닮기 원하는 열정으로 그와 사랑의 교제를 나누며, 하나님과 가까이 하기 원하는 열망으로 말씀을 묵상해야 할 것이다. 하늘나라를 흠모하며, 복음의 내용을 가지고 하나님을 더 잘 알기 원하는 마음으로 깊은 명상(관상)에 잠기며, 이것이 힘이 되어 그리스도인으로서 더욱 의롭고 거룩한 삶을 실천하며 살아야 할 것이다.

제 8 권
종교개혁과 신비신학

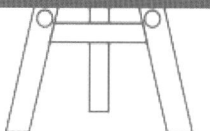

마르틴 루터
요한 칼빈

종교개혁과 신비신학[575]

1. 마르틴 루터
2. 루터와 종교개혁
3. 요한 칼빈
4. 칼빈과 신비주의

지금까지 우리는 버나드의 신학과 신비주의를 보았다. 이러한 버나드의 내용을 평가해 보기 위해서 우리는 먼저 종교개혁의 시조인 마르틴 루터와 요한 칼빈의 버나드에 대한 평가를 보아야 한다.

중세 교회를 개혁하고자 중세 신학을 비판하고 성경적 입장으로 돌아오기 원했던 종교개혁자들은 중세의 영향을 가장 많이 받은 사람들 중의 하나이다.

중세 이후 개신교로서 가장 중세 신비주의에 근접해 있고 영향을 받았을 종교개혁자들의 중세 신비주의와 수도원 영성에 대한 일반적 입장과 특히 성 버나드에 대한 평가에 주목함으로 우리의 버나드 이해와 평가에 있어서 큰 도움이 될 것이다.

이 장에서는 마르틴 루터와 요한 칼빈의 신비주의 내용을 점검해 보고 그들의 버나드에 대한 평가를 보기로 한다.

---

*575) 원종천, 『성 버나드』 (대한기독교서회. 초판 5쇄, 2019) pp.163-208.

제1장
마르틴 루터[576]

종교개혁의 시조인 마르틴 루터(Martin Luther: 1483-1546)가 중세 신학을 거부하고 중세 수도원주의에 대하여 부정적인 입장을 취했다는 것은 잘 알려져 있는 사실이다. 그러나 중세의 그릇된 스콜라주의 신학과는 다른 어거스틴의 전통과 성경적 입장을 취하고 있는 버나드에 대하여는 동일한 부정적 입장을 취할 수는 없었다. 그리고 중세의 그릇된 영성을 가지고 있던 수도원주의와는 다른 그리스도 중심적인 건전한 신비주의를 가진 버나드에 대하여도 루터 당시의 부패한 수도원주의와는 동일한 취급을 할 수 없었다.

마르틴 루터와 버나드와의 관계는 매우 중요한 의미를 가지고 있다. 스콜라주의가 온전히 형성되기 이전, 중세 시대의 한계가 있었음에도 불구하고 건전한 신학과 수도원 영성를 가진 버나드와 같은 인물에 대한 교회사적 평가에 도움을 주기 때문이다. 종교개혁 창시자의 입장을 통하여 중세 영성을 다시 한 번 평가해 보고, 특히 버나드의 신학과 영성을 개신교 입장에서 평가해 본다.

1. 루터와 신비주의

루터는 중세 신비주의와 깊은 관계를 맺고 있었다. 루터 자신이 중세 말 수도사였고 그의 수도원 삶은 중세 수도원에 대한 이해를 명확하게 했고 그 장점과 단점을 분명하게 알게 했다. 1518년까지 루터는

---

*576) Ibid. pp.163-178.

이신칭의 교리를 명확히 정리했고 과거의 실망과 고통이 하나님의 은혜를 얻기 위한 필수불가결한 선제요건으로 작용했다고 확신했다. 더욱이 그는 구원을 얻기 위한 인간 자신의 공로에 관련된 모든 것들을 버렸다. 면죄부 사건 동안 반대편에서 사용했던 스콜라주의 방법은 루터로 하여금 독일 신비주의의 간단한 복음적 접근을 매우 감사하게 생각하게 했다. 그는 이런 독일 신비주의를 '신학의 지혜'보다는 '경험의 지혜'라고 호칭했다. 신비주의자처럼 루터는 죄인이 죄를 벗고 하나님과 교제하여 구원의 길에 들어서는 것에 관심을 가지고 있었다. 죄인은 자신의 성품을 벗고 하나님의 것으로 대치해야 한다는 것이었다. 루터는 타울러의 입장과 같이 죄인이 겸손하고, 충성스럽고, 죄를 뉘우치고, 가난 속에서도 즐겁고, 하나님께로 돌아가기를 열망해야 한다고 생각했다. 그러나 루터의 글에는 신비주의자(명상가, mystic)로의 적극적인 가르침을 볼 수는 없다. 루터는 처음부터 끝까지 모든 그의 가르침에 이신칭의를 강조했다. 그리스도의 구속적 행위는 그에게 항상 뚜렷한 실재로 남아 있었고, 죄인에 의하여 하나님의 자비를 통하여 오직 믿음으로만 얻을 수 있는 것이었다. 루터는 신비주의자들이 말하는 사랑받는 대상의 달콤함을 거부했다. 오히려 그를 위하여 수고하고 고난받는 능동적 사랑을 강조했다. 믿음의 자녀의 윤리적 활동에 대한 강조는 신비주의적 수동성, 명상(관상), 그리고 황홀과는 대조를 이루었다.[577]

1936년 에리히 포겔상(Erich Vogelsang)은 중세 신비주의를 다이오니이시안(Dionysian), 라틴(Latin), 독일(German) 등의 세 가지 유형으로 구분했다. 포겔상(Vogelsgang)에 의하면 루터는 이 세 가지 유형의 신비주의에 대하여 다음과 같이 반응했다. 첫째, 1516년 루터는 다이오니이시안(Dionysian) 신비주의를 확실하게 거부했다. 성육신하시고 십자가에 못 박히신 그리스도를 전혀 취급하지 않았기 때문이다. 둘째, 루터는

---

[577] Martin Luther, *Luther's Works*, Vol. 31., Philadelphia: Muhlenberg Press, 1957. LW, 31:73-74. Introduction by Harold Grimm to "Preface to the Complete Edition of a German Theology, 1518."

라틴(Latin) 신비주의는 칭찬했다. 이 땅에 오신 그리스도에 대한 강조가 있었고 신비주의를 교리로 보지 않고 경험으로 보는 것 때문이었다. 그러나 루터는 그리스도와 성도들을 애욕적인 신랑-신부 관계로 보는 것과 그리스도와 영적 황홀경지의 연합을 목표로 하는 것에는 반대했다. 셋째, 루터는 독일(German) 신비주의를 열정적으로 승인했다. '음부로의 체념'(resignatio ad infemum, resignation to hell)을 적절하게 제시했고 독일어로 독일 전통을 전수한다는 것 때문이었다는 것이다.578)

그러나 그 후 1970년대에 오벨만(Oberman)은 좀 더 많은 연구를 통하여 포겔상의 이러한 분류에 어려움을 표명했다. 그리고 인간의 가능성을 부풀리고 그리스도의 유일한 중재적 역할로부터 초점을 흐리게 하는 입장을 루터는 단호하게 거부했음을 주장했다. 그는 루터가 세 가지의 중요한 신비주의 용어(excessus, raptus gemitus)를 사용하여 새로운 신학을 정립하는 데 사용했다고 말했다. 루터는 이 용어를 너무도 능숙하게 사용했기에 스콜라주의적인 '의인인 동시에 죄인'과 버금가는 신비주의적 표현(gemitus인 동시에 raptus)을 발견할 수 있었다는 것이다.579)

1980년대에 스티븐 아즈먼트(Steven Ozment)는 현대 확자들이 중세 말 신비주의의 라틴 전통 신비주의와 독일 전통 신비주의로 구분한다고 평가했다. 라틴 전통 신비주의는 시스테리시안(Cistercian) 신비주의와 프랜시스칸(Franciscan) 신비주의로 나누어지는데, 둘 다 그리스도

---

578) David G. Schmiel, "Martin Luther's Relationship to the Mystical Tradition," *Concordia Journal* 9 (Mar, 1983): 46-47; Heiko A. Oberman, "Simul Gemitus et Raptus: Luther and Mysticism," in *The Reformation in Medieual Perspective*, ed. and intro. by Steven Ozement (Chicago: Quadrangle Books, 1971), 24..
579) Heiko A. Oberman, "Simul Gemitus et Raptus: Luther and Mysticism," *in The Reformation in Medieval Perspective*, ed. and intro. by Steven Ozement (Chicago : Quadrangle Books, 1971), 219-220.(article 전체, 219-251) 라틴어는 excessus는 excess, departure, loss of self possession을 의미하고, 라틴어 raptus는 abduction, robbery 등을 의미하며, 라틴어 gemitus는 groan, sigh, sorrow를 의미한다.

중심적 신비주의면서도 전자는 클레르보의 성 버나드가 주도한 그리스도와 교회 사이의 달콤한 결혼 관계를 핵심으로 했고, 후자는 성 프랜시스가 주도한 그리스도의 고난을 따라가고 닮아가는 내용을 가지고 있다. 그러나 아즈먼트(Ozment) 자신은 중세 신비주의를 하나님 중심적인 다이오나이시안(Dionysian) 신비주의, 그리스도 중심적인 프랜시스칸(Franciscan) 신비주의, 그리고 범신론적인 에크하르티안(Eckhartian) 신비주의로 구분했다.580)

그런데 흥미롭게도 1950년대에 로버트 파이프(Robert Fife)는 루터의 라틴 신비주의에 대한 반응을 훨씬 더 긍정적으로 평가했다. 파이프에 의하면 루터는 라틴 신비주의로 분류되는 클레르보의 성 버나드, 보나벤추어, 게르송 등에 대하여 잘 알고 있었다. 이들에 대한 루터의 지식은 에르푸르트(Erfurt)에서의 그의 젊은 시절 신학교육에 기인한다. 이 글들에서 루터는 수도원 예식과 금욕주의적 자기부인 이외에 수도원 헌신의 또 다른 내용인 영혼의 겸손에 호소하는 것을 발견했다. 이들이 루터에게 많은 영향을 남겼다는 것은 나중에 그가 그들을 많이 인용한 것에서 입증된다. 버나드에서 발견되는 경건한 영혼에의 호소는 루터에게 짙은 인상을 남겼고 로마서 강의에 버나드는 자주 소개되었다. '마음의 기도'를 통하여 영혼이 하나님과 합일(연합)하도록 하는 보나벤추어의 도전은 루터로 하여금 마음과 의지를 하나로 융합하여 통일된 노력으로 나아가는 영적 훈련으로 인도했다. 하나님 안에서 영혼의 소멸은 시편에서는 부분적이지만 로마서 강해에서는 전면에 걸쳐 핵심적 역할을 했다. 루터는 다이오나이시어스 에로패자이트(Dionysius the Aeropagite)의 형이상학적 신비주의보다는 이러한 실천적 신비주의에 큰 영향을 받았다는 것이다.581)

중세 신비주의 전통 중 루터에게 가장 큰 영향을 준 것은 독일 신비주의였다. 루터가 독일 신비주의와 처음 직접적인 접촉을 가지게 된

---

580) Steven Ozment, *The Age of Reform*, 115-134.
581) Robert H. Fife, *The Revolt of Martin Luther* (N.Y. : Columbia University Press, 1957), 217.

것은 그의 영적 스승이었던 요한 스타우피츠(John Staupitz)를 통해서였다. 스타우피츠(Staupitz)는 독일 신비주의 계통의 경건한 신비를 실천하는 사람이었다. 루터는 또한 라틴 신비주의를 유명론적 스콜라주의로 변형시킨 진 게르송(Jean Gerson)과 지적 접촉이 있었으나 그의 신비주의 내용보다는 인간이 하나님 앞에서 어떻게 의로워지는가를 추궁한 유명론 신학에 더 깊은 관심을 가졌다. 루터에게 가장 직접적인 영향을 준 것은 요한네스 타울러(Johannes Tauler)와 『독일신학(German Theology)』을 저술한 이름이 알려져 있지 않은 저자 등, 두 독일 신비주의자였다. 루터는 1515-1516년에 타울러의 설교에 여백노트를 만들었다. 1518년 루터는 『독일신학』이라는 제목의 소책자를 출간했다.[582]

종교개혁자 마르틴 루터는 그의 사상이 형성되는 중요한 시기인 1516-1518년 사이에 독일 신비주의 전통에 대하여 매우 높은 평가를 하고 있었다. 중세 스콜라주의에서 훈련을 받은 루터에게 '독일신학'은 신선한 것이었다. 1518년 그가 95개 조항을 변호할 때에는 타울러에게서 모든 스콜라주의를 합친 것보다도 더 좋은 신학을 발견했다고 고백했다. 1518년 그가 '독일신학' 전문을 출간할 때에 루터는 하나님, 그리스도, 인간, 그리고 모든 것들에 대하여 독일신학보다 더 많은 것을 가르쳐 준 것은 성경과 어거스틴밖에 없었다고 말했다.[583]

루터가 타울러와 '독일신학'에서 중요하게 여긴 것은 그들의 스콜라주의 방법을 탈피, 개인 경건, 하나님 은혜의 수동적 수용, 자기부인 그리고 그리스도를 위하여 자신을 희생할 각오 등이었다. 그러나 루터는 이들이 전통적으로 가지고 있는 신비적 경험을 위하여 가지고 있다는 인간 내의 '불꽃(synderesis)' 개념은 거부했다. 사실상 루터가 독일 신비주의 내용을 사용하기는 했지만, 그 자신은 독일 신비주의자라고 여길 수는 없다. 루터와 에크하르트 사이의 차이는 너무 컸고,[584] 루

---

582) Schmiel, "Martin Luther's Relationship to the Mystical Tradition," 47-48.
583) Ozment, *The Age of Reform*, 239.
584) 자세한 내용을 위해서는 Heinrich Bomkamm, Eckhart and Luther (Stuttgart: Kohlhammer, 1936)를 보시오.

터와 게르송 사이에도 차이는 컸다. 게르송은 그가 배운 신학체계에 남아 있었고 그중심에는 가브리엘 비엘(Gabriel Biel)의 사상이 있었으며 인간은 자신의 최선을 다해야 할 책임과 능력이 있고 하나님께서는 그 노력에 대하여 은혜로 보답하신다고 말했기 때문이다.

루터는 유명론적 사상에 의하여 형성된 신비주의를 접촉했다. 이 신비주의 핵심 요소는 인간은 본질적으로 내재적인 속성, 본능, 또는 '신데레시스(synderesis)'를 가지고 있다는 것이었고, 이것은 인간으로 하여금 하나님과 연합을 추구하는 데 주도권을 가질 수 있도록 한다는 것이었다. 그러나 루터는 타락한 인간 안에는 하나님과 관계를 맺을 수 있는 기반이 전혀 없다는 것이었고 이것은 타울러나 게르송과는 절대로 같은 입장이 될 수 없는 것이었다.585) 다른 신비주의 입장은 하나님과 합일의 궁극적 목표가 하나님과 연합하여 한 방울의 물이 바다에 떨어져 섞이는 것처럼 피조물의 정체성을 상실한다는 것이었다. 존 루이스브룩(John Ruysbroeck)에게서 발견되는 이런 범신론적 입장은 진 게르송(Jean Gerson) 등과 같은 신비주의자들에 의하여 거부되었다. 게르송은 하나님과 연합은 인간이 하나님의 의지와 하나가 되려는 노력이라 주장했다. 그러나 이 모든 입장들은 구원이 믿음을 통한 하나님과의 관계로 이어지는 것이 아니고 하나님과의 신비적 연합으로 이루어진다고 본 것이다.586)

루터가 타울러(Tauler), 게르송(Gerson) 등의 신비주의와 또 다른 것은 하나님과의 유사성 개념이었다. 이들은 인간이 하나님과 이 세상에서 합일하는 것이 하나님과 최대한의 유사성을 얻는 것으로 생각했다. 그러나 루터는 인간이 하나님과 하나 되는 것은 동시에 인간이 하나님과 얼마나 다르고 하나님과 대적하는 입장에 있는가를 충분히 인식하는 것이라 이해했다. 하나님과 유사하지 않고 하나님과 대립하는 관계에 있다는 것을 인식하고 인정하는 자가 위로를 받고 하나님과 연합하는

---

585) Steven Oxment, *Homo Spiritualis* (Leiden: E. J. Brill, 1969), 214-215.
586) Schmiel, 48-49.

것이라고 루터는 생각한 것이다.587) 인간의 어떤 자원이나 기능성도 하나님 앞과 죄와 죽음 앞에서는 완전히 무능한 것이라는 루터의 이해는 신비주의자들의 구원과 하나님과의 연합적 이해와는 다른 종류의 것이다.588)

인간 타락의 개념은 루터로 하여금 여러 신비주의자들의 입장에 동의할 수 없게 만들었다. 이미 앞에서 본 대로 신비주의자들이 말하는 인간 내에 존재하는 하나님과 합일할 수 있는 요소가 있다는 것이 루터를 어렵게 하는 대표적인 것이었다. 인간론과 구원론에서 이와 같은 입장을 취하는 여러 신비주의자들과 동의할 수 없었던 것이다. 스콜라주의와는 달리 인간의 영적 내면성과 수동성, 그리고 체험을 강조하는 신비주의에 매료되었던 루터는 후에 신비주의가 결국 스콜라주의와 마찬가지로 내재해 있는 인간의 신성으로 말미암은 인간의 공로 개념이 존재하고 있음을 발견한 후 돌아섰던 것이다.589)

우리는 대개 루터의 종교개혁 신학이 당시 어떤 형태로든 스콜라주의 영향을 받은 것으로 생각한다. 루터에게 오감주의를 통한 중세 스콜라주의의 영향이 있었다는 것을 부인할 수 없기 때문이다. 중세 스콜라주의와의 투쟁이 루터의 신학을 형성하는 중요한 요소가 된 것은 사실이다. 그러나 루터에게 영향을 준 것에는 스콜라주의 외에도 수도원적 신학이 있다는 것을 인식해야 한다. 수도원 신학이라는 것은 당시 대학에서 가르쳐진 신학과는 별개로 수도원주의에 입각한 신학적 사고를 의미한다. 중세 대학의 신학이 성경과 전통의 권위로 이성을 통하여 교회의 교리를 정립하려고 한 것이라면, 수도원 신학은 신앙적 체험을 표현하고 지성보다는 감성 쪽으로 더 많은 호소를 하기 원하는 것이다. 수도원적 신학은 질문을 던지고 답을 하는 형태의 논쟁의 방법이 아니고 성경을 묵상하고 설교하는 형태를 취한다. 수도원적 신학

---

587) Ozment, *Homo Spiritualis*, 215.
588) *Ibid.*, 216.
589) Steven Ozement, *The Age of Reform*, 239-244.

은 영적 삶의 주제를 다루고 경건과 덕을 세우는 노력을 한다. 수도원적 신학은 교부들의 신학 내용과 신학의 방법에 있어서도 긴밀하게 연결되어 있다. 버나드는 이런 수도원적 신학의 가장 위대한 대표자가 되었다.590)

중세 말 신비주의 현상에 대한 일반적인 혹독한 비평과 비교해 볼 때에, 12세기 중세 수도원 신비주의 영성을 대표하는 클레르보의 성 버나드에 대한 루터의 입장은 달랐다. 버나드의 신학은 인간의 타락을 강조하고 인간의 공로가 아니고 하나님의 은혜로 말미암아 예수 그리스도를 믿음으로 의로워지는 칭의 개념이 있었다. 비록 일부 혼란스러운 부분도 있었지만, 루터는 전체적으로 버나드의 신학을 그가 문제로 삼았던 다른 신비주의 내용으로 보지 않았다. 특히 예수 그리스도를 그의 신학과 수도원 신비주의 영성의 중심에 놓은 것을 극찬했다.

2. 루터와 버나드

가브리엘 브엘(Gabriel Biel)이나 옥캄(William of Ockham)과 같은 루터의 중세 말 스승 이외에 중세 중엽의 인물로 루터에게 가장 사랑을 받은 사람은 클레르보의 성 버나드(Bernard of Clairvaux)였다. 루터는 그의 글과 설교에서 버나드를 자주 언급했다. **어거스틴 다음에 루터는 버나드로부터 가장 많은 영향을 받았다.** 뮬러(A. V. Müller)는 버나드를 루터의 영적 지도자이고 신학적 스승으로 보았고 루터가 이른 시기부터 버나드를 읽었고 그것들을 그의 영성에 도입했다고 주장했다.591) 비록 버나드의 마리아론은 루터의 비판의 대상이었지만, 버나드의 예수 그리스도와 그의 인성에 대한 사랑은 루터에게 깊은 영향을 주었다.592)

---

590) Reinhard Schwarz, "Luther's Inalienable Inheritance of Monastic Theology," *American Benedictine Review* 39 (1988) : 431 -432.
591) Alfonso Victor Müller, *Luthers Werdegang bis zum Turmerle- bnis* (Gotha: Perthes Verlag, 1920), 83-86.
592) W. Delius, "Luther und Die Marienverehrung," *Theologische*

루터가 버나드를 흠모한 것은 루터의 스콜라주의 신학에 대한 반대의식 때문이었다. 루터가 흠모하며 애독한 버나드는 스콜라주의 전 시대의 성경신학자이고 복음의 설교자로 믿음에 남아 있는 교부들의 본보기였다. 즉 루터는 버나드를 중세 신비주의의 대표로 읽은 것이 아니었다. 버나드의 수도원주의와 신비주의가 루터에게 문제로 나타나기는 했어도, 루터는 중세 중엽에 이행칭의를 거부하는 버나드를 그리스도를 증거하는 귀한 인물로 보았던 것이다. 비록 버나드가 수도원 영성을 가르치고 보급했지만, 루터에게 버나드는 수도원의 삶이 천국을 향한 공로적 길이라는 것을 부인하는 것으로 보였고 그야말로 천국을 위하여 그리스도의 의로움을 온전히 의지하는 그리스도인으로 생각했던 것이다. 루터는 그의 구원론이 새로운 것이 아니고 버나드와 같은 것이라고 말했다.593)

루터는 그의 인생 말기까지 버나드를 흠모했고 존경했다. 루터가 젊었을 때는 벌써 버나드를 찬양했던 1515-1516년에 걸친 로마서 강의에서 루터는 중세 신학자 가운데 두 사람만 인용했는데 그것은 버나드(Bernard of Clairvaux)와 피터 롬바르드(Peter Lombard)였다. 그 이유는 그들이 성경적이고 어거스틴의 가르침을 따른다는 것이었다. 루터는 특히 버나드에게 마음이 많이 갔는데 이유는 그의 신비주의와 믿음을 통한 죄 사함에 대한 그의 가르침 때문이었다. **루터의** 로마서 강의를 통하여 우리는 그의 **신학적 형태**가 첫째는 **성경**, 둘째는 **어거스틴**, 그리고 다음에는 **버나드와 타울러**였다는 것을 알 수 있다. 루터는 버나드가 궁극적으로 추구했던 것을 함께 추구하는 그런 신비주의자도 명상가도 아니었다. 그러나 그는 중세 신비주의 신학자들로부터 많은 영향을 받았다. 그는 신앙적 내면성과 겸손, 그리고 신앙적 헌신 등을

    Literaturzeitung LXXIX (1954) : 409-411. Cf. Roland Mounsnier, "Saint Bernard and Martin Luther," *American Benedictine Review* 14 (1963) : 449.
593) Franz Posset, "The Elder Luther on Bernard: Part II : Last Exegetical Work," *American Benedictine Rwiew* 42 (1991) : 198.

그들로부터 배웠다.594) 루터는 특히 버나드에 대하여 그의 성직자나 수도사로서의 직분 등에 의존하지 않고 오로지 예수 그리스도의 은혜만 의존하는 것을 매우 높이 평가했다.595)

버나드와 루터는 삶으로부터 사상의 의미를 찾아내는 행동가였다. 버나드는 성경과 아울러 그의 개인적 경험으로부터 진리를 이끌어냈고 그리스도인들을 가르치고 그들의 삶을 풍성하게 할 수 있었다.596) 루터도 마찬가지였다. 버나드와 루터는 추상적인 이론가가 아니었고, 이 두 사람의 유사성은 교회 개혁이라는 점에서 공통성을 찾을 수 있다. 버나드는 당시 분열과 부패에 의하여 상처받은 교회의 통일성과 거룩성을 치유하려고 했고, 개혁의 의지가 교리적인 면에 더 많이 치우쳐 있기는 했지만 루터 역시 자기 시대에 교회의 온갖 부패와 비리에 분노하고 있었다.

인간의 타락과 죄성에 대하여 버나드와 루터는 동일한 입장을 취했다. 버나드는 인간이 머리끝부터 발끝까지 그 안에 온전한 것이 전혀 없다고 말했고597) 루터도 타락에 대하여는 인간은 필연적으로 악하고 타락해 버렸다고 주장했다.598) 예정론에 대하여도 두 사람은 같은 의견이었다. 버나드는 우리가 하늘나라로 거듭난 것은 하나님의 예정의 결과이고, 그 예정으로 하나님께서는 당신의 선택된 자를 사랑하시고 창세전부터 당신의 사랑하는 아들 안에서 은혜로 채워 주셨다고 말했다.599) 루터는 은혜를 받기 위한 최선의 준비는 하나님의 영원 전부터의 선택과 예정이라고 동의했다.600)

---

594) Martin Luther, *Lectures on Romans*, trans. W. Pauck, vol. 15 in The Library of Christian Classics (Philadelphia : Westminster Press, 1961), xxxix, l, lvii. Cf. Mounsnier, 450.
595) WA 54 : 85. Cf. Mousnier, 450.
596) Etienne Gilson, *The Mystical Theologyist. of St. Bernard*, trans. A. H. C. Downes (N.Y.: Sheed and Ward, 1955), 145-146.
597) Bemard, *On Diverse Sermons*, 17.2.
598) Luther, *Disputation Against Scholastic Theology*, no. 9, WA 1: 224 (1517).
599) Bernard, *On the Song of Songs*, 23.

칭의와 죄 사함에 대하여 버나드와 루터는 같은 견해를 가진 것으로 보인다. 버나드와 루터는 동일하게 성령께서 하나님이 우리에게 주신 영광에 대해 증거한다고 말했다. 버나드는 하나님의 자비 없이는 죄 사함이 없고, 하나님이 뜻하지 않으신다면 선행의 어떤 부분도 스스로 이룰 수가 없으며, 우리에게 은혜로 주어지지 않는다면 우리는 선행의 공로로 영생을 얻을 수 없다는 것에 루터는 동의했다.601) 죄 사함은 그러므로 전적으로 하나님의 선하심, 즉 은혜의 행위이다. 하나님의 은혜는 인간이 선하게 행동하도록 처음에만 자극하는 것이 아니고 처음부터 끝까지 역사하는 것이고 영생은 은혜로 주어진 것이다. 인간의 의지는 근본적으로 타락했고 은혜는 모든 순간에 절대적으로 필요한 것이다.602) 이 모든 부분에 버나드와 루터는 같은 입장이었다.

구원의 확신을 위한 성령님의 증거에 대하여 버나드는 인간이 죄를 사함받는 것은 예수 그리스도로 말미암음이라는 것을 믿어야 한다고 말하며, 그것은 성령께서 우리의 심령에 우리의 죄가 사함받았다고 말해 주심으로 우리 심령 속에 확신의 증거를 주신 것이라고 가르쳤다. 사도가 '인간은 믿음으로 말미암아 은혜로 구원받았다.'(롬 14:28)는 말씀이 이것을 말한다는 것이다. 버나드는 우리가 그리스도를 통하지 않고는 공로를 얻을 수가 없다고 믿으나 그것으로는 충분하지 않다고 지적하고, 진리의 영이 그리스도로부터 공로를 얻었다는 것을 증거해야만 한다고 말했다. 우리가 성령으로 말미암아 공로를 얻었다는 확신이 영생을 위하여 필수적이라는 것이다.603)

루터도 버나드의 이런 내용과 같은 입장으로 성령께서 그리스도를 통하여 우리 죄가 사함 받았다는 것을 믿게 하지 않으면 우리는 믿을

---

600) Luther, *Disputation Against Scholastic Theology*, no. 29, WA 1: 225.
601) Bernard, *On the Song Songs* 22-23.
602) *Ibid*.
603) *Ibid*.

수가 없다고 말했다. 우리의 행위가 하나님에 의하여 받아들여졌다는 확신의 증거는 성령으로부터 오는 것이며, 아무리 그것이 선하고 순종으로부터 나온 것이라도 우리는 하나님 앞에서 아무것도 아무것도 아니라고 느낄 수 있을 때에 그 선행은 하나님께 바쳐졌다는 확신을 가질 수 있다는 것이다. 그 이유는 이 행위를 수행한 것은 우리가 아니고 하나님께서 하신 것이기 때문이다.[604]

버나드는 루터와 마찬가지로 칭의가 예수 그리스도를 믿는 믿음에서 온다는 확신을 가지고 있었다. 각 사람은 하나님과의 직접적인 관계가 필요하고 하나님께서 개개인의 심령에 말씀하신다는 것이다. 버나드는 다음과 같이 말했다. "공로는 하나님이 영생을 주시지 않으면 공정하지 않은 것처럼 느끼도록, 인간에게 영생을 기대하도록 하는 권리를 주는 것은 아니다. 모든 공로는 완전히 하나님의 자유로운 선물이고 인간은 그에 대하여 하나님에게 빚을 진 것이지 그 반대가 아니다."[605] 루터는 더 나아가서 행위의 가치에 대하여 무관심했다. 인간은 모든 것을 이루시는 하나님 앞에서 굴복해야 한다는 것이다.

버나드와 루터는 하나님께서 우리의 죄를 우리에게로 돌리지 않으셨다는 것에 일치한다. 버나드는 얼듯 보기에 루터처럼 죄가 하나님의 은혜로 덮어진 실재로 생각하는 것처럼 보인다. "이미 이루어진 것은 어쩔 수 없다. 그러나 하나님께서 그것을 죄인에게 돌리지 않으신다면 죄는 범하지 않은 것처럼 되는 것이다." 그러므로 나는 그들이 전혀 죄를 짓지 않은 자들처럼 본다. … 그들 아버지의 자비가 그들의 수많은 죄를 덮으시기 때문이다.
나는 죄 사함 받고 덮어진 자들을 축복받은 자들이라고 부른다"(시 31편).[606] 루터 역시 이 점에 완전히 동의한다.

---

[604] Roland Mounsnier, "Saint Bernard and Martin Luther," *American Benedictine Review* 14 (1963): 453-454.
[605] Cf. Mousnier, 454.
[606] Bernard, *On the Song of Songs*, 23. Cf. Mousnier, 454.

버나드와 루터는 인간이 의로워진 후에도 죄는 실질적으로 남아 있고, 우리는 평생 동안 죄와 투쟁해야 한다는 점에 동의한다. 이 세상에서 죄는 은혜와 공존하는 것임을 인식하며 버나드는 "그리스도의 영으로 거룩한 삶을 살려고 애쓰는 우리 모두가 육신·세상, 그리고 마귀와 지속적으로 대항해야 하지 않는가?"라고 말했다.607)

3. 수도원주의

루터는 수도원적 신비주의의 잘못된 부분을 비판했다. 하나님께서는 인간의 활동과 사역을 통하여 역사하신다는 것이다. 누구도 외적 방법 없이 소위 일컫는 영적 사색만으로는 구원을 얻을 수 없다는 것이 루터의 입장이다. 루터는 말씀과 성례를 중시해야 한다고 강조하며 성찬과 고해 등도 외적 방법으로 성령께서 이것들을 통하여 역사하신다고 말한다.608) 루터는 이와 관련하여 수도원의 명상적 삶에 대하여 조명을 했다. 그는 당시 수도사와 수녀들이 환상과 계시를 받기 위하여 열심히 추구하는 것을 지적하며 이들은 외적 방법 없이 특별한 조명과 계시를 고대한다고 비판했다. 루터는 이런 사닥다리 없이 천국으로 올라가겠다는 욕망을 가진 수도사들과 수녀들은 자주 마귀의 미혹에 현혹되는 것이라고 지적했다.609)

---

607) Bernard, *On the Song of Songs*, 1. Cf. Mousnier, 454. 그러나 버나드는 루터에게 단순한 동조와 찬양의 대상은 아니었다. 루터에게 버나드는 양면성이 보였다. 버나드가 설교하고 가르칠 때에는 그리스도 중심적이었기에 너무도 루터의 호감을 샀지만, 자유의지에 관한 논쟁은 전혀 루터가 받아들일 수 없었다. 그리스도가 어디에도 발견되지 않았기 때문이다. 루터에게 이 점에서 버나드는 모순으로 보였고 혼란스러웠다. 버나드가 은혜와 칭의에 관련하여 믿음과 예수 그리스도에 대하여 말하는 것과 율법과 자유의지 또는 인간의 선행과 공로에 대하여 말하는 것 사이에 나타나는 모순을 루터는 소화할 수 없었던 것이다. Mousnier, 452. 칼빈도 버나드의 이 부분에 대하여 어려움이 있었다. 그러나 칼빈은 후에 이 부분을 받아들였다. 본서의 칼빈 부분을 참조하시오.
608) Martin Luther, *Luther's Works*, vol. 3 Lectures on Genesis chapters 15-20 (Saint Louis: Concordia Publishing House, 1961), 274-275. LW 3:274-275.

인간이 명상(관상)을 통하여 잠시나마 이 세상에서 완전을 경험해 보는 버나드식의 명상을 통한 궁극적 신비체험은 루터에게서 찾아볼 수 없다. 그러나 루터는 버나드식의 수도원적 신비주의를 다 부정적으로만 취급한 것은 아니었던 것으로 보인다. **버나드 신비주의**는 예수 그리스도를 명상(관상)의 대상으로 삼고 있고 말씀을 구체적인 내용을 위한 기본적인 자료로 삼았으며 이웃을 돕고 사랑의 실천을 행하는 것을 중시했기 때문이다. **루터는** 나름대로 올바른 수도원 명상(관상)을 제시했다. 제대로 명상을 하려면 외적 방법을 사용하라는 것이다. **성경을 읽으면서 묵상과 명상에 잠기고, 세례에 대하여 명상하고, 설교를 들으며 부모를 공경하고 어려움에 처해 있는 형제들을 도우라는 것이다.** 은신처에 처박혀서 이런 헌신으로 자신이 하나님의 품안에 있고 그리스도 · 말씀 · 성례 등도 없이 하나님과 교제를 하고 있다고 착각하지 말라는 것이다.610)

루터는 자기 자신이 이런 오류로부터 자유롭게 되기 위하여 엄청난 대가를 치렀다고 말하며 사탄의 간계를 주의시켰다. **루터는** 당시 수도원에서 가르치는 것과는 다른 진정한 명상의 삶의 정의를 내렸다. 그것은 **선포된 말씀을 믿고 그리스도와 그분이 십자가에 못 박히신 것 외에는 어떤 것도 알기 원하지 않는 것**(고전 2:2)이다. 그리스도와 그의 말씀만이 유익하고 건전한 명상의 대상이다. 루터는 이 시점에서 그리스도 중심적인 명상을 강조하며, 그리스도의 인성을 무시하고 하나님에 대하여 사색하는 많은 수도사들은 결국 실망하거나 큰 오류를 범하게 되는 것이라고 경고했다.611)

루터는 당시 그릇된 수도원 신비주의를 강하게 비판하면서도 **수도원 영성인 묵상과 명상의 내용을 다 버린 것은 아니었다.** 골로새서 2장 3

---

609) *LW* 3:275.
610) *Ibid*.
611) *LW* 3:276.

절(그 안에는 지혜와 지식의 모든 보화가 감추어져 있느니라)을 사용하며 대안을 내놓았다. 그것은 그리스도인들이 하나님의 질서 잡혀 있는 권능을 명상해야 한다는 것으로, 그것은 구체적으로 하나님의 모든 보물이 숨겨져 있는 성육신하신 성자 그리스도라는 것이다. 이것은 그리스도 중심적인 버나드식 명상의 방법으로 보인다.

루터는 이렇게 말했다. "어머니 마리아의 무릎에 놓여 있는 아기에게로 가자. 그리고 십자가에 달려서 희생의 제물이 되신 주님에게로 가자. 거기서 우리는 진정으로 하나님을 바라볼 것이고 거기서 우리는 하나님의 심정을 깊이 있게 볼 것이다. 긍휼이 넘치시고 죄인의 죽음을 원치 않으시며 죄인이 회개하기를 바라시는 하나님의 심정이다(겔 33:11, "너는 그들에게 말하라 주 여호와의 말씀이니라 나의 삶을 두고 맹세하노니 나는 악인이 죽는 것을 기뻐하지 아니하고 악인이 그의 길에서 돌이켜 떠나 사는 것을 기뻐하노라 이스라엘 족속아 돌이키고 돌이키라 너희 악한 길에서 떠나라 어찌 죽고자 하느냐 하셨다 하라"). 그런 묵상과 명상으로부터 심령의 참 평화와 기쁨이 넘쳐난다. 그러므로 바울은 고린도전서 2장 2절(내가 너희 중에서 예수 그리스도와 그가 십자가에 못 박히신 것 외에는 아무 것도 알지 아니하기로 작정하였음이라)에서 "나는 예수 그리스도와 십자가에 못 박히신 것 외에는 아무 것도 알지 아니하기로 작정하였음이라."라고 말한다. 우리는 이것을 묵상하며 많은 유익을 얻을 것이다."612)

루터는 성경구절을 묵상하는 것을 매우 중시했다. 이것은 루터의 수도원적 명상의 흔적으로는 수도원 금욕주의는 탈피했지만 평생 성경을 깊이 묵상하고 명상에 잠기는 것을 소중하게 생각하며 실천에 옮겼다. 루터는 창세기 15장을 강의하며 이렇게 말했다. "이것은 가장 중요한 장으로 많은 묵상을 하며 읽어야 한다. 그러나 나는 교회와 법정의 일로 너무도 마음이 산란하여 나 자신을 더 부지런히 묵상에 헌신할 여유가 없다."613) 루터는 성경 본문을 가지고 깊이 묵상하고 되새기며

---

612) *LW* 3:276-277.
613) *LW* 3:4.

자신의 심령과 삶에 연관시켜 명상(관상)에 잠기는 일에 익숙해져 있었던 것이다. 루터는 중세의 알레고리 방법을 사용하여 성경을 묵상하지는 않았다. 루터에게는 그의 교육과정에서 얻은 인문주의의 역사문법적 해석 방법과 수도원 훈련에서 얻은 깊은 묵상과 자신의 심령과 삶에 적용하며 명상에 잠기는 수도원적 영성이 함께 작용했던 것이다. 이것을 **루터의 수도원적 인문주의**라 부른다.[614]

버나드가 신비주의 명상의 최종 목표로 여기는 신비체험에 대하여 루터는 반응이 없었다. 수도원의 삶과 명상을 통하여 인생에 몇 번 그것도 잠시 동안이나마 완전한 저 세상을 경험하는 황홀한 신비체험을 신앙의 극치로 여기는 버나드의 신비주의 부분은 받아들이지 않은 것이다. 그러나 루터는 버나드를 흠모했다. 그의 신학을 긍정적으로 평가했고 예수 그리스도를 중심으로 하는 그의 신학과 그의 수도원 영성은 루터가 좋아할 수밖에 없었다. 루터의 그리스도 중심적 신학과 신앙 때문이었다. **루터는 그리스도와 말씀을 배제하거나 피하면서 하나님과 합일하려는 신비주의를 심하게 비판하고 배척했지만, 예수 그리스도를 중심으로 하는 버나드의 수도원적 신비주의 영성은 루터에게 긍정적인 대상이었다.**

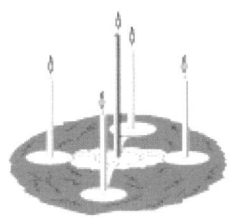

---

614) Franz Posset, "Bible Reading 'With Closed Eyes' in the Monastic Tradition : An Overlooked ASpect of MAartin Luther's Hermeneutics," *American Benedictine Review* 38 (1987) : 293-306.

제2장
마르틴 루터의 종교개혁[615]

종교개혁은 근대의 정신사적 맥락에서 볼 때 큰 획을 긋는 중요한 사건이었다. 이는 신비주의를 이해하고 평가하는데도 영향을 끼쳤다. 우선 개신교 자체 내에서뿐만 아니라, 계몽주의 철학에서도 그 영향을 예로 볼 수 있다. 즉, 비이성적·초이성적 경험의 가능성을 믿지 않게 된 것이다.

스페인과 같이 종교개혁에 휩쓸리지 않고 여전히 로마 가톨릭 신앙에 머문 나라들에서 신비주의가 되살아난 반면, 많은 개신교도들은 신비주의적인 영성이 종교개혁적인 경건성의 본질에 속하지 않는다고 생각했다. 무엇보다도 이미 극복하고 있던 '사역론(事役論)'이 세련된 방식으로 다시 되살아날 것이 우려되었다.

1. 루터의 체험

마르틴 루터(1483-1543)는 청년시절 어거스틴 수도회의 일원으로 유럽교회가 지닌 풍부한 정신적 삶을 실천하는 것, 예를 들면 수도원의 기도만으로도 그에게 흘러들었다. 학생으로서, 그리고 수도자로서 루터는 여러 경로를 통해 신비주의 서적들을 잘 알고 있었다. 물론 그가 당시에 이런 책들을 오늘날 우리가 이해하는 신비주의의 의미로 받아들인 것은 물론 아니었다.

---

615) 게르하르트 베어, 조원규 역 『유럽의 신비주의』 (도서출판 자작, 초판 2001) pp.241-252.

그의 영적 훈련 가운데 중요한 부분은 명상(관상)이었다. 이는 성서의 연관관계를 현재화하고, 걸맞은 체험으로 기독교 복음에 다가가는 형식이었다. 여기서는 인간 영혼과 신과의 만남이 중요하다. 그의 삶과 저술을 특징짓는 신학적 인식, 즉, '**신앙이 없는 사람들의 합리화와 기독교인의 자유**'에 대한 인식이 다시 그의 신비주의 이해에 영향을 미쳤고, 그에게 특별한 과제였다는 것을 여기에 언급하고자 한다. 이 사실은 과소평가 될 수 없다.

이 분야에 관한 연구의 역사를 살펴보면 사람들이 개혁자 루터의 발언과 관점에서 얼마나 다르게 접근하는가를 알 수 있다. 또한 근대의 모든 권위 있는 신학자와 교회역사가가 이와 관련한 루터의 입장을 적절하게 서술한 것도 아니다. 유명한 교회역사가 아돌프 폰 하르낙을 포함한 몇몇 사람들은 신비주의를 '**비복음적인 것**'이라고 비방하기도 했다. 이러한 생각은 오늘날까지 신학교육에서 계속되고, 개신교 교회 안에 회의와 거부의 깊은 흔적을 남기고 있다.

루터 자신이 특별히 신비주의적인 체험을 했는지는 명백하게 증명할 수 없다. 그러나 어쨌든 그의 삶에는 특별히 내면적 감응과 사로잡힘, 철저한 변화의 작용과 개명(開明)이라고 할 만한 충만한 사건들이 있었다. 이런 일들은 루터가 에어푸르트에서 법학을 공부할 때 들판에서 벼락 맞을 위기에서 그가 한 맹세에서부터 종교개혁이 시작되는 순간에 이르기까지 여러 번 있었다.

> 그때 나는 내가 마치 새로 태어난 것 같았고 열린 문을 지나 천국으로 들어서는 것 같은 느낌이었다.[616]

이렇게 그는 개혁이 시작되던 순간에 관해 말한다. 이런 충격을 받은 사람은 삶의 중심에서 이루어진 정신적·신학적 충격체험으로 인해

---

[616] 『루터의 1545년 라틴어판 저술에 붙이는 서문 Martin Luther, Vorrede zu Band I der lateinischen Werke(1545)』, 『Kritische Gesamtausgabe』 (vol. 54, Weimar, 1908-1938) p.185.(이하 동일 출전을 '바이마르 비평본'이라 표시함).

성서 전체가 그에게 다른 모습으로 다가왔음을 고백하게 된다. 그는 생각을 바꾸어야 하고 그 생각에 맞는 철저함을 유지해야 한다. 우선 그의 생각과 설교, 그리고 교회와 전통, 교황권과 '**수도자 생활**'에 대한 태도를 근본적으로 바꾸어야 한다. 그가 어거스틴과 베르나르 드 클레보르의 저서에 심취했다는 것을 생각하면, 그 자신이 위험성을 의식하기도 했지만 그에게 영적 경험과 신비주의적인 내면화의 요소가 늘 분명하게 나타났다는 것은 놀랄 만한 일이 아니다.

2. 루터의 거부

루터는 그가 일시적으로 이끌렸던 모든 신비주의자들이 그에게 근원적인 빛이 되지는 못함을 알고 점차 그들을 구별해 나갔다. 그는 버나드와 위그 드 생 빅토르, 보나벤투라, 요한네스 게르손을 높이 평가했다. 그러나 디오니시우스 아레오파기타의 신비주의 신학을 단호히 거부하면서 그에 관한 경고를 한다. 그의 나이 60세 때 그는 이렇게 말했다.

> 내 말을 믿어 주십시오. 나도 그 학파에 속해 있었습니다. 나는 천사들의 합창 속에 있다고 생각했지만 사실은 악마들 사이에 있었던 겁니다. ⋯ 위험을 무릅쓰고 조심하라고 말하고 싶습니다. 당신에게로 몸을 낮추신 아드님과 함께 자신을 낮추십시오. 그분 안에서 하나님을 알아볼 수 있을 것입니다. 내가 있는 곳에 나의 종도 있으리라고 하셨습니다.[617]

루터는 사도 바울과 비슷하게 자신이 '셋째 하늘'(고후 12:2)에까지 붙

---

617) 바이마르 비평본(vol. 40) p.657.

들려 올라갔고, 고도의 신비적인 깨달음에 도달했다고 한 적이 있다.[618] 그러나 여기에 덧붙여야만 할 것은 루터는 그의 권위를 특별한 계시나 깊이 있는 신비체험에서 이끌어내려 한 적이 전혀 없었다는 것과 그가 미래의 영광을 이미 예상하고 있는 '**정신의 귀족들**'을 위해서 글을 쓰지 않았다는 것이다.[619]

그리스도 가까이에 있는 것, '**그리스도와 같아지기**(conformitas cum Christo)'가 가장 중요할 뿐이었다. '**그리스도와 같아지기**'는 물론 존재의 신비적 합일(unio mystica)과는 다른 개념이다. 신비적 합일은 일치 신비주의에서 볼 수 있는데, '**신과 사람의 영혼**'이 하나로 흘러들어 합쳐지는 것이다.

루터는 '**그리스도와 함께함**(communio)'을 더 중요시했다. 그럼에도 불구하고 그는 신비주의 신학을 한 번도 의심하지 않았다. 신비주의 신학은 경험에 근거하지만 가르쳐서 알 수 없는 신의 지혜로 남는다. 또한 루터는 설교가 내적 차원을 갖는다는 것, 외적으로는 계시(啓示)하는 내용이 우선 내적으로 받아들여져야 한다는 것을 확신했다.

루터는 디오니시우스 아레오파기타와 그의 신학을 거부함과 동시에 사변적 신비주의와 '**부정의 신학**(theologia negativa)'[620]을 거부했다. 그는 경험을 강조하며, 죽고 부활하신 '**그리스도를 중심에 두는 신비주의**(theologia crucis)'를 중요시했다. 플라톤이 말한, 영혼이 신에게 도달하기 위한 사다리는 없다고 보았다. 인간 존재와 그 구원을 위해 결정적인 것은 오직 하나님이 자신을 낮춘 것, 즉 하나님이 사람이 되신 것이다.

그러나 마르틴 루터는 오직 신앙만이 중요하다고 주장하면서 신비주의적인 표현을 하고 있다. '**마음이 사로잡혀**(raptus) **신앙을 명백하게**

---

618) 바이마르 비평본(vol. 11) p.117.
619) Heiko A. Oberman, 『루터와 신비주의 Luther und die Mystik』, in Ivar Asheim(ed), 『루터에게 있어서의 교회, 신비주의, 치유 그리고 자연적인 것에 관하여 : 제3회 국제루터학회 강연문에서 Kirche, Mystik, Heiligung und das Natürliche bei Luther: Vorträge des Dritten Internationalen Kongresses für Lutherforschung(1966)』 (Göttingen, 1967) p.20.
620) 에르빈 이저론, 『루터와 신비주의』 p.60.

인식하게 됨'621), 그리스도와 죄 많은 인간이 '**하나로 결합됨**(conglutination)'622)과 같은 표현이 그 예이다. 그는 강의에서 신앙을 신비적 전환의 기본 과정과 같다고 했다.

> 기독교 신앙이란 내면적으로, 그리고 외적으로 느낄 수 있는 모든 것으로부터 느낄 수 없는 것으로, 보이지 않고 파악할 수 없는 지고한 존재인 하나님으로 나아가고 전환하는 것이다.623)

3. 「독일신학」

이 밖에도 루터의 저술은 여러 면에서 신비체험과 관련되어 있다. 특히 그는 요한네스 타울러의 설교와 익명으로 전해 내려오는 독일신비주의 입문서라고 할 수 있는 논문인 「독일신학(Theologia Deutsch)」에 큰 관심을 가졌다. 마이스트 에크하르트의 제자들의 설교는 그를 사로잡았다. 1518년에는 그는 한 편지에 이렇게 쓰고 있다.

> 나는 타울러의 글에서 모든 대학의 박사들이 쓴 것들보다 더 진정한 신학을 발견했다.624)

루터가 1516년 즉, 1517년 개혁조항 발표 이전에 이미 독일 신비주의의 원전을 알고 있었다는 것은 논란의 여지가 없다.
그는 1508년 아우크스부르크에서 출판된 타울러 판을 읽었다. 이때 루터는 14C 후반에 쓰여진 종교적 논문 「독일신학」과 만난 것이다. 루터 자신이 그 논문의 여백에 많은 주석을 달아 놓았는데, 이는 그가

---

621) 바이마르 비평본(vol. 4) p.265., line 30.
622) 바이마르 비평본(vol. 40) p.284., line 6.
623) 바이마르 비평본(vol. 57) p.144., line 10.
624) 바이마르 비평본(서한집 vol 1) p.57.

얼마나 열심히, 그리고 동의하면서 책을 읽었는지를 보여준다.625)

그는 1516년에 단편적인 원고로 되어 있는 초판을, 그리고 완성본인 재판을 1518년에 읽었다. 루터는 익명으로 전해 내려온 이 논문이 타울러가 쓴 것이라고 생각했다. 논문의 서문은 저자 이름 없이 '프랑크푸르트 작센하우젠 교단 성직자'라고 밝히고 있지만, 오늘날 연구에 의하면, 실제로 이 논문은 에크하르트 내지 타울러 학파에서 나온 것이라고 한다.

이 논문은 '**완전한 삶**'을 살기 위해 은총을 경험하는 길을 제시하고 그리스도를 본받으라고 격려하고 있어서 그 시대에 나온 많은 논문들과 다른 모습을 보여주고 있다. 자신만의 경험을 중시하는 신학을 정립하는 과정에 있었던 어거스틴 수도회의 수사 루터는 이 논문에 빠져들 수밖에 없었다. 마치 그의 삶과 노력들을 결정적으로 변화시킨 성령이 그에게 말을 하는 것과 같았다. 그는 이 논문의 완성본을 책으로 출판하면서 서문에 다음과 같이 쓰고 있다.

> 어떤 책도 성서와 성 어거스틴(어거스틴)과 더불어 이 책만큼 나에게 가까울 수는 없을 것입니다. 이 책으로부터 나는 신과 그리스도, 인간과 모든 사물이 무엇인가를 배웠고 앞으로도 배울 것입니다. 이 말은 나의 진심입니다. … 하나님, 감사합니다. 라틴어로도 그리스어로도 찾을 수 없었는데 이제 독일어로 나의 하나님을 듣고 발견할 수 있게 되었습니다. 하나님, 이 책이 세상에 더 많이 드러나서 독일 신학자들이 가장 뛰어난 신학자라는 것을 우리가 깨닫게 해

---

625) 타울러의 말, 즉 "신이 말씀하기를 바란다면, 그대는 침묵해야 한다. 신이 들어서려면, 다른 모든 사물들은 나가야 한다."에 관해서, 마르틴 루터는 "타울러의 이 모든 논설은 신비신학에서 나온 것"이라고 주석을 붙여두었다. 그는 독일신학이 '체험적 지혜', '비교리적인 것'이라고 했으며, 타울러는 에크하르트와 마찬가지로 '영혼의 근저'에서 신이 태어나야 한다고 말했다. 타울러가 내적인 기도를 외적인 기도보다 선행시킬 때, 읽는 개혁자로서의 루터는 동의를 표했다. "정신 안에서 기도가 시작되면 목소리의 기도는 멈추어야 한다." 루터는 자신의 영적 상담자였던, 작센의 어거스틴 회원 요한 폰 슈타우피츠와의 교류를 통해 "그리스도와 함께함(conformitas cum Christo)"에 이르게 되었다.

주십시오. 아멘.626)

이런 말을 한다고 루터가 인문주의적·문헌학적인 학문을 무시한 것은 아니다. 루터 자신이 3년 후에 신약성서를 그리스어 원전에서 독일어로 번역한 것을 보면 알 수 있다. 그보다도 미래의 종교개혁가 루터가 말하고자 한 것은 모국어와 어우러진 경건성 앞에서 느낀 감격이다. 루터 한 사람만 「독일신학」을 높이 평가한 것이 아니며, 이 책은 계속해서 판을 거듭해 나왔고 오늘날까지 널리 읽히고 있다. 그러나 칼빈(칼뱅)은 이 책을 거부했다. 로마 가톨릭에게서도, 이 책은 그리 사랑받지 못하였는데, 아마도 '**이단자**' 루터가 추천했기 때문일 것이다. 한편 16C에 카스파 슈뱅크펠트와 세바스티안 프랑크, 그 이후 독일 경건주의의 선구자인 요한 아른트와 필립 야곱 슈페너가 「독일신학」을 아주 중요하게 여겼다. 이 책의 중요성은 종교개혁 이후에도 논란의 여지가 없다고 하겠다.

종교개혁 초기에 루터가 쓴 일련의 저서에도 자신이 신비주의의 영향을 받았음을 밝히고 있다. 그 예는 1521년 「누가복음」 1장에 나오는 성모마리아의 찬미가를 해석한 부분에서 볼 수 있다. 서문을 보면 다음과 같은 글이 있다.

> 이 성스러운 찬미가를 순서에 따라 이해하기 위해서는 동정녀 마리아가 자기 자신의 성령을 경험 속에서 깨닫고 가르침을 받았음을 말하고 있다는 것을 주시해야 한다. 왜냐하면 직접 성령을 받지 않으면 아무도 하나님이나 하나님의 말씀을 올바로 이해할 수 없기 때문이다. 그러나 경험하

---

626) Heinrich Borcherdt und Georg Merz 편, 『마르틴 루터 선집, 1권. 종교개혁시대 Martin Lutther, Ausgewählte Werke vol.I: Aus der Frühzeit der Reformation』(München, 1963) p.140 f.
아래를 참조할 것.
『독일신학, 신비주의의 기본명제 Theologia Deutsch. Eine Grundschrift deutscher Mystik』 (Andechs, 1989), p.24 ff.

고 시도하고 느끼지 않으면 아무도 성령을 받을 수 없다. 이렇게 성령은 경험으로써 스스로 배우게 한다. 이것이 아니면 그럴듯해 보이는 말이거나 쓸데없는 말일 뿐이다. 성모마리아의 경우가 올바른 것이다.[627]

– 세상에 커다란 영향을 미친 루터가 과연 독일신비주의 그룹에 속한다고 보아야 하는가. 이 질문에는 종교개혁자를 어떻게 평가하고 신비주의를 어떻게 이해하는가에 따라 뉘앙스가 다른 여러 가지 대답이 나올 수 있을 것이다.

루터는 좁은 의미에서의 '**신비주의적**'인 글을 쓰는 저자가 되지는 않았다. 그러나 신비적 전통의 요소와 신비적 현상에 대한 성찰은 여러 곳에서, 특히 초기의 저술에서 찾아볼 수 있다.[628]

라인하르트 슈바르츠의 견해가 울리히 쾨프의 이 말을 보충해준다.

> 우리가 황홀경 체험만을 근거로 하지 않고 신과 하나가 되는 경험 속에서의 신앙심을 근거로 하여 신비주의를 규정할 때에만 루터는 기독교 신비주의의 역사에서 한 자리를 차지할 수 있다. 신과 하나 됨을 어떻게 체험하며 어떻게 생각하는지 기독교 신비주의 역사에서 다양하게 나타난다. 루터는 자기 자신만의 대답을 찾은 동시에 기독교 신비주의에서 그가 아는 다른 양식들과는 확실하게 거리를 두었다.[629]

---

627) 『마르틴 루터 선집 Martin Luther, Ausgewählte Schriften』 (Frankfurt/M, 1982) p.119.
628) Ulrich Köpf, "마르틴 루터 Martin Luther" 『신비주의 사전』 p.336.
629) Reinhard Schwarz, 「마르틴 루터 Martin Luther」, in Gerhard Ruhbach/Josef Sudbrack(ed) 『위대한 신비주의자들 Große Mystiker』 p.192.

루터는 디오니시우스 아레오파기타의 사변적 신학에만 거리를 취한 것이 아니었다. 그의 이런 거리두기는 종교개혁 세력으로 결집되던 '왼쪽 날개'라 불리운 반대편 그룹과 대결하면서 자라난 것이다. 이들은 신비주의적·계시록적인 생각을 가지고 혁명을 일으켰다.

우선 토마스 뮌처를 생각할 수 있으며 카스파 슈벤크펠트, 세바스타인 프랑크, 칼슈타트 박사라고 불린 안드레아스 보덴슈타인, 멜히오르 호프만, 그리고 1523년경부터 눈에 띄게 나타난 재세례파(1525년에 스위스 종교개혁가인 츠빙글리에게서 분파된 집단으로서 성인세례가 구원에 필수적이라는 입장을 취했다: 역자주)를 들 수 있다. 각 인물과 경향을 어떻게 평가하든 간에 그들은 '성령의 현존에 부름받았다는' 점에서 공통점을 가진다. 그들은 영적 내지 신비주의적인 성서해석을 토대로 삼았다.

그들의 해석과 거기서 나온 신학이 루터의 견해와 다른 경우에는 비텐베르그의 종교개혁자는 화해할 수 없는 적이 되어 처음에 자기에게 우호적이었던 이들을 '광신자들'이라면서 쫓아버렸고 적그리스도의 사자니 이들을 정신적으로나 육체적으로 멸망시켜야 한다고 했다. 이런 관점에서 볼 때, 종교개혁자 자신의 주도로 개신교 진영 안에서 불행한 일이 일어나고 만 셈이다.

4. 뮌처

그러면 다시 한 번 작센 지방의 소도시 알수테트의 종교개혁적인 성직자였던 토마스 뮌처를 살펴보자. 루터에게서 '악마'라는 비난을 받은 1525년 중부 독일의 농민 봉기가 실패한 후 포로가 되어 고문을 받았으며 교수형에 처해졌다. 루터 그룹의 다른 이들과 마찬가지로 뮌처도 조이제와 타울러의 저서, 그리고 여성들이 쓴 신비주의 서적과 루터가 펴낸 「독일신학」 등의 신비주의 서적에 심취했다. 뮌처에게는 하나님 말씀의 씨앗이 우선 사람의 마음속에 떨어져 내려앉는 것이 중요했다. 그리고 나서야 종이와 양피지는 거기에 잉크가 아니라 하나님의 살아 있는 손가락으로 글씨를 직접 쓴 진정한 성서가 된다. 성서의 기초는 바로 이것이다.

> 성서는 진실이며, 살아 있는 하나님의 말씀이라는 더 확실한 증거는 없다. 아버지가 사람의 마음속에서 아들에게 말을 거시기 때문이다. 선택받은 모든 사람이 성서를 읽을 수 있다.630)

뮌처는 선택받는다는 것을 신비신학 탈아(脫我)의 과정, 그리고 깨달음, 하나님과 영혼의 합일에 선행하는 영성의 정화(카타르시스) 과정과 밀접한 연관이 있는 것으로 보았다.

그는 에크하르트, 타울러와 마찬가지로 하나님이 직접 말씀하신다는 점과 관련해 '**영혼의 심연**'을 말했다. 하나님은 말없이 계시지 않는다. 하나님은 침묵 속에서 밖으로 걸어 나와 사람 가까이에 오신다. 그러므로 성찬식에 참여하는 사람은 이 점을 명심해야 한다.

> 하나님이 밖에 아니라 수백 마일 밖에 떨어져 계시는 것이 아니라, 그의 마음속에 계신다. …그리고 아버지가 끊임없이 아들을 우리 마음속에 태어나게 하시며, 성령이 애통해하며 우리 마음속에 십자가에 달리신 분이 계심을 밝힌다.631)

마이스터 에크하르트와 요한네스 타울러가 중요하게 다룬 주체인 '**영혼의 심연에서 하나님이 태어나심**'을 상기시키는 부분이다.

루터의 공격자들은, 루터가 하나님을 만나는 것과 영혼 깊은 곳에서 나오는 소리를 듣는 것은 마음이 고양된 상태에서 모호한 행복을 느끼

---

630) Thomas Müntzer, 『저술과 서한 Schriften und Briefe』 (Gütersloh, 1968) p.210.
631) ibid.

는 것과는 관련이 없다고 말하는 부분에 주목했다. 오히려 루터는 자신의 설교를 듣는 신자들과 자신의 책의 독자들이 그리스도의 수난에 관심을 가지도록 했다. 신비주의 영성을 옹호하는 많은 사람들과 마찬가지로 그도 그리스도를 본받는 것은 개인적으로 고난을 감내할 준비가 되어 있다는 것과 뗄 수 없는 것으로 보았다.

> 뮌처는 선택받은 사람들을 성령이 지배하는 삶으로 이끄는 데 자신의 사명이 있다고 보았다. 사람은 진정한 신앙 안에서 세상의 모든 타락상으로부터 벗어나야 하며 고난을 견디어내고 하나님이 역사(役事)하실 수 있는 자리를 만들어야 한다. … 뮌처가 선택받은 사람들의 신앙적 삶에 관해 말한 거의 모든 부분에서 독일 신비주의의 영향을 받았다는 것이 입증된다.632)

뮌처가 고난의 의미를 강조하며 '꿀처럼 달콤한' 그리스도를 거부한 것처럼 약 5C 후에 히틀러에 대항한 신학자 디트리히 본회퍼는 '싸구려'로 아주 쉽게 은총을 받을 수 있다는 설교를 추종하는 자들을 거부하게 된다. 뮌처가 굴곡 많은 삶을 살다가 결국 처참하게 죽어갔다는 사실만으로도 고난을 주제로 삼을 만한 충분한 이유가 된다.

그러나 이것이 아니더라도 신비주의의 역사에서 '고난'은 전혀 낯선 단어가 아니다. 고난은 마이스터 에크하르트가 말했듯이 '완전함에 도달하게 하는 가장 빠른 짐승'633)이다.

---

632) Reinhard Schwarz, 「토마스 뮌처와 신비주의 Thomas Müntzer und die Mystik」 in Gerhard Ruhboch/Josef Schwarz(ed) 『위대한 신비주의자들 Große Mystiker』 p.295.
633) 참조 Alois M, Haas 『Gottleiden Gottlieben』 p.151 f. : "독일 신비주의는 고통을 통해 신에 이르는 가능성을 보았다. 즉, 고통은 은총이다. … 고통은 에크하르트에게는 우리를 신에게로 인도하는 신호이고 타울러에겐 내 본성 안의 결핍인데 이것으로 인해 신에 이르게 되는 것이었다. 조이제에게 고통이란 신이 실질적으로 건네주는, 정당성의 은총이다."

제3장
요한 칼빈[634]

루터와 더불어 16세기 종교개혁의 쌍두마차를 함께 이끌었던 요한 칼빈(John Calvin: 1509-1564)은 루터와 달리 중세 수도원 영성의 깊은 배경은 없었다. 칼빈에게도 회심 체험은 있었으나. 루터처럼 중세 신학과 영성 속에서 몸부림치고 갈등하며 구원을 위한 투쟁을 벌인 구체적인 내용도 발견할 수 없다. 중세 교리와 신학에 해박했으나 루터처럼 중세 신비주의에 심취했던 경력은 찾을 수 없다. **칼빈은 철저한 인문주의 배경을 가진 자였다.** 그러나 이런 칼빈에게도 클레르보의 성 버나드는 그냥 지나칠 수 없는 인물이었다.

1. 인간적 유사성

루터와 마찬가지로 칼빈도 버나드를 매우 선호했다. 그는 시간이 흐르면서 버나를 더욱 중시하며 더 많이 인용했다.

무엇이 칼빈을 버나드에게 끌리게 했는가? 중세 가톨릭 수도사와 개신교 종교개혁자 사이에 어떤 공통점이 있었는가?

우선 버나드와 칼빈의 경력에 유사성이 있다. 둘 다 20대에 회심 체험을 했고 새로운 삶의 길로 가게 되었다. 하나는 수도사이고 다른 하나는 개혁자였다. 둘 다 새로운 운동의 개척자나 창시자는 아니었으나, 둘 다 신앙운동의 지도자로 창시자를 능가했다. 하나는 시스테르시안

---
*634) 원종천, 『성 버나드』 (대한기독교서회. 초판5쇄, 2019) pp.179-190.

(Cistercian) 수도원 운동이고 다른 하나는 개혁교회 개신교 운동이었다. 둘 다 일반 대중들 앞에서는 삶을 꺼렸으나 둘 다 활동적인 삶으로 이끌려갔다. 둘 다 만성질환에 상당한 고통을 받았고 그들의 성격에 영향을 주었을 것이다. 둘 다 진리를 권유하고 그 진리가 제시되는 방법의 중요성을 인식했다.

버나드에게 스타일은 매우 중요했다. 그의 저서들이 지속적으로 수정되었고 그의 주요 설교들은 설교되어지는 스타일보다는 읽혀지는 스타일로 다듬어졌다. 칼빈도 인문주의 출신으로 문체와 스타일에 많은 관심을 가졌다. 그의 저서는 단순히 정보를 제공하는 역할을 한 것이 아니고 계몽하고 설득하며 독자들을 움직이려고 했다.635)

칼빈은 버나드에게서 자기 자신의 모습을 발견했다. 버나드는 교회개혁의 의지를 가지고 있었던 것이다. 칼빈은 버나드가 가지고 있었던 교회 개혁의 의지를 중시했다. 칼빈은 교회가 세속적 권리와 물질을 가지고 들어온 콘스탄티누스대제 이후로 버나드의 시기까지 지속적으로 영적 하향길을 왔다고 생각했다. 버나드가 교황청의 탐심과 부패, 그리고 성직자들의 방탕함 등에 대해 묘사한 것을 통하여 12세기 중엽, 교회가 깊은 곳으로 떨어졌다고 생각했다.636)

그러나 버나드의 이러한 노력은 개혁의 결실을 맺지 못하고 종교개혁 시대까지 흘러왔다. 칼빈은 자기가 하던 일이 버나드가 하던 일을 완성시키는 것이라는 시각을 얼마든지 가질 수 있었던 것이다.

2. 칼빈의 버나드에 대한 신학적 호감

루터와 마찬가지로 칼빈도 버나드의 가르침을 매우 좋아했다. 1539

---

635) Anthony N. S. Lane, *Calvin and Bernad of lairvaux* (Princeton: Princeton Theological Seminaiy, 1996), xiii.
636) *Inst.*, 4:7:18.

년부터 1559년 칼빈의 대부분의 저작활동 기간 동안 칼빈은 버나드의 주요 저서들로부터 그를 41번 인용했다. 물론 어거스틴을 인용한 횟수와는 비교가 안 되지만, 버나드는 칼빈이 정기적으로 인용한 네 명의 중세 저자들(Bernard of Clairvaux, Gregory the Great, Peter Lombard, Gratian) 중 하나이다.637) 칼빈이 버나드를 선호한 데는 이유가 있다. 버나드의 신학이 많은 중세 신학자들과는 달리 어거스틴에 매우 충성스럽게 남아 있었기 때문이다. 이것과 관련되어 버나드는 또한 스콜라주의 전 시대 중세 수도원 신학의 가장 위대한 대표적 인물이기 때문이다. 또한 버나드의 글은 성경구절과 성경 표현을 많이 사용했다. 버나드가 성경을 다루는 방법은 칼빈과 매우 달랐지만, 버나드가 성경에 깊이 들어가고 그것을 그의 글에 전반적으로 사용하는 것이 칼빈에게 상당한 호소력을 발휘했을 것으로 보인다.638)

칼빈과 버나드는 둘 다 성경을 하나님의 말씀으로 받아들이고 교회와 그리스도인들을 위한 마지막 권위로 여겼다. 버나드는 다른 여러 철학자들이나 교부들을 인용했으나 그의 설교나 신학적 논쟁 또는 신비주의적 가르침을 위한 궁극적인 권위는 성경이었다. 버나드는 비록 이성이 성경의 진리를 펼치고 이성적으로 수호해야 할 책임을 가지고 있지만 동시에 이성은 성경의 권위하에 있다고 주장했다. 칼빈은 비록 버나드의 알레고리적 해석은 거부했지만, 버나드의 성경에 대한 그러한 견해는 어거스틴과 더불어 얼마든지 수용할 수 있었다.639)

3. 칼빈이 버나드를 인용한 역사적 배경

칼빈이 버나드를 사용한 근본적인 목적은 변증적이었다. 칼빈이 버

---

637) Lane, *Calvin and Bernard Claivaux*, 7.
638) *Ibid.*, xiv.
639) W. Stanford Reid. "Bernard of Clairvaux in the Thought of john Calvin," *Westminster Theological Journal* 41 (1978): 135.

나드를 인용한 41번 가운데 30번은 그의 반대 입장에 대항하며 활력을 얻기 위한 것이었다. 칼빈이 버나드를 변증적으로 사용한 내용은 두 가지였다. 하나는 역사적인 것이고 다른 하나는 교리적인 것이다. 버나드는 그 당시 교회의 부패한 상황에 대한 증거였고, 또한 화체설이 존재하지 않았다는 증거도 되는 것이었다. **버나드는 칼빈에게 교리적 권위로서 사용되었다.** 그는 로마교회의 오류에 대항하여 칼빈의 가르침을 뒷받침해 주는 역할을 한 것이다. 칼빈은 버나드를 어두운 중세시대에 진리를 증거하는 귀중한 인물로 평가한 것이다.640)

칼빈은 또한 중세교회로부터 어거스틴의 가르침을 벗어나게 한 아리스토텔레스의 영향을 제거하려고 했다. 칼빈이 교회의 삶과 활동을 개혁하려고 한 데에는 부분적이나마 그 부분에도 아리스토텔레스의 영향이 있었다고 보았기 때문이다. 나아가서 칼빈은 어거스틴 자신도 항상 일관적이지 않음을 발견했고 그에게서 발견할 수 있는 신약성경과 배치되는 부분들을 제거하려고 했다. 어거스틴이 교회에 남겨놓은 복잡하고 혼란스러울 수 있는 유산으로 말미암아 교회에 어거스틴의 기본적인 전제와는 맞지 않는 견해들이 들어왔다. 이것으로 말미암은 불확실성은 12세기 교회의 어거스틴적 사상을 이성주의적인 아리스토텔레스적인 원칙들을 변형시키려고 한 롬바르드(Peter Lombard)와 피터 아벨라드(Peter Abelard)의 가르침으로 더욱 혼란스러워졌다.641)

버나드는 바로 이러한 견해들에 대항하여 자신의 입장을 표명했다. 그는 아벨라드(Abelard)의 이성주의와 롬바르드(Lombard)의 반펠라기우스주의(Semi-pelagianism)를 거부했고 교회가 더 분명히 어거스틴주의로 돌아가기를 원했다. 나아가서 버나드는 수도원주의의 원칙들을 성직자들에게 적용하여 교회의 계급주의를 타파하려고 했다.642) 그러나 당시

---

640) Anthony Lane, "Calvin's Use of the Fathers and the Medievals," *Calvin Theoeologcal Jounal* 16 (1981) : 178-180.
641) *Reid*, 127.
642) *Ibid*.

의 상황과 역사의 흐름은 버나드로 하여금 현실적인 성공을 거두지 못하게 했다. 이 일은 그 후에 다른 사람들에 의하여 또 시도되었다. 그러나 종교개혁시대와 칼빈에게 와서 이 일은 절정에 도달했던 것이다. 칼빈이 왜 버나드를 좋아했고, 그를 많이 인용했는지 충분히 이해가 간다. 칼빈 스스로가 자신의 상황을 놓고 버나드와 같은 입장에 있는 것으로 생각했던 것이다. **칼빈에게 개혁교회와 초대교회와의 역사적 연계성은 매우 중요한 관건**이었다.

버나드는 당대의 가장 위대한 교회 지도자로 평을 받는다.643) 그는 당시에 어거스틴 전통을 회복시키는 데에 큰 공헌을 했다. 그것도 당시 인기를 누리던 논리학적 방법이 아니고 성경적 근거를 가지고 했다. 그리고 그후 중세 말기에 그레고리우스(Gregory of Rimini), 토머스 브래드워다인(Tomas Bradwardine), 존 위클리프(John Wycliffe)와 같은 사람들에 의하여 어거스틴주의는 다시 시도되었고 마침내 루터와 칼빈과 같은 개혁자들이 종교개혁을 통하여 확실하게 교회에 자리를 잡도록 한 것이다. 즉 **어거스틴주의는 중세시대에 버나드를 거쳐 전수되어 중세 말기로 갔고 종교개혁에서 꽃이 피었다**고 할 수 있다. 어거스틴주의가 중세를 거치면서 12세기 이후에는 버나드주의 전통으로 전수된 것이다. 칼빈에게 버나드는 참 믿음이 중세시대에도 사라지지 않았다는 것을 말해 주는 중요한 증거였다.644)

중세 말에 어거스틴과 버나드가 이렇게 관심을 받게 된 이유는 무엇인가? 중세 스콜라주의는 아리스토텔레스와 기독교를 합성시켰다. 그러나 중세 말에 오면서 이 합성은 유명론자들의 공격에 의하여 무너지기 시작했고 이것은 기독교 신앙에 상당한 위협이 되었다. 그리고 15세기에 재생한 플라톤주의는 어거스틴과 버나드에게로 호감을 갖게 만

---

643) Arthur. C. McGiffert, *A History of Christian Thought* (N.Y.: Charles Scribner's Sons, 1946), II, 222. David Knowles, *The Evolution of Medieeval Thought* (N.Y.: Vintage Books, 1962), 147ff.
644) Lane, *Calvin and Bernard of Clairvaux*, xiv.

들었다.645) 이러한 15세기의 버나드에 대한 관심으로 말미암아 16세기 초에 버나드의 책이 출판되어 나오기 시작했고 칼빈의 손에 버나드의 책이 들어가게 되었을 것이다.646)

칼빈은 때로 버나드에 대하여 비판적이었다. 칼빈은 버나드의 자유 의지에 대한 가르침에 대하여 부정적이었으나 나중에 그 판단을 바꾸었다.647) 앞에서 본 대로 칼빈이 전면적으로 의심할 만한 반펠라기우스적(Semi-Pelagian)인 자유의지는 아니었기 때문이다. 버나드는 시프리안(Cyprian), 암브로시우스(Ambrosius), 어거스틴(Augustine), 그레고리우스(Gregory)와 연계되어 바른 기초를 세운 분으로 여겨졌으나 때로는 하나님의 순수한 말씀으로부터 이탈한 것으로 평가되었다.648) 그러나 칼빈은 약간의 비평 후에는 대개가 버나드에 대하여 긍정적이었고 그의 비판은 조심스럽게 언급되었다. 킬빈에 의하여 버나드는 어거스틴주의에 대한 증인으로 비춰졌다. 즉 칼빈은 버나드를 중세시대에 스콜라주의 오류에 대항하여 어거스틴주의를 증거하는 인물로 보았으며, 어두운 시대에 진리를 증거하는 중요한 인물로 여겼던 것이다.649) 그는 교회의 부패에 대한 증인이었고, 피터 롬바르드(Peter Lombard) 때부터 스콜라주의에 의하여 전복된 수도원적 어거스틴주의의 본보기로 인용되었다.650) 버나드는 중세 스콜라주의, 교회법, 교황 칙령, 교회 부

---

645) Reid, 129.
646) 버나드의 전집이 1508년 파리에서 출간되었고 아마도 칼빈이 이것을 손에 넣었고 자신의 연구를 위해 사용했을 것으로 생각한다. A.N.S. lane, "Calvin's Source of St. Bernard," Archive. for Reformation History 67 (1976) : 253-283. 1536년 출판된 칼빈의 『기독교강요』 첫판에는 버나드가 전혀 언급되지 않는다. 그러나 1539년 판부터 버나드의 언급과 그의 인성을 지속적으로 넣기 시작했다. 여러 경우 칼빈은 어거스틴을 인용한 후에 버나드를 다시 인용하는 것을 볼 수 있다. 버나드를 가장 많이 인용한 것은 역시 1559년에 출판된 『기독교강요』 마지막 판이었다. 칼빈은 『기독교강요』를 집필하는 20여 년 동안 지속적으로 버나드를 연구했고 그로부터 도움을 받았던 것으로 판단된다. Reid, 130.
647) *Inst.*, 2:3:5.
648) John Calvin, *Calvin's New Testament Commentaries*, trans. T.H.L. Parker, ed. D. W. Tarrance and T. F. Torrance (Grand Rapids: Eerdmans, 1965), ICor. 3:15.
649) Lane, "Calvin's Use of the Fathers and the Medievals," *Calvin Theological Journal* 16 (1981) : 178-180.

패 등에 대항하는 진리에 대한 증인이었다. 그러므로 칼빈에게 버나드는 스콜라주의와 교황과 교회법 등의 중세의 오류로부터 어거스틴의 교리를 보존한 후기 수도원 교부였다. 버나드도 때로는 오류를 범했고 완전히 칼빈과 같은 입장은 아니었다. 그러나 버나드의 중심은 로마 가톨릭의 방향보다는 개혁주의 방향이었다. 그는 중세시대에 참 교리를 보존하는 증거였고 칼빈이 개척자는 아니었음을 보여 주는 인물이 되었다. 그의 가르침은 항상 성경의 가르침을 따르려고 했던 것이다.651)

4. 칼빈이 버나드를 인용한 분야

칼빈에 의하여 버나드가 인용된 내용에는 세 가지 분야가 있다. 그것은 죄와 은혜 교리(특히 노예 의지), 공로의 거부와 하나님 앞에서의 신뢰와 확신의 중요성, 그리고 성직자와 교황청의 부패였다. 또한 칼빈은 예정론, 죽은 자의 상태, 화체설과 관련하여 버나드를 언급했다. 죽은 자의 상태 이외에는 다 칼빈에게 중요한 주제였다. 그러나 칼빈에 의하여 전혀 언급되지 않은 버나드의 큰 부분이 있다. 그것은 버나드의 수도원주의로 버나드의 삶과 사상에 중심적인 위치를 차지하고 있다. 그러나 칼빈의 인용을 보면 버나드의 수도원주의는 언급되거나 인용된 것이 거의 없다.

이것은 이해가 된다. 칼빈은 전혀 수도원주의를 흠모한 사람이 아니고 그가 버나드를 사용한 것은 칼빈 자신의 입장을 옹호해 주기 위한 것이지 버나드를 비판하기 위한 것은 아니었기 때문이다. 칼빈이 버나드의 가르침에 대하여 언급을 회피한 또 하나의 영역은 그의 성경해석법이었다. 칼빈은 버나드를 설교자로서는 긍정적으로 평가했지만 버나

---

650) *Inst.*, 2:3:5.
651) Lane, "Calvin and Bernard," 31.

드의 해석법은 인정하지 않았다. 버나드는 영해의 선봉자였고 칼빈은 영해를 받아들이지 않았다.652) 칼빈이 버나드의 『아가서 설교』를 인용하기는 했지만 그것은 자유의지와 공로 등과 관련된 변증적인 내용이었다. 칼빈은 버나드의 신비적 가르침에는 전혀 흥미를 가지고 있지 않았다.653) **칼빈이 버나드를 인용한 것은 칼빈 자신의 관심과 필요를 채우기 위한 것이었고, 내용은 상당히 많은 분량**이었다.

자유의지

칼빈이 1539년 버나드를 처음 인용한 것은 자유 선택의 정의를 인용하며 그것을 인정하지 않는 내용이었다.654) 그러나 그후 버나드에 대한 칼빈의 태도는 긍정적이 되었다. **칼빈은** 한편으로는 의지 자체와 다른 한편으로는 선하거나 악한 의지 사이를 구별하는 **버나드의 입장을 결국 따랐다**. 의지 자체는 모든 인간에게 속하는 것이고 악한 의지는 부패한 본질에서 나오고 선한 의지는 은혜로부터 나온다는 것이었다.655) 즉 인간의 의지는 빼앗을 수 없는 것이나, 그것이 타락한 죄인이 선을 행하려면 의지할 수 있다는 것을 의미하는 것은 아니라는 말이다. 의지가 상실될 수는 없으나 강압으로부터 자유하다는 의미이다.

그러나 타락한 죄인은 필연적으로 죄를 지을 수밖에 없다. 1543년 칼빈은 타락 후 이런 노예적 필연이 어거스틴과 버나드에 의하여 가르쳐졌다고 주장했다. 이 주장은, 타락한 인간은 죄를 짓는 자발적 필연성하에 있다는 버나드의 가르침이 칼빈의 인용에 의하여 1559년 지지된 것이다.656) 그들은 자유롭지만 그들 자신에 의지로부터 나오는 일

---

652) 루터 버나드의 해석(LW, 45:363, 54:353)과 영해(LW, 2:164)를 비판했다. Lane, "Calvin and Bernard," 34.
653) 루터는 버나드의 신비주의에 대하여 긍정적이고 부정적인 양면성을 가지고 있었다. C. Voltz, "Martin Luther's Attitude toward Bernard of Clairvaux," in *Studies in Medieval Cistercian History*, ed. J. F. O' Callaghan (Shannon : Irish University Press; Spencer: Cistercian Publications, 1971), 191, 204.
654) *Inst.*, 2:2:4.
655) *Inst.*, 2:3:5.

종의 폭력에 의하여 괴로워하고 있다는 것이다. 이것은 의지에 영향을 주어 죄를 필연적으로 만든다. 그러나 이것이 의지에서 나오는 자발적인 것이기 때문에, 이 필연성은 의지를 용서해 줄 수 없다. 인류는 자발적으로 자신을 죄의 노예로 만들었기 때문에 그것은 자발적 노예상태로 들어간 것이다. 그러므로 사람들은 죄의 필연성 때문에 노예인 동시에 그들의 의지이기 때문에 자유롭다. 인간의 자유는 인간을 죄책으로 인도했고 죄책은 인간을 노예로 인도하였다.

그래서 역설적으로 인간은 자유롭기 때문에 노예가 된 것이다.[657] 이 인용들에서 칼빈은 인간이 필연적으로 죄를 지으나 동시에 자발적으로 죄를 짓는 것이고 강압적으로는 죄를 짓는 것이 아니라는 그의 교리를 위한 지지를 주장했다.

버나드가 자유의지의 빼앗길 수 없는 본질을 고수하는 반면, 칼빈은 자유 선택(liberum arbitrium)이라는 용어를 좋아하지 않았다. 그러나 칼빈은 그것이 건전한 의미로 사용될 수 있음을 인정했고 자유 선택을 어거스틴적 의미의 타락한 인간에게도 적용할 수 있다고 판단했다.[658] 그러나 칼빈은 자유 선택이라는 표현을, 그렇게 작은 의미를 갖은 것에 비해 너무도 큰 제목이라고 생각했다. 그는 자유 선택의 어거스틴적 의미를 인정하면서도 가능하면 이 용어를 사용하지 않는 것이 지혜롭다고 생각했다.[659] 어거스틴과 버나드가 자유 선택을 수호했을 때 그들은 의지의 '존재론적' 자유를 단언하고 있었다. 칼빈은 이런 '존재론적' 자유를 거부한 것은 아니고 사실 그것을 받아들였지만, 그는 그것에 관심이 없었다. 칼빈의 근본적 관심은 의지의 윤리적 자유를 거부하는 것이었다. 칼빈 당시 이 윤리적 자유가 자유 선택(liberum arbitrum)에게 일반적으로 주어진 의미였기 때문이다. 칼빈이 의지의 윤리적 자유를 거부하는 것은 어거스틴이나 버나드와 동일한 입장이었다.

---

656) *Inst.*, 2:3=5; 2:5:1.
657) Bernard, *On the Song of Songs* 81 : 7-10.
658) *Inst.*, 2:2:8; 2:2:7.
659) *Inst.*, 2:2:7.

그들의 차이는 강조와 용어상의 차이였던 것이다.660)

칼빈에게 중요한 것은 필연성의 교리였다. 타락한 인간은 비록 강제적으로 죄를 짓는 것은 아니지만 필연적으로 죄를 짓는다는 것이었다. 그런데 이것은 버나드의 가르침과는 반대되는 것으로 보인다. 버나드는 자유 선택이 스스로 결정하는 자발적 동의이고 어떤 강압이나 필연성(불가피성)에 의한 것은 아니라고 말한다.661) 의지의 동의는 모든 공로나 비공로에 필수불가결하며, 누구든지 자유롭게 동의하지 않은 것에는 책임이 없기 때문이다. 의지는 본질적으로 자신을 순종하는 것 외에는 다른 것을 할 수 없다. 자유를 잃는 것은 자신을 잃는 것과 마찬가지이기 때문이다.662)

그러나 버나드는 세 가지 종류의 자유를 구별한다. 그것은 첫째 불가피함으로부터의 자유로 모든 사람이 본질적으로 가지고 있는 것이고, 둘째는 죄로부터의 자유로 은혜로 주어진 것이며, 셋째는 불행으로부터의 자유로 저 세상에 속하는 것이다.663) 불가피함으로부터의 자유는 빼앗을 수 없는 자유이고 어떤 상황에도 잃을 수 없는 자유이다.664) 나머지 두 자유는 아담에 의하여 소유되었던 것이나 상실할 수도 있는 것이었다. 아담은 죄를 짓지 않을 수 있는 능력은 가지고 있었지만, 죄를 지을 수 없는 은사는 가지고 있지 않았다.665) 이 자유는 은혜로 둘 다 회복할 수 있지만, 이 세상에서는 부분적으로만 회복이 가능하다는 것이다.666)

칼빈은 버나드의 세 가지 종류의 자유에 근본적으로 동의했다.667)

---

660) Lane, "Calvin and Bernard," 38.
661) Bernard, *On Grraced and Free Choice*, 1.2.
662) Bernard, *On Grace and Free choice*, 2. 4.
663) Bernard, *On Grace and Free choice*, 3.46-4.12
664) Bernard, *On Grace and Free choice*, 3.6.
665) Bernard, *On Grace and Free choice*, 7.21-23.
666) Bernard, *On Grace and Free choice*. 5.15, 8.25, 9.28.
667) *Inst.*, 2:2:5.

그는 단지 필연성(necessity, 불가피성)과 강압(coercion)의 혼동에 염려했을 정도였다. 버나드의 '필연성으로부터의 자유'는 본질적으로는 칼빈의 '강압으로부터의 자유'와 같은 것이었고 칼빈의 '필연성'은 버나드의 '죄의 노예'와 같은 것이었다. 칼빈과 버나드 둘 다 의지가 죄의 노예가 되어 있다는 것과 어떤 외적 압박을 거부하는 것을 확인했다. 둘 사이에 용어의 차이는 있었지만, 내용에 있어서는 일반적으로 동의하고 있었다.[668]

칭 의

칼빈은 예정론과 성찬론에 대하여는 어거스틴과 다른 교부들의 지지를 얻는 것에 자신이 있었지만[669] 이신칭의 교리에 대하여는 좀 조심스러워했다. 이신칭의 주제에 가서는 교부들의 인용 횟수가 줄어드는 것을 볼 수 있다.[670] 이 주제에 관한 한 어거스틴도 만족스럽지는 못하다고 칼빈은 말했다.[671]

칼빈은 공로 개념을 반대하기 위한 지지를 얻기 위하여 버나드의 도움을 얻었다. 그는 공로라는 용어를 위험하고 불행한 것으로 여겼다. 초대 교부들이 이 용어를 사용한 것에 대하여는 어느 정도 이해가 가지만, 나중에 이 용어가 하나님의 은혜를 불분명하게 하고 사람들에게 교만을 심어 주는 역할을 했다고 논쟁했다.[672] 그러나 버나드는 이 용어를 건전한 의미로 사용했다고 칼빈은 말한다. 버나드는 공로를 언급했지만 하나님의 긍휼이 우리의 공로이고 우리의 공로는 우리의 소망을 하나님에게 두는 것이라고 말했다. 하나님의 공정한 심판의 눈으로 보았을 때에 우리의 의로움은 아무것도 아니라는 것이다.[673]

---

668) Lane, "Calvin and Bernard," 42-43.
669) *Inst.*, 3:22:8, 4:17:28.
670) Lane "Calvin's Use of the Fathers and the Medievals," 159f.
671) *Inst.*, 3:11:15.
672) *Inst.*, 3:15:2.

칼빈은 버나드가 공로 개념을 가지고 있다는 것을 인정했다. 버나드는 공로 자체를 부인한 것이 아니고 공로로 말미암은 교만을 경계한 것이다. 우리는 공로를 하나님의 선물로 인식해야 한다.674) 하나님께서 우리에게 주시지 않으면 우리는 어떤 선행도 할 수 없고 하나님께서 그것을 우리에게 은혜로 거저 주시지 않는다면 우리의 선행이 공로가 되어 영생을 얻을 수가 없다.675)

칼빈은 회심이 진정으로 사람을 변화시킨다는 것을 부인하지 않았다, 그들의 선행은 진정으로 그들의 선행이 되어 하나님께서 그들에게 보상을 하신다고 말한다.676) 물론 이 선행을 하나님의 엄격하신 정의의 기준으로 판단한다면 죄가 묻어 있고 정죄를 받아야 마땅하다.677) 그러나 믿는 자들에 대하여 하나님은 엄한 재판장이 아니고 그리스도 안에서 그들의 선행을 받아주시는 은혜로우신 아버지이시다.678)

하나님께서는 당신의 엄한 정의의 기준으로 그들을 보상하시는 것이 아니고 당신의 은혜로운 약속에 의하여 상을 주시는 것이다.679) 칼빈은 공로와 보상의 상호관계를 인정하지 않았다.680) 버나드는 공로사상을 수용했고 칼빈은 공로사상을 거부했다는 단순한 공식은 옳지 않다. 칼빈은 하나님의 은혜를 가리고 인간의 교만을 격려하는 공로 개념을 거부했다.681)

버나드는 칭의 교리가 논란의 대상이 되는 시기 이전에 살았다. 그러므로 그의 용어 사용에 불확실성이 있다는 것은 놀랄 일이 아니다.

---

673) *Inst.*, 3:2: 25.
674) Bernard, *On the Song of Songs*, 68.6.
675) *Inst.*, 3:2:41.
676) *Inst.*, 3:18:1-4.
677) *Inst.*, 3:14:9-11.
678) *Inst.*, 3:17:3-10.
679) *Inst.*, 3:15:3.
680) *Inst.*, 3:18:4.
681) Lane, "Calvin and Bernmard," 53. Wawrykow는 칼빈의 중생교리가 아퀴나스의 condign merit 개념과 유사성을 가지고 있다고 주장한다. J. Warykow, "John Calvin and Condign Merit," *Archiv fur Reformationgeschichte* 83 (1992): 73-90. 칼빈의 보상교리와 condign merit 사이에도 유사성이 있다.

그의 용어는 때로는 법정적 의미를 가지고 있고[682] 때로는 실질적인 변화를 언급할 때도 있다.[683] 버나드는 칭의와 성화를 확실하게 구별하고 있지 않다. 그러나 버나드가 칭의를 성화와 구별하여 가르친 적이 없는 것은 아니다. 문제는 그가 이 구별을 연관성 있게 하지 않았다는 것이다.

버나드가 전통적 중세 개념을 말하는 것처럼 들리는 경우도 있지만, 그에게는 중세 가톨릭주의를 초월하는 경우가 많이 있다. 칭의가 때로는 고해성사와 연관되기도 하지만, 더 자주 그리스도에 대한 인격적 믿음과 더 많이 관련되어 나타난다. 믿음이 때로는 공로적으로 보이지만 인간 자신의 공로보다는 그리스도에게 자신의 신뢰를 두는 것으로 더 많이 보여진다. 버나드가 칭의와 성화 사이에 명백한 구별은 하지 않았지만, 그가 칭의를 종교개혁의 의미로 전혀 말하지 않은 것은 아니다.[684]

버나드가 칼빈의 칭의교리에 가장 접하는 것은 그가 죄의 전가(imputation)를 말할 때이다. 버나드는 시편 32장 2절을 지적하며 하나님에 의하여 죄가 우리에게 전가되지 않는 것을 말한다.[685] 그는 또한 이것을 요한일서 5장 18절("누구든지 하나님으로부터 난 자는 죄를 짓지 않는다.")과 연결시키며 하늘로부터 난 자를 예정론으로 해석하며 그 결과는 그의 죄가 그에게 전가되지 않는다는 것이다.[686]

하나님께서 죄를 전가하지 않으면 그 죄는 마치 전혀 존재하지 않는 것으로 된다. 인간의 의로움은 죄 사함을 받는 것이고 우리의 죄는 하나님 아버지의 사랑으로 깨끗해지는 것이다.[687] 죄를 우리에게 전가하

---

682) Bernard, *On the Song of Song's*, 22.8, 83.4.
683) Bernard, *On the Song of Song's*, 67.10, 76.3.
684) Lane, "Calvin and Bernard," 61.
685) Bernard, *On the Song of Songs*, 9.29. 22.9, 23.15, 713; *On Grace and Free Choice*.
686) Bernard, *On the Song of Songs*, 23.15.
687) Ibid.

지 않는 개념은 중세 전통에도 존재한다. 종교개혁의 교리가 다른 것은 단순히 우리의 죄가 우리에게로 돌려지지 않는다는 것으로 그치는 것이 아니고, 그리스도의 의로움이 우리에게로 전가된다는 것이다. 버나드에게는 바로 이 그리스도의 의로움이 우리에게 전가되는 내용이 있는 것이다.

그리스도께서 우리의 의로움이 되셨고 그의 의로움은 그 자신뿐만이 아니고 우리도 만족시킨다는 것이다.688)

---

688) Bernard, *On the Song of Songs*, 61.5.

제 4 장
칼빈의 신비주의[689]

　루터는 비록 중세 수도원주의를 비판했지만 그것은 수도원주의의 모든 것보다는 그릇된 수도원 주의를 비판했다. 루터 자신도 수도원에서 복음을 이해하지 못하고 수도의 노력을 통하여 공로를 세우고 하나님 앞에 의로워지려는 노력이 헛되다는 것을 깨달았기 때문이다. 이러한 헛된 노력은 인간의 타락과 죄성을 이해하지 못하고 아직도 인간에게 남아 있는 선하고 신성한 부분을 통하여 공로를 세우려는 노력으로 본 것이다. 인간의 전적 타락과 무능함, 그리고 이신칭의 진리를 발견한 루터에게는 수도원의 이러한 노력은 무의미하고 거짓된 것이었다. 그러므로 루터는 복음과 말씀, 그리고 그리스도 없이 금욕과 명상에 잠기는 것을 비판했다. 그러나 버나드 유형의 그리스도를 향한 헌신과 교제, 그리고 말씀과 그리스도를 통한 명상(관상)은 긍정적으로 평가했다.

　칼빈도 당시 수도원주의 문제점을 신랄하게 비판했다. 그는 당시 수도사들에 대하여 무지한 자들이라고 혹평하며 그들의 바리새적 교만과 위선을 비판했다.[690] 그들은 인간의 머리에서 나오는 논쟁으로 명확한 복음을 흐려놓는다는 것이었다.[691] 그러나 칼빈은 그중에도 좋은 수도사들이 있다는 것을 인정하면서, 사실상 수도사들 개인보다도 수도원주의 제도 자체를 공격의 대상으로 삼았다.[692] 칼빈은 어거스틴이 실

---

*689) 원종천, 『성 버나드』 (대한기독교서회. 초판 5쇄, 2019) pp.191-207.
690) *Comm*., on Acts 15:5, *Comm*., on 2 cor. 10:12.
691) *Comm*., on Jer. 5:30-31
692) *Inst*., 4:13:15.

천한 온건한 수도원주의를 존중했다. 그는 어거스틴이 묘사한 고대 수도원 실행을 기준으로 당시 수도원주의를 평가하고 비판했다.[693] 고대 수도사들은 수도원을 형제 사랑의 목표를 가지고 경건에 도움을 제공하는 공동체로 보았다.[694] 완고한 규칙에 의하여 얽매여 있는 그 당시 수도사들과는 달리 고대 수도사들은 사랑의 실천적 규칙에 의하여 적절하게 조절되는 훈련을 따랐고, 좋은 예로 독신의 삶을 살기가 어려웠던 수도사들은 공동체에서 방출되고 결혼이 허용되었다.[695] 또한 고대 수도사들은 일반 교회 회중들의 삶에 훨씬 더 융합되었다. 그들은 그들 자신만의 독립적 교회가 없었고 일반 교회에서 예배를 드렸다.[696] 일부 수도사들은 성직자나 감독으로 선택되기도 했지만, 대부분의 수도사들은 교회 직분을 맡지 않았다.[697] 당시 수도사들은 교부들에 의하여 독립된 집단으로 간주되지 않았고 성직자들의 통치를 받았다. **칼빈의 근본적 입장은 교회와 수도원의 역할이 분리되어야 한다는 것**이었다. 성직자는 세상에서 말씀과 성례를 통하여 섬기도록 부름을 받았고, 수도사는 세상을 멀리하며 기도와 명상의 삶을 살도록 소명을 받았다는 것이다.[698]

칼빈은 고대 수도원주의에 대하여도 일부 비판을 금하지 않았다. 그들의 수도적 훈련의 많은 부분이 지나친 겉치레와 비정상적 열심이라는 비판을 모면할 수 없다는 것이다.[699] 그리스도를 위하여 자신의 직업을 버리는 것도 아름다운 일이지만, 하나님에 대한 사랑과 경외로 가족들을 잘 다스리는 것이 더 아름다운 것이라고 칼빈은 말했다. 칼빈은 고대 수도원주의에서 가르친 자발적 가난 개념을 거부했다. 사랑이 없으면 가난은 가치가 없다는 것이다.[700] 결국 **칼빈은 이 세상에서**

---

693) *Inst.*, 4:13:9.
694) *Inst.*, 4:13:10
695) *Inst.*, 4:13:7.
696) *Inst.*, 4:13:14.
697) *Inst.*, 4:13:8.
698) *Inst.*, 14:5:8.
699) *Inst.*, 4:13:16.

순종의 적극적 삶을 사는 것이 세상을 등지고 명상의 삶을 사는 것보다 더 소중한 소명이라고 생각했던 것이다.

칼빈은 또한 당시 수도원주의의 문제점으로 분리주의를 지적했다.[701] 그는 수도원적 삶을 사는 것은 교회를 떠나는 것이며 모든 수도원들은 분리자들의 집회라고 혹평했다.[702] 그 이유는 수도 서원(monastic vows)을 두 번째 세례로 보는 당시 수도원주의의 이해 때문이었다. 두 번째 세례는 성경적 근거가 없고 수도사들을 교회로부터 분리시키는 이중적 기독교를 만드는 것이라고 비판했다.[703] 칼빈은 중세 수도원 제도 전통에서 나오는 명령(command)과 권고(counsel)의 구별이 이중적 기독교를 만드는 주범이라고 비판했다. 즉 수도사들에게만 명령과 권고가 둘 다 해당되는 것이고 일반 성도들에게는 명령만이 주어졌다는 중세 수도원주의의 가르침을 거부하며 칼빈은 그리스도의 삶을 향한 규칙은 명령과 권고를 다 포함하며, 이 두 가지가 다 모든 성도들을 위하여 주어진 것이라고 말했다.[704] 모든 성도들이 다 원수를 사랑하라는 것이며, 모든 성도들이 복수를 하지 말라는 것이고, 산상수훈은 수도원에게만 국한된 것이 아니고 교회 전체에 주어졌다는 것이다. 고대 기독교에는 법령과 권고의 구분이 전혀 없고 모든 그리스도인들이 주님의 모든 말씀을 순종해야 한다고 가르쳤던 것이다.[705]

당시 수도사들은 완전의 상태에 있음을 주장하며 일반 성도들과 자

---

700) *Inst.*, 4:13:13.
701) *Inst.*, 4:13:10.
702) *Inst.*, 4:13:14.
703) *Ibid.*
704) *Inst.*, 4:13:12. '명령(command)'과 '권고(counsel)'의 구별은 중세 토마스 아퀴나스의 가르침이다. 아퀴나스는 노예적 율법인 구약의 모세 율법은 노예적 율법으로 도둑질과 살인을 금하는 등의 '명령'만 들어 있고, 자유법인 새 율법에는 '명령'과 아울러 독신과 자발적 가난 등을 포함하는 '권고'까지 들어 있다고 가르쳤다. 그러므로 모든 그리스도인들은 '명령'에만 순종하면 되지만, 영적으로 더 높은 위치에 있는 수도사들은 '권고'까지도 따르겠다고 서약을 해야 한다는 것이다. Thomas Aquinas, *Summa Theologiae* I-IIae q.I08 a.4. Cf. David Steinmetz, *Calvin in Context* (NY, Oxford: Oxford University Press, 1995), 188.
705) *Inst.*, 4:13:12.

신들을 구별했다. 칼빈은 이 완전의 주장이 그들이 이미 완전해졌다고 주장하는 것이 아니고, 완전을 얻기 위한 최선의 길을 가고 있다는 것을 말하고 있음을 잘 알고 있었다.706) 그러나 칼빈은 수도원 제도가 완전을 향한 최선의 길이라는 수도원주의 입장을 냉소하며 그 무지를 비판했다. 이러한 수도원 제도는 하나님의 승인을 받은 것이 없으며 모든 다른 소명들을 상대적으로 가치가 없는 것으로 만든다는 것이다. 이것은 하나님께서 제정하시고 축복하신 일반적 삶의 가치를 부여하신 하나님을 망령되게 한다고 칼빈은 말했다.707)

루터와는 달리 칼빈은 개인적으로 중세 수도원 영성의 배경을 가지고 있지 않았다. 루터처럼 **칼빈 자신이 수도원 영성을 경험한 적이 없었다**. 그러나 위에서 본 것처럼 수도원 제도의 문제점을 발견한 칼빈의 수도원주의 비판은 혹독했다. 칼빈은 그 당시 제도화되어 있는 수도원주의의 사상적 체계를 그릇된 것으로 보았고 그 문제점을 조금도 용서하지 않고 지적하고 비판했다. 복음이 정리되지 않고 성경적 근거를 무시한 채로 흘러 내려와서 전통화된 수도원주의의 피해와 문제점들을 칼빈은 그냥 지나갈 수 없었던 것이다. 이제 칼빈은 종교개혁을 통하여 오로지 성경이라는 개신교적 원칙하에서 중세 수도원주의의 문제점을 성경의 눈으로 보고 평가한 것이다.

그러나 흥미로운 것은 이런 맥락에서도 칼빈에게서 성 버나드의 수도원적 신비주의 영성에 대한 확실한 비판을 찾아볼 수 없다는 것이다. 물론 버나드 수도원주의의 일부 내용은 위의 비판에 포함되었다고 볼 수 있다. 일반 성도들과 수도사들의 영적 상태를 단계적으로 구별하는 것이 한 가지 예가 될 수 있다. 그러나 그렇게 많은 버나드의 신학적 내용을 인용하고 언급한 것에 비해 칼빈은 버나드의 수도원주의와 금욕주의에 대한 언급은 일반적으로 회피했다. 버나드 신비주의에

---

706) *Inst.*, 4:13:11.
707) *Ibid.*

대한 해설이나 언급도 없다. 칼빈은 버나드의 『하나님의 사랑에 대하여』 『겸손과 교만의 단계들에 관하여』 등을 읽었지만 특별한 반응이 없었고 그것을 통하여 버나드의 이 부분의 입장은 적극적으로 받아들이지 않은 것으로 보이는 정도이다.[708] 버나드의 명상(관상)을 통한 신비주의 체험은 칼빈의 인용 대상이 아니었고, 더욱이 천국을 경험하는 신비체험을 신앙의 궁극적 목표로 생각하는 버나드의 가르침은 전혀 언급하지 않았다. 우리는 이런 침묵을 통하여 칼빈이 수도원 영성을 긍정적으로 평가하지 않았다고 생각한다. 특히 신비주의의 근간을 이루는 명상(관상)을 통한 신비체험은 칼빈의 관심 대상이 아니었다.

이러한 칼빈의 수도원 제도 실행에 대한 거부와 그것을 뒷받침하고 있는 수도원주의의 사상적 체계에 대한 비판에도 불구하고 칼빈에게서 신비적 요소를 찾아볼 수 없는 것은 아니다. 당연히 칼빈의 신비적 요소를 수도원주의와 수도원 제도의 실행에서 찾을 수 있는 것은 아니다. **칼빈의 신비적 요소는 스콜라주의를 배척하고 성경을 근거로 한 신학의 지적 체계와 병행하여 그의 신학적 방법론의 또 하나의 기둥으로 서 있는 경건(piety)의 추구에서 발견한다.**

성경과 명상적 신비체험을 중심으로 하는 버나드 유형의 설교적 가르침 대신에 **칼빈은 성경을 중심으로 구원의 신비를 체계적으로 정리**했다. 논리적이기는 하지만 중세 스콜라주의를 탈피하고 성경을 근거로 구원의 내면적 경험을 소홀히 하지 않는 신학을 한 것이다. 정교한 신학을 체계적으로 정리하되 이성주의적이 아니고 구원의 신비성에 초점을 둔 내용이라고 말할 수 있겠다.

흥미로운 것은 **칼빈**에게도 버나드와 마찬가지로 이 내용을 그리스도와의 신비적 연합으로 조명했다는 것이다. **예수 그리스도와의 신비스러운 연합이 그의 구원론을 전개하는 핵심적 요소이었던 것이다.** 이제

---

[708] *Inst.*, 3:7-10. Etienne Gilson, *The Mystical Theology of Saint Bernard* (New York: Sheed & Ward, 1940), 34ff.

이 내용을 자세히 살펴본다.

칼빈에게 있어서 그리스도와의 연합 개념은 구원론의 기초를 이룬다. 그리스도와의 연합은 그리스도의 사역의 유익이 우리에게 올 수 있는 길이다. 칼빈은 말하기를 "그리스도께서 우리 밖에 계시는 한 우리는 그로부터 분리된 것이고 그가 당하신 모든 고통과 인류의 구원을 위해 이루신 모든 사역이 우리에게는 상관도 없고 아무런 소용이 없다."고 하였다.709) 그리스도와의 연합으로 말미암아 우리를 위한 그리스도의 사역의 유익이 어떻게 개인적으로 임하는지 이해하지 못한다면 우리는 칼빈의 구원론을 온전히 이해할 수 없다. 칼빈은 다음과 같이 말한다. "그러므로 아버지에게서 받으신 것을 우리에게 나눠주시기 위해서는 그가 우리의 것이 되며 우리 안에 계셔야 했다. 이러한 이유로 인해 그는 '우리의 머리'(엡 4:15)로 불리며, '많은 형제들 중에서 맏아들'(롬 8:29)이라고 불려진다. 또 우리 편에서는 우리가 그에게 '접붙임'을 받으며(롬 11:17), '그리스도로 옷 입는다.'(갈 3:27)고 하였다. 이는 이미 말한 바와 같이 그와 한 몸이 되기까지는 그가 가지신 것이 우리와 아무런 상관이 없기 때문이다."710)

칼빈은 그리스도와의 신비스러운 연합을 머리 되심, 형제 관계, 접붙임, 옷 입음, 그리고 결혼의 비유로 묘사한다. 특히 결혼의 비유는 우리가 구원을 얻게 되는 유일한 방법으로서의 '그리스도와의 연합'을 강조한다. 우리와 그리스도와의 연합은 '거룩한 결혼을 통해 우리가 그의 몸이 되고 그의 뼈 중의 뼈가 되며 따라서 그와 하나가 된다.'(엡 5:30)고 설명된다.711) 우리가 그리스도와 연합했다고 하는 사실은 그리스도와 깊고 본질적인 교제와 나눔이 있음을 의미하는 것이다. "하와가 그의 남편 아담의 본체로부터 이루어졌고, 따라서 그의 일부분이 되었

---

709) *Inst.*, 3:1:1
710) *Ibid.*
711) *Inst.*, 3:1:3.

던 것처럼 우리도 그리스도의 참된 지체들이 되며 그의 본체와의 교제를 통해 하나의 몸으로 자라간다."712) 칼빈에 의하면 사실 우리와 그리스도와의 연합된 관계는 인간의 결혼 관계를 통해 설명될 수 있는 비유 이상의 것이다. 왜냐하면 그리스도와의 연합은 신비로운 연합이기 때문이다. '그리스도와 우리와의 이러한 연합으로 인하여 어떤 의미에서는 자기 자신을 우리에게 모두 쏟으셨다. 그를 통해 우리에게 생명을 주시기 위해 그는 우리와 같이 인간이 되셨을 뿐만 아니라, 성령의 능력으로 우리를 그에게 접붙여 우리는 그의 뼈 중의 뼈요, 살 중의 살이 되는 것이다."713)

그리스도와의 신비적 연합을 통하여 신부 된 교회는 신랑이 이루어 놓은 모든 유익을 얻게 된다. '이것은 우리와 우리를 그리스도와 하나로 만들어 주는 그리스도와의 신비적 교제에 관한 엄청난 말씀이다.'714) 그래서 우리는 '그가 우리 밖에 계신 것으로, 참으로 우리와 멀리 떨어져 있는 것으로'715) 생각하지 않는다. 사실 '이와 같은 연합이 있어야 적어도 우리 입장에서 구세주라는 이름으로 그리스도께서 오신 것이 무익하지 않다는 것을 보증할 수 있다.'716)

칼빈은 그리스도와의 연합을 통하여 교제가 일어남을 말하며, 이 교제에는 본질의 교통이 있음을 말한다. 이것은 무엇을 의미하는가? 칼빈은 그것이 십자가에서 구원 사역을 이루신 인격체이신 그리스도와의 교통이라고 말했다.717) 칼빈은 이 신비적 연합 과정의 구체적인 내용에 대해서는 밝히려 하지 않는다. 그는 단지 성령을 통한 이 신비한 본질의 교통으로 인해 우리가 그리스도와 연합된다는 견해를 가지고

---

712) *Comm.*, Eph. 5:30
713) *Comm.*, Eph. 5:31
714) *Comm.*, Eph. 5:29
715) *Inst.*, 3:1:3.
716) *Ibid.*
717) *Inst.*, 4:17:11.

있다. 이 본질의 교통과 그리스도와의 신비적 연합의 성격을 설명할 때 칼빈은 신비에 의존하지만, 그가 이 연합을 구원론적으로 이해했다는 사실은 분명해진다.

칼빈은 그리스도와의 신비적 연합을 통하여 우리가 그와 하나가 된다고 주장한다. 다시 말해서 그 연합으로 이루어진 긴밀한 관계를 통해, 그가 이루신 모든 것도 우리가 함께 나눌 수 있음을 의미한다. 이것은 그리스도의 선물을 전달받는 것이며 그의 유익을 받는 것이다. 칼빈은 "그리스도께서 우리 안에 들어와 계실 때까지 우리는 이 비할 데 없는 선을 가질 수 없다."는 것을 고백한다. "그러므로 머리와 지체들과의 결합, 즉 우리의 마음속에 그리스도가 내주하시는 신비로운 연합을 우리는 가장 중요시한다. 그리스도는 우리의 소유자가 되심으로써 그가 받은 선물을 우리도 나눠 가지게 하신다."718)

칼빈은 가장 으뜸 되는 '선물'을 '의'라고 보았다. 그리스도와 연합할 때, 우리와 그리스도 사이에는 '교환'이 일어나게 되는데 이 교환을 통해 우리는 하나님 앞에서 의롭게 되는 것이다. 다시 말하면, "그의 의가 우리에게 전가된다. … 왜냐하면 우리가 그리스도로 옷 입고 그의 몸에 접붙여지기 때문이다. 간단히 말해서 그가 우리를 자기와 하나로 만드시려고 계획하시기 때문이다."719) 여기서 말하는 전가(imputation)는 교환과 관계된 것이다. 그리스도는 우리 모두의 죄를 위하여 자신을 내놓으셨고, 우리는 그의 의를 받는다. 예수 그리스도 안에서만 그와 하나 될 수 있고 이 교제가 가능하다. 칼빈은 말한다. "어떻게 우리가 하나님 앞에서 의롭다 여김을 받을 수 있는가? 그것은 그리스도가 죄인이 된 것과 같은 방식에서 확실히 가능하다. 어떤 의미에서 그는 우리의 자리를 대신해서 범죄자가 됨으로써 죄인으로 취급을 받으셨다. 자기 자신의 잘못 때문이 아니라 다른 사람들의 잘못 때문인 것이다.

---

718) *Inst.*, 3:11:10.
719) *Ibid.*

그가 모든 잘못과 무관하며 깨끗하고 형벌을 대신 받으심으로 우리가 그의 안에서 이제 의롭게 되는 것이다. 우리가 우리의 공로로 하나님의 공의를 충족시키는 것과는 관계없다. 우리는 믿음으로 덧입은 그리스도의 의와 연관되어 심판을 받는다. 그럼으로 그의 의가 우리의 것이 된다."[720]

따라서 우리의 구원은 우리가 '그의 몸에 접붙임'된 것에 그 뿌리를 두고 있으며 우리는 '그의 모든 은혜뿐만 아니라 그리스도 자신을' 받게 된다.[721] 칼빈은 그리스도와의 인격적 연합과 그분과의 개인적 교제를 말하려는 것이다. "그리스도께서는 그의 모든 은혜와 함께 자신을 당신들에게 나눠 주셨으므로, 그의 것은 모두 당신들의 것이 되며, 당신들은 그의 일부분이 된다. 참으로 그와 하나가 되며, 그의 의는 당신들의 죄를 극복하시며, 그의 구원은 당신들이 받을 정죄를 말소하시며, 그의 높은 가치로 인해서 당신들의 무가치함이 하나님 앞에서 드러나지 않도록 중재하신다."[722]

그리스도 안에서 하나님과 우리와의 관계는 원수 관계에서 사랑의 관계로 변했다. 하나님께서는 죄로 가득 찬 우리의 본성을 개의치 않으시고 우리가 그리스도와 연합했으므로 우리를 사랑하신다. 우리가 그리스도와 멀어져서는 하나님의 사랑을 받을 수 없다. "하나님께서 우리를 사랑하시는 그 사랑은 다름 아닌, 그가 태초부터 그의 아들을 사랑하신 그 사랑이요, 그리스도 안에서 우리가 그에게 용납되고 사랑받을 수 있도록 해 주는, 그런 사랑이기 때문이다."[723] 우리가 그 동일한 사랑을 받을 수 있는 유일한 길은 우리가 그의 사랑하시는 아들과 연합하는 길뿐이다. 그러므로 우리는 순전히 그와의 연합에 기초해서 하나님의 사랑을 받을 수 있게 된다. 그리스도와의 연합 외에는 우리

---

720) *Comm.*, II Cor. 5:21.
721) *Inst.*, 3:2:24.
722) *Ibid.*
723) *Comm.*, john 17:26.

가 하나님의 사랑을 얻을 수 없다. 왜냐하면 "그리스도를 떠나서는 하나님의 진노를 싸게 되고 우리가 그의 사랑을 받는 아들의 몸에 연합될 때에만 우리를 사랑하기 시작하시기 때문이다." 724) 다시 말해서 "아버지께서는 그의 아들을 보실 때 그의 전체 몸을 보지 않을 수 없으므로, 우리도 그 안에서 하나님께 발견되려면 진정한 의미에서 그의 지체가 되어야 한다."725)

칼빈의 그리스도와의 연합 개념은 철저하게 구원론의 체계하에서 해설되고 있고, 칭의와 성화가 명확하게 분리된 종교개혁 후의 상황에서, 특히 칭의 부분과 더욱 밀접한 관계를 맺고 있다. 칼빈은 우리가 그리스도와 연합하면 우리는 하나님께 의롭다 하심을 받게 되는 부분을 강조한다. 우리는 우리를 하나님과 분리시키는 우리 죄로 인해 하나님의 원수가 되었지만, 이제는 우리 죄가 용서되고 하나님과 화목되는 관계를 갖게 되는 것이다. 칼빈은 이렇게 말한다. "우리는 그리스도의 죽음에 접붙여져서 거기로부터 비밀한 생명을 받는다. 그러므로 우리가 그와 함께 십자가에 못 박혔으므로 우리는 율법의 저주와 정죄에서 완전히 해방된 것이다.

…마치 접목이 뿌리와 동일한 성질로 합체될 때, 뿌리로부터 수액을 빨아올릴 수 있는 것처럼, 우리도 그리스도와 하나가 될 때만 율법의 멍에에서 벗어날 수 있다는 사실을 기억하자."726) "그러므로 주께서 받아들여 자신과 하나가 되게 하신 사람을 주께서는 의롭다 하신다. 왜냐하면 주께서는 죄인을 의인으로 만드시지 않고는, 자신의 은혜 가운데 받아들이거나 자신과 결합시킬 수 없기 때문이 다."727)

칼빈의 신비주의는 구원론에서 나타나는 신학적 접근만으로 대표되지 않는다. 그의 신비주의는 신학적 해설을 통한 신비신학으로만 나타

---

724) *Ibid*.
725) *Ibid*.
726) *Comm*., Gal. 2:19,20.
727) *Inst*., 3:11:21.

나는 것이 아니고 성만찬 개념을 통한 체험적 신비주의로 나타나기도 한다. **칼빈에게 성만찬은 신자들이 그리스도와 연합한 것을 나타내는 표적**이다. '그리스도와 우리의 연합의 상징과 보증은 성만찬에서 우리에게 주어진다.'728) 그 연합은 우리가 그리스도와 하나 될 때 이루어지고, 성만찬을 통하여 그리스도에 참여함으로 상징되어진다. 칼빈은 연합에 관해 이렇게 말한다. "그리스도께서는 우리를 그의 실체에 참여하게 하심으로 우리와 그리스도는 그러한 연합을 이루게 된다. '우리는 그의 뼈 중의 뼈요, 그의 살 중의 살이다.'(창 2:23) 우리들 자신처럼 그가 인성을 지니셨기 때문이 아니라, 그의 성령의 능력으로 우리를 그의 몸의 일부로 삼으셔서 그로부터 우리의 생명을 얻게 되기 때문이다."729)

'이러한 연합의 방법과 성격'은 이해할 수 없는 것이다. 왜냐하면 이것은 '성령의 무한한 능력'을 통해서 성취되기 때문이다. 칼빈은 이 연합을 '심오한 신비'라고 불렀다.

성만찬은 이러한 연합을 예증하는 표적이다. 왜냐하면 '그리스도의 살과 피가 성만찬에 놓여지기 때문이다.'730) 성만찬에서 제공되는 그리스도의 살과 피의 성격에 관한 문제가 제기되었을 때, **칼빈은** 여기서 **성만찬의 궁극적인 신비**를 직면하게 된다는 것을 알았다. '인간들이 그리스도의 살을 이해함으로 성만찬의 방법과 성격을 이해하려고 안달을 부리는 것은 다 헛된 일이다. 왜냐하면 하나님은 여기서 그의 성령의 무한한 능력을 내리시기 때문이다. … 나는 이러한 심오한 신비에 감복하고 말았다. 바울과 마찬가지로 경외감 속에서 나의 무지를 부끄러워하지 않는다. 이러한 태도를 갖는 것이 바울이 심오한 신비라고 고백한 것을 우리의 육신적인 감각으로 평가 절하하는 것보다 훨씬 더 만족스럽지 않은가! 이성 그 자체가 우리에게 한 가지 사실을 가르친

---

728) *Comm.*, Eph. 5:30.
729) *Comm.*, Eph. 5:32,33.
730) *Ibid.*

다. 초자연적인 것은 무엇이든지 우리의 정신적인 이해력을 분명히 넘어선다는 것이다.'731) '신자들과 그리스도의 비밀한 연합의 이러한 신비는 본질상 이해 불가능한 것이기에, 그는 우리의 부족한 역량에 가장 적절한 가시적인 표적으로 그 모습과 이미지를 보여 준다.'732) 이러한 가시적인 표적들은 성만찬을 통해 나타난다고 칼빈은 말한다.

이 연합의 신비를 인정하면서도 칼빈은 그리스도와 우리의 연합이 그의 육신과 하나가 됨을 통해서 이해될 수 있음을 자신 있게 강조한다. "오직 우리가 그리스도를 얻을 때에만 우리는 그리스도의 유익에 참여할 수 있다. 그러나 내가 확언하건대 그가 우리를 위한 제물이 되었다는 것을 믿을 때만이 아니라, 그가 우리 안에 거하실 때는 우리에게 임하는 것이다. 그가 우리와 하나가 되고, 우리는 그의 육신의 지체가 될 때(엡 5:30), 간략히 말하자면 우리가 그와 더불어 한 생명과 실체로 연합될 때이다. 그리스도는 우리에게 단순히 그의 죽음과 부활의 유익만을 준 것이 아니다. 그가 고난을 당하시고 다시 일어나신 바로 그 몸을 우리에게 주신 것이다."733)

육신이신 그리스도와의 연합이라는 배경에서, 칼빈은 그리스도의 육신이 상징되고 대표되는 성만찬에 우리의 관심을 돌리게 한다. 성만찬에서 우리가 그의 실체에 참여한다는 것은 그리스도와 우리의 연합만을 상징하는 것이 아니라 우리의 영혼을 양육시키는 것이다. **칼빈은 이렇게 주장한다. "내 결론은 그리스도의 몸은 실재한다는 것이다.** 즉 성만찬에서 우리의 영혼을 위한 유익한 양식으로 주어지는 것이 사실이다. 우리의 영혼은 그 몸의 실체를 통해 양육됨으로 우리는 그와 하나가 되거나, 같은 실체에 이르게 된다. 그리스도의 살로부터 생명을 주는 효능이 성령을 통해 우리에게 부어진다. 비록 우리와 거리적으로

---

731) *Comm.*, Eph. 5:32.
732) *Inst.*, 4:17:1.
733) *Comm.*, I Cor. 11:24.

는 아주 멀고 우리와 뒤섞이는 것은 아니지만 그것은 우리에게 임한다."734)

그러나 이러한 참여는 '그것이 단순히 상징으로 그치고 실재가 우리에게 주어지지'735) 않는다면 헛된 것이 되고 만다고 칼빈은 말한다. "확실히 증거하는 바와 같이 떡은 그리스도의 몸이기 때문에 떡이 상징하는 몸이 우리 앞에 놓여져 있다. 또는 그리스도께서 우리에게 그 상징을 주셨기 때문에 우리에게는 동시에 그분 자신의 몸이 주어진 것이다. 그리스도는 기만자가 아니며, 공허한 상징으로 우리를 조롱하시는 이가 아니기 때문에, 그 실재가 여기서 그 표적과 결합되는 것이다. 그렇지 않고 다른 말로 하면 영적인 효력을 보자면 우리가 그 떡에 참여하는 것보다 진실하지 못하고서는 그리스도의 몸에 참여할 수 없는 것이다."736)

성만찬에서 그리스도의 살의 진정한 실체와 현존을 이렇게 강조하면서 칼빈은 그리스도와 우리의 실제적인 연합과 그 연합이 성만찬에 나타나는 방식을 집중으로 유추한다. "우리는 그의 실체가 자연스럽게 우리의 영혼에 넘겨진다고 꿈꿔서는 안 된다. 그러나 우리는 그의 살을 먹으며, 그것을 통해서 생명을 얻게 된다. 우리는 떡과 살의 유사함이 우리에게 가르치는 것에 주의를 기울여야 한다. 엄밀히 말해서 같은 방법으로 떡이 우리의 육신에 생동력을 주는 것과 같이 우리의 영혼이 그리스도 자신의 살로 양육되는 것이다. 그러므로 그리스도의 살은 영적인 양식이다. 왜냐하면 그것은 우리에게 생명을 주기 때문이다. 그것이 생명을 주는 것은 성령이 우리에게 그 안에 있는 생명을 부어 주기 때문이다."737)

그러므로 엄밀히 말해서 우리가 그리스도와 적절하게 연합하는 것은

---

734) *Comm.*, 1 Cor. 11:24.
735) *Ibid.*
736) *Ibid.*
737) *Comm.*, Matt. 26:26.
  145) O.S. 1 : 435, quoted by Wallace, 1957), 199.

성만찬을 통해 그리스도의 몸에 참여함으로 그와 한 실체가 되는 것이다. "몸이 먹고 마심으로 지탱되는 것과 거의 똑같이 영혼은 그의 살과 피로 양육된다. 따라서 그리스도의 육신 밖에서 생명을 구하는 자들은 그 어디에도 죽음밖에는 남지 않는다고 방금 증거하시면서도, 그리스도는 신자들 모두에게 생명을 약속하신 자신의 육신 안에서만 희망을 간직하라고 격려하신다. 그리스도께서 말씀하려는 것은 성만찬이 이 설교의 보증이자 확증이라는 것이다."738)

성찬식에서 전해지는 실체는 무엇인가? 칼빈은 그것을 '죽으시고 부활하신 그리스도'라고 했다.739) 그리고 그는 '우리의 영혼이 진실로 그리스도의 살의 실체를 통해 양육받는다.'고 고백한다.740) 실체가 전달되는 결과로 우리는 '구속과 의·성화·영생, 그리고 그리스도가 우리에게 주시는 다른 모든 유익들'을 얻을 수 있게 된다.741) 칼빈은 "그러므로 우리가 신자들이 그리스도와 함께 갖는 교제에 관해 말할 때, 우리는 그들이 그리스도를 온전히 갖기 위하여 그의 영과의 교제에 뒤지지 않을 만큼 그의 살과 피와 교제를 갖는 것이다."742)라고 말한다. "나는 진실로 떡을 떼는 것이 하나의 상징임을 인정한다. 그 자체는 아무것도 아니다. 그러나 이것을 받아들임에도 불구하고 우리는 그 상징을 보여줌으로 그 실체가 또한 나타났다고 추론해도 무방하다. 인간이 하나님을 기만자로 부르려 하지 않는 한, 그는 하나의 공허한 상징이 놓여졌다고 함부로 단정 지을 수 없다.

그러므로 만일 주님이 떡을 뗌으로써 그의 몸에 참여함을 진정으로 상징한다면, 그가 진정으로 그의 몸을 보여 주고 전해줬다는 사실을

---

738) *Comm.*, john 6:54.
739) *Inst.*, 4:17:11.
740) CR 9:70, quoted by Ronald S. *Wallace in Calvin's Doctrine of the Word and Sacrament* (Grand Rapids : Eerdmans, 1957), 199.
  144) *Inst.* 4:17:11.
741) *Inst.* 4:17:11.
742) O.S. 1 : 435, quoted by Wallace, 1957), 199.

조금도 의심할 수 없다. 그리고 경건한 사람들은 반드시 이 규칙을 지켜야 한다. 그들은 주님이 정하신 상징을 볼 때마다 상징하는 것의 진리가 분명히 존재한다고 생각하며 설득되는 것이다. 주님께서는 왜 당신의 손에 그의 몸의 상징을 맡기셨는가? 당신에게 그 상징에 진정으로 참여하도록 확신을 주지도 않으면서 말이다. 그것은 가시적인 표적이 불가시적인 것의 선물을 보증하기 위해 우리에게 주어진다. 우리가 그 몸의 상징을 받았을 때, 그 몸 자체가 우리에게 주어졌다는 것을 신뢰하며 조금도 망설이지 말자."743)

이러한 측면에서 우리는 다음과 같이 말할 수 있다.
그리스도의 실체는 그의 살과 피의 영적인 실재로서 성찬식에 참여하는 자들에게 전달되어 그리스도의 사역으로부터 일어나는 모든 유익들을 맺게 될 것이다. 하지만 궁극적으로 칼빈의 생각에 있어서 성찬식에 참여한 자들에게 그리스도의 실체가 이와 같이 전달된다는 것이 여전히 신비로 남아 있다. 그러나 그는 이것이 바로 성령의 역사임을 단호하게 지적한다.

칼빈은, 육체가 조금도 손상함이 없이 그리스도의 인성이 하늘나라에서도 유지되고 있다고 주장한다. 즉 하늘의 영광 중에 있는 그의 신성은 그리스도의 참된 인성을 파괴하지 않는 것이다.744)
따라서 그리스도의 몸은 한 장소에 얽매이지 않으며, 이렇게 지역적으로 얽매이지 않는 그리스도의 인성과 그의 유익들은 성령을 통해 우리에게 전달된다는 것이다. "주님께서는 성령으로 우리에게 영과 육과 혼에서 그와 하나가 되는 복을 내려 주신다. 그러므로 그 연결의 끈은 우리를 그와 연합시키며, 그리스도의 모든 것이 우리에게 전달되도록 하는 일종의 통로인 그리스도의 영이다."745)

---

743) *Inst.*, 4:17:10.
744) *Inst.*, 4:17:24.
745) *Inst.*, 4:17:12.

칼빈은 성찬을 통하여 이루어지는 신비스러운 역사를 매우 사실적으로 말한다. 성찬식에서 "성령의 비밀스런 능력을 통해 그리스도의 실제 육체로부터 생명이 우리에게 들어오는 것이다. 그러므로 아무런 이유 없이 하늘의 양식이라고 부르는 것이 아니다."746) 칼빈의 견해에 의하면 우리가 성찬에 참여하는 동안 성령이 하는 일은 그리스도와의 연합을 증거하는 것 외에 실제로 성령의 역사를 통해서 우리는 그와 교제를 누리게 된다. 내주하시는 성령께서 우리를 하늘에 계신 그리스도에게로 올려놓으신다는 것이다. 그러므로 성찬식에 참여하는 것은 "우리의 눈과 마음을 가지고 하늘에 올라 그곳에서 그 나라의 영광 중에 그리스도를 보는 것이다."747)

칼빈은 말한다. "따라서 그리스도는 아무런 방해 없이 하늘이나 땅, 그가 기뻐하는 어느 곳에서 자신의 능력을 행사하신다. 그는 능력과 강력으로 자신의 임재를 보여 주며, 언제나 그의 백성 가운데 있다. 그리고 자신의 생명을 그들에게 불어넣으시고 그들 안에서 사시며, 그들을 유지시키고 아무런 해를 입지 않도록 견고하게 하며 소생시키시고 지켜 주신다. 이는 마치 그가 그들의 몸에 임재하는 것과 같이하는 것이다. 간략하게 말하자면, 자신의 몸으로 그의 백성을 양육하시며 그의 영을 통해 그들과 교제를 나누신다. 이러한 면에서 그리스도의 몸과 피는 성례전을 통해 우리에게 나타나는 것이다."748)

칼빈에 의하면 성찬을 통해서 성령은 우리와 그리스도의 연합을 상징하기 위해 그리스도의 육신을 우리에게 가져오는 것만이 아니라, 실제로 그리스도와 우리가 함께함으로 교제를 진행시키는 것이다.

비록 칼빈이 중세 수도원주의를 비판했고 버나드의 수도원 영성에

---

746) Calvin, *Tracts and Treatises*, vol. II. 277.
747) *Inst.*, 4:17:18.
748) *Ibid*.

대하여 긍정적인 평가를 기술하지는 않았지만, 그에게도 신비주의는 분명히 존재하고 있다. 칼빈의 신비주의는 수도원 영성을 통하여 나타난 것이 아니고, 그의 구원론 신학에 잘 표현되었다. **칼빈의 구원론**은 버나드 영성의 중심 내용인 그리스도와의 연합이 그 핵심을 이루고 있고, 칼빈의 **성화론**도 성찬론을 통하여 역시 버나드 영성의 주 내용을 차지하고 있는 그리스도와의 교제가 중요한 위치를 차지하게 되었다. 종교개혁을 통하여 칭의와 성화가 구별되었고 인간의 공로 사상이 철저하게 배제되었다. 중세 신학과 사상이 성경적으로 정리된 것이다. 그럼에도 불구하고 중세 수도원 영성의 대표인 버나드 유형의 그리스도의 연합과 그분과의 애정적인 교제는 칼빈의 구원론에서 중요한 위치를 차지하며 남게 되었던 것이다.

제 9 권
십자가의 요한

제7, 8권에서 「종교개혁과 신비신학」을 알아보았습니다. 개신교 신학의 울타리 안에서 신비신학을 말하기엔 무능함을 느낍니다. 다만 편자가 연구하고 깨달은 바에 의하여 종교개혁시대를 지나며 서방교회에서 신비신학을 이어온 교회박사요, 신비신학박사인 아빌라의 데레사와 십자가의 성 요한의 신비신학을 제시하고 동의를 얻고자 합니다. 관심 없으신 분은 여기서 마치시고, 반대하지 않는 분만 읽으시고, 혹 잘못된 부분이 있다면 지적해 주시면 검토 후 수정하겠습니다.

신비신학이 계속 연구되어(취할 것만 취하여) 개신교 신비신학이 왕성하기를 빕니다.

사랑하는 성령님, 무지한 종을 인도하시어 바른 신비신학을 깨우치고 전하도록 역사해 주십시오.
예수님께 영광!
아멘.

교부(敎父)들의 신비사상과 십자가의 성(聖) 요한[749]

다시 앞으로 돌아가, 제6권까지 우리는 그리스도교 신비신학의 기원에서부터 디오니시우스 아레오파기타에 이르는 역사를 살펴보았다. 우리의 이야기를 제6권에서 그치는 이유는 디오니시우스와 함께 신비신학의 역사가 종결된다는 것이 아니라, 교부시대로부터 후세에 이어져 내려온 여러 다양한 계통의 신비사상들이 디오니시우스의 시대에 이르러 모두 빠짐없이 나타났기 때문이다.

첫째로 우리는 제3권과 제4권에서 오리게네스에게서 비롯한 빛의 신비주의가 니사의 그레고리우스에 의하여 거룩한 어둠의 신비주의로 이어지는 가운데, 이 둘 사이에 위치하는 아타나시우스의 반(反)신비주의 신학 -플라톤 철학과 그리스도교와의 마찰에 있어서 중대한 의미를 지니고 있는- 을 확인할 수 있었다. 다음으로 제5권에서는 수도생활 전통을 통하여 두루 퍼졌던 신비주의의 양상들, 그 가운데서 특히 첨예한 대립을 보였던 에바그리아니즘과 메살리아니즘에 관하여 살펴보았다. 에바그리우스는 2-3세기에 활약했던 알렉산드리아의 위대한 신학자들, 클레멘스와 오리게네스의 지성적(主知主義的) 전통을 이어받았으면서도 아주 철저하게 실천적인 또 다른 전통, 즉 수도자들에게 질서 있는 수도생활에 관하여 구체적인 조언을 해주는 실천적 신비주의 전통을 확립하였다. 한편, 전혀 지성적이지 않으며 때로는 노골적이라 할 만큼 감각과 경험에 입각한 메살리아니즘은 무엇보다도 기도를 첫

---

[749] 엔드루 라우스. 배성옥 역. 『서양 신비사상의 기원』 (분도. 초판, 2001) pp.259-274.

째로 강조한 점에 있어서 동방의 수도사들에게서 가치를 인정받게 되었다. 다음으로 우리는 이처럼 서로 완전히 다른 두 계통의 신비주의가 포티케의 디아도쿠스에 의하여 하나로 절충됨을 볼 수 있었으며, 그리하여 생겨난 여러 가지 대립상태가 어떻게 교부시대로부터 후세 동방의 수도원으로 이어져 내려왔던가에 대하여 살펴보았다.

같은 제6장에서 우리는, 에바그리우스의 신비주의 전통이 요하네스 카시아누스에 의하여 서방으로 전해지긴 했으나 사변적이고 관상적인 측면에서 상당히 많이 수정되었기에 에바그리우스는 오직 실천적 영성 지도자로서 서방세계에 알려지게 되었음을 주목하였다. 이 서방세계에서 어거스틴에 의한 삼위일체적 신비주의 –삼위일체적인 영혼이 삼위일체이신 하나님에게로 상승한다는 신비사상– 의 전통이 자리잡게 되었으며, 이는 또한 라틴어 문화권의 서방세계에서 귀중하고 독특한 가치를 지니면서 중세 신비신학에 깊은 영향을 끼치게 되었다. 마지막으로 우리는 필론을 뿌리로 하여 니사의 그레고리우스를 거쳐 디오니시우스에 이르는, 완전히 별개의 신비주의 전통이라고 해야 할 **'거룩한 어둠'** 속으로 오르는 영혼의 상승을 디오니시우스와 더불어 살펴보았다.

이렇게 하여 우리는 '후대 신학자들이 논란의 여지없이 당연한 것으로 받아들이게 되었던 신비사상의 기본적인 틀'750)이 짜여진 과정을 확인하였다. 신비신학과 교의신학은 이 기본적 사상의 틀이라는 테두리를 넘어서 근본적으로 서로 공존하고 있었으나, 라틴어 문화권의 서방세계에서는 11세기의 성 안셀모751)를 마지막으로 이러한 공존상태는 거의 지속되지 못했다. 12세기에 와서 특히 성 베르나르도에 의하여 마음(心情)과 머리(理性) 사이에 쐐기가 박혀버렸던 것이다. 752)

---

750) 앞의 서론 11.
751) St. Anselmus(1033-1109). 성인. 이탈리아 태생이었으나 젊은 시절에 고향을 떠나 프랑스의 노르만디 지방에 있는 베네딕도회 수도원에 들어갔으며, 후에 베네딕도회 수도원의 대수도원장이 되었다. 1093년 영국 캔터베리(Canterbury) 및 플리머스(Plymouth)의 대주교가 되었다. 당시의 영국 국왕으로부터 교회의 자유권을 획득했다. '스콜라 철학의 아버지'란 칭호를 받았고. 당시의 여러 이단설을 반박했다.
752) A. Louth "Bernard and Affective Mysticism", in Sr. Benedicta Ward

이 모든 것은 또 다른 얘깃거리가 되겠지만 여기서는 한 가지 문제점을 지적할 수 있겠다. 이 책은 그리스도교 신비주의 전통의 기원에 관하여 논의하였던 바, 교부시대에 형성되고 발전된 사상이 후일의 그리스도교 신비신학에 영향을 주었다는 것은 의심의 여지가 없는 사실이다. 하지만 그 영향이란 어떤 종류의 것일까? 순전히 문헌적인 영향 – 개념이나 이미지의 표현 수준에 머무른 영향이었을까? 아니면 교부들의 신비주의와, 후기 중세 이래로 화려하게 꽃핀 신비주의 사이에 참된 연속관계가 있다는 것일까? 이렇게 묻는 이유는, 오늘날 우리가 그리스도교의 신비사상에 관하여 얘기할 때는 –적어도 서방세계에서는– 주로 이 후기 중세 이후의 신비사상, 특히 16세기 가르멜(Carmel) 수도회의 위대한 신비론자였던 아빌라(Avila)의 성녀 데레사(Teresa)와 십자가의 성 요한(St. John of the Cross)을 생각하기 때문이다. 두 사람 모두 '교회박사(Doctor of the Church)'로 선포되었을 뿐 아니라 십자가의 성 요한은 특히 '신비박사(doctor mysticus)'로 불리는 사실을 두고 볼 때 이는 참으로 마땅한 일이라 하겠다. 이들의 사상을 우리가 정통 그리스도교 신비사상이라 한다면, 우리가 이 책에서 논의했던 신비신학, 즉 교부들의 신비사상도 과연 그리스도교 신비사상에 속하는 것일까?

'거룩한 어둠'과 '어둔 밤'

이 문제를 여기에서 본격적으로 다룰 수는 없지만, 이 가운데 한 가지 요점만은 우리 얘기의 중심 주제로 삼을 수 있을 것이다. 하나님께로 점점 가까이 다가감에 따라 영혼은 하나님이 계시는 **'거룩한 어둠**(Divine Darkness)' 속으로 깊이 빠져든다는 것을 우리는 앞서 몇몇 교부들의 가르침을 통하여 살펴본 바 있다. 그런데 이는 십자가의 성 요한의 신비신학에서 핵심이 되는, 영혼의 **'어둔 밤**(Dark Night)'에 대한 가르침과 그 어떤 유사성을 지닌 듯하다. 이 두 가르침, 즉 '거룩한 어둠'

(ed.), *The Influence of St. Bernard* (Fairacres Publications 60, 1976) 1-10 참조.

에 대한 교부들의 교의와 성 요한이 말하는 '어둔 밤'에 대한 교의는 얼마만큼 밀접한 관계가 있는 것일까? 이에 대해서는 학자들마다 의견이 매우 분분하다. 하지만 중세기 신비사상의 전통은 십자가의 성 요한의 '어둔 밤'으로 절정에 이르렀으며, 여기에는 디오니시우스 아레오파기타의 작품들, 그중에서도 특히 『신비신학』이 비옥한 밑거름이었다는 사실만큼은 논란의 여지가 없는 것이다. 성 요한 스스로도 자신의 논술을 뒷받침하기 위하여 자주 디오니시우스를 인용하였다. 그렇다면 우리는, 필론과 니사의 그레고리우스를 거쳐 디오니시우스에서 절정에 이른 '거룩한 어둠'의 전통을 성 요한의 '어둔 밤'과 완전히 동일한 것이라고 간단히 말할 수 있는 것일까?

이 같은 견해에는 여러 가지 문제가 있음을 우리는 앞으로 점차 알게 될 것이다.

그러나 다니엘루는 니사의 그레고리우스의 신비신학에 관한 그의 저서 『플라토니즘과 신비신학(Platonisme et théologie mysti- que)』에서 그레고리우스와 십자가의 성 요한을 서슴없이 연관시켜 놓았다. 그는 감각(sense)의 밤과 영혼(spirit)의 밤에 대하여 얘기하면서[753] [그레고리우스에게는 베르나르도의 '그윽함(suavitus)'이 성 요한보다 더 많긴 하지만][754] 그레고리우스의 신비사상은 성 요한의 신비주의와 아주 흡사한 것이라고 했다. 그러나 이에 대하여 더욱 신중하게 접근하는 학자들이 있다.

퓌에슈(H.C. Puech)는 「위(僞) 디오니시우스의 신비로운 어둠(La ténèbre mystique chez le pseudo-Denys)」[755]이란 제목의 무게 있는 논문에서, 교부신학 특히 디오니시우스의 신학에 있어서 '거룩한 어둠'에 관한 테마(주제)를 논한 후, 다음 네 가지 요점을 정리함으로써 결론을 내

---

753) 예를 들면, 앤드루 라우스(Andrew Louth), 배성옥 역 『서양 신비신학의 기원』 (분도출판사, 2001) p.134 참조: (보충, 『모세의 일생』 II 168-9에서 '어둠이란 볼 수 없는 하나님, 알 수 없는 하나님을 의미하는즉, 성막은 다름 아닌 이 어둠 속에서 보이는 것이다.'를 말하는 것 같다.)
754) 위의 책. 224: (보충, XII xii 17.)
755) Études carmélitaines 23, II (1938) 33-53.

리고 있다.

첫째로, **성서**(모세에 관한 기록 등)**에 언급된** '밤'이 '어둔 밤'이란 신비사상의 시발점이 된 것은 사실이지만 교부들에게 있어서 어둔 밤이란 말은 교리의 요점을 예를 들어 설법하기 위한 비유적 테마에 지나지 않았고, 추상적이며 이론적인 차원에 머물렀다. '구름'·'어둠'·'밤'은 신비적 경험에 내재하는 상징들에 상응하는 것이 아니라, 오히려 외부적이고 우연적인 요소들로서 하나님에 대한 신비로운 직관에 한계를 정하거나 혹은 직관을 어느 정도 필요한 형태로 고정하려는 의도로, 교의에 대하여 심사숙고하던 중에 사용된 어휘들이다.

둘째로, '**거룩한 어둠**'이란 표현은 유대교와 그리스도교라는 일신교적 신비주의 테두리 안에서 특이한 위치를 차지하는 말이다. 반면에 다신교적 이교사상에서는 신에게로 다가갈 때의 어둠이란 일시적인 것일 뿐 아니라 경멸적인 의미를 지니는 말이다. 어둠은 영혼이 붙들려 있는 물질·육신·감각 때문에 생기는 것이다. 그러나 필론을 비롯한 그리스도교 신비주의자들에 의하면 '거룩한 어둠'은 피조물인 직관의 주체와 직관의 대상인 초월자 사이에 존재하는 근본적인 불균형을 나타내주는 증거가 된다.

셋째로, 디오니시우스의 신비신학은 교부신학의 전통에 속한 것이며, 교부신학에서 어둠을 뜻하는 그노포스(*gnophos*)나 스코토스(*skotos*) 같은 어휘들은 그 의미에 있어서 이론적일 뿐, 경험에 대한 증거를 나타내는 말은 아니다. 후일의 신비주의자들이 말하는 '밤'의 극적이고 정적(情的)인 성격은 찾아볼 수 없으며, 죄를 씻어 주는(정화하는) 사랑 또한 어둠의 근본적 본질을 나타내주는 것 같지는 않다.

넷째로, 성 요한의 '어둔 밤'의 구체적 내용에 가까운 그 무엇인가를 찾아보려 한다면, '영적 결혼'을 통하여 마음의 열광과 메마름이 차례로 교차하는 경험을 맛보았던 오리게네스가라든지, 참다운 경험에서만 우러나올 수 있는 힘차고 감동어린 말로 무한하신 하나님에 대한 사랑과 그 필사적인 추구를 묘사했던 니사의 그레고리우스에게로 눈을 돌려야 할 것이다.

그렇다면 퓌에슈의 논점은 대체로 다음과 같다. 교부들, 특히 디오니시우스가 말하는 '거룩한 어둠'에 대한 표현은 십자가의 성 요한과 같은 후세 신비주의자들이 말하는 '어둔 밤'에 대한 표현과 실제로 똑같은 것이라 할 수는 없으며, 따라서 <u>성 요한의 '어둔 밤'은 직접 디오니시우스에게서 유래한 말이 아니라는 것</u>이다. 이 같은 결론을 뒷받침하는 그의 논지는 '거룩한 어둠'을 말하는 교부들의 용어가 지닌 이론적인 성격과, 십자가의 성 요한의 용어가 지닌 극적이며 감동적인 특성 사이에는 참으로 대조적인 차이가 있다는 것이다. 그러나 이 점에 관하여 우리는 의문을 품지 않을 수 없으며 약간의 설명을 할 필요를 느낀다. 그 같은 표현의 차이는 교부들과 십자가의 성 요한 사이에만 있는 것이 아니라, 전반적으로 교부들의 글이 지닌 문체와 중세 후기 및 르네상스 시대의 문체 사이에 나타나는 차이점이기 때문이다. 앞서 우리는 동방 교부들과 어거스틴과의 비교에서 이미 동방의 신비신학이 지닌 객관적이고 이론적인 성격을 확인한 바 있다.

동방의 신비신학에는 개인적인 표현이 드물다.[756] 하지만 그렇다고 해서 동방 교부들이 경험을 해본 적이 없다는 것은 물론 아니다. 다만 그들은 경험에 대하여 얘기하는 사람들이 아니었을 뿐이다. 우리가 앞에서 살펴본 바와 같이 대부분의 교부들에게 진리란 성서를 통하여 찾게 되는 것인즉, 그들의 신학은 성서해석이라는 형식으로 나타나게 되었다. 경험에 호소한다는 것은 우리들 현대인이나 대다수의 서방 사람

---

[756] I. Hausherr의 다음 논문에 인용된 한 구절을 생각해 보자: "Les Orientaux connassentils les 'nuits' de S. Jean de la Croix", *Hesychasme et prière*, 95: "Ce qui rend la réponse plus difficile, c'est que la spiritualité orientale répugne profondément aux autobiographies" [이는 대답하기가 매우 곤란한 질문인 것이. 동방교회의 영성은 (개개인의 경험에 대하여 말하는) 자서전적인 이야기들을 아주 싫어하기 때문이다].

들에게는 납득이 가는 일이지만, 동방교부들에게서도 마찬가지로 중요시된 것은 아니었다. '거룩한 어둠'에 대한 교부들의 사상과, '어둔 밤'에 대한 성 요한의 생각 사이의 상반점에 의거하여 퓌에슈가 내세운 차이점이란 기실 그가 뜻한 내용보다는 오히려 훨씬 일반적인 수준에 머무는 장르(글쓰기의 양식)의 차이인 것이다. 이러한 기준으로 판단할 때 우리는 확실치 않다(non liquet)고 말하며 판단을 유보할 수밖에 없다.

성 요한이 의미한 '**어둔 밤**'이라는 테마의 기원이 무엇이냐 하는 물음은 참으로 어려운 문제이다. 이 테마가 교부들의 어느 신비사상에 뿌리를 둔 것이든, 십자가의 성 요한의 신비주의는 중세기 동안 형성되고 발전된 개념에서 영향을 받은 것이며, 또한 이 중세기적 개념은 디오니시우스의 부정신학에 별개의 맥락을 형성하게 된 새로운 사상의 줄기였다. 앞에서 살펴본 바와 같이 디오니시우스에게 있어서 황홀경에 이른 영혼은 지성(intellect, 정신·지력)을 초월하고, 또한 초월함으로써 지성을 부정한다. 그러나 지성은 **더 이상** 쓰일 필요가 없기 때문에 거부되는 것이지 지성이 전혀 소용없는 것이라는 뜻은 아니다. 오히려 정신의 정화가 이루어지는 단계는 오직 지성에 의하여서만 성취될 수 있는 것이다. 그러나 중세기 동안, 영혼의 신비적 기관(器官)은 결코 지적(intellectual)인 것이 아니라 **정적**(affective)인 것이라는 관념이 싹트고 발전하게 되었다. 영혼이 하나님과 접촉하게 됨은 지성(정신)의 첨단(apex mentis)인 제1의 정감(principalis affectio)에 의하여 가능한 것이다. 이러한 사고의 맥락 속에서 디오니시우스의 『신비신학』이 가르치는 내용은 빛깔을 달리하게 되었다. 즉, 지성을 초월해야 한다는 주장은 지성을 부인하게 하여 의지(will)와 감정(feeling) 쪽으로 기울어지게끔 해석되었다.

그리하여 중세 신비사상에 끼친 디오니시우스의 영향이 특히 두드러진 예로 평가되는 작자 미상의 작품인 『**무지의 구름**』에서 우리는 다음과 같은 구절을 찾아볼 수 있다 : "사랑에 의하여 그분께 닿을 수 있는 법, 생각(思考)에 의해선 결코 이루어질 수 없노라."[757] **성 요한은 바로**

---

757) E. von Ivánka, *Plato Christianus*, 309-85 참조.

이 계통의 신비사상 속에서 호흡하고 있었던 바,758) 이는 그가 영혼의 '어둔 밤'을 깨닫는 데 상당한 영향을 끼쳤을 것이다. 그러한 영향은 정감적 신비주의가 발전해 나감에 따라, 우리가 이미 주목했던 바와 같이 교부 신비사상의 이론적인 성격과 후일의 서방 신비사상의 극적이며 정감적인 성격과의 차이가 더욱 두드러지게 되는 과정을 통하여 부분적으로 알아볼 수 있게 된다. 그러나 문제는 실제로 이 같은 차이가 지니는 의미가 무엇이냐 하는 데 있다. 단순한 표현방법상의 문제인가, 아니면 이보다 더욱 근본적인 문제인가? 이러한 맥락에서 다음의 사실을 환기해 보는 것도 좋겠다. 즉, 성 요한은 대부분의 중세 신비주의자들과는 대조적으로, 하나님에 대한 지식 −이는 하나님과 하나가 되도록(합일하게끔) 해줄 수 없는 지성(知性)− 과 하나님에 대한 사랑 −합일을 이루도록 이끌어줄 수 있는 것−, 이 둘의 대립 관계를 작품의 요지로 삼지는 않았다는 것이다. <u>'**어둔 밤**'은 믿음의 어둔 밤이다. 영혼의 합일을 위한 준비과정의 하나로서 정신(知性)이 이미지(表象)들과 상념들을 하나씩 벗어버리고 정화되었을 때에 믿음이 가지는 어둔 밤이다.</u>759)

문제를 다음과 같이 제기해 볼 수도 있겠다. '거룩한 어둠'에 대하여 교부신학에서 주장된 내용의 중심점, 즉 '거룩한 어둠'이란 피조물인 영혼과 조물주이신 하나님 사이의 근본적인 차이를 의미하는 하나의 상징이라는 것, 그렇게 볼 때 이 내용이 십자가의 성 요한의 '어둔 밤'에 관한 신학에서 말하는 요지와 얼마나 거리가 먼 것인가 하는 의문을 제기해 보는 것이다. 이를 만약 서방 신비사상의 언어로 바꾸어 말한다면 '어둔 밤'은 하나님의 절대적 초월성을 겪는 영혼의 체험이라는 뜻으로 해석할 수 있을 것이다. 말하자면, 영혼은 '어둔 밤' 속에서 무

---

758) Stanbrook 수도원의 베네딕도회 수사가 쓴 *Medieval Mystical Tradition and St. John of the Cross* (London 1954) 참조.
759) 이는 J. P. H. Clark가 지적한 내용이다. "The 'Cloud of Unknowing', Walter Hilton and St. John of the Cross: A Comparison", *Downside Review* (Oct. 1978) 285.

한하신 하나님을 알아보려 애쓰며 이렇게 애쓸 때에 느끼게 되는 괴로움과 아픔은, 원래 유한한 본성을 지닌 영혼이 자기 힘에 넘치는 경험을 감당하기 위하여 겪는 준비과정인 것이다.

이것이 십자가의 성 요한의 '영혼의 어둔 밤'이 뜻하는 바일까?『어둔 밤』(제2권 5장)에서 성 요한은 다음과 같이 설명한다. "이 **어두운 밤이란** 하나님께서 영혼 속으로 흘러드심을 뜻하는 바, 그리하여 영혼은 원래부터 습관적으로 지닌 영적 무지와 불완전으로부터 깨끗이 정화되는 것이다(* 방효익 역: 영혼 안에서 일어나는 하나님의 작용이라고 할 수 있는데 영혼이 지니고 있는 영적이며 본성적이고 습관적인 결함들과 무지들로부터 영혼을 정화시키는 것이다). 관상하는 사람들은 이것을 **주입받은**(注賦的) **관상**(infused contemplation) 혹은 **신비신학**(* 제2권 5장 주석 18 참조)이라고 한다"(『어둔 밤』, II v 1).760) 영혼 속으로 흘러드는 하나님의 빛은 영혼을 정화하고 하나님과의 합일을 준비해 주는 것이다. 하지만 십자가의 성 요한은 한 걸음 더 나아가, 영혼을 비추어 주시고 정화하여 주시는 하나님의 **빛**이 흘러드는 것이라면 왜 어두운 밤이라고 하는지를 묻고는 다음과 같이 대답한다.

> 이에 대한 답변으로 두 가지 이유를 들어서 이 하나님의 지혜가 영혼에게 밤과 어둠일 뿐 아니라 괴로움과 아픔이라고 할 수 있다. 즉, 그 첫째는 **하나님의 지혜가 아득히 높아 영혼의 역량을 초월하기에 어둠**이라 이르는 것이요, 그 둘째는 **영혼의 더러움과 낮고 낮음으로써, 그러기에 괴롭고 아프고 캄캄하다**는 것이다(최민순 역, 『어둔 밤』, II v 2).

---

760) 십자가의 성 요한의 작품 인용은 모두 K. Kavanaugh와 O. Rodriguez의 영문 번역본 *The Collected Works of St. John of the Cross* (Nelson 1966)에 따랐다. [*『어둔 밤』의 우리말 인용은 주로 고 최민순 신부의 번역본(성 바오로출판사 1994)에 따랐으나 문맥상 간혹 역자의 생각대로 옮긴 곳도 없지 않다.]
* 최민순 역은 십자가의 요한의 전집 4권 전권 번역이 되어 있지 않으나 방효익 역은 전권이 번역되어 있어서 따로 ( )에 삽입하였다(편자)

☞ 방효익 역, 『어둔 밤』761)

거룩한 빛이 가져다주는 거룩한 지혜가 영혼에게 단순히 밤이나 암흑만이 아니라 고통이고 태풍이기 때문에 그 이유를 두 가지로 대답할 수 있다. 첫째로 **영혼의 능력을 뛰어넘는 거룩한 지혜의 높음 때문에 영혼에게 암흑**이라고 하는 것이다. 둘째로 **영혼의 불순함과 낮음 때문에 영혼에게 고통스럽고 괴로운 것이며, 또한 어두운 것**이다762)(방효익 역, 『어둔 밤』, II x 5).

첫째 이유는 '거룩한 어둠'이라는 테마에 관하여 교부들이 뜻한 기본적 취지와 분명히 상응하는 것이지만, 둘째 이유는 그렇지 않다. 그렇다고 해서 교부들이 죄의 심각성에 대한 인식이 부족했다는 의미가 아니라, 그들은 '거룩한 어둠'을 통하여 영혼이 하나님께로 다가감을 깨달을 뿐, '거룩한 어둠'이 무엇인지를 이해함에 있어서 죄에 대한 인식 같은 것을 포함시키지는 않았다는 것이다. 예를 들면, 니사의 그레고리우스에 있어서 영혼은 일종의 어둠(무지와 죄의 어둠) 속에서 출발하지만 하나님께 응답해 나감에 따라 빛이 비추임을 경험하게 된다. '거룩한 어둠' 속으로 들어가는 것은 추후의 단계로서 영혼이 죄로부터 정화된 단계를 넘어선 다음의 일이다.

이 점에 있어서 십자가의 성 요한과 교부들의 입장은 명백한 차이를 보인다. 그러나 교부들이 말하는 '거룩한 암흑'은 (무한하신 하나님에 대한) 인간의 유한성 때문이고, 성 요한에게 있어서 '어둔 밤'은 인간의 유한성뿐만이 아니라 죄 때문이라고 간단하게 말해버린다면 이는 둘 사이

---

*761) 이 장에서는 본문에는 최민순 역을 사용하였으며 비교하도록 ☞표로 표시된 부분은 방효익 역을 함께 실었다.
762) 방효익 주20): 저자가 여기에서 철학적 원리를 끌어들이면서 하나님과 영혼의 관계를 설명하는 것이다. 다시 말해서 하나님과 영혼의 질적이며, 영적인 다름과 차이 때문에 함께 어우러질 수 없는 사이임에도 불구하고 하나님께서 영혼의 일치를 이루기 위해, 즉 영혼을 당신과 같은 사랑의 차원으로 끌어올리시기 위해 밤이라는 고통스러움을 거치게 하면서 영혼을 깨끗하게 닦아주신다.

에 존재하는 차이점을 완전히 오해하는 것이다. 십자가의 성 요한의 가르침은 그런 식으로 요약될 수 있는 수준이 아니라 훨씬 깊고 근본적인 것이다. 죄로 인하여 생긴 '어둔 밤'이 아니라, '어둔 밤'이 죄에 가득 찬 영혼을 노출시키는 것이다. 실제로 우리는 순전히 죄를 지었다는 생각만으로 하나님을 찾기 시작하는 것은 아니다. 흔히 우리가 죄라고 여기는 것은 그저 실수를 저질렀다거나 아니면 자존심이 상하게 된 경우이다. 오히려 하나님께 가까이 다가감에 따라 우리 안에 가득한 죄의 깊이를 깨닫기 시작한다. 따라서 십자가의 성 요한에 의하면, 만족감을 주는 기도와 헌신의 길을 포기하고 오직 하나님 당신에 대한 사랑에서 출발하여 관상의 밤으로 들어가도록 부르심을 받음으로써 우리는 하나님께 가까이 다가가는 것이다. 그러므로 요한은 다음과 같이 말한다.

이 메마르고 어두운 관상의 밤이 가져다주는 첫 번째 중요한 이익이 바로 자기와 자기 비참에 대하여 알게 되는 것(智見)이다. 왜냐하면 하나님께서 영혼에게 은혜를 내리실 제는 언제나 이 지견(자기인식)을 주시게 마련이지만, 이외에도 전 같으면 풍요를 느끼던 정신 능력이 메마르고 허전하며 선행에 곤란을 느끼는 데서 스스로의 무능과 비참을 알게 되기 때문인데, 전에 편안함을 누리던 때는 전혀 그런 기미도 없었던 것이다(최민순 역, 『어둔 밤』 I xii 2).

☞ 방효익 역 『어둔 밤』
관상의 **메마른 밤**이 가져다주는 첫 번째 중요한 유익함은 자신과 자신의 초라함에 대한 깨달음이다. 하나님께서 통상적으로 영혼에게 주시는 많은 은혜들을 이 깨달음으로 감싸서 주시는 것 외에도 영혼이 전에 느끼던 풍요로움을 주관하던 감관의 능력들에게 가져다주는 허전함과 메마름, 그리고 영혼이 좋은 것들에게서 찾던 어려움들이 오히려 이제는 영혼에게 자기 나름대로 잘 나가던 시절에는 보지 못했던 자신의 초라함과 유치함을 깨닫게 한다(방효익 역, 『어둔 밤』 I xii 2).

뿐만 아니라, 교부들이 의미한 '거룩한 어둠'이란 무한하신 하나님의 초월성을 겪는 유한한 영혼의 체험이라고 간단히 말해버리는 것도 옳지 못한 일이다. 왜냐하면 우리가 앞서 살펴보았던 바와 같이 신비로운 상승이란 교부들 누구에게나 마찬가지로 영혼이 스스로 계시는 분이신 하나님을 그리워하는 나머지 생긴 결과이기 때문이다. <u>하나님에 대한 영혼의 사랑은 하나님 이하의 어떤 것에도 만족할 수 없으며, 하나님 이하의 그 무엇이 주는 평안함도 마다하고 오직 하나님만을 추구할 때 영혼은 '거룩한 어둠' 속으로 들어가는 것이다.</u> 교부들에게 이같이 순수한 사랑이란 영혼이 죄를 내던지고 죄의 유혹에서 벗어나 오직 하나님께 몸바칠 때에만 비로소 가능한 것이다. 오직 **정화된** 사랑만이 '거룩한 어둠' 속으로 들어가는 반면, 십자가의 성 요한에게 있어서 <u>영혼은 '어둔 밤' 속에서 **정화해** 주는 사랑을 경험하는 것이다.</u> 그렇다면 이것이 십자가의 성 요한과 교부들 사이의 차이점인가?

아마 그런 것 같다. 하지만 그렇다 하더라도 이 같은 차이점은 어떤 근본적인 차이라기보다는 견지를 달리한 **시각의 차**이라고 생각된다. 이는 우리가 이미 주목했던 바와 같이 성 요한의 내면 성찰적이고 경험적인 접근방법과, 교부신학의 객관적이고 이론적인 성격의 차이라 하겠다. 십자가의 성 요한은 영혼이 사랑을 통하여 하나님을 찾을 때 겪는 경험에 대하여 이야기한다. 이에 비하여, 예를 들면 니사의 성 그레고리우스는 영혼이 하나님을 사랑하며 찾을 때 일어나는 문제를 '객관적'이고 신학적인 수준에서 논의하고 있다. 그레고리우스의 견지는 오직 정화된 사랑만이 하나님께 다다를 수 있다는 것이다. 사랑하는 영혼은 오직 정화됨으로써만이 하나님과 결합하기 위한 준비를 갖추게 된다는 것이 십자가의 성 요한의 견지이다. 이는 관점의 차이일 뿐이므로, 이를 일단 인정하고 난 연후에는 각각의 두드러진 특색을 찾아내기란 어렵지 않은 일이다. 따라서 그레고리우스는 영혼이 하나님께 가까이 다가가면 갈수록 더욱더 죄 많은 자기의 모습을 보면서 정화의 필요성을 깨닫게 된다는 것이다(그러나 여기에 관하여 자세히 설명하지는 않았다).

영혼은 완전한 헐벗음에 이른 후에도 아직도 무엇인가 더 벗어던져야 할 것이 있음을 느낀다. 하나님을 향하여 오르는 일도 이와 마찬가지이다. 한 단계씩 오를 때마다 또다시 영혼을 짓누르는 무거운 짐 같은 것이 나타나게 마련이다. 이처럼 새로이 깨닫게 되는 순결을 통하여, 속옷을 벗어던지는 순간에도 속옷은 다시 겉옷이 되어 벗겨내야 할 옷이 또 있음을 알게 된다(『아가 주해』 XII 1029).

나아가 그레고리우스는 영혼의 이 같은 상태에 대하여 설명하기를, 「아가」에서 임을 찾아 헤매다가 "야경꾼들에게 얻어맞고"(아 5:7) 상처 입은 신부의 처지에 비유하였다. 성 요한에게 있어서도 '어둔 밤' 속에서 영혼이 겪는 가장 큰 고통은 하나님과 결합하기 바로 직전의 순간이다. 그는 이를 설명하면서 영혼이 경험하는 견딜 수 없는 허무감(이제 완전히 정화된 영혼이기에 헤아릴 수 없이 무한하신 하나님을 곧 경험하려는 순간에 겪게 되는 허무감)에 대하여 자세히 얘기하고 있다. 성 요한은 영혼 속 '느낌의 깊숙한 동굴'이란 말로 이를 표현하였다.

아무리 적은 재물이라도 무한한 보물을 받아들일 수 있는 능력에 부담이 되기에는 충분한 것인즉, 나중에 알 수 있듯이 마음이 완전히 텅 비게 될 때까지는 무한한 보물을 받아들일 수 없다는 사실, 이는 참으로 놀라운 일이다. 하지만 이 동굴들이 텅 비고 깨끗이 정화되었을 때라도 (즉, 영혼이 완전히 세속을 떠난 상태에서도) 영적 감각이 느끼는 목마름과 주림과 그리움은 견딜 수 없이 괴로울 뿐이다. 동굴에는 깊숙이 파인 곳이 많기에 영혼의 괴로움 또한 깊디깊은 것이다. 배를 주리며 찾아 헤매는 양식, 이는 다름 아닌 하나님이시다(『사랑의 생생한 불꽃』 III 18. [*방효익 역에서는 『사랑의 산 불꽃』이라 한다.]).

☞ 방효익 역 『사랑의 산 불꽃』

이 세상에서 감관의 능력들에게 붙어 있는 아주 작은 애착이라 할지라도 영혼은 거기에 빠져들고, 영혼을 방해하기에 충분한데 그 해로움을 느끼지 못하며, 비움으로 인한 선익을 우습게 여기며, 감관의 능력을 알지도 못하기 때문이다. 앞으로 말하겠지만, 감관의 능력들이 무한한 선익의 능력을 지니고 있다 할지라도, 거기에 붙어 있는 아주 작은 애착들도 영혼이 모든 점에 있어서 비워질 때까지 어떠한 선악도 받아들이지 못하도록 방해하기 충분하다는 것은 놀랄 만하다.

감관의 능력들이 비워져 있고 깨끗하다면 영적 감각의 갈증과 배고픔, 그리고 초조함은 참을 수 없는 정도이다. 이 동굴들의 위(胃)가 매우 깊기 때문에 그리고 동시에 제공되는 음식은, 내가 말했듯이, 하나님이신데 아주 깊기 때문에 심각하게 고통을 겪는다.(방효익 역, 『사랑의 산 불꽃』, III 18).

깨끗이 정화된 사랑이 겪는 어둠과 허무의 경험은 이러한 것이다. **영혼은 '어둔 밤' 속에서 정화되고 하나님과 결합하기 위한 준비를 갖춘다.** 이 '어둔 밤'의 근본적 성격이 아마도 가장 뚜렷이 나타나는 것은 바야흐로 목표가 이루어지기 직전의 순간으로서, 이는 곧 "생생한 불꽃"(사랑의 산 불꽃)이라는 테마가 된다.

그러나 동방정교회의 신학자들이 지켜온 전통 – 멀리 교부들로부터 이어져 내려온 전통 – 의 관점에서 볼 때, 성 요한의 이 같은 신비사상은 상당히 낯설고 동떨어진 것으로 해석되고 있다. 그렇다면 우리가 여기에서 다루고 있는 문제는 동방과 서방의 사고방식에서 근본적인 대조를 보이는 분야인지도 모르겠다. 그런 뜻에서 블라디미르 로스키는 다음과 같이 말한 바 있다. "서방 그리스도교 세계의 위대한 성인들이 보여주었던 영웅적인 태도와 함께 하나님과 비참하게도 헤어져 버렸다는 슬픔에 희생당한 느낌이라든지, 영적 필요성에 의하여 나아가야 할 길이라고 생각한 영혼의 어둔 밤, 이 모두가 동방 그리스도교회의 영성에서는 볼 수 없는 모습이다."[763] 로트-보로딘(Myrrha Lot-Borodine)도 지금은 단행본으로 출판된 논문집들에서[764] 동방과 서방의 대조적인 영성의 차이에 대하여 로스키가 지적한 것과 거의 다를 바 없는 견해를 표명하였다. 로트-보로딘 여사의 설명에 따르면 서방 가톨릭교회는 거룩한 인성(人性)을 지니신 우리 주님의 고난에 대해 열렬하고도 번민에 가득 찬 신앙심을 보인 데 비하여 동방 비잔틴 교회에선 승리자이신 왕에 대한 엄숙하고도 고요한 신앙심이 더욱 부각되었다는 것인데,[765] 그것은 그뤼네발트[766]의 이센하임(Isenheim), 제단화에 그려진 십자가에 달리신 그리스도와, 루블료프[767]의 이콘(icon)에

---

763) *The Mystical Theology of Eastern Church* (London 1957) 226. 그러나 227의 각주에서 그는 어느 정도 견해를 수정했다.
764) *La Déifuication de l'homme* (Paris 1970).
765) 위의 책 61-6.
766) Matthias Grünewald (1475년경-1528). 독일의 화가. 그의 생애에 대해서는 알려진 바가 거의 없지만 이센하임 제단화(祭壇畵)를 그린 화가로 유명하다. 이센하임은 오늘날 독일과 프랑스의 국경지방 알자스의 도시 콜마르(Colmar) 근방에 있던 고을이다. 이곳 성당의 제단을 장식한 그뤼네발트의 그림은 모두 11개의 패널(panel)로 된 폴립틱(polyptych, 여러 면으로 되어 병풍 형식으로 펼쳐지는 그림)으로 현재 콜마르의 운테르린덴(Unterlinden) 박물관이 소장·전시하고 있다. 운테를린덴 박물관은 바로 이 이센하임 제단화로 인하여 프랑스에서 루브르 박물관 다음으로 많은 관람객을 기록하고 있다. 제단화의 중심부를 이루는 '십자가에 못 박히신 예수' 장면은 전체 그림의 절정으로서, 그리스도를 비롯하여 성모마리아, 막달라의 마리아, 세례자 요한 등등의 인물들이 보이는 고통과 고뇌에 찬 표정이 사실주의적 필치로 생생하고도 절절하게 묘사되어 있다.
767) Andrei Rub1yov (1360년경-1430년경). 러시아의 화가. 안드로니코프 수도원의 수사로 있으면서 성당의 벽화 이콘(icon, 聖像畵)에 뛰어난 솜씨를 보였다. 그의 이콘으로 가장 유명한 작품은 '구약성서 삼위일체'인데 원본은 모스코바의 국립 트레차

나타난 성인들의 얼굴 모습이 보이는 대조적인 차이와 같은 것이다. 비잔틴 및 러시아 동방교회는 교부들의 전통을 이어나간 반면, 서방교회는 어거스틴과 더불어 이와는 다른 길로 나아가기 시작하였다. 로트-보로딘 여사의 설명에 따르면 뼈저린 개인적 체험을 바탕으로 한 새로운 신비사상의 전통이 어거스틴과 함께 시작되었던 것이다.768)

서방의 크리스천들은 이 같은 설명에 대하여 오히려 놀라움을 표시하며 납득이 가지 않는다고 할지 모른다. 성 요한은 『가르멜의 산길』 제2권 7장에서 전적으로 '십자가'의 길에 대하여 얘기하고 있지만, 이를 로트-보로딘 표현처럼 번민에 가득한 신앙심이라고 하기는 힘들다. 그렇긴 하지만 아무튼 동방과 서방 사이에는 그 어떤 차이가 분명 존재한다. 그 차이란 것이 신자 한 사람 한 사람에게서 충분히 드러나지는 않는다 해도, 그뤼네발트와 루블료프가 보이는 대조적 양상이 그 전형적인 예인 것 같다. 즉, 이는 (다시금 로트-보로딘의 표현을 빌리면) 서방의 '비장한 감성(sensibilité pathétique)'에서 빚어지는 무진장한 보물과 비잔틴 예술이 보이는 '거룩한 전율(frisson sacré)'의 차이라 하겠다.

로트-보로딘 여사의 설명으로는 이 두 상이한 신비신학의 전통에서 근본적으로 문제가 되는 쟁점은 다름 아닌 인간협력설(synergism)이라는 것이다. 영혼은 언제 어디서나 하나님과 함께 협력한다는 생각, 이는 동방정교회 신비신학의 기반이 되어 있는 반면에,769) 어거스틴에게서 비롯된 서방교회의 은총론과는 뚜렷한 대조를 이루고 있다. 어거스틴의 은총론에 의하면 영혼은 하나님과 **함께** 협력하는 것이 아니라, 하나님께서 미리 알아서 해주시는 바에 응답할 따름이다. 하나님께서 힘써 일하는 영혼을 도우신다는 것을 믿어 의심치 않는다는 점에서 볼 때 이 같은 인간협력설은 낙천주의적이다. 이러한 낙천주의는 영지주

코프 미술관에 소장되어 있지만, 갖가지 크기의 수많은 사본으로 제작되어 우리나라에서도 여느 성당이나 가톨릭 서점의 성물 판매 코너에서 흔히 볼 수 있을 정도로 널리 보급되어 있다.
768) 같은 책, 29 49 이하.
769) 같은 책, 86 이하; Lossky, 앞의 책, 197 이하 참조.

의(Gnosticism)의 '메마른 숙명론(sterile fatalism)'이나, 유럽 그리스도교계 전체에 지울 수 없는 자국을 남긴 성 어거스틴의 '고뇌에 찬 갈등(anguished distress)'과 아주 대조적이다.770) 또한 로트-보로딘은 성모의 원죄 없으신 잉태라는 서방의 독특한 교리를 동방정교회가 거부하게 된 배경에는 성모의 무염시태론이 어거스틴의 원죄상속설을 전제로 하고 있다는 점보다는, 오히려 인간협력설과 어거스틴의 은총론과의 대립이 더 큰 요인이 되었다고 보았다.771) 성모의 원죄 없으신 잉태라는 교리는 마리아가 순전히 은총 가운데 준비를 갖추고 있었기에 하나님께 응답할 수 있었다는 (어거스틴의) 입장을 나타내주고 있기 때문에 인간협력설의 가능성을 정면으로 거부하고 있으며 따라서 동방정교회의 신학과는 양립할 수 없다는 설명이다.

인간협력설과 철저한 은총론과의 대립, 이것이 바로 로트-보로딘 여사가 주목했던 바 **동방신학과 서방신학의 핵심적인 차이점**이다. 일반적인 관점에서 본다면 이 같은 대립은 인정될 수 있는 것이다. 서방신학, 특히 개신교 신학에서 '인간협력설'은 종종 펠라지아니즘,772) 아니면 적어도 반(半)펠라지아니즘,773)의 색조를 띠게 된다. 그런데 이 같은 대립이, 십자가의 성 요한의 '어둔 밤'이라는 신비사상과 동방정교회의 신비신학 사이의 차이점과 그 어떤 관련이라도 있다는 것일까? '어둔 밤'이란 동방과 서방의 근본적 차이를 말해 주는 상징적 개념이라고 지적했던 로스키의 견해를 생각해 볼 때, 아마도 여기에 관련이

---

770) *La Déification*. 87.
771) Lot-Borodine, *La Déification*에 쓴 Daniélou의 서론, 15 참조.
772) Pelagianism: 아일랜드 출신의 수도사 펠라기우스(Pelagius, ?~418)가 주창한 이단설. 구원을 받기 위한 수도 과정에서 인간의 자유의지에 지나치게 중점을 둔 결과 자연히 신으로부터 내리는 은총의 효과를 약화하는 결과를 초래했다. 펠라기우스에 정면으로 맞서서 신의 은총을 무엇보다도 으뜸으로 강조했던 아우구스티누스, 이 두 사람의 논쟁은 신학사상 아마 가장 유명한 논쟁이었다 해도 지나친 말이 아닐 것이다. 펠라기우스의 교리는 431년 에베소 공의회에서 이단으로 선고되었다.
773) semi-Pelagianism: 어거스틴의 은총론과 헬레니즘을 조정하여 마르세이유의 카시아누스(360-435년경)가 주창한 교리를 말한다. 하나님의 은총은 때때로 인간의 자유로운 협력을 기대하고, 믿음은 개인의 능력에서 비롯하기 때문에. 구원은 은총의 도우심을 예상하지만 결국 개인의 의지에 좌우된다는 내용이었다. 이는 프랑스 남부에 보급되었으나, 529년 오랑류(Orange)의 2차 주교회의에서 이단으로 선고되었다.

없지는 않은 것 같다. '어둔 밤'에 대한 성 요한의 핵심적 사상은 영혼이 어둔 밤을 통하여 정화되면서 하나님께 순수하게 응답할 수 있게끔 준비를 갖추는 과정이기 때문이다. '어둔 밤'이 깊어감에 따라 영혼은 어쨌든 수동적인 자세가 되도록 노력해야 한다는 것을 십자가의 성 요한은 대단히 힘주어 강조하고 있다. 그가 말하는 수동성(passivity)이란 확실히 힘든 노력의 결실이겠으나, 그럼에도 불구하고 이는 영혼이 하나님과 함께 협력한다(synergism, 신인협력)는 개념이라기보다는 오히려 하나님 앞에 완전히 투명하게(순수하게) 되는 자세를 뜻하는 것이다.774) 성 요한은 (이미 교부들의 글에 여러 차례 사용되었던) 초상화를 그리는 화가의 비유를 들어서 영혼의 수동성에 대하여 설명하고 있다.

> 제 힘을 가지고 정신능력으로 무엇을 하려고 한다면 하나님께서 영혼의 무위(無爲)와 화평을 통하여 그 안에 박아 주시고 굳혀주시는 보화를 막거나 잃게 하는 일이 될 것이다. 말하자면 얼굴을 그리고 색칠하는 초상화가와 같으니, 만약에 무슨 일이 있어서 그 얼굴이 흔들리면 화가는 아무 일도 못하고, 하고 있던 일도 뒤죽박죽이 되고 말 것이다. 이와 비슷하게 영혼이 마음의 평화와 무위에 있고자 하면서 동시에 어느 작업이나 애착이나 정신을 쏟는 일에 마음이 있으면, 그 영혼은 마음이 흩어지고 불안해져서 감성의 메마름과 허전함을 느끼게 될 것이다(최민순 역,『어둔 밤』 I x 5)

☞ 방효익 역『어둔 밤』 I x 5.
만일 자기의 고유한 의지로 자신의 내적인 능력을 가지고 무엇인가 하려고 한다면, 기도 안에서 영혼에게 이미 정착되고 굳혀진 쉼과 평화를 통해 하나님께서 주시는 보화를

---

774) Lossky는 수동적 '어둔 밤'에 담긴 내용이 디오니시우스와 그 밖의 교부들의 생각과는 전혀 다르다고 주장한 바 있다[In the Image and Likeness of God (1974) 81. 그러나 본인이 생각하기에 이는 지나치게 단순화된 관점인 것 같다. 이 책 251 이하의 내용 참조.

잃어버리거나 그 보화를 간직하는 데 방해만 될 것이다. 이것은 마치 화가의 행동과 같다. 화가가 얼굴을 그리고, 색칠을 하고, 배경을 검게 칠해 놓았음에도 불구하고 덧칠을 하기 원한다면 결코 그림을 끝내지 못할 것이며, 그리던 그림을 망치게 될 것이다. 그래서 영혼이 내적인 평화와 쉼 안에 머물기 원하면서 어떤 작업을 하거나 무엇에 매력을 느끼고, 혹은 다른 것에 집중한다면 즉시 자기 마음이 흔들리고 불안하게 될 것이며, 감각의 허전함과 메마름만 느끼게 될 것이다. 집착이나 새로움에 기대려고 애를 쓰면 쓸수록 허전할 것이다(방효익 역, 『어둔 밤』 I x 5).

마카리우스[775]에 있어서 초상화가의 비유는 영혼이 **주의 깊게** 화가를 바라보아야 한다는 뜻이었고, 성 요한은 영혼이 고요한 상태가 되어 있어야 한다는 것이다. 그러므로 동방교회의 인간협력설과 서방교회의 은총론 – 은총에 대한 순수한 응답설 – 사이의 대립이 성 요한의 '어둔 밤'의 교의를 통하여 해결된다고 보는 견해는 그런대로 정당하다고 하겠다.

결국 이 같은 대립은 어느 쪽을 더욱 뚜렷이 내세우느냐 하는 강조점의 차이라고 생각된다. 인간이 하나님께 응답한다는 개념과 인간이 하나님과 함께 일한다는 개념 사이에 근본적인 대립은 없기 때문이다. 만약 하나님이 나의 외부에 계신 분이라면, 나를 창조하시고 나의 존재를 통하여 나를 지켜주시는 '하나이신 분'이 아니라면, '나의 가장 깊은 내면에(interior intimo meo)'[776] 계신 분이 아니라면, 그렇다면 정녕 그러한 대립이 있을 수 있겠다. 그러나 '완전한 자유는 하나님을 섬기는 데 있다.'[777]고 하듯이, 참다운 자유는 하나님께 응답하는 가운데

---

[775] 앞의 181 이하 참조. Diadochus가 사용한 초상화가의 비유에 관해서는 192 이하 참조.
[776] 성 어거스틴 『고백록』, (III vi 11)
[777] 영국 교회의 *Book of Common Prayer*(아침 기도문)에 나오는 구절.

있는 것이라고 생각된다. 그럼으로써 인간은 하나님과 함께 일하는 협력자(synergos)가 되는 것이다. 이는 다름 아닌 "두렵고 떨림으로 너희 구원을 이루라 너희 안에서 행하시는 이는 하나님이시니 자기의 기쁘신 뜻을 위하여 너희에게 소원을 두고 행하게 하시나니 모든 일을 원망과 시비가 없이 하라"(빌 2:12-14)라고 말한 사도 바울의 충고에서 볼 수 있는 역설적 의미이다. 즉, 여기에는 우리의 인간적 노력과 하나님의 은총, 그리고 순종하는 가운데 기울이는 노력의 결실이야말로 하나님께서 이루시는 일이라는 사실, 이 세 가지 요소가 행동의 수준에서나 마음(뜻)을 일으켜주는 더욱 깊은 수준에 있어서나 모두 함께 결합되어 있다. 응답설에 상반될 수 없는 참다운 인간협력설이 여기에 있는 것이다.

그러나 **표현양식**의 차이가 있을 수는 있다. 신비적 경험을 해석하는 열쇠로서 인간협력설의 영향을 받았느냐 또는 응답설의 영향을 받았느냐에 따라서 생기는 표현양식의 차이는 서로 다른 분야의 신비적 경험을 표현하게 된다. 하나님과 관계를 맺고자 영혼이 겪어나가는 동일한 경험을 설명하는 방법에 있어서 동방과 서방이 서로 다른 표현양식을 보인다면, 이는 심오한 통일성 속에 내재하는 긴장상태에 대한 명백한 증거일 뿐, 동방과 서방 양측이 서로에게 많은 것을 배워야 한다는 것을 암시해 주는 것이다.

제 10 권
사랑을 통한 지혜

가르멜 수도자들을 향하여
신비 신학자 데레사
데레사의 강생
십자가의 성 요한의 신비신학
사랑의 산 불꽃
숨겨진 지혜
신비적 지식과 성경
현대 신비신학

사랑을 통한 지혜[778]

스페인 가르멜 수도자들을 향하여

토마스 아퀴나스의 가르침에는 두 종류의 지식이 있다.
하나는 학리적 연구에서 나오며 다른 하나는 사랑에서 나온다. 그는 『신학대전』과 그의 다른 저술에서 학문적 연구에서 나온 지식을 장황하게 발전시켰다. 그 이후에 나타난 스콜라 철학자들은 헌신적인 엄밀함으로 이 연구를 계속했다. 그러나 사랑을 통해 얻은 지식을 깊이 탐사하는 일은 신비신학자들에게 맡겨졌다.

특히 14세기에 신학자들이 나타났는데 대부분 도미니코회 수도승들과 토마스의 제자들이었다. 그들은 이 애정 깊은 지식 또는 지혜에 관해 곰곰이 생각했고 지금 우리가 신비신학이라고 부르는 신학의 별개 분야를 만들어 냈다.

사랑을 통해 얻은 지혜는 성령의 선물이라고 토마스는 말했다. 그것은 우리를 사랑한 분의 부르심에 대한 응답이다.

"우리가 사랑함은 그가 먼저 우리를 사랑하셨음이라"(요일 4:19).
그것은 주입된 지혜이고 사랑이다. 왜냐하면 하나님의 사랑은 우리에게 주어진 성령에 의해 우리 마음으로 물밀듯이 흘러 들어오기 때문이다. 그 지혜란 주입되는 것이며 감각으로 성취할 수 있는 것이 아니다. 명쾌하고 개념적인 지식을 가져다주지 않고 이미지나 사진과도 연결되지 않는다. 그 지혜는 무지의 구름 속에 있는 분명하지 않은 지식이다.

---

[778] 윌리엄 존스턴(William Johnston), 이봉우 역 『신비신학』 (분도출판사, 초판 2007년) pp.127-140.

대체로 이 사랑과 그에 따르는 지혜는 기도 중에 나타난다. 우리는 학문적 연구 과정에서 능력을 사용하는 것처럼, 그 능력을 사용하여 기도를 시작할 수 있다(이것을 추론적 기도라 부른다). 또는 어떤 사람은 복음의 한 장면을 성찰하며 기도를 시작할 수도 있다. 그러나 만일 관상에 빠져들면 성령으로부터 주입된 선물이 너무 강력하여 생각하기 힘들어지는 때가 온다. 아예 생각할 수 없거나 어쨌든 생각하는 데에 상당한 어려움이 생긴다. 이때가 무지의 구름 속에서의 조용한 관상을 위해 추론적 기도를 포기할 때다.

14세기의 독립된 분야로 태어난 신비신학은 16세기 스페인에 있던 가르멜회 수도자들에 의해 놀라운 신비적 통찰력과 활력을 받아 일보 진전하게 된다. 성녀 아빌라의 데레사(정확히는 예수의 데레사, Teresa of Jesus)와 그녀의 협력자요 친구인 십자가의 성 요한(1542~1591)은 둘 다 교회의 신비주의자들이고 박사들인데, 16세기에서부터 바로 오늘날까지 도처에서 그리스도인의 영적 생활을 육성한 귀중한 신비적 유산을 남겼다.

먼저 데레사를 살펴보자.

신비신학자 데레사

데레사가 원숙한 신비가였다는 것을 의심하는 사람은 없다. 그러나 그녀는 또한 신비 신학자였을까?

확실히 그녀는 그녀의 지도자들에게서 스콜라 신학을 배웠지만 스콜라 신학자는 아니었다. 그러나 만일 신비 신학자가 신비체험에 관해 신학적으로 숙고한 사람을 뜻한다면, 우리는 데레사에게 신비 신학자라는 직함을 부여하지 않을 수가 없다. 왜냐하면 그녀는 언제나 그녀 자신과 다른 사람들의 신비체험을 숙고했기 때문이다. 그녀는 그 체험에 대해서 풍부하게 썼다. 그녀 자신도 말하기를 신비체험을 한 것과 그것을 이해하는 것은 별개의 것이라고 한다. 여전히 그것을 설명하는 것은 또 다른 문제다. 여기에 그녀가 한 말이 있다.

> 하나님의 사랑을 받는다는 것이 한 가지 은총이라면, 그 사랑을 깨닫는 것은 또 하나의 은혜이고, 나아가 그것을 말로 설명하는 것은 또 다른 은총입니다.779)

그녀는 계속해서 이해의 은총에는 엄청난 가치가 있다고 말한다.

> 비록 첫 번째 은총만으로도 충분하다 할지라도, 영혼이 불안해하거나 무서워하지 않도록 그 은혜를 이해하는 것도 영혼에게 또한 큰 이익이 되며 선물이 됩니다. 그럼으로써 영혼은 용기 있게 주님의 길을 따라가게 될 것입니다.780)

이렇게 해서 데레사는 신비신학자라 불리게 되었다. 신비적 과정을 간파했고 놀라운 능력이 발휘된 작품들에서 그 신비적 과정을 똑똑히 말할 수 있었기 때문이다. 부분적인 이유지만 그녀 자신이 신비주의에 대해 아무것도 모르는 종교적인 사람들에게서 심하게 상처를 입었기 때문에 그녀는 기도의 길을 알고 있는 박학한 신학자들에게 항상 큰 존경심을 가지고 있었다. 그녀가 체험을 하찮게 보았다는 뜻이 아니다. 그녀의 이상은 신비체험과 신학을 결합하는 것이었다. 그녀는 이 결합을 알칸타라의 베드로(Peter of Alcantara), 십자가의 성 요한, 그리고 발타사르 알바레즈(Balthasar Alvarez)에게서 발견했다.

그녀의 신비신학은 사랑의 신학, 곧 하나님 사랑과 이웃 사랑의 신학이다. 기도할 때는 많이 생각하지 말고 많이 사랑하라고 그녀는 말했다. 그녀의 고전적 작품 『영혼의 성(The interior Castle)』에는 신

---

779) Life, 17.5.
780) 같은 곳.

랑·신부의 영적 혼인으로 궁극에 이르는 사랑의 단계가 묘사되어 있다. 여기서 그녀는 자신의 문학적 능력과 신학적 정확성을 토대로, 완전한 자기 망각 속에서 하나 되는 사랑, 즉 그리스도인의 비이원론(non duaism)을 설명했다.

그녀가 신비신학에 기여한 크고 독특한 공헌은 강생에 관한 그녀의 가르침에서 발견된다.

데레사와 강생

데레사의 신비적 가르침은 사람이 되신 말씀, 즉 예수님에게 초점이 맞춰져 있다. 인간은 인간 예수의 것이어야 한다는 그녀의 주장은 유명하다. 그녀가 체험한 황홀함과 무아경, 그리고 그녀를 다른 세계로 이끌어 간 정신의 비약에 관해 숙고할수록 그 주장이 대단해 보인다. 또한 그녀는 그녀의 거룩한 협력자, 십자가의 성 요한이 말한 무, 무, 무(nada, nada, nada)를 잘 알고 있었다. 성 요한과 마찬가지로 그녀도 공허(The void)와 공(空, emptiness)과 어두운 밤(The dark nights)을 체험했다. 그러나 예수님은 항상 같은 곳에 계셨고 그녀는 마땅히 그래야 한다고 주장했다. 그러나 우리는 무뚝뚝하게 물을 수도 있다: "예수님은 공허 속 어디에 계십니까?" 그렇다면 그녀는 어떻게 예수님과 형상 없는 어둠을 일치시켰을까?

그녀가 예수님의 모습이나 초상화를 상정한 것이 아니라는 사실은 확실하다. 그녀는 복음서의 장면을 구체적으로 떠올리면 항상 심사숙고해야 한다고도 말하지 않았다. 오히려 그녀는 내면의 오감을 통해 또는 더 깊은 의식의 심층을 통해 예수님의 현존에 대한 강한 의식을 가지고 있었다. 그녀는 영광을 받으신 육체, 특히 공간과 시간 밖에 있는 예수님의 영광을 받으신 육체에 대한 감각도 가지고 있었다. 요컨대 그녀는 테이야르 드 샤르댕이 후에 우주의 그리스도라고 명명한 것에 대한 감각을 지니고 있었던 것이다. 이런 예수님에 대해, 우리는 하나의 적절한 이미지를 그릴 수는 없다. 그러나 우리가 어떤 식으로 설명하든, 데레사에게 강생한 말씀은 항상 선물이었다. 그녀의 영적 혼인은 모습 없는 하나님과의 합일이 아니라 사람이 되신 말씀과의 합일이다.

그녀는 강생한 말씀을 향한 사랑을 강조함과 동시에 이웃에 대한 사랑도 매우 실제적이고 현실적으로 강조했다. 대부분의 신비신학자들과 마찬가지로 그녀도 영적 안내자였다. 성 요한의 첫째 서신을 따르는 그녀의 가르침에서 핵심을 차지하는 것은 우리가 하나님을 사랑하는 것은 확신할 수 없지만 우리가 우리 이웃을 사랑하거나 사랑하지 않는 것은 확신할 수 있다는 것이었다. 이는 기도가 얼마나 발전했는가를 시험하는 것이었다. 이는 분별의 최고 규범이다.

데레사는 얼마나 흥미 있는 사람인가! 어느 순간 그녀는 세 번째 하늘에 오른 듯한 더없는 행복에 젖어 인간의 귀로는 들을 수 없는 소리를 듣는다. 다음 순간 두 다리로 굳게 버티고 서서 그녀가 사랑하는 자매들의 약점을 보며 웃고 있다.

십자가의 성 요한의 신비신학

무(無)의 박사(doctor de la nada)로 불리는 십자가의 성 요한은 원래 시인이었다. 그의 주제는 사랑이었으면 그의 『어두운 밤』은 널리 알려졌다. 그를 아는 사람들은 그를 거룩한 사랑의 박사요 시인이라 불렀다. 그는 상처받고 정열적이며 사랑하는 분을 찾아 모든 것을 버린 아가의 신부다. 그는 말한다. "어디에 숨으셨나이까? 사랑하는 이여, 나를 비탄에 버려 두셨나이까?(Adonde te escondiste; Amado, y me dejaste con gemido?)"[781]

---

781) The Spiritual Canticle, 1.

신부는 사랑을 위해 모든 것을 버린다. 우리가 사랑을 위해 자기 집의 모든 재물을 바쳤다면 엄청난 비웃음을 받을 것이다.

시인이었다는 것 외에도 십자가의 성 요한은 토마스 아퀴나스에 깊이 빠져 14세기 신비 전통을 잘 알고 있는 상당히 재능 있는 신학자였다.782) 그의 신비신학은 사랑의 신학이다. 실제로 그는 신비신학을 사랑의 결과로 생긴 헤아릴 수 없는 지혜라 정의했다. 『영혼의 노래』 한 구절을 떠올려 보자.

톨레도 감옥에서 쓰기 시작한 위대한 시에서, 성인은 자신을 신부라 생각하고는 무아경에 잠겨 하나님의 아들인 신랑의 무한한 사랑을 노래한다. '그곳에서 나에게 당신의 마음을 주셨다. 그곳에서 나에게 매우 감미로운 지식을 가르치셨다(Allí me dió su pecho; Allí me enseño ciencia muy sabrosa).' 783)

산문으로 쓴 해석서에서, 그는 이 수수께끼 같은 말에 대한 다소 균형 잡힌 설명을 한다.

> 그분이 그녀에게 가르친 헤아릴 수 없고 달콤한 지식은 영적인 사람들이 관상이라 부르는 신비신학이다. 이 지식은 사랑에서 얻은 지식이기 때문에 매우 달콤한 것이다.784)

여기서 시인은 신비신학을 신비체험과 동일시한다. 반면 오늘날 우

---

782) 성경에 대한 광범위한 언급은 차치하고, 십자가의 성 요한은 어거스틴, 디오니시우스, 보에티우스, 대그레고리우스, 토마스 아퀴나스, 아리스토텔레스, 그리고 오비두스에 대해서는 명확히 언급한다. 분명히 그는 클레르보의 베르나르두스, 성 빅토르의 후고, 그리고 그리스도의 모방과 친숙했다. 그에 대한 스페인 전기 작가 크리소고노(Crysogono)는 중세 신비가들, 특히 로이스브뢰크(Ruysbroeck), 타울러(Tauler), 그리고 소이세(Seuse)에게 성경 다음으로 큰 영향을 받았다고 주장한다. 그는 『무지의 구름』을 알았을까? 둘 사이의 유사성은 주목할 만하다. 우리는 『무지의 구름』의 라틴어 번역이 유럽 대륙에 회자되었던 것을 알고 있다. 십사가의 요한은 그것을 읽었을 것이다.
783) The Spiritual Canticle, 18.
784) The Spiritual Canticle, 27.5.

리는 신비신학을 신비체험에 대한 '숙고'로 여긴다. 그러나 그것은 중요하지 않다. 중요한 것은 이 지식이 매우 맛있고 달콤하다(muy sabrosa)는 것이다. 이것은 안경을 낀 학구파의 추상적 또는 사변적인 지식이 아니라 신비주의자의 전신에 퍼진 실험적이고 정열적이고 통합적인 지식이다. 이것은 하나님의 에너지와 절실한 사랑으로 사람을 감동시키는 지혜다. 마음과 육체를 감동시키는, 그리고 무아경의 기쁨과 강렬한 고통을 주는 지혜다. 이 사랑에 홀린 사람들은 기쁨에 넘쳐 춤을 추고, 고통으로 눈물을 흘릴 것이다. 그들은 감상적인 시를 쓰거나 위대한 예술 작품을 그릴 것이다. 이 사랑과 지혜에 홀린 사람들은 어리석은 사람들처럼 행동할지도 모른다. 결국 신비주의자들은 어리석은 연인들이기 때문이다. 신비주의자와 연인과 광인 사이에 어떤 유사점이 있지 않은가?

또 다른 구절에서 십자가의 성 요한은 신비신학을 관상, 어두운 밤과 동일시한다. 그는 다음과 같이 쓴다.

> 이 어두운 밤이란 영혼으로 들어오는 하나님의 유입이며 이로써 영혼은 그 자연적이고 영성적 무지와 불완전함에서 정화된다. 관상가들은 이를 일러 주부적관상 혹은 신비신학이라 한다.785)

여기서 성인은 어두운 밤이 영혼으로 흘러드는 하나님의 유입이라고 한다. 그러나 그의 작품을 주의 깊게 읽어 보면 어두운 밤만이 아니라 전 신비적 과정도 영혼으로 흘러드는 하나님의 유입임을 알게 된다. 신비신학은 영혼으로 흘러드는 하나님의 유입이다. 때때로 이 유입은 어두운 밤이라는 고통을 야기한다.

또 다른 때는 깨달음이라는 엄청난 기쁨도 가져온다. 어느 경우건 그는 이를 통해 "하나님께서는 영혼을 은밀히 가르치시며, 영혼이 아무

---

785) The Dark Light, II.5.1.

것도 하지 않고 무슨 일인지 이해하지 못해도 사랑의 완덕으로 영혼을 길러 주신다."고 말한다.786)

신비신학은 영혼에게 사랑의 완덕을 가르쳐 주시는 하나님의 유입이다. 성 요한의 신비적 사랑에 대하여 좀 더 알아보자.

사랑의 산 불꽃

신비적 삶의 절정을 묘사한 멋들어진 작은 시에서 십자가의 성 요한은 "오, 사랑의 산 불꽃이여 …! (ioh llama de amor viva …!)" 하고 노래한다.

사랑의 산 불꽃은 무한한 불과 마찬가지로 내면에 거주하며 사랑의 불꽃을 뿜어내는 성령이시다. '이 사랑의 불꽃은 성령이신 신랑의 영이다. 영혼은 자기 안에 계신 성령을, 영혼을 다 태워 버리고 변형시키는 불일뿐만 아니라 그 안에서 활활 타고 있는 불이라 느낀다.'787) 불꽃이 상처를 입히고 마침내 죽인다 할지라도 이상하지 않다.

이 시를 쓸 때, 그는 하나님을 생생하게 체험한다. 달콤함과 연인에게 주어진 기쁨의 상처, 즉 고통을 느끼며 하나님을 맛본다. 그러나 이 불꽃은 항상 즐거운 것은 아니다. 처음에 그것은 작은 불꽃, 곧 그의 존재 깊은 곳에서 이루어지는 애정 어린 움직임이었다. 그리고 나서 그 불꽃은 그를 충격하고 습격하는 잔인한 불로 발전했고 견딜 수 없는 슬픔과 고통을 야기하며 가혹하고 어두운 밤을 가져왔다. 그러나 이제 그 고통은, 가혹한 어둠은 사라졌다. "오, 달콤한 고통이여! 오, 유쾌한 상처여!(oh cauteriosuave! oh regalada llaga!)".

---

786) 같은 곳
787) The Living Flame, 1.3.

우리는 이 사랑에 대해 무슨 말을 할 수 있을까?

처음에 그것은 십자가에 달리신 예수님을 향한 사랑이었다. 왜냐하면 십자가의 성 요한은 '십자가에 달렸기' 때문이다. 십자가에 달리신 예수님을 향한 사랑은 "이제는 내가 사는 것이 아니요 오직 내 안에 그리스도께서 사시는 것이라."(갈 2:20)라는 바울의 말에 따라서 예수님과 동일한 것이 된다. 이 말을 십자가의 성 요한은 이렇게 주석한다. "'이제는 내가 사는 것이 아니다.'라는 말에서, 그가 뜻한 것은 설령 그가 삶을 산다 하더라도 그것은 그의 삶이 아니라는 것이다. 왜냐하면 그는 그리스도 안에서 변형되었기 때문이다. 이 삶은 인간적이라기보다 신적이다. … 우리는 그의 삶과 그리스도의 삶이 사랑의 합일을 통해 하나의 삶이 되었다고 말할 수 있다."[788]

바울과 마찬가지로 십자가의 성 요한도 그리스도와 단단히 결합되어 있었기 때문에, 내면에서 불타는 사랑은 인간적이며 동시에 신적인 것이었다. 내면에서 불타는 사랑은 예수님의 사랑이고 그 자신의 사랑이다. 이제 그 사랑은 모든 사랑과 모든 사물에게 빛을 비추는 '대상 없는 사랑(non-objective love)'이 된다. 사랑의 산 불꽃은 이와 같은 것이다.

이 사랑은 지혜로 연결된다. 이 지혜는 죽음을 통해 하나님의 아름다운 모습을 즐기기 위해 영원한 생명으로 들어갈 때 절정에 도달하게 되는 최고의 깨달음과 각성이다. "당신은 얼마나 부드럽고 사랑스럽게 내 마음을 일깨우셨는지요!(Cuán manso y amoroso recuerdas en mi seno!)"

사랑을 통해, 진정한 신비신학을 통해 얻는 지식은 너무도 훌륭해서 "그녀에게는 그녀가 이전에 알고 있던 지식과 세상의 모든 지식조차도 이 지식과 비교하면 순전한 무지인 것 같다."고 말한다.[789]

---

788) The Spiritual Canticle, 12.8.
789) 같은 책 26.13.

그는 이 각성을 표현하려고 노력했으나 말로 나타낼 수가 없었다. "왜냐하면 이 각성은 … 영혼이라는 실체 안에서 장엄함과 지배력과 영광과 친밀한 상냥함과 같은 것들을 지니고 계신 말씀의 움직임이기 때문이다. 영혼에게 그런 각성들은, 모든 발삼나무와 향기로운 향신료와 세상의 꽃들이 자신들의 감미로운 향기를 발산하기 위해 섞이고 휘저어져서 뒤흔들려 있는 것처럼, 세상의 모든 왕국과 주권, 그리고 하늘의 모든 권력과 미덕들이 감동하는 것처럼 … 모든 미덕과 본질과 완덕과 모든 피조물의 품위가 작열해서 갑자기 동시에 움직이는 것처럼 느껴진다."[790]

사랑의 결과 얻는, 영혼을 자극하는 깨달음은 그와 같은 것이다. 그것은 세상을 뒤흔드는 체험이다. 그러나 이는 죽음을 통해 영원에 이르러 하나님을 정면에서 뵐 때 일어날 수 있는 것을 미리 조금 맛보는 것에 지나지 않는다. 그러나 십자가의 성 요한은 가장 위대한 지혜란 현세에서 숨겨져 있다고 주장한다. 이 '숨겨진(secret)'이라는 말은 무슨 의미일까?

숨겨진 지혜

'숨겨진'이라는 말은 신비신학에서 매우 중요하다. 그 말을 이해하기 위해, 우리는 먼저 그의 '신비적'이라는 말이 '비밀스런' 혹은 '감춰진'으로 번역된 디오니시우스까지 거슬러 올라가야 한다. 이 숨겨진 혹은 신비적인 지식은 논리와 생각을 넘어서고, 분명하고 명확한 개념을 넘어선다. 이러한 지식은 무지의 구름 속에 있는 형상 없는 지식이다. 디오니시우스가 그의 제자를 이끈 곳도 이 지식으로 가는 길이다. 『무지의 구름』 저자가 그의 제자에게 그의 지식을 신비롭게 지키라고 말

---

[790] The Living, Flame, 4.4.

하면 제자들을 안내해 데리고 갔던 지식이 바로 이 지식이다. 그가 사고와 개념, 그리고 이미지와 명쾌한 관념을 피하라고 말한 것도 이 지식이다.

또 신비적 지식이란 이해할 수 없기 때문에 숨겨진 것이라고 할 수 있다. 십자가의 성 요한은 다음과 같이 썼다. "지성은 관상 덕분에 하나님에 대한 더 높은 지식을 가지게 되며 이 관상을 두고 우리는 하나님에 대한 숨겨진 지혜를 의미하는 신비신학이라 부른다. 왜냐하면 이 지혜는 그것을 받아들이는 바로 그 지성에게는 숨겨진 것이기 때문이다."791) 여기서 하나님에 대한 숨겨진 지혜라는 신비신학에 대한 또 다른 정의가 내려진다. 그 지혜를 받아들이는 지성은 이해하지 못한다. 사실 이해가 불가능하다는 것은 신비적인 삶에서 가장 큰 고통 중의 하나다. '나에게 무슨 일이 일어나고 있는가?' 이는 어두운 밤중의 신비주의자의 고뇌에 찬 외침이다. '나는 정말 이해하지 못한다!' 십자가의 요한은 어두운 밤은 숨겨진 것이라고, 그것은 신비라고 반복해서 말한다. 이해하려고 애쓰지 마라! 하나님을 기다려라! 포기하라! 그의 자비와 사랑을 신뢰하라!

하나님은 숨겨진 분이시다. 그분은 '숨어 계시는 하나님(Deus Absconditus)'이시다. 그분은 신비 중의 신비이시다. 그분은 영혼에게는 밤과 같은 분이시다. 절정에 이르러야만 하나님은 숨어 '은밀히 홀로 지내시는(Donde secretámente solo moras)' 그 깊은 곳에서 눈을 뜨신다. 그래서 십자가의 성 요한은 '아무도 그를 보지 않을 때, 은밀하게(En secreto, que nadie me veia)' 의식을 잃는다. 그는 '아무도 없는 곳, 그분이 나를 기다리시는 곳, 내가 잘 아는 그분께로'792) 인도하는 '비밀스런 사다리(la secreta escala)'에 오른다.

이 모든 것에서 십자가의 성 요한은 토마스 아퀴나스를 따른다. 그

---

791) The Ascent, 11.8.6.
792) The Dark Night, IV.

는 두 종류의 지식을 발견한다. 하나는 **학문적 연구에서 나온 지식**이고 또 다른 하나는 **사랑에서 나온 형상 없는 신비스런 지식**이다. 그를 대낮의 빛보다 더 확실하게 안내하는 것은 후자다.

신비적 지식과 성경

스페인 가르멜회 수도자들의 작품으로 절정에 달한 중세 전통에서 볼 때, 신비신학은 사랑에서 나온 숨겨진 지혜임이 분명하다. 그러나 우리는 이러한 지혜가 성경에서 발견될 수 있는지 정당하게 물을 수 있다. 그렇다면 어디서 그것을 발견할 수 있을까?

이 물음에 대해 십자가의 성 요한이라면 이 숭고한 지혜는 성경의 모든 행간에서 발견될 수 있다고 대답할 것이다. 그는 그것(지혜)을 아가, 시편, 예언자들의 작품, 복음서, 바울의 서신 등 성경 곳곳에서 발견한다. 그렇다면 아마도 사랑에서 나오는 숨겨진 지혜에 대해 바울이 강력하게 말한 한 구절을 선택하는 것은 가치 있는 일이 될 것이다. 그것은 십자가의 성 요한도 여러 번 언급하는 구절이다.

고린도 신자들에게 보낸 첫째 서신에서 바울은 십자가의 어리석음과 자신의 가르침의 어리석음에 대해서 말하고 있다. 그는 마치 재고해 보려는 듯이 잠시 멈추었다 말한다.

> 우리가 온전한 자들 중에서 지혜를 말하노니 이는 이 세상의 지혜가 아니요 … (고전 2:6).

이어서 그는 하나님의 헤아릴 수 없는, 감추어진 지혜에 대해 말한다. 이것은 '신비적 지혜(σοφίαν εν μυστηρίῳ)', 무지의 구름 속에 숨겨져 있는 형상이 없으며 모호한 지혜다. 바울은 자신이 이미지나 개념들을 초월하는 지식에 대하여 말하고 있다고 분명히 진술한다. "하나님이 자기를 사랑하는 자들을 위하여 예비하신 모든 것은 눈으로 보지 못하고 귀로 듣지 못하고 사람의 마음으로 생각하지도 못하였다…"(고전 2:9).

바울 사도의 유일한 지혜라는 이 지혜는 십자가에 달리신 예수님의 사랑에서 연유한다. 즉, 그분의 바울에 대한 사랑과 바울의 그분에 대한 사랑 모두에서 연유한다. "나를 사랑하사 나를 위하여 자기 자신을 버리신 하나님의 아들을 믿는 믿음 안에서 사는 것이라."(갈 2:20) 하고 바울은 큰 소리로 울부짖었다. 그는 예수 그리스도, 곧 십자가에 달리신 그분 외에는 그들 사이에서 아무것도 모르기로 결심했다고 고린도인들에게 말한다. 바울의 지혜, 그의 어리석고 숨겨진 지혜는 사랑에서 연유한다. 그리스도는 유다인에게는 걸림돌이고 다른 민족에게는 어리석음이다. 그러나 부르심을 받은 사람들에게는 유다인과 이교도를 막론하고 그리스도는 하나님의 힘이요 하나님의 지혜다(고전 1:23~24 참조).

사랑에서 연유하는 지혜는 얼마나 많은 역설로 가득 차 있는가! 네가 현명하기를 원하면 너는 어리석은 자, 곧 어리석어도 사랑하는 사람이 되는 것이 낫다고 바울은 말한다. "하나님의 어리석음이 사람보다 지혜롭고 하나님의 약하심이 사람보다 강하니라"(고전 1:25).

이것이 데레사와 요한의 지혜다. 지혜는 십자가에 못 박힌 분의 사랑과 아가의 정열적인 시로 표현된 어리석은 사랑의 응답에 대한 깊은 이해에서 생긴다. 이 지혜와 비교하여 "인간과 전 세계의 지식은 순전한 무지이고 알 가치가 없다."[793] 우리는 어디서 이보다 더 큰 역설

---

[793] The Spiritual Canticle, 26.13. 그러나 십자가의 성 요한은 시인이라, 종종 과장된 언어를 사용한다는 것에 주목해야 한다. 여기서 그는 학문적 연구로 얻은 지식을 경시하는 것 같다. 그러나 다른 곳에서 지식에 대한 존경심을 드러낸다. "그녀가 이 무지 속에 머무르기 때문에 그녀가 얻은 학문적 지식을 잃었다고 생각해서는 안 된다. 오히려 이런 습관은 그녀에게 주입된 초자연적 지혜의 더 완전한 습관에 의해서 완전해진다."(The Spiritual Canticle, 26.16).

을 발견할 수 있을까?

현대 신비신학

제2차 바티칸공의회 이전에는 신비신학을 세계 도처의 가톨릭 신학교에서 가르쳤다. 그것은 중요한 과목은 아니었다(무대의 중심은 교의신학과 윤리신학이 차지했다). 그러나 당시 사람들에게 지혜롭게 말한 몇몇 유명한 신학자들이 있었다. 프랑스 도미니코회 수도승 가리구-라그랑주는 토마스 아퀴나스와 십자가의 성 요한에 대해 광범위하게 썼다. 예수회원 드 기베르와 오귀스트 풀랭(Auguste Poulain)은 상당히 재능 있는 실천적 지도자였다. 탕귀레(아돌프 땅끄레)의 교과서는 도처의 신학생들이 읽고 또 읽었다. 대체로 신비신학은 교과과정 중 있어야 할 자리에 있었다.

그러나 이 신비신학이라는 말은 '사랑에서 연유한 숨겨진 지혜'라는 전통적 번역어보다 훨씬 광범위하게 사용되었다. 드 기베르는 우리에게, '신비신학이라는 말은 관상으로 하나님과의 합일을 준비하는 것으로 여겨진 영성생활에 대한 모든 신학적 연구를 폭넓게 지칭하는 것이 되었다.'[794]고 말한다. 이러한 신비신학은 '수덕 신비신학' 혹은 '영성신학'이라고도 불렸다. 그것은 위대한 스페인 사람들을 따라서 주부적 관상을 다루었는데 그 주요 목표는 미래의 사제들에게 기도하는 법과 기도의 길을 걷고 있는 다른 사람들을 안내하는 방법을 가르치는 것이었다.

제2차 바티칸공의회와 계속되는 신학적 혁명에도 불구하고, 신학교에서 가르친 신비신학은 더 이상 새로운 사람들과 새로운 세상에게 호

---

[794] Joseph de Guilbert, Theologia spiritualis, ascetica et mystica, Roma 1946.

소력이 없다는 것이 분명해졌다. 공의회는 현대세계와 아시아 신비종교들과 나누는 대화의 길을 열었다. 우리는 신비체험에 지대한 관심을 가지고 있으며, 신비적 지혜야말로 세상을 괴롭히는 많은 진퇴양난의 문제에 해답을 제공하리라고 여기는 세계와 대면해 왔고 아직도 대면하고 있다.

이는 신비신학이 다시 쓰여야 한다는 뜻이다. 이 책은 새로운 시대를 위한 신비신학을 다시 쓰고자 하는 겸손한 시도다. 그리스도교의 전통에 따라 이 책에서는 신비신학을 '사랑에서 나온 숨겨진 지혜를 다루는 신학적 성찰'로 이해한다. 이 책을 통해 저자(William Johnston)는 현대세계와 나누는 대화에서 이 전통을 발전시키고자 한다.

편저자의 의도는 어거스틴, 성 버나드, 루터, 칼빈으로 이어지는 신비신학과 십자가의 요한의 신비신학인 주부적 관상기도를 더욱 발전시켜 개신교의 신비신학으로 삼고자 한다.

제 11 권
성화의 길

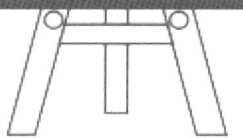

정화의 길
조명의 길
일치의 길

제1장　성화의 여정의 각 단계들
제2장　감각의 능동적 정화
제3장　영의 능동적 정화
제4장　묵상기도
제5장　능동적 관상기도
제6장　감각의 수동적 정화
제7장　영의 수동적 정화
제8장　수동적 관상기도
제9장　일치의 시작
제10장　영적 약혼
제11장　영적 결혼
제12장　변형의 일치

성화(聖化)의 길 [795]

제1장
성화(聖化)의 여정(旅程)의 각 단계들

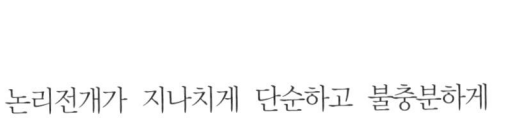

여기에 제시하는 것들이 논리전개가 지나치게 단순하고 불충분하게 보이거나 혹은 반대자들로부터 비난을 받을 위험성을 스스로 안고 있다. 그럼에도 불구하고, 우리의 영성은 인간이 추구해야 할 궁극적인 목표인 오직 '하나님과의 일치(一致)'를 향한 긴 여정(旅程)을 따라 나아갈 영적 성화의 길을 제시하는 것이라고 보아야 한다. 인간의 영적인 성화는 하나님의 주도에 의해서 이루어진다.

그러나 하나님과의 일치가 완성되기 위해서는 인간의 협력이 반드시 필요하다. 인간의 협력이란 한 마디로 믿음·소망·사랑의 훈련과 실천을 말하는데, 이것은 정화와 기도 안에서 병행 실천되어야 한다.

우리는 성화(聖化, 영적 여정)에 대해서, 아래와 같이 도표로 각 단계들을 묘사하고, 번호를 매기어 각 번호에 따라 살펴보기로 한다. 특히 우리 인간 편에서 해야 하는 몫을 정화와 기도, 두 가지 측면에서 병행해서 살펴보기로 한다. 도표에는 초심자들에게 요구되는 감각의 정화와 묵상에서부터 시작해서 하나님과의 완전한 일치까지를 제시하고 있다.

우리를 하나님께로 인도하는 이 영적 여정은 복음적이기 때문에, 분명히 모든 성도들을 위한 것이고, 우리 각자는 이 안에서 확실한 지침

---
*795) 박노열. 『나아간 이들을 위한 관상기도』 (나뜀, 초판, 2013) pp. 135-244.

을 발견할 수 있다.

성화 (정화와 기도)

① 성화	밤 (무지)						
	정 화		조 명		일치(합일)		
	능동적 성화		수동적 성화				
정화	② 감각의 능동적 정화	③ 영의 능동적 정화	⑥ 감각의 수동적 정화	⑦ 영의 수동적 정화	⑨ 일치의 시작	⑩ 영적 약혼	⑪ 영적 결혼	⑫ 변형의 일치	영화
기도	④ 묵상기도	⑤ 능동적 관상기도		⑧ 수동적 관상기도				

그렇지만 하나님은 각 영혼 안에서 당신께서 원하시는 대로 우리 각자가 서로 다른 방법과 서로 다른 시기를 통해서 인격적으로 성화되도록 하시니, 성화의 과정을 무지의 구름이 제시하는 정화·조명·일치의 단계에 따라 표시하고자 하였으므로 십자가의 성 요한께서 제시하신 도표는 조금씩 다를 수 있다.[796] 성 요한도 다음과 같은 말로 이

---

[796] 저자의 글 배경을 간단히 표현하면 「무지의 구름」과 십자가의 요한의 전서 4권, 그리고 예수의 데레사의 저서에 힘입었고, 심히 부족하지만 그에 따라 수련하고 있으며, 그 과정을 세 분에게 누가 가지 않도록 표현해 보고자 애를 쓰고 있다. 만약 잘못된 부분이 있다면 전적으로 저자의 부족이지 그분들의 잘못이 아님을 말한다. 그래서 가능하면 그분들의 말을 인용하되, 상당 부분은 저자의 생각대로 집필하여 하나님 앞에서 저자가 책임질 각오를 한다.

사실을 우리에게 예고했다. "하나님께서는 각각의 영혼을 다른 길로 이끌어 가시기 때문에 영적 여정을 거니는 방식의 반만이라도 다른 이의 방식과 일치하는 영혼을 찾기란 거의 힘들 것이다."797)

1. 밤

밤(무지)

십자가의 요한이 말하는 '어둔 밤'과는 다르다. 어둔 밤은 '영혼의 의지에 즐거운 것들과 육체에 감미로운 것들, 그리고 세상의 외적인 모든 것들에 대해 지니고 있는 모든 감각의 욕구를 끊어버림과 정화이다.'798) 이러한 모든 것이 감각의 정화에서 이루어지는 것이다. 그러나 '밤'이란 성화의 전 과정을 말한다.

위 도표에서 전체를 끌어안는 '밤'은 하나님과의 일치를 향한 영혼의 여정의 출발점부터 끝까지 모두 '밤(무지)' 안에 포함된다. 십자가의 성 요한은 말한다. 영혼이 하나님과 일치를 이루게 되는 변화의 과정을 '밤'이라 부르는 것에 대해 세 가지로 말할 수 있다.

첫째는 영혼의 출발점에서부터 말할 수 있는데, 영혼이 전에 지니고 있었던 세상의 모든 것들에 대한 욕구를 없애면서, 즉 세상의 모든 것들을 부정하면서 가야 하기 때문이다. 없앰과 부정이란 인간의 모든 감각들에게는 밤과 같은 것이다. (출발점의 문제)

둘째는 영혼이 이 일치로 가야 하는 여정이나 방법에서부터 말할 수 있는데, 그 방법이란 곧 인간의 지성에게는 마치 밤처럼 또한 깜깜한 것이다. (여정의 문제)

셋째는 영혼이 도착하는 곳인 하나님 편에서부터 말할 수 있는데,

---

797) 불꽃, 3,59. p.148.
798) 산길, I,1.4. p.25.

다름이 아니라 하나님은 이 세상에 사는 영혼에게는 바로 어두운 밤이다. (목표의 문제)

하나님과 거룩한 일치에 이르기 위해서는 이 세 가지 밤들을 거쳐야 한다. 여기서 밤의 세 부분은 사실 하나의 밤을 이루는 부분들이다. 그러나 실제 우리가 살아가는 자연적인 밤처럼 세 부분으로 되어 있다. 첫째는 감각의 밤인데 사물들이 잘 보이지 않게 되는 초저녁에 비교된다. 신앙을 말하는 둘째 밤은 완전하게 어두워진 한밤중에 비교된다. 셋째 밤은 하나님이시라고 하는 새벽녘을 말하는데 그때에는 대낮의 빛이 즉시 도달한다.[799] 이상 세 가지가 영혼이 하나님과 신비로운 일치를 하기 위하여 거쳐 가야 하는 밤들이다.

그런데 이 '밤'의 영혼은 맹인처럼 완전히 어둠 속에 빠져서 이 밤의 여행에 유일한 안내자인 신앙에 내맡기고 하나님과의 만남을 향해 걸어간다. 이 밤을 무지의 구름의 저자는 정화·조명·일치라는 3단계로 나누었으나, 십자가의 요한은 영혼의 활동이 우세(優勢)한, 즉 영혼 자신이 주도권을 갖는 능동적인 밤과 하나님의 활동이 우세한, 즉 하나님께서 주도권을 갖고 직접 개입하셔서 영혼을 정화하는 수동적인 밤, 두 부분으로 나누었다. 그러나 이 두 부분은 도표처럼 분리되어 있지 않다. 하나님께서 적절하다고 판단하는 시기와 방법에 따라 나타난다. 능동적인 부분이 밤의 길에서 무엇보다 첫째 부분을 차지하고, 수동적인 부분이 마지막 부분에서 더 우세하다는 것이 사실임에도 능동적 밤과 수동적 밤이 동시에 작용하지 않으면 정화의 효과를 낼 수 없으며, 따라서 이 두 가지 밤은 어떤 의미에서는 동시성을 가지고 있다. 다시 말하면 한쪽이 주도권을 가질 때 다른 쪽은 역할이 약화 혹은 열세한 것이지 결코 참여하지 않는 것이 아니라는 말이다. 그래서 주도권이라 표현한 것이다. 그러므로 하나님께서 주도권을 취하실 때부터 영혼은 순종해야 하며, 영혼의 능동적 밤은 수동적 밤에 의해 조절되고 맞추어지며 요구에 응해야 한다.

---

799) 산길, I,2,1-5. pp.27-30.

밤의 대부분은 하나님의 작용이며, 특히 하나님의 직접적인 작용은 합당한 응답을 요구한다. 이것은 대단히 중요한 사실이다.

십자가의 요한은 이렇게 말한다.
"이렇게 말하기 힘든 것을 설명하기 위해서 나는 내가 지니고 있는 능력을 발휘하지 않을 것이다. 오히려 많은 영혼들에게 필요한 것이므로 주님께서 내게 말을 하도록 도와주실 것이라는 신앙으로 시작할 것이다. 많은 영혼들이 덕의 여정을 시작하고, 우리의 주님께서 거룩한 일치에 이르게 하는 어두운 밤에 놓아주시기를 원하지만 그들은 앞으로 나아가지 못한다. 그 이유는 때로는 영혼들이 그 밤에 들어가기를 원하지 않거나 포기하기 때문이고, 또 때로는 자신들의 처지를 깨닫지 못하거나 영혼들을 정상까지 인도해줄 수 있는 깨어 있는 적절한 안내자가 없기 때문이다. 하나님께서는 많은 영혼들이 앞으로 나아갈 수 있도록 재능과 은혜를 베풀어주신다. 이 많은 영혼들이 조금만 용기를 냈더라면 정상에 도달했을 것임에도 불구하고 많은 영혼들이 앞으로 나아가기를 원하지 않거나 모르기 때문에, 혹은 이들에게 첫걸음을 떼어놓는 것을 가르쳐주지 않았거나 걸어가게 해주지 않았기 때문에 유치한 방법으로 하나님을 섬기고 있는 것을 본다는 것이 참으로 슬프다. 비록 우리의 주님께서 이것저것 따지시지 않고 영혼들이 앞으로 나아갈 수 있도록 은혜를 많이 베푸신다 할지라도 많은 영혼들이 고생은 실컷 하고 얻은 것은 별것 없이 늦게 도착한다. 그 이유는 일치에 이르는 확실하고 순수한 여정을 가기에 필요한 하나님의 뜻을 받아들이지 않고 자기 마음대로 뛰어들었기 때문이다. 하나님께서는 영혼들의 협조가 없이도 데려가실 수 있다. 그러나 비록 하나님께서 많은 영혼들을 데려가신다 할지라도 그들이 하나님의 이끄심에 자신을 맡겨드리지 않는다. 자기들을 데려가시는 것에 오히려 반발하면서 조금밖에 걷지 않거나 혹은 그것이 자신들의 의지에 끌리지 않기 때문에 허탕을 치기가 일쑤이다. 결국 고통만 더할 뿐이다. 하나님께 도움을 청하거나 맡겨드리는 것 대신에 오히려 경솔한 행동으로 하나님의 이끄심을 방해하거나 반발하는 영혼들이 많이 있다. 이런 이들은 마치 어머니가 자기 팔에 안고 가기를 원하시는데도 불구하고 자기 발로 걸어가겠다고 떼를 쓰면서 조금도 걸을 수 없도록 울고불고 발버둥치는 어린아이들과 같은 것이다. 만일 걷는다 해도 어머니는 어린애 보폭으로 어기적거릴 뿐이다."800)

이제부터 각 단계들을 하나하나 생각해 보자.

2. 출발점

성화(정화와 기도)

① 성화	밤 (무지)			
	정 화	조 명	일치(합일)	
	능동적 성화	수동적 성화		
③ 정화	② 감각의 능동적 정화	③ 영의 능동적 정화	⑥ 감각의 수동적 정화	⑦ 영의 수동적 정화	⑨ 일치의 시작	⑩ 영적 약혼	⑪ 영적 결혼	⑫ 변형의 일치	영화
기도	④ 묵상기도	⑤ 능동적 관상기도	⑧ 수동적 관상기도				

---

800) 산길, 서론 3. p.12.

영성(靈性)의 산(山)을 오르기 위한 출발점은, 죄에서 완전히 이탈하고 하나님께로 결정적으로 돌아선, 그런 의지(意志)이다.

우리가 이미 아는 바대로, 이 길에서 진보(進步)하기 위한 '영혼의 걸음걸이'는 정화(淨化)와 기도(祈禱)이다. 이 둘은 공통적인 특징들을 가지고 있다. 여기 그중요한 특징들만을 열거해 보자:

⊙ 정화(淨化)와 기도는 병행적(竝行的)으로 진보하는데, 결과적으로 앞으로 살펴보게 되겠지만, 정화(淨化)의 어떤 '단계'는 기도의 어떤 '형태'와 상응한다.

⊙ 정화와 기도는 서로 영향을 미친다. 정화의 증가나 감소는 기도의 증가나 감소를, 기도의 증가나 감소는 정화의 증가나 감소를 반드시 유발시킨다.

⊙ 정화와 기도는, 이미 말한 바와 같이, 우세한 활동이 영혼의 활동일 때는 능동적이고, 영혼이 수동적으로 머무르는 반면 하나님께로부터 우세한 활동이 나오는 경우는 수동적이다.

그러나 이 '영혼의 수동성'은 '한가함'이라는 말과 비슷하다기보다는, 오히려 하나님의 활동에 대한 '순응성(順應性)·온순함'과 같은 말이다. 이 순응성은 산의 정상을 향한 영적 활동을 요구하는데, 영혼이 오로지 받기만 하는 상태에 머무르고 있는 경우에도 마찬가지다.

3. 성화(聖化)

1) 정화(淨化)

믿음·소망·사랑은 하나님을 최고선(最高善)으로, 무한히 매력적이고 무한히 사랑스러운 최고선으로 우리에게 제시한다. 예수께서도 우리에게 이렇게 명하신다. "네 마음을 다하고 목숨을 다하고 뜻을 다하고 힘을 다하여 주 너의 하나님을 사랑하라 하신 것이요"(막 12:30).

하나님께 대한 이 전적인 사랑은 우리 안에서, 우리를 격렬히 끌어

당기는 감각적인 피조물들에 대한 사랑과 대조된다. 그런데 우리는 하나님께만 돌려져야 할 이 사랑을 하나님 아닌 피조물들에게 돌리기 때문에, 이 피조물들을 마치 하나님 없이도 스스로 존재하는 것인 양 사랑하게 되는 위험을 날마다 겪게 된다.

무질서(無秩序)란 피조물들을 사랑하는 데에 있는 것이 아니다. (피조물들은 모두가 하나님께서 만드신 것이고 좋은 것이다.) 그러나 직접 피조물들 안에서 우리의 행복을 찾음으로써 질서의 하나님과는 무관하게 피조물들을 사랑하는 데에 무질서가 있는 것이다. 앞으로 말하게 되겠지만 피조물들은 오로지 하나님 안에서만 사랑해야 하는 것이다.

이 무질서를 피하기 위해서, 또 우리 마음속에 숨어 있는 피조물들에 대한 애착을 피하기 위해서, 피조물들이 우리에게 주는 유혹에 대항해야 함은 불가피하다. 바로 여기에서 피조물들에 대한 우리 사랑의 점진적 이탈(離脫)인 정화가 이루어진다.

우리 마음의 정화가 이루어지지 않은 그만큼, 다시 말해서 우리 의지(意志)의 미소한 부분이나마 무질서한 방법으로, 즉 질서의 하나님과는 무관하게 피조물을 사랑하는 그만큼, 우리 사랑은 더럽고 불순한 사랑이 될 것이다. 그리고 바로 이런 이유 때문에, 우리의 사랑은 하나님께로 향하기에 부적당한 것이 되고 말 것이다.

십자가의 요한의 말대로, "한 마리의 새가 가늘거나 굵은 줄로 묶여 있다고 하자. 아무리 가는 줄이라 할지라도 단단히 묶여 있다면 마치 굵은 줄에 묶여 있는 것처럼 날아갈 수 없을 것이다. 물론 가는 줄을 끊기가 더 쉽다. 그러나 아무리 쉽다고 할지라도 끊어지지 않는다면 날아갈 수 없을 것이다."[801] 마찬가지로 마음이 피조물들에 집착되어 있는 사람은, 비록 가늘다고 할지라도 그 노끈을 끊어버리지 않는 한 하나님께로 날아오를 수 없다.

그러나 되풀이해 말하지만, 끊어버려야 할 노끈은 '피조물들에 대한

---

801) 산길, I,11,4. p.79.

사랑'이 아니라, 오히려 '피조물들에 대한 무질서한 사랑', 즉 하나님 때문이 아닌 피조물 자체 때문에 그것들을 원하는 그런 사랑이다.

따라서 정화에 관심을 가진 영혼이 자기의 것들을, 자기의 합당한 일이나 자기 생활에 유익한 사물들을 사랑해서는 안 된다고 생각하는 것은 잘못이다. 오히려 자기 마음을 다해 하나님을 사랑하는 사람은, 하나님을 생각하지 않고 피조물들을 직접 사랑한다고 하더라도, 피조물들도 더 완전하게 사랑하는 것이다.

부부(夫婦)의 사랑을 예로 들어보자.
남편은 아내를 두 가지 방법으로 사랑할 수 있다:

① 하나님을 생각하지 않고 순수하게 인간적인 방법으로 사랑할 수 있다. 이 경우에, 남편이 자기 아내를 사랑하기로 결심하는 동기는 바로 아내 자신이고, 아내가 완전할 수 있기를 바라나, 아내는 항상 피조물로서 머물러 있게 된다. 이런 사랑은 당연히 자기 아내의 인간적인 품성에 매여 있게 되고, 지상적인 행복에만 한정될 것이다.

② 만일 이와는 반대로, 남편이 마음을 다해 하나님을 사랑한다면, 그는 아내의 모습 안에서 사랑하시는 하나님께 관심을 갖게 될 것이고, 하나님을 사랑하는 같은 사랑으로 아내를 사랑하게 될 것이다.

따라서 아내에 대한 그의 사랑은 아내의 인간적인 품성에 좌우되지도 않고, 순전히 지상적인 행복만을 추구하지도 않는다. 오히려 그의 사랑은 아내를 하나님께로 이끌고 하나님과의 영원한 일치를 지향하는 그런 사랑이 될 것이다.

두 번째 사랑이 첫 번째 사랑보다 훨씬 더 우월하다는 것을 누가 모를 것인가! 이와 마찬가지로, 우리는 우리의 합당한 일을, 그것이 우리에게 주는 상급들이나 고통 때문에 사랑하거나 인내하게 되는 것이 아니다. 오히려 그것을 행하도록 우리에게 명하시는 분이 하나님이시기 때문에, 또 우리가 그것을 행함으로써 하나님을 사랑한다는 것을 알기 때문에, 사랑하거나 인내하게 되는 것이다.

기쁨도 고통도, 성공도 실패도, 건강도 병고(病苦)도, 또는 죽음 자체까지도, 우리에게 그것을 원하시는 분이 하나님이시기 때문에, 우리는 침착한 이탈 안에서 그것들을 바라보게 될 것이고, 깊은 평화 중에 그것들을 받아들이게 될 것이다.

그리고 온갖 다양한 사물들, 가령 집이나 식량이나 돈 따위, 우리가 소유하고 있는 물질적인 것들도, 그것들에 우리 마음을 집착하지 않고, 다시 말해서 그런 것들에 우리 행복을 묶어두지 않고, 오히려 하나님의 뜻을 행하기 위해서, 즉 하나님을 사랑하기 위해서 필요하고 유익한 수단들로서, 우리가 그것들을 이용하게 될 것이다.

사실상 우리 의지(意志)를 정화시키는 것은 사랑하기를 포기하는 것이 아니라, 반대로 사랑을 최대한으로 증진시키기 위해서 필요한 조건이 되는 것이다. 이것은 사랑할 수 있는 우리의 능력 전부를 오로지 하나님께만 집중시키는 탁월한 목표를 가지고, 피조물들에 대한 의지의 완전한 이탈을 요구한다. 그러나 이것은 신적 사랑의 완전함과 힘을 가지고 다시 피조물들에게로 돌아오기 위한 것이다.

2) 기도

의지의 정화는 우리와 하나님과의 일치를 실현하기 위해 필요한 조건이다. 그러나 그것이 기도를 통해 완성되지 못한다면, 그것은 충분하지 않은 것이다.

새가 하늘로 오르기 위해서는, 자신을 땅에 묶어두는 줄을 끊어버리는 것만으로는 충분치 못하다. 날개를 움직이고 높이 날아올라야 한다.

기도란 바로, 하나님께로 향한 영혼의 이 **날아오름**이고, 인간의 의지를 하나님의 의지에 밀착시키는 것, 하나님과의 친밀한 대화 안에서 자신을 표현하는 것이다.

기도를 통해서, 인간은 믿음을, 특히 사랑을 최대한으로 실천하게 된다.

믿음으로 기도하는 영혼 안에서, 하나님께 대한 인식과 존경은 점점 커나가고, 자기 자신과 피조물들에 대한 존경은 점점 줄어든다. 그러면 소망은, 하나님께서 우리를 사로잡으실 만한 탁월한 분이심을 발견하고서 영혼의 모든 욕망을 그분께로 향하게 한다. 그리고 사랑은, 하나님과 하나님께서 원하시는 것 이외에는 아무것도 원하지 않을 때까지, 영혼을 하나님께 항상 더 완전히 밀착시킨다.

이와 같이 하나님을 향한 기도는 – 즉, 믿음·소망·사랑으로 배양된 기도는 – 영혼을 하나님과의 일치의 상태에로 인도한다. 거기서는 더 이상 두 의지(意志, 뜻)가 존재하지 않고 오로지 하나의 의지(뜻)만이 존재하니, 하나님의 뜻, 바로 영혼의 뜻이 된다.[802]

정화, 즉 모든 피조물에 대한 의지의 이탈이 하루의 모든 행위들 안에 미치는 동안, 우리는 기도에 편리한 시간과 장소를 기도를 위해 남겨두어야 한다. 복음은 우리에게, 예수께서 "예수는 물러가사 한적한 곳에서 기도하시니라."(눅 5:16)는 것과 '예수께서 기도하시러 산으로 가사 밤이 맞도록 하나님께 기도하시고'(눅 6:12)라는 것을 전해준다.

기도에 드려질 시간은, 각자의 고유한 능력들과 필요성들에 따라 각자에 의해 선정되어야 한다. 일이나 가정에 대한 책임을 지고 있는 평신도들도, 하루에 30분이나 20분 정도 조용한 곳에서 기도할 수 있는 시간을 마련하는 것은 크게 어렵지 않을 것이다. 예수께서도 그것을 암시해 주신다. "너는 기도할 때에 네 골방에 들어가 문을 닫고 은밀한 중에 계신 네 아버지께 기도하라 은밀한 중에 보시는 네 아버지께서 갚으시리라"(마 6:6).

하나님과의 이 만남에 있어서, 영혼이 해야 할 것은 무엇인가? 바로 믿음과 소망과 사랑의 행위들이다. 우리는 점점 더 완전한 기도의 형

---

802) 산길, I,11,3. p.77.

식을 원하지만, 모든 기도의 본질은 우리가 앞서 말한 것처럼, 믿음·소망·사랑의 실천이다.

만일 영혼이 하나님과의 이 만남에 성실하다면, 그의 의지와 하나님의 의지의 일치는, 하루의 모든 행위들에 확산되고, 예수의 다음 계명을 실천함으로써 점점 습관이 될 것이다. "항상 기도하고 낙망치 말아야 될 것을"(눅 18:1). 이 말씀은 '삶의 모든 상황들 안에서 항상 하나님께서 내게 바라시는 것을 원하라'는 뜻이다.

제2장
감각의 능동적 정화(淨化)

감각의 능동적 정화의 단계에서 영혼이 성취해야 할 목표는 '감각적인 모든 맛과 모든 자기만족에 대한 거절'이다. 사실 "영혼의 진보를 방해하고 해를 끼치는 것은 이 세상의 사물들이 아니라, 오히려 피조물들에 대한 욕망과 그 맛이다."[803]

"빛이 어둠에 비취되 어둠이 깨닫지 못하더라."(요 1:5). 빛과 어둠, 상반되는 둘이 한 주체에 공존할 수 없다. 그러므로 피조물에 대한 집착인 어둠과 하나님이신 빛은 상극이므로 빛은 어둠을 받아들일 수 없다. 영혼이 먼저 집착을 쫓아버리지 않고서는 하나님과의 일치의 빛이 그 안에 자리하여 사귈 수 없다(고후 6:14).[804]

영혼은 피조물들로부터 물리적으로 이탈하지 못한 경우와 마찬가지로, 그 피조물들에 대한 욕망과 맛으로부터 그 의지(意志)가 이탈하지 못한 경우에도, 자신을 정화(淨化)시킬 수 없다. 이것은 사랑은 서로 닮게 하기 때문이다. 사랑은 같게 할 뿐만 아니라 그 사랑에 붙들어 매놓기(종속시키기) 때문이다.

1. 첫 단계는 감각적인 맛에서 벗어나야(이탈) 한다.

물질적이고 지상적인 사물들의 맛으로부터 쉽게 이탈할 수 있도록

---

803) 산길, I,1,4. p.25. 에서 "어두운 밤이란 영혼의 의지의 즐거운 것들과 육체의 감미로운 것들, 그리고 세상의 외적인 모든 것들에 대해 지니고 있는 모든 감각적 욕구들을 끊어버림과 정화이다. 이런 모든 것이 감각의 정화에서 이루어지는 것이다."
804) 고린도후서 6장 14절 "너희는 믿지 않는 자와 멍에를 같이 하지 말라 의와 불법이 어찌 함께하며 빛과 어둠이 어찌 사귀며"

하기 위해서, 십자가의 요한은 먼저 우리의 취미와 감각을 영적인 것들에로 집중시킬 것을 권한다. "그들은 아직도 세속의 사물들에 대한 맛에서 벗어나지도 떼어내지도 못했기 때문이다. 이는 마치 어린아이가 손에서 하나의 물건을 빼앗으면서 손에 아무것도 없기 때문에 울지 않도록 하기 위해 다른 것을 쥐어 주는 것과 같다. 그러나 열심 있는 사람이 앞으로 나아가기 위해서라면 의지가 기뻐할 수 있는 이런 만족감들과 욕구들을 다 벗어던져야 한다."805) 어둠을 지니는 자가 빛을 파악하지 못하듯이 피조물(세속의 사물)에 집착하는 영혼도 집착을 깨끗이 씻어버리기까지는 하나님을 파악하지 못한다.

그 때문에 아직도 잘 먹고 편안하게 살고 친구들과 함께 시간을 보내거나, 술집이나 TV 앞에서, 혹은 더 나쁘게는 감각적인 쾌락 안에서 당장에 자신의 맛을 낙으로 삼고 추종하고 있는 사람은, 그런 것들을 보다 영적이고 고상한 수준에로 끌어올리고, 자신의 의무 수행이나 사랑의 실천이나 기도의 실천·묵상·영적 독서, 또 관대함에 대한 자신의 갈망을 만족시킬 만한 수련(修鍊, 苦行)의 실천에 전념하도록 할 것이다.

그러면 지금까지 즐기던 것보다 더 고상한 감각적(感覺的)인 기쁨이 있다는 것을 체험하게 될 것이고, 지상적인 만족을 찾느라고 보낸 시간들이 그에게는 낭비된 시간으로 보이게 될 것이다.

이런 방법으로 그의 감성은 "영적 보화들의 맛으로 풍부해지게 되고, 물질적인 보화들로부터 이탈하게 되며, 세상의 모든 것들로부터 떠나는 데에도 성공할 수 있게 될 것이다."

그렇다면 '욕구는 모든 것이 다 해로운 것인가?'라는 질문이 있을 수 있다. 이에 대한 답은 어떠한 욕구이든 다 해롭거나 영혼에 지장이 있는 것은 아니다. 우리가 말하는 것은 의지적(意志的) 욕구이다. 저절로 일어나는 자연적인 욕구는 영혼이 동의하지 않고, 또 그것이 충동에

---

805) 산길, III,39,1. p.510.

불과할 때는 하나님과의 일치에 장애가 되지 않는다. 이승에서 이것마저 끊어버리기는 불가능하다. 따라서 자연 본성이 그런 것들을 지니고 있다 해도 영혼은 이성(理性)의 힘으로 그것들을 벗어나 자유로울 수 있다. 그러나 모든 의지적 욕구는 아무리 작은 것이나 결점까지라도 일체를 비우고 영혼에서 없애야만 비로소 오롯한 일치에 다다를 수 있을 것이다. 그 이유는 하나님과의 일치 상태란 영혼이 의지로써 하나님의 의지대로 전적으로 변화되는 데 있고, 하나님의 뜻에 어긋나는 일이 하나도 없이 매사에 그분의 뜻대로만 움직이는 것일 따름일 것이다. 따라서 영혼이 만일 하나님이 원하지 않으시는 어느 불완전한 것을 원한다면 벌써 하나님의 의지(뜻)와 하나가 되지 못한 것이니, 하나님의 뜻에 없는 것을 영혼이 지닌 탓이다. 이는 곧 영혼이 환히 알고도 의지로써 결정에 동의하지 않으며 또 알면서 동의하지 않을 만한 자유의 힘을 가져야 한다는 말이다.

그리고 의지적인 불완전에 기인하는 습성, 예를 들면 말을 많이 하는 버릇, 무엇인가를 절대 버릴 마음이 없는 집착, 즉 사람·옷·책·방 같은 것에 대한 집착, 그리고 음식과 쓸데없는 대화, 그 외에 만족을 느끼려 하고, 알고 싶어 하고, 듣고 싶어 하는 여러 가지 것들에 대해 극복하지 않는 한 하나님과의 일치는 고사하고 일치로 나아가는 것마저도 불가능하다.

한 마리의 새가 가는 줄에 묶여 있다 하자. 가늘거나 굵거나 간에 줄이 끊어지지 않아 새가 날지 못한다면 줄이 아무리 가늘다 해도 굵은 줄에 매여 있는 것이나 마찬가지이다. 가는 줄은 물론 끊기는 쉽다. 그러나 아무리 쉽다 해도 끊지 않으면 날지 못한다. 이와 같이 어느 것에 대한 집착을 끊지 않는 영혼은 비록 덕이 많다 할지라도 하나님과의 일치의 자유에 도달하지 못한다.

하나의 결점이 다른 결점을 끌어오고 다른 결점은 또 다른 결점으로 번져가기가 일쑤니 하나의 욕(慾) 끊기를 소홀히 하는 영혼이 이 욕구가 지닌 나약함과 불완전함에서 나오는 많은 욕구를 갖지 않는 경우는 거의 없다. 따라서 그는 항상 떨어져 갈 것이다. 우리가 보아온 많은 사람들은 철저한 이탈정신과 자유를 가지고 앞으로 나아갈 은총을 하나님께 받았는데도 하찮은 집착을 시작했다는 것 하나 때문에 하나님의 일과 맛과 거룩한 고요를 느끼지 못한다. 이는 그들이 처음부터 감각의 맛과 욕구를 끊지 않고 고요 안에서 하나님을 위해 자기를 지키지 않은 까닭이다(산길, I,11, 1-5 참조).

2. 진정하고 고유한 의미에서의 정화(淨化)

불완전한 영혼들에게 있어서는 이 첫 단계의 결과가 이미 큰 성과로 보일지도 모른다. 그러나 이 첫 단계는 곧장 두 번째 단계로서 보다 결정적인 진보에로 넘어가야 한다. 즉, 모든 분야에 있어서 감각적인 맛에 대한 전적(全的)인 수련(修鍊, 苦行, mortification; 즉, 절제·금욕, 혹은 죽음)에로 넘어가야 하고, 이는 영적인 분야까지도 포함해야 한다.

감각의 능동적 정화가 시작되는 것은 바로 이 지점에서이다.
그럼에도 불구하고 대단히 많은 영혼들이, 심지어는 수도자들까지도, 자신들을 정화시키는 이 훈련에 과감히 복종하려고 하지 않는다. 그들은 정직하고 선한 사람들로서 자신의 생애를 끝마치게는 되지만, 하나님과의 일치라는 거룩한 모험에 참여하겠다는 결심은 없이, 기다림 속에 머무르고 있다.

반면에, 관대한 영혼은 자신에게 이렇게 말한다. "내 감각들은 무척 조잡하고 물질적인 능력들이어서 순수한 영이신 하나님께 내가 도달하도록 할 수 없다. 내 감각들은 기껏해야 내가 하나님께로 나아가는 길을 조금 쉽게 할 수 있을 뿐, 내가 하나님을 만날 수 있도록 해줄 수는 없다. 그러니 나는 그것들을 이용하지만, 그것들에 의지하지는 않겠다. 다시 말해서 그것들을 원함이 없이 그냥 이용하겠다. 그래서 마치 사람이 이미 자기가 지나온 다리(橋梁)를 뒤에 남겨두고 걸어가듯이, 그것들을 담담하게 넘어서서, 이 길의 끝에서 나를 기다리시는 무한한 사랑이신 분께로만 내 마음을 향하겠다."

참고로 십자가의 요한은 영혼 안에서 하나님의 현존(임재)이 체험되는 데는 세 가지의 방법이 있다고 한다. 이를 간단하게 정리한다.

첫째는 본질적(esencial)인 방법으로 모든 영혼에게서 볼 수 있는 것이며, 이 현존(임재)을 통하여 영혼의 삶과 존재의 가능성이 결정된다. 이 현존이 없을 때에 영혼의 삶을 버릴 수밖에 없으므로 살아 있는 영혼에게는 절대로 없어질 수 없는 것이다.

둘째는 은총을 통한 현존 체험인데 은총으로 말미암아 만족스럽게 기뻐하는 영혼 안에 하나님이 머무시는 것을 말한다. 모든 영혼이 다 간직하고 있는 것인데, 하나님에 대한 죄에 빠진 영혼에게는 체험되지 않기 때문이라고 한다.

셋째는 영적인 애정을 통한 현존 체험인데 하나님께서는 여러 가지 방식으로, 하나님과 사랑에 빠진 영혼에게 영적인 현존을 드러내시면서 영혼을 새롭게 만들어주고 기쁘게 해 주신다고 한다.[806]

한 가지 알아둘 것은, 외적이고 육체적인 감각들에게 나타나는 방식으로 지성에 초자연적 지각들과 깨달음이다. 그것들은 시각·청각·후각·미각·촉각 등이다. 영적 도유(塗油, 기름을 바름)라고도 하는 이런 현상은 깨끗한 영혼들 안에서 정신(영)으로부터 감각으로 스쳐가는 것이다. 이것은 감정적인 정신으로 이루어지는 신심의 행위와 애착에서 생기는 것인데, 열심 있는 사람들 각자에게 자기방식대로 느껴지는 것이다. 비록 이런 모든 것들이 하나님께로부터 육체적 감각들에게 주어지는 것이라 할지라도 절대로 그것을 확신한다거나 받아들이지 말고, 더 나아가서 그것들이 좋은 것인지 나쁜 것인지 시험해보려는 마음조

---

806) 영가, 11,3, p.98. 참조: 산길 II,5,3. 영가 1,8.

차도 먹지 말고 그것들로부터 피해야 한다. 그것들은 외적인 것들이고 육체적인 것들인 만큼 그만큼 하나님께로부터 오는 것이라는 확실성이 덜하다. 하나님의 나타내심은 감각에게보다는 정신(영)에게 매우 일상적인 것이고 고유한 것이기 때문에 감각적인 것들을 피하는 것이 영혼을 위해서는 훨씬 더 안전하고 도움이 된다. 육체적인 감각에 주어지는 것들을 소중하게 여기는 사람들은 커다란 잘못을 저지를 것이며, 이렇게 속은 사람은 엄청난 어려움에 빠질 것이다. 적어도 영적인 것으로 가는 데 있어서 자기 안에 확실하게 장애를 끌어들이게 될 것이다.

이런 것들은 하나님께로부터 오는 것이 아니라 악마로부터 오는 것이 분명하다. 악마는 내적이고 영적인 것보다는 외적이고 육체적인 것이 손을 더욱 많이 뻗치고 영혼을 아주 쉽게 속일 수 있다. 결과적으로 육체적인 감각에 주어지는 형상들과 대상들에 매달리면 영혼은 신앙이라는 일치의 방법과 길을 더욱더 잃어버리게 된다. 악마들은 자주 감각들에게 시각에는 성인들의 모습이나 엄청나게 아름다운 빛들을 보여주고, 귀에는 쉽게 속아 넘어갈 수 있는 말을 들려주며, 입에는 아주 부드러운 향기와 달콤함을 넣어주고, 감촉에는 쾌락을 가져다준다. 악마는 영혼이 이런 것들에 푹 빠져들게 하면서 끔찍한 악으로 끌고 간다.

그래서 육체적 감각에 주어지는 현상이나 감정들을 항상 물리쳐야 한다. 혹시라도 하나님께로부터 주어진 것이라 할지라도 그것들을 물리치는 것이 하나님을 모욕하는 것이 절대로 아니며, 영혼이 그것을 물리치거나 원하지 않는다고 해서 그런 현상이나 감정들을 통하여 하나님께서 영혼에게 원하시는 열매나 효과들을 받아들이기를 영혼이 거부하는 것이 아니기 때문이다. 그것은 육체적 현시나 혹은 다른 감각들 가운데 어느 것에 느껴지는 영적인 느낌이 영혼의 가장 내적인 부분에서 이루어지는 은총처럼 하나님께로부터 오는 것이라면 그 순간에 정신(영) 안에 이미 그 효과가 있음이 느껴지기 때문에 영혼은 그것을 좋다거나 나쁘다고 할 겨를이 없다. 이런 것들은 정신 안에서 수동적으로 저절로 이루어진다. 그래서 이런 느낌들이 있고 없고는 영혼이 그것을 원하거나 원하지 않는 것에 달려 있지 않다.

또한 악마로부터 오는 이런 작용들도 비록 영혼이 원하지 않는다 할지라도 영혼이 정신 안에서 소동을 일으키고 냉담함과 허영과 자만심이 일게 한다. 악마의 작용들은 단지 영혼 안에서 초기의 충동을 일으킬 수 있을 뿐이기 때문에 만일 영혼이 원하지 않는다면 영혼을 크게 흔들어 놓을 수는 없다. 불안을 가져올 수도 있으나 만일 영혼이 용기와 신중함을 가진다면 오래가는 문제를 일으키지 않는다. 그러나 하나님께서 주시는 은총들은 영혼을 꿰뚫고 들어가며 사랑하도록 영혼의 의지를 움직이고 그 효과를 남긴다. 그래서 영혼은 아무리 저항하려고 해도 아무것도 할 수 없다.[807]

뒤에서 할 말이지만 여기서 언급하기로 한다. 주목해야 할 것은 영혼이 자기 안에서 은총을 통하여 하나님을 소유하는 것과 일치를 통하여 하나님을 소유하는 것 사이에 차이가 있다는 것이다. 은총을 통하여서는 단지 서로 사랑하는 것이지만, 일치를 통하여서는 사랑하면서 동시에 서로 교류하는 것이다. 이 차이는 영적 약혼과 영적 혼인 사이에 있는 차이와 같다.

약혼에서는 단지 약혼자와 같아진 예만 있으며 약혼자들의 오직 하나의 의지와 우아하게 건네주는 장식품과 패물들만 있을 뿐이다. 그러나 혼인에서는 일치는 물론이요 인격들의 교류가 있다.

---

807) 산길, II,11,1-6. pp.161-166. 참조.

3. 정화(淨化)의 실천에 필요한 구체적인 규범들

이 관대한 영혼들에게 십자가의 요한 성인은 다음과 같은 정화의 규범들을 제시한다. "주의사항들을 마음에 담고 의지 안에서 일어나는 반발심을 잘 극복하여 잘 실천했다면 감각의 밤에 들어가기에 충분하다. 그러나 더 풍성한 효과를 거두기 위해서 육신의 정욕(육체의 쾌락)과 안목의 정욕(눈의 쾌락)과 이생의 자랑(삶에 대한 우쭐함, 요일 2:16)을 없애도록 해야 한다."808)

이를 네 가지 점에서 요약한다.
- 예수 그리스도를 본받음
- 감각(感覺)들에 대한 정화
- 욕(慾)들에 대한 정화
- 자애심(自愛心)에 대한 정화

이것들을 하나씩 자세히 설명하기로 한다.

1) 예수 그리스도를 본받음

영혼이 그리스도를 본받으려면 "자기의 삶을 그리스도께 맞추면서 매사에 있어서 그리스도를 본받을 일상적인 욕구를 지녀야 한다." 모든 행위를 함에 있어서 그리스도께서 행하신 것처럼 자신의 삶을 행하기 위해서는 그분의 생애를 깊이 연구하고 묵상할 것이다.809)

성인의 이 말씀은 근본적인 것이다. 사실 예수께 대한 사랑과 그분을 닮고자 하는 욕망이 우리 영혼 안에 없다면, 앞으로 보게 될 여러

---

808) 산길, I,13,7-9. p.93. 참조 : 13장은 감각의 밤에 들어가기 위해 갖추어야 할 태도와 방법을 다룬다. 그러므로 반드시 찾아서 읽고 숙지하여 실천함이 매우 중요하다.
809) 산길, I,13,3. p.91. 참조: 십자가의 요한은 성경 읽기나 묵상에 대해 깊이 다루지 않고 있다. 그것은 이미 당시의 독자들은 성경 읽기와 묵상을 잘하고 있음을 전제하고 이 글을 쓴 것이라는 사실을 알아야 한다.

점들 안에서 언급되는 모든 규범들은 참고 견딜 수 없는 짐들이 될 것이고, 도무지 이해할 수 없는 것들이 될 것이다. 그러나 우리 영혼 안에서 예수 그리스도께 대한 사랑의 불이 타고 있다면, 가장 무겁게 느껴지던 희생도 가벼워질 것이고, 본성으로는 가장 괴롭던 포기도 감미로운 것이 될 것이다(마 11:28~30 참조).

여기서 주의할 점은, 성인은 예수 그리스도를 본받으려는 욕망이 한결같아야 하고, 그 영혼이 수행하는 모든 행위들 안에서 나타나야 한다는 것을 강조한다는 점이다. 사람들이 말하는 '하루의 봉헌'이나 단순한 '습관적인 지향(志向)'만으로는 충분하지가 않다. 포기를 가능하게 하고 거기에다 진정한 가치를 부여하는 것은, 시시각각으로 새로워지는 '실천적인 사랑'이다.

2) 감각(感覺)들에 대한 정화

예수께 대한 사랑은, 무엇보다 먼저 우리의 의지를 모든 감각적 즐거움들에 대한 포기에로 향하게 해야 한다.

"감각들이 가져다주는 어떤 기쁨일지라도 그것이 순수하게 하나님께 영광을 드리고 공경하게 되는 것이 아니라면, 예수 그리스도께 대한 사랑 때문에 거절해야 하고 비운 상태에 머물러야 한다."[810]

이는 지상 생애 동안 성부님의 뜻을 실천하는 것 외에는 어떤 다른 즐거움도 갖지 않으셨고 갖기를 원하지도 않으셨던 주님의 말씀, "나의 양식은 나를 보내신 이의 뜻을 행하며 그의 일을 온전히 이루는 것이니라."(요 4:34)처럼 아무것도 원하지 말아야 하고 다른 기쁨을 추구하지 말아야 한다. "너희는 먼저 그의 나라와 그의 의를 구하라 그리하면 이 모든 것을 너희에게 더하시리라."(마 6:33).

그리고 여기서 성인은 현명하고도 실천적인 두 가지 권고를 한다.

❶ 하나님을 사랑하고 섬기고 공경하기 위해 중요하지 않은 무엇을

---

810) 산길, I,13,4. p.91

보거나, 들음으로써 얻는 즐거움이 있거든, 가능한 한 그것들을 듣지도 말고, 쳐다보지도 말고, 소유하거나 행하지도 말고, 피하라.

❷ 말하는 것이나, 감각의 모든 것들에 있어서도 더도 덜도 말고 거절할 수 있다면 기꺼이 거절해야 한다. 만일 그것을 피할 수 없다면 단지 그것을 좋아하지 않는 것으로 충분하다.

이러한 방법으로 감각들에 의한 기쁨을 즉시 비우고 없애려고 노력하는 영혼은 짧은 시간에 많은 것을 얻고 덕(德)에 있어서 크게 진보할 것이다.[811]

3) 욕(慾)들에 대한 정화

감각의 정화에 있어서, 영혼은 적극적으로 자신의 본성이 가장 싫어하는 것을 향해서 자신의 의지를 정향(定向)시킴으로써 욕(慾)들에 대한 정화를 실천해야 한다.

사실 욕들은 우리로 하여금 우리 감각에 즐거운 것에 집착하도록 한다. 이 욕들을 끊어버리기 위해서는, 욕들이 요구하는 것들을 끊어버리는 것만으로는 충분치 못하고, 본성적인 욕들에 반대되는 것들을 적극적으로 원함으로써 욕들에 대한 반격을 행함에까지 이르러야만 한다.

십자가의 성 요한은 분명히 말한다.

욕들을 끊어버리기 위해서는, 영혼은 항상 다음과 같은 것에로 향하도록 마음을 담아서 실천해야 한다.

   더 쉬운 것보다 더 어려운 것을,
   더 맛있는 것보다 더 맛없는 것을,
   더 즐거운 것보다 오히려 덜 즐거운 것을,
   쉬는 것이 아니라 고된 것을,
   위로되는 것이 아니라 오히려 위로 없는 일을,

---

811) 산길, I,13,4. p.91.

많은 것이 아니라 적은 것을,
크고 값진 것이 아니라 작고 값이 없는 것을,
무엇을 원하는 것이 아니라 아무것도 원하지 않는 것을,

세속적인 것들 가운데 더 좋은 것을 찾을 것이 아니라 오히려 더 나쁜 것을 찾아야 하며, 그리스도를 위하여 세상에 있는 모든 것들로부터 철저하게 벗어버림과 비움, 그리고 가난함으로 들어가기를 원해야 한다.812)

4) 자애심(自愛心)으로부터의 정화(淨化)

십자가의 요한은 자애심을 끊어버릴 것을 단호히 요구한다. 다시 말해서, 이 교활한 자기만족, 영혼의 구석구석에 스며 있는 자기 자신에 대한 미묘한 친절마저도 끊어버릴 것을 요구한다. 이것이 제거되지 않는다면, 이 자애심은 하나님과의 일치를 불가능하게 만들어버린다.

이 승리를 얻기 위해서 성인은 세 가지 규범을 제시한다.

첫째, 자신을 낮추면서 실천하도록 노력하고,
　　다른 이들이 자신을 그렇게 다뤄주도록 원하라.
　　　(이것이 육체의 쾌락 = 육신의 정욕에 맞서는 것이다.)
둘째, 자신을 낮추면서 말하도록 노력하고,
　　다른 이들이 자신을 그렇게 말하도록 원하라.
　　　(이것이 바로 눈의 쾌락 = 안목의 정욕에 맞서는 것이다.)
셋째, 자신의 낮은 처지를 생각하고 자신을 낮추면서 생각하도록
　　노력하고, 다른 이들도 자신을 그렇게 생각하도록 원하라.
　　　(이것 역시 자신은 물론이요 삶에 대한 우쭐함 = 이생의 자랑에
　　맞서는 것이다.) 813)

---

812) 산길, I,13,6. p.92.
813) 산길, I,13,9. p.94.

감각의 정화의 마지막(모든 욕구들을 끊어버림과 모든 기쁨을 없앤 상태)에서, 영혼은 놀라운 일이자 그 자신의 보다 큰 기쁨으로서, 모든 지상적인 맛들과 모든 피조물들로부터 자유로운 자신을 만나게 될 것이다. 설사 전에는 감각적인 집착들이 마치 바닥에 떨어진 껌처럼 발에 붙어 하나님과의 만남에로 나아가는 것을 방해했다고 할지라도, 이제는 그 애착들이 끊어져서 자유롭게 달릴 수 있을 뿐 아니라 오히려 '사랑하는 님과의 일치를 즐기기 위한 진정한 자유에로 날아오를' 수 있게 된다.814)

---

814) 산길, I,15. p.100. 참조.

제3장
영의 능동적 정화

　묵상 안에서 축적되어 왔고 또한 관상의 출발점이기도 한 '예수께 대한 사랑'은, 영혼으로 하여금 하나님과의 일치의 길에서 새로운 한 걸음을 재빨리 내딛게 한다. 감각의 정화가 영혼 안에서 피조물들에 대한 정적인 면에서의 이탈을 불러일으키는 이 시기는, 더 적극적인 노력 – 즉 영적으로 하나님께 집착하고자 하는 노력 – 에로 넘어가는 시기이다. 이 시기를 십자가의 성 요한은 '영의 능동적 정화' 혹은 '영의 능동적 밤'이라고 부른다.

　우리가 아는 대로, 인간의 영혼은 자신을 움직이게 하는 세 가지 능력을 가지고 있는데, 이는 지성(知性)과 기억(記憶)과 의지(意志)이다. 영혼의 정화는 이 세 가지 능력들로 하여금 세 가지 향주덕(向主德, 믿음의 신덕·소망의 망덕·사랑의 애덕)을 통해서 오로지 하나님만을 찾도록 만드는 데에 있다.

　⦿ 지성으로 하여금 신덕(信德, 믿음)을 통해서 오로지 하나님만을 인식하게 하고,

　⦿ 기억으로 하여금 망덕(望德, 소망)을 통해서 오로지 하나님만을 원하게 하며,

　⦿ 또한 의지로 하여금 애덕(愛德, 사랑)을 통해서 오로지 하나님만을 사랑하게 하는 데에 있다.

　좀 더 분명히 설명해 보자.

　우리의 영적(靈的)인 능력들은 근본적으로, 자신이 하나님 안에 있듯이 하나님을 차지할 수는 없다. 영혼은 이 여정에서 이해하는 것이나

기뻐하는 것은 물론이요 상상하는 것과 다른 어떤 감각을 통해서 하나님과 일치하는 것이 아니라, 지성에 의한 신앙과 기억에 의한 소망과 의지에 의한 사랑을 통해서 일치를 이룬다.[815]

사실 우리의 영적 능력들은 피조물 안에서 그 고유한 대상을 찾기 때문에, 감각적인 실재 안에서 그 대상을 찾아낸다. 그러나 하나님은 영원하시고 태초로부터 계시는 분, 창조되지 않으신 분이시기 때문에, 완전히 다른 방향에 존재하시고 피조물들보다 무한히 높이 존재하시며 피조물들과는 완전히 다른 분이시다.

십자가의 성 요한은 우리에게 말한다. "높고 낮은 모든 피조물들 가운데 어떤 것도 하나님과 가까이 합치게 하거나 그분의 존재와 비슷한 것을 지니고 있는 것이 아무것도 없다는 것이다. 비록 모든 피조물들이 하나님과 어떤 확실한 관계를 지니고 있으며, 적건 많건, 혹은 덜 또는 더욱 우선적이든, 하나님의 모습을 지니고 있다는 것이 사실이지만 하나님과 피조물 사이에 어떤 본질적인 유사성도 없으며, 거룩한 존재와 피조물 사이에는 무한한 거리가 있다. 그래서 천상적이건 지상적이건 제 아무리 유사성을 많이 갖추고 있는 피조물이라 할지라도 피조물들의 방식을 통해서 지성이 하나님께 이르기란 불가능하다."[816]

성인은 또 이렇게 말한다.

"어떤 초자연적인 깨달음이나 지각일지라도 하나님과 사랑의 높은 일치를 위한 적합한 방법이 될 수 없다. 지성이 깨달을 수 있는 모든 것, 우리가 느낄 수 있는 모든 것, 상상이 만들어 낼 수 있는 모든 것은 하나님과 어우러지지도 비슷하지도 않기 때문이다."[817]

비유를 들어보자. 만일 우리가 모래 위에서 사람의 발자국을 본다면, 어떤 사람이 그곳을 지나갔다고 추론(推論)할 수 있다. 그러나 우리

---

815) 산길, II,6,1. p.133.
816) 산길, II,8,3. p.149.
817) 산길, II,8,5. p.152.

가 직접 그 사람을 만나지 않았던 이상, 우리는 '그'를 알 수가 없다.

이와 마찬가지로, 우리 지성은 감각의 덕택으로 만물에 대해서 열려 있고, 거기서 하나님의 자취를 발견하고, 하나님의 현존을 -세상 안에서, 또 하나님의 속성들(아름다움 · 선함 · 슬기로움 등)을 가진 어떤 것들 안에서 드러나는 하나님의 현존을 - 깨닫는다. 우리 지성은 피조물들 안에서 하나님의 현존을 확인한다. 그러나 우리 지성은 '그분'을 만나지는 못한다! 우리가 모래 위의 발자국을 아무리 찾는다고 해도 아무 소용이 없다. 그렇게 해서는 하나님의 모습을 만날 수 없다!

이 세상에서 우리가 존재하시는 그대로의 하나님을 만날 수 있는 유일한 방법은 향주덕, 즉 믿음 · 소망 · 사랑이다. 왜냐하면, 세 가지 향주덕(向主德)만이 인간적인 덕이 아닌 신적인 덕으로서, 피조물들 안에서 하나님을 찾지 않고 우리를 실제적으로, 다른 중개 없이 성삼위 하나님께 결합시킴으로써 우리를 하나님께로 인도하기 때문이다.

십자가의 성 요한은 우리에게 말한다. 하나님과의 일치를, 하나님 안에서의 자신의 변형을 원하는 영혼은, "영혼의 세 가지 능력 - 지성 · 기억 · 의지 - 를 믿음 · 소망 · 사랑에 맞춰서, 그리고 세 가지 덕에 해당되지 않는 모든 것을 어둡게 하고 벗겨 냄으로써 이루어진다. 이것이 바로 앞에서 '능동적'이라고 말한 영의 '밤' 혹은 정화이다. 능동적이라는 것은 영혼이 이 밤에 들어가기 위해서는 자기편에서 노력해야 하기 때문이다."[818]

짐작하건대, 하나님을 추구함에 있어서 자연이 영혼에게 준 모든 방법들을 완전히 포기하면서, 즉 영혼이 자신을 정화(淨化)시키면서, 영혼은 오로지 향주덕에만 의존해야 한다.

이제 이 세 가지 향주덕의 하나하나에 해당되는 행위들을 자세히 살펴봄으로써, 이 훈련을 어떻게 수행하는지를 보도록 하자.

---

818) 산길, II,6,6. p.135.

1) 지성(知性)의 정화

지성의 정화는 믿음의 훈련을 통해서 우리 안에 자리 잡게 된다. 이 지성의 정화는 피조물들에 대한 인식에 있어서 발전되는 것만큼 하나님께 대한 인식에 있어서도 발전되어야 한다.

① 하나님을, 또 신적인 어떤 것들을 인식하기 위해서, 영혼은 지성을 통해서 습득한 모든 것들을 제쳐두고, 오로지 믿음이 하나님께 대해서 우리에게 말해주는 것에만 집중하도록 노력해야 한다.

사실, 믿음만이 존재하시는 그대로의 하나님을 우리에게 보여 준다. "하나님께서 무한하신 것처럼 신앙도 우리에게 그분을 무한하신 분으로 알려준다. 하나님께서 한 분이시고 삼위이신 것처럼 신앙도 우리에게 그분을 한 분이시고 삼위이신 분으로 알려준다. 하나님께서 우리 지성에게 암흑이신 것처럼 신앙 역시 우리 지성의 눈을 멀게 하고 지성의 눈을 부시게 한다." 등등.819)

믿음만이 완전하고 결정적인 방법으로 우리에게 하나님을 제시한다. 사실, "하나님께서는 당신의 유일한 말씀이신 아들을 우리에게 주셨다. 우리에게 주신 것은 다른 것이 아니라, 모든 것을 한꺼번에 이 유일한 말씀을 통하여 다 말씀해 주셨기 때문에 더 이상 말씀하실 것이 없으시다."820)

믿음만이 확실한 방법으로 또 모든 이들이 얻기 쉬운 방법으로 하나님을 우리에게 보여준다. 이는 교회가 가르쳐주는 진리와 단순함으로 하나님의 진리들과 하나님의 신비들을 알게 된 것을 기뻐하면서 마음을 굳게 먹고 오로지 하나님께로만 향할 줄을 알아야 한다. 기가 막힐 정도의 위험에 빠지게 하는 다른 호기심들이나 이상한 것들에 끼어들지 않고 의지(마음)에 불을 많이 붙이는 것으로 충분하다 (롬 12:3 참조).821)

---

819) 산길, II,9,1. p.155.
820) 산길, II,22,3. p.270.

그래서 하나님께 대한 영혼의 논리적인 인식 전체를 – 우리가 이미 보았듯이 그게 반드시 한 부분을 차지하게 마련이긴 하지만 – 밤의 휘장으로 덮고, 오로지 믿음이 우리에게 제시하는 하나님께 대한 참되고 확실한 인식만을 발전시켜야 한다.

이 믿음의 덕(信德)의 발전은 기도 중에, 특히 묵상과 관상의 기도 중에 이루어지는데, 기도는 이제부터 대단히 순수한 믿음과 사랑의 행위가 되어야만 한다.

② 영혼은 창조된 모든 실재들을 신앙의 빛으로 해석하는 데에 익숙해져야 한다.

천지만물의 아름다움 안에서, 영혼은 하나님의 현존과 그분의 사랑을 알아본다. 들에 핀 꽃들은 '신랑의 손길로 심어진' 것들인데,822) 이는 하나님의 작품이고 그분의 선물이다. 그래서 그것들은 그 아름다움과는 관계없이 영혼에게 무한히 소중한 것들이다.

성인은 또 이렇게 말한다.

>"나의 신랑이여, 산들,
>숲이 우거진 호젓한 계곡들,
>오묘한 섬들,
>소리 내는 강들,
>사랑 가득한 바람의 휘파람."823)

믿음은 영혼으로 하여금 새로운 빛으로 천지만물을 관상하게 하는데, 이 새로운 빛은 사물들의 겉모양에 마음을 두지 않고 가장 참된 감각의 내면으로 깊숙이 들어가서, 사람들에게 그 창조주를 계시하도록 마련된 가장 정확한 성질을 알아보게 한다.

---

821) 산길, II,29,12. p.334.
822) 노래, 4. p.10.
823) 노래, 14. P.131.

"오! 수정 같은 샘!
그 안에 당신의 밝은 용모를
별안간 그려주셨기에
내가 원했던 눈길을
내 마음 깊은 곳에 새기셨다오!"824)

하나님을 찾음은 항상 신앙의 빛 안에서 이루어지고, 이로써 영혼은 하나님께서 당신 자녀들에게 주신 선물로 드러난 피조물들을 자연스럽게 차지하게 된다.

신앙의 빛 안에서, 인생의 온갖 고통들도 죽음의 고통도 온갖 환난도 유혹도 병고도 온갖 수고도, 마치 성부께서 원하신 것으로, 따라서 포기와 자녀적 신뢰심으로 수용할 수 있는 것으로 간주된다. "하나님께서 더욱 높은 완덕(完德)에 이르려는 이들에게 용광로의 불에 금을 담그는 것처럼 시험하시기 위해 이것들(영적인 어려움과 유혹, 그리고 여러 가지 방식의 슬픔과 고통)을 보내신 것이다."825)

참조 :
영적 여정에서 하나님을 알게 되기 위해서는 무엇보다도 자신을 알고 난 뒤에 즉시 피조물에 대하여 알아보는 것이 그 순서이다. 피조물을 통하여 하나님의 탁월하심과 위대하심을 알게 되기 때문이다.826)

2) 기억(記憶)의 정화

기억의 정화는 소망의 훈련을 통해서 영혼 안에 자리 잡게 된다.
기억이 좋고 나쁜 모든 종류의 지식을 축적하기 때문에 소망의 중심자리가 된다. 그래서 영원한 행복에 대한 기억은 영혼으로 하여금 세

---

824) 노래, 12. p.110.
825) 노래, 3. p.58.
826) 노래, 4. p.62.

속적인 것에서 이탈하여 하나님께로 들어 올리게 된다. 그래서 망덕이 기억을 정화하게 된다.

영혼이 하나님이 아니면서 기억할 수 있는 것들과 형상들에 대한 기억을 없애면 없앨수록 기억을 하나님께로 집중할 수 있을 것이며, 이런 것들에 대한 기억을 많이 비우면 비울수록 기억을 하나님을 기다리기 위한 것으로 채울 수 있을 것이다.

다른 모든 인식에 대한 기억을 비우고, 무한히 사랑스럽고도 행복한 하나님께 대한 기억으로 우리 영혼을 채움으로써, 우리 안에서 하나님을 향한 강렬한 욕망을 불러일으킨다.

① 기억의 비움은 완전해야 한다. 그럼에도 불구하고, 잘 알아듣기를 바란다. 우리의 의무·책임들에 속하기 때문에 우리가 잊을 수도 없고 잊어서도 안 되는 일들이 있다. 그러나 한 영혼이 －가령 기도하는 동안과 같이－ 하나님을 대면할 각오가 되어 있을 때, 영혼은 그가 듣고 보고 느끼고 맛보고 만져본 그 어떤 것도 마음에 간직해서는 안 된다.

"통상적으로 열심 있는 사람이 주의해야 할 것이 있다면, 듣거나 보거나 냄새를 맡거나 맛을 보거나 만지는 모든 것들을 기억 속에 저장하거나 입력시키지 말고 오히려 즉시 잊어버려야 하며, 만일 필요하다면 다른 것을 기억하면서 효과적으로 잊어버리도록 애를 써야 한다. 기억 속에 그것들에 대한 아무런 지식이나 형상이 남아 있지 않도록 하기 위해서라면, 마치 세상에는 아무것도 없었던 것처럼 지상의 것이나 천상의 것에 대한 어떤 개념(정보)에 매달리지 말고 기억은 자유롭고 아무런 걸림이 없어야 한다. 그리고 마치 그런 기억력이 없었던 것처럼 훼방을 놓는 것이라면 잊어버림 속에 던져버리고 기억이 자유롭게 있어야 한다. 초자연적인 상태에서 모든 자연적(본성적)인 것을 이용하길 원한다면 도움보다는 오히려 방해가 될 것이다." 827) 아무도 두 주인을 섬길 수 없기 때문이다(마 6:24).

---

827) 산길, III,2,14. p.364.

② 침묵 안에서, 모든 피조물들에 대한 이 '정화(밤)' 안에서, 거룩한 소망이 발전되는데, 이 소망은 결국 하나님께 쉽게 도달할 수 있다는 확신이다.

그래서 성인은 또 이렇게 말한다. 영혼은 기도를 하는 동안, 기억을 벙어리로 만들고 침묵을 지키게 하면서 이 모든 것들이 들어올 수 있는 곳을 닫아버린 것이며, 침묵 가운데 정신의 귀를 오로지 하나님께만 열어놓은 것이다. 이는 마치 사무엘이 말한 것처럼 "말씀하옵소서, 주의 종이 듣겠나이다."(삼상 3:10)라는 것과 같다.

영혼은 이렇게 아무런 걱정이나 고통이 없이 닫혀 있어야 한다. 닫힌 문을 통하여 육체적으로 들어오신 예수님께서 제자들에게 평화를 주셨지만 제자들은 그분이 들어오시는 것이 가능한 것인지, 또는 어떻게 그렇게 하실 수 있는지 아무것도 몰랐으며 생각조차도 할 수 없었듯이(요 20:19-20), 만일 영혼이 모든 지각들에 대해 의지와 지성과 기억의 능력들의 문을 닫고 있다면 예수님께서는 영혼이 알지 못하게, 어떻게 이루어지는지 모르게 영혼 안에 영적으로 들어오실 것이다. 이사야 선지자가 말했듯이 평강의 강물이 흘러넘치듯이(사 48:18) 영혼 안에 평화가 가득할 것이다.

이 평화 안에서 영혼은 자기를 두렵게 했었고 무엇을 놓친다고 했던 모든 근심과 의심과 동요와 암흑이 없어질 것이다. 이때에 영혼은 기도에 대한 열정을 놓치지 말아야 하며, 벗어버림과 비움 가운데 기다려야 한다. 그러면 하나님께서 곧 축복해 주실 것이다.828)

3) 의지(意志)의 정화

이는 사랑의 훈련을 통해서 영혼 안에 자리 잡게 된다.

믿음의 덕으로 지성이 정화되고, 소망의 덕으로 기억이 정화되었다고 하더라도 사랑의 덕으로 의지가 정화되지 않는다면 아무것도 아니다(약 2:20). 사랑의 덕을 통해서만 신앙 안에서 이룬 일들이 생기가 있고 커다란 가치를 지닐 것이며, 사랑이 없이는 아무런 가치가 없는 죽

---

828) 산길, III,3,5~6, p.369-370.

은 신앙이 된다.

영혼의 힘은 영혼의 감관의 능력들과 감정들, 그리고 욕구들에 있는데 이 모든 것은 의지에 의해 다스려진다.

하나님과 일치에 이르기 위한 모든 움직임은 의지의 욕구들과 감정들로부터 의지를 정화시키는 데 있다. 인간의 유치한 의지로부터 거룩한 의지로 바뀌어 하나님의 의지와 하나가 되어야 하기 때문이다.[829]

의지의 정화에서 나타나는 특징 중 하나는 그것이 감각적인 것이든 영적인 것이든 모두 끊어버린다는 것이다. 즉 모든 집착에서 또는 모든 정에서 이탈해야 한다. 십자가의 요한은 감각적인 정화보다 영적인 정화가 훨씬 어렵고 고통스럽다고 한다. 그 이유가 바로 영적인 것까지도 끊어버림에 있다. 감각적인 모든 욕망이 영혼들에게 해를 끼친다는 것은 모두가 아는 사실이지만, 영의 능동적 정화에서는 영성인에게 유익이 되리라고 생각했던 것까지 완전히 끊어버려야 하는데, 여기에는 더욱 큰 고통이 따른다. 영혼이 지닌 감정이라고 할 수 있는 의지에도 애착이 있고, 이 애착의 종류에 따라 가져도 무방한 것이 있다고 생각하는 사람이 많은데, 이 모두를 끊어야 한다는 것은 참 고통이다.

의지는 오직 하나님께 영광과 영예가 되는 것에만 기뻐해야 하고, 우리가 하나님께 드릴 수 있는 가장 큰 영예는 복음적 완덕에 따라서 하나님을 섬기는 것이다. 그 외의 것은 인간에게 아무런 가치나 유익함이 없는 것이다.[830]

사람이 기뻐해야 할 것은 사물들에게서가 아니라 단지 하나님을 섬기는 것에 있고, 모든 것들에 있어서 하나님의 영광과 영예를 위하여 애쓰는 것에 있다. 그러므로 열심 있는 사람들은 사물로부터 얻는 아무런 기쁨과 위로 없이 사람들을 바라볼 수 있어야 한다.[831]

---

[829] 산길, III.16.1~3. pp.407-409.
[830] 산길, III.17.2. p.413. 참고 : 기쁨에 대하여는 산길 III.20장 이하를 보기 바란다.
[831] 산길, III.20.3. p.431.

의지의 정화는 우리에게 다음과 같은 여러 가지를 가능하게 한다.

⊙ 우리로 하여금, 우리 안에 또 우리 형제들 안에 살아 계시는 삼위일체이신 하나님을 사랑할 수 있게 하고,

⊙ 하나님께서 태초에 우리를 사랑하셨고 또 항상 우리를 사랑하시는 바로 그런 사랑으로 당신을 사랑할 수 있게 하고,

⊙ 당신을 사랑함으로써 우리가 얻을 수 있는 이익들이나 행복 때문에가 아니라, 당신께서 하나님이시고 당신이야말로 우리에게서 가능한 모든 사랑을 받으실 만한 분이시기 때문에, 당신을 사랑할 수 있게 하며,

⊙ 천지만물 안에서 하나님의 거룩한 의지를 받아들이고 실천함으로써 당신을 사랑할 수 있게 한다.

이 사랑의 훈련 안에서 영혼은 다음 두 가지에 주의를 기울여야 한다.

① 영혼은 자신의 사랑을 피조물들에게 매어두지 않도록 주의를 기울여야 한다. 피조물들은 요정(妖精)들처럼, 그 매력들로써, 오로지 하나님께만 바쳐져야 할 이 사랑을 전부 혹은 일부라도 차지하려고 애쓴다.

그런데 피조물들은 오로지 하나님 안에서만 사랑받아야 한다는 사실을 우리는 이미 알고 있다. 다시 말해서 피조물들은 하나님께서 원하시는 방법과 하나님께서 원하시는 정도에 따라 우리에게서 사랑을 받아야만 한다는 것이다.

② 영혼은, 우리를 끝없이 사랑하시는 하나님을 향한 모든 사랑의 행위들에 수반되어야 하는 너그러움과 열성과 정열을 억압하지 않도록 주의를 기울여야 한다.

믿음·소망·사랑의 이끌림을 받은 영혼은, 자신의 모든 생각과 말

과 행위들 안에서 −자신은 대수롭지 않은 존재가 되고− 오로지 하나님의 기쁨과 하나님의 영광만을 찾게 되고, 영적인 밤의 어둠 안에서, 또 피조물들과 자기 자신에 대해서 품고 있던 헛된 사랑 안에서, 점점 자신이 사라져버림을 느끼게 된다. 동시에 그 영혼은 자신이 가장 사랑하는 '님'과의 최초의 진정한 만남을 체험하게 된다.

"오! 이끌어준 밤이여!
새벽보다 더 다정한 밤이여
오! 합쳐준 밤이여!
신랑과 신부를,
신랑 안에서 변화된 신부!"[832]

이렇게 해서 영혼은, 피조물들에 대한 무질서한 애착들을 정화시키기 위해서 가능한 모든 것들을 실천하고, 믿음·소망·사랑의 삶을 적극적으로 발전시키기 위해서 가능한 모든 것들을 실천하면서, 하나님께서 영혼 안에 이루어 주기를 원하시는 훨씬 더 능력 있는 정화와 성화의 힘을 받을 준비를 갖추게 된다.

---

832) 밤, 5. p.6.

제 4 장
묵상기도

　관상적 생활의 본질을 말하는 저술가들은 한결같이 관상적 생활이 실제로 관상을 준비하는 생활이 되려면 정화와 기도, 특히 묵상기도를 실천해야 한다고 강조한다. 왜냐하면 감각의 정화만으로는 영혼이 예수님께 대한 위대한 사랑으로 불타올라 그분을 닮기를 열렬히 바라는 그런 상태에까지 나아가지 못한다. 그렇기 때문에 정화에는 묵상기도가 동반되어야 한다.

　'묵상(默想)'이라고 불리는 기도는 영혼이 하나님의 고유한 속성 – 예를 들면, 그분의 선하심, 그분의 의로우심, 그분의 편재(偏在)하심 등 – 이나, 혹은 예수님의 생애의 신비 – 예를 들면, 그분의 매 맞으심– 이나, 혹은 예수님의 말씀 – 예를 들면, '나를 사랑하는 사람은 내 계명을 지킨다.' 하신 말씀– 을 주의 깊게 생각하고, 그분을 향한 사랑으로 자신의 마음을 불태우기 위해서 상상력(想像力)까지 이용해서 그 주제에 대해서 곰곰 생각하는 것이다.

묵상기도란?

　십자가의 요한의 생각을 더욱 명확히 알아듣기 위해서는 아빌라의 데레사(예수의 데레사)의 가르침을 살펴보는 것이 도움이 된다. 아빌라의 성녀 예수의 데레사에 의하면, 묵상이란 "자기가 하나님께 사랑을 받고 있다는 것을 알면서 그 하나님과 단 둘이서 자주 이야기하면서 사귀는 친밀한 우정의 나눔"833)이다. 결국 이는 사랑의 친교이다. 사람은 하

---

833) 서울 가르멜 여자 수도원 역, '천주자비의 글' 18.5. 더 자세한 묵상에 대한 설명

나님께서 자기를 사랑해 주심을 느끼고, 한편 자기편에서도 주님께 자신의 사랑을 드러낸다. 즉 사랑의 부름을 느끼기 때문에 하나님과 더불어 사랑을 속삭이게 된다. 그래서 아빌라의 데레사는 거듭 "묵상기도란 많이 생각하는 일이 아니고 많이 사랑하는 일이라는 것이다."[834]라고 하면서 생각하는 일을 사랑 아래 두라고 강조하고 있다.

물론 묵상기도 중에도 생각은 하게 되지만, 그것은 슬기로운 자가 되기 위해서가 아니고 더욱 깊이 주님을 사랑하기 위해서 하는 것이다. 그러므로 아빌라의 데레사는 다음과 같이 강조한다. "묵상 기도 중 줄곧 생각만 하면서 시간을 낭비해서는 안 된다. 잠시 생각한 다음에는 주님이 그대들을 사랑하심을 깨닫게 될 것이니, 그 생각을 멈추고 주님 앞에 차분히 마음을 가라앉히고 여러 가지로 사랑에 넘친 대화를 나누십시오. 그리고 그 대화 중에 마음을 활짝 열고 주님의 영광과 또한 그대 자신을 위해 요긴한 모든 것을 하나도 빠짐없이 말씀드리십시오." 여기에 아빌라의 데레사가 말하는 묵상기도의 본질이 모두 요약되어 있으며, 따라서 아빌라의 데레사의 묵상기도는 '하나님과 나누는 사랑 가득한 대화'라 함은 핵심을 찌른 말이다.

감각의 정화는, 우리가 앞서 말한 대로, 영혼이 예수께 대한 위대한 사랑으로 불타올라 그분을 본받기를 열렬히 바라는 그런 상태에까지 나아가지는 못한다.

그 때문에, 정화는 묵상을 동반해야 한다. 묵상의 목적은, 십자가의 성 요한이 말하는 대로, 바로 '그로써 하나님께 대한 사랑과 인식을 조금이나마 얻어내기 위한 것'[835]이고, 감각의 정화를 위한 끈질긴 싸움 안에서 그것을 지탱해주는 사랑을 얻어내기 위한 것이다.

은 아빌라의 성녀 데레사의 자서전인 '천주자비의 글'을 참고하기 바란다. 특히 11~19 장이 잘 설명하고 있다.
834) 최민순 역, 「영혼의 성」 4궁방, 1, 7. p.77.
835) 산길, II, 14, 2. p.188.

묵상은 다음과 같은 방법으로 실천된다.

① 우선 교회나 자신의 방 같은, 외부의 번잡함으로부터 멀리 떨어진 외진 곳에 조심스레 머무는 것이 좋다.
왜냐하면 정다운 이야기는 멀리 떨어져서 하는 것이 아니기 때문이다. 만일 아주 큰 소리를 내야 한다면 정다움은 사라질 것이다. 주님과 더불어 사랑에 겨운 대화를 하려는 이도 역시 하나님을 자기 곁에 모셔야 한다. 따라서 묵상기도의 준비는 하나님과 접촉하고 그분 앞에 자기를 두어야 하며, 교회나 자신의 방 또는 우리의 동반자로서 우리와 이야기하고자 부르시는 삼위일체께서 거처하시는 영혼의 지성소에서 이루어질 수 있다. 이를테면 주님이 우리에게 넘치는 사랑을 드러내신 거룩한 수난을 생각함으로써 우리는 우리의 하나님이신 구세주를 더욱더 사랑하려는 것이다.

② 거기서 맨 먼저, 우리 안에 계시는 하나님의 현존(現存), 혹은 우리가 교회 안에 있다면, 교회 안에 계시는 예수님의 현존(現存)에 대한 신덕(信德)의 행위들을 실천해야만 한다. 사실 우리가 하나님의 현존(現存)과 그분께서 우리를 지배하심을 인정하지 않는다면, 그분과 친밀하게 사귄다는 것은 우리에게 불가능한 일이다.

③ 여기서 영혼은 어떤 신비(神秘), 즉 하나님의 어떤 특성이나 하나님의 어떤 말씀에 주의를 집중해야만 할 것이다. 이렇게 하기 위해서 영혼은, 자신이 묵상하고자 하는 어떤 신비 – 예를 들면, 예수 그리스도의 수난 등 – 을 자신에게 보여주는 어떤 책을 읽음으로써 도움을 받을 수 있을 것이다. 그러나 단순히 십자가상을 바라보는 것만으로도 충분하다.

④ 십자가에 달리신 예수 그리스도께로 주의를 집중하게 되면, 영혼은 곧 하나님의 아들이신 그분께서 자신을 위해서 십자가에 달리셨음

을 상기하지 않을 수 없게 될 것이다. 왜냐하면 그분께서 우리를 사랑하셨고, 영원한 사랑으로 지금도 우리를 사랑하고 계시기 때문이다.

⑤ 그러면 영혼은 그 사랑에 사랑을 통해서 응답하고, 예수님과의 대화 안으로 몰입하게 된다. 결국 영혼은 자신의 마음에 다가오는 모든 것들을 그분께 말씀드리게 된다. "예수님, 왜 저는 당신을 사랑하지 않고 제 일생을 망치게 되었습니까? 왜 저는 당신으로부터 멀리 떨어져 있습니까? 도대체 왜 저는 제 죄들로써 당신께 상처를 드리고 있습니까?" 영혼은 이어서 전에는 한 번도 청해 본 적이 없는 것을 청하게 된다. "오 나의 예수님, 당신과 함께 고통받게 해 주십시오!"

부언하면, 십자가의 성 요한은 아빌라의 데레사처럼 구세주께서 매 맞으시던 참혹한 장면을 자주 묵상한 듯하다. 두 분 다 그것에 대하여 말하고 있으며, 또 그 당시 사람들에게 널리 알려져 있었다고 생각되는 묵상을 쉽게 할 수 있도록 작은 질문표를 사람들에게 권한 것을 보더라도 알 수 있다. 즉 "고통받으시는 분은 누구이신가? 왜 고통받으시는가? 어떻게 고통받으시는가?"와 같은 질문에 자연스레 나오는 대답은 확실히 우리에 대한 하나님의 사랑을 깊이 깨닫게 하는 데 적합할 것이다.

⑥ 그 후에는 대화는 중단되고, 그리스도를 향한 어떤 사랑의 눈길 안에서 영혼은 변모(변형)된다. 이 사랑의 눈길에는 종종 사랑의 감명과 눈물이 수반된다. 그러나 이 태도는 여전히 더 영적(靈的)인 것이 되어야만 하고, 예수 그리스도 그분만을 위해서 고통받고 그분만을 위해서 살아가기를 결심하는, 단호하면서도 평온한 의지(意志) 안에서 스스로 더 변모(변형)되어야 한다.

부언하면, 영성생활이 진보함에 따라 자동적으로 일어나는 현상으로 의지가 감수성을 강하게 지배하게 되면, 사랑의 감수성이 강한 마음에는 어느 정도의 영향을 미치기는 하지만 사랑의 표현방법은 그다지 세차지도 요란스럽지도 않게 되며 밖으로는 그다지 드러내지 않으면서 안으로 깊숙이 간직하게 된다. 그렇게 될 때 그 사랑은 매우 고요히 표현되지만 주님께로 행하는 의지의 움직임은 훨씬 강하고 절실해진다. 그때 영혼은 더욱 깊이 사랑을 깨닫게 되느니만큼 하나님과 사람이 되신 '말씀'을 주시하게 된다. 이때 더는 생각하지도 않고 거듭 탐구하지도 않고 그 필요를 느끼지도 않는다. 이미 '깨달았으므로' 이제는 사랑 때문에 고통받으셨으며 또한 사랑하라고 우리를 부르시는 그리스도를 관상하는 직관적인 눈길 안에서 그 탐구의 열매를 맛볼 것이다.

묵상기도는 하나님과의 대화인데, 다만 영혼이 하나님께 말씀드릴 뿐만 아니라 하나님도 영혼과 더불어 말씀하신다. 그렇다고 하나님께서 음성을 들려주시는 것이 아니고, 영혼에게 빛을 주시어 그로써 하나님이 위대한 분이시며 만물을 초월하여 사랑받으셔야 마땅한 분이심을 똑똑히 깨닫게 해 주신다. 또한 영혼에게는 도움이 되는 사랑의 힘이 주어진다. 이 의지가 하나님께로 깊숙이 향하는 고요하고 차분한 대화, 즉 하나님의 사랑을 향해 쏠리는 눈길로써 지탱된 대화야말로 십자가의 성 요한에게는 묵상기도의 참된 종국 목적이다.

"하나님의 일들에 대한 묵상이나 사색의 끝은 하나님으로부터 약간의 사랑과 깨달음을 얻어내는 데 있다는 것을 알아야 한다."[836]

십자가의 성 요한이 우리 영혼 안에 주입시키기를 원하는 '인식과 사랑'이 바로 이런 것이다.

---

836) 산길, II,14,2. P.188.

제5장
능동적 관상기도

　관상이라는 영적 쉼에 다다르기 위해서 영혼은 하나님과의 관계에서 자신이 이제까지 해오던 방식, 즉 추리나 묵상을 포기한다. 그러나 초기 관상이라는 미묘함 때문에 이 시기를 알아차리기는 어려우며 모르고 지나칠 위험이 다분히 있다. 그렇게 되는 이유는 "이 사랑 가득한 깨달음이 초보자들에게 매우 미묘하고 섬세하고 거의 느껴지지 않는 것이기 때문이고, 다른 하나는 영혼이 완전히 감각적이라고 하는 묵상의 수련 방법에 익숙해져 있으면서 이미 순수한 정신에게 속하는 느껴지지 않는 새로움을 거의 느끼지 못하거나 감지하지 못하기 때문이다."[837]

　여기서 잠깐 묵상을 마쳐야 할 시기에 대해 알아보자.
　십자가의 요한은 하나님께 가기 위해 방해가 되지 않도록 하려면 제때에 묵상과 사색을 포기해야 한다고 한다. 이 포기 시기에 대하여 징표 셋을 제시한다.
　첫째로, 자신 안에서 보게 되는 것은 이제는 더 이상 상상력과 함께 사색을 하거나 묵상을 할 수 없으며, 전에 그랬던 것과 같은 맛을 더 이상 느끼지 못한다.
　둘째로, 영혼이 안과 밖을 가릴 것 없이 특별한 일들에 감각이나 상상력을 끌어들일 의욕이 전혀 없음을 보게 될 때이다. 영혼이 다른 것들에 의도적으로 상상력을 적용하는 것이 싫어진다는 것이다.
　셋째로, 영혼이 하나님께 대한 사랑스러운 집중을 하게 되면서 아무

---

837) 산길, II.13.7. p.186.

런 특별한 생각이 없이 내적인 평화와 고요함과 쉼 속에 혼자 있는 것이 좋아진다. 여기에서는 다만 사랑이 가득한 전체적인 깨달음과 집중만이 있을 따름이다.

기억해야 할 일은 첫째 징표만으로 충분하지 않다는 것이다. 반드시 둘째 징표가 있는가를 확인해야 한다. 더 나아가서 셋째 징표를 함께 볼 수 없다면 첫째와 둘째 징표를 보는 것으로 충분하지 않다. 이런 일은 하나님의 일이 아닌 우울증이나 심장, 혹은 뇌로부터 오는 기분이 언짢음으로 올 수도 있기 때문이다. 우울증이나 기분이 언짢음은 감각 안에 아무것도 생각할 수 없고, 무엇을 생각할 의욕도 없이 만들면서 분명한 침울함과 포기상태를 가져다주고 달콤한 황홀경에 있으려는 충동을 일으킨다. 그러므로 반드시 확인하여 "평화 안에서 하나님께 대한 사랑이 가득한 집중과 깨달음이라는 셋째 징표를 가져야 한다."고 말한다.[838]

묵상과 사색을 포기하기 위하여 깨달을 것은 "감각적 능력들과 함께 수고를 하는 것은 묵상과 사색이며, 영적인 능력들 안에서 이미 묵상을 통하여 이루어졌고 받아들여진 것은 관상이다. 묵상에는 물론이요 관상에도 마음을 쓰지 않고 게으르게 있었다면 어느 모로 보든지 영혼이 열심히 노력하고 있었다고 말할 수 없을 것이다."[839]

여기서 다시 강조하고 싶다.

묵상의 방법을 고집하면 할수록 비참해질 것이다. 영혼은 영적인 평화로부터 자꾸 밖으로 끌어내기 때문이다. 이것은 걸어온 곳으로 되돌아가는, 즉 이미 이룬 것을 다시 하기 원하는 것이다. 이런 사람들에게는 상상이나 상상이 이루는 것에는 아무것도 내주지 않는 가운데 고요함 안에서 사랑스러운 집중과 주의를 기울여 하나님 안에 머무르기를 배우라고 말해주고 싶다.[840]

---

838) 산길, II,13,1~6. pp.182~185.
839) 산길, II,14,7. p.193.
840) 산길, II,12,7~8. p.181.

감각을 통해서 양식을 얻고 사랑에 빠지기 위해 이런 생각들이나 형상들, 묵상들의 방법이 초보자들에게는 필요하다. 그렇다 할지라도 이런 것들은 영혼들이 자신의 목적과 영적인 휴식의 상태에 이르기 위해 통상적으로 거쳐야 하지만 항상 묵상에 머물러서는 안 된다. 이 방법으로는 절대로 목적에 도달하지 못하기 때문이다.[841] 그렇다고 해서 때가 되기도 전에 묵상을 그만두어서는 안 된다.

영혼이 고요하게 있는 것에 습관이 많이 들어 있었다면 그만큼 많이 평화 안에서 항상 성숙될 것이며, 영혼이 다른 것들에서 느끼는 것보다 훨씬 좋아하게 될 하나님의 전체적이며 사랑이 가득한 깨달음을 느끼게 될 것이다. 고요하게 있는 것에 습관이 많이 들어 있는 영혼에게 아무런 수고도 없이 기쁨과 맛과 쉼과 평화를 가져다주기 때문이다.

어느 정도의 기간 동안 묵상을 실천하고 묵상을 통한 모든 노력의 결과인 이 '예수께로 향하는 사랑의 눈길'에 쉽게 도달할 수 있게 된 사람은 묵상에 있어서, 즉 책을 읽고 특정한 주제에 대해 깊이 생각하는 데에 있어서 뜻밖의 어려움을 겪을 수 있다. 또한 동시에 예수님께 대한 총괄적이고 사랑에 가득 찬 이 눈길 안에서 예수님과 대화하면서, 새로운 영적인 맛을 체험할 수도 있게 된다.

십자가의 성 요한의 말씀에 따르면, 이런 일이 일어나는 것은 '예수님께 대한 사랑의 눈길' 때문이다. "처음에 영혼은 특별한 인식에 대한 묵상에서 피곤을 느끼면서 이 사랑의 눈길에 다다르게 되는데, 이 사랑의 눈길은 그 영혼 안에서 습관이 된다." 그래서 "영혼이 하나님 앞에 있게 되자마자, 그 영혼은 사랑이 가득하고, 평화스럽고, 고요한 깨달음(인식, 認識) 안으로 들어가게 되고, 거기서 지혜와 사랑과 기쁨을 음미하게 된다."[842]

---

841) 산길, II,12,5. p.177.
842) 산길, II,14,2. p.189.

기도를 시작하면서 마치 물에 다다른 사람이 수고할 것 없이 가볍게 마시기만 하면 되는 것처럼 이제부터는 묵상을 통해서 힘들게 얻어낼 필요 없이 가볍게 사랑 가득한 깨달음을 얻어낼 수 있다.843)

그 때문에 십자가의 요한은 다음과 같이 결론을 내린다. 이 내적인 체험에 다다른 영혼은 특별한 주제들에 대해 읽거나 깊이 생각하는 것에 많은 시간을 보낼 필요가 없게 되고, 실행 – 즉 그 물과 열매의 알맹이를 얻기 위해서 그때까지는 그렇게 필요했던 행동방식 – 을 전적으로 포기하는 것이 필요하게 된다. 이제부터는 영혼은 곧장 사랑으로 가득 찬 침묵 안에 자리를 잡아야 하는데, 이 침묵은 온갖 추리나 부질없는 이야기들보다 더 그를 예수님께로 일치시키게 된다.

이 기도는 추리적 묵상과 수동적 관상 사이에 걸쳐 있기 때문에, '능동적 관상'이라고 불린다.

모든 영혼들은 진정으로 성실하게 항구히 묵상을 한다면, 이 단계에 도달할 수 있고, 또 도달해야만 한다.

---

843) 산길, II,14,2. p.189.

제6장
감각의 수동적 정화

영혼이 피조물들에로 향하는 모든 애착을 스스로 정화시키고 오로지 믿음의 덕(信德) 안에서만 하나님을 찾기 위해서 가능한 모든 것을 실천했음을 하나님께서 보시면, 당신께서는 영혼이 생각지도 못한 방법으로 당신 친히 영혼을 정화시키러 오신다. 하나님은 당신께서 중요시하시는 모든 것들을 위해서 가장 깊고 무미건조한 심연 속으로 영혼을 던지시고, 영혼으로부터 모든 위로를 거두신다.

이 무미건조함은 구체적으로 다음과 같은 모습으로 나타난다.

⊙ 전에는 영혼이 열성적으로, 그러면서도 쉽게 기도를 했으나, 이 때는 오히려 영혼은 단 한 가지의 생각도, 또 하나님을 향하는 단 한 가지의 애정도 만들 수 없게 된다.

⊙ 전에는 주님께로부터 받은 은총들에 대해서 생각하면서 스스로 즐거워할 수 있었으나, 이제는 자신이 비참하고 죄스러운 존재이며 업신여김을 받아 마땅한 존재로만 보이게 된다.

⊙ 또 전에는 자신의 의무나 사랑의 덕(愛德) 행위를 함으로써 자신이 이룰 수 있었던 선행들에 대해서 기뻐할 수 있었으나, 이제는 자신이 쓸모없고 비겁한 인간으로 느껴지게 된다.

이런 내적인 변화는 하나님에 의해서 이루어지거나, 우리가 앞서 말한 그 무미건조함에 의해 직접적으로 일어나거나, 혹은 질병과 같은 고통스런 사건이나 사랑하는 사람의 죽음이나 어떤 실패나 혹은 또 다른 불행한 사건들 때문에 일어난다.

이렇게 해서, 영혼은 심하게 또 고통스럽게 피조물이나 자기 자신에 대한 모든 애착으로부터 억지로 떨어지게 된다. 이때 영혼은 실재에 대한 어떤 새로운 시각, 새로운 비전(vision)을 자신에게 요구하게 되는데, 여기서는 하나님만이 문제가 된다.

처음에는 이 체험이 대단히 고통스럽고 또 여기에 도달할 때 영혼은 정말 대단히 놀라게 된다. 피조물들 안에서 얻고 있던 위안을, 여러 해 동안 끊어버리려고 애써온 그 위안들을, 영혼 자신이 자발적으로 포기하고 돌아선다는 사실이 얼마나 놀라운가! 확실히 이 체험은 영혼으로서는 알아볼 수 없는 수동적인 방법으로, 하나님께서 원하시는 때에 하나님께서 원하시는 식으로 받아들여진 것이다. 이 체험은 조금씩 조금씩 영혼이 전에는 한 번도 겪어본 적이 없는 내적인 위로와 빛의 근원이 된다.

성인은 이렇게 설명한다. "영혼이 하나님께 충실하도록 결단을 내린 뒤에는 하나님께서는 늘 정신 안에서 영혼을 키워주시며 기쁘게 해주신다. 이는 마치 사랑이 넘치는 어머니가 연약한 어린애에게 하듯이, 즉 어머니가 가슴의 열기로 아이를 따뜻하게 해주고, 맛있는 것과 부드럽고 달콤한 음식으로 아이를 키우고, 팔로 안아주고, 기쁘게 해주듯이 하나님께서는 영혼을 그렇게 해 주신다. 그러나 어린아이가 자라남에 따라서 어머니는 선물을 줄여나가고, 부드러운 사랑을 감추면서 달콤한 젖꼭지에는 쓴맛이 나는 것을 바르고, 팔에서 아이를 내려놓으면서 자기 발로 걷게 하는데, 이는 어린이의 습성을 버리면서 더 중요하고 실속 있는 것에 관심을 기울이게 하려는 것이다.

하나님의 은총도 영혼이 새로운 열정과 뜨거움으로 하나님을 섬길 수 있도록 하기 위해, 영혼을 새롭게 태어나게 하는 일을 사랑이 넘치는 어머니처럼 한다. 하나님께서는 가냘픈 어린이에게 하는 것처럼(벧전 2:2-3) 부드럽고 좋은 사랑의 가슴을 영혼에게 주신다."844)

이 시련을 겪어낸 영혼도 마치 그 아이처럼 모든 의지할 곳을 잃게 된다. 영혼은 어머니 팔의 도움이 없이, 즉 전에 자신이 즐기던 하나님의 위로들 없이, 또 아직 연약하고 걸을 능력이 없는 자신의 두 다리의 도움도 없이, 자신 안에서 모든 감성적 위로를 고갈시키는 혼란스럽고 괴로운 상태 안에 있게 된다.

"영혼이 사랑의 거룩한 일치에 도달하기 위해서(모든 이들이 도달하는 것이 아니라 통상적으로 매우 적은 숫자만 도달함) 더욱 무거운 정신의 정화와 밤으로 들어가야 하는데 일반적으로 감각적 유혹과 대단한 고생이 동반된다. 각 사람마다 차이는 있지만 동반되는 기간이 길다. 어떤 영혼들에게는 간음의 영이라고 하는 사탄의 전달자(고후 12:7)가 다가와서 강하면서도 혐오스러운 유혹으로 그들의 감각을 묶어놓고, 상상에서 분명하게 보이는 현시들과 더러운 생각을 지니고 영혼들을 슬프게 하는데 이는 마치 죽음보다 더 엄청난 고통을 영혼에게 가져다준다. 또 다른 것이 다가온다면 모독의 영이라는 것인데 영혼의 생각과 지니고 있는 모든 개념들에서 참을 수 없는 모독을 저지르게 한다. 가끔 이 모독이 상상 안에서 어찌나 강하게 일어나는지 거의 말로 표현하게 할 정도이기 때문에 영혼에게는 엄청난 고통이다. 또 다른 경우는 혼돈의 영(사 19:14, 사특한 마음)이라 부르는 혐오스러운 영이 다가오는데 이것은 영혼을 쓰러뜨리는 것이 아니라 수련을 시키려는 것이다. 영혼의 감각을 흐리게 하면서 판단을 하는 데 있어서도 엄청난 세심증과 복잡한 당혹스러움을 가져다주기 때문에 어떤 것에서도 만족을 찾을 수 없으며, 판단을 하는 데 있어서도 영혼이 어떤 개념이나 조언에 기댈 수도 없게 만든다. 이것은 이 감각의 밤에 나타나는 것들 가운데 가장 커다란

---

844) 밤, I,1,2. p.22.

자극이며 공포이기 때문에 정신의 밤(감각의 수동적 정화)에 일어나는 것과 아주 가까운 것이다."845)

간단히 정리하면, 일반적으로 오랫동안 계속되는 심각한 감각의 유혹과 영혼의 모든 개념과 상상들을 꿰뚫는 불경스러운 영의 유혹을(그런 것들을 발설해버릴 것만 같은 그런 힘과 함께) 동반하거나, 또 어떤 때에는 영혼이 세심증과 의심 따위, 이 밤의 공포를 더 심하게 하는 그런 것들로 가득 채워지기도 한다는 것이다.

십자가의 요한의 '영적 권고들'에서, 우리 안에 계시는 하나님을 향한 사랑의 행위들을 실천함으로써 이 유혹들에 대항할 것을 암시한다. "우리가 육욕이나 분노나 조바심이나 복수심 따위의 무슨 악심의 첫 충동 혹은 첫째 공격을 받으면, 그와 반대되는 덕행으로 저항하지 않고, 다만 그것을 느끼자마자 우리 마음을 하나님과의 일치에로 들어 높이면서 사랑의 움직임과 행위로 그것을 대면해야 한다. 사실 영혼은 그런 위험한 상태에서 멀리 떠나 하나님 앞에 서게 되기 때문에, 이 영혼의 '들어 높임' 덕분으로 영혼은 하나님과의 일치를 이루게 되고, 유혹은 잠잠해지고 원수는 낙담한 채로 다시는 공격할 상대를 얻지 못하게 된다."

이 정화시키는 무미건조함은 주로 기도 중에 나타난다. 전에는 영혼이 거룩한 일들을 생각하면서 기쁨 중에 묵상을 잘할 수 있었고, 하나님께 대한 사랑의 결과인 감동을 얻어낼 수 있었는데, 지금은 영혼이 자신의 노력에도 불구하고 최소한의 영적인 명상조차도 더 이상 할 수 없게 된다.

이 시험(메마름) 앞에서 영혼은,

---

845) 밤, I,14,1-3. p.96-98.

① 피조물들이 그에게 제공하는 위로들에로 되돌아가기를 거절하고, 하나님의 일들에서 아무런 위로나 기쁨을 찾지 못하는 것처럼 피조물들에게서도 역시 아무것도 찾아내지 못한다는 것이다. 하나님께서는 영혼을 감각적 욕구에서 정화시키고 닦아내기 위해 어두운 밤에 넣어 주셨기 때문에 영혼이 무엇에 유혹을 느끼거나 기쁨을 찾지 못하게 하신다. 그러나 영혼이 기쁨을 찾으려는 대상이 이 세상 것들은 물론이요 하늘의 것에도 해당된다면 우울증이거나, 준비가 부족하기 때문에 오는 것일 수도 있다. 이렇게 되면 다음 두 번째 징표를 확인해야 한다.

② 모든 일들 안에서 하나님의 뜻을 이루기를 갈망하게 되며, (영혼이 그 안에서 고통을 받으면서도 하나님께서 요구하시는 것처럼 그 일을 실행하지 못함을 인정하게 되기 때문에), "영혼이 하나님께 대한 기억을 살려내기 위하여 마음을 쓰게 되고 고통스러운 근심과 함께 이루어지는데 마치 하나님을 섬기는 것이 아니라 옛날의 결함들로 되돌아가는 것처럼 생각되면서 하나님의 일들에서조차 아무런 느낌을 느끼지 못하는 것을 보게 된다. 이 메마름의 원인은 하나님께서 감각이 지니고 있던 힘과 감각이 느끼던 행복을 정신의 몫으로 돌려주시기 때문이다.

이때에 영혼의 감각적인 부분은 정신이 느끼는 행복과 힘을 받아들일 만한 능력이 없으므로 아무것도 알지 못하고, 메마르고, 텅 빈 것같이 느끼는 것이다. 영혼의 감각적인 부분은 순수한 정신이 지니고 있는 능력을 가지고 있지 않기 때문이다. 정신은 기쁨을 느끼지만 육체는 맛을 잃어버리는 일을 하기에는 너무 나약해진다. 그러나 정신은 푸짐한 음식을 받아먹으면서 힘이 세지고, 방심하지 않고, 전에 하나님을 섬기는 것보다 훨씬 더 열심히 한다."

"관상이란 기도를 하는 사람 자신에게조차 은밀하고 감춰진 것이기 때문에 일반적으로 감각을 비우고 메마르게 하면서 영혼에게는 혼자 조용히 있으려는 갈망과 이끌림을 남긴다. 결국 영혼은 아무것도 생각할 수 없고, 무엇을 생각하려는 욕심도 없어진다. 그러므로 이런 일이 일어나는 영혼은 내적으로는 물론이요 외적인 일이라 할지라도 포기하고 거기에서 무엇을 해결하려 하지 말고 고요하게 머무를 줄 알아야 한다. 마음을 쓰지 않고 한가하게 있는 가운데 영혼은 즉시 내면으로부터 어떤 힘이 솟아오름을 아주 미묘하게 느낄 것이다. 관상이란 영혼이 애를 쓰지 않거나 한가할 때 이루어지는 것이기 때문이다. 이는 마치 공기와 같아서 손으로 움켜쥐려 한다면 어느덧 빠져 나간다."

하나님께서는 영적인 영혼을 만드시기 위해 말씀하신다.

③ 계속 규칙적으로 또 열심히 기도에 열중하게 된다. 그런데도 무미건조함이 그대로 계속된다면, 그것은 그 시련이 하나님께로부터 오는 것이라는 증거이고, 따라서 그것은 새롭고 더욱 완전한 하나님과의 관계에로 영혼을 인도하는, 축복받은 무미건조함, 하나님의 사랑에 대한 수동적 관상의 무미건조함이라는 증거가 된다.

"영혼이 아무리 노력을 기울여서 무엇을 해보려고 한들 상상의 감각 안에서는 더 이상 사색을 할 수도 묵상을 할 수도 없다는 것이다. 하나님께서는 전에는 개념들을 종합하거나 분석하는 사색을 통해서 하던 것처럼 감각을 통해서 영혼을 사귀셨으나 이제는 더 이상 감각을 통해서가 아니라 순수한 정신을 통해서 사귀신다. 여기에서 영혼은 사색에 들어가지도 않고 점진적으로 단순한 관상행위를 통해 하나님과 사귀게 된다. 이제 영혼의 낮은 부분의 내적이고 외적인 감각들로는 관상에 이를 수가 없다. 결과적으로 상상이나 환상은 어떤 생각을 하기 위해 더 이상 기댈 곳이라고는 없으며 더 이상 발걸음을 앞으로 내딛지 못할 것이다."

"감각의 정화에서는 뒤로 되돌아가지 않는다. 관상기도에 들어가면서부터는 영혼은 감관의 능력들을 가지고는 절대로 사색을 할 수 없기 때문이다. 그럼에도 불구하고 앞으로 나아가려면 더욱더 열심히 관상기도에 머무르려고 애를 써야 하며 감각적인 일에서는 손을 떼야 한다. 오직 하나님께서만 이들을 수련시키기 위해, 낮춰주시기 위해, 욕구를 바로잡아주시기 위해 이 정화의 밤에 넣어주시는데 그들이 영적인 일들에 있어서는 더 이상 더러운 달콤한 맛에 매달리지 않게 하려는 것이다. 그러나 이들이 관상의 길을 따라가지 않으면 하나님께서는 관상이라고 하는 정신의 삶에 그들을 넣어주시지 않는다."[846]

"하나님이 자기를 사랑하는 자들을 위하여 예비하신 모든 것은 눈으로 보지 못하고 귀로도 듣지 못하고 사람의 마음으로도 생각지 못하였다 함과 같으니라"(고전 2:9).

감각의 수동적 정화는 우리 생활을 위한 계획의 근원이 이기심이라는 것을 알게 해준다. 이 단계에서 우리가 만족을 원하는 욕망들을 떠나보내고 나면, 우리는 영구한 평화의 길로 나아가게 된다. 이때에도 흥분시키는 생각과 감정이 일어나기는 하지만, 이것들은 더 이상 감정적인 혼란으로까지 이어지지는 않는다. 우리 감정의 계획이 좌절될 때마다 타올랐던 고통스런 감정들을 참아내기 위해서 쏟아내던 큰 에너지들을, 이제는 우리와 함께 살고 있고 또 우리가 봉사해야 하는 사람들을 위해 유용하게 활용할 수 있게 된다.

✣ 전이(轉移)

한 영혼이 '감각의 밤'인 '감각의 수동적 정화'를 벗어나면, 바로 그 순간에, 하나님은 영혼을 훨씬 더 끔찍한 정화인 '영의 수동적 정화' 안에 두시기 전에, 영혼에게 매우 긴 안식과 위로를 허락하신다. 이 단계를 '전이(轉移)'라 한다.

이 전이는 여러 해 동안 지속될 수 있고…, 그동안 영혼은 골똘히

---

846) 밤, I,9,1-9. p.61-68.

생각함으로써 지치는 일도 없이 아주 쉽게 고요하고 사랑 가득한 관상 안으로 빠져들게 된다….

이 내적인 즐거움은 영혼이 이 단계에 머무르는 동안 자신의 영 안에서 맛보게 되는데, 이 내적인 즐거움은 감각들에까지 미치게 되고, 이 감각들은 전보다 더욱 정화되면서 내적인 맛들을 더 쉽게 느끼게 된다.

그럼에도 불구하고, 여기서도 아직 정화가 불완전한 상태(영의 수동적 정화가 결핍된 상태)이기 때문에 영혼은 여러 가지 시련들과 무미건조함, 유혹들과 어둠들, 그리고 때로는 전에 당했던 것보다도 더 심한 괴로움들을 감수해야만 한다. 그러나 이런 어려움들은 겨우 몇 시간 혹은 며칠 동안 계속되면서, 앞으로 닥쳐올 '영의 수동적 정화'를 예고해줄 뿐이다.847)

이 시기 동안 영혼은, 하나님과의 일치의 길에서 자신을 엄청나게

---

847) 십자가의 요한은 전이(轉移)라는 말을 사용하지 않았다. 인간에 대한 하나의 개념적인 분류에 의한 것으로 감각의 수동적 정화를 마치고 영의 수동적 정화의 단계로 들어가기 전 오랜 시간 혹은 오랜 기간 동안의 수련기간이 있으며, 이 기간을 전이라고 표현한다.

※ 방효익 역, 밤, II,1,1, p.103. "하나님께서 완덕으로 데려가실 영혼이라 할지라도 첫 번째 정화와 감각의 밤에서 고생과 메마름을 거치고 나오는 즉시 그 영혼을 정신(영)의 밤에 넣어 주시는 것이 아니다. 어떤 때에는 오랜 기간, 혹은 몇 해가 걸리기도 하기 때문에 초보자의 단계에서 벗어났다 할지라도 나아간 이들의 단계에서 수련을 받으면서 머물기도 한다. 이 상태에서 영혼은 좁은 감옥에서 빠져나온 사람처럼 대단한 기쁨과 자유를 가지고, 그리고 초보자 시절에 느꼈던 것보다 훨씬 더 풍요로운 내적 기쁨을 느끼면서 하나님의 일에 전념한다."

※ 최민순 역, 밤, II,1,1, p.83. "하나님께서 앞으로 이끄실 영혼은, 감각의 첫 번째 정화와 밤의 메마름과 고생을 벗어나자 즉시 이 영의 밤에 드는 것이 아니다. 오히려 오랜 시간, 오랜 햇수가 걸리기가 일쑤여서 그동안 영혼은 초심자의 영역을 벗어나 나아간 사람들의 위치에서 공부하는 것이다. 그 위치에서의 영혼은 마치 옥색한 감옥을 나온 사람처럼 처음보다, 즉 이 밤에 들기 이전보다 훨씬 더한 자유와 만족을 가지고 훨씬 더 푸짐한 마음의 즐거움으로 하나님의 일을 한다. 다시는 그전처럼 상상력과 능력이 추리나 정신 긴장에 얽매이지 않고 도리어 고생스럽게 추리한 것이 없어 아주 쉽게 영 안에서 고요하고 사랑겨운 관상과 영의 묘미를 발견하기 때문이다. 그러나 영혼의 정화가 충분하지 못한 탓으로(중요한 부분, 즉 영의 정화가 모자라는 까닭이니 이것이 없이는 감각의 정화가 아무리 심할지라도 완전할 수 없다. 두 부분이 합쳐서 비로소 하나의 주체가 있기 때문이다.) 어떤 아쉬움과 메마름과 어둠과 답답함이 아주 없지 않고 때로는 전보다도 훨씬 강렬하며 비록 기다려지는 밤처럼 계속적인 것은 아닐망정 장차 올 영의 밤의 전조(前兆)요, 사자(使者)인 것이다."

후퇴시킬 수도 있는 치명적인 잘못인 **이제는 자기가 성인이라고 착각하는 환상**에 떨어질 수 있다.

이것이 바로, 십자가의 성 요한이 지금까지의 모든 노력들과 그때까지의 일상적인 은혜들이 하나님과의 일치에 있어서 사랑의 순수함 안에서 좋은 결과를 만들어내지 못했음을 상기시키면서, 냉혹하리만큼 강하게 영혼을 현실에로 되부르는 이유이다. 영혼의 온갖 노력들과 영혼이 받은 갖가지 은혜들은 가장 큰 장애물들을 제거시킴으로써, 소극적인 방식으로 영혼을 하나님과의 일치에로 준비시킬 뿐이다.

실제로 '감각의 수동적 밤' 안에서 감각적인 집착들은 겉으로만 정화되었을 뿐, 영혼이 그 사실을 인정하지 않는다고 하더라도 집착의 깊은 뿌리들은 아직 남겨두고 있다. 피조물들에서 연유한 즐거움에 대한 온갖 집착의 가지들을 갑자기 다시 움트게 할 수 있는 이 뿌리들은, 이제 곧 이어질 대단히 끔찍스러운 '영의 수동적 밤'에 의해서만 완전히 뽑힐 수 있는 것이다.
이 시기 동안에 많은 영혼들은, 영의 현시(現示, vision)나 그분들과의 교통(交通, communication)에 지배되는 경우가 있는데, 물론 때로는 사실일 수도 있으나, 더 많은 경우에 이런 체험은 악마로부터 혹은 자신의 상상으로부터 오는 유혹이다. 이 유혹에 빠지는 영적 결함에 유의해야 한다.[848]

십자가의 요한은 나아간 이들이 지니는 두 가지 결함을 말한다. 하나는 습관적인 것이고, 다른 하나는 일시적인 것이다.
"습관적인 것들은 마치 깊은 뿌리처럼 감각의 정화가 이루어질 때 제거시킬 수 없었기 때문에 아직도 정신(영)에 남아 있는 불완전한 습관이고 애착들이다. 감각과 영의 정화 사이에서 볼 수 있는 차이라면 깊은 뿌리를 뽑아내느냐, 혹은 가지만 치느냐에 달려 있고, 또는 이제

---

848) 밤, II,2,1-5. pp.107-111.

막 묻은 얼룩을 지우느냐 혹은 오래되어서 아주 찌들어버린 얼룩까지도 지우느냐에 달려 있다. 감각의 정화는 영의 정화를 위한 관상기도의 시작이며 문일 뿐이다. 감각의 정화란 감각을 영에 맞추는 것보다 영을 하나님께 일치시키는 데 더 유익하다. 더 나아가서 본인이 느끼지 못하거나 볼 수도 없겠지만 영에는 아직도 낡은 인간의 얼룩이 남아 있다. 그래서 만일 이 밤의 정화라는 강한 표백제나 비누를 통해서 지우지 않는다면 영이 거룩한 일치의 순수함에 도달하지 못할 것이다.

나아간 이들에게서도 역시 모든 사람들이 그렇듯이 죄로부터 오는 습관적 결함들, 즉 마음이 무뎌짐과 본래의 거칢, 그리고 영의 산만함과 집중하지 못함을 보게 된다. 나아간 이들이 머물러야 하는 밤을 거치지 않는 모든 이들이 이런 습관적 결함들을 가지고 있다. 이런 결점들을 가지고 있는 이들은 사랑을 통해 이루어지는 일치의 완전한 일치에 머물 수 없다.

나아간 이들이 모두 한결같이 같은 방법으로 일시적인 결함에 빠지는 것은 아니다. 감각으로부터 아주 쉽게, 즉 밖으로부터 손쉽게 영적 보화들을 가져오려는 이들은 초보자들이 빠지기 쉬운 위험에 빠지고 커다란 장애물을 만난다. 이들은 영이나 감각으로 일종의 영적인 지각들과 영적인 은총들을 많이 얻게 되기 때문이다.

여기에서 또한 영적이고 상상적인 많은 현시들을 보게 된다. 달콤한 감각들을 즐기면서 나아간 이들의 대열에 들어가려는 이들이 이러한 현상들에 자주 빠지게 된다. 그래서 이런 영혼들에게 악마와 자기 환상(착각)은 아주 쉽게 눈속임이 되기도 한다. 이런 때에 악마는 아주 커다란 기쁨을 가지고 앞서 말한 환상과 환청들을 느끼게 하고 충동질을 한다. 더 나아가서 이런 이들은 이런 환청이나 환시들에 대해 강하게 신앙 안에서 자신을 보호하거나 그러한 것들을 단념할 수 있는 아무런 신중함(원칙)을 가지고 있지 못하기 때문에 악마들은 아주 쉽게 이들을 황홀경에 빠지게 하고 속인다.

　이런 때에 악마는 많은 이들에게 헛된 보임과 거짓된 예언들을 믿게 한다. 이런 상태에 놓이게 된다면 악마는 이들에게 이런 환청과 환상들이 마치 성인들이나 하나님께서 말씀하신 것처럼 받아들이게 하려고 애를 쓰며, 자신의 환상을 믿도록 하려고 힘을 쓴다. 여기에서 악마는 이들을 자부심과 교만으로 잔뜩 부풀게 한다. 이런 헛됨과 우쭐함에 빠진 이들은 마치 탈혼에 빠지거나 다른 어떤 발현이라도 본 것처럼 자신들의 외적인 행동이 거룩함에서부터 오는 것으로 보이도록 하려고 외적인 행동을 서슴지 않고 감행한다.

　이들은 결국 모든 덕들의 파수꾼이며 열쇠인 거룩한 두려움을 잃어버린 채 하나님께 대담하게 행동을 한다. 이들 가운데 많은 이들은 엄청난 날조와 속임수를 만들어 내며 올바른 정신과 덕에서 비롯되는 순수한 길을 따라가는 것을 의심스럽게 할 정도로 자신을 망쳐버린다. 이들이 이런 영적인 감각들과 느낌들을 틀림없는 것으로 여기면서 자신의 여정을 시작할 때에 결국 이들은 초라하게 되고 말 것이다.

　나아간 이들이 지니는 결함에 대해서라면 말할 것이 무척 많고, 또한 이들이 몇 가지 환각들을 체험하면서 자신들이야말로 처음보다 훨씬 더 영적인 사람이 되었다고 생각하기 때문에 얼마나 치유되기가 힘든지 말해야 하지만 그냥 두고 싶다."고 십자가의 요한 성인은 말한다.[849]

　유혹에 넘어가서, 이제는 성인이라는 환상은 영혼들 안에서 더 강해지고, 인간미나 하나님께 대한 경외심을 잃어버리는 지경에까지 영혼들을 끌고 간다. 그런데 사실상 이 하나님께 대한 경외심이야말로 '모든 덕들의 열쇠이자 보호자'이다.

---

849) 밤, II,2,1-5. p.107-111.

이러한 현상들 앞에서 올바르게 처신하는 방법은, 십자가의 성 요한이 우리에게 '가르멜의 산길' 2권에서 싫증이 날 정도로 되풀이하는 바로 그 방법이고, "영혼이 받게 되는 무엇이든지, 그 방법이 무엇이 될지라도, 즉 초자연적인 방법이 될지라도 분명하고 확실하게, 하나도 빼놓지 말고 단순하게, 그리고 즉시 영적 지도자에게 말해야 한다." 요약하자면 영적지도자들에게 의지하는 방법이다.

"영적 지도자들은 영혼들이 저 초자연적인 것들로부터 눈을 돌리도록 좋게 타이르면서, 앞으로 나아가기 위해서라면, 그런 것들에 대한 욕심이나 마음을 어떻게 비워야 하는가에 대한 가르침을 주면서 신앙 안으로 영혼들을 이끌고 가야 한다. 그리고 이런 초자연적 현상들을 체험한다는 것이 무슨 공로가 되거나 흠이 되는 것이 아니기 때문에, 하늘에서 주어지는 수많은 초자연적 현시(계시)들과 그리고 은총들을 가질 수 있는 것보다 애덕으로 실천하는 의지의 행위나 노력이 하나님의 눈에는 훨씬 더 고귀하다는 것을 알려주어야 한다.
영적 지도자들은 이런 사실들에 대하여 아무 상관없는 수많은 영혼들이 그런 초자연적인 현상들을 체험한 영혼들에 비해, 아니 비교할 수 없을 정도로, 훨씬 더 앞으로 많이 나아간다는 것을 가르쳐 주어야 한다."850)

십자가의 요한 성인은 '가르멜의 산길' 3권에서 또 이렇게 덧붙인다. "영혼은 상상적이건 다른 종류의 지각들이건, 혹은 현시들, 환청들, 영적인 느낌들, 혹은 계시들이건 상관없이 위로부터 오는 모든 지각들 안에서 영혼이 애써야 하는 것은 단지 자신에게 내적으로 일어나는 하나님의 사랑을 얻으려고 하는 것이다. 영혼은 이 지각들에 대해서 글자 하나나 껍질까지도 문제를 삼지 말아야 한다. 다시 말해서 무슨 뜻이 담겨 있고, 무엇을 가르쳐주려는 것이며, 무엇을 알게 해주는가에 대해서 관심을 기울이지 말라는 것이다. 이런 방식으로 아무런 기쁨도

---

850) 산길, II,22. p.268~286 (*19)

부러움도 형상도 없는 영적인 느낌들에 끼어들지 말고 단지 영혼에게 가져다주는 사랑의 느낌에만 관심을 기울여야 한다."851)

우리는 지금 바로 '무(無, Nada)와 전(全, Todo)'의 한가운데에 와 있다. 참으로 단순하고도 적나라한 믿음의 덕, 소망의 덕, 사랑의 덕의 훈련 한가운데에 와 있다. 하나님 앞에서는 다른 것들은 모두 가치가 없다.

하나님께서 원하신다면, 당신께서 영혼을 그가 '영의 수동적 정화'라는 터널을 통과하는 동안에 이 지점에 다다르도록 이끌어주시고, 여기서 하나님은 유일한 안내자인 -영혼에게는 어둡게 보이지만 사실상 아주 확실한- 신앙의 등불을 영혼에게 남겨주신다.

---

851) 산길, III,13.6. p.398.

제7장
영의 수동적 정화

"영의 수동적 정화는 영혼 안에서 일어나는 하나님의 작용이라고 할 수 있는데 영혼이 지니고 있는 영적이며 본성적이고 습관적인 결함들과 무지들로부터 영혼을 정화시키는 것이다. 관상기도를 하는 사람들은 이것을 '주부적 관상' 혹은 '신비신학'이라고 부른다. 이 주부적 관상에서 하나님께서는 영혼을 은밀하게, 그리고 사랑의 완전함 안에서 가르치시는데 이 관상이 없이는 영혼은 아무것도 못하고 어떻게 되어지는지 깨닫지도 못한다. 이 주부적 관상은 하나님의 사랑의 지혜인데 영혼에게서 두 가지 근본적인 효과를 나타낸다. 그 이유는 정화시키면서, 그리고 빛을 비춰주면서 하나님과 사랑의 일치를 위해 영혼을 준비시키기 때문이다. 구원받은 영혼들을 비춰주면서 정화시키는 바로 그 사랑의 지혜가 이 세상에서 영혼을 정화시키고 영혼에게 빛을 비춰주는 것이다."852)

'감각의 수동적 정화'를 거치는 동안에 영혼은, 감각적인 부분에 있어서는 완전히 무미건조함 안에 있었지만, 영 안에서는 자신이 하나님의 사랑을 받고 있고 또 자기편에서 하나님을 사랑하고 있다는 사실을 의식하고 깊은 평화를 누리고 있었다.

하나님께서 영혼을 '영의 수동적 정화'에 두기로 결정하시는 때에는, 그 영혼 안에 남아 있는 마지막 위로까지 떼어내시고 정화시키시면서, 자신이 하나님의 사랑을 계속 받고 있다는 사실에 대한 의식마저도 그 영혼에게서 빼앗아버리신다. 이는 마음이 습관적으로 산만해지는 현상

---

852) 밤, II.5.1. p.118.

이라든지 문화적 조건화의 잔재라든지 영적 자부심 같은 거짓자아의 찌꺼기 들을 제거하기 위함이다. 하나님은 이렇게 해서 그 영혼에게 지극히 순수한 사랑, 당신과의 일치를 가능하게 하는 그런 사랑을 갖출 수 있게 하신다.

십자가의 요한은 이렇게 말한다. "감각의 정화 혹은 감각의 밤은 감각에게 매우 고통스럽고 지독하다. 영의 밤은 여기에 비교할 수가 없이 더하다. 이 영의 정화가 영에게 소름이 끼칠 정도로 무섭기 때문이다."[853]
아무것도 모르는 영혼을 정화시키고 비춰주는 거룩한 빛을 '어둔 밤'이라고 부르는데 그것은 거룩한 빛이 가져다주는 거룩한 지혜가 영혼에게 단순히 밤이나 암흑만이 아니라 고통이고 태풍이기 때문이다.

그것은 **첫째로** 영혼의 능력을 뛰어넘는 거룩한 지혜의 높음 때문에 영혼에게 암흑이라고 한다(암흑). 엄청난 초자연적인 빛으로 말미암아 정화되지도 않고 깨닫지도 못한 영혼이 지니고 있는 지적이며 본성적인 힘이 굴복하고 결국 그 힘을 빼앗기기 때문이다. 결론적으로 하나님께서 아직 변화되지 않은 영혼에게 자신의 은밀한 지혜의 환한 빛을 영혼에게 비추신다면 영혼의 지성은 어두운 암흑이 되고 말 것이다.

둘째로 영혼의 불순함과 낮음 때문에 영혼에게 고통스럽고 괴로운 것이며, 또한 어두운 것이다. 영혼이 고통을 느끼는 것은 본성적이며 윤리적이고 영적인 연약함 때문에 고통스러울 뿐만 아니라, 거의 죽을 지경에 이르게 되어 이 고통을 줄이기 위해서 차라리 죽음을 택한다고 말할 것이다.
영혼을 짓누르는 무게와 힘으로 말미암아 영혼은 이제는 하나님의 총애를 받던 자기가 아니라고 생각하고, 가끔 기댈 것들을 찾던 것도 다 끝나버렸고, 아무도 동정해 주는 이가 없다고 느끼게 된다(고통·태

---

[853] 밤, I,8,2 p.57.

풍).

하나님께서는 영혼에게 무거운 짐을 지워주시는 것도, 그 위에 올라앉는 것도 아니시고 단지 어루만지시는 것임에도 불구하고 영혼의 불순함과 연약함으로 말미암아 아주 부드럽고 고우신 하나님의 손길을 영혼이 그렇게 무겁고 거슬리게 느낀다. 하나님께서는 자비롭게도 영혼에게 은총을 주시기 위해서 그렇게 하시는 것이지 벌을 주시려는 것이 아니다.[854]

그런데 이 영의 정화는, 감각의 정화를 완성시키기 위해서나 – 감각의 정화 이후에도 감각적인 집착의 뿌리들이 남아 있다 – 하나님과의 전적인 일치에 있어서 큰 장애물인 자기 자신에 대한 집착을 없애기 위해서나 절대적으로 필요한 것이다.

영혼 자신이 하나님께로부터 버림받았다는 것을 느끼고 자신이 당연히 하나님께로부터 벌을 받는다는 것을 느끼며 자신이 하나님에 의해 내쫓김을 당해 영원히 그분을 모실 수 없다는 것을 느끼는 이 체험은, 마치 지옥의 고통과도 같은 엄청난 아픔이다.

셋째로 수난과 고통은 두 가지 극단적인 것에서 오는데 거룩한 것과 인간적인 것이 함께하기 때문이다(요나의 고통).

여기서 거룩한 것은 정화를 시키는 관상이고, 인간적인 것은 영혼의 주체를 말하는 것이다. 영혼을 새롭게 하고, 거룩하게 만들기 위해 영혼에게서 습관적인 애착들과 낡은 인간의 고유한 특성을 벗겨내면서 거룩한 것이 영혼을 감싼다. 이때에 영혼은 거룩한 것과 매우 일치되고, 밀착되고, 순응한다. 이런 방법으로 관상은 영적인 실체를 깨끗하게 하고 얽힌 것을 풀어낸다. 이때에 관상은 영혼을 심오하고 깊은 암흑 속으로 끌어들이면서 영혼으로 하여금 정신의 처참한 죽음과 함께 자신의 초라함을 보게 하고, 얼굴은 망가지고 몸은 녹초가 되었음을 느끼게 된다. 이것을 비유하면 물고기 뱃속에서 요나가 체험한 것(욘 2:1-3)과 같은 고통일 것이다.

---

854) 밤, II,5. pp.118~125.

넷째로 위엄과 위대함이라는 어두운 관상의 또 다른 탁월함이 영혼에게 고통을 가져다준다(지성과 의지의 정화). 이런 특성이 영혼으로 하여금 자신 안에 대단히 궁색함과 초라함이 있다는 또 다른 극단을 느끼게 한다. 이것은 정화에서 영혼이 겪어야 하는 근본적인 것들이다. 영혼은 자신에게 기쁨을 주던 시간적이고 자연적이며 영적인 이 세 가지 차원에서 심각한 공허함과 궁색함을 자신 안에서 느끼게 된다. 그 이유는 영혼이 철저하게 선한 것들에게 반대되는 악에 머물고 있다는 것을 보기 때문이다. 말하자면 영혼이 결함들의 초라함을 보게 되고, 감관의 능력들에서 지각능력이 비워지고 메말라 있음을, 그리고 암흑 속에 영혼이 버려져 있음을 보기 때문이다.

하나님께서는 여기에서 영혼이 지니고 있는 감각적이고 영적인 실체에 따라서, 그리고 내적이고 외적인 감관의 능력에 따라서 영혼을 정화시키시는데 이로 말미암아 영혼은 모든 부분에서 비워지고, 가난해지고, 버림을 받고 암흑과 건조함에 머물게 된다. 감각의 부분은 메마름에 의해, 감관의 능력들은 지각의 비워짐에 의해, 그리고 영혼은 어두운 암흑에 의해 정화되기 때문이다.

하나님은 이 모든 것을 어두운 관상을 통해 이루신다. 관상 안에서 영혼은 지각이 이루어지지 않음과 비워짐은 물론이요 자연적인 기댈 곳이 없어짐과 비워짐을 겪는다. 더 나아가서 영혼이 정화된다는 것은 마치 불로 쇠의 녹을 녹여 없애버리는 것처럼 영혼이 늘 간직하고 있는 모든 습관적 결함들과 애착들을 영혼 안에서 다 빼앗는 것이고, 다 소멸시키고 비워 놓는 것이다. 이러한 것들이 영혼의 실체에 뿌리를 박고 있기 때문에 자연적이고 영적인 비움과 압박감 이외에도 엄청난 파멸과 내적인 태풍을 겪게 된다.[855]

게다가 이 어두운 밤이 가져다주는 고독과 버려짐 때문에 영혼은 어떤 가르침에서는 물론이요 어느 영적 지도자들에게서도 위로나 기댈

---

855) 밤, II.6. pp.125~130.

곳을 찾지 못한다.

　주님께서 당신이 원하시는 방법대로[856] 영혼을 정화시키는 일을 끝내실 때까지 어떤 방법도, 어떤 구제책도 영혼에게 도움이 되지 않고, 영혼 스스로도 자기 고통을 위해 무엇을 이용할 수도 없기 때문이다. 이런 상황에서 영혼이 할 수 있는 것은 거의 없다. 마치 감옥에서 손발이 묶여 있는 사람과 같은 처지이다. 이런 상황은 영혼이 겸손해지고, 부드러워지고, 정화되고, 예민해지고, 단순해지며, 가벼워질 때까지 지속된다. 이때에 비로소 영혼은 하나님의 뜻과 하나가 될 수 있는데, 이것도 하나님의 자비가 영혼에게 사랑의 일치를 허락하는 정도에 따라 이루어지며, 이에 따라 정화의 세기와 기간이 결정된다. 정화가 비록 강하게 이루어진다 할지라도 제대로 정화되기 위해서는 몇 년이 걸리기도 한다. 그러나 가끔 고통이 줄어드는 경우도 있는데 이는 정화시키는 방법이나 형태에 있어서 어두운 관상으로 덮쳐버리는 것을 제쳐놓고 가끔 하나님께서 배려를 해주시면서 영혼을 밝고 사랑스럽게 비춰주시기 때문이다.

　이러한 빛이 비춰짐은 영혼에게 정화가 이루어지면서 얻는 구원의 징표이며, 기다리던 풍요로움에 대한 징조이다. 이러한 일이 자주 있기도 하는데 이때에는 영혼에게는 정화가 거의 다 이루어지고 있으며 고통이 거의 끝났다고 여겨지기도 한다.
　영혼에게 주어지는 축복이 영적일 때는 악이 다 사라져 버린 것처럼 여겨진다. 그리고 영적인 축복이 없어지지는 않을 것이다.[857]

　다섯 번째로 아직도 영혼을 괴롭히고 불안하게 하는 많은 것들이 있다(기억의 정화). 이 밤이 영혼으로 하여금 애착이나 감관의 능력들을 모두 닫아버리도록 하기 때문에 영혼은 하나님께로 마음을 들어 올릴 수

---

856) 산길, II,18,7; 21,2; III,31,2; 42,3
857) 밤, II,7. pp.131~139.

없고, 하나님께 아무것도 청(기도)할 수도 없다.

하나님께서는 여기에서 영혼에게 아주 수동적으로 당신의 일을 해 나가시기 때문에 영혼은 아무것도 모른다. 어디에서 기도를 해야 하고, 어떻게 거룩한 일들에 집중하면서 참여해야 할지도 모른다. 세상의 다른 일에 있어서도 마찬가지로 아무것도 할 수 없다. 이뿐만이 아니라 심각한 기억 상실에 빠지기도 하며 실신하기가 일쑤이다. 이런 상태는 한참 진행되기도 하는데, 이때에 영혼이 무엇인가를 하고 싶지만 그동안 무엇이 있었는지, 무슨 일이 일어났었는지 아무것도 모르면서 무엇을 하고 있는지, 앞으로 무엇을 해야 하는지 도대체 모르고, 그리고 자기가 처해 있는 상태에서 무엇을 주의해야 하는지조차도 모른다.

여기에서 단지 이성이 스스로 빛이 되려는 것과 의지가 지니고 있는 애착만 정화되는 것이 아니라 기억이 지니고 있는 사색과 이미 지니고 있는 깨달음까지 정화된다. 이런 기억상실과 실신은 내적인 잠심(기도)에서 비롯되는 것이며, 여기에서 관상의 영혼을 빨아들인다. 영혼이 사랑의 거룩한 일치를 위하여 자신의 감관의 능력들과 함께 거룩한 것에 익숙해지도록 준비시키기 위해 우선 관상의 영적이며 어둡고 거룩한 빛으로 지성과 의지와 기억에 해당되는 모든 것을 없애버릴 필요가 있으며, 동시에 피조물들에 대한 모든 애착과 지각을 벗어버려야 한다. 이 모든 정화작용의 기간은 오직 관상의 빛이 지니는 강도에 따라 결정된다. 영혼이 순수함과 밝음을 많이 지닐수록 초자연적이며 거룩한 빛이 영혼을 더욱 어둡게 하고, 그 밝음과 순수함이 적을수록 영혼이 덜 어두워진다. 알아두어야 할 것이 있다면, 초월적인 일들이 더욱 밝고 분명할수록 우리 지성에게는 어두운 것이다.

영혼 안에서 관상의 거룩한 빛이 하는 일은 영혼을 감싸는데 이는 영혼의 자연적인 빛을 초월하며, 이로 말미암아 영혼을 어둡게 하고 전에 자연적인 빛을 통해 깨달았던 모든 본성적인 애착들과 깨달음들을 없앤다. 단지 영혼을 어둡게만 하는 것이 아니라 욕구와 감관의 능력의 본성적이며 영적인 것까지 모두 비워버린다.

이 영적인 빛이 아주 단순하고 보편적인 것이고, 알고 있는 모든 것들에 대하여 자연적이건 거룩한 것이건 그 어떤 특별한 지적인 것에 감염되지 않고 부분적인 것에 매여 있지 않기 때문에 영혼의 감관의 능력들을 비우고 없애버린다. 여기에서 영혼은 아주 쉽게 자기에게 주어지는 하늘의 것이나 세상 것들 가운데 어떤 것이라도 꿰뚫어보고 알게 된다. 이것이 모든 특별한 애착들과 지성에 대해 비워지고 정화된 영혼의 고유한 특성이다. 여기에서 영혼은 이제 아무것도 즐기려 하지 않고 특별한 것을 알려고 하지도 않는다.858)

"근심하는 자 같으나 항상 기뻐하고 가난한 자 같으나 많은 사람을 부요하게 하고 아무 것도 없는 자 같으나 모든 것을 가진 자로다" (고후 6:10).

이 '어둔 밤'은 특별히 좋아할 만한 선물이고, 하나님께서는 이 선물을 통해서 마치 불이 녹을 태워 없애듯이 영혼을 태워버리고 영혼을 비우고, 온갖 집착과 평생 간직해온 불완전한 버릇들로부터 영혼을 정화(淨化)시키신다.

그리고 이 집착들은 영혼의 중심에 아직 남아 있고 영혼과 뒤섞여 있기 때문에, 마치 용광로 속에 있는 금처럼 영혼 자신이 타 없어지고 파괴되어야 한다는 것은 거의 불가피한 일이다.

이와 같은 고통들로써 하나님은 영혼을 대단히 겸손해지게 하시는데, 이는 오로지 영혼을 더 높이 들어 올리시기 위함이다. 하나님께서는 영혼을 더 높이 들어올리기를 원하시기 때문에, 그만큼 그 영혼을 더 겸손해지게 하신다.

다행히도 이 '어두운 관상'은 위로의 순간들에 의해서 중단된다. 그

---

858) 밤, II,8. pp.140~145.

렇지 않고서는 영혼은 그런 상태에서 도저히 견딜 수 없을 것이다. 그러나 이 위로의 순간들조차도 영혼에게는 양심 – 그 역시 제 안에 더러움의 기초를 가지고 있는 양심 – 때문에, 또 '밤'이 재빨리 되돌아와서 영혼이 고통을 받게 만들 것이라는 확신 때문에, 역시 괴로운 것이다. 실제로 영혼은 이 길에 얼마나 많은 산꼭대기와 골짜기들이 있는지를 보게 될 것이고(시 84:5-7), 자신이 누린 성공 다음에 뜻밖의 혼란 상태와 괴로움이 따른다는 사실을 알게 될 것이다….

이것이 바로 '고요함의 경지'에 도달하기까지의 관상의 단계에서 이루어지는 수련이며 일상적인 상태이다. 그러나 영혼이 이런 상태에서 항상 머무는 것이 아니라 오르락내리락한다(창 28: 12-13, 야곱의 사다리 참조).

이런 이유는 완덕의 단계는 하나님의 완전한 사랑과 자신을 업신여김에 있다. 하나님을 알고 자신을 아는 두 가지가 갖추어지지 않으면 완덕의 단계에 머무를 수 없다. 우선 하나님을 아는 것에 대한 수련을 받고, 자신을 아는 것에 수련을 받을 필요가 있다. 영혼은 하나님을 알게 되면서 기쁨을 찾고 크게 성숙되며, 자신을 아는 것에 대해 시험을 받으면서 낮아지는 것인데 완전한 습관들을 얻을 수 있을 때까지 이러한 것이 계속 이어진다.

관상은 사랑의 학문이요, 관상은 사랑스러운 하나님께서 부어주시는 깨달음이며, 이로 인해 영혼은 빛을 받으면서 동시에 사랑에 빠지는데 자신의 창조주이신 하나님께 오를 때까지 단계적으로 지속된다. 오직 사랑만이 영혼을 하나님께 일치시키고 합치게 하기 때문이다.[859]

그래서 영혼은 대담한 용기와 사랑을 필요로 하고, 순결함을 필요로 한다. 그러나 이 순결함은 피조물들에 대한 헐벗음과 뼈아픈 절제(mortification) 없이는 얻어질 수 없는 것이다.[860]

---

859) 밤, II,18. pp.206~210.
860) 밤, II,24. pp.244~247.

'하나님께 대한 어둔 관상'이 영혼 안에서 모든 자존심을 말끔히 걷어내고 모든 이기적인 만족으로부터 영혼을 깨끗이 비움에 따라, 당연히 하나님은 더욱 친밀하게 영혼 안에 깊이 들어오시고 영혼을 당신 안에서 변형시키신다.

영혼은 자신의 새로운 상태를 자각하게 되고, 그것을 마음으로 누리게 된다. 그러나 영혼은 자기에게 일어난 일을 알 수도 없고 표현할 수도 없다. 왜냐하면 이 체험은 감각을 통해서도 지성을 통해서도 인지될 수 없는 것이기 때문이다.

영혼은 다만 열매들을 느낄 수 있을 뿐이고, 그가 말할 수 있는 것이라고는 단지 영혼이 만족했고, 고요했으며, 기뻤었다고 말할 정도이고, 하나님을 느꼈다거나 참 좋았었다고 표현할 뿐이다. 일반적인 말로밖에는 달리 표현할 수 있는 적합한 단어를 찾아낼 수 없을 것이다. 영혼이 느낀 것들이 현시나 감각적인 것처럼 특별한 것이라면 조금 다르다. 이런 것들은 흔히 감각이 받아들일 수 있는 어떤 종류의 것들로 주어지는 것이기 때문에 말할 수 있고, 다른 유사한 것으로 표현할 수도 있다. 그러나 이렇게 표현할 수 있는 것이라면 그것은 이미 순수한 관상에서 오는 것이 아니다. 관상에서 오는 것이라면 표현할 수 없기 때문에 비밀스럽다고 한다.

신비신학의 빛이 없이는 그런 체험들에 대해 아무리 지혜롭고 유식하게 말한다 할지라도 자연적인 방법으로는 도저히 그 자체를 느낄 수도 없고 알 수도 없을 정도를 불가능한 것이다. 통상적이고 인간적인 용어로는 설명할 수 없고, 도달할 수도 없는 진실을 지혜의 빛을 통해 보면 비밀스럽다. 이것은 거룩한 관상이 자연적 능력을 초월하고 비밀스러운 특성을 지니는 것은 단지 초자연적인 것이라서가 아니라 하나님과 일치라는 완덕의 단계로 영혼을 데려가는 길이기 때문이다. 이런 일은 인간적으로는 아무것도 모르는 가운데, 그리고 거룩한 차원에서도 무지 속에서 이루어진다. 이런 것들은 수련을 하고 찾는 동안에 깨달거나 아는 것이 아니라 이미 수련이 다 끝난 뒤에 찾을 때 알고 깨닫는 것이다.

오직 인격적인 체험만이 우리로 하여금 하나님의 완전성을 인식하게 하고 맛볼 수 있게 한다. 왜냐하면 하나님의 완전성은 그 자체 그대로 인식될 수 있는 것이 아니라, 그것을 맛봄으로써 혹은 체험함으로써만 알아듣게 되는 것이기 때문이다.[861]

영혼 편에서는 과거에 해온 대로 믿음·소망·사랑의 실천을 계속하기만 하면 된다. 이 '어둔 밤 사랑에 찬 관상' 안에서는, 이 덕들이 영혼의 유일한 발판이 되고, 영혼의 유일한 내적 활동이 된다.

그리고 이 덕들은 영혼이 세 원수들 -하나님께서 가끔씩, 영혼을 즉시 들어 높이기 위해서 허락하시는 마귀·세속·육신 - 에게 더 이상 사로잡히지 않게 하기 위해서, 항상 영혼이 하나님의 눈에 더 아름다운 모습을 갖게 한다.

영혼이 악마의 속임수를 속이고 자유롭게 이 관상의 어두운 밤을 지날 수 있었던 것은 주부적 관상 덕택이었다. 주부적 관상이란 영혼의 감각적 부분의 내외적인 능력들이나 오관을 끌어들이지 않고 수동적으로 비밀스러이 영혼에게 주어지는 것이다. 여기에서 영혼이 단지 감관의 능력들이 지닌 본성적 연약함으로 말미암아 영혼에게 끼치는 훼방으로부터 자유롭게 숨어서 간 것뿐만 아니라 악마로부터 자유롭게 숨어서 간다. 악마란 감각적 부분의 감관의 능력들을 통하지 않고서는 영혼 안에 있을 수 없는 것은 물론이요 영혼 안에서 일어나는 일을 알 수도, 그에 도달할 수도 없다. 영혼에게 주어지는 은총이 더욱 영적이면서 내적일수록, 그리고 오관으로부터 멀어질수록 그만큼 악마는 더욱더 알 수가 없다.

영혼의 안전을 위해 가장 중요한 것은 하나님과 내적인 사귐이 감각의 낮은 부분에는 캄캄하고, 알지도 못하게 하고, 도달하지 않게 해야

---

861) 밤, II,17. pp.198~206.

한다는 것이다. 그렇게 되려면 첫째로, 정신의 자유를 감각적 부분의 연약함이 방해하지 않으면서 영적인 은총이 풍요로워질 수 있는 공간이 있어야 한다. 둘째로 영혼이 악마가 들어오지 못하게 하면서 안전하게 나가야 한다(마 6:3 참조, 오른손이 하는 일을 왼손이 모르게 하라). 즉 영혼의 감각적이며 낮은 부분이 모르게 해야 하고, 도달하지 않게 해서 오직 영혼과 하나님 사이에 비밀로 남겨 놓아야 한다는 것이다.

악마는 영혼 안에서 영적인 은총이 주어질 때 감관의 능력들과 감각에서 생기는 침묵과 긴 시간의 휴식을 통해 알아차리는 경우가 있다. 이때에 악마가 영혼의 깊은 곳에 도달할 수도 없고, 반대되는 무엇을 할 수도 없음을 보게 되면서 영혼의 감각적 부분을 교란시키거나 어지럽게 한다. 영혼의 감각적 부분이란 악마가 도달할 수 있는 곳이라서 악마는 그곳에 고통과 공포와 두려움을 가져다줄 수 있기 때문이다. 악마는 하나님의 사랑을 받아들이고 기뻐할 수 있는 영혼의 영적이며 높은 부분에 두려움을 가져다주면서 불안하게 하고 교란시키려고 한다.

그러나 이런 어두운 관상의 은총이 오직 영혼을 순수하게 비춰주고 영혼에게 힘을 줄 때 악마는 자신의 민첩함을 가지고 영혼을 교란시키는 일에 관여할 수가 없고, 오히려 영혼이 이때에는 새로운 유익한 것을 얻게 되고 대단히 안전한 평화를 누리게 된다. 여기에서 정말 놀라운 것이 있다. 영혼은 원수가 자기가 교란시키려는 모습을 느끼면서도 어떻게 되는지 알지도 못하고, 또 스스로 아무것도 하지 않으면서 내면 깊숙이 더 안으로 들어가게 된다. 이때에 영혼은 원수로부터 멀리 떨어져 있고 숨어 있음을 느끼는 확실한 피난처에 들어왔음을 알아차리면서 거기에서 악마가 방해하고자 하는 그 평화와 기쁨을 오히려 더 많이 느끼게 된다. 여기에서 영혼에게 다가오던 모든 두려움은 밖으로 내던져졌다. 그리고 영혼은 세상도 악마도 닿지 않고, 부숴버릴 수 없는 곳에 숨어 계신 신랑의 그윽한 맛과 고요한 평화를 안전하게 즐길 수 있다는 것을 확실하게 느끼면서 쉬게 된다. 또한 영혼은 아가서의 신부가 말하는 진리를 느끼게 된다.

다른 경우에, 즉 영혼에게 영적인 은총이 많이 주어지지 않고 감각이 참여하게 될 때 악마는 아주 쉽게 영혼을 교란시키며 많은 공포와 감각을 통해 영혼을 놀라게 한다. 이때에 악마가 영혼 안에 엄청난 고통과 폭풍을 일으키는데 어떤 때는 말로 표현할 수 없을 정도이다. 영적인 것들(영혼과 악마) 사이에 적나라하게 이루어지는 일이라서 좋은 것 안에 나쁜 것이 들어오면서 견딜 수 없는 공포가 스며든다.

또 다른 경우에 악마의 소행을 본다면, 하나님께서 선한 천사를 시켜서 영혼에게 주시기 원하시는 은총을 악마가 엿보는 경우가 있다. 일반적으로 착한 천사를 시켜서 보내주시는 이 은총을 오히려 적들이 알아차리도록 하나님께서 허락하시는데, 그 이유는 단 한 가지, 악마가 정당하게 할 수 있는 모든 것을 가지고 은총에 맞서게 하시려는 것이다. 그러나 악마는 영혼을 정복할 수 있는 틈을 자기에게 주지 않는다고 말하면서 마치 욥이 그랬던 것처럼(욥 1:9-11, 2:4-9) 자기 권리를 주장하지 못한다. 영혼이 승리하고 유혹의 항구에서 버틸 수 있다면 더욱 큰 보상을 받을 것이다.

여기서 알아두어야 할 것은 하나님께서 영혼을 데려가시고 사랑해주시는 것과 같은 방법과 형태로 악마도 역시 영혼에게 그렇게 하도록 허락하신다는 것이다. 진정한 현시는 일반적으로 선한 천사를 통해 체험된다. 현시에서 비록 그리스도가 보였다고 할지라도 그분은 절대로 실체의 당신 모습을 드러내시지 않는다. 그러나 만일 선한 천사를 통해 진정한 현시를 체험했다면 하나님께서는 악한 천사에게도 똑같은 모양으로 영혼에게 거짓 현시를 체험하게 할 수 있도록 내버려 두신다. 영혼이 전에도 숱하게 겪었지만, 이때에 악한 천사가 제시해주는 이 거짓 현시에게 속은 것인지 아닌지 영혼이 쉽게 구분할 수 없다(예: 출 7:11-12, 19-22, 8:6-7).

육체적인 현시에 대한 것에서뿐만 아니라 악마는 온갖 높은 것을 보기 때문에(욥 41:25) 영적인 은총들에 있어서도 선한 천사들이 하는 방법을 악마도 비슷하게 흉내를 내고 끼어든다. 현시들은 영적인 것이기 때문에 형상이나 어떤 모습은 갖추지 않으므로 악마가 어떤 모습이나 다른 무엇으로 제시할 수 있는 형상을 만들거나 비슷하게 흉내 낼 수는 없다. 그러나 악마는 영혼을 공격하기 위해 영혼이 체험했던 것과 같은 방법으로 영혼에게 영적인 두려움을 보인다. 이는 곧 영적인 것을 영적인 것으로 공격하고 망쳐놓으려는 것이다.

이런 것이 선한 천사가 영적인 관상을 영혼에게 전해 주려고 할 때 같이 일어난다면 영혼은 악마에게 드러나지 않는 관상의 방이나 숨을 곳으로 들어갈 수가 없고, 악마는 영적인 교란과 공포를 가지고 영혼에게 눈에 띄게 접근하여 가끔은 엄청난 고통을 주기도 한다. 악마의 공포와 함께 악마가 영혼 안에 어떤 흔적을 남길 수 없도록 얼른 피할 수가 있다. 그리고 선한 천사가 준 영적인 은총의 효과로 말미암아 자기 안에 머무를 수도 있다.

또 다른 경우는 악마가 우세해서 영혼에게 교란과 공포를 덮어씌우기도 한다. 이때에는 영혼에게 이 세상의 어떤 폭풍과 비교할 수 없는 정도의 엄청난 고통이 영혼에게 주어진다. 이 무서운 은총이 육체적인 것을 확실히 벗어나서 영에서 영으로 진행되기 때문에 특히 감각에 대단한 고통이 스며든다. 이 고통이 영혼 안에 지속되기도 하는데 많이는 아니다. 이제 영혼은 대단한 고통이 넘칠 수밖에 없었다는 기억이 남을 것이다.

지금까지 말한 모든 것은 영혼에게 수동적으로 이루어진다. 영혼은 이에 대하여 무엇을 하거나 하지 않는 것과는 아무런 상관이 없다. 악마가 영적인 공포를 가지고 쉽게 영혼에게 접근하는 것을 선한 천사가 허락할 때에는 영적인 은총과 대단한 축제를 위해 영혼을 정화시키려는 것이고 영적인 깨어 있음과 함께 영혼을 준비시키려는 것이다. 선한 천사는 절대로 영혼에게 고통을 안겨주려고 하지 않고 오히려 생명을 주기를 원하며, 낮추기보다는 높여주기를 원한다(삼상 2:6-7 참조).
 여기서 말하는 영적 현시들은 이 세상의 일이라기보다는 다른 삶의 것이다. 그런 것이 보인다면 다른 삶을 준비하는 것이다.862)

 하나님께서 직접 영혼을 방문하실 때에는 원수가 전혀 눈치 채지 못하도록 완전하게 어둠 속에서 영혼이 하나님의 영적인 은총을 받는다. 이 은총은 하나님께서 직접 영혼에게 주시는 것이기 때문에 완전히 거룩한 것이며 최상의 것이다. 이 모든 것들은 하나님과 영혼 사이의 거룩한 일치에서 이루어지는 거룩한 어루만지심이다(아 1:1). 이 실체적 어루만지심은 의로운 사람에게만 하나님과 함께 일어나는 일이기 때문에 영혼은 대단히 초조한 욕심으로 그렇게 되기를 바란다. 그래서 영혼은 지존하신 분의 어루만지심을 하나님께서 자기에게 해주시는 다른 어떤 은총들보다 더 끔찍하게 생각하고, 기다리고, 욕심을 낸다. 여기서 알 수 있는 것은 하나님께서 홀로 영혼에게 건네주시는 은총은, 모든 피조물들에게는 필요가 없고 상관이 없는 것이다. 이것은 이미 영혼이 정신의 자유를 누리는 순간에 이루어지는 일로서 영혼이 은밀하고 달콤한 평화 안에서 누리는 행복을 감각적인 부분이 방해하지 못하고, 악마도 감각적 부분을 통하여 저항하지 못한다. 그래서 이때에는 악마가 덤빌 수도 없고, 끼어들 수도 없고, 하나님의 사랑스러운 실체와 영혼의 실체 안에서 이루어지는 거룩한 만남(어루만지심)을 이해할 수도 없을 것이다. 만일 피조물이 모든 것으로부터 정화되든지, 다 벗어버리든지, 그리고 영적인 은신처에 들어가든지 하지 않는다면 아무도 이런 행복에 이르지 못한다.

 영혼의 높은 부분에서 이루어지는 일은 영적이므로 감각적 부분에는 통하지 않는다. 그래서 이런 방식으로 영혼은 점점 온전히 영적으로 변화되면서 일치를 이루는 관상의 은신처 안에서, 즉 최고 높은 단계

---

862) 산길, II,16~22 참조. 현시들에 대해 아주 자세히 설명되어 있으므로 관심이 많은 분은 반드시 찾아 읽어 보시길 바란다.

에 이르게 된다면 영적 욕구들과 감정들이 없어진다.[863]

실체적인 접촉들 덕분으로, 영혼이 정화되고, 고요해지고, 힘을 얻고, 안정되었던 것은 하나님의 아들과 영혼 사이에 이루어지는 거룩한 약혼이라는 일치를 확실하게 얻기 위한 것이다. 이제 사랑하는 님과의 일치를 항구히 받아들일 수 있는 능력을 갖추게 된다.[864]

이 정화의 밤에 얻는 좋은 특성 세 가지를 소개한다.

첫째는 이 행복한 관상의 밤에 하나님께서는 관상의 아주 고독하고 은밀한 방식으로 영혼을 감각으로부터 아주 멀리 떨어진 곳으로 데려 가신다는 것이다.

둘째는 이 밤의 영적인 암흑 때문에 영혼의 높은 부분에 있는 모든 감관의 능력들이 어두워진다는 것이다.

셋째는 비록 영혼이 이 고상한 여정에서 밤에 만족감을 얻기 위해 외적인 인도자나 지성의 내적인 어떤 특별한 빛에 의존하지 않고 간다고 할지라도, 어두운 암흑이 이러한 모든 것들이 주는 만족감을 빼앗아 갔기 때문에 이때에 사랑은 홀로 타오르고 있으며 마음은 신랑을 찾고 있는 것이다. 이때에 신랑은 영혼을 안내하고 움직이시는 분이시며, 고독의 길을 통해서 영혼을 당신의 하나님께로 날아가게 하신다. 영혼은 어떻게 어떤 방식으로 이루어지는지 알지도 못한다.[865]

---

863) 밤, II, 23. pp. 232~243.
864) 밤, II, 24. pp. 244~247.
865) 밤, II, 25. pp. 248~249.

제8장
수동적 관상기도

    위험한 오해에 떨어지지 않게 하기 위해서, 우리는 지금, 하나님께서 무미건조함을 통해서 영혼을 인도하시는 그 '수동적 관상' – 혹은 '감각의 수동적 밤'– 은 우리가 이미 말한 그 '능동적 관상'과는 완전히 다른 것임을 분명히 하고자 한다.
    '능동적 관상'은 묵상의 완성과 같은 것으로서, 우리 각자의 합당한 노력에 의해서 성취될 수 있는 것이었고, 무엇보다 무미건조함이 앞서거나 동반되는 것은 아니었다. 반면에, 수동적 관상은 묵상이 불가능한 상태에서부터 일어난다. 이는 영혼이 이런 상태를 유발시키기 위해서 할 수 있는 것이라고는 전혀 없이, 오로지 하나님에 의해서만 이루어지는 결과이다. 수동적 관상은 특히 가장 심각한 무미건조함 안에서 일어나고 발전되는데, 말하자면 모든 감각적 위로의 '밤' 안에서 일어나는 것이다.
    이 새로운 경험에 있어서 영혼이 하나님에 의해서 인도된다는 점을 분명하게 하기 위해서, 십자가의 성 요한은 동시에 확인되어야만 하는 세 가지 징표들을 열거한다.

    ① "영혼은 자신 안에서 보게 되는 것은 이제는 더 이상 상상력과 함께 사색을 하거나 묵상을 할 수 없으며, 전에 그랬던 것과 같은 맛을 더 이상 느끼지 못한다."
    다시 말해서, 영혼은 이제 더 이상 상상이나 추리를 통해서 어떤 것에서 다른 어떤 것에로 분주하게 돌아다닐 수 없음을 인정하게 된다. 영혼이 상상이나 추리의 과정으로부터 열매를 얻어낼 수 있는 동안에

는, 묵상을 포기해서는 안 된다.

② "영혼이 안과 밖을 가릴 것 없이 특별한 일들에 감각이나 상상력을 끌어들일 의욕이 전혀 없음을 보게 될 때이다. 영혼이 다른 것들에 의도적으로 상상력을 적용하는 것이 싫어진다는 것이다."

묵상을 할 수 없게 된 영혼들은, 다른 특정한 대상들에 대해서 생각을 하거나 그런 것들로부터 어떤 맛을 느끼려는 욕구마저도 갖지 않게 된다. 따라서 이따금 자기 탓 없이 고통스럽게 상상력이 여기저기를 돌아다님이 가능하다고 하더라도, 피조물들의 맛을 즐기던 상태로부터 돌아섬으로써 스스로 얻던 온갖 재미들을 느끼지 않게 된다.

③ "영혼이 하나님께 대한 사랑스러운 집중을 하게 되면서 아무런 특별한 생각이 없이 내적인 평화와 고요함과 쉼 속에 혼자 있는 것이 좋아진다. 여기에서는 다만 사랑이 가득한 전체적인 깨달음과 집중만이 있을 따름이다."

가장 확실한 징표로서는, 영혼이 특별히 어떤 것을 심사숙고함도, 이런저런 생각들로 돌아다님도 없이, 사랑스럽고 보편적인 조심성과 내적(內的)인 평화, 그리고 고요함과 안식 안에 하나님과 함께 머무르는 맛을 경험하게 된다는 것이다.[866]

이 '즐거움'은 감각적인 것(실제로 감각은 하나님에 의해 가장 극심한 무미건조함 안에 놓이게 된다.)이 아니라, 십자가의 요한 성인이 우리에게 설명하는 바와 같이 영적인 것이라는 사실에 주의하도록 하자.

이런 상태가 시작되는 처음에는 하나님께 대한 사랑스러운 인식이 드러나지는 않는다. … 그러나 영혼이 이런 안식의 상태(즉, 온갖 추리의 정지 상태)에 있는 동안에, 하나님께 대한 사랑스럽고 보편적인 이 인식이 영혼 자신 안에서 더욱 성장되고, 이 안에서 영혼은 다른 모든 사

---

[866] 산길, II,14,7. p.193.

물들 안에서보다 더 큰 즐거움을 찾아내게 된다. 왜냐하면 이 인식이 그에게 평화와 안식과 위로를 가져다주기 때문이다.

성인은 또 이렇게 말한다. "하나님으로부터 '수동적 관상'의 은혜를 받은 영혼은 감관의 능력들을 통해 아무것도 하지 않으면서, 즉 특별한 행위를 통해 능동적으로 움직이지 않고 단지 받아들이는 가운데 사랑이 가득하고 평화스러운 깨달음을 여러 가지 방법으로 느끼게 될 것이다. 이제는 감관의 능력들을 통해서는 아무것도 하지 않기 때문에 영혼이 스스로 무엇을 하는 것이 아니라 그윽한 기쁨과 깨달음이 움직이는 것이 사실이기 때문에 무엇을 느끼거나 보려고 원하지 말고 단지 하나님께 대한 사랑에 신경을 쓰기만 하면 된다. 이렇게 하면 수동적으로 하나님께서 은총을 건네주신다. 더 분명히 말하면 영혼의 지각적인 모든 형상들과 영상들이 비워졌고 정화되었다면 완덕의 상태로 변화되면서 순수하고 단순한 빛 가운데 머물게 된다. 이미 순수해지고 단순해진 영혼은 하나님의 아들의 순수하고 단순한 지혜 안에서 변화된다. 하나님께 대한 사랑에 빠진 영혼에게 본성적인 것이 없어진다면 영혼의 본성이 비워진 상태로 있을 수 없으므로 자연적으로, 그리고 초자연적으로 거룩한 것이 주어진다."[867] 영혼이 자신의 목표에 도달하게 되는 때에는, 다른 것을 느끼려고 하거나 보려고 함이 없이 오로지 하나님을 사랑하는 일에만 몰두해야 한다.

그렇지 않으면 화가(畵家)의 행동과 같다. 화가가 얼굴을 그리고, 색칠을 하고, 배경을 검게 칠해 놓았음에도 불구하고 덧칠을 하기 원한다면 결코 그림을 끝내지 못할 것이며, 그리던 그림을 망치게 될 것이다. 그래서 영혼이 내적인 평화와 쉼 안에 머물기 원하면서 어떤 작업을 하거나 무엇에 매력을 느끼고, 혹은 다른 것에 집중한다면 즉시 자기 마음이 흔들리고 불안하게 될 것이며, 감각의 허전함과 메마름만 느끼게 될 것이다. 이런 기댈 것들은 이 관상의 길에서는 아무런 도움

---

867) 산길, II,15.1-5. p.201-205.

이 되지 않는다. 이런 상태에 있는 영혼은 자기 감관의 능력들의 작업들을 잃어버리게 된다는 것에 마음을 쓰지 않는 것이 좋다. 오히려 이런 것이 빨리 없어지는 것을 기뻐해야 할 것이다. 그래야 영혼은 하나님께서 이끌어 주시는 주부적 관상(注賦的 觀想)의 작업이 방해받지 않을 것이며, 하나님께로부터 더욱 평화로운 풍요로움이 주어질 것이다.868)

이런 상태에 있는 영혼에게 하나님은, 마치 눈을 뜨고 있는 것 외에는 아무 노력도 하지 않는 사람의 열린 눈에 빛이 들어가는 것처럼, 당신 스스로 들어가신다. … 영혼은 오로지 다른 인식과 추리작용을 개입시키지 않는 일에만 전념해야 하는데, 그렇게 하면 온전한 헐벗음과 영의 가난 안에 머무르면서, 바로 하나님의 아들이신 단순하고 순수한 지혜 안에 스스로 변모(변형)될 것이다.

그래서 영혼은 – 비록 아무것도 하지 않는 것으로 보인다고 하더라도 – 지성을 잠잠하게 하고 하나님께 대한 사랑스러운 눈길 안에 머무르는 법을 터득해야 한다. 이렇게 함으로써, 하나님의 사랑에 휩싸인 거룩한 안식과 평화는 하나님의 오묘하고 숭고한 인식과 함께 조금씩, 그러나 신속하게 주입될 것이다.

---

868) 밤, I,10. p.69-74.

제9장
일치의 시작

성화 (정화와 기도)

①성화	밤 (무지)							
	정 화		조 명		일치(합일)			
	능동적 성화		수동적 성화					
정화	②감각의 능동적 정화	③영의 능동적 정화	⑥감각의 수동적 정화	⑦영의 수동적 정화	⑨일치의 시작	⑩영적 약혼	⑪영적 결혼	⑫변형의 일치	영화
기도	④묵상기도	⑤능동적 관상기도	⑧수동적 관상기도					

    십자가의 요한 성인이 '영적 약혼'에 대해서 제시한 개요를 통해서, 영혼과 하나님 사이에 결혼의 비유로써 설명하니 새롭고 한층 더 친밀한 일치가 있을 수 있다는 것을 알게 된다.869)

---

869) 불꽃, 3, 24, p.115. "영혼이 자기 안에서 은총을 통하여 하나님을 소유하는 것

이를 간단히 살펴보기로 하자.

⊙ 지금까지는 영혼은 자신의 사랑을 온전히 하나님께로 이끌어 갈 수 있도록 하기 위해서, 피조물들에 대한 자신의 사랑을 포기함으로써 하나님과의 일치를 추구해왔고(능동적 밤), 하나님은 그런 영혼을 힘차게 도와주셨다(수동적 밤).

영혼에게 있어서 이 정화는 고통스럽기도 했지만 유익한 것이었다. 왜냐하면 이 정화야말로, 복음이 우리에게 말해주는 다음과 같은 상황에서 예수님의 설교에 대해서 영혼이 주의를 기울이게 한 것이었기 때문이다.

"예수께서 그를 보시고 사랑하셨다"(막 10:21).

바로 이 순간에 영혼은 하나님께로 빠져든다. 이렇게 해서 모든 연인들의 걱정스럽고도 즐거운 이 숨바꼭질이 시작되는 것이다. 영혼은 밤낮으로 하나님만을 생각하고, 그분을 만나고 그분을 뵙고 그분을 행복하게 해드리려는 욕구에 불탄다.

하나님을 완전하게 사랑하는 것이 이 세상에서는 저 세상에서처럼 가능하지 않다는 것을 알기 때문에, 영혼은 그분과 결합될 수 있도록 죽기를 바라게 된다.

이렇게 해서, 우리가 이 장에서 다룰 영혼과 하나님 사이의 최초의 일치가 맨 먼저 이루어지게 된다. 그러나 그전에, 이 합일이 어떻게 전개되는지를 잠시 살펴보자.

과 일치를 통하여 하나님을 소유하는 것 사이에 차이가 있다는 것이다. 은총을 통하여는 단지 서로 사랑하는 것이지만, 일치를 통하여는 사랑하면서 동시에 서로 교류하는 것이다. 이 차이는 영적 약혼과 영적 혼인 사이에 있는 차이와 같다. 약혼에서는 단지 약혼자와 같아진 동의(예)만 있으며, 약혼자들의 오직 하나의 의지와 약혼한 남자가 약혼녀에게 우아하게 건네주는 장식품과 패물들만 있을 뿐이다. 그러나 혼인에서는 일치는 물론이요 인격들의 교류가 있다. 약혼기에는 가끔 신랑이 신부를 찾아오고 신부에게 선물을 주기도 하지만, 약혼기의 끝이 아니기 때문에, 아직 인격체의 일치도 없다."

◉ 하나님은 당신께 대한 사랑에 그토록 빠져 있는 영혼을 보시고 더더욱 당신 자신의 사랑에 못 이기시어 영혼으로 하여금 당신을 발견하게 하시고, 영혼과 당신과의 사랑의 약속을 승인하신다. "그래, 너는 나의 신부가 될 것이다!"

영혼과 하나님 사이에 서로가 서로에게 영원한 충실성을 약속하는 영적 약혼의 날이 바로 이때이다.

두 약혼자가 서로 친절함과 선물들을 주고받음을 기뻐하는 것과 마찬가지로, 영혼과 하나님은 가장 귀중한 선물들, 서로가 서로에게 자신을 바칠 수 있게 하는 가장 귀중한 선물들을 교환함으로써 대단한 기쁨을 얻게 된다.

◉ 그날이 멋지게 올 때까지 자신을 위해 천상 정배께서 배려하신 친절함으로써 자신이 온전히 깨끗하게 되는 그날을 오래 전부터 기다려온 영혼은, 창조주와의 영적 결혼이라는 거룩한 일치에로 인도된다. 거기서 - 각각 고유한 존재를 보존하면서 - 있는 그대로의 두 본성의 일치가 이루어진다. 그러나 두 본성이 합쳐지고 거룩한 것에서 인간적인 것으로 드러내심(교통)이 이루어진다. 비록 이 세상에서는 완전하게 이루어질 수 없다 할지라도 이 두 본성의 존재가 아무것도 바뀌지 않았음에도 각자가 하나님처럼 여겨진다.870)

여기서 하나님은 영혼에게 더 이상 선물들을 주지 않으신다. 그러나 당신 안에 영혼을 빨아들이심으로써, 당신 자신을 영혼에게 내어주신다.

이제부터는 영혼은 하나님을 사랑하는 것 이외에는 아무것도 하지 않는다. 이 하나님께 대한 오롯한 사랑은, 성부께서 성자를 사랑하시고 성자께서 성부를 사랑하시는 그런 사랑이고, 바로 성령이신 사랑이다.

영혼은 하나님 안에서 실제로 변형되는 것이다.

---

870) 노래, 22,5. p.208.

● '사랑의 산 불꽃'에서 십자가의 요한 성인은 – 역사상 신비가(神秘家)들 중에서 그분이야말로 이런 내용을 언급하시는 유일한 분이시지만 – 영혼이 이 세상에서 체험할 수 있는 영적 결혼의 다음 단계를 묘사한다. 이는 '변형의 일치'에 대한 문제인데, 그 자신 안에서 이미 신화(神化)된 영혼은 훨씬 더 하나님을 닮아가게 됨으로써, 자기 주위에 신적 사랑의 불꽃을 퍼뜨린다. 이 세상에서도 도달할 수 있는 하나님 안에서의 변화라는 완덕의 더욱 완전한 상태를 말한다. 그 영혼은 단지 불(하나님)과 일치되어 있는 것뿐만 아니라 자신 안에서 이미 생생한 불꽃이 타오르고 있다.[871]

이 일치 이후에는 그 어떤 가리움도 없는 일치, 천상 낙원에서의 영원한 일치 이외에는 더 이상 남은 것이 없다.

이제는, 이 최초의 일치가 어떻게 일어나는지, 또 영혼이 하나님을 향한 사랑에 어떻게 빠져드는지를 십자가의 요한 성인이 '영혼의 노래'의 첫 열두 노래들 안에서 서술하는 내용에 따라서 알아보기로 하자.

'영의 수동적 밤'의 끝 부분에서, 영혼은 아가(Cantique des Cantiques)의 신부와 함께 다음과 같이 외치게 된다.

"내게 입 맞추기를 원하니 네 사랑이 포도주보다 나음이로구나"(아 1:2).

그리고 하나님은 영혼의 이 소원을 글자 그대로 들어주시고, 영혼에게 입맞춤을 해주신다. 요한 성인은 다음과 같은 사실을 꼭 강조하고자 한다. "이 실체적 어루만지심은 의로운 사람에게만 하나님과 함께 일어나는 상황이다."[872]

---

871) 방효익 역, 불꽃, 서문 3-4. p.6. 하나님의 거룩한 빛으로 변화되는 것을 불에 장작이 타는 것으로 비유하였다. 영적 여정에서의 변화에 대한 참조: "사랑의 산 불꽃", 1,34; 1,19; 1,22- 23; 1,25; 1,33; 3:57; "가르멜의 산길" I,11,6; II,8,2; "어둔 밤" II,10,1-11.
872) 밤, II,23,12. p.240

하나님께서 몸소 영혼에게 접촉하시는 이 입맞춤 안에 내포된 사랑의 체험873)은 대단히 깊고 근본적인 것이기 때문에, 영혼은 다시 자신이 하나님께로 향한 사랑으로 상처를 입었음을 발견하게 된다.

따라서 영혼은 다시 자신에게로 되돌아와 자신이 홀로 있음을 보게 될 때, 슬퍼하면서 다음과 같이 애원하게 된다.

"당신은 어디에 숨으셨나요?

신랑이여, 내게 탄식을 남기시고"874)

하나님께로 향한 일치에 가장 확실한 안내자로 남아 있고 앞으로도 항상 남아 있을 믿음에 의해서, 대답은 곧 들려온다.

"우리가 그에게 가서 거처를 그와 함께 하리라"(요 14:23).

그 때문에 십자가의 요한은 이렇게 쓰고 있다. "오! 모든 피조물 가운데 가장 아름다운 영혼이여, 너는 신랑을 찾고 그분과 일치하기 위해 신랑이 있는 곳을 알아내기를 그렇게 원하는구나! 이미 네게 말하듯이, 네 자신이 바로 그분께서 머무르시는 방이다. 네가 바로 그분이 숨어 계신 은밀한 곳이다. 너의 모든 선과 희망이 너에게 아주 가까이

---

873) 방효익 역, 영가, 노래 11,3. p.98. 하나님과 사랑에 빠진 영혼 안에 내재하시는 하나님의 임재(현존)에 대한 체험으로, 영적 약혼과 영적 혼인에 대한 비교와 관계가 있다. 영혼 안에서 하나님 임재의 체험은 세 가지로 이루어진다고 한다. 첫째는 본질적인 것인데 거룩하고 착한 영혼들에게만 머무르시는 것만 아니라 나쁜 영혼이나 죄를 지은 영혼은 물론 다른 모든 피조물에게도 머무르신다. 이 임재를 통하여 영혼의 삶과 존재의 가능성이 결정된다. 이 임재가 없어질 때에 영혼은 삶을 버릴 수밖에 없으므로 살아 있는 영혼에게는 절대로 없어질 수 없는 것이다. 둘째는 은총을 통한 임재 체험인데, 하나님께서는 은총을 통하여 영혼 안에 머무르시며 영혼을 기쁘게 하시고 만족스럽게 해준다. 모든 영혼들이 다 간직하고 있는 것이 아닌데, 그 이유는 '하나님께 대한 불경죄(不敬罪)'에 빠진 영혼에게서는 체험되지 않기 때문이다. 셋째는 영적인 애정을 통한 임재 체험인데, 열심이 있다는 많은 영혼들 안에 하나님께서는 여러 가지 방식을 통하여 특별한 영적 임재로 머무르신다. 이와 함께 영혼을 새롭게 해 주시고 즐겁게 해 주시며 기쁘게 해 주신다.(참조: "영가" 1,8; 11,3; "가르멜의 산길" II,5,3-4)

874) 방효익 역, 영가, 노래 1. p.25. (참조: 다른 책에는 "어디 숨어 계시는고? 사랑하는 님이시여, 울음 속에 날 버려두고."로 되어 있음)

있다는 것, 아니 네 자신 안에 있다는 것, 다시 말해서 너는 그분 없이는 살 수 없다는 것을 안다는 것은 엄청난 기쁨이며 만족스러움이다."875)

말씀이신 성자는 성부와 성령과 함께 본질적이고 실제로 영혼의 가장 깊은 곳에 숨어 계신다. 그러므로 말씀을 만나기 원하는 영혼은 애정과 의지에 따라서 모든 것에서 벗어나야 할 필요가 있으며, 최고의 깨달음으로 자기 안으로 들어가야 한다(잠심: 潛心, 마음의 평정). 이때에 세상 것들은 마치 없는 것처럼 여겨야 한다.876)

영혼이 오로지 하나님과 함께 있고 그분 외에 다른 어떤 것에도 마음이 사로잡혀 있지 않을 때 영혼은 진실로 그분께 신랑이라고 부를 수 있다. 이때에 영혼의 생각은 변함없이 그분에 대한 것뿐이다. 정신을 항상 하나님께 쏟으면서 사랑의 애착으로 가득 찬 마음으로 그분과 함께하면서 기도를 계속해야 할 필요가 있다. 사랑을 통하지 않는다면 하나님께로부터 아무것도 얻어낼 수 없기 때문이다.877)

이렇게 사랑에 빠져든 영혼이 오로지 사랑하는 님만 찾기를 충실하게 또 열심히 계속한다면, 하나님은 그 사랑에 감동하시어 당신의 현존(임재)을 잠시 동안이나마 영혼에게 드러내신다.

십자가의 요한 성인이 '어루만지심'('신적 인식의 접촉') 878)이라 부르는

---

875) 영가, 노래 1,7. p.29.
876) 영가, 노래 1,6. p.29. (참조: 사랑하는 사람이 자기 님이 어디 숨어 있는지를 알고는 집도 재물도 친구들도 온갖 것들도 다 뿌리치고 님과의 만남을 위해 달려가는 것처럼, 하나님을 만나고자 하는 영혼 역시 애정(愛情)으로나 의지(意志)로나 모든 것들을 다 떠나서 자기 자신 안에, 마치 다른 모든 것들은 존재하지도 않는 것처럼, 철저한 잠심(潛心: 마음의 평정) 안에 숨어들어야 한다.)
877) 영가, 노래 1,13. p.36. (참조: 하나님 안에서의 이 영혼의 잠심은 기도 안에서 다시 한 번 실현된다. 거기서 영혼은 하나님과 함께, 완전한 사랑으로 하나님을 사랑하게 될 때까지, 오랫동안 이야기를 나누게 되는데, 이는 사랑으로써가 아니면 하나님 께로부터 그 어떤 것도 얻어낼 수 없기 때문이다.)
878) 영가, 노래 7,4. p.75. (참조: "어루만지심은 지속적이지 않고 많은 것도 아니면서 잠깐씩 스쳐 지나간다. 만일 지속적으로 집중되고 길게 머무른다면 영혼은 육체에서 분리될 것이다. 그래서 영혼이 사랑 때문에 죽어가는 것이고, 사랑 때문에 죽어가

이 선물은, "어루만지심은 지속적이지 않고 많은 것도 아니면서 잠깐씩 스쳐 지나간다. 만일 지속적으로 집중되고 길게 머무른다면 영혼은 육체에서 분리될 것이다. 그래서 영혼이 사랑 때문에 죽어가는 것이고, 사랑 때문에 죽어가는 것이 완결되지 않는 것을 보면서 영혼은 또 죽는다. 이것은 견딜 수 없는 사랑이라 부른다." 하나님께로 향한 이런 사랑으로 영혼에게 불을 지르기에 충분하다.

그래서 영혼은 다음과 같은 말로 스스로 반문하게 된다.

> "당신은 어찌 견디시며
> 어쩌면! 계실 곳에 계시지 않고,
> 죽음으로 몰고 가며
> 당신이 맞을 화살로"879)

그리고는 실제로, 영혼은 나타났다가 사라진다고 느껴지는 최고의 선에 집중하려는 열망으로 죽어간다. 비록 그것이 감춰져 있다 할지라도 거기에 있는 것이 선하고 즐거운 것으로 힘차게 느껴지기 때문이다. 그래서 영혼은 그 안에 자연적이라고는 찾아볼 수 없는 이 선에 엄청난 힘으로 매혹되었고 넋을 빼앗겼다.880)

예기치 못했던 이 신적 발현(發現), 그렇게도 순간적인 이 신적 발현은, 하나님께로부터 얻은 욕망과 하나님을 완전히 찾아 얻지 못한 고통의 불을 영혼 안에 다시 일으키고 점점 번져가게 한다.

하나님은 사슴처럼 모습을 드러내시고, 영혼을 사랑으로 상처 입히시고, 달아나 숨으신다.

는 것이 완결되지 않는 것을 보면서 영혼은 또 죽는다. 이것은 견딜 수 없는 사랑이라 부른다."(창 30:1; 욥 6:9을 보라.)
879) 영가, 노래 8. p.80. (참조: 다른 곳에는 "그러나, 너 사는 데에 살지 못하면서, 오오 목숨아! 너 어찌 부지하려느냐?"로 되어 있다.)
880) 영가, 노래 11,4. p.100.

"도망친 수사슴처럼,
내게 상처를 남기시고"881)

그다음에 영혼은 이렇게 말하면서 사랑으로 그 님을 질책한다.

"왜 종기를 나게 하셨나요?
제 마음 낫게 해 주지 않으셨고"882)

님께서 내신 상처, 님만이 치유해 주실 수 있음을 알고, 영혼은 이렇게 애원하게 된다.

"아! 누가 나를 치료해 줄 것인가!
이제 막 진실로 넘겨드렸건만"883)

따라서 이 시기는 영혼에게 있어서 큰 고통의 시기이다. 이 시기는 오로지 짤막한 '사랑의 접촉'으로만 중단되는데, 이 사랑의 접촉으로 하나님은 영혼에게 당신의 현존을 드러내신다. 이 짧은 위로의 순간이 끝나면 영혼은 전에 체험했던 것보다 훨씬 더한 고통 속으로 즉시 떨어지게 된다.

---

881) 영가, 노래 1. p.25.
882) 영가, 노래 9. p.84.
883) 영가, 노래 6. p.69.

제 10 장
영적 약혼(靈的約婚)

하나님과의 영적 약혼의 출발점에 도달한 영혼을 기다리는 것에 대해서 계속 설명하기 전에, 영혼 안에서 계속 무르익어가는 현실감각을, '하나님과의 새롭고 더 친밀한 일치'라는 표현이 의미하는 현실감각을 분명히 하기로 하자.

하나님의 은총으로 영혼이 세례 때부터 소유하고 있는 '하나님과의 일치'는 '예수 그리스도 안에서 하나님의 삼위일체적 생명에 참여하는 것'이다. 이 참여는 영혼 안에서의 하나님의 현존(임재)으로 말미암아 가능해진다. 영혼은 특히 믿음·소망·사랑(대신덕)의 실천으로 성장하고 충만해진다(참조: 제2장 하나님과의 일치의 삶).

'하나님과의 새롭고 더 친밀한 일치'는, 믿음·소망·사랑의 더 높은 단계에 도달한 세례에 의한 일치 그 자체이다. 영혼은 이미 천상 낙원에서의 복된 일치, 어떤 가리움도 없는 일치에 대한 어떤 체험에 참여하고 있다.

영혼이 이 세상에 살아 있는 한, 가장 완전하고 하나님께 가장 깊숙이 일치된 영혼이라 할지라도, 항상 믿음과 소망과 사랑으로 살아야 한다는 것은 사실이다. 그러나 하나님께서 가끔 복되신 당신 현존을 영혼에게 잠시 드러내서서 영혼을 당신께로 이끌어 주신다는 것 역시 분명한 사실이다.

영혼에게 주어지는 하나님의 이 순간적인 발현(신비가들은 '입맞춤'·'접촉'·'애무'·'광선' 등으로 부름)들은 영혼 안에 사랑의 상처들을 남기고, '탈혼 상태'와 '황홀경', 그리고 '영혼의 날아오름'을 불러일으킨다. 이 모든 것들은 영혼 안에서 지상적인 모든 욕망들을 소멸시키고 하나님께 대한 엄청난 열망을 불러일으키는 것들이고, 하나님께 대한 이 엄청난 열망은 어떠한 가리움도 없이 하나님과 다시 만날 수 있도록 영혼으로 하여금 죽기를 갈망하게 하는 것이다.

왜냐하면 결국 하나님의 섭리(攝理)에 의한 모든 계획의 목표는 분명히 우리 자신을 예수님 안에서 변형시키는 것이기 때문이다. 하나님의 섭리에 의한 모든 계획의 목표는, 우리가 이 세상에서 이미 하나님의 본성과 하나님의 영광에 참여하는 것처럼 저 세상에서도 하나님과 함께 살 수 있도록 예수님 안에서 우리 자신을 변형시키는 것이다.

하나님만을 소유하기 위해 모든 것들에 대해 자신을 비운 영혼들을 위해서 하나님께서 미래의 일을 미리 맛보게 하시고, 그 영혼 안에 이미 실재하시는 당신의 현존을 드러내는 순간적인 어떤 표징을 이 세상에서부터 영혼에게 주기 원하신다는 것이 어째서 그렇게도 놀라운 일인가?

이제는, 사랑에 빠진 영혼과 하나님 사이에서의 영적 약혼이 어떻게 이루어지는지를 살펴보자. 신랑은 사랑의 상처를 입은 신부를 보면서, 그리고 신부의 탄식으로 말미암아 사랑의 상처를 입는다. 연인들 사이에서는 사랑에 의한 하나의 상처가 둘의 것이 되며, 둘이 같은 사랑의 감정을 느끼기 때문이다.[884] 그래서 영혼을 사랑하시는 하나님은 더 이상 견디실 수가 없어, 마치 상처 입은 사슴처럼 당신을 영혼에게 드러내시고, 하늘로부터 당신 신부에게 모습을 드러내시면서, 다음과 같은 말씀으로 영혼을 당신께로 부르신다.

    "비둘기여, 돌아오라,
    상처 입은 수사슴
    언덕 위에서 머리를 내밀고
    네 날개 바람으로 식힌다."[885]

---

884) 영가, 노래 13,9. p.126.

아직은 결정적인 일치의 문제는 아니지만, 영혼을 향한 하나님의 선택과 하나님을 향한 영혼의 선택, 결정적인 이 선택이 바로 '영적 약혼'이다.

이 약혼 안에서 영혼의 의지와 하나님의 의지가 영원히 결합되기 때문에, 영적 약혼을 '의지의 일치'라고도 부른다. 사실 "하나님과 영혼의 의지가 자유롭고 고유한 공감대 속에서 이미 하나가 되었기 때문에 영혼은 의지의 은총을 통하여, 의지와 은총의 방식으로 할 수 있는 모든 것을 통하여 하나님을 소유하기에 이른다. … 영적 약혼은 피조물에 대한 모든 애착이 철저하게 정화된 영혼 안에서 일어난다."886)

"영적 약혼이 이루어지기 시작할 때 하나님께서는 영혼을 존엄과 위대함으로 아름답게 해 주시고, 온갖 덕들과 선물로 꾸며주시고, 그리고 당신께 대한 영예와 앎으로 단장해주시면서 영혼에게 당신에 관한 엄청난 일들을 드러내신다."

"이 행복한 날에 영혼에게는 전에 지니고 있던 사랑에 의한 격렬한 초조함과 불평이 없어지는 것뿐만 아니라 영혼에게 온갖 보배들로 장식되면서 사랑의 부드러움과 감미로움, 그리고 평화의 상태가 시작된다. 영적 약혼 상태에서 자기 신랑과 함께 즐기고 나누는 사랑의 평화롭고 달콤한 움직임과 교류(드러냄)를 말할 뿐이다."887)

이 선물들은 고요하고 평화로운 선물, 하나님을 소유하는 마지막 선물로 마무리된다.

영적 약혼에서는 신랑의 방문을 통하여 영혼이 신랑을 기꺼이 즐기고 있지만 아직도 신랑의 부재나 마음의 동요, 그리고 열악한 부분과 악마의 괴롭힘을 겪어야 한다. 이런 것들은 영적 혼인에 이르면 없어진다.888)

---

885) 영가, 노래 13. p.120.
886) 불꽃, 3,24-25. pp.116-117.
887) 영가, 노래 14-15,2. p.132.
888) 영가, 노래 14-15,30. p.156.

영적 약혼의 시기 동안에, 사랑하는 님의 방문이나 선물들의 교환은 자주 일어난다.

"수차례 반복되는 신랑의 방문에서 영혼은 자기 정신 안에서 신랑의 빛에 의해 밝게 드러나는 모든 덕행들을 본다. 이때에 영혼은 놀랄 만한 즐거움과 사랑의 맛을 합쳐서 하나의 아름다운 꽃다발처럼 신랑에게 바친다."889)

이 모든 선물 교환이 관상기도를 통해서 더 잘 이루어진다는 것은 말할 필요도 없다. 관상기도는 충실히 실천될 것이고, 영혼이 모든 일에 있어서, 약혼의 특징이라고 할 수 있는 참되고 충만한 사랑의 동의(同意)로써 자신의 거룩한 정배이신 하나님의 뜻에 온전히 따르려고 애쓰는 매일 매일의 모든 행위들에 미칠 때까지 계속될 것이다.

사실 이 순간에 기도는, "항상 기도하고 낙망치 말라."(눅 18:1) 하신 예수님의 계명을 완전히 실현시키면서, 또 정화를 동반한 기도가 되면서, 끊임없는 기도에로 향하게 된다. 실제로 이 마지막 기도는 여기서 피조물들로부터 달아나는 부정적인 모습을 버리고, 기도의 본질이라고도 할 수 있는 '하나님께 대한 애착'이라는 긍정적인 모습을 열어주게 된다.

거기에다가 약혼의 시기에 영혼은 오로지 사랑하는 님께서 원하시는 모든 것들을 원하게 되기 때문에, 영혼은 자신 안에서 영혼들의 구원을 향한 하나님의 열정 그 자체로 불타게 된다. 예수님의 성심 안에 불타는 이 열정은 사사로운 편애가 없는 보편적인 열정이고, 기도하고 실천하는 열정이며, 특히 십자가상의 예수님과 함께 속죄하는 열정이다. 사실, 그리스도께서는 모든 이들을 위해서 십자가 위에서 죽임을 당하셨는데, 혼자만 천국에 가는 것은 그에게는 사소한 일로 보이는 것이다.

자비로우신 예수님의 도우심 안에서 영혼 자신에 대한 절대적인 포

---

889) 영가, 노래 16,1. p.157.

기는 영혼들의 구원을 위한 열정과 짝을 이룬다. 영혼은 이제 자기 자신도, 과거에 자신이 저지른 죄들도, 또 자신의 미래도 걱정하지 않는다. "전에는 자신의 죄와 다른 이들의 죄 – 열심이 있는 이들이 (영성가들이 습관적으로) 더욱 많이 느끼곤 하던 것이다 – 그리고 무엇이든지 고통의 물결이 되어 영혼에게 들이닥쳤었다. 그러나 지금은 비록 그런 충동이 있을지라도 영혼에게 고통이나 정을 느끼게 하지 않는다."[890]

그리고 이것은, 이제부터는 영혼이 하나님께 의탁하기 때문이고, 영혼이 가능한 모든 것을 다 했기에 하나님께서 모든 것을 치유해주려 하신다는 것을 영혼이 알기 때문이고, 영혼이 이 착한 목자의 어깨에 메여 자신을 내맡긴 채로 당신께서 인도해 주시기를 간청하기 때문이다.

하나님께서 이제는 "신랑은 감성과 악마의 손아귀에서 자기 신부를 구해내고 자유롭게 해주려고 무척 열망했다. 마치 착한 목자가 잃었던 양을 찾아서 여기저기 몹시 헤매다가 찾은 양을 자기 어깨에 메고 즐거워하는 것과 같다(눅 15:5). 이렇게 사랑 가득한 목자인 영혼의 신랑이 얻어냈고, 완전하게 된 영혼, 원했던 결합과 일치 안에서 자기 손에 쥔 그 영혼을 바라보면서 느끼는 기쁨과 즐거움은 놀랄 만하다." 이것은 정말 놀랄 만한 일이다.[891]

이런 식으로 하나님은 영혼을 당신 팔에 안아 인도하시면서 영혼을 자기 신부, 그리고 마음의 기쁨[892]인 영혼을 영적 결혼이라는 이루 말할 수 없는 일치에로 들어가게 하신다.

---

890) 영가, 노래 20-21,10. p.196.
891) 영가, 노래 22,1. p.203.
892) 영가, 노래 22,1. p.204

제11장
영적 결혼(靈的結婚)

'무(無)와 전(全)', 'Nada와 Todo'라는 사랑의 법에 끝까지 충실하여 이 세상에서 하나님과의 이 대단히 높은 일치를 포함하는 행복을 누릴 수 있는 영혼은 소수에 불과하다.
우리가 지금까지 묘사한 사랑의 단계에 도달하게 된 영혼들은 많다고 하더라도, 이 세상에서 영적 결혼이라고 불리는 하나님과의 완전한 일치에 도달하는 영혼은 소수에 불과하다는 사실을 아는 것은 현명한 일이다."[893]

우리는 여기서 하나님과 일치의 영적 혼인의 상태에 도달하는 이들이 적은 이유를 알아두어야 할 필요가 있다. 십자가의 요한은 그 이유를 "하나님께서 아주 적은 수의 영혼들만 높은 수준에 이르는 것을 원하시기 때문이 아니라 오히려 모든 이들이 완전하게 되기를 원하셨다는 것이다. 그러나 강도가 높은 수고를 견뎌내는 그릇(영혼)을 별로 찾아볼 수 없기 때문이다."

이어서 "하나님께서는 그들을 가르치시고 다듬기 위해 은혜를 주셨지만 그들 가운데 아주 작은 것에 강하고 충실한 이들을 찾아보기 어렵다(마 25:21, 23 달란트 비유). … 사실 영혼들이 보여주어야 할 대단한 용기와 굳건한 의지가 더 필요했었다."[894]

---

[893] 노래, 26,4. (참조: 방효익 역(p.239)에는 "많은 영혼들이 각자가 지닌 사랑의 완전함(강도)에 따라서 처음의 몇 가지 술광에 들어가지만 이 세상에서 마지막 내면의 술광에 들어가는 이들은 적다. 내면의 술광에서는 영적 혼인이라 부르는 하나님과의 완전한 일치가 이미 이루어지기 때문이다.")

그래서 십자가의 요한 성인은 이 은혜를 갈망하고 이 은혜를 얻기 위해서 열심히 노력하도록 우리에게 용기를 북돋아준다. 거룩한 정배이신 하나님은 과연 이 일치를 우리에게 주려는 열망에 불타시는데, 오로지 우리 사랑의 부족함만이 우리가 거기에 도달하는 것에 방해물이 될 수 있다.

이제는 영적 결혼이 무엇으로 이루어지는지에 대한 십자가의 요한 성인의 답을 들어보자. "영적 혼인은 영적 약혼과 비교가 되지 않는 훨씬 탁월한 상태이다. 신랑 안에서 온전한 변화이기 때문이며, 여기에서 사랑에 의한 일치가 확실하게 완결되면서 서로 가지고 있는 모든 것을 넘겨준다. 이때에 영혼은 거룩하게 되고, 이 세상에서 가능한 만큼 참여를 통하여 하나님이 된다."895)

"그것은 마치 별빛과 촛불이 함께할 때, 그리고 이 빛들이 태양빛과 함께할 때 빛을 발하는 것은 별빛도 촛불도 아니라 이 빛들을 흡수하는 태양이다."896)

따라서 이 영적 결혼은 영혼이 영적 약혼의 상태에서 이미 도달했던 단순한 '의지'의 일치가 아니라, 이제는 감각을 포함한 모든 능력들을 하나님 안에 흡수시키고 일치시키는 전적인 일치이다.

십자가의 요한 성인은 다음과 같이 말을 끝맺는다. "내 생각에는 이 상태는 영혼이 신랑 안에서 은총으로 인정받기 전에는 – 즉 죄를 범할 수 없게 됨이 없이는 – 절대로 주어지지 않는 것이다."897)

이 일치를 가능하게 하시는 분은 분명 성령이시다. 성령께서는 이제

---

894) 불꽃, 2,27. p.79.
895) 영가, 노래 22,3. p.206.
896) 영가, 노래 22,3. p.207. (참조: 다른 번역에는 "그것은 마치 촛불이 태양빛에 흡수되어 태양 앞에서 사라지고 태양의 그 눈부신 광채가 다른 모든 빛들을 소멸시키고 흡수해 버리는 것과 같다."이다.)
897) 영가, 노래 22,3. p.207.

영혼 안에 당신의 특별한 선물들을 가득 부어주시고, 이 성령의 선물들은 마치 시원한 강풍이 항해를 쉽게 하고 빠르게 하듯이 모든 덕들의 실천을 쉽게 하고 즐겁게 한다.

우리가 영적 약혼의 장 첫머리에서 이미 언급했던 것처럼, 영혼이 이미 세례 때에 받아들였고 믿음·소망·사랑(對神德)의 실천을 통해서 완성시킨 하나님과의 일치는, 이제 영혼 안에 실재하는 것인데, 그럼에도 불구하고 여기에는 다음과 같은 두 가지 차이점이 있다.

첫 번째 차이점은, "완덕(믿음·소망·사랑)의 길을 통하여 이루어지는 약혼인데 조금씩 (점진적으로) 그들의 조건에 따라서 이루어진다. 비록 같은 것을 추구하지만 한쪽(영혼)은 (하나님께) 한 걸음 다가가는데 아주 조금씩 (점진적으로) 다가가며, 다른 쪽(하나님)은 (영혼에게) 한 걸음 다가가는데 단번에 이루어진다."898)

두 번째 차이점은, 외견상으로 드러나는 뚜렷한 근거들로, 또 뚜렷한 순간들로써 영적 결혼의 일치를 거의 확인할 수 있다는 점이다.

영적 혼인의 밀착된 결합에서 하나님께서 영혼에게 드러내시는 것은 마치 하나님을 하나님으로써 제대로 뭐라고 할 수 없는 것처럼 말로는 온전하게 표현할 수 없으며 아무것도 말할 수 없다. 영적 혼인에서 영혼과 하나가 되어 있으면서 하나님 안에서 이루어진 영혼의 변화와 놀랄 만한 영광에 대하여 하나님 스스로 영혼에게 말씀하시기 때문이다.899)

영혼이 이 영적 결혼이라는 일치 안에서 체험하고 맛보는 것에 대한 십자가의 요한의 설명을 들어보자.

① 무엇보다 먼저, 영혼은 자신 안에서 하나님의 현존을 의식하게

---

898) 영가, 노래 23,6. p.215.
899) 영가, 노래 26,4. p.239 (참조: "사랑의 산 불꽃", 3,40)

된다. "신랑은 통상적으로 자기 영혼의 실체 안에서 신부를 껴안은 채 잠자고 있는 것처럼 계신다(임재, 現存). 그래서 영혼은 이것을 잘 느끼고 늘 기뻐한다."[900]

② 영혼은 그분이 자신의 정배로서 존재하심을 느낀다. 즉, 마치 자신에게만 배타적으로 속하시는 분으로 느끼는 것이다. "영혼이 이미 신랑의 팔에 안겨 있기 때문에 이것은 통상적으로 영혼이 온전히 충만한 (물샐틈없는) 영적인 껴안음으로 느끼는 것이다. 이것은 진정한 껴안음인데 이것을 통하여 영혼은 하나님의 삶을 살아간다."[901]

③ 영혼은 초자연적인 방법으로 신랑이신 하나님의 신비들에 대한 깊은 인식을 갖게 된다. "영적 혼인이라는 높은 상태에서 영혼은 신랑에게서 아주 쉽게, 그리고 자주 놀랄 만한 비밀을 발견한다. 영혼은 마치 성실한 아내와 같기 때문이고, 총체적이며 진정한 사랑은 사랑하는 사람에게 비밀이란 없기 때문이다. 무엇보다도 당신 강생의 달콤한 비밀과 인간 구원의 방법과 방식을 드러내시는데, 이것이 바로 하나님의 가장 탁월한 것이다. 이것 때문에 다른 많은 비밀들을 드러내신다 할지라도 신랑은 마치 모든 것들 가운데 가장 근본적인 것처럼 강생에 대해서만 언급하시면서 말씀하신다."[902]

④ 영혼은 자신이 하나님의 삼위일체적 생명을 누림을 느끼게 된다. "하나님께서 영혼에게 당신의 사랑을 주셨기 때문에 영혼이 하나님으로부터 사랑을 받은 것과 같은 방식으로 하나님께 대한 사랑을 가르

---

900) 불꽃, 4,15. p.187.
901) 영가, 노래 22,6. p.209.
902) 영가, 노래 23,1. p.212. (참조: 다른 번역엔 "하나님께서는 마치 충실한 남편이 아내에게 하듯이 당신의 놀라운 비밀들을 영혼에게 자주 드러내시고, 진실하고 완전한 사랑은 사랑하는 이에게 어떤 비밀도 감추어둘 수 없기 때문에, 하나님께서는 영혼에게 당신의 활동들을 잘 알려주신다. 이 친밀한 사귐으로 영혼은 특히 강생의 감미로운 신비들에 대한 심오한 인식으로 인도되고, 인류의 구원을 이룩하기 위해서 당신께서 사용하신 기묘한 방법들과 하나님의 가장 숭고한 업적들 중에서도 중요한 업적들을 알게 된다.")

치신다. 하나님께서 우리를 사랑하시는 것처럼 당신의 사랑 안에서 영혼을 변화시키면서 사랑하시는 그런 힘으로 영혼도 사랑하도록 하신다. 이것을 영혼과 함께 이루시면서 하나님께서는 영혼에게 사랑하는 것을 가르치시고, 사랑을 위한 재주를 가르치시는 것이다."[903]

"거룩한 영혼들은 성자께서 본성적으로 소유하고 계시는 선익을 참여를 통하여 소유하게 된다. 그래서 진정으로 참여를 통하여 하나님처럼 되고, 하나님과 같게 되고, 하나님의 동료가 된다. 영혼과 하나님 사이에 이루어진 실체적 일치 때문에 하나님과 함께 하나님 안에서 삼위일체의 일을 하게 될 것이라고 알려준다."[904]

⑤ 영혼은 자신의 감각들을 자신의 이성으로써 완전히 지배하게 된다.

"영적 혼인의 상태에서 영혼의 감각적이고 낮은 부분이 영성화되었기 때문이다. 영성화되었다는 것은 영혼이 하나님께서 자기에게 정신의 내적인 것 안에서 드러내시는 영적인 위대함에 참여하고 즐기기 위하여 자신의 본성적 힘과 감각적 능력을 거두어 들였다(잠심하게 되었다)는 것이다."[905]

⑥ 끝으로 다음과 같은 사실에 주의를 기울여야 한다. 영혼이 영적 결혼의 단계에서 누리는 모든 영적 체험들은 영혼 안에서, 그런 체험들이 완전해질 수 있는 유일한 장소인 천상 낙원에 대한 뜨거운 열망을 불러일으킨다. 왜냐하면 영혼과 그리스도와의 일치가 완전해지고 드러나게 되는 곳은 오로지 그곳뿐이기 때문이다.

---

[903] 영가, 노래 38,4. p.334. (참조: 다른 번역에는 "영혼은 하나님 안에서 참여로써 자신의 지성과 인식과 사랑의 활동을 하게 되는데, 하나님과 함께 또 하나님처럼 사랑하게 되는 것이다. 왜냐하면, 영혼 안에서 이 활동을 이루어주시는 분은 바로 하나님이시기 때문이다.")
[904] 영가, 노래 39,6. p.346.
[905] 영가, 노래 40,5. p.358.

"이제 완전함과 준비는 신부가 신랑을 통하여 영적 혼인으로 옮겨질 수 있다는 열망과 함께 하나님의 아드님이신 자기 신랑에게 다 보여드린 것이다. 하나님께서는 전투자인 교회 안에서 승리자의 영광스러운 혼인에로 데려가시기 원하셨다. 하나님께서는 성실한 영혼들의 신랑, 지극히 달콤하신 예수님의 이름을 부르는 모든 이들을 이런 혼인으로 데려가시도록 원하신다."906)

---

906) 영가, 노래 40,7. p.359.

제12장
변형(變形)의 일치(一致)

'변형의 일치'라는 이름은 '영적 결혼'을 지칭하기 위해서 여러 저술가(著述家)들에 의해서 자주 사용되는 것이고, 이제 그것에 대해서 말하고자 한다. 그러나 이 이름은, 십자가의 요한 성인이 친히 설명하는 영적 결혼, '사랑의 산 불꽃'이라는 제목을 붙인 그의 저서 안에서 훌륭하게 설명하고 있는 영적 결혼의 최고봉인 영혼의 최고 성장을 가리키기 위해서 보류된 용어로서 적절히 사용되고 있다.

성인의 말씀을 들어보자. "지금까지 이 세상에서 도달할 수 있는 완덕의 최고 단계에 대해 말했는데, 그것은 영적 결혼을 통해 영혼이 하나님 안에서 변형되는 단계였다. 여기에서는 이 세상에서도 도달할 수 있는 하나님 안에서의 변화라는 완덕의 더욱 완전한 상태에 대하여 말하겠다. 이 노래들은 바로 이런 변화의 상태에서 훨씬 더 완전해지고 진한 사랑에 대하여 다룬다."907)

한층 더 높고 더 완전한 이 사랑이 무엇으로 이루어지는가를 더 쉽게 이해하도록 하기 위해서, 성인은 한 가지 비유를 이용한다.

"장작에 불이 붙는 것에 대한 설명에서 잘 볼 수 있었듯이,908) 비록 장작이 변화되었고 불과 하나가 되어 있다 할지라도 불이 더 뜨거워지고 장작이 불 속에 더 머무른다면 장작이 훨씬 더 뜨거워지고, 타오르면서 장작에서 불꽃이 튀어나오고 불길이 일어날 때까지 이루어진

---

907) 불꽃, 서문 3. p.6.
908) 참조: "사랑의 산 불꽃", 1,3-4; 1,19; 1,22-23,25,33; 3,57; "가르멜의 산길", I,11,6; II,8,2; "어둔 밤", II,10,1~11,1; 12,5

다."909) 나무에서 일어나는 것과 같은 일이 영혼에게 일어난다.

따라서 변형의 일치는 영적 결혼의 경우와 똑같은 하나님과의 합일이지만, 가능한 모든 활동들이 극도에 달하는 것이다. 이것은 한 영혼이 사랑의 훈련 안에서 도달할 수 있는 극도의 한계이고, 이 한계를 넘어서면 영원한 생명밖에는 아무것도 없다.

영혼 안에서 일어나는 하나님의 사랑의 이 가장 높은 활동을 묘사하기에 적절한 표현이 없기 때문에, 십자가의 요한 성인은 시적인 상징들을 이용한다. 성인은 화폭 위에다 몇 줄기의 대단히 빛나는 필치를 쏟아내지만, 어떤 논리도 그 내용을 연결시키지는 못한다. 이것이 '오, 사랑의 생생한 불꽃이여!'라는 시의 네 절이다.

여기서 한 절씩 그 메시지를 찾아보자.

첫째 노래

"오, 사랑의 생생한 불꽃이여…. 이 사랑의 불꽃은 자신의 신랑의 영이며 바로 성령이시다. 이 느낌에서 영혼은 성령을 단지 보드라운 사랑 안에서 자신을 태워버리고 변화시키는 불로 느끼는 것만이 아니다. 그 외에도, 영혼 안에서 타오르고, 영혼에게 불꽃을 튀기는 불로 느낀다. 이 불꽃은 매 순간 불길이 일고, 영혼을 영광으로 젖게 하고, 거룩한 삶의 특성으로 영혼에게 힘이 솟게 한다. 이것이 바로 사랑으로 변화된 영혼 안에서 성령께서 이루시는 일이다."910)

변형의 일치의 특징은, 불길을 일으키는 것인데 사랑으로 타오르게 되는 것이다. 이때의 영혼의 의지는 저 불꽃과 하나가 된 사랑으로 강렬하게 사랑한다. 이렇게 영혼의 사랑의 행위들은 고귀한 것들이며, 하

---

909) 불꽃, 서문 3. p.6.
910) 불꽃, 1,3. p.15.

나의 행위일지라도 가치가 있고, 아직 변화되지 않은 상태에서 일생 동안 자기가 했던 사랑이 제아무리 가치가 있었다 할지라도 그보다 훨씬 더 가치가 있다.

또 성령의 불꽃이 타오르는 것이 영혼에게 남겨주는 기쁨이란 매우 탁월한 것이기 때문에 영원한 생명이 어떤 맛인가를 영혼이 알게 해준다.[911]

이제는 영혼이 자신의 유일한 사랑이신 하나님을 아무런 가리움 없이 만나 뵙기 위해서 죽고 싶어진다는 사실에 대해서도 놀랄 필요가 없다.

그러므로 영혼은 다음과 같은 말로써, 자기 생명의 마지막 한 올마저 잘라버리시는 마지막 선물을 성령께 간청하고 애원하게 된다.

"오! 사랑의 생생한 불꽃이여!
부드럽게 상처를 입히고
내 영혼의 아주 깊은 중심에!
이제 당신은 무심하지 않고,
만일 원하신다면 이제 끝내주소서.
달콤한 만남의 장막을 찢어주소서!"[912]

둘째 노래

이렇게 불꽃에 사로잡혀서 불타는 영혼에게 일어나는 일은, 하나님의 순결하심과 생명 안에서의 영혼 자신의 전적인 변형이다.

이 사실을 설명하기 위해서, 영혼은 자신 안에서 자신을 정화시키시고 사랑의 상처를 입히시기 위해서 자신의 본질을 꿰뚫어보시는 하나님의 업적은 마치 불타고 있는 쇠, 다시 말하자면 불에 달구어진 인두

---

911) 불꽃, 1,6. p.18.
912) 불꽃, 1. p.13.

의 역할과 마찬가지라고 말한다.

이 상처(종기)의 본질을 이해하기 위해서는, 불에 달구어진 인두는 그것이 닿는 곳에 항상 상처를 남긴다는 사실과, 더 나아가서 불에 덴 상처가 아닌 어떤 상처에 인두가 닿게 되면 그 상처를 불로 태우는 특징을 가지고 있다는 사실을 아는 것이 좋겠다.

"불의 지짐이 이루어지는 곳에는 항상 종기가 난다. 그것이 지짐의 특징이다. 종기 위에 느껴지는 것이 불이 아니라 할지라도 영혼에게는 불처럼 느껴진다. 이것이 사랑의 지짐이 지니고 있는 특성이며, 만일 영혼이 초라함이나 죄로 다른 종기를 얻었다면 즉시 이 지짐이 영혼을 어루만져서 치유해준다. 그리고 그곳에 사랑의 종기를 남긴다. 이렇게 다른 것에 의한 종기까지 사랑의 종기들로 바꾼다."[913]

사랑의 인두, 곧 성령께서는, 당신이 접촉하신 영혼이 다른 불행이나 죄들로부터 이미 다른 상처를 입었든지 그렇지 않든지, 그 영혼으로 하여금 사랑의 상처를 입도록 내버려두신다. 이렇게 해서 다른 원인들에 의해서 생긴 상처들은 사랑의 상처들로 변하게 되는 것이다.

그래서 영혼은, 정화되고 성령에 의해서 불태워져서 이렇게 기도한다.

"오! 달콤한 지짐!
오! 선물인 종기!
오! 부드러운 손길! 오! 오묘한 어루만지심,
영원한 생명을 맛보게 하시고,
모든 빚을 갚아주시고!
죽이면서 죽음을 삶으로 바꾸셨네."[914]

---

913) 불꽃, 2,7. p.62.
914) 불꽃, 2. p.57.

셋째 노래

영혼이 이 '변형의 일치'의 상태에서 자기 주변에 퍼뜨리는 불길들은 영혼으로 하여금 사랑의 활동을 하게 하고, 영혼을 완전히 정화시킨다. 게다가 하나님의 무한하신 아름다움에 대해서 영혼을 밝혀주면서 영혼을 거룩한 지혜로 가득 채운다.

"하나님의 유일하고도 단순한 존재 안에는 모든 덕들과 엄청난 속성들이 있다. 그분은 전능하시고 지혜로우시며, 선하시고 자비로우시며, 의로우시고, 강하시면서 사랑스러우신 분이시기 때문이다. 이외에도 더욱더 많은 속성들이 있지만 우리가 알지 못한다."[915]

그래서 영혼은 이 불꽃을 '등불들'이라고 부른다. 이 등불들 안에서 영혼은 타버리고, 이 등불들로 인해서 영혼은 하나님을, 하나님께서 당신 자신을 보시고 즐기시는 것처럼, 그 내면으로부터 뵙고 즐기게 된다.

넷째 노래

그렇지만 사랑의 활동 한가운데에 있는 이 사랑의 불꽃 안으로 영혼이 이끌려 들어감에도 불구하고, 완전한 휴식 안에, 또 영혼 자신이 신랑이신 하나님을 누리는, 마치 '자기 품에서 곤히 잠들어 있는 님과도 같이' 하나님께서 자신 안에 계심을 느끼는, 그런 평화 안에 영혼은 잠겨 있게 된다.[916]

---

915) 불꽃, 3,2. p.97
916) 불꽃, 4,14. p.187. "완덕에 이른 영혼에게는 비밀리에 머무시지 않는데, 영혼이 이런 친밀한 껴안음을 자기 안에서 느끼기 때문이다. 그러나 이런 깨어나심에 따라서 그런 것이지 항상 그런 것은 아닌데, 신랑이 깨어나실 때에 영혼에게는 이제껏 자고 있던 곳인 자기 가슴 속에서 깨어나시는 것으로 여겨지기 때문이다. 이제껏 잠자고 있던 곳에서 영혼이 하나님을 느꼈고, 만족스러웠다 할지라도 꿈속에서 잠을 자고 있는 신랑과 같았을 것이다. 둘 가운데 하나라도 잠자고 있었다면 둘 사이에는 깨어 있을 때까지 사랑과 지식이 교류되지 않는다."

"오! 자기 가슴 속에서 하나님께서 쉬시면서 머무심을 항상 느끼는 영혼이 얼마나 행복할까! 오! 그런 영혼에게 아직도 아주 작을지라도 오점이나 잡음이 있다면 신랑의 품속으로 돌아갈 수 없기 때문에 모든 일에서 멀리 떨어져 있고, 모든 소일거리를 끊어버리고 거대한 고요함 속에 머무는 것이 영혼에게 얼마나 적합한 일인지! 신랑은 통상적으로 자기 영혼의 실체 안에서 신부를 껴안은 채 잠자고 있는 것처럼 계신다. 그래서 영혼은 이것을 잘 느끼고 늘 기뻐한다."917)

당신의 신부를 기쁘게 하시기 위해서 영혼 안에서 친히 일어나신다 (깨어나심·움직이심). "하나님께서는 실제로 움직이지 않으신다 할지라도 영혼에게는 움직이는 것으로 여겨진다. 영혼은 하나님에 의해 새로워졌고 움직여졌기 때문에 초자연적인 시각을 갖게 되었고, 영혼이 자기 안에서는 거룩한 삶과 존재와 모든 피조물의 조화를, 그리고 하나님 안에서는 그들의 움직임을 대단한 새로움으로 바라본다."918)

하나님의 이 깨어남(일어나심·하나님 체험)에서 영혼이 알고 느끼는 것을 말로 표현하기가 대단히 어렵다. 여기에서 '깨어남'이란 자기 마음 속이라고 말하는 영혼의 실체 안에서 하나님 체험이 이루어지는 것이기 때문에 영혼 안에서는 절대로 헤아릴 수 없는 하나님의 수천 개의 덕들의 소리와 탁월함의 거대하고 힘이 있는 소리들이 들린다.919)

완덕에 이른 영혼에게 신랑이 해주시는 깨워주심 안에서 일어나고 이루어지는 모든 것이 완전한데 모두 신랑이 이루어주시기 때문이다. 한 사람이 깨어나면 숨을 쉬는 것과 같은 방식으로 영혼이 하나님 안에 계신 성령의 숨결로 기이한 즐거움을 느끼는 가운데 영혼은 지극히 영광스러워지고 사랑에 빠진다.920) 그러나 성령 안에서 영혼이 체험하게 되는 특별한 기쁨을 설명하는 일 역시 전혀 불가능하다.

---

917) 불꽃, 4,15. p.187.
918) 불꽃, 4,6. p.178.
919) 불꽃, 4,10. p.181.
920) 불꽃, 4,16. p.188.

하나님께서 영혼에게 불어 넣어주시는 그 숨결 안에서 신성에 대한 숭고한 깨달음의 깨어남을 통하여 신랑께서는 하나님께 대한 지식과 깨달음과 같은 비율로 성령을 영혼에게 불어 넣어주시고, 그때에 성령 안으로 최고로 깊게 영혼을 빨아들이신다. 그리고 영혼이 하나님 안에서 본 것에 따라서 거룩한 미묘함과 우아함으로 영혼과 사랑에 빠진다. 그 숨결은 선과 영광으로 가득 차 있기 때문에 성령께서는 그 숨결 안에서 영혼을 선과 영광으로 가득 채우신 것이다. 그리고 하나님의 심오하심 안에서 모든 언어와 감각을 뛰어넘어 사랑에 빠지는 것이다.921)

그래서 이 세상에서 가능한 가장 강렬한 사랑의 교통에 대해 영혼의 눈을 열어주시는 삼위일체 하나님께 호소하면서, 영혼은 겨우 이렇게 중얼거리게 된다.

"얼마나 유순하고 사랑스러운지!
내 마음속에서 깨어나시고
은밀하게 홀로 머무시는 곳,
당신의 감미로운 숨결 속에
선과 영광 가득하고,
나를 얼마나 미묘하게 사랑하시는지!"922)

이것이 바로, 예수께 대한 사랑으로 걸어온 무(無)와 전(全), Nada와 Todo의 길이 충실한 영혼들을 인도해주는 목적지이다. 하나님께서는 이 목적지에 도달하는 영혼들이 많기를 원하신다. 그뿐만 아니라, 당신께서 모든 이들을 위해서 강생하셨고 모든 이들을 위해서 십자가 위에서 돌아가셨기 때문에, 모든 영혼들이 다 이 목적지에 도달하게 되기를 바라신다!

변형의 일치의 체험은 세상을 떠나지 않으면서 세상에 있는 모든 것

---

921) 불꽃, 4,17. p.189.
922) 불꽃, 4. p.175.

을 초월하는 방식이며 세상 안에 존재하는 새로운 방식이다.

변형의 일치 단계에서는 더 이상 정서의 지배를 받지 않는다. 정서의 변동도 사라진다. 정서가 그 이전과 같거나 더 강할 수도 있지만 정서 때문에 죄를 짓게 되는 일은 없어진다. 우리는 아직 죄를 지을 수 있음을 인식하지만 죄를 짓도록 하는 자극은 없어졌다. 거짓 자아와 정서의 지배로부터 자유를 얻는 일이 끝났다.

이런 상태의 의식은 잠시 지나가는 것이 아니고 온 삶을 자동으로 감싸 주는 영구적인 인식이다. 이 단계에서 새로운 차원에서 모든 실재를 지각하는 의식의 재구성이 일어난다.

하나님은 모든 구분과 체험을 무한히 초월하신다. 이 세상의 어떤 하나님 체험도 하나님 자신은 아니다. 우리의 하나님에 대한 체험은 다만 하나님의 현존을 나타내 줄 뿐이다. 변형의 일치단계에서는 믿음과 소망과 사랑의 에너지가, 우리가 그것을 체험하든 하지 않든 관계없이 언제나 우리에게 방사된다. 육체는 덕의 수련, 그리고 감각과 영의 정화를 통해 준비되었기 때문에 하나님과 의사소통을 할 수 있다. 하나님과의 사랑의 일치는 관상기도 때만이 아니라 길을 걸어갈 때나 음식을 먹을 때 등 우리의 모든 활동, 심지어 아주 평범한 활동 속에서도 나타난다. 외적 내적인 실재들은 모두 하나님 안에 뿌리를 두고 하나님을 나타내기 때문에 하나가 된다.

변형의 일치는 거짓 자아를 무너뜨림으로써 맺게 되는 열매다. 거짓 자아가 사라지면 곧 변형의 일치가 일어난다. 이제 자신을 포함하는 모든 것에 대한 비소유적인 태도가 형성되는데, 그것은 무엇이든지 소유하려 드는 자기중심적 '나'라는 것이 더는 없기 때문이다. 이는 우리가 삶의 좋은 것을 이용하지 않는다는 뜻이 아니다. 다만 그것을 목적으로 삼지 않고 하나님의 현존으로 가는 디딤돌로 삼는다는 뜻이다. 이제 성령의 에너지가 정점에서 다른 모든 기능으로 여과되어 들어가서는 외적인 감각들을 정화해 줌으로써 경험하는 모든 감각들을 통해 하나님의 현존과 활동을 알아보게 만든다. 그리하여 존재하는 모든 것 안에 있는 진실하고 아름다우며 선한 것들이 투명해진다. 변형의 일치는 여러 가지로 나타난다. 질병과 외적인 시험에 대한 참을성으로, 극심한 고독, 그리고 바쁜 목회 활동으로 나타날 수도 있다. 그러나 그것은 평범하지 않은 방법으로 표현되어야 한다. 그 이유는 신성한 일치가 좋은 것을 향해 방출하는 에너지가 엄청나기 때문이다.

변형의 일치는 그리스도인들의 영적 여정의 첫째 목표이다. 이것이 드물게 이루어지는 일이기는 하지만, 정상적인 그리스도인의 삶이 되어야 마땅하다. 그러므로 우리의 모든 관계(하나님과 자신과 다른 사람들과 우주)를 이러한 시각과 이 세상에 존재하는 방법으로 전환시켜야 한다. 변형의 일치에 이르는 근본적인 수단은 그리스도에 대한 개인적 사랑이다.

영적 여정의 다음 부분은 "나와 아버지는 하나이니라."(요 10:30)라고 하시고 곧 이어 "아버지께서 내 안에, 내가 아버지 안에 있는 것같이 저희도 다 하나가 되어 우리 안에 있게 하사"(요 17:21)라고 기도하신 예수님의 말씀의 뜻을 배우는 것이다.

십자가의 성 요한의 '완덕의 산' 그림 내용

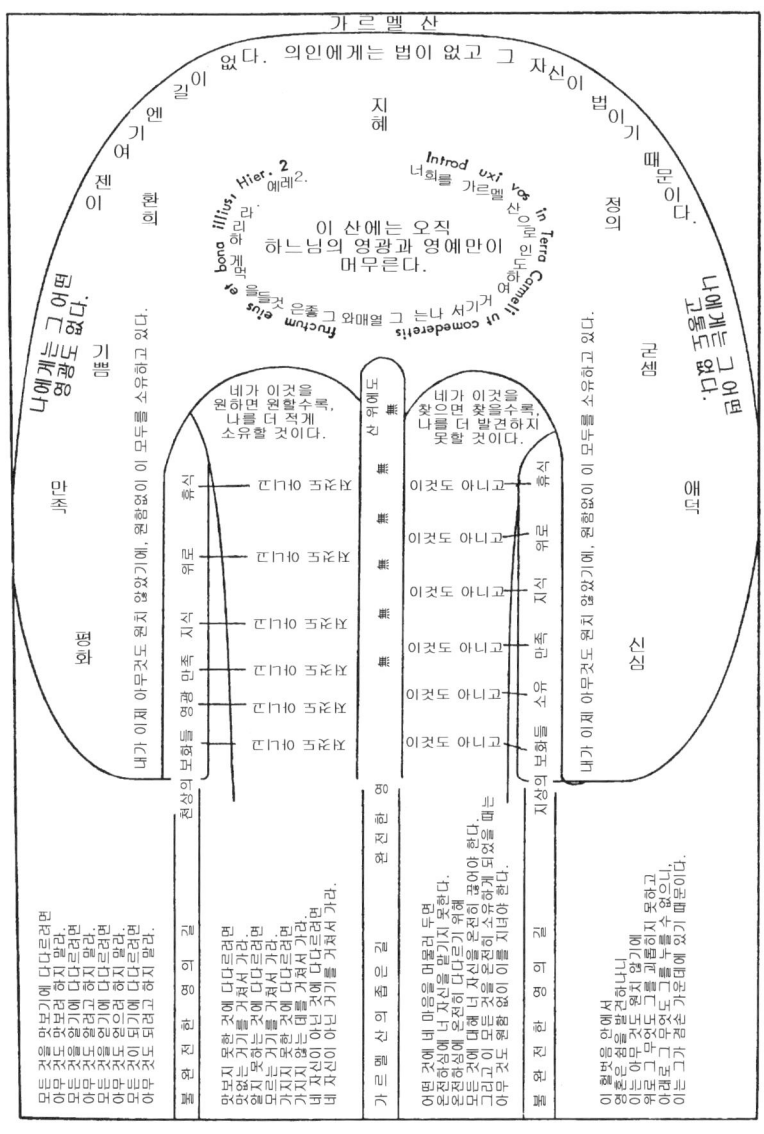

제12 권
개신교
신비주의와 신지학

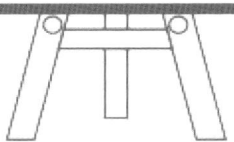

야콥 뵈메
아르놀트
테어스테겐

개신교 신비주의와 신지학 923)

기독교 신비주의는 수도생활의 전통에 그 깊은 뿌리를 두고 있다. 그러나 내적 체험이란 특정한 교파의 울타리에 가두어 둘 수는 없는 것이다.

프로테스탄트(개신교) 교회사를 연구한 역사가 아돌프 폰 하르낙이 신비주의를 결국 '가톨릭의 경건함' 924)이라고 한 것은 그가 경계를 지으려고 도전적으로 한 말에 불과하며 명백한 모순이다. 신비주의는 초교파적이라는 의미에서 가톨릭적이며 보편적이다. 신비주의에서 체험하고 인식하며 변화되는 방식이 온전함, 온전하게 되기를 목표로 하기 때문에 그렇다.

따라서 이 자리에서 로마 가톨릭의 신비주의가 지난 수세기 동안 어떻게 교회 안에서 나타났는가를 계속 다루지 않아도 될 것이다.

중요한 것은 신비주의에 적대적인 신교의 신학자들을 '**비종교개혁적**'이라고 판정하며 기독교의 역사에서 삭제하려는 종교적 흐름을 지적하는 일이다.

아돌프 폰 하르낙 혼자만 위와 같은 견해를 가진 것이 아니었다. 그 이전에도 그리고 20C 후반부에 이르기까지 서구의 신교계 안에서 교회와 신학이 내적 체험에 대해 무관심하도록 조장하는 이들이 있었다. 925)

---

*923) 게르하르트 베어, 조원규 역 『유럽의 신비주의』 (도서출판 자작, 초판 2001) pp.253-262.
924) Adolf von Harnack, 『교리사 Lehrbuch der Dogmengeshichte』 (vol III, Darmstadt, 1886/ 1983) p.392 f.
925) 1917년을 전후한 소위 루터 르네상스, 칼 바르트와 에밀 브룬너의 변증법적 신학은 한 걸음 더 나아간다. 그들 이후로 신비주의는 기독교와 합치될 수 없는 것으로 이해된다. 신비주의는 인간이 자기를 높이는 일에 불과하다는 것이다.

그런데 적어도 17C부터 많은 신비주의자들이 로마 가톨릭 교회 밖에 있었다는 사실을 놓쳐서는 안 된다. 이 중에서 신교도들은 세바스티안 프랑크, 카스파 슈벤크펠트, 발렌틴 바이겔 이후 요한 아른트, 야곱 뵈메, 게르하르트 태어스테겐을 예로 들 수 있고, 나아가 영국의 조지 폭스, 존 버니언, 윌리엄 로우 등이 있다. 심지어 프리드리히 하일러는 종교개혁에 대한 응답으로 여겨지는 트리엔트 종교회의(1545-1563년)의 교회개혁 이후 신비적 영성이 가톨릭주의에서 프로테스탄티즘으로 넘어갔다고 확언했다.

> 독창적인 신비주의는 아주 이상하게도 가톨릭교회의 밝고 넓은 홀에서 루터주의와 영국교회주의, 종파주의와 캘비니즘의 좁다란 곳으로 도망쳤다. 이러한 놀랄 만한 사실은 트리엔트 종교회의 이후의 변화 때문이다. …신비주의의 독창적인 힘이 고갈된 것은 종교개혁 이후 교회의 타락 과정을 보여주는 여러 징후들 중 하나다.[926]

신교 내에서 신비적 경건성이 나타났다고 해도 이것이 당시에 세력을 가진 신학이나 교회 지도층에까지 연결될 수는 없었다. 군주에 의해 통제되는 '**독일 각 주 교회**'의 종교국은 특별한 카리스마를 가진 사람들과 영적 체험의 증인들을 허용하지 않았다.

참조. Emil Brunner, 『신비와 말씀. 현대적 종교관과 그리스도 신앙의 대립. 슐라이어마허의 신학에 비추어. Die Mystik, und das Wort. Der Gegensatz zuischen moderner Religionsauffassung und christlichem Glauben, dargestellt an der Theologie Schleiermachres』 (Tübingen, 1924)
『종교체험이라는 도전, 명상과 신비주의에 대한 개신교 신앙의 관계. Herausforderung religiöse Erfahrung Vom Varhältnis evangelischer Frörrnigkeit zu Meditation und Mystik』 (Göttingen, 1980) p.172 ff.
926) Friedrich Heiler, 『가톨릭 교회와 그 세계관 Der Katholizismus』 p.498.

신교 신비주의자들

슐레지엔의 귀족 카스파 슈벤크벨트(1489-1561)는, 루터와 마찬가지로 「독일신학」과 타울러의 설교에 심취했고 토마스 아켐피스의 저서 『그리스도의 후예』가 신교 신앙서의 시초가 되도록 한 사람이다. 그는 성서와 성사를 내면으로부터 이해하고자 노력했는데 루터파는 이런 그를 거부할 뿐이었다.

성직자였다가 작가가 된 도나우뵈르트 출신 세바스티안 프랑크(1499-1542)의 경우도 마찬가지였다. 그는 신앙개조서와 교회의 전례를 글자 그대로 지키는 것보다 내면의 말씀을 체험하는 것에 더 큰 의미를 두었다.

발레틴 바이겔(1533-1588)은 자신이 신교 신비주의자임을 숨기고 자신이 쓴 글들을 퍼뜨리지 않았다. 널리 퍼져 있던 『진정한 기독교에 대한 네 권의 책』을 쓴 요한 아른트(1555-1621) 같은 중요한 신앙서적의 저자들도 다른 많은 신교의 목사들처럼 성서와 신앙이 올바른 신앙의 기본이라는 것을 맹세하지 않을 수 없었다. 한마디로 '**기독교인의 자유**'를 자랑하는 신교에서도 신비주의는 곤란한 자리를 차지하고 있었다. 더구나 신앙인의 체험은 신교의 경건성에서 기본이 되는 부분임에도 말이다.

야콥 뵈메

신지학과 기독교의 색채를 띤 범지학(16, 7C의 신비적 자연철학)을 수용한 신교 신비주의의 선두에 괴를리츠의 구두 수선공인 야콥 뵈메(Jakob Böhme, 1575-1624)가 있다. 깨달음의 체험이 그의 삶과 창작활동을 규정했으며 인생관과 세계관의 기초가 되었다. 한편, 다음과 같은 외적인 영향들도 크게 작용했다. 즉, 모국어로 쓰여진 루터 성경과 중세 신비주의의 경건성, 파라켈 수스와 발렌텐 바이겔의 저서로 알게 된 파라켈 수스의 자연철학, 그가 직접 해보지는 않았으리라 여겨지는 연금술의 이론들, 그리고 상당 부분에 달하는 카발라의 개념들이 그것이다.

그의 유명한 처녀작 『오로라 혹은 아침노을의 서광』(1612)에서 그는 자신이 깨달음에 이르게 된 사건을 묘사했는데, 이 책으로 뵈메는 주위에 알려졌다. 한편으로는 독자들과 그의 원고를 필경한 사람들의 관심을 통해, 다른 한편으로는 괴를릿츠 대성당의 사제 그레고르 리히터를 통해서였다. 리히터는, 경건한 신자 뵈메를 공공연히 비방했고 잘 알면서도 그를 위험한 이단자라고 하며 박해했다. 뵈메는 그를 '하나님의 세공망치'로 여겼다. 비록 리히터가 뵈메와 그의 가족을 계속 괴롭혔지만, 결국 이런 괴롭힘은 뵈메가 그의 영성을 포괄적인 신지학·우주론·인지학(人智學)·그리스도학 등으로 계속 전개하게 한 자극제가 되었다.

이미 뵈메가 살아 있을 때에 라우지츠와 슐레지엔에서 신지학과 신비주의를 추구하는 그룹이 형성되었다. 뵈메는 그들에게 1618년경부터 자신의 이름을 사인한 「신지학 편지」를 보냈다. 이 편지의 수신인들이 그의 글을 널리 퍼뜨렸다. 그러나 뵈메의 글이 널리 알려진 것은 네덜란드의 애호가들 덕분이다. 이들은 뵈메가 죽기 전에 유일하게 출판된 『그리스도에 이르는 길(Christosophia)』(1624) 이후 그의 원고들을 수집했다. 전집의 초판은 1682년 암스테르담에서 출간되었다. 그 후 개별적인 출판물과 수많은 번역이 나와서 뵈메의 작품이 유럽 전역에 퍼졌다. 그럼으로써 철학자·신학자·자연철학자와 영성을 추구하는 이들에게 큰 영향을 주었는데, 이는 신비주의와 신지학[927]의 영향사에서 유일무이한 것이라고 할 만한 것이다.

뵈메는 이처럼 풍부한 견해를 저술하고 그의 인식과정에서 일어난 일을 설명하는데 그치지 않고, 어떻게 하면 내면의 길을 걸어갈 수 있는지에 대한 안내를 하고 있다.

---

[927] 신지학(神智學)은 19세기에 헬레나 블라바츠키를 중심으로 설립된 신지학 협회에서 비롯된 밀교, 신비주의적인 사상 철학 체계이다. 모든 종교·사상·철학·과학·예술 등의 근본적인 하나의 보편적인 진리를 추구하는 것을 목표로 하고 있다.(참고 위키백과)

우리의 날카로운 이성과 탐구를 통해서는 신을 인식할 진정한 기반에 도달할 수 없다. 탐구는 내면에서, 영혼의 굶주림에서 시작되어야 한다. 이성의 영역은 외적 세계의 탐구이기 때문이다. 외적 세계에서 이성이 생겨난다. 그러나 영혼은 종교적인 내면세계를 탐구하며 여기서부터 눈에 보이는 세계가 생겨나거나 발산된다. 내면세계의 기반은 여기에 있다. … 영혼이 신에 의해 가르침을 받는 바로 그곳에 비로소 올바른 신지학의 성령강림 학파가 자리한다. … 이것은 아무도 다른 사람에게 줄 수 없고 오직 각자가 직접 신에게서 얻어야 한다. 다른 사람에게 안내를 해줄 수는 있겠지만 핵심은 줄 수가 없다.928)

18C와 19C에 괴를릿츠의 대가 뵈메의 영향을 받은 가장 중요한 사람으로 뷔르템부르크의 주교이며 신지학자인 프리드리히 크리스토프 외팅어(1702-1782)와 가톨릭 철학자 프란츠 크사버 폰 바더(1765-1841)를 들 수 있다. 뵈메의 사고가 독일 낭만주의(루드비히 티크, 프리드리히 슐레겔, 노발리스 등)를 거쳐 헤겔과 쉘링을 넘어 러시아(브라디미르 솔로호프, 니콜라이 베르쟈예프)에까지 빛을 비추었다는 것은 오래 전부터 잘 알려져 있는 사실이다. '관조하는 사상가' 괴테도 직접적·간접적으로 뵈메의 영향을 받았다는 것이 새롭게 인식되고 있다. 가톨릭으로 개종한 이후 안겔루스 질레지우스로 알려진 요한네스 쉐플러(Johannes Scheffler, 1624-1677)는 유명한 저서 『케루빔의 방랑자』에서 전통적인 명저들을 많이 인용했는데 거기에 네덜란드 체재 시에 알게 된 뵈메의 저서도 포함되어 있다.

17, 18C에 개신교의 쇄신운동으로 많은 영향을 미친 경건주의는 신비적 전통을 의미 있는 체험으로서, 그리고 연구의 대상으로서 새롭게

---

928) Jakob Böhme, 『신지학적 서한 Theosophische Sendbriefe』 (kap, 55, Vers 4, 8, 12, Frciburg, 1979)

재조명했다. 19C에도 비슷한 경향의 전통에 근거한 개혁운동이 일어났다.

아르놀트

고트프리트 아르놀트(Gottfried Arnold, 1666-1714)가 보여준 경건성은 현상에만 국한하지 않고, 보다 포괄적인 기독교에 질문을 던지는 것이었고 종교적으로 배척받던 이들을 포용했다. 이에 대한 가장 인상 깊은 증거는 그가 충실한 자료를 바탕으로 저술한, 방대한 책 『비당파적으로 본 교회와 이단의 역사』(1699/1700)에 잘 나타나 있다. 이 책에 주목할 만한 이유는, 교회사로서는 극히 드문 일이지만 마침내 도그마에 억압되었던 입장을 대변하면서 쓴 책이라는 사실이다.

정통한 교회사가이자 신학자였던 그는 또 다른 저술인 『신비주의 신학』(1703)에서 신비주의의 주도적 흐름을 서술했다. 그의 견해는 다음과 같다.

> 신비란 비밀스럽고 어둡게 가려져 있는 신의 인식이기에, … 신비체험은 정화된 마음 가운데서도, 영혼이 그 신랑과 내밀하게 교통할 때 일어나는 것이다. 그러니 이 세상의 지혜롭다는 자들은 성령과 신적인 지혜가 내면적으로 주어지는 것에 관해서 아무것도 파악하지 못하는 것이다. … 신비는 누군가로부터 이성적인 논의를 통해 제시받을 수 있는 것이 아니고, 오로지 내적인 체험 속에서 성립되는 것이다.929)

아르놀트는 「아가서」의 맥을 잇는 그의 저서 『신적인 지혜의 비밀』(1700)에서 중세의 서정·연애 신비주의를 제시한다. '개신교계가 산출한 보기 드문 업적'(발터 닉)이라는 극찬을 받은 이 책은 구약적 전통 속에

---

929) Gottfried Arnold, 『신비신학의 역사 Historie und Beschreibung der Mystischen Theologie (Stuttgart, 1703/1969) p.25.

놓여 있는 신적인 지혜(히브리어로 Chochma)가 신약적 은총의 빛 아래 드러나도록 한다. 매우 경건주의적인 신비를 담은 이 책의 요지는, 단지 신학적 사유에만 매진하지 말고 변신(부활)의 과정을 체험하라는 것이다.

> 진정으로 다시 태어나기 전까지는 아무도 그 '신적인 지혜'라는 소중한 보물에 대한 확실성도 체험도 가질 수가 없다. 아버지의 불같은 사랑은 오직 변화하여 정화된 영혼에게만 성령의 그리스도를 통해 다가서기 때문이다. 하지만 일단 이처럼 중대한 영적인 돌파가 이루어지면, 활활 타오르는 신의 심장에서 뿜어져 나온 영원한 불길 같은 사랑의 힘은 이제 한 인간의 정신과 새롭게 태어난 심장 속으로 흘러들어, 신적이고 영원한 생명이 끊임없이 차고 넘치게 되는 것이다.[930]

우리는 아르놀트가 어떻게 정화와 깨달음, 신비적 합일의 세 단계를 밟는지 어렵지 않게 알 수 있다. 이로써 그가 개신교의 지혜학자로서 야곱 뵈메의 직접적인 후계자임이 두드러지게 드러난다.

결혼을 한 교구목사였던 그는 극단적인 금욕을 견지하는 것에 동의하지 않았다. 그러나 뵈메의 또 다른 유명한 제자인 요한 게오르크 기히텔(1638-1710)[931]이나 결혼에 반대하는 그의 **천사의 형제들**은 금욕을 지지했다. 그들은 처녀 소피아가 세속적인 사랑으로 이루어진 남녀의 결합을 멀리한다는 확신을 갖고 있었다. 기독교 통합의 정신을 가진 가톨릭 신자 프란츠 폰 바더는 그의 저서에서 이 소피아 신비주의가

---

930) 『신적인 지혜의 비밀 Das Geheimnis der göttlichen Sophia』 (Stutteart, 1700/1963) p.174.
931) Walter Nigg, 『숨겨진 지혜. 복음주의적 기독교와 신비주의적 삶 Heimliche Weisheit, Mystisches Leben in der evaangelischen Christenheit』 (Zurich/Stuttgart, 1957) p.237 ff. Martin Brecht, 『경건주의의 역사 Geschichte des Pietismus』 (Zürich/Stuttgart, 1959) p.237 ff.

'에로틱한 철학'을 양성한다는 것을 보여주고 있다. 노발리스(독일의 낭만주의 시인, 철학가 :역주)와 소피아의 사랑도 존재의 맥락과 문학적 맥락에서 고찰되어야 한다.

테어스테겐

게르하르트 테어스테겐(Gerhard Testeegen, 1697-1769)은 하나님이 우리 곁에 계심을 중요한 주제로 삼았다.

> 하나님은 우리가 파악할 수 없는 방식으로 존재하시는 분이다. 그분은 하늘과 땅을 가득 채우시며 우리는 그분 안에서 살고 움직이며 존재한다. 어떤 피조물도 그분 앞에서 숨을 수 없다. 그분은 가장 은밀한 우리의 생각과 성격, 욕망, 의도에도 가까이 계신다. 우리의 마음속 깊은 모든 곳이 하나님의 존재 안에 있다.[932]

야콥 뵈메가 그의 친구들에게 부지런히 자연의 힘을 음미하라고, 즉 하나님의 창조를 총체적으로 바라보라고 간절히 권한 반면에, 테어스테겐은 덧없고 불완전한 모든 것들의 부정적 측면을 강조한다. 꼭 필요한 것이 아니면 이 타락한 세상과 관계를 맺지 말라는 것이 그의 표어이다. 극도의 **평정**에 대한 이러한 요청은 스페인과 프랑스의 '정관파(靜觀派) 신비주의'로 인해 잘 알려져 있다.

> 경건한 영혼은 아무것도 행하지 않으면 충분히 행하는 것이다.

교회와 신학에 비판적이었던 니더라인 지방의 신비주의자 테어스테겐이 마담 기용, 피에르 프와레 같은 정관파 신비주의 작가들의 영향을 받은 것은 의심할 여지가 없다.

---

932) Walter Nigg, 『숨겨진 지혜 Heimliche Weisheit』 p.355.

피에르 프와레는, 네덜란드에서 오래 전부터 영향을 미치던 개혁파 사제로 수많은 신비주의 서적을 접했다. 토마스 아 켐피스의 '그리스도의 후예'가 그의 경건성과 일치한다는 것은 자명한 일이다. 고트프리트 아르놀트는 그 책에서 신비주의 신학의 토대와 이단자들을 존중하는 태도의 기초를 확립하는 데 도움을 받았다. 세 권으로 된 저서 『성스러운 영혼의 삶의 정수(精髓)』에서 그는 정통 신학자들의 반대를 존중하지 않고, 그의 개신교 신자들이 모든 교회의 신비주의자들 가까이 갈 수 있도록 했다.

또한 그는 프랑스의 정관파 신비주의자 장 드 베르니에 루비니의 견해를 중요히 여겨 『그리스도와 함께 신 안에 숨어 사는 삶』(1726)이라는 제목으로 그의 글을 독일어로 번역했다. 이 책은 지금까지 수많은 판을 거듭하며 출판되어 널리 읽히고 있다. 테어스테겐은 수많은 논문과 노래 가사에서 신비적인 묵상과 정적을 즐기는 은둔의 정신을 표현했다. 많이 불려지는 찬송가 구절인 "신이 함께하시니 기도하세 / 외경으로 그의 앞에 나아가"는 다음과 같이 이어지며 절정을 향해 간다.

> 모든 것을 관통하시는 주님,
> 당신의 아름다운 빛으로
> 만져주소서, 저의 얼굴을,
> 하여, 부드러운 꽃처럼
> 기꺼이 열리도록 하소서.
> 그리고 태양이 멈추면*
> 말없는 기쁨으로
> 당신의 광채를 붙들 수 있도록,
> 주님, 당신의 힘을 펼쳐주소서.[933]

* 역주: 호메로스의 「오디세이」를 비롯해 고대문학에서부터 자주 사용되어온 수사법으로, 태양이 멈춘다는 것은 비상한 체험의 강렬성을 환기한다.

---

933) 『복음성가집 Evangelisches Gesangbuch』 (Müchen, 1994), 165호

제13권
현대의 신비주의

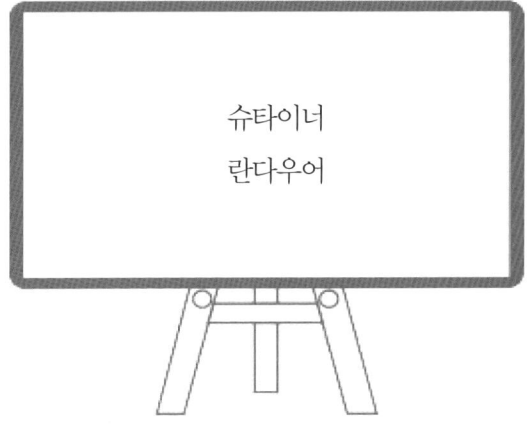

슈타이너

란다우어

현대의 신비주의[934]

슈타이너, 란다우어

역사를 구분하는 시기가 달력상의 숫자에 따라 세기가 바뀌면서 결정되는 것이 아님에도 불구하고, 세기의 전환기에는 역사 전환에 대한 기대가 커지게 마련이다.

19C에서 20C로 넘어가는 시기에도 사정은 그리 다르지 않았다. 사람들은 새로운 시대와 더불어 새로운 인간, 새로운 공동체, 새로운 상(像)이 오기를 기대했다. 자연과학과 기술이 발전하면서 외적 세계로 관심이 돌려졌음에도 불구하고, '**내면의 차원**'이 소홀히 되지 않는 그런 세상을 말이다.

세기의 전환기를 맞아 사람들은 의미를 찾고자 하는 강한 요구를 가졌고, 한편으로는 영성주의·심령학·신지학에 관해, 다른 한편으로는 아직 새로운 분야였던 심리학에 관해 많은 관심을 가졌다. 이제 신비주의에 몰두하고 자극을 준 이 세대의 대표자들을 간략히 소개하고자 한다.

슈타이너

괴테 연구자였던 루돌프 슈타이너(1861-1925)는 프리드리히 니체의 철학과 에른스트 헤겔의 자연과학적 일원론에 심취하였다. 한편 자연과학적 세계관의 충실한 신봉자인 동시에 영혼에 이르는 길을 추구할 수 있도록 둘 사이에 정신적 가교를 넣으려는 것이 그의 시도의 주안점이었다. 영혼에 이르는 길들 중 하나는 바로 신비를 올바로 이해하는 일

---

[934] 게르하르트 베어, 조원규 역 『유럽의 신비주의』 (도서출판 자작, 초판 2001) pp.263-273.

이다.

> 진정한 신비주의의 의미에서 정신을 인식하는 자만이 자연에서 일어나는 사실들을 온전히 이해할 수 있다. 진정한 신비주의를 정신없는 사람들의 신비론과 혼동해서는 안 된다.[935]

이 글은 슈타이너가 1900년 베를린에서 '근대 정신생활에서 나타나는 신비주의, 그리고 현대의 세계관과 신비주의의 관계'라는 제목으로 한 일련의 강연 속에서 한 말이었다. 당시는 그가 신지학 학회에 가입하기 2년 전이었다.

여기서 우리는 마이스트 에크하르트에서부터 야콥 뵈메를 거쳐 안겔루스 질레지우스에 이르는 중세와 근대 초기 기독교 신비의자들의 특징들과 만나게 된다. 이 강연은 시민들을 청중으로 하여 베를린-살로텐부르크에 있는 카이 폰 브로크도르프 백작의 집에서 열렸다. 강연의 주제는 주체측이 선택했는데, 이는 결코 우연이 아니었고 그 시대의 관심사에 상응하는 것이었다.

란다우어

한편, 같은 시대에 베를린의 테겔의 감옥에는 작가 구스타프 란다우어(1870-1919)가 6개월의 구류형을 살고 있었다. 야당 성향의 저널리스트이자 작가인 그는 에밀 졸라와 비슷하게 17년 동안 죄 없이 징역형을 살고 있는 사람을 확신을 가지고 변호했다. 재심 청구를 해 판결을 받게 하려던 그의 시도는 좌절되고 결국 황제 빌헬름 2세 치하의 재판에 희생자가 되었다. 이 유대인 무정부주의자는 감옥에서 마이스터 에

---

[935] Rudolf Steiner, 『근대초기의 정신적 삶에 있어서의 신비주의에 관하여 Die Mystik im Aufgange des neuzeitlichen Geisteslebens』 (Dornach, 1901/1977) p.14.

크하르트의 책을 읽고 이를 현대 독일어로 옮겨 출판할 준비를 했다. 그는 아내 헤트비히 라흐만에게 자신의 발견에 관해 이렇게 썼다.

> 14C 초에 영향을 끼쳤던 마이스터 에크하르트라는 이는 흔히 '독일의 신비주의자'라고 불렀는데, 그에 관해 사람들은 잘못 생각하는 것 같소. 그는 아주 분명하고 냉철했으며 때로는 지나치게 예민한 정신을 가진 사람이어서 이성이 감성보다 앞서기도 했다오. 그는 범신론자였는데, 비범한 깊이가 있으면서도 어딘가 현대적인 사고를 하면서 매혹적이고 아름다우며 단순한 산문을 썼소.936)

슈타이너도, 란다우어도 신비주의 전문가로서의 자격이 있다고 하기는 어렵다. 이들 스스로도 그런 주장을 하지 않았다. 두 사람 모두 문학적으로 정확한 자료에 근거해 오래된 텍스트를 분석하는 것보다 한 순간의 내적 체험이 더 중요하다고 여겼다.

슈타이너의 경우, 자기 인식으로서의 내적인 체험이 자연과학으로 대표되는 외적 세계를 인식하기 위한 노력과 연관을 맺고 있다는 것을 주시했다. 또한 란다우어는, 무엇보다도 사회 변동세력의 해방을 중요시했다. 그러므로 란다우어의 에크하르트 번역과 동시에 쓴 『회의와 신비주의』(1903), 그리고 불과 몇 년 차이로 『구스타프 란다우어, 혁명』(1907)이 나온 것은 우연이 아니다. 이렇게 서로 상반되어 보이는 입장은 실은 동전의 양면이라고 할 수 있다. 내면적으로 확고한 사람은 사회적 삶을 새로이 구성하는 것을 합법적으로 생각할 수 있는 것이다.

부버

1900년경 22살의 대학생 마틴 부버는, 란다우어가 한때 가까이 지

---

936) Harry Pross 『구스타프 란다우어, 혁명(Gustav Landauer, Revolution)』 (Berlin, 1907/ 1974) p. XVI f.

내던 '하르트 형제의 그룹인 새로운 공동체'에 속해 있었으며 가끔씩 야곱 뵈메와 사회변혁에 관해 강연을 했다. 부버는 몇 년 전에 시작된 테오도르 헤르첼의 시온주의 운동에 가담했다. 그가 보기에 이 운동은 수천 년 동안 생각한 유토피아를 실현하는 데 알맞은 수단이었다. 그는 당시에 형성된 문화 시온주의적인 개념을 펴는 데 필요한 추진력을 신비주의에서 얻었다.

하르트 형제의 '새로운 공동체'는 개혁의지를 가진 지식인과 예술가들의 모임으로 란다우어와 부버만이 아닌 많은 사람들이 참여하고 있었다. 빌리 하스가 '**신비주의 출판인**'이라고 부른 오이겐 디데리히스는 란다우어 편(編)의 에크하르트 선집과 때를 같이 하여 수십 년 동안 전해진 헤르만 뷔트너 편의 에크하르트의 저술들을 출판했다. 타울러와 조이제의 저서『독일신학』이 뒤를 이어 출판되었다.

1919~1927년 사이에『대성당-독일 신비주의의 저서들』이라는 유명한 시리즈가 나오기 전에 이미 부버는 라이프치히의 인젤 출판사에서 동서양의 저자들이 신비주의에 관해 쓴 글을 모은『무아경의 고백』이라는 선집을 냈다.

부버는 이 시기에 '**신비주의적인 단계**'의 중심에 있었다. 란다우어의 에크하르트판이 베를린에서 출판될 때 부버는 비엔나에서(1904), 에크하르트와 뵈메를 가장 중요한 스승으로 하여 독일의 신비주의에 대한 논문을 써서 박사학위를 받았다. 그러나 그가 주목받은 것은 1906년『샤시딤의 이야기』가 간행되었을 때부터였다. 이제 부버는 대화의 사상가 혹은 성서번역자로서가 아니라 신비저술가로서 유명해졌다.

그는 당시의 많은 작가들이 그랬던 것처럼 가끔씩 경계선을 넘어 기적신앙에 빠져들었다. 비밀스러움, 무아경의 모티브에서 나오는 매력은 너무나 컸기 때문이다. 문제는 광범위한 구원의 약속, 그리고 조화롭고 감격적인 내면의 체험을 사회현실에 전이시키려는 광신적인 시도였다. 하르트 형제에게서 그 예를 살펴보자.

새로운 인간이 되도록 하나님과 예술가는 자신의 세계로 사람들을 이끈다. … 새로운 세계관은 정체성의 가르침이며 낡은 세계관과 지식, 의도와 삶에 뿌리내렸던 모든 대립과 모순을 극복한다. 또한 이 새로운 세계관은 모든 고통과 투쟁, 모든 두려움과 의심, 모든 절망과 모든 비참함을 초래하는 원동력을 극복한다. 모든 대립을 넘어 개개인의 생각과 느낌 그리고 삶 속에 분명한 조화가 이루어진다. 그리고 공동체에서는 최고의 문화라는 이상이 실현될 수 있다.[937]

예술가들

상상도 못했던 파괴와 비인간성으로 점철된 제1차세계대전은 열광하던 많은 사람들에게 중요한 분기점이 되었다. 부버처럼 신비주의에서 완전히 등을 돌린 사람들이 있었고, 작은 그룹 내에서 비이성적인 기적신앙을 고수하는 사람들도 있었다. 대부분의 사람들이 세계대전이라는 충격 이후, 릴케가 말한 '세계 내적 공간(世界 內的 空間)'을 찾는 것에 관심을 가졌다. 신비주의에 대한 관심의 방향이 달라지기는 했지만 관심 자체가 없어진 것은 아니었다.

'신비적'이라고 칭송되는 릴케의 『기도시집』(1905)은 세계대전 이후에도 이전보다 덜 읽히지 않았다. 크리스티안 모르겐스턴의 '신비주의자의 일기'가 그가 세상을 떠난 지 4년 후인 1918년에 『단계들』이라는 전집에 포함되어 나왔다. 또한 '죄와 고통, 희망과 진정한 길에 대한 고찰'(1931)에서 카프카는 '신비적·역설적 진실'을 추구했다.

알프레드 되블린은 그의 소설 「1918년 11월」에서 요한네스 타울러를 대화의 파트너로 등장시켰다. 헤르만 헤세의 소설 「싯다르타」(1922)와

---

937) Hans Kohn, 『마틴 부버의 생애와 시대(Martin Buber: Sein Leben und seine Zeit)』(köln, 1930/ 1961) p.294.

「유리알 유희」(1943)는 동양의 영성주의로부터 많은 영향을 받았다.
　부버는 자신의 『무아경의 고백』에 명백히 거리를 취하다가 1921년에 마지막으로 직접 출판을 했는데 이 책은 로베르트 무질에게 귀중한 보고가 되었다. 무질의 소설 「특성 없는 남자」는 그 제목에서부터 마이터 에크하르트 용어인 '특성 없음'을 시사하며 '다른 상태'에의 도달, 즉 신비적 체험을 주제로 했다. 문학비평은 이 작품이 『무아경 고백』과 그저 부수적으로 연관을 맺고 있는 것이 아니라는 것을 밝히고 있다. 무질이 부버의 저서에서 영향을 받은 부분은 대략 3백여 군데나 된다.938)

　올더스 헉슬리, T.S. 엘리엇, 파울 첼란의 예를 들 수도 있다. 20C의 신비주의 연구는 전통적인 '체험을 통한 신성의 인식'보다는 인간의 실존을 해명하는 데 더 중점을 두었다. 이런 경향은 문학에서뿐 아니라,939) 철학(루드비히 비트겐슈타인, 에른스트 블로흐)과 심리학 내지 심리분석 분야(헤르베르트 질베러,940) 칼 구스타프 융, 칼 알브레히트 941))에서도 마찬가지였다.

---

938) Dietmar Goltschigg, 『로베르트 무질의 소설 「특성 없는 사내」에 나타나는 신비주의 전통 Mystische Tradition im Roman Robert Musils, Mann ohne Eigenschaften』(Heide1berg, 1974)

939) Martina Wagner-Egelhaaf, 「현대의 신비주의, 20C 독일문학의 비전적 미학 Mystik der Moderne. Die visionäre Ästhetik der deutschen Literatur im 20. Jahrhundert』(Stuttgart, 1989)

940) Herbert Silberer, 『신비주의의 문제들 Probleme der Mystik』 (Darmstadt, 1914/1961)

941) Carl Albrecht, 『신비적 의식의 심리학 Pspdologie des Mystischen Bewu Btseins』 (Mainz, 1951/ 1976) : 『신비적 인식. 신비적 관계의 인식론과 철학적 중요성 Das Mystischen BewuBtseins』 (Mainz, 1951/1976) : 『신비적 인식. 신비적 관계의 인식론과 철학적 중요성 Das Mystische Erkermen, Gnoseologie und philosophische Relevanz der mystischen Relation』 (Mainz, 1958/ 1982)
　Hans A. Fischer-Bamicol, 『신비의 말, 침잠 가운데의 체험과 말하기. Das mystische Wort. Erleben und Sprechen in Versunkenheit』 (Mainz, 1974) - 이 책은 칼 라너가 서문을 썼다.

사회참여

이와 관련하여, 국가사회주의자들(나치)도 이미 광범위하게 존재하던 신비주의의 매혹을 나름의 방식대로 수용했다는 점을 언급해야 한다. 계시록적이고 메시아적인 사상을 동원한 그들의 이데올로기는 독일 신비주의를 받아들이는 척하면서 이를 문화정책적으로 '**독일 우선주의**'를 강화하는 데 이용했다. 그래서 오늘날까지 영향을 미치는 국수주의적인 협소한 시각이 생겨났는데, 본서는 그런 시각에 반대하는 입장을 분명히 하고자 한다. 마이스터 에크하르트를 '**행동하는 신비주의자**'라고 하는 등 얼마나 기막힌 왜곡을 했는지는 알프레드 로젠베르크의 『20C의 신화』(1930)를 보면 알 수 있다. 나치 이데올로기의 모범작인 이 책은 불과 몇 년 사이에 50만 권이나 배포되었다.

이와는 반대로 진정한 신비체험을 하고 그 체험을 성찰해 심오한 인식에 도달했으며 사회참여에도 연관시킨 흠잡을 데 없이 뛰어난 인물들이 있다. 그러한 체험은 특정 종교나 특정한 삶의 형식을 통해서만 제한적으로 주어지는 것이 아니다.

열성적으로 사회참여를 한 유대계 철학자 시몬 베유(Simone Weil, 1909~1943)는 자신이 '**그리스도에 사로잡힌**' 사람임을 고백한다. 그리스어로 된 주기도문을 되풀이해 바치면서 그녀는 이 명상(관상)이 얼마나 특별한 힘을 가졌는지를 알게 된다.

> 처음 몇 마디를 하면서 벌써 나의 마음은 육체를 떠나 공간 밖에 있게 된다. 거기에는 원근도 시점도 존재하지 않는다. 공간이 열린다.[942]

스웨덴의 정치가 다그 하마르셸드(1905~1961)는 중세 신비주의자들의 글을 읽고 깊은 감동을 받아 침묵을 깨고 사회에 공헌할 수 있었다.

---

942) Simone Weil, 『불행과 신에 대한 사랑(Das Unglück und die Gottesliebe)』 (München, 1953), p.54.

이런 맥락에서 칼프리트 그라프 뒤르크하임도 거론해야겠다. 그는 영성주의의 교사로서, 그리고 에크하르트적 의미에서 의 '**삶의 대가**'로서 비밀에 이르는 문을 여는 것을 일생의 과제로 삼았다. 비록 그가 자신을 신비주의자라고 여기지는 않았지만 '**커다란 체험**'이 서구인의 인식지평에서 중심적인 요소가 된 '**커다란 체험은 초월을 위한 투명성**'이 일상에서 실현될 수 있도록 사람들에게 도움을 주고자 했다.

> 자기 자신을 의식하게 되면서 존재 내의 안전함이 깨어지는 것이 인간의 운명이다. 그러나 이것은 보다 높은 차원의 의식 속에서 존재를 새롭게 발견할 수 있는 기회가 된다. … 이런 자각은 오늘날 아주 중요한 것이며 이를 위해 새로운 의식이 필요하다.943)

고요함을 중시하는 극동 아시아 문화와의 만남이 그에게 큰 영향을 주었다.

신비적 체험을 한 사람들은 이미 오래 전부터 서양과 동양이 서로 대립하는 것이 아니라 동등하게 나란히 정신을 형성하는 두 부분이라고 이해하고 있었다. 라몬 율 혹은 니콜라우스 쿠자누스 등을 비롯한 여러 인물들에 의해서 동서양의 만남, 동서양의 '**신비적 결혼**'으로 가는 길이 추구되었다.

세 명의 수도자

마지막으로 나는 세 명의 수도자에 관해 언급하고자 한다. 이들은 동방의 영성으로 향해 열린 기독교신비주의의 정신을 기반으로 하여 오늘날 동서양을 잇는 가교역할을 한 사람들이다.

토마스 머튼(1915~1968)은 평탄치 못한 삶을 산 사람으로 가톨릭으로

---

943) Karlfried Graf Dürckheim, 『인간의 이중적 기원에 관해 Vom doppelton Ursprung des Menschen』 (Freiburg, 1973) p.31.

개종을 해 타피스트 수도회에 입회했다. 그는 때때로 세상으로부터 도피하곤 했는데, 이런 경향을 극복하면서 '내면의 자아각성', 즉 신비적 삶에 도달하게 되었다. 그는 기독교와 불교의 대화에 관심을 갖고 이를 소개했다. 아주 풍부한 영성을 지닌 작가이자 시인으로서 그는 자신만의 체험을 분명하고 생생하게, 그리고 구체적으로 전달했다.

히로시마에 투하된 원폭으로 부상을 당한 예수회 소속 일본 선교사 위고 M. 애노미야-라살(1896~1990)은 예수회의 설립자인 이냐시오의 정신으로 서양의 신비주의와 동양의 선을 결합시켰다. 그는 명상의 스승으로서 동서양을 오가며 전세계적인 변화가 시작되어야 한다는 깨달음을 전했는데, 그에 따르면 이러한 변화는 새로운 의식의 지평이 열리는 순간 내면에서부터 시작되는 것이다.

영국의 베네딕도 수도회의 수도자 베드 그리피스(1906~1993)는 인도에 있는 기독교-힌두교 명상 사원에서 수십 년 동안 종교 공동체를 이루고 살았다. 그가 세상을 떠나기 2년 전에 성령강림절의 주요한 의미에 관해 다음과 같이 말했다.

> 기독교의 모든 신비, 즉 그리스도의 탄생과 계시, 죽음과 부활이 마음속 가장 깊은 곳에서 이루어진다면…. 이는 진정한 자아실현의 순간이다. 외적인 체험이 모두 마음속 중심에 모여 현실이 된다면 내적 변화의 길이 열릴 것이다. 그리고 그 길을 통해 우리는 끊임없이 죽음에서 삶으로 나아간다. 이때 우리는 모든 삼라만상이 그리스도로 충만해 하나님이 전부가 되는 마지막 변화를 준비하게 된다.[944]

이 수도자들을 거론하는 것은 그다지 놀라운 일이 아니다. 한편으로 그들은 수도원의 영성을 통해 커다란 전통에 속하고 있으며, 다른 한편으로는 지난 수십 년 동안 개별 공동체들이 신앙을 되살리기 위한

---

[944] Bede Griffiths, 『우주적 지혜(Universal Wisdom A journey through the sacred wisdom of the world)』 (London, 1994)

노력을 기울여 왔기 때문이다. 그러나 신비체험은 특정 직업이나 계층에만 결부되는 것이 아니다. 명상과 관조, 심혼의 기도, 기타 다른 내면의 길들은 경험자의 조언이 주어지기는 하지만 근본적으로 누구에게나 열려 있다. 특히 '**세상 밖으로**' 물러나는 것은 요구사항이 아니다. 또한 오늘날 신비주의는 비범하고 '**초현세적**' 자질을 지닌 사람이 나타나는 것을 의미하지도 않는다. 다비드 슈타인들- 라스트의 말처럼 이렇게 말할 수 있다.

> 신비주의자들이 우리와 다른 점은, 우리의 삶에도 주어지는 어떤 체험들에 관해서 그들은 자리를 내어준다는 것이다. 중요한 것은 신비체험의 강렬함이나 빈도가 아니라, 우리가 그 체험에 삶의 공간을 마련해줌으로써 받게 되는 영향의 크기이다. 신비한 순간이 열리면서 요구되는 모든 것들을 허용함으로써, 어느새 우리는 신비주의자가 된다. 결국 신비주의자는 별종의 인간이 아니다. 모든 사람이 일종의 신비주의자라고 할 수 있는 것이다.[945]

---

945) David Steindl-Rast, 『충만과 무(Fülle und Nichts』 (Munchen, 1986) p.178.

참고서적 (무순위)

1. 블라디미르 로스키. 박노양 그레고리우스 역 『동방교회의 신비신학』 (정교회출판사, 개정증보, 1919)
2. 윌리엄 존스턴, 이봉우 역 『신비신학(사랑학)』 (분도출판사, 초판, 2007) 사목총서 24
3. 버나드 맥긴, 방성규, 엄성옥 공역 『서방기독교 신비주의의 역사』 (은성, 초판, 2000)
4. 마크 A. 매킨토시, 정연복 역 『신비주의 신학』 다산글방, 초판, 2000)
5. 앤드루 라우스, 배성옥 역 『서양 신비사상의 기원』 (분도 출판사, 초판, 2001)
6. 게르하르트 베어, 조원규 역 『유럽의 신비주의』 (도서출판 자작, 초판, 2001)
7. 정달용, 『중세 독일 신비사상』 (분도, 초판, 2007)
8. 성 버나드, 심이석 역 『하나님의 사랑』 (크리스천다이제스트, 중쇄, 2012) 세계기독교고전 9.
9. 원종천, 『중세 영성의 진수 성 버나드』 (대한기독교서회, 초판, 2004)
10. 에블린 언더힐, 최대형 역 『실천적 신비주의』 (은성, 초판, 2003)
11. 브래들리 P. 홀트, 엄성옥 역 『기독교 영성사』 (은성, 재판, 2002)

12. 알리스터 맥그라스, 박규태 역『종교개혁시대의 영성』(좋은 씨앗, 1판, 2005)
13. 이후정. 이주연.『기독교의 영적 스승들』(대한기독교서회, 초판, 1996) 기독교사상 시리즈 2
14. 류금주 역『중세 후기 신비주의』(두란노아카데미, 초판, 2011) 기독교 고전총서 12.
15. 버나드 맥김, 김형근 역『마이스트 에크르트의 신비주의 사상』(도서출판 은소몽, 개정판, 2019)
16. 올리버 데이비스, 이창훈 역『분도출판사, 초판, 2010)
17. 게르하르트 베어. 이부현 역『마이스트 에크하르트』(안티쿠스, 초판, 2009)
18. B.H. 스트리터, A.J. 아파사미 공저, 황성국 역『사두 선다싱』 (은성, 초판, 1993)
19. 어반 홈즈. 홍순원 역『그리스도교 영성의 역사』(대한 기독교서회, 초판, 2013)
20. 원종국,『위대한 영성가들』(기독교대한감리회 홍보 출판국, 초판 2006)
21. 대니얼 월퍼트, 엄성옥 역『기독교전통과 영성기도』(은성, 초판 ,2005)
22. 김기홍.『기독교 인물사』(두란노, 초판, 2014)
23. 정준기.『사막교부들의 영성』(은성, 초판, 2004)
24. 위 디오니시우스, 엄성욱 역『위 디오니시우스 전집』(은성, 초판, 2007)
25. 박노열.『관상기도』(도서출판 한울사, 초판, 2006)
26. 박노열.『관상기도 개론』(나됨, 초판, 2013)
27. 박노열.『누구나 할 수 있는 관상기도』(나됨, 초판, 2007)
28. 박노열.『나아간 이들을 위한 관상기도』(나됨, 초판, 2013)
29. 박노열.『주부적 관상기도 이렇게 한다』(나됨, 초판, 2020)

30. 존 칼빈, 문병호 역 『기독교 강요, 1,2,3,4』 (생명의 말씀사, 2020) 1559라틴어 최종판 직역.
31. G.달 사쏘 – R.꼬지 편찬, 이재룡,이동익,조규만 역 『성 토마스 아퀴나스의 신학대전 요약』 (가톨릭대학교 출판부, 2판, 1995)
32. A. 어거스틴, 최민순 역 『고백록』 (바오로딸, 3판 19쇄, 2018)
33. 성 어거스틴, 박문재 역 『고백록』 (크리스천 다이제스트, 1판, 2016) 세계기독교고전 8.
34. 빌헬름 게에를링스, 권진호 역 『교부 어거스틴』 (기독교문서선교회, 초판, 2013)
35. 성 어거스틴, 김종흡 역 『성 어거스틴의 삼위일체론』 (크리스천다이제스트, 중쇄, 2014) 세계기독교고전 34.
36. 유해룡, 『영성의 발자취』 (장로회신학대학교출판부, 개정, 2011)
37. 이후정 『기독교 영성 이야기』 (신앙과지성사, 초판, 2013)
38. 김승기 외 『신비주의 문학의 이해』 (명지출판사, 초판, 1996) –서반아의 신비주의와 비로크 미학을 중심으로–
39. 어춘수, 『역사를 통해본 기독교의 신비주의』 (가이드포스트, 초판, 2009)
40. 김성민 『분석심리학과 기독교 신비주의』 (학지사, 초판, 2012) 한국기독교학회 제6회 소망학술상 수상.
41. 김광채 역, 『어거스틴 조직신학』 (마르투스, 초판, 2017)
    –신망애 편람–
42. 佐野勝也, 엄두섭 감수 『어거스틴과 그의 사상』 (은성, 재판, 2002)
43. 안인섭 『칼빈과 어거스틴』 (도서출판 그리심, 초판 2쇄, 2012) 교회를 위한 신학.
44. 이경용, 『칼빈과 이냐시오의 영성』 (대한기독교서회, 초판, 2010)
45. 최준석 이레네오 신부, 『십자가 성 요한의 삼위일체 체험』

   (기쁜소식, 초판, 2017) 가르멜의 향기 15.
46. 김광서 토마스 아퀴나스『십자가의 성 요한의 정화론』
   (기쁜소식, 초판, 2018) 가르멜의 향기 26.
47. 아돌프 땅끄레,『수덕 신비 신학 1, 2, 3, 4, 5』
   (가톨릭 크리스찬, 초판, 1999-2000)
48. 변길용,『마르틴 루터의 구원론과 중세 영성』(한국학술정보, 초판, 2007)
49. 마르틴 루터, 김기석 역『마르틴 루터의 단순한 기도』(한국기독학생출판부, 초판, 2020)
50. 존 칼빈. 원광연 역『칼빈의 기도론』(크리스찬다이제스트, 초판, 2001) 역사상 가장 뛰어난 기도론 중 하나.
51. 최준희『칼빈의 기도신학』(퍼플, 초판., 2014)
52. 신복윤『존 칼빈』(합신대학원출판부, 1판, 2013)
53. 한국칼빈학회『칼빈신학과 목회』(대한기독교서회, 초판 2쇄, 2001)
54. Alfred Göhler, 유정우 역『칼빈의 성화론』(한국장로교 출판사, 2쇄, 2002)
55. 로저 오클렌드, 황 스데반 역『이머징 교회와 신비주의』(부흥과개혁사, 2쇄 2012)
56. 김성갑.『신비주의와 선』(도서출판 운주사, 초판,2008) 육신통과 깨달음
57. 이준섭,『고대신화와 신비주의의 세계』(고려대학교출판부, 초판, 2006)
58 에두아르 쉬레, 진형준 역『신비주의의 위대한 선각자들』
   (사문난적, 초판,2007) (*이단 참고: 전범)
59. 유진 피터슨, 차성구 역『하나님의 신비에 눈뜨는 영성』(좋은 씨앗, 초판 2003)
60. 플라톤, 최명관 역『플라톤의 대화편』(창, 2008) 개정판.

61. 한자경 『명상의 철학적 기초』 (이화여자대학교출판부, 2쇄, 2011)
62. 버나드 맥김 외. 유해룡 외 『기독교 영성 (I)』 (은성, 초판 3쇄, 2012) 초대부터 12세기까지. 세계 기독교 영성 시리즈.
63. 질 라이트 외. 이후정 외 『기독교 영성 (II)』 (은성. 재판, 2004) 중세부터 종교개혁까지. 세계 기독교 영성 시리즈.
64. 루이스두프레 외. 엄성옥 외 『기독교 영성 (III)』 (은성, 초판, 2001) 종교개혁 이후부터 현대까지. 세계 기독교 영성 시리즈.
65. 성산의 성 니코디모스. 고린도의 성 마카리오스 편찬. 엄성 역 『필로칼리아 1-5』 (은성, 초판, 2001-2006)

개신교 신비신학 정리

지은이 : 박노열
초판일 : 2021년 8월 31일

펴낸이 : 김혜경
펴낸곳 : 도서출판 나됨
http://www.nadoem.co.kr
주소 : 서울시 은평구 역촌동 68-33호 2층
전화 : 02) 373-5650, 010-2771-5650

등록번호 : 제8-237호
등록일자 : 1998. 2. 25

값 : 35,000원

저자와의 협약하에 인지를 생략합니다.
ISBN 978-89-94472-48-7   03230